GW00417906

Seanfhocla Chonnacht

TOMÁS S. Ó MÁILLE

Donla uí Bhraonáin a chóirigh an t-eagrán seo

An chéad eagrán, An Gúm a d'fhoilsigh: Iml. 1 1948; Iml. 2 1952.

Athchló: Iml. 1 & 2 1967.

An t-eagrán seo (cumasc den dá imleabhar) á fhoilsiú ag Cois Life: 2010.

Tá Cois Life buíoch d'Fhoras na Gaeilge agus den Chomhairle Ealaíon as tacaíocht airgeadais a chur ar fáil.

Sonraíocht CIP Leabharlann na Breataine. Tá taifead catalóige i gcomhair an leabhair seo ar fáil ó Leabharlann na Breataine.

Tá Cois Life buíoch den Ghúm, Foras na Gaeilge, as cead a thabhairt atheagrán den saothar bunaidh, *Seanfhocla Chonnacht,* a fhoilsiú.

Cóiriú an CD-ROM: Michal Boleslav Měchura

ISBN 978-1-901176-41-4

Clúdach agus dearadh: Alan Keogh

Grianghraif: le cead Cháit Ní Dhomhnaill

Clódóirí: Nicholson & Bass

www.coislife.ie

B. C. Ó Maoláin
3 · 12 · 2010

CLÁR

T.S. Ó Máille

Samplaí de bhun-lámhscríbhinn *Seanfhocla Chonnacht,* i bpeannaireacht T.S. Uí Mháille.

1284

mara bhfuil sé díreach
caithfidh sé bheith cam

Ecclesiastes i 15

an ní atá cam, ní
féidir a dhéanamh díreach

3724 Caithfidh an [illegible] | dul amú a chuid féin
a fháil

Deuteronomy XXIV 19 Nuair a bhainfeas tú do fhómhar, 7 nuair fhágfas tú punann sa ngarrdha, ní ghabhfa tú ar ais faoi n-a choinne. Beidh sin ag an strainséara, ag an dílleachtaí 7 ag an mbaintreach

MAR XXIV 24 cuimhneoidh tú go raibh tú i do | phríosúnach san Éigipt
| sclábhaí

Leviticus XIX 10 Nuair atá tú ag dioghlaim sa bhfíneamhain, ní chruinneoidh tú an dioghlaim gach fíonchaor, ach fágfaidh tú ag na boicht 7 ag an strainséara iad

XIX 9 nuair a bhainfeas fómhar do gharrdha, ní bhainfidh tú chuile chúil sa ngarrdha go santach
ditto Leviticus XXIII 22

Réamhrá don eagrán seo

Bailiúchán fíorluachmhar é seo de sheanfhocla ó chontaethe iarthar Chúige Chonnacht a thiomsaigh T.S. Ó Máille ó bhéalaithris, ó lámhscríbhinní agus ó iriseáin agus ó pháipéir eile. Tá sé luachmhar mar gur tobar eolais é ar an nGaeilge mar a labhraítí í, agus mar a labhraítear í in áiteanna fós, sna ceantair sin agus ar na ceangail éagsúla a rianaíonn T.S. Ó Máille idir seanfhocla Chonnacht agus an seanfhocal go hidirnáisiúnta agus idir iad agus seanfhocla ársa i dteangacha éagsúla. Mar a fheicfear ó na nótaí an-iomlána a chuir T.S. Ó Máille leo, tá seanfhocla comhchosúla, uaireanta na seanfhocla céanna, i dteangacha éagsúla ar fud an domhain agus tá sin amhlaidh leis na mílte bliain. Tugann seanfhocla cuntas dúinn ar an gciall a bhaineann pobal as an saol, ar na creidimh agus na luachanna atá mar bhunchlocha ina mbeatha agus ina slí mhaireachtála. Tá comhairle iontu maidir leis an iompar atá oiriúnach i gcúinsí áirithe, rialacha faoi conas déileáil le gnáthchúrsaí an tsaoil. Cé gur teachtaireacht an-dáiríre a bhíonn ina bhformhór, cuirtear sin i láthair go minic le greann agus le híoróin.

Tá go leor le foghlaim as cuid de sheanfhocla Chonnacht faoin saol mar a bhíodh in Éirinn céad nó dhá chéad bliain ó shin – faoi bhochtanas, faoi chruatan, faoi chaidreamh le daoine eile. Ach, ceann de na rudaí is suimiúla faoi na seanfhocla is ea cé go bhfuil cúinsí saoil sa tír seo athraithe go mór le cúpla céad bliain anuas, nach bhfuil an teachtaireacht atá sa chuid is mó díobh imithe as dáta. Ar ndóigh tá athruithe móra le feiceáil idir dearcadh an lae inniu agus dearcadh na seanfhocla go ginearálta ar roinnt ábhar ar leith – mná, an lucht siúil, agus creideamh spioradálta go pointe áirithe.

Ceann de na gnéithe is suntasaí de na seanfhocla is ea an ghontacht agus an deisbhéalaí a bhaineann leo. Tá saibhreas teanga iontu, idir fhoirmeacha agus fhoclóra, a chuireann le gnáthchomhrá nó le scríbhneoireacht agus tá seanfhocla le fáil go flúirseach i saothar scríbhneoirí litríochta na nua-Gaeilge. Léiríonn an úsáid a bhain scríbhneoirí as seanfhocla a dtábhacht mar chuid den chumarsáid agus mar threoir don saol agus an tslí ina bhfeidhmíonn siad sa ghnáthchomhrá. Cuireann siad le saibhreas na teanga, mar shampla, in *Dúil* le Liam Ó Flaithearta, sna scéalta 'Idir Shúgradh agus Dáiríre' agus 'Culaith le Cois' le Máirtín Ó Cadhain, in *Deoraíocht* agus *Rogha Scéalta*, bailiúchán de scéalta le Pádraic Ó Conaire, in *Lig Sinn i gCathú* agus *Sionnach* ar mo Dhuán le Breandán Ó hEithir agus in *An Tincéara Buí* le Seán Ó Coistealbha (Johnny Chóil Mhaidhc).

Cuireann an Flaitheartach, Liam O'Flaherty (1896–1984), seanfhocla agus seanráite i gcomhthéacs Béarla san úrscéal staire *Famine* (1937). I nGort na gCapall in Árainn a d'fhás an Flaitheartach aníos agus tá leaganacha Béarla de sheanfhocla Gaeilge sa scéal aige chun freagairt na gcarachtar maidir leis an mbochtaineacht, an t-ocras agus gorta a chur in iúl agus chun a mheabhrú cé na dualgais a mhothaigh siad orthu féin agus i leith a gcomharsan. D'úsáid an Flaitheartach seanfhocla freisin chun meafair a chruthú, teanga a dhéanfadh cur síos ar an rud nárbh fhurasta a rá agus chun nósmhaireachtaí a chuid carachtar, mar a léirítear iad sa traidisiún béil, a chur in iúl. Mar shampla, léirítear creideamh an phobail gur daorbhreith ab ea an Gorta Mór (1845–52) sna seanfhocla a deir an seanfhear – Brian Kilmartin, 'God sends famine to remind us of our sins, but He sends plenty to show His goodness. There's riches in the earth for them that has patience with it' (265). Nuair a áitíonn Kilmartin, an rud céanna níos faide amach sa leabhar, cuireann sé rithim agus cothroime an tseanfhocail ann, 'God doesn't send hunger for long, He sends it to remind us of our sins. But when we repent, He sends riches' (286).

Seo thíos liosta gearr samplaí d'úsáid seanfhocla ag scríbhneoirí éagsúla. Ní liosta iomlán ar shlí ar bith é ach taispeánann sé, beagán, cé chomh nádúrtha is a bhí sé ag na scríbhneoirí sin iad a fhí isteach ina saothar, go háirithe mar chuid de chomhrá idir daoine. Ba luachmhar an rud é breis taighde a dhéanamh ar úsáid seanfhocla sa litríocht i dtaca le hathruithe atá tagtha ar theanga na litríochta i nGaeilge le céad, nó mar sin, bliain anuas. (Tagraíonn SFC don eagrán seo de *Seanfhocla Chonnacht).*

Ó Cadhain, M. *Idir Shúgradh agus Dáiríre* (1939) sa scéal 'Idir Shúgradh agus Dáiríre' – 'mar dar leis féin go raibh scéal an ghamhna bhuí á dhéanamh faoin tuile' (15: SFC 4714), 'bhí beirt bhan ar an mbaile agus lionn dubh mór os cionn a ngáire' (17), 'nárbh fhiú trumpa gan teanga é' (18: SFC 5149), 'bhí sé ina chath na bpunann' (2: SFC 2671), 'roinnt na caillí mar is áil léi féin é' (2: SFC 3508), 'ba lú ná frigh í máthair an drochábhair' (12: SFC 629). Sa scéal 'Culaith le Cois' – 'nuair a chuaigh an crú ar an tairne' (56). Sa scéal 'Aois na hÓige' – 'is níor shaill gan fiacha iad mar shochraideacha' (102: SFC 4638).

Ó Coistealbha, S. (Johnny Chóil Mhaidhc) *An Tincéara Buí* (1962)—'fear a d'ólfadh an chroch chéasta den asal' (12: SFC 4111), 'ní breáthacht a níos brachán, ach min, a Bhríd' (13: SFC 1995), 'cén mhaith bó ar bith ó dhoirteas sí a cuid bainne?' (13: SFC 3522), 'dúirt mise leis gur tairne ina chónra gach gloine' (13: SFC 607), 'níorbh fhearr liom bróg na coise deise ná é' (16: SFC 209), 'dhá mhar a chéile an ball séire is a ghiolla' (19: SFC 1811), 'is maith an scéalaí an aimsir' (26: SFC 3253), 'nach iomaí lá sa gcill orainn' (42: SFC 573).

Ó Conaire, P. *Rogha Scéalta,* (eag. de Faoite, D. 2008) sa scéal 'Misneach' – 'Is ait an mac an saol' (122). *Deoraíocht* (1994) –'Ní mar a shíltear a dhéantar' (28: SFC 93), 'Mura bhfuil agat móin, déan do ghoradh le gréin' (69: SFC 3971).

O'Flaherty, L. *Famine* (1979) – 'God helps those who help themselves' (63: SFC 2161 'Cuidíonn Dia leis an té a chuidíos leis féin'), 'Trust in God. His help is nearer than the door' (149: SFC 2468 'Is gaire cabhair Dé ná an doras'), 'Charity begins at home' (98: SFC 3512 'Tosaíonn déirc sa mbaile, ach ní cóir a chríochnú ann').

Ó Flaithearta, L. *Dúil,* sa scéal 'Teangabháil' – 'Is trua an té atá gan mac' (115) agus 'Deireann siad go bhfuil cead ag cat breathnú ar ríon' (120).

Ó hEithir, B. *Lig Sinn i gCathú* (1982) – 'bhí dhá insint ar an scéal ina dhiaidh sin' (10: SFC 3164) agus seanfhocal is ea teideal a leabhair *Sionnach ar mo Dhuán* (1988) – (SFC 58).

Tomás S. Ó Máille (1904 – 1990)

In Hanley, Staffordshire, Sasana, a rugadh T.S. Ó Máille sa bhliain 1904. Thomas Joseph Melia ab ainm dó – mac John Melia, tógálaí, agus Ellen Elizabeth Maley. B'as gar do Thuaim, Co. na

Gaillimhe, muintir a athar agus b'as Cnoc an Chrochaire, Co. Ros Comáin duine dá sheanmháithreacha – tráth a raibh Gaeilge á labhairt san áit sin. D'fhostaíodh John Melia fir óga as Conamara dá ghnó tógála agus thugtaí lóistín ina theach féin dóibh go dtí go bhfaighidís a gcéadphá. Mar sin a chuala Tomás Gaeilge á labhairt go rialta agus a thosaigh sé féin ag cur spéise inti. Chuaigh sé ar meánscoil i Manchain agus is sa gcathair sin a fuair sé a chéadphost, i bhfeighil oifige i monarcha cadáis. Tharla go leor Spáinneach ag obair sa mhonarcha, d'fhoghlaim an Máilleach óg Spáinnis le bheith in ann déileáil i gceart leo. Thagadh sé féin agus cara leis ag campáil go Ros Muc ar laethanta saoire i rith na mblianta sin. Shocraigh sé, agus é sna fichidí, gur theastaigh uaidh dul ar ollscoil agus leag sé roimhe an Laidin, ábhar a bhí riachtanach chun scrúdú an Mháithreánaigh a bhaint amach, a mhúineadh dó féin. Chláraigh sé mar mhac léinn i gColáiste na hOllscoile, Gaillimh – Ollscoil na hÉireann Gaillimh (OÉG) anois – i 1930, in aois a 26 bliain, agus bhain sé céim BA amach i 1933. Chaith sé trí bliana ag múineadh i meánscoil i Luimneach sular ceapadh mar Chúntóir é ar fhoireann Roinn na Gaeilge in OÉG. Chinn sé tráchtas MA a scríobh agus seanfhocla Chonnacht mar ábhar aige. Thug an tOllamh Tomás Ó Máille (ní raibh aon ghaol eatarthu), a bhí ina Ollamh le Gaeilge in OÉG ag an am, tacaíocht agus spreagadh dó. Tar éis tamaill, ba léir don Ollamh Ó Máille go raibh ábhar céim dochtúireachta san obair agus is ar an saothar 'Seanfhocla Chonnacht' a fuair T.S. Ó Máille céim PhD i 1939. Lean sé ag obair i Roinn na Gaeilge agus d'fhoghlaim sé Breatnais agus Gàidhlig agus chaith tréimhsí sa Bhreatain Bheag. Bhíodh cúrsaí samhraidh Gaeilge á rith aige i Ros Muc. Ceapadh ina Léachtóir le Teangacha Ceilteacha é i 1947 agus ina Ollamh le Nua-Ghaeilge i 1953.

Is iomaí dualgas de bhreis ar an léachtóireacht a ghlac T.S. Ó Máille air féin. Bhí sé ina Dhéan ar an Dámh Cheilteach (1957–69) agus ina bhall den Choiste Rialaithe (1969–74) in OÉG agus ina bhall de Bhord na Staidéar, Ollscoil na hÉireann. Chuir sé spéis ar leith i logainmneacha agus sa drámaíocht. Ceapadh ina bhall den Choimisiún Logainmneacha é i 1964 agus den Council for Name Studies in Great Britain and Ireland i 1968. Bhí sé ar chomhbhunaitheoirí *Galvia* i 1953 agus ina chomheagarthóir ar an iris sin go ceann deich mbliana. Bhronn Ollscoil na hÉireann D. Litt. Celt. air i 1971.

Dúirt an tOllamh Breandán Mac Aodha, a bhí ina Ollamh le Tíreolaíocht i nGaillimh, sa bhfocal molta a scríobh sé do *Topothesia* (RTCOG 1982), féilscríbhinn a foilsíodh do Thomás S. Ó Máille, 'Ach is ar an Máilleach mar scoláire is mó m'airdse. Is doiligh le lucht an lae inniu an droch-chaoi eacnamaíochta ina raibh na hollscoileanna sa tír seo sna tríochaidí, na daicheadaí agus na caogaidí a shamhailt. Bhí ganntanas mór airgid, foirne agus foirgneamh ag cur as dóibh. Ba creathnach an t-ualach teagaisc a thit ar na léachtóirí. In a lán slite ba mheasa an scéal i Roinn na Gaeilge ná i roinn ar bith eile.' Cheartaíodh T.S. Ó Máille aistí na mac léinn uile é féin agus bhíodh sé féin i mbun gach scrúdú béil. Idir 300 agus 350 mac léinn a bhíodh i nDámh na Gaeilge i gcaogaidí agus seascaidí na haoise seo caite. 'Ach,' a deir Mac Aodha, 'dá dhonacht an brú, ní dhearna an Máilleach dearmad ariamh ar *phríomhdhualgas* an scoláire .i. teorainn an léinn a shíorleathnú amach tríd an taighde.'

Sa Ghaeilge mar theanga bheo a bhí príomhshuim T.S. Ó Máille – sa stór focal, san fhoghraíocht, sa deilbhíocht. Chuir sé an-spéis i bhFilíocht na Scoileanna agus ba shuim leis go raibh a rian ar chaint na ndaoine lena linn féin. Ní raibh sé féin páirteach san obair a bhí ar siúl sna 1940idí agus sna 1950idí chun caighdeán litrithe agus gramadaí a chruthú don Ghaeilge, ach bhí meas aige ar *Ghraiméar na mBráithre Críostaí* mar iarracht le gach gné den teanga nua-aoiseach a rianú. Thugadh sé Pádraig Ó Meadhraidhe, seanchaí as Gleann Sála, Partraí, Co. na Gaillimhe, isteach san Ollscoil go rialta le labhairt leis na mic léinn. I ndeireadh thríochaidí agus i dtús dhaichidí an fichiú haois, aimsir an chogaidh, théadh sé féin agus a bhean Lil ar saoire go Ros Comáin, i gcarbhán, ag bailiú béaloidis. Nuair a chuaigh sé i mbun a shaothar seanfhocla, ní raibh aon áiseanna san ollscoil le cabhrú leis. Scríobhadh sé gach iontráil de lámh ar phíosaí beaga páipéir a ghearradh sé de leathanaigh bhána, cibé áit a raibh fáil orthu – leathanaigh nár scríobh mic léinn orthu ina leabhair freagraí scrúduithe, clúdaigh litreach úsáidte, mar shampla.

Tá liosta d'fhoilseacháin an Mháilligh i gcló in *Topothesia.* Idir 1936 agus 1979, foilsíodh 57 saothar dá chuid, idir leabhair agus aistí léinn, faoi ghnéithe éagsúla den bhairdne, den bhéaloideas, de logainmneacha agus den teanga féin. D'aistrigh sé drámaí don Taibhdhearc agus scríobh sé *Earráid,* bundráma dá chuid féin, a léiríodh i 1940. Bhí sé ina chathaoirleach ar Bhord Stiúrthóirí Thaibhdhearc na Gaillimhe agus ina chathaoirleach ar Choiste Chonnacht den Chumann Scoildrámaíochta.

Fuair sé bás i 1990 i nGaillimh.

Modh oibre don eagrán seo

Tá an dá imleabhar den bhunsaothar, *Seanfhocla Chonnacht,* a foilsíodh i 1948 agus 1952, tugtha le chéile i leabhar amháin san eagrán seo. Cuireadh 'Ath-nótaí agus Ceartúcháin', Iml. 2, lgh. 431-441 den chéad eagrán i bhfeidhm tríd síos ar an téacs. Cuireadh na seanfhocla atá san Aguisín, Iml. 2, lgh. 258-371 isteach i gcorp na seanfhocla, faoi na hábhair a ceapadh ab oiriúnaí. Bhí go leor díobh sin cláraithe ag T.S. Ó Máille faoi aon fhocal amháin a tharla a bheith sa seanfhocal féin. Tugadh uimhir ar leith do sheanfhocla a bhí cláraithe, ar mhaithe le hord aibítreach sa bhuntéacs, mar 267a, 267b, 598a, 1220a, agus a leithéid. Rinneadh leagan ar leith de mhalairtí ar chuid de na seanfhocla a bhí idir lúibíní sna seanfhocla bunaidh. Chiallaigh an obair sin, agus athruithe eile, mar shampla athraíodh 'Feithidí' go 'Ainmhithe', nach ionann an uimhir atá ar gach seanfhocal san eagrán seo agus an ceann a bhí air sa bhuneagrán. Tá breis is 5000 seanfhocal sa leabhar agus breis is 11,500 ag cur na leaganacha éagsúla san áireamh.

Cuireadh foclóir, d'fhocail neamhchoitianta, nó atá in úsáid i slí neamhchoitianta, a roghnaíodh as an bhfoclóir a chuir T.S. Ó Máille in Iml.2 de *Seanfhocla Chonnacht,* ag deireadh an eagráin seo. Athraíodh tagairtí do ÓD (*Foclóir Gaedhilge & Béarla,* P.S. Ó Duinnín, Baile Átha Cliath 1927) go FGB (*Foclóir Gaeilge-Béarla,* eag. Niall Ó Dónaill, Baile Átha Cliath 1977) nuair ab fhéidir, mar gurbh fhusa a bheadh teacht ag léitheoirí air, agus cuireadh FGB le liosta na nod cé nárbh ann dó nuair a foilsíodh *Seanfhocla Chonnacht.*

Tá liosta na nod ag tús an eagráin seo mar a bhí sa bhuneagrán. Cuireadh leis agus rinneadh roinnt athruithe ar a raibh ann. Tá timpeall is 130 nod sa liosta sa bhuneagrán ach bhí tagairtí d'an-chuid foinsí eile sna nótaí a bhí ag T.S. Ó Máille leis na seanfhocla agus síleadh gurbh fhiú iad a chur ar an liosta freisin. Fágann sin go bhfuil 319 foinse luaite ar liosta na nod don eagrán seo. Bhain T.S. Ó Máille úsáid as an difríocht idir cló-aghaidheanna an chló Ghaelaigh agus an chló Rómhánaigh chun idirdhealú a dhéanamh idir dhá fhoinse. Mar shampla, tá FF (cló Gaelach) ag seasamh do *Foras Feasa ar Éirinn* agus FF (cló Rómhánach) ag seasamh do *Briathra Flainn Fína maic Ossu.* Rinneadh FF agus FFx de na giorrúcháin sin faoi seach, mar shampla. Fágadh an leagan amach atá ag T.S. Ó Máille ar na foinsí mar a bhí, agus leanadh leis an nós céanna maidir leis na foinsí breise, seachas leagan amach acadúil an lae inniu a chur orthu. Tá tús áite ag teideal (ainm áite, teideal leabhair, ailt agus mar sin de) agus tá an t-eolas faoi údair, eagarthóirí, foilsitheoirí agus dátaí ina dhiaidh sin nuair a bhaineann siad le hábhar. Is fusa a leithéid a léamh don ghnáthléitheoir, go háirithe ar an dlúthdhiosca.

Feictear teidil iomlána na bhfoinsí le gach seanfhocal ar an dlúthdhiosca (CD-ROM) atá ag dul leis an eagrán seo. Tugann an dlúthdhiosca deis na seanfhocla a liostú de réir trí chritéar:

- De réir ábhair, mar shampla Bréaga, Fiacha, Sláinte. Freagraíonn na hábhair seo do na heochairfhocail atá sa leabhar. Mar shampla, is féidir cliceáil ar 'Bréaga' agus liosta a fháil de na seanfhocla a bhfuil an t-eochairfhocal sin luaite leo.
- De réir foinsí as ar bailíodh na seanfhocla, ina measc áiteanna, daoine, lámhscríbhinní, irisí agus leabhair. Mar shampla, is féidir cliceáil ar 'Ros Muc' agus liosta a fháil de na seanfhocla a bhfuil an áit sin luaite leo.
- De réir focail. Tá liosta aibítreach ar fáil de na focail a thagann chun cinn sna seanfhocla. Is féidir cliceáil ar cheann ar bith díobh, mar shampla 'abhainn' nó 'deireanach' nó 'roth' agus liosta a fháil de na seanfhocla a bhfuil an focal iontu (foirmeacha infhillte agus claochlaithe san áireamh). Tá an áis seo cosúil leis an Treoir atá in Iml. 2 lgh. 373-410 sa bhuneagrán agus ní ionann é agus an Foclóir atá in Iml.2, arb iad na focail neamhchoitianta amháin atá ann.

Tá crostagairtí ar fáil sna hiontrálacha ar an CD-ROM:

- Gach áit a bhfuil foinse luaite le seanfhocal, is féidir cliceáil ar an bhfoinse agus liosta a fháil de na seanfhocla eile a bhfuil an fhoinse chéanna luaite leo.
- Tá formhór na bhfocal sna hiontrálacha inchliceáilte. Mar shampla, agus tú ag féachaint ar an seanfhocal 'i ndiaidh an áidh a bhíos an sonas', is féidir cliceáil ar na focail 'diaidh', 'ádh' agus 'sonas' agus liosta a fháil de na seanfhocla eile a bhfuil na focail sin iontu.

Maidir le friotal na canúna a scríobh, leanadh, tríd agus tríd, an modh oibre a d'úsáid Ruairí Ó hUiginn in eagrán 2002 de Ó Máille, T., *An Béal Beo,* agus tá an t-eagarthóir seo an-bhuíoch as an eiseamláir sin a bheith ar fáil.

Cuireadh litriú caighdeánach an lae inniu i bhfeidhm go ginearálta, ach de bharr gur litríocht bhéil dáiríre iad na seanfhocla agus gur cuid dá saibhreas a bhfuaimniú agus an stór focal a úsáidtear iontu, fágadh foirmeacha canúnacha atá fós sa chaint bunaithe ar chritéir áirithe:

- Fágadh leaganacha a thugtar mar leaganacha malartacha in FGB, leaganacha caolaithe agus leathnaithe de bhriathra san áireamh, eg. tóig/tóigeáil, teagann, scapadh, múnadh etc.
- Fágadh roinnt leaganacha atá le fáil in de Bhaldraithe, T. 1985, *Foirisiún Focal as Gaillimh* agus in Ó Curnáin, B. 2007, *The Irish of Iorras Aithneach,* eg 'peiliúr', 'teanam', 'géabha/géabhaí' – leaganacha iolra de 'gé'.
- Maidir le gramadach, coinníodh an fhoirm choibhneasta in '–s' san aimsir láithreach agus san aimsir fháistineach agus cuireadh an mhír choibhneasta 'a' isteach nuair a luigh sin le gnás an lae inniu, e.g. bhíos/chuireas/fhágas > a bhíos/ a chuireas/ a fhágas etc. Fágadh an fhoirm tháite den 3ú pearsa iolra san aimsir chaite nuair a bhí siad sin sa bhuntéacs.
- Tugadh an fhoirm lom agus an fhoirm shéimhithe de na forainmneacha pearsanta 'dom', 'díom' de réir mar atá siad sa téacs – rud a luíonn leis an meascán atá le cloisteáil sa Ghaeltacht faoi láthair.
- Fágadh urú i ndiaidh an réamhfhocail 'sa'.

Sa chaighdeánú a rinneadh, is iad seo na príomhghnéithe a athraíodh:

- Úsáideadh an modh coinníollach san áit a bhfuil an modh foshuiteach caite sa téacs, m.sh. 'Is fada bheadh an brothchán á fhuaradh sul dá dtéigheadh sé chomh fada leatsa.' > 'Is fada a bheadh an brochán á fhuaradh sula rachadh sé chomh fada leatsa.'
- Tugadh an leagan caighdeánach de na réamhfhocail 'de' agus 'do'.
- Níor coinníodh an tuiseal tabharthach (ach i gcorrleagan, e.g. 'láimh', 'cois', 'cluais' agus 'gréin', 'mnaoi' nuair a bhí véarsaíocht ag brath air.)
- Athraíodh an fhoirm liteartha 'sul dá' go 'sula' a chloistear go hiondúil sa chaint.

Maidir le foirmeacha áirithe eile, is mar seo a rinneadh:

- 's > is
- 7 > agus
- A' > ag/an
- T' + guta/fh > d' (e.g. 'in t'aghaidh' > 'i d'aghaidh')
- Ar (1ú pearsa iolra den aidiacht shealbhach) > ár
- Ro-mhinic, ro-dheacair etc. > rómhinic, ródheacair, etc.
- Níor cuireadh focail Bhéarla a bhí sna seanfhocla féin sa chló iodálach. Is dócha má tá siad sa chaint ó 1948 nó ó 1952 gur féidir glacadh leo gan iad a mharcáil.
- Fágadh comharthaí ceiste a bhí curtha sa téacs ag T.S. Ó Máille, mura raibh freagra tugtha aige féin orthu sna hAthnótaí nó mura raibh freagra soiléir i gceann de na foclóirí aitheanta. B'fhéidir go mbeadh léitheoirí ann amach anseo a mbeadh cuid de na freagraí sin acu.

Buíochas

Thug go leor daoine cabhair agus comhairle dom i slite éagsúla san obair seo agus táim fíorbhuíoch díobh go léir. Chuidigh Cáit Ní Dhomhnaill, iarmhac léinn agus iar-chomhghleacaí leis an Ollamh T.S. Ó Máille, go mór liom agus mé ag scríobh cuntais ar a bheatha. Cheadaigh sí dom cóip a dhéanamh dá ghrianghraf agus de roinnt de na giotaí páipéir ar ar scríobh sé na seanfhocla de lámh.

Táim fíorbhuíoch de Fhoras na Gaeilge a thug deontas dom chun cabhrú le hionchur an téacs i mbunachar sonraí agus agus chun íoc as ríomhchlár a dhearadh ar a bhféadfaí dlúthdhiosca a bhunú agus as an obair theicniúil a bhain le cruthú an dlúthdhiosca. Rinne Caoimhe ní Bhraonáin Imleabhar 2 de *Sheanfhocla Chonnacht* a ionchur sa ríomhaire agus ba é Michal Boleslav Měchura a rinne an obair ríomhchláraithe agus theicniúil go léir. Tá an-bhuíochas tuillte acu beirt. I measc na ndaoine eile a chabhraigh liom i slite éagsúla tá Fiachna Ó Braonáin, Nuala Nic Con Iomaire, Máiréad Nic Curtáin, Máire Ní Fhlathartaigh, Máirín Murphy, Éamonn Ó hÓgáin, Ríonach uí Ógáin agus Niall Mac Uidhilin. Gabhaim buíochas ó chroí leo go léir agus freisin le muintir Chois Life, Caoilfhionn Nic Pháidín agus Seán Ó Cearnaigh, a thug tacaíocht agus comhairle go fial tríd síos.

Leabharliosta

Mac Aodha, B.S. eag. 1982, *Topothesia: Aistí in Onóir T.S. Ó Máille,* Gaillimh.

Ní Mhurchú, M & Breathnach, D. 2003, *1983–2002 Beathaisnéis,* Baile Átha Cliath.

Ó Máille, T. 2002 (eag. Ruairí Ó hUiginn), *An Béal Beo,* Baile Átha Cliath.

Donla uí Bhraonáin
Eanáir 2010

Réamhchaint don Chéad Eagrán

Séard atá agam sa leabhar seo, seanráite a tháinig as trí foinsí .i. béalaithris, lámhscríbhinní, iriseáin agus páipéir. Ní saothar duine aonraic ar fad é, ach chuidigh go leor leis ar bhealaí éagsúla. Is é an toradh a bhí leis, comórtas a thosaigh an Roinn Oideachais i 1933 leis an gcnuasacht ab fhearr de sheanfhocla Chonnacht a chur ar fáil. Cinneadh leabhar a chur i dtoll a chéile as na bailiúcháin seanfhocal a fritheadh, agus tharla gur mise a bhain an duais a tairgeadh sa gcomórtas, fúmsa a fágadh an leabhar a chur in eagar. Seo thíos ainm na ndaoine eile a chruinnigh seanfhocla le haghaidh an chomórtais agus a bhfuil úsáid déanta dá gcnuasacht sa leabhar agam; as an gcaint bunáite na leagan a sholáthraigh siad, ach tá cuid eile ina measc a tógadh ó chló; tugaim le roinnt acu an nod atá sa leabhar agam le áit bhunúis an chnuasaigh, nó duine a chruinnithe, a shainiú.

Áine Ní Ghríofa, Caladh Thadhg, An Cheathrú Rua.

An tSiúr Mechtilde, Clochar na Toirbhirte, Tuaim (seanfhocla as an gCeathrú Rua).

Tomás Ó hUiginn, Dún, Ros Cathail.

Micheál Ó Cualáin, Aill na Brón, Cill Chiaráin (CC).

Micheál Ó Laithmhe, An Fháirche, Corr na Móna (F).

Pádraig Ó Meadhraidhe, Gleann Sála, Partraí (GS).

Marcus Ó Filibín, Dubhochta, Corr na Móna.

Séamas Mac Aodha, Áth Cinn (MS).

Brighid Nic Dhonnchadha, An Aird Thiar, Carna.

Micheál Ó Dochartaigh (óna iníon Meadhbh), seanfhocla Dheisceart Mhaigh Eo ó thimpeall is tús an chéid seo (MÓD)

Pádraig Ó Clochartaigh, Maínis, Carna.

Tadhg Ó Séaghdha, Sailearna, Cois Fharraige (Sa).

Cáit Ní Mhainnín, Ros Muc.

Séamas Mag Uidhir, Gaoth Sáile, Iorrus (Gse, M).

Proinsias Ó Tighearnaigh, Baile Átha Cliath; seanfhocla as Carna.

De réir mar a bhínn ag obair liom, d'fhaighinn de chórtas fial ó chairde éagsúla iasacht bailiúcháin seanfhocal, le cur i gceann an bhunchnuasaigh. As an gcaint bunáite uilig iad siúd, agus seo na daoine a chuidigh liom chomh cóir sin:

An tOllamh Tomás Ó Máille; seanfhocla as Dúiche Seoigheach (TÓM).

An tOllamh Tomás Ó Raghallaigh; seanfhocla as lár Chontae na Gaillimhe.

An tAthair Maitiú Ó Cionnaith, Ros Muc (RM).

Tomás Ó Domhnalláin, O.S., Cionn Mhara (Ár).

An tAthair Máirtín Ó Loideáin, Baile Locha Riach; seanfhocla as an Spidéal.

Siadhail Ó Féinneadha, Drom Odhar, Wigtownshire, Alba; seanfhocla as Acaill.

An Bráthair Conleith, Béal Átha Luain; seanfhocla as Cois Fharraige.

Seoirse Ó Conghaile, Gaillimh; seanfhocla as áiteacha éagsúla i gConamara.

Lena chois siúd, thóg mé ar fhóin dom de sheanfhocla as na lámhscríbhinní seo:

Lss. Uí Mhurchadha (Ollscoil na hÉireann, Gaillimh); seanfhocla as Contae Shligigh ó thimpeall is deireadh an chéid seo caite.

Lss. Connachtacha Chnuasach Bhéaloidis Éireann.

3 C 21 agus 3 B 37 (Acadamh Ríoga na hÉireann); leaganacha as Árainn (?) a scríobhadh i ndiaidh 1864. Tá tagairt déanta in MIP l.158, don ls. seo; is é an Canónach Uilleag a Búrca a scríobh an dá ls., ós é macasamhail a scríbhneoireachta atá iontu agus is ionann, cuid mhaith, na seanfhocla atá in 3 C 21 agus Lessons.

Ls. 135 (Leabharlann Náisiúnta na hÉireann); an dá Neachtain, Seán agus Tadhg, a scríobh í, timpeall is 1741; tá bunáite na leagan i gcló in Hardiman, J., 1831 *Irish Minstrelsy* (IM).

Is fairsing an ransú atá déanta agam ar leabhair agus ar iriseáin, agus feicfear ón leabharliosta agus ó na nótaí cé na cinn iad.

Ó ba mhór a shuim sa leabhar, cheadaigh mé an tOllamh Tomás Ó Máille i dtús oibre. Agus chuireadh sé tuilleadh comhairle orm ó am go ham de réir mar a léadh sé an chuid úd den ls. a raibh sé de ghair aige a fheiceáil roimh a bhás míthráthúil. De bharr a chomhairle siúd, chinn mé

(i) an bailiúchán a dhéanamh chomh hiomlán is ab fhéidir,

(ii) deismireachtaí ar úsáid na seanfhocal sa litríocht (nó tagairt doibh), agus dátaí a chur ar fáil, áit ar bith a bhféadfainn a dtóraíocht,

(iii) tagairt a dhéanamh do sheanfhocla gaolmhara i dteangacha eile Iarthar Domhain, go háirithe Breatnais agus Béarla,

(iv) eolas nó scéal suimiúil ó thaobh béaloideasa, a bheadh le fáil sa gcaint agam, a chur sna nótaí leis an seanfhocal ar bhain sé leis, nó tagairt a dhéanamh don áit a mbeadh a leithéid i gcló cheana féin. D'fhonn spás a spáráil, d'fhág mé na nótaí chomh gonta is a d'fhéadas; níl aon mhíniú tugtha agam ar leagan sothuigthe, ach tá cuimse eile leagan gan míniú san áit ar chinn orm glan aon mhíniú de rath a fháil orthu.

Is áibhéil an mol mór cainteanna a bhí le scagadh agam, agus is iomaí áit a ndeachaigh orm a rá le cinnteacht ar sheanfhocal ceart aon insint áirithe, ach sa deireadh chinn mé gach uile leagan, olc nó maith, a raibh cuma seanrá air, a chur isteach sa leabhar dá bhféadfaí suim a chur ann ó thaobh snoiteacht cainte, ciall focail, béaloidis, nó eile. Dá bhrí sin, gheobhfar riar maith ráite sa leabhar nach seanfhocla sa dearbhchéill, ach seanchainteanna, ráite pisreoige, leaganacha (seanfhoclacha) cainte, nó i gcorráit níl ann ó cheart ach focal siamsa. Tá an cnuasach chomh hiomlán is a d'fhéadas a dhéanamh, ach is doiligh a rá gur fíoriomlán bailiúchán ar bith, cuma cén teanga atá i gceist, ós iomaí leagan breá tíriúil ar bhéal daoine gan breacadh síos ar pháipéar go fóill, agus is fírinní sin i gcás na Gaeilge, de bharr cion faillí an dá chéad seo caite.

Ba dheacair dom, scaití, idirdhealú a dhéanamh idir seanfhocla fírinneacha béalaithrise agus cinn a tógadh díreach as leabhair, go mór mór SU, SM, SFM; thiocfadh do mhórán seanfhocal as páirteanna eile den tír a bheith sa gcaint i gConnachta chomh maith, rud a bhí mé in ann a dhearbhú go minic; ina theannta sin, ba chaoch an dúléim do dhuine ar bith a shamhailt go mbeadh aon leagan áirithe uireasach i gcúige a bhfuil leath-Mhuimhneachas aneas ann agus leath-Ultachas thar teorainn isteach aduaidh ann. Séard atá déanta sa leabhar agam le cainteanna dá shamhail (cé is moite den chorrshampla atá scaoilte tharam d'earráid), focla a fhágáil as, a raibh sé soiléir orthu a bheith bainte fuar beathaíoch as leabhair chúigí eile, ach cinn a chur isteach, a raibh cosúlacht orthu, nó fianaise agam, a bheith i gcaint Chonnacht. B'éigean dom eagarthóireacht chrua ó thaobh gramadaí agus litrithe, a dhéanamh ar chuimse mór focal a tugadh dom i scríbhneoireacht, ach aon áit a bhfuil athrú déanta agam ar phointe inspéise, ar phointe tábhachtach, nó ar leagan as lamhscríbhinn, tá sin tugtha le fios agam.

B'éigean dhá chuid a dhéanamh den leabhar, agus sa dara imleabhar cuirfear foclóir, clár agus roinnt athnótaí ar fáil, chomh maith le riar seanfhocal a fritheadh rómhall le cur sa srathannú atá i dtús an leabhair agam.

I dteannta na muintire atá luaite agam, is mian liom admháil a dhéanamh ar na hoibleagáidí iomadúla a rinne na daoine seo dom, agus mo bhuíochas a ghabháil leo; Seán Ó Cadhla agus Micheál Breathnach, Ros Muc, Colm Ó Gríofa, Leitir Móir, Eilís Ní Bhriain (Bean Uí Mháille), Dúiche Sheoigheach, Peadar Ó Donnchadha, M.A., B.Comm., Inis Mór, Tadhg Mac Coincheanainn, B.Comm., agus Tomás Mac Coincheanainn, M.A., An Spidéal, Seán Ó Cathasaigh, M.A., Carna, Pádraig Mac Giolla Bhuí, B.Comm., Dún Dealgan, Éamonn Mac an Fhailghigh, B.A., Caisleán an Bharraigh, An Bráthair Micheál Ó Flaithfhile, M.A., Baile Átha Cliath, Tomás Bán Ó Coincheanainn, an tAthair Eric Mag Fhinn, D.D., agus Tomás Ó Broin, M.A., Gaillimh. Tá buíochas thairis sin ag dul do mo chara Fionnbharr Mac Donnchadha (An tAthair Feardorcha, O.F.M.) a léigh na profaí, agus do mo bhean, Lil, a chuidigh liom ar go leor bealaí. Ba mhaith liom, freisin, foilsiú a dhéanamh ar an gcúnamh atá tugtha dom ag Séamas Ó Duilearga, Seán Ó Súilleabháin, agus feadhain Chumann Bhéaloideas na hÉireann, le leas a bhaint as lámhscríbhinní an chumainn, agus freisin as an gcúnamh atá faighte agam ó lucht an Ghúim, leis an leabhar a chur ar fáil; is mór atá mé buíoch díobh.

T.S. Ó Máille
Gaillimh

Noda

1 Eoin	Céadlitir Eoin, An Tiomna Nua
A Dialect of Donegal	*A Dialect of Donegal,* being the Speech of Meenawannia in the Parish of Glenties: Phonology and Texts, E.C. Quiggin, Cambridge 1906
AA	*Ar Aghaidh.* Iriseán míosúil, Gaillimh, 1933
AAmhicC	*Amhráin Airt Mhic Cubhthaigh,* eag. Énrí Ó Muirgheasa, Baile Átha Cliath 1926
Ac	Acaill, Co. Mhaigh Eo
ÁC	Áth Cinn, Co. na Gaillimhe
ACB	*Amhráin Chuilm de Bhailis,* ed. J.H. Lloyd 1904
ACC	*Amhráin Chúige Chonnacht,* Dubhghlas de Híde, Baile Átha Cliath 1922
ACG	*Amhráin Chlainne Gaedheal,* Micheál & Tomás Ó Máille do chruinnigh, Baile Átha Cliath 1905
Acl	An Clochán, Co. na Gaillimhe
AConn	*An Connachtach,* Iriseán dátheangach, Baile Átha Luain, 1907-08
ADC	*Abhráin Diadha Chúige Chonnacht,* Dubhghlas de Híde, Baile Átha Cliath 1906
Add.	Additional Manuscripts, British Museum
ADR	*Amhráin & Dánta an Reachtabhraigh,* Dubhghlas de Híde, Baile Átha Cliath 1933
Agallamh na Seanórach	*Agallamh na Seanórach I-III,* eag. Nessa Ní Shéaghdha, Baile Átha Cliath 1942–1945
AGC	*Abhráin Grádha Chúige Chonnacht,* Dubhghlas de Híde, Baile Átha Cliath 1893
AGI	*Abhráin Gaedhilge an Iarthair,* Micheál Ó Tiománaidhe, Baile Átha Cliath 1906
Aib. Cráb.	'Das Aipgitir Crábaid des Colmán Maccu Béognae', Eag. Kuno Meyer (*Zeitschrift für Celtische Philologie* III 447), Bonn 1901
Aibidil	'Aibidil Cuigni maic hEmoin,' R.M. Smith (ZCP XVII)
Aithdhioghluim Dána	*Aithdhioghluim Dána,* L. Mac Cionnaith S.J., Baile Átha Cliath 1939
AMC	*Aislinge Meic Conglinne,* ed. Kuno Meyer, London 1892
Amh. Ch.	*Amhráin Chearbhalláin,* ed. Tomás Ó Máille, London 1916
Amhráin an Reachtabhraigh	*Abhráin agus Dánta an Reachtabhraigh,* eag. Dubhghlas de Híde, Baile Átha Cliath 1903
Amhráin Dhiarmada	*Amhráin Dhiarmada Mac Seáin Bhuidhe Mac Cárrthaigh,* eag. Tadhg Ó Donnchadha (Torna), Baile Átha Cliath 1916
Amhráin Phiarais Mhic Gearailt	*Amhráin Phiarais Mhic Gearailt: maille le cunntas éigin ar a bheathaidh, agus foclóir,* eag. Risteard Ó Foghludha, Baile Átha Cliath 1905

Amhráin Thaidhg Ghaedhealaigh	*Amhráin Thaidhg Ghaedhealaigh Uí Shúilleabháin,* eag. An tAthair Pádraig Ua Duinnín, Baile Átha Cliath 1903
An CM	An Chloch Mhór, Co. na Gaillimhe
An crann géagach	*An crann géagach:* .i. aistí agus mion-sgéalta, Pádraic Ó Conaire, Baile Átha Cliath 1919
An Féineachas	*Ancient Laws of Ireland Vol IV* (of 6 Volumes), Dublin 1865–1901
An ghaoth aniar	*An ghaoth aniar,* Tomás Ó Máille, Baile Átha Cliath 1920
An Leabhar Breac	*Leabhar Breac,* the Speckled Book; otherwise styled Leabhar Mór Dúna Doighre, the Great Book of Dún Doighre: a collection of pieces in Irish and Latin, compiled from ancient sources about the close of the fourteenth century, eag. Acadamh Ríoga na hÉireann, Baile Átha Cliath 1872–76
An Leabhar Muimhneach	*An Leabhar Muimhneach,* mar aon le suim aguisíní, eag. Tadhg Ó Donnchadha, Baile Átha Cliath 1940
An Táin	*Die altirische Heldensage Táin Bó Cúailnge nach dem Buch von Leinster,* W. Stokes & E. Windisch hesg. von Ernest Windisch, Leipsig 1905
Anec. Ir. Mss.	*Anecdota from Irish Manuscripts,* Osborn Bergin 1907
Annála Beaga	*Annála Beaga ó Iorrus Aithneach,* Seán Mac Giollarnáth, Baile Átha Cliath 1941
AnT	An Tulach, Co. na Gaillimhe
Aodhagán Ó Raithille	*Dánta Aodhagáin Uí Rathaille* 'The Poems of Aodhagán Ó Rathaille,' eag. An tAthair Pádraig Ua Duinnín & Tadhg Ua Donnchadha (Torna), London 1911
Aonghus Fionn	*Dánta do chum Aonghus Fionn Ó Dálaigh,* ed. with translation & notes Lambert McKenna, Dublin 1919
App.	*English Proverbs and Proverbial Phrases,* G.L. Apperson, London 1929
AR	Acadamh Ríoga na hÉireann 3 C 21 agus 3 B 37, Seanfhocail as Árainn a scríobhadh i ndiaidh 1864
Ár	Oileáin Árann, Co. na Gaillimhe
Arch.	*Archiv für Celtische Lexicographie,* Stokes, Meyer, Halle 1900–07
Arch. Hib.	*Archæologia Hibernica: A Hand-book of Irish Antiquities, Pagan and Christian,* W. F. Wakeman, 1848
Archivium Hibernicum	*Archivium Hibernicum: Irish Historical Records, Maynooth* 1912–
Arm.	*Proverbes et dictons de la Basse-Bretagne,* M.L. Sauvé (RC I–III)
ASG	*An Sgeuluidhe Gaedhealach:* (sgéalta as Connachta), Douglas Hyde, Baile Átha Cliath 1933
Ath-chath Maighe Tuireadh	*The second battle of Moytura,* ed. Whitley Stokes, 1891 in RC XII
AWM	*Folklore of the Isle of Man,* A.W. Moore, Douglas 1891
B	*Béaloideas,* Iris an Chumainn le Béaloideas Éireann, Baile Átha Cliath 1927–

BA	Baile na hAbhann, Cois Fharraige, Co. na Gaillimhe
Bangor	*The Welsh Vocabulary of the Bangor District,* O.H. Fynes-Clinton, Oxford 1913
BB	*An Béal Beo,* Tomás Ó Máille, Baile Átha Cliath 2002
BC	*Foclóir Uí Bheaglaoich & Mhic Cuirtín,* Páras 1732
Beatha Aodha Ruaidh	*The Life of Aodh Ruadh Ó Domhnaill* from the Book of Lughaidh Ó Cléirigh, ed. & trans. Paul Walsh, London 1948
Betha Colmáin maic Lúacháin	*Betha Colmáin maic Lúacháin: The Life of Colman Son of Luachan,* ed. Kuno Meyer (Todd Lecture Series XVII 26)
Bethada náem nÉrenn	*Bethada náem nÉrenn: Lives of Irish saints,* ed. Charles Plummer, Oxford 1922
Bí	'Bídh Crínna', C. Martstrander (Ériu V)
Bk.Lismore	*The Book of Mac Cárthaigh Riabhach,* otherwise the Book of Lismore, ed. R.A.S. Macalister, Dublin 1950
BM	Baile an Mhuilinn, Co. na Gaillimhe
Branach	*Leabhar Branach,* eag. Seán Mac Airt, Baile Átha Cliath 1944
BSR	*Die Bildhaften Sprichtwörter der Romanen,* W. Gottschalk-Heidelberg, I 1935, II 1936
BT	Baile an Tobair
BTD	*The Bardic Poems of Tadhg Dall Ó Huiginn* (1550–1591), ed. Eleanor Knott, London 1922
Buile Shuibhne	*Buile Shuibhne:* The frenzy of Suibhne being the adventures of Suibhne Geilt, ed. J.G. O'Keeffe, Dublin 1931
Búrd.	*Búrdúin Bheaga,* Tomás Ó Rathile, Baile Átha Cliath 1925
C	An Cnoc, Cois Fharraige
Ca	Carna, Co. na Gaillimhe
Cais.	*Na Caisidigh agus a gcuid filidheachta,* eag. Mairghréad Nic Philibín, Baile Átha Cliath 1938
Cam	Camus
CanD	Ceathrú an Dola, Co. na Gaillimhe
Casla	Casla, Co. na Gaillimhe
Cat.	*Catalogue of Irish MSS. in the British Museum,* O'Grady, Flower, London 1926
Cath Finntrágha	*The Cath Finntrágha or Battle of Ventry,* ed. Kuno Meyer, Oxford 1885
Cath Maighe Ráth	*The banquet of Dun na n-Gedh: and The battle of Magh Rath,* ed. John O'Donovan, Dublin 1842
CC	Cill Chiaráin, Co. na Gaillimhe
CCath.	*In Cath Catharda: The civil war of the Romans: An Irish version of Lucan's Pharsalia,* ed. Whitley Stokes, Dublin 1909

CCU	*Céad de Cheoltaibh Uladh,* eag. Énrí Ó Muirgheasa, Baile Átha Cliath 1915
Cd	Camdhoire, Co. na Gaillimhe
Ceol	*Ceol na nOileán,* T. Ó Ceallaigh & M. Ó Craidhin, Baile Átha Cliath 1931
CF	Cois Fharraige, Co. na Gaillimhe
Cinnlae	*Cinnlae Amhlaoibh Uí Shúilleabháin* (1829–1932), ed. Michael McGrath, ITS 1936.
CL	Ceann Léime, Co. na Gaillimhe
Cladach na Fairrge	*Cladach na Fairrge: aistriú ar 'The sea-shore'* le Janet Harvey Kelman agus Theodore Wood, aistrithe ag Seán Mac Giollarnáth, Baile Átha Cliath 1947
Cladaigh Chonamara	*Cladaigh Chonamara,* Séamus Mac Con Iomaire, Baile Átha Cliath 1938
Clár	*Caint an Chláir,* S. Mac Clúin, Baile Átha Cliath 1940
Cloigeann	An Cloigeann, Co. na Gaillimhe
CM	Coillte Mach, Co Mhaigh Eo
CnM	Corr na Móna, Co. na Gaillimhe
Codex. Pal. Vat. 830	*The Codex Palatino-Vaticanus,* ed. B. McCarthy, Dublin 1892 (Todd Lecture Series III)
Cóh.	Cóheilit, An Sean-Tiomna
Cois na Teineadh	*Cois na Teineadh: sgeulta Gaedhilge Dubhghlas de Híde,* Baile Átha Cliath 1891
College	*The College Irish Grammar,* U.J. Bourke, Dublin 1883
Colophons	'On the Colophons and Marginalia of Irish Scribes' C. Plummer (Proceedings of the British Academy 1926)
Cor.	Litreacha Phóil chuig na Corantaigh, An Tiomna Nua
Corpus Astron.	*An Irish Corpus Astronomiae: being Manus O'Donnell's seventeenth century version of the Lunario of Geronymo Cortès,* ed. F.W. O'Connell, R.M. Henry, London 1915
CR	An Cheathrú Rua, Co. na Gaillimhe
CRR	*Cath Ruis na Ríg for Bóinn,* ed. Edmund Hogan, Dublin 1892
Cruithneacht agus Ceannabháin	*Cruithneacht agus Ceannabháin:* tiomsú gearrscéal, Tomás Bairéad, Baile Átha Cliath 1940
CS	*An Claidheamh Soluis,* iris Chonradh na Gaeilge, Baile Átha Cliath, 1899–1918
CT	Cill Tartan, Co. na Gaillimhe
Cum. Béal.	Cnuasach Bhéaloideas na hÉireann, UCD
Cumhacht na Cinneamhna	*Cumhacht na Cinneamhna,* Tomás Bairéad, Baile Átha Cliath, 1938
D	*Dánfhocail,* T.F. O'Rahilly, Dublin 1921
Dáibhidh Ó Bruadair	*Duanaire Dháibhidh Uí Bhruadair I–III,* ed. John C. McErlean, London 1910, 1913, 1917

Damhros	Damhros, Co. na Gaillimhe
Dán Dé	*Dán Dé, the poems of Donnchadh Mór Ó Dálaigh: and the religious poems in the Duanaire of the Yellow book of Lecan,* ed. Lambert McKenna, Dublin 1922
Dánta Grádha	*Dánta Grádha,* ed. Tomás Ó Rathile, Cork 1926
Dánta Phiarais Feiritéir	*Dánta Phiarais Feiritéir,* eag. Pádraig Ua Duinnín, Baile Átha Cliath 1934
DC	*Diarebion y Cymry,* T.O. Jones, Conwy 1891
DCAB	*Duanaire Cloinne Aodha Buidhe,* eag. Tadhg Ó Donnchadha, Baile Átha Cliath 1931
DCCU	*Dhá Chéad de Cheoltaibh Uladh,* eag. Énrí Ó Muirgheasa, Baile Átha Cliath 1934
DDU	*Dánta Diadha Uladh,* eag. Énrí Ó Muirgheasa, Baile Átha Cliath 1936
Deot.	Deotranaimí, An Sean-Tiomna
Desiderius	*Desiderius, otherwise called Sgáthán an chrábhaidh,* Flaithrí Ó Maolchonaire. ed. Thomas F. O'Rahilly, Dublin 1941
Dioghluim Dána	*Dioghluim Dána,* L. Mac Cionnaith S.J., Baile Átha Cliath 1938
DnaG	Deisceart na Gaillimhe
DÓF	*Siamsa an Gheimhridh,* Domhnall Ó Fotharta, Baile Átha Cliath 1892
DÓM	Lámhscríbhinní Uí Mhurchadha, OÉG. Seanfhocail as Co. Shligigh ó dheireadh an 18ú haois
DS	Dúiche Sheoigheach, Co. na Gaillimhe & Mhaigh Eo
Duanaire Finn	*Duanaire Finn: The book of the lays of Finn* (3 Vols.), eds. Eoin MacNeill, Gerard Murphy, London 1908, 1933, 1953
Duanaire Mhic Shamhradháin	*The Book of Magauran: Leabhar Méig Shamhradháin,* ed. Lambert McKenna, Baile Átha Cliath 1947
Duanta Eoghain Ruaidh	*Duanta Eoghain Ruaidh mhic an Bhaird,* eag. Tomás Ó Raghallaigh, Gaillimh 1930
Dún Mór	Dún Mór, Co. na Gaillimhe
É	*An t-Éireannach,* Páipéar seachtainiúil, Baile Átha Cliath 1934–38
E. Ruadh Ó Súilleabháin	*Eoghan Ruadh Ó Súilleabháin,* eag. An tAthair Pádraig Ua Duinnín, Baile Átha Cliath 1923
Eachros	Eachros, Co. Shigigh
Eachtra Uilliam	*Eachtra Uilliam: an Irish version of William of Palerne,* ed. Cecile O'Rahilly, Dublin 1949
Eag.	Leabhar na hEagna, An Sean-Tiomna
Éan an Cheoil Bhinn	*Éan an Cheoil Bhinn: Imeachta an Oireachtais 1901,* eag. Seosamh Laoide, Baile Átha Cliath 1908
Eax.	Eaxodus, An Sean-Tiomna
Eg.	Egerton Manuscripts, British Museum

Eif. Litreacha Phóil chuig na hEifisigh, An Tiomna Nua

Éigse *Éigse: A Jounal of Irish Studies,* NUI, Dublin 1938–

Eoin Soiscéal Eoin, An Tiomna Nua

Ériu *Ériu,* Journal of RIA Dublin, 1904–

F An Fhairche, An Ros, Co. na Gaillimhe

FF *Foras Feasa ar Éirinn* (Céitinn), Ó Duinnín & Ó Cuimín (ITS IV, VIII, IX, XV) Londain 1901–14

FFx 'Bríathra Flainn Fína maic Ossu', R.M. Smith (RC XLV 61)

FGB *Foclóir Gaeilge-Béarla,* eag. Niall Ó Dónaill, Baile Átha Cliath 1977

Filidheacht na gCaisideach *Na Caisidigh agus a gcuid Filidheachta,* M. Nic Philibín, Baile Átha Cliath 1938

Finck *Die Araner Mundart,* F.N. Finck, Marburg 1899

FL *Fáinne an Lae,* Iriseán Chonradh na Gaeilge, Baile Átha Cliath 1918–19, 1922–23

Foclóir de Vere Coneys *Foclóir Gaoidhilge-Sacs-Bheurla or an Irish-English Dictionary intended for the use of students and teachers of Irish,* Thomas de Vere Coneys, London 1849

Foclóir Uí Raghallaigh *An Irish-English Dictionary,* Edward O'Reilly, with Supplement by John O'Donovan, Dublin 1864

G Cathair na Gaillimhe

Gadelica *Gadelica: a journal of modern Irish studies,* ed. T.F. O'Rahilly, Dublin 1912–1913

Gal. Litreacha Phóil chuig na Galataigh, An Tiomna Nua

Garmna Garmna, Co. na Gaillimhe

Gearrbhaile *Gearrbhaile,* Irisleabhar Choláiste Sheosaimh, Béal Átha na Sluaighe 1927–

Gein. Geineasas, An Sean-Tiomna

Gl Glinsce, Co. na Gaillimhe

Gort An Gort, Co. na Gaillimhe

Graiméar Uí Mhaolmhuaidh *Grammatica latino-hibernica, nunc compendiata authore Francisco O Molloy,* Froinsias Ó Maolmhuaidh (authore Francisco O Molloy), An Róimh 1677.

GS Gleann Sál, Partraí, Co. Mhaigh Eo

GSe Gaoth Sáile, Iorras, Co. Mhaigh Eo

GT Gaillimh Thoir

Her. P. Bk. of D. Lismore *Heroic Poetry from the Book of the Dean of Lismore,* ed. N. Ross, Edinburgh 1936

Hib. Min. *Hibernica Minora,* being a fragment of an Old-Irish treatise on the Psalter. Kuno Meyer, Oxford 1894

HV	*Trésor des Proverbes Français,* H. de Vibraye, Paris 1934
I	Iorras, Co. Mhaigh Eo
Iar-Chonnacht	*A chorographical description of West or H-Iar Connaught,* Roderic O'Flaherty, Dublin 1846
Idir shúgradh agus dáiríre	*Idir shúgradh agus dáiríre agus scéalta eile,* Máirtín Ó Cadhain, Baile Átha Cliath 1939
IF	*Iris an Fháinne*
IG	*Irisleabhar na Gaedhilge,* Baile Átha Cliath 1882–1909
IGT	*Irish Grammatical Tracts,* ed. Osborn Bergin (Ériu VIII–X)
IM	*Irish Minstrelsy,* J. Hardiman, London 1831 (II 397)
Ind	Indreabhán, Cois Fharraige, Co. na Gaillimhe
Inis Airc	Inis Airc, Co. na Gaillimhe
Iób	Leabhar Iób, An Sean-Tiomna
Iomarbhágh	*Iomarbhágh na bhFileadh,* L. Mac Cionnaith SJ (ITS XX, XXI) London 1920
Ir.	Irimia Fáidh, An Sean-Tiomna
Ir. Ecc. Rec.	*Irish Ecclesiastical Record:* a monthly journal under episcopal sanction, Dublin 1865–1968
Ir. Texte	*Irische Texte,* Whitley Stokes & Ernst Windisch, Leipzig 1891
Irish Nennius	*The Irish Nennius from L. na hUidre: and homilies and legends from L. Brecc: alphabetical index of Irish neuter substantives,* ed. Edmund Hogan, Dublin 1895 (Todd Lecture Series VI)
Irish Texts	*Irish Texts I–V,* eds. J. Fraser, P. Grosjean, and J.G. O'Keefe, London 1931–34
ITS	Irish Texts Society, London 1899–
JGAHS	*Journal of the Galway Archæological and Historical Society* Galway 1901–
Joyce	*English as we speak it in Ireland,* P.W. Joyce, Dublin 1910
JRHis.Arch.SI	*Journal of the Royal Historical and Archaeological Association of Ireland,* Dublin 1878–1890
L	*Le Livre des Proverbes Français, Le Roux de Lincy,* Paris 1842
L DLios Mòir	*Leabhar Deathan Lios Mòir/ The Book of the Dean of Lismore,* James McGregor, Albain 16ú haois
LB	Lochán Beag, Cois Fharraige, Co. na Gaillimhe
LBL	*Leabhar Buí Leacan*
LC	Leitir Calaidh, Co. na Gaillimhe
Le Linn m'Óige	*Le Linn m'Óige,* Micheál Mag Ruaidhrí, Baile Átha Cliath 1943
Leabhar Aicle	*The Book of Aicell,* Eugene O'Curry & John O'Donovan, Dublin, 1853–1855

Leabhar an Athar Eoghan	*Leabhar an Athar Eoghan:* The O'Growney memorial volume, ed. Agnes O'Farrelly, Dublin 1904
Leabhar chlainne Suibhne	*Leabhar chlainne Suibhne, an account of the MacSweeney families in Ireland, with pedigrees,* ed. Paul Walsh, Dublin, 1920
Leabhar Fhiodhnacha	*The Book of Fenagh by Saint Caillín,* ed. W.M. Hennessy, trans. D.H. Kelly, Dublin 1875 & 1939
Legends of Saints & Sinners	*Legends of Saints & Sinners,* Douglas Hyde, Dublin 1915
Léiv.	Léivític, An Sean-Tiomna
Lessons	*Easy Lessons or Self-instruction in Irish,* U.J. Bourke, Dublin 1877
LHI	*A literary history of Ireland: from earliest times to the present day,* Douglas Hyde, London 1899
Lia Fáil	*Lia Fáil,* Douglas Hyde, Dublin 1925
Liatroim	Liatroim, Co. na Gaillimhe
Lipp.	*Spruchwörterbuch,* F. von Lipperheide, Lipsig 1935
Lismore Lives	*Lives of saints from the Book of Lismore,* ed. Whitley Stokes, Oxford 1890
LL	*An Leabhar Laighneach*
LM	Leitir Mealláin, Co. na Gaillimhe
LMóir	Leitir Móir, Co. na Gaillimhe
LN	An Leabharlann Náisiúnta, Seanfhocail as ls. 135
Loinnir Mac Leabhair	*Loinnir Mac Leabhair: agus sgéalta gaisgidh eile,* eag. Seán Mac Giollarnáth, Baile Átha Cliath 1936
Londubh an Chairn	*'Londubh an chairn': being Songs of the Irish Gaels in staff and sol-fa with English metrical translations,* eds. Máighréad Ní Annagáin agus Séamus de Chlanndiolúin, Oxford 1927
LS	*Leabhar Sgeuluigheachta,* Douglas Hyde, Baile Átha Cliath 1889
LSM	*Lateinische Sprichwörter und Sinnsprüche des Mittelalters,* Jacob Werner, Heidelberg 1912
LU	*Leabhar na hUidhre*
Lúc.	Soiscéal Lúcáis, An Tiomna Nua
M	Co. Mhaigh Eo
M. Mac Suibhne	*Micheál Mac Suibhne agus Filí an tSléibhe,* Tomás Ó Máille, Baile Átha Cliath 1934
Mac	*Foclóir Béarla & Gaedhilge,* L. Mac Cionnaith S.J., Baile Átha Cliath 1935
MC	Maigh Cuilinn, Co. na Gaillimhe
Mc.	Soiscéal Mharcais, An Tiomna Nua

MD *Measgra Dánta,* T.F. O'Rahilly, Cork 1927

Mélusine *Recueil de Mythologie, etc.* H. Gaidoz, Paris 1888

Mesca Ulad *Mesca Ulad: or, The intoxication of the Ultonians; with translation and introductory notes,* ed. W.M. Hennessy, Dublin 1889 (Todd Lecture Series I 52)

MIP *A Miscellany of Irish Proverbs,* T.F. O'Rahilly, Dublin 1922

Mise *Mise,* Colm Ó Gaora, Baile Átha Cliath 1943

Mnl Mionloch, Co. na Gaillimhe

MÓD Micheál Ó Dochartaigh (óna iníon Maedhbh), Seanfhocail Dheisceart Mhaigh Eo ó thús an 19ú haois

Motif-Index *Motif-index of folk-literature: classification of narrative elements in folktales, ballads, myths, fables, mediaeval romances, exempla, fabliaux, jest-book and local legends,* Stith Thompson, London 1932

MR *Manx Proverbs and Sayings,* S. Morrison & C. Roeder, Douglas 1905

MS Maigh Seola, Co. na Gaillimhe

Mth. Soiscéal Mhatha, An Tiomna Nua

Myv. *The Myvyrian Archaiology of Wales,* Jones, Williams, Pughe, Denbigh 1870

Neilson *An Introduction to the Irish Language,* W. Neilson, Dublin 1808

NF Na Forbacha, Cois Fharraige, Co. na Gaillimhe

NG *Refranes ó Proverbios en Castellana,* F. Nuñez de Guzman, H. Nuñez, Madrid 1804

Nicholson *Gaelic Proverbs, A.* Nicholson, Inverness 1881

O *Die Sprichwörter der Römer,* A. Otto, Leipsig 1890

O'Daly *The Irish Language Miscellany,* John O'Daly, Dublin 1876

O'Dav. *O'Davoren's Glossary, Stokes (Archiv für Celtische Lexicographie II)*

O'Mulconry's Glossary *O'Mulconry's Glossary,* ed. Whitley Stokes, Dublin 1898

ÓD *Foclóir Gaedhilge & Béarla,* P.S. Ó Duinnín, Baile Átha Cliath 1927

OG *Onomasticon Goedelicum locorum et tribuum Hiberniae et Scotiae: an index, with identifications, to the Gaelic names of places and tribes,* Edmund Hogan, Dublin 1910

OL *Obair is Luadhainn,* C. Ó Gaora, Baile Atha Cliath 1937

OSK *Oll Synnwyr pen Kembero ygyd* (W. Salesbury 1546), J. Gwengovryn Evans, Bangor & London 1902

Pádraigín Haicéad *Saothar filidheachta an Athar Pádraigín Haicéad,* eag. Tadhg Ó Donnchadha (Torna), Baile Átha Cliath 1916

PB *Proverbes Bretons du Haut-Vannetais,* P. le Goff, Vannes 1909

Pead. Litreacha Pheadair, An Tiomna Nua

Peadar Chois Fhairrge	*Peadar Chois Fhairrge,* eag. Seán Mac Giollarnáth, Baile Átha Cliath 1934, 1944.
PHL Breac	*The Passions and Homilies from Leabhar Breac,* R. Atkinson (Todd Lecture Series II)
Pilib Bocht	Pilib Bocht Mac Cuinn Chrosaigh Ó hUiginn, file Proinsiasach den 16ú haois
PMB	*Pádhraic Mháire Bhán: nó an gol agus an gáire,* Seán Ó Ruadháin, Baile Átha Cliath 1932
R	Contae Ros Comáin
Ray	*Handbook of Proverbs,* H.G. Bohn, London 1855
RC	*Revue Celtique,* H. Gaidoz etc., Paris 1870–1934
Rel.	*Reliquiae Celticae,* A. Cameron, Inverness 1892–1894
Reliques of Irish Poetry	*Reliques of Irish Poetry,* Charlotte Brooke, Dublin 1789
RM	Ros Muc, Co. na Gaillimhe
Rómh.	Litreacha Phóil chuig na Rómhánaigh, An Tiomna Nua
S	*An Stoc,* páipéar míosúil, Gaillimh 1917–1932
Sa	Sailearna, Co. na Gaillimhe
Salm	Leabhar na Salm, An Sean-Tiomna
Sam.	Leabhar Shamúéil, An Sean-Tiomna
Sanas Chormaic	*Cormac's Glossary: Cormac mac Cuilennáin, Bishop of Cashel,* trans. The late John O'Donovan, ed. Whitley Stokes, Calcutta 1868
SC	*Sean-fhocail agus Comhadan,* D. Loudin 1797 (cf. Bàrdachd Ghàidhlig, W.J. Watson, Inverness 1918, Gaelic Proverbs, A. Nicholson, 1881)
Scot. Cat.	*Catalogue of Gaelic MSS. in Scotland,* D. Mackinnon, Edinburgh 1912
Séadna	*Séadna,* An tAthair Peadar Ua Laoghaire, Baile Átha Cliath 1904
Séam.	Litreacha Shéamais, An Tiomna Nua
Seanchas Mór	*Senchus Mór, Ancient Laws of Ireland,* Vols. I, II, VI (of 6 Volumes), Dublin 1865–1901
Seanfh.	Leabhar na Seanfhocal, An Sean-Tiomna
Seanmóirí Uí Ghallchobhair	*Seanmóirí Muighe Nuadhad IV: seacht seanmóir déag,* Séamus Ua Gallchobhair, D.D. Easbag Ráth Bhoth 1725–1737, eag. Pól Breathnach, Baile Átha Cliath 1911
Searc	*Searc-leanamhain Chríost,* Domhnall Ó Súilleabháin (1822). Baile Átha Cliath 1886
Seilg i measc na nAlp	*Seilg i measc na nAlp,* Micheál Breathnach, eag. Tomás Mac Domhnaill agus Seán Mac Énrí, Baile Átha Cliath 1917
SF	*Senbriathra Fithail,* R.M. Smith (Revue Celtique XLV)
SFM	*Seanfhocail na Mumhan,* T. Ua Donnchadha, Baile Átha Cliath 1902
Sgéalta Thomáis Uí Chathasaigh	*Sgéalta Thomáis Uí Chathasaigh: Mayo stories:* (Hull memorial volume) Thomas Casey, Collected, edited and translated by Douglas Hyde, Dublin 1939

SH	*The Oxford Dictionary of Proverbs and Proverbial Phrases,* Smith & Heseltine, Oxford 1935
Sil. Gad.	*Silva Gadelica,* S.H. O'Grady, London 1892
Síor.	Leabhar Shíorach, An Sean-Tiomna
Sl	Contae Shligigh
SM	*Sean-fhocail na Muimhneach,* P. Ó Siochfhradha, Corcaigh 1926
Sp	An Spidéal, Cois Fharraige, Co. na Gaillimhe
Spec. Prin.	*The Speculum Principum in Early Irish Literature,* R.M. Smith, Cambridge, Mass. 1927
Spr. Red.	*Sprichwörtliche Redensarten,* W. Borchardt, Leipsig 1894
SR	*Saltair na Rann,* ed. Whitley Stokes, Oxford 1883
SS	Sraith Salach, Co. na Gaillimhe
Stair Éamuinn Uí Chléire	*Stair Éamuinn Uí Chléire: do réir Sheáin Uí Neachtain,* eag. Eoghan Ó Neachtain, Baile Átha Cliath 1918
Studies	*Studies: an Irish Quarterly Review.* Jesuits, Dublin 1912–
SU	*Sean-fhocla Uladh,* Énrí Ó Muirgheasa, Baile Átha Cliath 1931
Survivals	*Survivals in Belief among the Celts,* G. Henderson, Glasgow 1911
T	Tuar Mhic Éadaigh, Co. Mhaigh Eo
T. Críostaí Uí Dhuinnshléibhe	*An Teagasg Críosduidhe do réir ceasda agus freagartha* Aindréas Ó Duinnshléibhe, Páras 1742
Tairngreacht Bhriain Ruaidh	*Targaireacht Bhriain Ruaidh Uí Chearbáin,* eag. Micheál Ó Tiománaidhe, Baile Átha Cliath 1906
Taylor	*The Proverb,* Taylor, Cambridge, Mass. 1931
TB	*Trí Bior-ghaoithe an Bháis (Céitinn),* eag. Amhergíneach, Baile Átha Cliath 1931
TC	*Tecosca Cormaic,* K. Meyer (Todd Lecture Series XIII)
TDG	*Tóraidheacht Dhiarmada agus Ghráinne,* eag. Pádraig Ó Siochfhradha (An Seabhac), Baile Átha Cliath 1939
Teas.	Litreacha Phóil chuig na Teasalónaigh, An Tiomna Nua
Tecosca Cormaic	*Tecosca Cormaic: The instructions of King Cormac Mac Airt,* ed. Kuno Meyer, Dublin 1909
TGJ	*Welsh Folklore and Folk Custom,* Gwynn Jones, T., London 1929
Thes. Pal.	*Thesaurus palaeohibernicus: a collection of old-Irish glosses, scholia, prose, and verse,* eds. Whitley Stokes and John Strachan, Cambridge 1901–1903
Three Homilies	*Three Middle-Irish homilies on the Lives of saints Patrick, Brigit and Columba,* ed. Whitley Stokes, Calcutta 1877

Three Poems in Middle Irish	'Three Poems in Middle-Irish, Relating to the Battle of Mucrama', edited in the *Proceedings of the Royal Irish Academy,* 3rd Series, vol. 3, 1893–96, 4, 542 and 556
TI	*Triads of Ireland,* Royal Irish Academy, London 1906
Tiom.	Litreacha Phóil chuig Tiomóid, An Tiomna Nua
Tír Amhlaidh	Tír Amhlaidh, Co. Mhaigh Eo
Tm	Tuaim, Co. na Gaillimhe
TN	*Tuam News,* Tuam 1882–1904
Togail na Tebe	*Togail na Tebe: the Thebaid of Statius,* edited from 2 mss. George Calder, London 1922
TÓM	An tOllamh Tomás Ó Máille
Tóraidheacht	*Toraidheacht na bhFíreun ar Lorg Chríosta* (1762), eag. D. Ó Tuathail, Baile Átha Cliath 1915
TP	*Thesaurus Palaeohibernicus,* Stokes, Strachan, Cambridge 1901–03
Trans. Oss. Soc.	*Transactions of the Ossianic Society,* Dublin
Trench	*Proverbs and their Lessons,* R.C. Trench, London 1888
Trí Torpáin	*Trí torpáin: sgéalta sídhe,* eag. Seosamh Laoide, Baile Átha Cliath 1910
Tribes of Ireland	*The tribes of Ireland: a satire by Aenghus O'Daly, Intro. & notes,* John O'Donovan, Dublin 1852
TU	*An Troid & an t-Uaigneas,* An Beirneach, Baile Átha Cliath 1926
U	Umhaill Uí Mháille, Co. Mhaigh Eo
UA	Uachtar Ard, Co. na Gaillimhe
Ud. Mor.	*Udhacht Moraind,* R. Thurneysen (ZCP XI)
UM	Uarán Mór
Url	*Urlabhraidheacht agus graiméar na Gaedhilge,* Tomás Ó Máille 1927
Vita Trip.	*Vita Tripartita Sancti Patricii,* Whitley Stokes, London 1887
Vitae Sanc. Hib.	*Vitae Sanctorum Hiberniae,* ed. Charles Plummer, 1910
Vocab.	*Vocabulary of the Anglo-Manx Dialect,* Moore, Morrison, Goodwin, Oxford 1924
Voyage of Bran	*The voyage of Bran son of Febal: to the land of the living,* ed. Kuno Meyer, London 1895
YD	*Y Diarhebion,* O.M. Edwards, Conwy 1912
ZCP	*Zeitschrift für Celtische Philologie,* Meyer, Stern, Pokorny, Halle, Bonn 1899

NA SEANFHOCLA

ÁDH

1 'A chonách sin ort,' mar a dúirt Seán Muimhneach lena mháthair, is ní raibh sí lá ní b'fhearr ó shin. (M, IG iv 249)

2 Airgead rua é, fág ansin é. (T)

Pisreog: ní ceart airgead rua a thógáil den bhóthar (S 7/1929).
'Chomh rua le pingin' a deirtear. (GS)

3 Anoir is aniar a thigeas an mí-ádh ar an amadán. (RM)

- Anoir is aniar mar a bhíodh an mí-ádh ar an amadán. (CC)
- Anoir agus aniar mar a tháinig an mí-ádh ar an mbacach. (BA)

Gach uile mhí-ádh le chéile.

4 An taobh istigh amuigh, is sonas luí na gréine. (G)

Pisreog: bíonn an t-ádh ar an té a thiontaíonn a chuid éadaí amach nuair atá an ghrian ag dul faoi. (S 7/1929)

5 An té a bhfuil an t-ádh air, is cuma dhó cé dtiocfaidh sé. (Sa)

cf. App. 231, Ray 286

6 An té a bhfuil an t-ádh air, níor mhiste dhó codladh go headra. (UM)

7 An té a mbeadh an t-ádh air, dáirfí bullán dó. (F)

- An té a mbíonn an t-ádh air tagann dáir ar a bhullán. (CF)
- An té a mbíonn an t-ádh air tagann dáir ar a bhuin. (Ca)
- Má tá an t-ádh ar fhear, béarfaidh a bhó go héasca. (MS)
- Má bhíonn an t-ádh ar dhuine dáirfear a bhó is a bhodóg. (Sl, DÓM)
- An fear a bhfuil an t-ádh air, dáirfear a bhó agus a bhollán in aon bhliain amháin. (Ac)

Focal idirnáisiúnta de bhunús Laidine, cf. I BSR 146, 194, Ray 59, I NG 117, Lipp. 318; gadhar is muc atá i gceist sa chaint Bhéarla.

8 An té a mbíonn an t-ádh air féin, bíonn sé ar a chat is ar a mhada. (S 10/1928)

- An té a mbíonn an t-ádh air féin, bíonn sé ar a chuid gabáiste. (AConn 1/1908)
- An té a mbíonn an rath air féin, bíonn sé ar a chapall is ar a shearrach. (MS)
- An té nach bhfuil an t-ádh ar a chat, níl sé ar a chat ná ar a mhada. (ACC 81, TÓM)
- An té a mbíonn an t-ádh air bíonn sé ar a chat is ar a mhada agus an té a mbíonn an mí-ádh air, bíonn sé ar a bhean is ar a leanbh. (M)
- An té a mbíonn an t-ádh air bíonn sé ar a chat is ar a mhada agus an té a mbíonn an mí-ádh air, bíonn sé air i gceart.

9 An té a mbíonn an t-ádh ar maidin air, bíonn sé air maidin is tráthnóna. (S 1/1918)

- An té a mbíonn an t-ádh ar maidin air, bíonn sé air tráthnóna. (S)
- An té a mbíonn an t-ádh ar maidin air, bíonn sé chuile am air. (Ca)
- An té nach bhfuil an t-ádh ar maidin air, níl sé maidin ná tráthnóna air. (TÓM)
- An té a mbíonn an rath i bhfus air, bíonn sé thall air. (F)
- An té nach mbíonn maith i bhfus air, ní bhíonn sé thall air. (CC)
- An té a mbíonn an t-ádh i dtús an tsaoil air, bíonn sé i ndeireadh an tsaoil air. (RM)

S 6/1920
cf. 4163

10 An té ar a mbíonn an t-ádh, ní air a bhíos an smál. (Sa)

11 An té nach mbíonn an t-ádh air, bíonn a dhá sháith den mhí-ádh air. (RM)

12 B'fhearr do dhuine a bheith beirthe leis an ádh ná le saibhreas. (Ca)

cf. Eg. 161, 69 (Cat. I: dáta 1778), 'Is fearr an t-ágh ná a lán do na buaibh ar sliabh' (líne as véarsa). Idem App. 45.
cf. 4451

13 Bíonn ádh ar amadán. (GS, IG 7/1905)

- Ba mhinic ádh ar amadán. (CM)

Dhá leagan in BC 227, 232; IM, College 277 idem; ASG 136.
Lessons 37, 69; Legends of Saints & Sinners 69. Idem Ray 94, App. 226, 231 (le leagan Laidine).

14 Bíonn an rath ar an té a bhíos sona. (TÓM)

- I ndiaidh an áidh a bhíos an sonas. (RM)
- Bíonn rath i measc an tsonais. (RM)

Bheadh an t-ádh ar dhuine ar aon ócáid amháin, ach is é an duine sona a bhíonn ádhúil de ghnás.

15 Bíonn tóir ar an rud a bheirtear Lá Bealtaine. (IG 8./1905)

- An té a bheirtear Lá Bealtaine, bíonn na sióga ina dhiaidh go deo. (RM)
- An té a bheirtear Lá Bealtaine, bíonn na sióga leis go deo. (BA)

Ceann de na pisreoga iomadúla ag baint le Lá Bealtaine (cf. S 7/1929, srl.). Deirtear freisin, páiste a bheirtear tar éis meán oíche, go mbeidh sé in ann taibhsí na hoíche a fheiceáil agus nach gcuirfidh siad faitíos air; daoine a bheirtear sa lá nó ar an Domhnach, ní fheicfidh siad taibhse go deo.
cf. SH 603 le haghaidh leagain Albanaigh a d'fhéadfadh a bheith gaolmhar.

16 Blais den bhia má chonaic tú mullach trí theach. (F)

'You'll see nine houses before you get back home', a deirtear nuair a thairgtear béile do lucht aistir. (Cloigeann)
cf. ÓD (naoi)

17 Caithfidh fear an mhí-áidh féin a bheith ann. (IG 7/1905)

Duine a thugas mí-ádh leis: bíonn a leithéid i ngach comhluadar.

18 Coinnigh an t-ádh is beidh tú ag cur ina theannta. (Sa)

19 Coinnigh geis is ná seachain seanmhná. (CC)

Is ceart ordú na seanbhan a dhéanamh .i. geis a choinneáil.
TC 22 (Sóud fri nóisi).
cf. 675

20 Dá dtuitfeadh crann sa gcoill, is orm a thuitfeadh sé. (MÓD)

- Dá mbeadh cath in Albain, orainne a leagfaí é. (CF)

Duine mí-ádhúil.

21 D'ardaigh an bodachán, beidh earraí daor. (GS)

- D'ísligh an bodachán, beidh earraí saor. (GS)

Pisreog faoi éirí an bhodacháin sna haibhneacha, Oíche Nollag Bheag.
cf. BB 38, is freisin, DC 136 'Llif yn afon hinon fydd' (?).

22 D'fhéach an cat orm, ní fada an bás uaim. (GS)

Pisreog: tar éis don chat é féin a níochán, an chéad duine a mbreathnaíonn sé air, caillfear go luath é (S 10/1929; B I 150 – Cill Mhantáin).

23 Fear is láidre ná Dia a chuirfeadh fad siar ar a theach. (S)

- Is láidre ná Dia an té a chuireas fad siar ar a theach. (IG 9/1905)
- Duine is dána ná Dia a chuireas fad siar ar a theach. (F)
- An fear is láidre ná Dia, cuireadh sé fad siar ar a theach. (RM)
- Is láidre ná an diabhal an té a chuirfeadh fad siar ar a theach. (DnaG, Cum. Béal. 70, 211)

Níl sé ádhúil fad a chur as an teach siar. (S 8/1918)

24 Glan an teallach is ná fág an teach falamh. (GS)

Pisreog: go mbeidh rud éigin le hithe ag na daoine maithe má thagann siad isteach san oíche (cf. S 9/1929).

25 'Go n-éirí leat go geal' mar a dúirt an sweep lena mhac. (MS)

26 I gceann bliana a amhdaíos an t-iascaire an t-iasc. (TÓM)

Níl sé ádhúil a bheith ag déanamh gaisce fúthu róluath. In áiteacha i Sasana freisin ní ligeann iascairí d'aon duine féachaint cé mhéid éisc a mharaigh siad agus ní chomhairtear iad go deireadh na hiascaireachta.

27 Im don timpist is beidh biseach ort. (GS)

Pisreog: má gearrtar lámh duine, tugtar ruainne ime le hithe dó (S 7/1929). Tugtar é don té a thitfeadh, freisin (CF).

28 Im le mo chorrán. (Ind)

Pisreog: an té a mbeadh im gann aige, má théann sé ag cartadh carn aoiligh na comharsan lena chorrán agus an chaint thuas a rá, beidh im fairsing aige ina dhiaidh.

29 Inniu an Luan is seachain an Aoine. (GS)

Pisreog: ní ligeann daoine bainne amach as an teach Dé Luain ná Dé hAoine (S 7/1929, 12/1929).

30 Is caol a thigeas an t-ádh, ach ina thuile mhór an mí-ádh. (CS)

- Ina shilt a thigeas an t-ádh, ach ina thuile a thigeas mí-ádh. (GS)
- Ina shrutha caola a thigeas an t-ádh, ach ina thuiltí móra a thigeas an mí-ádh. (M)

YD 20 (Anffawd a ddaw dan redeg, etc.). CS 26/12/1903.
College 286.
cf. 4787

31 Is é a dúirt an bhean rua, a bhí i dtosach an tslua, gan an doras ó thuaidh a bheith oscailte. (RM)

Nach mbeadh sé ádhúil.

32 Is é an t-amadán a bhainfeadh an sceach. (M, Cum. Béal. 109, 284)

Leanann mí-ádh baint na sceiche.

33 Is fearr aon ghaoth fortúin amháin, ná dá mbeifeá ag briseadh do chroí go deo. (AConn 1/1908)

- Is fearr an t-ádh ná an t-anró. (CF)
- Is fearr sciorta den ádh ná éirí go moch. (Ac)
- Is fearr an t-ádh ná éirí go moch. (LMóir, S 2/1925)
- Is fearr an rath ná an moch-éirí. (MS)

SFM 9

34 Is í an chinniúint an charaid ach í a bheith agat. (MS)

35 Is leat na tortáin i gceann na dtulán. (TÓM)

- Is maith é an corcán i gceann an tuláin. (MÓD)

An té a bhfuil a óró leis.
BB 174

36 Is maith an rud an t-ádh, ach is fiú é lorg a chur air. (Gearrbhaile 1937 l.24 gan áit)

Lorg a chur ar do leas.

37 Is minic a bheadh an t-ádh ar an té a bheadh ag ól. (M, Ac, Cum. Béal. 83, 287)

38 Lá breá do do phósadh, is an lá mór do do chur. (RM)

- Lá breá don phósadh agus lá báistí don chill. (TN 24/1/1890)
- Lá breá ag dul chun do phósta agus an lá mór ag dul chun na cille. (F)
- Lá breá do do phósadh agus lá garbh do do thórramh. (CF, AA 1/1940)
- Aoibhinn don chorp a dtuiteann an bháisteach air. (S 5/1929)
- Is beannaithe an rud báisteach le bás. (CF)
- Lá breá ag pósadh is lá doirte ag dul chun cille. (Ca)

cf. Cinnlae III 202, B I 252, IM, O'Daly 94, College 299. Idem App. 283, Ray 44, SH 130 agus tá leagan de in MR 20.

39 Lomadh Luain is bearradh Céadaoine,
Ní raibh riamh gan éagaoin. (M, CF)

- Dealbh Luain is Céadaoine,
  Níor dearnadh riamh gan éagaoin (.i. dealbh snáithe le cur i seol fíodóra). (CF)
- Deilbh Céadaoine ní raibh riamh gan éagaoin. (CF)
- Lomadh Luain nó folcadh Céadaoine. (Ac)

Pisreog faoi ghearradh gruaige nó bearradh caorach, nó dealú snáithe: déantar mallacht de scaití. Ina gceann sin crostar dealbh Déardaoine (Ind) agus gearradh gruaige Aoine ach Aoine an Chéasta amháin (Cum. Béal. 70, 243). Bhí Cáin Domhnaigh na seanaimsire in aghaidh bearradh Domhnaigh agus fiochán Domhnaigh nó Luain (Ériu II 200, 202, 206).
Féach freisin 'Mallacht Raifteirí' (ADR 200). Tá riar seanfhocal den tsórt seo in App. 237, 435 agus faightear an phisreog in Albain (Survivals 293). cf. an rann ó 1627-28 in B XV 274.

40 Luan soir, Máirt siar. (GS)

- Luan is Déardaoin sona, soir is siar. (RM)
- Luan is Céadaoin soir nó siar. (F)
- Luan soir, Máirt siar,
  Céadaoin na luaithre, Déardaoin dearg,
  An Aoine in aghaidh na seachtaine,
  Is an Domhnach ina shaoire (fear a bhí gnothach gach lá den tseachtain, is níor fágadh aon am aige le dul ag iarraidh mná). (CC)
- Luan soir, Máirt siar agus Céadaoin soir ná siar. (F)

Tá sé ádhúil dul soir ar an Luan nó siar ar an Máirt má tá tú ag déanamh imirce ar bith (GS), nó má tá tú ag dul ag pósadh (RM) nó ag dul a pósadh nó ag déanamh cleamhnais (Ca). Maidir le Déardaoin Dearg, deirtear go dtagann sí in aghaidh gach seachtú bliain. Deirtear (RM) nach bhfuil a fhios cén Déardaoin í Déardaoin Dearg, ach bheadh

eagla ar mhná tosú ar dheilbh bréidín ar an Déardaoin, le faitíos gurbh í an Déardaoin Dearg í.
Féach freisin BB 20.
TI 216 (trí banlae), 217 (trí ferlae). Tá pisreog ag Gaeilgeoirí Alban in aghaidh imirce ó thuaidh nó ó dheas ar laethanta áirithe (Survivals 293); pósadh nó athrú cónaí a crostar sa seanfhocal Spáinnise; Rel. II 494 - rann, II NG 83.

41 Má castar bean rua dhuit, casfar an slua dhuit. (RM)

- Is iad na mná rua a bhíos i dtosach an tslua. (Ca)
- Is í an bhean rua a bhíos i dtosach an tslua. (RM)
- Ní bheidh an t-ádh orm ó casadh an bhean rua liom. (GS)

Pisreog: ní bheidh an t-ádh ort an lá sin má castar bean rua leat (go hiondúil an chéad duine ar maidin), mar is í a bhíos ag cinnireacht an tslua sí. cf. Taylor 70, 71, i dtaobh na seanphisreoige seo, atá scaipthe ar fud na hEorpa.

42 Mart is marbhfháisc ar an iasc. (GS)

Pisreog: ní ceart 'Bail ó Dhia' a chur ar iascaire ach cuirtear marbhfháisc ar an iasc.
BB 6.
Tá leaganacha mar seo i nGaeilge Mhanann .i. sláintí a ólann iascairí (MR 10, AWM 190, Vocab. 192).

43 Más fearr a fuair tú muid, go mba seacht bhfearr a fhágfas tú muid. (CR)

- Sonas na gealaí nua orm. (GS)

Leagan a deir duine nuair a fheiceann sé an ghealach nua. Is ceart a bhfuil d'airgead i do phóca a thiontú ar a feiceáil (Ind), rud a chreidtear in Oileán Mhanann freisin (Vocab. 121).
'Guma gheal do sholus dhomh, guma réidh do thurus dhomh, más maith do thoiseach dhomh, seachd fearr do dheireadh dhomh,' etc., paidir Albanach ar fheiceáil na gealaí nua (Yorkshire Celtic Studies I 35); féach freisin Vocab. 6, MR II. cf. Joyce 205, rann páistí.

44 Meanmnaí Dé le dea-scéal chugainn. (GS)

Pisreog: Nuair atá meanmnaí ag duine (tochas ina shrón) go bhfaighidh sé litir (S 7/1929).

45 Ná bain le geis is ní bhainfidh geis leat. (M, Ac, MÓD)

- An té a mbíonn pisreoga aige, ní bhíonn an t-ádh air. (RM S 10/1929, GS)

46 Ná santaigh tús Luain ná deireadh Sathairn. (Ca, CS 5/12/03)

- Is olc an rud buille luath an Luain agus buille mall an tSathairn. (Ac)

Níl sé ádhúil obair nua a thosú ar cheachtar den dá lá seo. Ní ceart uaigh a oscailt Dé Luain; má tá corp le cur Dé Luain, osclaítear an uaigh lá éigin roimhe (GSe; B III 67).
'Buille luath an Luain agus buille deiridh an tSathairn' atá in ADC II 218; féach freisin an nóta faoi na trí Luan dona (ibid 218/220). Tá leagan Ciarraíoch le scéal in B II 199.
Féach 'an Luan Corr' - I; B XII 208.
cf. 4701

47 Ná téigh moch ná mall chuig an tobar. (M, Cum. Béal. 114, 480)

Ar eagla na sióg.

48 Ní bheidh an t-ádh orm, is é an puintín a bhí liom. (GS)

Pisreog; tá sé mí-ádhúil má fhágann tú biorán is a chúl leat (S 10/1929).

49 Ní bhíonn mac Sathairn saolach. (Ár, AA)

Gasúr fir a bheirtear ar an Satharn.

50 Ní bhíonn ón bhfear sona ach breith air. (GS, AConn 1/1908)

- Níl ón duine sonaí ach é a bhreith. (CF)

Níl le déanamh aige ach a lámh a leagan ar rud is éireoidh leis: GS
Mícheart? cf. MIP 345, SM 1150. App. 231 (The fortunate man needs only to be born), DC 88.
Tugtar leagan sean-Bhreatnaise de seo in Early Celtic Nature Poetry (K. Jackson), l. 141.

51 Ní chaitear an uaine gan scannal nó buaireamh. (S, F)

- Ní chaitear an uaine gan scannal an bhuartha. (S)

Is mí-ádhúil an dath é. S 11/1918, 5/1929.
Sa tseanaimsir, shamhlaíodh dath uaine an féar, an talamh, an uaigh agus an bás; cf. an deismireacht as LB (108b 1 agus 49) ag trácht ar dhathanna na gcultacha Aifrinn (Vita Trip. - Stokes - I clxxxvii). Briatharogum Concaulaind (Anec. Ir. Mss. III 45) - 'forbhaid ambí .i. úir'. Sa phisreog (RM) ní ceart culaith uaine a bheith ar dhuine atá ag seasamh le duine atá ag pósadh.
'Green for grief' a deirtear sa mBéarla (Éire agus Sasana), ach níl tagairt dó in Ray, App., SH etc. 'They that marry in green, their sorrow is soon seen' atá in SH 485 (dáta 1847). 'Green is for grief and red is for joy' a deirtear in amhrán tíre i gCo. Cheatharlach. 'Green is for grief, red is for joy; brown is to live far from the town' (Cd); deirtear freisin ann 'má chaitheann tú culaith ghlas, caith trí cinn, nó ní bheidh aon lá den ádh ort'. Féach ÓD (buainmheas).

52 Níl a fhios cá bhfuil an t-ádh, ach tá an mí-ádh gnoitheach. (F)

- Bíonn an mí-ádh gnoitheach. (Ár)
- Bíonn an mí-ádh gnáthach. (CS 19/12/1903)
- An cathú láidir is an mí-ádh gnoitheach (.i. buach) (CF)
- Is maith an meall an t-ádh, ach bíonn an mí-ádh siúlach. (Ca)
- Tá an grá caoch, is an mí-ádh siúlach (CC, CF)

53 Níl neart ag duine ar bith ar an mí-ádh. (Sl, DÓM)

54 Ní measa pisreog ná cat. (Ac)

55 Ní mhaireann an t-ádh i gcónaí. (Sl, DÓM)

56 Nuair a iompaíos an drámh, imíonn an t-ádh. (GS)

Nuair a thagann mí-ádh, imíonn an t-ádh.

57 Sin dhá ní nár ordaigh Críost, bean ag feadaíl ná cearc ag glaoch. (CS 21/6/1902)

Níl siad ádhúil: in áiteacha, má ghlaonn cearc, caitear thar chlaí na teorann í, nó díoltar í, is deirtear gur ceart a marú (rud nach ndéantar go hiondúil).
S 1/1928, B I 250, IV 42; Joyce 191.
Cúpla leagan in Ray is App. (ó 1721) agus ceann in Vocab. 144, Rel. II 483, 502.
cf. 4353 agus 5123

58 Sionnach ar do dhuán, giorria ar do bhaoite,
Nár mharaí tú aon bhreac, go dtaga an Fhéile Bhríde. (RM)

- Ná habair 'sionnach ar do shlat, giorria ar do bhaoite, Nár mharaí tú aon bhreac, go dtaga an Fhéile Bhríde.' (Sp)
- Ná habair 'sionnach ar do dhuán' le iascaire. (M)
- Ná habair 'giorria ar do dhuán' le iascaire. (RM)
- Ná habair 'coinín ar do dhuán' le iascaire. (RM)
- Sionnach ar do dhuán, giorria ar do bhaoite, breac nár mharaí tú go bhfeice tú an oíche. (LMóir)

Eascaine ar iascaire: leanfaidh mí-ádh é má chaintítear ar na beithígh sin, sa mbád, nó le iascaire atá ag cur chun farraige; ní ceart caint i mbád ar mhada (Ind) ná ar bheithígh ceithre chos (Ca, Cum. Béal. 65, 201); má fheiceann iascaire sionnach nó coinín ag dul ag iascaireacht dó, ní mharóidh sé aon bhreac an lá sin (Sp).
cf. 'Sgéalta Cois Teallaigh' (Seoigheach), 24; B I 251, II 90. Tá an phisreog chéanna in Albain (Survivals 107 - giorria; B III 142 - giorria, sionnach, sagart) agus in Oileán Mhanann, Vocab. 41 (beithíoch ar bith, sagart, ministéir), 61 (giorria), 158 (cat, beithíoch fionnaidh ar bith), 181 (muc).
Féach Leitreacha Seilbhéarachta Uí Dhonnabháin III 71, 1 agus Iar-Chonnacht Ruaidhrí Uí Fhlaithbheartaigh, l. 100, nóta d.

59 Sonas ort a chnaipe bháin, is fearr ná cnaipe dubh. (GS)

Pisreog: tá sé ádhúil cnaipe bán a fhágáil ar an talamh (S 7/1929).

60 Stoirm i ndiaidh an chlúmhaigh. (Ca)

Níl sé ádhúil éanlaith a chur trasna uisce i mbád, mar tógfaidh sé stoirm.

61 Uan dubh ar dtús, searrach is a thóin leat,
Cuach i dtaobh na cluaise clí, is ní éireoidh an bhliain leat. (RM)

- Uan dubh ar dtús,
  Searrach is a chúl leat,
  An chuach ag glaoch i do chúl,
  Is ní éireoidh an bhliain sin leat. (CF)
- Uan bán ar dtús an tséasúir,
  Searrach is a aghaidh leat,
  An chuach ag glaoch amach ar d'aghaidh
  Is éireoidh an bhliain sin leat. (CF)
- Casadh liom searrach is a chúl liom,
  Casadh liom seilide ar leac lom,
  Casadh liom cuach is gan bia i mo bhroinn,
  Is nach doiligh don bhliain sin éirí liom. (S 9/1918)
- Chonaic mé searrach is a chúl liom,
  Fuair mé mo nead is í corr,
  Chuala mé an chuach is gan bia i mo bhroinn,
  Is bhí a fhios agam nach n-éireodh an bhliain sin liom. (MS)
- Aghaidh searraigh leat,
  Cuach sa gcluais dheas,
  Seilmide ar an bhféar glas
  Agus éireoidh an bhliain sin leat. (CF)

- Nár fheice mo shúil uan dubh nó go bhfeicfidh mé uan bán. (GS, S 7/1929)
- Tosach uain nó cúl seisrí i dtús bliana, tuar mí-ádhúil. (MÓD)
- Searrach dubh go bhfeice mé. (GS)
- Chuala mé an chuach sular chrom mé. (GS)

Deir na hAlbanaigh gurb í an Chailleach Bhéarrach a dúirt sin (Gaelic Prov. - Nicholson, 144) - cf. nóta Meyer (Irish Songs and Stories I, 120) AA 11/1938, É 4/1939. Cinnlae I 256, II 254, 272, O'Daly 98. Maidir le 'cuach is gan bia i mo bhroinn', féach B III 132 (tús an 19ú haois). Leagan 10: níl sé ádhúil í a chloisteáil is tú ag cromadh.

AIMHREAS

62 An ceap nach ndéanann bróg. (RM)

Nuair a deir duine 'Tá mé ag ceapadh.'

63 An té a bhíos ag síorfhéachaint ar an ngaoth, ní chuirfidh sé síol. (GS)

- An té a bhíos ag faire ar an ngaoth, ní chuirfidh sé síol,
  An té a bhíos ag síorfhéachaint ar néalta, ní bhainfidh sé fómhar. (MS)

An duine nach bhfuil in ann a intinn a dhéanamh suas.
As an mBíobla (Cóh. XI 4): tá leaganacha as an bhFraincis is an Spáinnis in II BSR 269.

64 An té a mbíonn breall air, bíonn aimhreas go minic air. (MÓD, TÓM)

Nach iontrust an breallán (nó leibide).

65 Bíonn an míthapa ann. (MÓD)

66 Cailleann duine a dhinnéar idir an dá theach. (Ca 77, 193)

- Chaill tú do dhinnéar idir an dá theach mar Thadhg táilliúr. (Dún Mór, Cum. Béal. 109, 150; le scéal)

67 Chonaic na daoine an púca, ach níl a fhios cén t-am. (GS)

M. Mac Suibhne 20 (dáta 1810/1820).

68 Cos ag teacht is cos ag imeacht. (GS)

- Idir cás is neamhchás. (IG 8/1905)

Duine atá idir dhá chomhairle.
cf. 1731

69 Dá mbeadh a fhios ag duine a leas, ní dhéanfadh sé a aimhleas. (S)

- Dá mbeadh a fhios againn ár leas, ní dhéanfadh muid ár n-aimhreas. (Ca)
- An té a fheiceas a leas, ní dhéanfaidh sé a aimhleas. (CC)

Rann in D 69 (ls. Muimhneach, 1715). S 11/1919. Seo fealsúnacht Socrates, féach Tosnú na Feallsúnachta (S. Mac Tomáis) 44 agus 69; an Bráthair Feardorcha a mheabhraigh an pointe seo dom.

70 Dris chasáin nó tóin bhogáin. (S 6/1927)

- An dá ní is meallta - dris chasáin nó tóin bhogáin. (S 6/1927)

Dhá rud neamhchinnte: níl a fhios cén uair a leagfas dris chasáin tú nó a bhrisfeas tóin an bhogáin.

71 Faitíos na fala thuas. (IG 8/1905, TÓM, Ca, GS)

1. *Leagan a déarfadh an té a mbeadh faitíos air go dtitfeadh rud (drochrud?) éigin amach (Ca).*
2. *'Déanfaidh mé é, le faitíos etc.,' a deirtear .i. le nach mbeadh sé níos measa (níos deacra) le déanamh arís agam, le heagla na heagla, etc. (LMóir).*
   cf. 2874

72 Giorria nó dos raithní. (Ca, Ind)

- Chonaic sé caora nó rud ba chosúil léi. (MÓD)

Rud éigin neamhchruinn.
Idem App. 287, DC 47, 148 (It's either a hare or a brake-bush, etc.: Naill a'i llwynog a'i llwyn rhedyn). Tugann App. deismireacht dá shamhail as an Laidin (Aut navis aut galerus): cf. nóta in Taylor 129. Féach B VXI 197, tomhas 77.
cf. 1189

73 Is idir dhá stól a shroicheas tú an talamh. (GS)

- Tá a thóin idir dhá stól aige. (IG 7/1905)
- An té a bhíos idir dhá stól, gabhfaidh sé go hurlár. (Ca)

24 P 25, l.58 (16ú haois), BC 625, Rel. II 490. Seanfhocal idirnáisiúnta atá bunaithe ar Laidin Seneca (Soles duabus sellis sedere): II BSR 187; App. 656, Ray 139; DC 195, L II 30, O 315, Lipp. 835, Spr. Red. 22, II NG 122, AWM 185.

74 Is iomaí caoi a léimeas an cat. (RM)

Leagan cainte in SH 538.

75 Is iomaí tuisle ón lámh go dtí an béal. (Ca)

- Tá an cupán i gcontúirt dá mbeadh sé ardaithe go dtí do bhéal. (Ca)

- Is le duine an greim a shloigeas sé ach ní leis an greim atá sé a changaint. (CF)
- Is le duine an greim a shloigeas sé ach ní leis an greim atá ina bhéal. (BA)

BC 146 (tiontú ón mBéarla), Rel. I 159. Seanfhocal idirnáisiúnta, atá bunaithe ar an nGréigis (II BSR 36, 51, SH 290, App. 129, L I 138 NG I 213, 295, O 259, AWM 186).

76 Is minic a bádh long lámh le tír. (S 9/1927)

- Is minic a bádh long in aice calaidh. (MÓD)
- Is minic a bádh long láimh le cuan. (M)
- Is minic a bádh fear báid is é ag taoscadh. (CF)
- Báitear bád lámh le tír. (RM)

Rann as Laud 615 - 'lucht na luinge luchtmaire siad a comrádh re céile meinice ticc tonn cuca - san ó nách fétfuidis érghe.'
O 284 (Navem in portu mergis).
Seanmóirí Uí Ghallchobhair 166, 29.

77 Is minic a bhí duine lúcháireach ar maidin is dobrónach tráthnóna. (R)

cf. 975

78 Is minic a rug dall ar ghiorria. (S 12/1923)

- B'fhéidir go mbéarfadh dall ar ghiorria. (RM, Ca)
- Cé gur minic a rug dall ar ghiorria, níorbh é ab fhearr le cur ina dhiaidh. (GS)

1. Le fonóid, go hiondúil, faoi rud dochreidte (RM). 2. Faoi rud nach bhfuil aon tsúil é a fháil (Ca). 3. Tá sé ina phisreog go bhfuil fear caoch in ann breith ar ghiorria.
Leagan eile S 12/1923. Leagan cainte sa mBéarla (App. 54; dáta 1638), agus i mBéarla Mhanann (Vocab. 97). Tá leaganacha i gCríocha Leatha leis an gciall chéanna, mórán, cf. II BSR 14, I 236 (Talvolta un cieco trova un ferro di cavallo; Ein blindes Huhn findet wohl auch ein Korn, etc.), Lipp. (blind).
cf. 731 agus 4801

79 Is rud beag 'b'fhéidir'. (AR 323)

- Is rud bog 'b'fhéidir'. (AR 323a)

80 Is sleamhain an leac ag doras duine uasail. (AR)

- Is sleamhain iad leacracha an tí mhóir. (GSe)
- Is sleamhain iad leacracha tithe móra. (CS)
- Is luaimneach ar leacracha an tí mhóir. (AR)
- Is luaimneach ar leacracha tithe móra. (CS)
- Bíonn leacracha tithe móra sleamhain. (IG 7/1905)
- Bíonn na leacracha sleamhain go dtí an teach mór. (AConn 10/1907)
- Is luaimneach ar eochracha an tí mhóir. (RM)
- Is fánach ar eochracha an tí mhóir. (Ár, BA)
- Is glas iad eochracha tithe móra. (Ind)
- Is luaimneach iad eochracha an tí mhóir. (RM)
- Bíonn slua ar eochracha an tí mhóir. (Ca)
- Is mairg a bheadh ag faire ar eochracha an tí mhóir. (RM)
- Is fánach iad eochracha tí mhóir. (CF)
- Athrú ar eochracha an tí mhóir. (Tm, FL 23/8/1924)
- Bíonn leacracha sleamhna i dtithe daoine uaisle. (AA 8/1942)
- Is luaineach ar eochracha an tí mhóir. (AR 413)

1. Nach buan aon dream sa teach mór; is minic malairt úinéaraí ina sheilbh. 2. Is éasca do sheirbhísigh botún a n-aimhleasa a dhéanamh sa teach mór (GSe).
Tá ciall eile in IG VIII 14, MIP 348. Rel. I 153. CS 21/3/03. 'Ha' binks are sliddery' a deirtear in Albain (Ray 239, SH 128). Rel. II 406 (18ú haois)

81 Is sleamhain an leac idir an leac is an losad. (AR)

- D'imigh sé idir an leac is an losad. (GS, Ac)

Faoi ní a d'imeodh uait nuair a cheap tú a bheith i ngreim maith agat.

82 Mise mé féin, ach cé hé thusa? (IG 9/1905)

Níl a fhios agat intinn an duine eile.

83 Ná géill do Shíle mar tá Síle caoch. (Ca)

Ná bac leis an té a shíleas rud. cf. 919

84 Ná santaigh ba gamhna go mbeire siad an lao. (GS)

Ba ionlao: fan go mbeidh siad slán ina dhiaidh. Ná glac rud go mbeidh tú siúráilte go bhfuil sé ar fheabhas.

85 Ní fearr do dhóigh ná do bharúil. (RM)

86 Níl a fhios cé hé searrach na dea-lárach. (RM)

- Chomh dothóigthe le searrach seanlárach. (CF)

  Is doiligh a bheith cinnte céard é an ceann ceart de go leor.
  cf. OL 79, ÓD (searrach).
  cf. 5166 agus 5173

87 Níl a fhios cé is fearr, an luas nó an mhoill. (S 3/1920)

- Ní fios an fearr an luath nó an mhoill. (S 5/1929)
- Níl a fhios ag an fhathach ná ag an fhile cé acu is fearr luas nó moille. (Ac)
- Níl a fhios ag fáidh ná file cé acu is fearr luas nó moille. (U, B 6/1933)
- Níl a fhios ag fáidh ná file cé acu an fearr luas nó moille. (GS)
- Níl a fhios ag duine cé acu is fearr an tapa nó an mall. (IG 10/1905)
- Níl a fhios cé fearr an tús nó an deireadh. (S 5/1929)
- Níl a fhios cé is fearr éirí go moch nó codladh go headra. (GS)
- Níl a fhios cé is fearr a luas nó a mhoill, ach an té a d'fhéach iad, b'fhearr an mhoill. (F)
- Níl a fhios cé is fearr luas nó moill, ach dúirt an seanghabhar bacach go mb'fhearr an mhoill, is dúirt an coinín go mb'fhearr an luas. (RM)
- Mar a dúirt an gabhar bacach, 'Níl a fhios agam cé acu is fearr, luas nó moilleas.' (CS 28/3/1903)
- Níl a fhios cé is fearr, a thús nó a dheireadh. (F)
- Níl a fhios cé is fearr, luas nó moill, ach fuair Donnchadh amach gur fearr an mhoill. (Gearrbhaile 1937, l. 25.)

  Eg. 88, 72 (37) - Co fis dom is ferr luas na maille ar in leth tís (Cat. I; dáta 1564). Amh. Ch. (Ó Máille) 251 (ls. 1830 nó roimhe). Féach an scéilín faoin dá ghabhar (CF; AA 1/1937). College 296. O (mora 1).

88 Níl a fhios cén t-eireaball a fheannfar go fóill. (GS)

89 Níl a fhios nach mar is dona is fearr, ach is deacair a rá gurb ea. (AR 433)

- Níl a fhios nach mar is doiligh is fearr, cé deacair a rá gurb ea. (IG 9/1895)
- Níl a fhios nach fearr go dona ná go maith, ach is deacair a rá gur fearr. (G)

90 Níl in 'b'fhéidir' ach bacach. (CR)

91 Níl peaca is measa ná peaca an aimhris. (CF)

92 Níl poll ar bith níos doimhne ná poll an aimhris. (DÓM)

93 Ní mar a shíltear a chinntear. (AR, TÓM)

- Ní mar a shíltear a bhítear. (S 4/1924)
- Ní mar a shíltear a bhíos go minic. (IG 11/1905)
- Ní mar a shíltear a chinntear, ná den chríonnacht a bheith róchinnte. (RM)

  Féach na leaganacha as trí chanúint, Ériu I 59.

94 Ní thaitníonn liom agam é agus ní thaitníonn liom uaim é. (C)

95 Síleann an dall gur míol gach meall. (Ca)

- Síleann an dall gur cnoc gach meall. (RM)
- Síleann an dall gur fata gach meall. (CR)

  Nach mbíonn eolas ag duine gan léargas ceart ar an scéal.

96 Tá dhá 'bh'fhéidir' ann, b'fhéidir go bhfuil is b'fhéidir nach bhfuil. (GS)

- Tá an dá 'bh'fhéidir' ann. (Ár, Ca, AA 12/1933)

97 Tadhg an dá bhruach. (GS)

- Tadhg an dá thaobh. (GS, LMóir)
- Tadhg an dá bhró. (LMóir)

  Ray 166 SH 323, App. 330 (Jack on both sides).
  cf. 3893

98 Tá sé mar an macalla, níl a fhios ag éinne cá bhfuil a áit chónaí. (IG V 72)

99 Urchar an daill faoin earall. (LB, AA 3/1937)

  Urchar i bhfad ón áit cheart.
  Truailliú atá sa bhfocal 'earall' is gheofar an leagan ceart in MIP 401. 'Urchar an daill faoin abhall' atá in B II 154 (Ca) .i. teideal scéil; cf. freisin B V 292 (Corcaigh) agus Cum. Béal. 158, lgh.135, 237, 368. Rel. I 155

AIMSEAR

100 An bodachán a ardaíos na haibhneacha. (CF)

101 An chos dubh ón tóin a bhain an mhóin san earrach. (MÓD)

102 An ghaoth aneas, bíonn sí tais, is cuireann sí rath ar shíolta;
An ghaoth aduaidh, bíonn sí crua, is cuireann sí fuacht ar dhaoine;
An ghaoth anoir, bíonn sí bog, is baineann sí troigh den taoille;
An ghaoth aniar, bíonn sí fial, is cuireann sí iasc ar líonta. (RM)

- An ghaoth aduaidh, bíonn sí fuar, is baineann sí uan as caoirigh;
An ghaoth aneas, bíonn sí tais, is cuireann sí maise ar shíolta;
An ghaoth anoir, bíonn sí géar, is cuireann sí geir i gcaoirigh,
An ghaoth aniar, bíonn sí beir (?) is cuireann sí iasc chun tíre. (IG)
- An ghaoth aduaidh, bíonn sí crua, is cuireann sí fuacht ar dhaoine;
An ghaoth anoir, sneachta go spéir, is fágann sí aibhneacha líonta;
An ghaoth aneas, bíonn sí tais, is tugann sí bric chun tíre,
An ghaoth aniar, bíonn sí te, is cuireann sí geir sna caoirigh. (F)
- An ghaoth aduaidh, bíonn sí fuar, is cuireann sí cruas i ndaoine. (S)
- An ghaoth aduaidh, bíonn sí fuar, is cuireann sí fuacht ar dhá ghualainn daoine. (IG 5/1891)
- An ghaoth anoir, bíonn sí tirim, is cuireann sí geir i gcaoirigh. (S)
- An ghaoth anoir, bíonn sí tur, is cuireann sí geir i gcaoirigh. (M)
- An ghaoth ó dheas, bíonn sí tais is cuireann sí leas ar chaoirigh. (MS)
- An ghaoth anoir, téann go smior, is baineann sí geir as caoirigh. (Tm, IG 5/1891)
- An ghaoth anoir, bíonn sí fuar is cuireann sí gruaim ar chaoirigh. (F)
- An ghaoth aneas, bíonn sí tais, is cuireann sí bláth ar crainnte,
An ghaoth anoir, téann go fraigh, is baineann sí troigh den fhaobhar. (CC)
- An ghaoth anoir, bíonn sí tur, is cuireann sí bruith ar chaoirigh. (GS)
- An ghaoth anoir, bíonn sí mear, is baineann sí troigh den taoille. (Ár)

Leaganacha in Cinnlae II 112, etc. IG 5/1891. Tá ceithre líne faoi na príomhghaotha in SR (Stokes), 69-72, is caint thairis faoina ndathanna; cf. freisin, LHI (Hyde), 415-416: tá 'cailleoireacht' faoi na hocht bpríomhghaotha in Hib. Min. (Meyer), 1, as ls. den 15ú haois. Trans. Oss. Soc. II 113 (an mac a bheirtear ar ghaoth aniar); AGC 102 (eagrán 1931) - in amhrán le Domhnall Meirgeach mar a shíltear; Búrd. 131 (leagan béil). Rel. II 491.
cf. Freisin DC 132 (Gwynt o'r dwyrain, gelyn milain), SH 578 (dhá leagan faoin ngaoth aneas), MR 46 (dhá leagan).

103 An treas lá den ghaoth aduaidh,
Bealach mór isteach go huaigh. (GSe)

- Trí lá gaoithe aduaidh, is a bhfáil go maith, bhéarfadh anonn thar gheataí Luimnigh thú. (U, B 6/1933)

104 Arsa Bríd: 'Gach re lá breá ó mo lá-sa amach'; Arsa Pádraig, 'Gach lá breá ó mo lá-sa amach, is leath mo lae féin leis.' (TN 18/5/1892)

- Gach lá go breá ón lá seo amach, is leath an lae leis (i. lá 'le Pádraig). (BA)

An áit a bhfuair Pádraig an ceann is fearr ar Bhríd, is iad ag socrú aimsir an earraigh.
Cinnlae i 220, II 102, III 26, etc.

105 Ar sioc tús oíche a dhíol Fionn na bróga. (CF, CC, U B 6/1933)

- Le sioc tús oíche a dhíol Fionn na bróga. (F)
- Chomh críonna leis an gCeannaí Fionn. (GS)

Bhí a fhios aige nach mbeadh an sioc buan, agus go mbeadh báisteach ann roimh maidin. Luaitear an Ceannaí Fionn sa 'Sparán buí' le Eoghan Rua in O'Daly 's Irish Language Miscellany 59 agus is teideal scéil é in S 7/1930:
cf. 157.

106 Báisteach an tseaca agus an tsneachta. (Ca)

An dá bháisteach is measa.
cf. Cumhacht na Cinneamhna 22.

107 Báisteach gheimhridh, báisteach mhillteach. (Sa)

108 Báisteach ó Dhia chugainn is gan é a bheith fliuch, is cuid an lae amáirigh go ndéana sé anocht. (GSe)

109 Báisteach ó Dhia chugainn is lá breá ina dhiaidh againn. (F)

- Báisteach ó Dhia is lá breá ina dhiaidh. (IG 7/1905, TÓM)

110 Bíodh bun na gaoithe glan agus beidh an lá go maith. (CF)

111 Bíonn an Aoine in aghaidh na seachtaine. (CC, Ár, F)

Athraíonn an aimsir ar an Aoine is fanann sí mar sin go ceann seachtaine.
App. 236, 237 (Friday is the best or worst day of the week), SH 113 (Friday and the week is seldom aleek).

112 Bíonn 'Máirtín Gágach' amuigh sa Márta. (Sa)

- Cosa gágacha ag fearr boinn sa Márta (fear cosnochta). (Sa)
- Máirtín na ngág. (U, LMóir, B 6/1933)
- Mallacht ghaoth ghágach an Mhárta. (Sa)
- Mallacht Mháirtín na nGág. (Sa)

Fágann an ghaoth fhuar ghéar gága ar chraiceann na lámh is na gcos: déantar 'Máirtín' as ainm na míosa.
'Mar ghal gaoithe Márta rua í' atá i Seilg Cruachain (Lia Fáil III 27). Ray 33 ('March hack ham').

113 Bliain an bhrosna. (CF, AA 4/1937)

Bliain fhliuch nár thriomaigh an mhóin.

114 Bliain na n-airní, bliain bhrónach,
Bliain na sceachóirí, bliain bhreá. (GSe)

AA 11/1938. Tá an chéad chuid in App.399 (dáta 1850) áit a dtugtar síos é mar sheanfhocal as Corn na Breataine; in SH 288 (dáta 1842) is focal Albanach é; leagan eile AWM 149.

115 Blífear bó an tsneachta nuair a chaillfear bó an tseaca. (Ár)

- Nuair a bhlífeá bó an tsneachta, d'fheannfá bó an tseaca. (Ca)

116 Bogha fliuch na maidne, bogha tirim an tráthnóna. (TN 28/12/93)

- Tuar ceatha ar maidin, beidh agat dea-arbhar,
Tuar ceatha tráthnóna, is olc an comhartha. (MS)

PB 116, I L 62, Arm. 788

117 Cairde (Cara) maith lá fada samhraidh. (M)

- Is maith an chara lá breá samhraidh. (MS)
- Is maith an chara lá fada samhraidh. (Ind)

Cuirfidh sé fás breá ar bharra is beidh do chairde dá réir.

118 Calm geimhridh is stoirm shamhraidh, ní mhaireann siad i bhfad. (AR 576)

- Calm geimhridh is stoirm shamhraidh, sin dhá rud nach seasann i bhfad. (S 4/1927)
- Stoirm shamhraidh nó téigleadh geimhridh, dhá ní nach maireann i bhfad. (Ac)
- Dhá rud nár mhair i bhfad ariamh, stoirm shamhraidh agus téigleadh geimhridh. (Ac)
- Calm geimhridh is stoirm shamhraidh, dhá rud neamhbhuana. (GS)
- Ní buan stoirm shamhraidh ná calm geimhridh. (Ca)

119 Céad míle fáilte roimh Ghairbheacht (Gairbhín) na gCuach. (S)

As siocair an aimsir bhreá a bheith ag teacht ina dhiaidh.

120 Ceann garbh ar mhaidin earraigh, is ceann mín ar an tráthnóna. (RM, ACC 46)

- Ceann con ar mhaidin earraigh is ceann caol mada alla ar an tráthnóna. (F)
- Ceann garbh maidin earraigh, is ceann mada alla tráthnóna. (TÓM)
- Bíonn ceann dubh ar gach maidin earraigh. (CS 2/5/1903)
- Bíonn béal dubh ar gach maidin earraigh. (GS)
- Bíonn ceann ceoch ar gach maidin earraigh. (Ca)
- Is minic a bhí ceann gointe maidin earraigh. (AR 166)
- Ceann goiniúil maidin earraigh. (TÓM)
- Bíonn ceann dubh ar an gcéad lá d'earrach. (F)
- Is minic ceann géar ar maidin earraigh. (Ca)
- Má bhíonn ceann uain ar mhaidin earraigh, beidh ceann mada allta ar an tráthnóna. (Sp, Cum. Béal. 77, 25)

DC 168 (Pen ci ar fore gwanwyn), II NG 331.

121 Ceo ar loch, ceo an tsonais,
Ceo ar chnoc, ceo an donais. (CR, M)

- Ceo ar abhainn, ceo an tsonais,
Ceo ar chnoc, ceo an donais. (CC)

Cinnlae III 128, IV 38, etc. Deirtear a mhalairt in TGJ 168, 169: tá dhá leagan, freisin, in App. 419, SH 577 (dátaí 1846, 1891), ceann acu ag aontú roinnt leis seo agus ceann eile ar a mhalairt. Tá ionann is an dara líne in III NG 43

122 Ceo faoi Nollaig a ramhraíos teampall. (TÓM, MÓD)

- Ceo faoi Nollaig a dheargas reilig. (MÓD)
- Nollaig cheobharnach a ghníos reilig shéasúrach. (Ca, Cum. Béal. 77, 337)

O'Daly 96.
cf. 233

123 Cér bith caoi a mbeidh an Satharn, sin mar meas a bheas an tseachtain dár gcionn. (MS, I)

124 Chomh fada le Domhnach fliuch. (F)

125 Chomh fada le seachtain fhliuch. (GS, LMóir)

126 Chuile lá ina dhíle, ach lá an aonaigh a bheith go breá. (Sa)

127 Cith na gcaislín agus gairbhín na gcuach. (Gearrbhaile 1941–1942, gan áit.)

128 Cosúlacht drochaimsire, tóin an chait a bheith leis an tine. (CF, IG 8/1894)

- Cosúlacht garbhshín, tóin an chait a bheith leis an tine. (F)
- Aimsir chrua, tráth a mbíonn an cat in aice na tine. (RM)

Tá trácht ar an tuar céanna in TGJ 169 (cat), 170 (duine).

129 Cothromacan síne na haimsire. (AR 387)

Go dtiocfaidh an aimsir amach in imeacht bliana, mórán cothrom de réir na séasúr, nó má thagann fuacht mór, séasúr amháin, go dtiocfaidh teas mór, dá réir, séasúr eile.
cf. an duan le Niall Ó Ruanadha (Branach 2328 - 'biaidh uair ort 'na aithriochus, ní comhthrom bíd na siona'). Dioghluim Dána 3, 4b. Cinnlae III 232 'Baineann an aimsir comhar dhá chéile'. S 8/1928, l.8.
cf. 1523

130 Cothú na stoirme, ligean faoi an tráthnóna. (IG 7/1905)

- Cothú na huaire móire, an tráthnóna a bheith ag lagú (lagan). (CR)
- Cosúlacht na huaire móire, an tráthnóna ag ligean faoi. (CM, S)
- Cothú na doininne soineann na hoíche. (CnM, AA 9/1940)
- Cothú na huaire móire, ligean faoi sa ló agus ardú leis an tráthnóna. (CF)
- Cothú na drochaimsire, ligean faoi sa tráthnóna. (GS)

Má dhéanann sé aiteall tráthnóna, is treiside an stoirm ina dhiaidh.

131 Cuireann an ghaoth aduaidh an bháisteach ar gcúl. (Sa)

Seanfh. XXV, 23: idem Ray 34.

132 Dá mbeadh an ghrian ag scoilteadh na gcloch, ba mhaith leis an bhfuar-the teas. (CR)

SFM 5.
cf. 3001

133 Dá mbeadh báisteach go Samhain, ní bheadh ann ach cith. (GS)

134 Dhá dtrian galra le oíche,
Dhá dtrian gaoithe le crainn,
Dhá dtrian sneachta le sléibhte,
Is dhá dtrian gréine le haill. (S 11/1919)

- Dhá dtrian galra le oíche,
Dhá dtrian gaoithe le crainn,
Dhá dtrian sneachta le sléibhte,
Is dhá dtrian gréine le binn. (GS)

cf. 3847

135 Dhá lá soininne is saoire,
Dhá lá gaoithe is fearthainne,
Dhá lá seaca is sneachta,
Mar sin ab fhearr an tseachtain. (MS)

136 Dhá scór lá agus lá San Suítín. (MS)

App. 547.

137 Díogha gach sín sioc. (S)

- Díogha gach síonach sioc. (CR)

O'Daly 91

138 D'ordaigh Dia tús nó deireadh an mhúir a ligean thart. (Ca)

- D'ordaigh Dia an cith a ligean thart. (IG 1/1906)

- D'ordaigh Dia do dhuine an cith a ligean thart, mara mbeadh aige ach a mhaide a shá sa sliabh is dul ar a scáth. (F)
- Tús nó deireadh múir, lig thart é. (RM, Ca)
- D'ordaigh Dia do dhuine an cith a ligean thairis. (S 2/1918)

Sa scéal (Tuaim), chuir an rí duine i dteachtaireacht agus ar an mbealach dó chuaigh an teachtaire ar foscadh ón múr. Fad is a bhí sé ansin, chuala sé beirt ag caint ar an rí a mharú agus bhí sé in ann fógra a shábhála a chur chuige.
Ón mBráthair Feardorcha é seo.
cf. 4175

139 Dubhluachair na bliana, idir Nollaig is Féile Bhríde. (S 11/1919, TÓM)
- Idir Nollaig agus Féile Bhríde,
Sin dubhluachair na bliana. (I)
- Coirice dubh na bliana idir Nollaig is Féile Bhríde. (F)
- Coiricín dubh na bliana idir Nollaig is Féile Bhríde. (Ca)

An chuid is measa den gheimhreadh.
BB 38.
Cinnlae V 54.
Dhá leagan in MR 7, 8.

140 Éireoidh dusta ar bóithre fós. (Ca)
- Dá fhliche an lá atá ann, éireoidh dusta ar bóithre fós. (Ca)
- Tiocfaidh lá fós a n-éireoidh dusta de bhóithre. (Sa)
- Éireoidh dusta ar bhóithre fós, is báisteach lena fhliuchadh. (Ca)
- Nuair a thiocfas an samhradh, beidh gnotha ag bó dá heireaball. (F)
- Tiocfaidh lá go fóill a bhfaighidh an bhó gnotha dá heireaball féin. (U, SH 425 (dáta 1721), LSM 22t (véarsa), B 6/1933)
- Tiocfaidh lá fós a mbeidh ceol ag na fuiseoga. (RM)
- Tiocfaidh an lá fós a mbeidh an fiach dubh ag cur a theanga amach. (CR)
- Tiocfaidh lá fós a sínfidh muid siar is a mbreathnóidh muid suas. (RM)

Beidh an aimsir go breá arís.

141 Faigheann chuile dhuine a chion den lá breá. (GS)

cf. Mth. V, 45, is seanfhocail a d'fhás as (I L 83, I BSR 3, 12; teangacha Rómhánacha), is O 326 (Sol omnibus lucet).

142 Fliuch san oíche is tirim ar maidin. (MÓD, TÓM)

Má bhíonn an oíche fliuch, beidh an lá dár gcionn tirim.

143 Fómhar féarmhar, earrach éagmhar. (GS)

ÓD (éagmhar)

144 Fuacht is fearthainn, cruatan earraigh, is fuaidreamh fada faoi shléibhte. (CC, S 1/1918)
- Fuacht is fearthainn, cruachan earraigh, is fuaidreamh fada faoi shléibhte. (TÓM)

Drochaimsir earraigh ag an té a shiúlann sléibhte.

145 Gairbhín na gcuach, fearthainn is fuacht. (CnM, F)
- Gairbhín na gcuach, garbhshíon is é fuar. (M)

cf. ÓD (scairbhín)

146 Gealach earraigh ní mholfaí ariamh í. (Ár, Cum. Béal. 101, 536)

147 Gealach na gcoinnleach is gile sa mbliain. (Ca)

148 Gealach úr ar an Satharn, uair amháin, is rómhinic sin féin. (M)
- Uair sa chuile seachtú bliain is mian leis an mairnéalach gealach Sathairn a fheiceáil. (F)

Comhartha stoirme is garbhshíne í.
SH 379, AWM 108, Vocab. 155, MR 15, 43, 46; gealach Aoine a deirtear in SH 113. Bangor 471 (Sadwrn).

149 Gearróga dubha na Nollag. (F)

Timpeall is seachtain roimh is i ndiaidh an lae is giorra sa mbliain.
ÓD (gearróg).

150 Go mbeirimid beo ar an am seo arís,
Ná beirimid beo ar an samhradh choíche. (M, Cum. Béal. 114, 363)

Caint a dúirt an buachaill falsa agus é ag ithe ceaile; thaitin an bheatha leis ach bhí doicheall aige roimh obair an tsamhraidh.

151 I bhfad ag cur, i bhfad ina tioradh. (CR)
- I bhfad ag cur, i bhfad ag tioradh. (Sp)

Gur fada go dtriomóidh sé i ndiaidh báistí móire.
Féach Cinnlae IV 22: 'i bhfad briste, i bhfad breá'.

152 I mí Iúil a thuiteas na madraí den chlaí le ocras. (F)

Is séasúr gortach é an samhradh.
cf. 163

153 Insíonn na néalta a scéala féin. (M)

- Insíonn na réalta a scéala féin. (CF)

154 Is é díogha gach sín an sioc ach is fearr an sioc féin ná an ghaoth. (F, TÓM)

- Díogha gach síona sioc ach is fearr sioc féin ná síorghaoth. (Ac)

155 Is é lá na báistí lá na lachan. (GS)

Joyce 61

156 Is é mian na seandaoine na Faoillí a theacht garbh. (F)

- Faoillí doininne, mian an tseanóra. (IG 10/1899)

Le nach mbeidh an scaitheamh drochaimsire sin ag teacht níos deireanaí san earrach.
cf. 222

157 Is é tús ceatha ceo is deireadh ceatha ceo. (AR 487)

cf. 5210

158 Is fearr breathnú amach ná breathnú isteach. (RM, UA)

- Is fearr amharc amach ná dhá amharc isteach, lá fliuch. (GS)
- Is fearr a bheith ag dearcadh amach ná a bheith ag dearcadh isteach, lá fliuch. (TÓM)
- Is fearr istigh ná amuigh inniu. (DÓM, Sl)

Ray 130 (To see it rain is better than to be in it).

159 Is fearr lán cófra de dheannach Mhárta, ná lán cófra d'ór buí. (F)

- Is fearr lán cupáin de dhusta Mhárta, ná lán cupáin d'ór buí. (F)
- Is fearr cáibín deannaigh Márta ná cáibín óir. (FL 3/1930)

Cinnlae III 126, 130. SH 3.

160 Is fearr sinneán den ghaoth aneas ná tinte ceap na hÉireann. (F)

- Is teo aon phuth amháin den ghaoth aneas ná tinte ceap an domhain. (CS 30/9/1916)
- Is teocha sinneán den ghaoth aneas ná seacht dtinte ar cheap. (CR)
- Is fearr sinneán gaoithe aneas ná na mílte tine ar ceap (CF)

Tagann sé isteach sa scéal ar an nGobán Saor agus a iníon; 'Céard is teocha ná na tinte uilig sa domhan?' a d'fhiafraigh an Gobán. 'Is teocha aon tséideog amháin den ghaoth aneas ná na tinte uilig sa domhan,' an freagra (CF). Fairsing in Cinnlae.

161 Is fearr sioc ná síorfhearthainn. (S)

- Is fearr sioc ná síorbháisteach. (CF)
- Díogha gach sín an sioc, ach sháraigh an tsíorfhearthainn é. (Ca)
- Díogha gach sín an sioc, ach is fearr an sioc féin ná an tsíorbháisteach. (F)

Id. Cinnlae I 204, II 72, 94, 358; 'Dech do shinaibh ceo. Fearr a brathair broen' atá in Mélusine X 114 (as LL)

162 Is fearr spéir réaltach ná bogha ceatha thoir. (Sa)

163 Is fial an fómhar, ach is é an samhradh an fear gortach. (Ca)

Bíonn torthaí aibí sa bhfómhar, ach sa samhradh ní bhíonn siad ach ag fás.
Cinnlae II 302 ('Buidhemis brothallach biadhghann') IV 42 ('Buidhemis na gorta').
Féach rann LB (AA 10/1938):
'A Dhia agus a Mhuire, cé dtiubhra mé m'aghaidh?
Isteach ins a' poorhouse, go n-imthighe 'n July'.
cf. 152

164 Is fuar an síorfhliuch. (CR)

- Is fuar an síorfhliuchas. (GSe)
- Is fuar gach fliuch. (MS)
- Bíonn gach báisteach fuar. (BA)

Idem DC 164. Leagan 3: cf. Cinnlae II 302, etc

165 Is gearr a mhairfeas néalta ar an ngréin, lá breá. (GS)

166 Is glas an rud é an fómhar. (CR, TÓM)

MIP 98/99

167 Is í an Nollaig í, is í an Nollaig í,
Is mór a mhilleas sí ach is beag a leasaíos sí. (Sa)

168 Is í an uair bhreá a ghníos an obair. (GS)

YD 23 dhá leagan (Ar hindda mae gweithio, etc.)

169 Is iomaí duine a bhuail scalán gréine. (F)

Nach mbíonn an ghrian i bhfolach i gcónaí.

170 Is iomaí taod a thig in aghaidh lá earraigh. (Ca)

- Is iomaí cor a chuireas lá Márta dhe. (F)
- Is iomaí cor a chuireas an t-earrach dhe. (Sa)

Cinnlae II 104, III 116, etc.

171 Is maith an bhean cháite an ghaoth. (GSe)

- Is an-bhean cháite an ghaoth. (Sp)

SFM 9

172 Is maith an bhliain a dtagann Nollaig i dtús gealaí. (Ár, Cum. Béal. 101, 536)

173 Is maith é fómhar na míoltóg. (LB, AA 6/1940)

Comhartha teasa iad.

174 Is minic as an spéir ghorm a tháinig stoirm bhorb. (Sl)

Féach ACC 63a.

175 Is minic maidin shreangáin ina lá gréine. (TÓM)

- Is minic maidin siongán ina lá gréine. (Mnl)

Nuair a d'fheicfeá na seangáin ag eitilt thart ina sealaí ar maidin.

176 Is minic súil dhearg fliuch. (GS)

Báisteach ar an spéir dhearg.

177 Is olc faoina dtriomacht tús Aoine nó deireadh Sathairn. (F)

- Tús Aoine nó deireadh Sathairn, is olc iad faoi thriomach nuair a thosaíos siad. (TÓM)
- Tús Aoine nó deireadh Sathairn fliuch, is olc iad faoina dtioradh. (MÓD)
- Tús Aoine is deireadh Sathairn, is fearr faoi thriomach. (Ca)
- Tús Aoine nó deireadh Sathairn, nó maidin Domhnaigh idir dhá (roimh an) Aifreann. (CF)
- Tús Aoine nó deireadh Sathairn. (GS, ÁC)
- Is olc í an Aoine faoina tioradh. (MÓD)
- Tosach Aoine nó deireadh Sathairn. (MS)

1. Má thosaíonn sé ag báisteach ansin, is fada go stopfaidh sí. 2. Má thosaíonn an bháisteach i dtús Aoine, ní stopfaidh sí go deireadh an tSathairn (Áth Cinn). 3. Sin iad na huaireanta is baolaí báisteach (CF). 4. Is iondúil a bheith fliuch (GS).

'Fearthain Aeini eineach Neill' atá in Duanaire Mhic Shamhradháin den 14ú haois (AA /1940). Tá leagan den tseanfhocal in ADC II, 218, agus véarsa Árainneach in Gearrbhaile 1938–39. TGJ 169 (Bíonn fáilte roimh an Satharn in aimsir triomaigh, le súil go mbeidh sé fliuch).
cf. 5146

178 Is tréan an rud cuaifeach ar thaobh sléibhe,
Is tréan an rud fuarlach i ndiaidh tuile liaga,
Is tréan an rud stoirm ar an bhfarraige ghéagach,
Ach is treise go fóill scalán gréine. (GS)

179 Lá breá is lá báistí, oíche sheaca is corrchith sneachta. (F)

Rogha an fheilméara.

180 Lá coscartha an tsneachta an lá is fuaire ar bith. (S 2/1919)

- Níl lá ar bith is measa ná lá coscartha an tsneachta. (RM)

Focal dá shórt PB 112.

181 Lá Fhéile Bríde Bricín,
Cuirtear roinnt ar an bhfuacht;
Lá Fhéile Pádraig na bhFeart,
Baintear an chloch fhuar. (S 3/1927)

- Oíche Fhéile Fionnáin Fionn a théas roinnt ar an bhfuacht,
Agus Lá Fhéile Pádraig na bhFear, a bhaineas neart as an gcloch fhuar. (U, B 6/1933)
- Lá Fhéile Fionnáin tigeann mír ar an bhfuacht. (GS)
- Lá Fhéile Fionnáin, a chuireas mír ar an bhfuacht. (BB 21)
- Lá Fhéile Pádraig, tóigtear an chloch fhuar as an uisce, is cuirtear sa bhfarraige í;
Lá Fhéile Michíl, tóigtear as an uisce í, is cuirtear ar ais sa bhfarraige í. (F)
- Lá Phádraig na mBeart baineann sé an ghaimh as an gcloch ghlas. (Ac)
- Lá Fhéile Fionnáin Fionn tigeann mír ar an bhfuacht,
Lá Fhéile Bríde Báine baintear an ghaimh as an gcloch fhuar,
Is Lá Fhéile Pádraig na mBeart tigeann scapadh ar an bhfuacht. (GS)
- Oíche Fhéile Fionnáin Fionn a théas roinnt ar an bhfuacht,
Agus Lá Fhéile Pádraig na bhFear tóigtear as an chloch fhuar. (CF)

- Oíche Fhéile Fionnáin Fionn is ea báitear an chloch ghlas,
  Is Lá Fhéile Pádraig na bhFear is ea a thosaíos sí ag teacht as. (Ár, Cum. Béal. 101, 544)
- Lá Fhéile Pádraig a bhFeart baintear an ghangaid as an gcloch fhuar. (GS)

  Sin é an t-am a imíonn an ghaimh as an aimsir.
  cf. IG VIII 56 agus B I 246. B III 134, leagan as ls. IGT, líne 1725. Joyce 115.
  Ray 32 (Candlemas day …snow…hot stone), agus II NG 41 (El dia de San Pedro …sola piedra).

182 Laghdaíonn báisteach gaoth. (RM)

183 Lá millte na móna, lá fómhair chun gabáiste. (RM, Ca)

184 Lá na dtrí síon. (CR)

- Oíche na seacht síon (i. drochoíche amach is amach). (CR)

  Trí (seacht) shaghas aimsire in imeacht lae (oíche) amháin. Deirtear go dtagann seacht síonta sa mbliain, báisteach, sioc, sneachta, gaoth mhór, tintreach, toirneach, dubhcheo (GS).
  'Hil-lathi na teorai in lá sin .i. gaeth ocus snechta ocus fleochud ina dorus' (AMC - Meyer - l. 11). Mac (storm).
  Tá leagan ón 16ú haois in Bàrdachd Ghàidhlig 6500 (latha nan seachd sìon).

185 Lá sionnaigh. (I)

- Lá idir dhá shíon. (IG 9/1905)

  Lá amháin a bheith go breá i lár scaitheamh drochshíne; 'Lá peata,' nó 'peata lae' a deirtear freisin.
  PMB 249 (sionnach de lá); Éigse VI 44 (sionnach lae); Bangor 355 (diwrnod llwynog .i. breá ina thús ach fliuch ina dhiaidh sin). Tá an dá leagan i nGaeilge Mhanann (Vocab. 65, 135).

186 Lá tréan fuar is sioc is gaoth aneas. (TÓM)

- Lá crua, ceo ó thuaidh, is gaoth aneas. (TÓM)

  An lá is fuaire(?).

187 Le gaoth aniar aneas is gairbhe a bhíos sé. (Ár)

188 Má bhíonn Lá Bealtaine breá grianmhar, beidh dhá gheimhreadh sa mbliain sin. (F)

- Má tá Lá Fhéile Muire na gCoinneal go breá, tá dhá gheimhreadh sa mbliain. (Ár, Cum. Béal. 101, 540)

189 Mar a bhíos an Déardaoin deiridh den tseanghealach, is mar sin a bheas an chéad cheathrú den ghealach úr. (M)

190 Mar a bhíos dhá lá dhéag na Nollag, beidh dhá mhí dhéag na bliana. (F)

B 12/1937, l. 175.

191 Mara dtaitníonn an drochaimsir leat, is é a bhfuil de leigheas agat air, déan thú féin níos fearr í. (Ca)

192 Mara líona na Faoillí na fuarlaigh, líonfaidh an Márta go bruach iad. (CnM, I, MS)

- Má fhaigheann an Márta na poill móna líonta, triomóidh sé iad, is má fhaigheann sé tirim iad, líonfaidh sé iad. (F)

  Cinnlae II 116, 244, 246, etc.

193 Mara ndéanfaidh sé lá fataí a bhaint, déanfaidh sé lá cártaí a imirt. (IG 9/1905)

194 Márta dubh gaofar, Aibreán bog braonach, Bealtaine béalfhliuch, gan angar in aon rud. (CnM)

- Márta garbh gaothach, Aibreán bog braonach, Bealtaine béalfhliuch. (I)
- Márta teann tirim, Aibreán bog braonach (.i. téann siad le chéile). (CF)
- Aibreán bog braonach, Bealtaine béalfhliuch. (RM)
- Bealtaine fliuch is Mí Mheáin tirim (i. is gile le feilméaraí Chonamara). (Ca)
- Márta dubh gaofar, Aibreán bog braonach, Lúnasa téachtach (téachtmhar). (GS)

  An aimsir is fearr le haghaidh na míosa sin. Is iad a líonann na sciobóil, de réir Cinnlae (II 132, 142, 272, III 134).
  Tá a shamhail de leagan, faoi na chéad chúig míonna den bhliain, in II NG 209. Leagan 2: cf. PMB 126

195 Márta tirim, tuar plandaí (AR 202)

Idem Foclóir de Vere Coneys 371 (dáta 1849), áit a bhfuair scríbhneoir AR an focal, measaim. Le haghaidh cainte faoi Mhárta a bheith tirim, cf. App. 400.

196 Má thagann an Márta isteach mar leon, rachaidh sé amach mar uan. (F)

- Má thagann an Márta isteach mar uan, gabhfaidh sé amach mar leon. (F)

- Má thagann an Márta isteach mar ghearrán, gabhfaidh sé amach mar láir. (F)
- Má thagann an Márta isteach breá, gabhfaidh sé amach garbh. (F)
- Is fearr an Márta a theacht garbh. (Ca)

Cinnlae III 30, IV 76. An focal coitianta Béarla, SH 291, freisin, PB 102, II NG 356. Tá an dá chaoi, freisin, in TGJ 166.

197 Má thagann duilliúr ar an bhfuinseog is ar an dair in éineacht,
In áit an tsamhraidh, beidh againn geimhreadh go meidhreach. (F)

App. 17 (dáta 1870).

198 Mheall an oíche fómhair an Ceannaí Fionn,
Dhíol sé a bhróga is bhí sioc ar maidin ann. (GS)

- Sioc tús oíche is dhíol Fionn a bhróga,
Sioc deireadh oíche is cheannaigh sé ar ais iad. (CnM, Ind)
- Chinn an oíche fómhair ar an gCeannaí Fionn. (Ca)
- Ceannaí Fhíona, thug sé a mhallacht d'oíche fómhair. (MS)

Nach mbíonn oíche fómhair iontrust.
Tá tuilleadh cainte ar an gCeannaí Fionn in B I 397, X 15, XV 195.
cf. 105

199 Mí na bhFaoillí a mharaíos na caoirigh. (CS 21/3/1903)

- Faoillí a mharaíos na caoirigh. (M, DÓM)
- An Márta a mharaíos daoine,
Na Faoillí a mharaíos caoirigh. (MS)
- Na Faoillí a mharaíos na caoirigh
An Márta a mharaíos na daoine. (F)

200 Múirín gréine an múirín is tréine amuigh. (Sa)

- Is é an múirín gréine is tréine ar bith. (CF)
- Cith gréine an cith is tréine ar bith. (I)

201 Ná creid fionnóg, ná creid fiach,
Ná creid choíche briathra mná;
Más moch mall a éireos an ghrian,
Mar is toil le Dia a bheas an lá. (MS, S 1/1918)

- Ná géill d'fhionnóg, ná géill d'fhia,
Ná géill do bhriathra borba mná;
Más moch mall a éireos an ghrian,
Mar is toil le Dia a bheas an lá. (RM, CC)
- Ná tabhair aird ar feannóg, ná tabhair aird ar fia,
Ná creid briathra a déarfadh mná;
Más moch mall a éireos an ghrian,
Mar is toil le Dia a bheas an lá. (U, B 6/1933)
- Más fliuch fuar a bheas an mhaidin,
Mar is toil le Dia a bheas an lá. (S 6/1920)
- Pé ar bith cén chaoi a n-éireoidh an ghrian, is mar is toil le Dia a bheas an lá. (CR)
- Pé maith olc leo é, is mar is toil le Dia a bheas an lá. (IG 1/1906)

Gheofar seanfhoirm den fhocal in Ériu VIII 120, ZCP VII 303 (as Laud 615): Rannta Nua-Ghaeilge in D 141, 275, LS 158; rann agus scéilín B V 252, AA 12/1939, Cum. Béal. 113, 87: in PHL Breac (7315) faightear - 'ata s-an aithne-si gan credium do chrand-churaib, na d'upthaib ban, no do glór en, no d'aislingthib, no d'aimmsir escai no do la chrosta, no d'fháistine duine d'a marand indiu'. S 1/1928, Teagasg Críostaidhe.
Eachtra Uilliam (C. Ni Raithile) 502, 2499; O'Daly 100 (dhá rann); College 291.

202 Na glascannaí lán agus mí an Mhárta á dtriomú. (Ca, Cum. Béal. 74, 209)

cf. Leagan dá shórt in I L 66.

203 Ná mol is ná cáin an fómhar go mbí an Mhí Mheáin thart. (MÓD)

204 Neart gála a chuireas bláth bán ar gharraí an iascaire. (CC)

- Is minic bláth bán ar gharraí an iascaire. (Ca)
- Is fada fairsing faoi bhláth bán garraí an iascaire. (CR)
- Ba mhinic cúr bán ar fharraige cháiteach. (RM)

Mag scothach immaréid (l. 17) agus mag meld co n-immut scoth (l. 18) a thugtar ar an bhfarraige in Imram Brain (eagrán Meyer).

205 Ní bhíonn an ghaoth mhór ag séideadh ach scaitheamh beag, ach milleann sí rud. (Ac)

- Ní bhíonn an ghaoth mhór ar siúl i bhfad agus milleann sí rud. (Ac)

206 Ní bhíonn an sneachta buan ó bheirtear na huain. (F)

207 Ní buan sioc soilseach na maidne, ach ar feadh tamaill bíonn sé geal. (ACC 38)

208 Ní doineann go Samhain. (BA)

209 Ní fearr liom bróg na coise deise ná an lá a bheith go breá. (Cum. Béal. 91, 13, gan áit.)

210 Ní hanfa go gaoth aneas. (GSe)

Fairsing in Cinnlae. Rann D 269. O'Daly 88, 95, College 295.

211 Ní hé lá na báistí lá na bpáistí. (GS)

212 Ní lá aonaigh chuile lá is ní lá báistí chuile lá. (Sa)

213 Níl a fhios ach gur den tsonas an bháisteach, ach is doiligh a rá gurb ea. (F)

214 Níl aon tír nach n-éiríonn grian gach maidin ann. (CR)

215 Níl fuacht níos measa ná fuacht na gcos. (Sp)

- As na cosa a fhásas chuile fhuacht. (Sp)

216 Níl Satharn sa mbliain nach scairteann an ghrian. (Ár, M)

- Níl Satharn sa mbliain nach scallann an ghrian. (CnM)
- Níl Satharn sa mbliain nach dtagann an oiread triomachta is a thriomódh léine an tsagairt. (F)
- Níl aon Domhnach sa mbliain nach spalpann an ghrian. (S 9/1920)
- Níl aon tSatharn sa mbliain nach scairteann an ghrian, ach aon tSatharn amháin. (Ár, Cum. Béal. 101, 542)

App.550 (Never a Saturday without some shine: 1866), I L 82 (dhá leagan), III NG 28.

217 Níl scéal ar bith chomh siúráilte ná go bhfuil drochuair air. (Cum. Béal. 70, 236, Eachinis, Co. an Chláir).

218 Níl spéir ar bith níos measa le fuaraíocht ná spéir thirim. (Ár)

219 Níl stoirm dá mhéid nach réabann ceathannaí. (Ac)

220 Ní maith leis an mairnéalach an ghaoth aniar aduaidh, ach uair amháin i ngach seacht mbliana, agus an uair sin féin sa bhfómhar. (M)

221 Ní measa creach a theacht go tír ná sioc a imeacht gan síon. (RM)

- Ní measa creach a imeacht as tír ná sioc a imeacht gan síon. (TÓM)
- Is creach i dtír sneachta a imeacht gan síon. (F)
- Ní measa teach a imeacht as tír ná sioc a imeacht gan síon. (Ca)

222 Ní measa creach i dtír ná maidin chiúin Fhaoillí. (FL 3/1930)

Rel. II 496.
cf. 156

223 Ní moltar ceo na seanghealaí. (RM)

- Ceo deireadh gealaí, is galar súl seanduine. (Ca)

Bíonn sé fliuch.
App. 424 (Auld moon mist ne'er died of thirst; 1878).

224 Níor tháinig an sioc liath ariamh, gan a bhuidéal a bheith leis. (S)

- Nuair a thagas sioc, tagann fearthainn. (TÓM)

Go dtiocfaidh báisteach go dlúth i ndiaidh seaca; BB 39
Leaganacha mar é I L 66, Arm. 669, 672, I NG 172.

225 Ní raibh éinne ariamh ar a dhícheall an lá breá. (CS)

226 Ní raibh gorta i ndiaidh gréine ariamh. (AR 395)

- Níor tháinig gorta as triomach. (S 9/1920)
- Níor tháinig gorta de bharr triomaigh. (F)
- Níor tháinig gorta le triomacht ariamh. (CS 30/9/1916)
- Níor tháinig gorta as aimsir thirim. (MS)
- Fearrde maith mórthiormach. (AR)
- Níor tháinig gorta as triomacht. (IG 10/1905)

Studies 12/1934, l. 683, rann 37. Leagan 6: Cath Maighe Ráth 158; MIP 285.
Ray 35, App. 166, 168 (Drought never yet bred dearth, etc.), I L 61,62, LIPP. 806.

227 Ní raibh séasúr fliuch gann ariamh. (Ca)

- An áit a mbíonn an bharainn mhór, beidh fata mór. (RM)

228 Ní théann cith thar Aoine ná stoirm thar Domhnach. (Ca, Ind)

- Ní théann síon thar Aoine ná stoirm thar Domhnach. (RM)
- Ní théann stoirm thar Aoine ná gaoth mhór thar Domhnach. (F)
- Ní théann stoirm thar Domhnach ná cith thar Aoine. (CR)
- Ní théann doineann thar Domhnach ná rabharta thar Céadaoin. (M, BA)
- Ní théann stoirm thar Domhnach ná rabharta thar Céadaoin. (Ac)
- Ní théann stoirm thar an Domhnach. (GS, IG 10/1905)

Cinnlae II 54, 250, III 202; cf. Tenga Bithnua (Ériu II) '. . .in tres lind . . . nocho ba lan acht dia domnaig. I ndomnach . . . co ndiuchtradar toraind inna gaeth la techt in domnaig' (l. 112); 'Tipra Shion . . . dosnai forlan i ndomnach dogrés' (l. 114) O'Daly 95. I NG 186 (El cierzo tres dias dura, etc.). cf. 229

229 Ní théann rabharta thar an gCéadaoin, má bhíonn lá dhá neart ar an Domhnach. (TÓM)

- Ní théann rabharta thar Céadaoin ná stoirm thar Domhnach. (ÁC)

cf. 228

230 Ní thigeann ré gan rabharta is bíonn dhá rabharta i ngach (in aghaidh gach) ré. (CF)

231 Ní thig fuacht is ní thig deacair, is ní thig cruas go dtig earrach. (S 12/1923)

- Súigh braoinín na Nollag, is ní thagann cruatan go dtig earrach. (CF)
- Ní thig an fuacht go dtige an lá fada. (Ca)
- Ní bhíonn sé crua fuar go dtí an Sean-Mhárta. (CR)
- Bíonn sé crua fuar go dtí an Sean-Mhárta. (CM)
- Is annamh earrach gan fuacht. (Ca)
- Ní thigeann fuacht go hearrach ná teas go fómhar. (CF)

Ní mhothaítear fuacht go dtí an t-earrach (nó deireadh Márta). Cinnlae IV 62, 64, 72, etc., O'Daly 95. MR 41

232 Ní torann tréan go toirneach. (MÓD)

- Ní torann tréan gan toirneach. (BA)

Rann in D 269. O'Daly 88, 95, College 296, SFM 14.

233 Nollaig bhreá a dhéanas reilig theann. (Ind)

- Nollaig ghlas a ghníos uaigh dhearg. (GS)
- Nollaig ghlas, uaigh líonta. (F)
- Nollaig ghrianmhar a ghníos reilig bhiamhar. (Ca, CF)

Leagan 4: O'Daly 96. An seanfhocal coitianta Béarla, Ray 35, App. 98, 694, is freisin YD 85, MR 15, AWM 132, LSM 39m. cf. 122

234 Nuair a bhíos an cat ag scríobadh go feargach, tiocfaidh an stoirm feargach. (F)

Beidh stoirm nó gaoth mhór air, má scríobann an cat an doras, cos boird nó cathaoireach, nó eile (GS freisin).

235 Nuair a fheiceas tú an ghealach dearg, tiocfaidh ar an stoirm fearg. (F)

236 Nuair a ghaireas an chuach ar chrann gan duilliúr,
Díol do bhó is ceannaigh arbhar. (F, IG 11/1898, IG 9/1905)

- Má ghaireann an chuach ar chrann gan duilliúr,
  Díol do chóta is ceannaigh arbhar. (F)
- Má labhraíonn an chuach ar chrann gan duilliúr,
  Díol do bhó is ceannaigh arbhar. (IG)
- Ní labhraíonn an chuach ar chrann gan duilliúr. (CF)

Is comhartha drochbhliana má tá na crainnte lom nuair a thagas an chuach; deirtear i bpisreog (RM) nár labhair sí ar chrann gan duilliúr ariamh, is nuair a dhéanfas, sin comhartha go bhfuil lá na breithe ag teacht. Cinnlae II 144, 152. Leathvéarsa, 23 E 7 agus 23 O 35 (lss. den 18ú haois). O'Daly 97. Tá rann níos iomláine in App. 127, 128, Ray 35 (le rann eile faoi choiligh is cearca).

237 Oíche dhubh, chiúin, cheobánach, gheal, stoirmiúil réaltógach; gaoth aneas, braon as, is é ag sioc, an ghealach ar aghaidh an tí, is i ag dul soir. (CC)

- Oíche réaltógach, chiúin mhíoltógach, ag cur, ina tioradh, agus é ag sioc (i. oíche nach dtig a bheith ann). (M, Cum. Béal. 134, 263)

- Oíche chiúin, cheobánach, gheal, réaltógach, an ghealach ar aghaidh an tí is í ag dul soir. (i. freagra cráiteacháin ar a bhean, nuair a d'iarr sí cén saghas oíche a bhí ann). (RM)
- Gaoth aneas agus braon agus é ag sioc (i. aimsir nach féidir a bheith ann). (RM)

Oíche nach bhféadfadh a bheith ann. Bhí fear ann a raibh mac amháin aige, is phós sé an dara huair, ach chaith an bhean go dona leis an leasmhac. Oíche dá raibh an mac ina sheasamh ag an doras, d'fhiafraigh an t-athair de cén saghas oíche amuigh í, is dúirt an mac an chaint thuas. Nuair a d'fhreagair an t-athair gurbh aisteach an oíche í sin, dúirt an mac nárbh aistí í ná é féin a bheith ag teacht suas ar chnámha. Ansin thuig an t-athair go raibh droch-cheann á chaitheamh lena mhac. (CC)
Tá leaganacha den scéal in AA 7/1940, 7/1930.

238 Ó Lá Fhéile Bríde amach, bíonn na héin ag déanamh neadracha is an uair ag dul i dteas. (CnM)

- Ní bhíonn sneachta ar chraobh ó lá Fhéile Bríde amach. (Ca)
- Ní mhaireann an sneachta ar ghéag ó Lá Fhéile Bríde amach. (FL 3 /1930)

239 Rud a thigeas leis an ngaoth, imíonn sé leis an bhfearthainn. (DÓM)

240 Samhradh riabhach, fómhar grianmhar,
geimhreadh reothalach, earrach róbhreá,
Sin é a d'ordaigh béal an tseanduine. (TÓM)

- Samhradh riabhach, fómhar grianmhar,
  geimhreadh gangaideach, earrach breá,
  Éileamh an tseanduine. (MÓD)
- Geimhreadh ceoch, earrach reoch,
  samhradh riabhach, fómhar grianmhar.
  (M, CS 16/9/1916)
- Geimhreadh sómhar sónach,
  earrach reoiteach,
  samhradh riabhach,
  fómhar grianmhar.
  Séasúir na Caillí Béarraí. (GS)
- Earrach reoch, samhradh ceoch,
  fómhar grianmhar, geimhreadh reothalach.
  (CnM)
- Samhradh riabhach, fómhar grianmhar,
  geimhreadh reothalach, earrach bog
  braonach. (F)
- Samhradh riabhach, fómhar grianmhar,
  earrach reoiteach, geimhreadh feochanach.
  (GS)
- Samhradh riabhach, fómhar grianmhar (i. téann siad le chéile). (CF)
- Geimhreadh ceoch. (AA 8/1942 gan áit)
- Geimhreadh gruama dorcha duairc. (AA 8/1942 gan áit)

An bhliain is fearr.
Tá an chiall sin freisin leis an rann dá shamhail atá in TC 36, 2/5; is iad na séasúir a bhíos ann le linn rí mhaith, in Ud. Mor. (ZCP XI, 82: ar LL). 'Gaim dullech, sam dubach, fochmuine cen messa, errach cen blathu' .i. fáistineacht faoin drochshaol (Immacallam in dá Thuarad RC XXVI, 8) O'Daly 91. II NG 216 (dhá shéasúr)

241 Seachain an sneachta séidte ar dhroim sléibhe, más file féin thú. (MS)

242 Seachain do chuid eallaigh ar earrach an dea-gheimhridh. (RM, TÓM)

- Seachain earrach an dea-gheimhridh. (Eachros, AA 2/1928)
- Is mairg a bhíos roimh earrach an dea-gheimhridh. (Ind)
- Is mairg a fheiceas earrach an dea-gheimhridh. (Ár)
- Is mairg a fheiceas earrach an drochgheimhridh. (Ca)
- Ní mholtar earrach an dea-gheimhridh. (CS 21/3/1903)
- Níl earrach ar bith chomh dona le earrach an drochgheimhridh. (RM)

Más breá é an geimhreadh, ligfidh sé d'earrach crua.
Cinnlae III 100, 102, 116.

243 Seacht seachtainí samhraidh ó Shamhain go Nollaig. (TÓM)

- Is samhradh gach síon go Nollaig is fásach go Doire. (MÓD)
- Seacht seachtainí ó Shamhain go Nollaig. (LMóir)

Nach gcomhairtear an drochaimsir a theacht go dtí an Nollaig.
YD 114, DC 133 (Haf hyd Galan, gaeaf hyd Fai) agus PB 110. Leagan 2: cf. Cinnlae II 62, etc., O'Daly 97, College 289.

244 Sinneán gaoithe lá fómhair is tá sé in ann céachta óir a dhéanamh. (F)

245 Sioc an locháin láin ní raibh ariamh buan. (S 11/1919)

- Reo na bhfuarlach lán, reo nach mbíonn buan. (I)

Nach buan sioc in aimsir díleann.
cf. 'Ní buan an reodh re mbean braon,' as duan le file anaithnid (Aithdhioghluim Dána 84, 37 d.)

246 Síon gan dochar toirneach bodhar. (GS)

247 Spéir dhearg thoir, báisteach go buan, spéir dhearg thiar, gealach is grian. (F)

- Deargadh anoir, sneachta go fraigh, deargadh aniar, gealach is grian. (M, CR)
- Dearg aniar is ionann is grian, dearg anoir is ionann is sioc. (TN 28/12/1983)
- An t-aer dearg ó thuaidh, báisteach is gaoth aduaidh,
  An t-aer dearg ó dheas, mil ag gach meas,
  An t-aer dearg thoir, sneachta go fraigh,
  An t-aer dearg thiar, gaoth agus grian. (Ca)
- Aer dearg thiar, gealach agus grian,
  Aer dearg thoir, sneachta go fraigh,
  Aer dearg ó dheas, mil ag gach meach,
  Aer dearg ó thuaidh, bainne ag gach bó. (RM, Cum. Béal. 90, 82)

Spéir dhearg le éirí nó luí na gréine.
Tá cúpla foirm den fhocal in App. 526; cf. YD 33 is tagairt don tuar céanna in TGJ 168 is MR 13; tá tuilleadh leaganacha in AWM 188, PB 115, Arm. 777, 778, I NG 121, 122, 144; gheofar a bhunús in Mth. XVI, 2/3.

248 Tá an ghaoth fairsing. (Ca)

249 Tá an mada ag ithe féir, tá báisteach air. (GS)

- Nuair a bhíos madraí ag ithe féir, beidh sneachta air. (F)

250 Tagann sé gan cuireadh gan iarraidh, ar nós na drochaimsire. (GS, MS)

- Tigeann sé gan iarraidh, mar an drochaimsir. (M)

Leaganacha de in RAY 263, App. 325, SH 399, 1639 (Brón). Samhail den bhás é in SC 985.
cf. 250

251 Tá sé chuile áit, mar an drochaimsir. (I, MS)

- Chomh gnoitheach leis an drochaimsir. (F)
- Thoir agus thiar ar nós na drochuaire (i. duine siúltach). (CF, AA 10/1938)

252 Tháinig sé ag rith is d'imigh sé ina chith. (GS)

253 Tigeann an dúchan mór ar bheagán fearthainne. (GSe, Ár)

- Is minic a bhí duifean mór ar bheagán fearthana. (AR 229)
- Minic dubhadh (duibhe) mór ar bheagán báistí. (RM)
- Is iomaí dubhadh a thig ar bheagán fearthainne. (Ca)
- Is minic dúchan mór ar bheagán fearthainne. (F)

1. Is in aimsir bhrádáin a thiteann an dúchan ar na fataí. Ár. 2. Gur lú an t-olc ná a cheapfaí óna chosúlacht. CF.
Cinnlae III 46, 82, IV 34, 104. Clár (duifean)

254 Tiocfaidh an bháisteach lá nach teasaí, is ní dhéanfaidh mo chaipín scáth fearthainne dhom choíche. (M, Cum. Béal. 210, 70)

255 Tiocfaidh an t-earrach is screadfaidh an Márta,
Is fágfaidh sé sneachta go domhain sna gleannta. (Sa)

Giota d'amhrán, cf. ACB 39, is DCCU 385. Amh. Ch. 247.

256 Toirneach i bhfad, fearthainn i bhfogas. (Ca)

SU 1473.

257 Tránnaí earraigh is tuilte fómhair. (NF, AA 7/1937)

Is mór iad; cf. freisin, 'Imeacht na tuile faoi Lúnasa ort.'

258 Tráthnóna dearg is maidin ghlas, comhartha d'áilleacht agus teas. (Ind)

Tá an rann céanna in App. 186, MR 14, agus péire mar é in I L 71.

259 Tráthnóna fómhair, cloch i bpoll móna. (TN 2/8/1890)

- Urchar bodaigh i bpoll móna, nó oíche fómhair ag tuitim. (GSe)
- Tráthnóna fómhair, mar a chaithfeá cloch i bpoll móna. (Ár, Sp, AA 1/1934)
- Tuiteann an oíche tráthnóna fómhair mar a chaithfeá cloch i bpoll móna. (M, Cum. Béal. 109, 285)

- Níl i dtráthnóna fómhair ach mar a thuitfeadh cloch i bpoll móna. (R, AA 7/1940)
- Tuitim cloiche i bpoll móna, tuitim oíche fómhair. (F)

Imíonn sé chomh sciobtha sin.
Lessons 24, 53. Leathrann Albanach Rel. II 502, RC VI 253.

260 Treabhadh seaca is fuirseadh báistí, an dá rud is measa don talamh. (M)

261 Trí bhríos gála, Trí ghála feochan, Trí fheochan stoirm, Trí stoirm airicín (hairicín). (Ár)

Focal atá i gcló ag an Ath. Ó Gramhnaigh in Archiv. für Celt. Lex. I 177; gheofar freisin ag ÓD 447 (feochan) é.

262 Trí lá ag tuileadh, trí lá ina neart, trí lá ag cúlú. (AR)
- Trí lá ina neart, trí lá ina mhaith, trí lá ag imeacht. (Ár, AA 12/1933)

Rabharta.
AR 3 B 37

263 Trí lá na seanbhó. (TÓM)
- Trí lá na riabhaí. (TÓM)

Trí lá d'aimsir fheannta Mhárta i dtús Aibreáin. Le haghaidh scéal na riabhaí, cf. BB 38, is údar níos sine, Cinnlae, I 17/18; tá an seanfhocal féin cúig uaire in Cinnlae. ÓD (riabhach). Faightear an scéal céanna sa mBéarla; App. 401, Ray 33. SH 182, 290 ('March borrows,' etc.).

264 Tuar ceatha Dé Sathairn, ag cur go Satharn arís. (M)
- Má bhíonn tuar ceatha Dé Sathairn, beidh an tseachtain ceathaideach ach fiáin. (Ac)

265 Uisce na bhFaoillte idir Nollaig agus Féile Bhríde. (CF)

AINMHITHE

266 Againn go bhfágtar an mhuc le haghaidh na tua. (Sa)

Tá an tsamhail seo marú na muc an-fhairsing sa Ghaeilge, cf. TI 13, 92 'Trí báis atá ferr bethaid,' RC XX, 259 'Cia bas is ferr bethaid mbuain? .i. bas muici methi'; nóta bun leathanaigh ar Amhra Cholm Chille; AA 3/1939 'Fás na raithní is ár na muc,' mallacht a leag Canónach Naofa ar na Máilligh). In NG I 276 tá - 'del vivo ningun provecho y mucho de muerte: el puerco.' SH 265, O avarus 6.

267 Ag crónán cionn teallaigh,
Is ag faire cois na mballaí. (MÓD)
An cat.

268 Áilín bhun na punainne. (MS)

Ál a thiocfadh amach timpeall is lá an Logha.

269 Amharc an liúis agus éisteacht na heascainne. (GT, AA 4/1945)

Is iad is géire.

270 Amharc con i ngleann sléibhe, an t-amharc is géire ar bith. (MÓD)

cf. 5162 agus 5182

271 An bairneach an breac is contúirtí sa bhfarraige. (RM, OL 48, 53)
- Níl iasc sa bhfarraige is mó a bhfuil faitíos ag na soithí roimhe ná an bairneach. (Cum. Béal. 91, 24, gan áit.)

De bhrí gur ar na carraigeacha a chothaíonn sé. Tá an dara leagan ina thomhas in S 4/1920. Insítear sa scéal (RM) gurb é an bun atá leis an seanfhocal, fear a chonaic bairneach ar charraig agus a chrom síos lena ithe; rug an bairneach greim ar a theanga agus choinnigh ansin i bhfostú é gur bádh sa taoille é.

272 An gamhain ite i mbolg na bó. (M)

B 4, Sanas Chormaic 48 'longad riana trath,' Lismore Lives 1893 'proinn riana trath coir.' Id. Joyce 140, App. 78, Ray 537.
cf. 2586

273 An leathóg a chum an bhréag faoina goile. (RM, OL 36)

274 An sionnach ag ithe a bhéilí. (Sa)
- Ní minic sionnach roinnteach. (Sa)

Tugann an sionnach a bheatha go háit nach mbeidh ann ach é féin.

275 An t-iasc beag a bheathaíos (chothaíos) an t-iasc mór. (Ca)
- Na héisc bheaga a bheathaíos na héisc mhóra. (Ac)

An-ghnách sna teangacha Rómhánacha, I BSR 251, O piscis 3.

276 Ar a comhairle féin is fearr an cat. (GS)

277 Asal na gcos mór, ná mol é go deo. (CF, AA 8/1936)

278 A tharraingt isteach is a bhualadh faoin seas, sin é a mharaigh an cnúdán. (S 12/1919)

- Tarraing isteach é, buail faoin seas é, sin marú an chnúdáin. (RM)

An leagan faoi sheas an bháid, gan breith air de lámh, le nach ndéanfaidh a eití fada géara contúirteacha aon dochar.
cf. freisin OL 35

279 Bád gan stiúir nó cú gan eireaball. (Ac)

280 Bail ó Dhia faoi thrí ort, is trí sheile ina gceann. (GS)

Focal pisreoige a deirtear nuair a bheirtear lao; is ceart trí 'Bhail ó Dhia' a chur ar an lao is trí sheile a chaitheamh air. Déantar amhlaidh leis an mháthair freisin
cf. BB 6.

281 Bain barra na gcluas agus an t-iorball den uan. (F)

Baintear barr cluasa na n-uan .i. comhartha cluaise, le go n-aithnítear arís iad; salaíonn caoirigh a n-iorball má fágtar fada é, go mór mór caoirigh bhaineanna.
ÓD crithir.

282 Báisteach don lao, grian don uan is gaoth don tsearrach. (GS, CM)

- Fearthainn do lao nó gaoth do shearrach. (AR 332)
- Fearthainn don lao is gaoth don uan. (I)
- Fearthainn don lao, gaoth don uan,
Sneachta don mheannán go bos a dhá shlinneán,
Grian don tsearrach agus an teach don asal. (M, Cum. Béal. 117, 34)
- Fearthainn don lao, gaoth don uan,
Grian don tsearrach go ndruidfidh sé mí,
Sneachta don mheannán go cupán a ghlún. (M, Cum. Béal. 114, 388)

cf. 1647

283 Bean gan caora bíonn a cóta paisteach,
Is bean gan bó, bíonn a cófra falamh. (TÓM)

T 11, 8 - 'Nirba massech minba cháercach'; 11, 13 - 'maisse cen cáircha .i. col i ndalaib in domhain.'

284 Beatha an ghiorria. (I, LMóir)

Beatha chorrach, mhíshuaimhneach; bíonn fiach ar ghiorria.

285 Bíonn an searrach ina ghearrán go Nollaig. (MÓD, Ca)

- Bíonn searrach sa ngearrán go Nollaig. (LMóir)
- Searrach sa ngearrán go Nollaig. (Ár, Cum. Béal. 101, 538)

1. Gearrtar tar éis na Nollag é, mar bíonn an féar gann (Ca).
2. Mar bíonn cosúlacht chomh maith ramhar sin air go dtí an Nollaig; ina dhiaidh sin tugtar isteach é (LMóir).

286 Bó an fhionnaidh fhada agus capall an fhionnaidh ghirr. (M, Cum. Béal. 114, 336, Cum. Béal. 127, 599)

287 Caithfidh an préachán féin rud lena ithe a fháil. (IG 10/1905)

288 Capall ar aill nó bó ar bhogach, dhá cheann i gcontúirt. (GS)

289 Capall ar dhath eile. (RM, CF)

B IV 134, Joyce 193.

290 Cat idir dhá theach, nó coinín idir dhá pholl, an dá ní is luaithe amuigh. (F)

- An dá bheithíoch is luaithe ar bith, cat idir dhá theach is coinín idir dhá scailp. (Ca)
- Na trí rudaí is éasca amuigh, cat idir dhá theach, coinín idir dhá scailp, táilliúr idir dhá bhaile. (BA)

AA 1/1942. Tá tomhas déanta de in S 6/1927. Is tomhas i Ros Muc é.
DC 58 (Mor esgud a'r gath rhwng y ty a'r esgubor).

291 Ceannaigh bó duit féin is capall do chuile dhuine eile. (TÓM)

292 Ceithre bhonn an chait, is an chaoi ar scar sé leo;
Bonn ar dhearmad bhean an tí
Bonn ar shiúl gan aireachtáil,
Bonn ar gan aon deoir uisce a chur thrína chuid bainne,
Bonn ar sholas san oíche chomh maith leis an lá. (GS)

- Thug an cat ceithre bhonn ar bhraon de bhainne na bó gan aon deoir uisce thríd, is ar dhearmad bhean an tí. (TÓM)

- Na trí rud a cheannaigh an cat le scilling, le beatha a bhaint astu: dearmad bhean an tí, léargas san oíche, siúl go réidh. (Ár)
- Trí impí an chait: Solas i ndorchadas, siúl gan aireachtáil, dearmad bhean an tí. (S 6/1927, S 4/1929)
- Na trí múnachta atá ag an gcat: Solas i ndorchadas, siúl gan aireachtáil, dearmad bhean an tí. (Ca)
- Trí bhua an chait: dearmad bhean an tí, amharc san oíche chomh maith leis an lá, siúl gan aireachtáil. (RM)
- Is maith an treoraí an cat san oíche. (TÓM, MÓD)
- Tá amharc ag an gcat san oíche chomh maith leis an lá. (RM)
- Dearmad bhean an tí ar an gcat. (RM)
- Bróga éadroma ar an gcat. (CF)
- Thug an cat leathdubhán ar bhraon ó chois na mbó agus ceann eile ar sholas na hoíche. (M, Cum. Béal. 127, 597)
- Thug an cat a dhá dhubhán ar an leamhnacht. (M, Cum. Béal. 117, 66)

  Deirtear go raibh ceithre bhonn ag an gcat (mar bíonn ceithre spota air go minic) is gur thug trí bhonn ar na buanna seo thuas is an ceathrú ceann ar theacht ar a chosa dá gcaithfí le haill é. In Árainn (Gearrbhaile 1938–39) deirtear nár thug sé ach trí pingine ar dhearmad bhean an tí mar tá cuid na sraoille aige ar fad; an phingin a bhí fágtha, tá sí ina eireaball aige ó shin.
  'Siúl éadrom' atá in Cum. Béal. 290, 132 (Sp) .i. siúl ar bharr rud ar bith á chorraí.
  cf. 3681 agus 5186

293 Chomh beadaí le peata sionnaigh. (Sa)
- Chomh beadaí le sionnach. (Sa)

294 Chomh bradach le smut an tsionnaigh. (CF, AA 12/1937)

295 Chomh bréan le broc. (MS)
Finck 50.

296 Chomh ceangailte le cois dubháin bhig. (GS)

297 Chomh críonna le beach. (TN 24/1/1890, S 3/1926)
- Chomh glic leis na beacha. (IG 7/1905)
- Nach críonna í an mheach, bailíonn sí mil as gach saghas blátha. (Cum. Béal. 91, 19 gan áit)
- Nach críonna a bhíos an mheach,
  Nuair a dhéanas sí féin a nead,
  Le grian agus teas an fhómhair. (LMóir)

298 Chomh crosach le reithe. (LMóir)
- Cloigeann crosach a bhíos ar reithe.
  Cloigeann crosach a bhíonn ar reithe.

299 Chomh cruinn le gráinneog. (GS)

300 Chomh cuileach le ceann pocaide. (CnM, Cum. Béal. 208, 213)

301 Chomh dall le sciathán leathair. (Sp, MS)
Joyce 137

302 Chomh dána le múille. (Sa)

303 Chomh dubh leis an daol. (ACB 6)

304 Chomh gangaideach le mála easóg. (MS)

305 Chomh garbh le roc. (CR, LMóir)
Bíonn spíonta as a chraiceann.

306 Chomh glic le sionnach. (Ac)

307 Chomh lag le éan gé. (Sa, GS, CR)
cf. freisin 'Sea éinín gé' (LB), 'Níl sea éinín gé ionam,' 'Chomh leata (leataithe) le éan gé san earrach' (GS).

308 Chomh liath le broc. (TN 26/9/1890, Sp, Ca, GS, MS)
SH 267, App. 274

309 Chomh luainneach le búistéara an tsléibhe. (Sa)
An sionnach.

310 Chomh righin le seanasal cleasach. (GS)

311 Claimhte tine ag an ngliomach. (CF)

312 Cloigeann don iascaire agus eireaball don phíobaire. (M, Cum. Béal. 114, 535)
Beidh an t-iascaire ó rath mura n-íosfaidh sé féin cloigeann an éisc.

313 Cluasa liobacha ar an asal. (CF)

314 Cnáimh eireabaill caol agus scathachán trom. (M, Cum. Béal. 114, 33)
Comhartha bó maithe.

315 Coileán an charbaid dhuibh, ábhar an ghadhair is fearr. (F)

- Coileán an charbaid dhuibh, an t-ábhar mada is fearr. (MS)

316 Coileán gach cú go fiach. (CR)

317 Crúb bhog ar an lao,
Thar éis a theacht ar an saol. (CF)

318 Cuaine an eirc luachra, nár rugadh agus nach mbéarfar. (CR)

Deirtear nach síolraíonn an t-earc luachra, ach go sceitheann sí tar éis a caillte agus tagann na cinn óga amach ansin.
'Cuaine an ail luachra,' etc., a deirtear. Féach Desiderius (Ó Rathile 235, 361).

319 Culaith dheas ar an gcoileach. (CF)

320 Culaith gharbh ar an ngráinneog. (CF)

321 Culaith mhín ar an gcoinín. (CF)

322 Dá fheabhas an chráin, is maith an rud banbh. (MÓD)

- Dá fheabhas an chráin, is maith an rud banbh den ál. (TÓM)
- Dá fheabhas an chráin, ná bíodh agat ach aon bhanbh amháin den ál. (F)

1. Is méadú ar an rud maith féin beagán eile: TÓM, MÓD.
2. Má éiríonn údar maith muice le feilméara, ceannóidh sé banbh amháin den ál céanna an bhliain dar gcionn, ach ní bheadh sé ádhúil níos mó a thógáil. (F)

323 Dealraíonn beithíoch suarach nuair atá sé cíortha gleoite. (GS)

An beithíoch suarach féin, dealraíonn sé, nó breathnaíonn sé go maith, nuair a dhéantar a chíoradh agus a ghlanadh.

324 Éadach sleamhain ar an lacha. (CF)

325 Éadach uasal ar an sionnach. (CF)

326 'Eadraibh féin bíodh sé,' mar a dúirt an fear a chaith an tuirnín i measc na ngéanna. (M, Cum. Béal. 114, 340)

Áit a bhfuil dream ag scliúchas, an réiteach a fhágáil eatarthu féin.

327 Fáilte na gé romhat, ón bhféar go dtí an t-uisce. (Sp, Cum. Béal. 79, 328)

An fháilte a chuireann gé roimh gé eile, fáilte mhaith.
cf. 343 agus 364

328 Fáinne na fuiseoige. (MS)

An maidneachan (?).

329 Fear na haonbhó fear gan aon bhó. (IG 8/1905, TÓM)

- Fear na seanbhó fear gan aon bhó. (MÓD)
- Ba mhinic fear na haonbhó gan aon bhó. (TÓM)
- Tá fear na haonbhó gan bó ar bith. (RM)
- Is bocht é fear na haonbhó. (M, TÓM)
- Is beag é toradh na haonbhó. (M)
- Is beag an toradh bó aonraic. (Ind)

Pilib Bocht16, 24. Stair Éamuinn Uí Chléire 1191. Forbuis Doma Damhghaire - 'dia roised . . . Beith cin nach irdalta bleagan enbo ocus co roised co a marbad ocus a mbeith cin biudh iardain' (RC XLIII 18), Lismore Lives 302 (nótaí). Rann Aonghus na n-Aor (Tribes of Ireland 82) cf. Freisin Betha Colmáin maic Lúacháin (Todd Lect. Ser. XVII 60) - 'bleghan áonbó' .i. beagán. College 282

330 Fiach dubh fómhair agus feannóg earraigh. (Ca)

- Chomh ramhar le fiach dubh sa bhfómhar is le feannóg san earrach. (RM)

Gur fearr gach aon cheann ina shéasúr féin.

331 Fiach leis an gcú, rith leis an ngiorria. (Sp)

Bangor 213, App. 541.

332 Fliuchann bean aonchaorach a cos. (CC)

- Is minic a fhliuch fear aonchaorach a chos. (CR)

Go mbíonn oiread trioblóide le caora amháin agus a bheadh le céad.

333 Fonn a ghníos fiach.

As Gearrbhaile 1937 l.28 gan áit: tá insint níos faide in Clár (fonn).

334 Fuair sé bainne ina lao agus féar ina ghamhain. (F)

Sin é a rinne an beithíoch folláin.

335 Gach re bliain a bhíos giorria fireann is baineann. (F)

- Gach re bliain a bhíos an giorria fireann is baineann. (MÓD)

Chreidtí fadó sa Bhreatain Bheag go dtagadh an t-athrú sin ar an ngiorria gach mí (Survivals 102; Ancient Laws and Institutions of Wales (1841) 357, Sec. XXIII no. VII). O'Daly 91

336 Galar na gcat agus na madraí. (LMóir)
Achrann, saol achrannach; drochimpí é.

337 Geolbhach dhearg, iasc úr,
Geolbhach dhubh, iasc lofa. (CF, AA 4/1943)

338 Gob maol ar an ngandal. (CF)

339 Greim an fhir bháite ag an ngandal. (CF)

340 Greim cráite ag an bportán. (CF)

341 I leaba a chéile is ea a dhéantar na caisleáin, is nuair a ghortaítear na lachain beireann siad bogáin. (Ind)

342 I luas a luinní
Atá bua an tsionnaigh. (MC)
As Cumhacht na Cinneamhna 37.

343 Imirce an éin ghé chuig an bhféar agus chuig an uisce. (CC, Ca)
- Imirce an éin ghé chun an fhéir agus chun an uisce. (Ca)
- Imirce an éin ghé ón bhféar (ón aer) go dtí an t-uisce. (CF)
- Imirce an éin ghé ón bhféar agus ón uisce. (RM)

Rud a bheith ag rith ar a nádúr (Ca); gabhfaidh an t-éan gé áit ar bith ag iarraidh a dhóthain féir agus uisce (CC); duine a bheith ag imeacht go háit eile (RM).
Féach Mélusine X 259.
cf. 327 agus 364

344 Is ait an strapadóir é an cat. (Ca)

345 Is breá é bláth na caorach, sa samhradh nó sa ngeimhreadh. (Ár, Gearrbhaile 1938–39)

346 Is deacair a huan a bhaint den tseanchaora. (TÓM)
- Is doiligh a huan a bhaint den tseanchaora. (MÓD)

O'Daly 92, SFM 8.

347 Is é fuílleach na luchóg a chothaíos na daoine. (Ca)

348 Is é scéal an chait an scéal nach mbeidh amuigh. (CF)
Tá an cat críonna.

349 Is fánach an rud caora ar chnoc. (GS)

350 Is fearr cat gránna ná mada deas sa teach san oíche. (S 5/1929)

351 Is fearr greim de choinín ná dhá ghreim de chat. (S 4/1919)
Graiméar Uí Mhaolmhuaidh 67, College 287. Faightear an focal céanna le malairt beithíoch in App. 339, 350; Ray 108, 109; SH 588, PB 42, NG II 333.

352 Is fearr leis an gcat orlach de choinneall gheal ná ualach capaill de ghiúsach. (TÓM)

353 Is gearr rith searraigh. (MÓD, TÓM)
Focal as na teangacha Rómhánacha (I BSR 129, L I 91). Béarla ó 1894 (SH 390)

354 Is gnáthach an rud an giorria,
Is beirtear air go minic. (TÓM)
Dá fheabhas a rith agus a léim.

355 Is iad na scadáin féar na farraige. (Ac)

356 Is maith an comharthaí é an cat. (CF)
Is maith an féilí é.

357 Is maith ina ghlór caorach féin é. (RM, LMóir)
- Is maith ina ghlas caorach féin é. (CF)

1. Nuair atá duine chomh tinn agus nach bhfuil aige ach caint lag; is fearr glór lag ná gan glór ar bith (RM).
2. Is fearr éadach glas caorach ná gan tada (CF).

358 Is maith sú bó, beo nó marbh. (M, CF)
Bainne lena beo is anraith ón bhfeoil.

359 Is minic a chuaigh luch faoi stáca. (Ac)
- Níor mharaigh meáchan cruaiche luchóg ariamh. (M)

cf. SM 1755 agus IG IV 41. Rel. II 498.

360 Is minic muc ag screadach,
Ach is minic a bhí beithíoch bradach. (TÓM)

361 Is mó suaimhneas a fhaigheann an faoilleán amuigh ar an bhfarraige ná istigh ar an talamh. (Cum. Béal. 91, 27 gan áit)

362 Is trua liom fear gan bó,
Is is dhá thrua liom fear gan caora,
Ach is trua liom fear gan capall,
Mar is deacair dó a bheith saolach. (TÓM)

- Is trua liom fear gan bó,
Dhá thrua liom fear gan caora,
Trí thrua liom fear gan capall,
Is doiligh dó a dhul in obair. (M, Cum. Béal. 117, 27)

Seo véarsa as 'Láirín Riocaird Mhóir' .i. amhrán fada grinn, féach AA 11/1941 agus IG XII 141.

363 Is uan an chaora i bhfad. (TÓM)

- Caora mhór an t-uan i bhfad. (Ac, Ind)
- Is caora an t-uan ar fad. (MÓD, LMóir)

Focal doiléir; seo mínithe a fuair mé:
1. Is trom rud beag á iompar i bhfad (Ac). cf. 640
2. Is den phór céanna iad, is mar a chéile iad (MÓD: LMóir).
3. Is fada a bheadh uan nó caora bheag ina pheata (?).
4. Is beag a bhreathnaíonn caora i bhfad uait (?).
cf. BB 71, YD 122, DC 152 (march bach), NG I 212 (mionnán), I BSR 163 (uan beag), 166 (mionnán), LSM 7p (caora).

364 Leá an éin ghé ar an bhféar agus ar an uisce. (RM, Ca)

Leagan a deirtear le duine súite (RM) .i. oiread acmhainne a bheith aige ar ól agus atá ag gé ar fhéar agus uisce a ídiú (?).
cf. 4771, 327 agus 343

365 Má chailltear do chaora ag ceann an iomaire, ceannaigh caora ag an gceann eile den iomaire. (GS)

Ná bí gan stoc; ní foláir duit do ghnó a choinneáil ar siúl.
cf. 386

366 Má imíonn na daoine, imeoidh na beithígh. (Ca, Cum. Béal. 111, 41)

367 Mallacht an scadáin, a bholg a chur leis an tine. (S)

- Uacht an scadáin, a dhroim a chur leis an tine. (RM)
- Achainí an scadáin, a dhroim a chur leis an tine. (Ac)
- Tá mallacht an scadáin leis an té a chuireas a bholg leis an tine. (F)

Tá seo ina véarsa dhá líne i mBéarla (na hAlban?), in App. 527, Ray 38. Deirtear in AWM 148 gur ionann scadán a thiontú ar phláta agus bád a thiontú béal faoi.

368 Marú an choinín buille sa gcúl. (IG 9/1905)

369 Más cóta go mba fallaing, is más beithíoch go mba capall. (MÓD)

- Má tá tú i muinín aon bheithíoch, is í an capall í,
Má tá an bhean i muinín aon bhrait, is í an fhallaing í. (Ac)
- Más aonbhrat domsa - fallaing,
Más aonbheithíoch domsa - capall. (M, Cum. Béal. 117, 27)

Togha na n-éadaí is togha na mbeithíoch.

370 Mise liom féin, ar nós éan na caróige. (F)

371 Mo chuach thú agus an scuab i do dhiaidh. (RM)

- Mo thrua thú agus an scuab i do dhiaidh agus rud eicínt i bhfostú ann. (Ca)
- Mo chuach thú agus do iorball amach. (MÓD)

Focal molta nó gríosaithe con nó gadhair a bheadh ag rith i ndiaidh coinín nó giorria (RM).

372 Muca ag craitheadh a gcluas ag ithe a gcodach. (CF)

373 Ná díol bó mhaol is ná ceannaigh bó mhaol, ach coinnigh bó mhaol más féidir. (AR)

- Ná ceannaigh bó mhaol, ná díol bó mhaol is ná bí aon lá choíche gan bó mhaol. (MÓD)
- Ná ceannaigh bó mhaol, ná díol bó mhaol is ná bí gan bó mhaol. (M, Ac)
- Ná ceannaigh bó dhubh, ná díol bó dhubh is ná bí gan bó dhubh. (M)
- Ná ceannaigh caora dhubh, ná díol caora dhubh is ná bí gan caora dhubh. (MÓD)
- Ná díol caora dhubh, ná ceannaigh caora dhubh is ná bí gan caora dhubh. (TÓM)
- Ná díol is ná ceannaigh caora dhubh, is ná bí aon oíche ariamh gan caora dhubh. (Ac)

Is ádhúil ceann a choinneáil, ach ní ceart a ceannach; ní mór duit, dá bhrí sin, ceann a thógáil duit féin.
Sin í an chiall a bhí leis freisin in 1828 (Cinnlae II 36).

374 Ná feiceadh an lao an solas ag teacht faoin doras. (GS)

Focal pisreoige: ní ceart solas a thabhairt ná a ligean isteach san áit a bhfuil bó tar éis lao a bhreith.

375 Ná trust fiacail an mhada ná cnáimh an chapaill. (F)

Ionann is App. 314, ach an capall sa chéad áit.

376 Ní chruinníonn cloch reatha caonach, ach cruinníonn meach siúil mil. (I)

377 Ní dhéanfaidh fear ciallmhar garraíodóir dá ghabhar. (MS)

Focal Gearmáinise (I BSR 70, Lipp. 73)

378 Ní gan ábhar a théas na caoirigh chuig an abhainn. (S)

- Ní gan ábhar a théas caora ag ól uisce. (Ca)
- Ní gan fáth a théas na caoirigh chun an uisce. (GS)
- Ní gan fáth a théas an chaora san uisce. (Ac)
- Ní théann an chaora chun an uisce gan údar. (Ca)

1. Gabhann siad chuig an uisce nuair a mhothaíonn siad an bás ag teacht orthu. (RM).
2. Nuair a bhíos tart orthu. (GS)

379 Ní gan fáth a dhéanas an searrach seitreach. (GS)

380 Ní hamadán an breac. (Ac)

381 Ní imíonn an chuach go dtugann sí teas agus glas an fhómhair léi. (LMóir)

- Ní imíonn an chuach nó go dtugann sí deas glas den fhómhar léi. (Ár, Cum. Béal. 101, 544)

382 Níl aon chnocán gan préachán. (GS)

383 Ní lia luibh ná a leigheas ag fás thríd an talamh,
Is ní lia crábán sa bhfarraige ná tá leas an duine ann. (RM, OL 2)

384 Níl talmhadóir ar bith chomh maith leis an seangán. (CF)

385 Ní mhealltar an sionnach faoi dhó. (CF)

386 Níor briseadh ariamh ach fear gan stoc. (GS)

cf. 365

387 Níor mharaigh meáchan cruaiche luchóg ariamh. (M)

388 Níor mheall a bhéal an scadán ariamh. (Ca, AR 41)

- Mo ghrása an scadán nár gabhadh ariamh lena ghoile. (S 4/1926)
- Mo ghrása an scadán nár cailleadh ariamh lena ghoile. (RM)
- Chomh geanúil le scadán nár gabhadh ariamh ar son a bhoilg. (IG 8/1894)

Nach mbeireann an scadán ar bhaoite.
cf. freisin OL 21 agus Joyce III.
Tá samhail dá shórt, le ciall níos fairsinge, sna teangacha Rómhánacha (Por la boca muere el pez, etc. II BSR 252, III NG 182)

389 Ní raibh aon neart ariamh ar an ngé a bhí ar deireadh. (Acl)

Go mbíonn ceann lochtach i gcónaí ann.

390 Ní róshásta an bhó gan a lao lena cois. (CM)

- Níl aon mhaith sa mbó gan an lao. (LM, Cum. Béal. 90, 272)

391 Ní thagann sliocht ar ránach, gidh go bhfuil a shinsear ag síolrú. (GS)

Féach Clár (easgaine) agus O mulus 2

392 Ní tréad caoirigh go ndubha siad,
Is ní eallach beithígh nó go ngeala siad. (GS)

- Níl tréad ar bith ceart gan caora dhubh. (Ár, Cum. Béal. 101, 550)

Go mbeidh caora dhubh nó bó bhán ina measc.

393 Nuair a imíos an chuach, imíonn an t-éan. (Ár, Cum. Béal. 101, 550)

394 Nuair a labhraíos an chuach, tóig an sleán suas. (Sp, Cum. Béal. 209, 518)

395 Nuair is teann don phortán, is fann don ghearrán
Nuair is fann don phortán, is teann don ghearrán. (AR 426)

- Nuair is teann don phortán, is ea is fann don ghearrán. (OL 48)

- Nuair is fearr an gearrán is ea is dona an portán. (RM, Ca, S 5/1929)

  Is doiligh míniú faoi shásamh a fháil air seo; seo roinnt dá bhfuaireas:
  1. Nuair atá A (an aimsir, an tráth etc.) feiliúnach, níl fonn ar B (níl B ullamh, etc.)
  2. Sa ngeimhreadh (earrach: CR) a bhíos an portán i séasúr, ach is ansin is measa saol (farae etc.) an chapaill; ar a mhalairt atá siad sa samhradh: RM, CnM, CR: cf. OL 48.
  3. Snámhfaidh an portán sa bhfarraige ach báfar an capall: RM, Ca, CC.
  Féach B X 95, Ca.

396 Oíche amuigh agus oíche istigh,
Maith don chaora ach olc don bhuin. (I)

397 Rith con i ndiaidh dhá ghiorria. (RM)

Rel. I 151, MIP l.126; leagan eile Clár (Giorria). Focal gaolmhar SH 215, 521, NG I 221, BSR I 90.

398 Ronnach capaill agus scadán láir. (AR 206)

Is é an chiall atá leis seo, measaim, go mbíonn an breac ina chréatúr marcaíochta ag an iascaire .i. gur air a bhíonn sé ag marcaíocht; an té a shaothraíonn a bheatha ar an bhfarraige nó a chónaíonn ar oileán farraige, deirtear go bhfuil sé 'ag marcaíocht ar an scadán' (IG 7/1905).
Tá samhail ghaolmhar sa rann seo,
'Dá bhfaighinn-se an chóir nó an ghaoth ón talamh,
Chrochfainn mo thrí seolta le bród as mo chapall'
(Ár; Cum. Béal. 101, 538).

399 Rud nach bhfacthas ariamh, searrach ag múille is púca ag asal. (RM)

- Searrach múille nó taise asail, sin dhá rud nach bhfaca aon duine ariamh. (MS)
- Dhá rud nach féidir a fháil, searrach múille agus barr a bheith ar fhióga. (M, Cum. Béal. 109, 285)
- Searrach múille, taise asail nó uibh choiligh, trí rud nach bhfaca aon nduine ariamh. (MS)

  Deirtear i mBéarla na tíre seo nach bhfeictear asal marbh choíche (cf. Joyce 111, tré), agus tá leagan níos faide i Sasana (SH 606). Maidir leis na fióga (nó luachrach) deirtear:
  'Glas, glas é agus ní féar é;
  Géar, géar é agus ní meana é;
  Tá féasóg air agus ní gabhar é,
  Tá tóin air agus ní giorria é'.
  BSR I 171 (leagan Fraincise).

400 San aer is deise an t-éan. (CF)

401 Saol crua ag an asal. (Sa)

402 Seachain cosa deiridh capaill, dá mbeadh siad seacht mbliana ar chúl na gaibhle. (GS)

- Ní cóir cos múille a thrust, dá mbeadh sé seacht mbliana ar chúl gaibhle. (MÓD)
- Ná trust cnámha an tseanchapaill. (AR 446)
- Ná trust cnámha an chapaill mar tá sé fealltúil. (TÓM)
- Ná trust cnáimh an chapaill. (CR)
- Chomh contúirteach le cois deiridh capaill. (GS)
- Ná trust cnámha an chapaill, dá mbeadh sí leathmharbh. (Ac)

  App. 314, SH 555 (Horse's heel, dog's tooth). Joyce 110.

403 Seacht scadáin díol bradáin,
Seacht mbradáin díol róin,
Seacht róin díol muice mara,
Seacht muca mara díol míl mhóir,
Seacht míl mhóra díol an cheanruáin chróin,
Seacht gceannruáin chróna díol an domhain mhóir. (TÓM, S 4/1919)

- Seacht scadáin béile bradáin,
  Seacht mbradáin béile don mhuic mhara,
  Seacht muca mara béile don mhíol mór. (M)
- Seacht scadáin sáithíonn siad bradán,
  Seacht mbradáin sáithíonn siad rón,
  Seacht rónta sáithíonn siad míol mór. (Ac)

  Rel. II 504

404 Seáilín deas ar an gcearc. (CF)

405 Seascach na gcearc ó Shamhain go Nollaig. (S 12/1919)

- Ó Shamhain go Nollaig a bhíos seascach na gcearc ann. (RM, OL 155)

406 Sicín fómhair, Dónaillín geimhridh. (M)

An sicín a thagas amach sa bhfómhar, ní bhíonn aon rath fáis air sa ngeimhreadh.

407 Siod é do theach is fan ann i gcónaí,
Is dá mbeifeá gan sciúrtach (sciúrtóg) ná scar le do bhó. (CR)

Tagann seo isteach in 'Doire Né Chasla' le 'talamh' do 'theach', is 'seol' do 'bó'. (Ceol 74).

408 Siúl searraigh gan mháthair. (M)

Gan stad ná cónaí.
SFM 15

409 Snag roimh brón, péire roimh só,
Trí cinn pósadh, cheithre cinn mac óg,
Cúig a bheireas airgead, sé cinn ór,
Seacht gcinn rún nach sceifir go deo. (S)

Snaganna breaca (le maidneachan: RM) atá i gceist. Tá dréachta fúthu in S 1/1928 agus AA 2/1940. Tá ionann is an leagan céanna fairsing go maith i mBéarla na tíre seo. Joyce 179.
Tá cuid mhaith leaganacha de tugtha síos in App. Ach ní sine a ndáta ná 1849; tá focal in SH 344 ag dul suas go deich snag agus déantar tagairt ann do leagan gearr Breatnaise (Piogen a chroesdra); freisin tá leagan in AWM 142.

410 Snámh báid ag an gcapall. (CF)

411 Súile con i ngleann uaigneach, an tsúil is géire ar bith,
Is cosa con ar thamhnach réidh, na cosa is luaithe ag rith. (CF)

- Cosa con ar mhachaire réidh, na cosa is mire ar bith. (R)

cf. ACC 71.

412 Súile móra agus lagamharc, gan iúl ar bith ar a ghnotha aige. (Ár, IG IX 306)

An t-ulchabhán; deirtear le páiste a bheadh ag éisteacht le comhrá daoine fásta, 'Níl de shamhail agat ach an t-olcadán – súile móra,' srl.

413 Tá a fhios ag na luchain cé a d'ith na scadáin. (M, Cum. Béal. 114, 472)

414 Tá an dreoilín, an t-athair nimhe agus an deargadaol mallaithe,
Tá an spideog, an chadóg agus an bhóín Dé beannaithe. (CF, B V 249)

Tá leagan eile in 'Íosagán' an Phiarsaigh.

415 Tabhair aire don chearc is béarfaidh sí duit. (S 12/1919)

416 Tabhair rud glan don bhó is tabharfaidh an bhó rud glan duit. (CF)

cf. 4941 agus 3882

417 Tá cúr ar sruth aici go Samhain, lámh fúithi go Nollaig, srioncán go Féile Bríde, mionnán óg faoi cheann míosa agus gabhar ramhar ansin ar fheabhas na tíre. (BM, Cum. Béal. 79, 504)

Seanghabhar (nó bliain gabhair?).

Tá ionann is an focal céanna ag Tomás Bairéad in Cruithneacht agus Ceannabháin 16.

418 Tá iasc sa bhfarraige chomh fairsing le féar. (Ac)

419 'Tar amáireach,' a deir an t-iasc. (LB, Ár, AA 7/1942, Gearrbhaile 1938–1939)

420 Tarbh dá óige nó stail dá shine. (MÓD)

- Tosach staile, deireadh lárach. (MS)

Is ansin is láidir iad.

421 Tá sé i leabhar an phréacháin. (AR 333a)

- Tá sé ar leabhar an phriacháin duibh. (LMóir)
- Tá sé i leabhar an fhiaich dhuibh. (GS)

Leagan a deirtear faoi bheithígh a chaillfí, as siocair gurb é an préachán a itheann iad.
Ní deirtear an leagan ag trácht ar bhás daoine (GS). Tá sé ionann is réidh (ag trácht ar daoine agus beithígh: LMóir).

422 Tá sé ina lá sula labhraí an lacha. (RM)

- Ní bheidh sé ina lá sula labhraí an lacha. (LMóir)

Sin bealach lachan; ní chuireann sí aon ghrág aisti go mbeidh sé ina lá; tá daoine, freisin, nach ndéanfaidh aon ní go mbeidh siad siúráilte de gach ní (LMóir).

423 Teanga ghéar ag an mbó. (CF)

424 Teanga mhilis ag an seabhac. (CF)

425 Téann an bainne in adharca na mbó sa ngeimhreadh. (GS)

De bhrí go laghdaítear a dtál ansin.
cf. 'Anlann d'im adhairce' i rann Aonghus na nAor (Tribes of Ireland 42).
Tá an leagan céanna faoi im in Ray 37, App. 74, faoi bhainne in App. 416; deirtear an rud céanna faoi im sa mBéarla i gContae Chill Chainnigh. Vocab. 25, 87. Bangor 344 (llaeth).

426 Tig leis an asal a bhéilí a ithe. (Sa, LMóir)

Níl aon imní air (LMóir).

427 Tosach muice nó deireadh bó. (GS)

Is orthu is ceart breathnú dá mbeifeá á gceannach.

AIRE

428 Ag inseacht scéil do chapall is an capall ag éirí in airde. (CR)

- Ag inseacht scéil do chapall is an capall ag dul ina leath deiridh in airde. (GS)
- Ag inseacht ruda do chapall, is an capall ag dul dá chosa in airde. (RM)
- Ag inseacht scéil do ghearrán is an gearrán ag dul dá thóin in airde. (CF)
- Scéal á inseacht do chapall. (CF)

Ag inseacht scéil do dhuine nach bhfuil ag éisteacht leat.
Rel. I 153. Thiocfadh dó seo go bhfuil a bhunús sa Laidin, O asinus 4, surdus.

429 An glór nach dtilleann sa gceann, is cuma é a bheith ann nó as. (F, CC, S 11/1918)

- An glór nach dtilleann i gceann is cuma ann nó as é. (Ac)
- An rud nach dtuigeann an ceann, is cuma é a bheith ann nó as. (S)
- An rud nach bhfeileann sa gceann, is cuma é a bheith ann nó as. (CF)
- Ag inseacht scéil do Mhaol dom,
  Duine gan mhaoin gan mhaith,
  An scéal nach bhfeileann sa gceann,
  Nach cuma é ann nó as? (GS)

Leagan faoin duine nach n-éisteann lena n-insítear dó.
IM, College 284 idem. Iomarbhágh XIX 1 c agus fonóta. LN 78.

430 An té ar a mbíonn an bhróg ina luí, is dó is cirte (córa) í a scaoileadh. (ACC 30)

- An té a mbíonn bunóg air, caithfidh sé an braon a ligean aisti. (IG)

Tugadh gach uile dhuine aire dá ghnó (dá thrioblóid) féin. IG 7/1905

431 An té nach dtugann aire dá ghnotha, is minic a chos ar lic an fháin. (GS)

- An té nach dtabharfaidh aire dá ghnotha, beidh sé gan bheatha. (MÓD)

432 Beathaíodh an coileach é féin agus beathaíodh an chearc an t-ál. (Ár, Cum. Béal. 101, 542)

433 Beireann cluas bhodhar féin a lán léi. (MS)

434 Bíodh aire agat ar an airgead is ní chaillfidh tú é. (MÓD)

435 Bíonn cluas bhodhar ag fear na foghlach. (AR 379)

- Bíodh cluas bhodhar ag fear na foghlach. (S)
- Bíonn cluas bhodhar ag fear na foghlach i gcónaí. (AConn 10/1907)
- Ba cheart d'fhear na foghlach cluas bhodhar a bheith aige. (IG 7/1905)

An té atá ciontach sa dochar, ní thugann sé aon aire don chasaoid.
cf. 'Tagra na Muice' (Lia Fáil III 10) - gur córa d'fhear na foghla tocht agus cluas mhaol a thabhairt do chách; tá leagan de seo as M in Cum. Béal. 117, 34.

436 Briseann an t-aireachas muineál an mhí-ádha. (Ca)

- Briseann an t-aireachas an ceann den anachain. (CF, É 16/3/37)

Tóraidheacht 25, 1 13. Leagan de in Ray 21, 236, App. 264

437 Cá raibh tú aimsir na gcluas?
Bhí mé i nGaillimh á cur suas. (Ár, Cum. Béal. 101, 552)

- Cá raibh tú aimsir na gcluas?
  Bhí mé ar aonach na gcloigeann. (CF)

Ceist ar an té nach gcloiseann thú agus a fhreagra.

438 Coinnigh do shiopa is coinneoidh do shiopa thú. (S 5/1929)

- An té a choinneos a shiopa, coinneoidh a shiopa é. (G, Ca)

Idem App. 337, Ray 131, SH 249; freisin II BSR 244 (Que tiene tienda, que atienda).

439 Cúram na gcapall iasachta. (Sa)

- Tá cúram an tsaoil agus a dtiocfaidh ina shlí air. (Sa)
- Sháraigh sé an coinín ag faire ar a pholl. (Sa)
- Sháraigh sé an coileach ag faire ar an lá. (Sa)

Mairg nach caith an t-each iasachta (23 L 17, l. 112).

440 Cúram Úna sa gcisteanach. (RM, Ca)

- Cúram na móna is na cisteanaí. (Sa)
- Cúram Úna, cúram gan cion (i. cúram gan buíochas) (IG 7/1905)

- Galra rún is cúram gan cion. (TU 18)

  A bheith cúramach faoi rud san áit nach raibh call leis (?). Deirtear faoi dhuine gnóthach, 'Tá cúram, etc. air' nó faoi dhuine a mbeadh iomarca cúraim air faoi ghnó duine eile (CF): is doiligh míniú rathúil a fháil air seo.
  cf. ÓD (cúramún) is scéilín AA 6/1938, Cum. Béal. 79, 504, S 1/1925.

441 D'aireodh sé an féar ag fás. (MÓD)

- Chomh bréagach leis an bhfear a dúirt go gcuala sé an féar ag fás. (IG 1/1906)
- Chomh bréagach leis an té a chuala an féar ag fás. (GS)
- Chomh bréagach leis an bhfear a chonaic an féar ag fás. (F)

  An té atá an-ghrinn ar fad, mar dhóigh de; nó an bréagadóir.
  I Seilg Cruachain (Lia Fáil III 29) tá caint ar 'Fachtna fiochmhar na gcluas ngéar do chluinfeadh an féar glas ag fás.' II N 133 (coirce), Lipp. 354 (féar). O'Daly 90.
  Féach Cais. 87, 3.

442 Faigheann an t-airgead aire. (Sa)

443 Fear ag lorg capaill is an capall faoina thóin. (Ca)

  Idem SH 600, DC 51, PB 71, Arm. 370, 542, L I 89 (asal).

444 Fear na bó é féin faoina heireaball. (GS)

  Tugadh an t-úinéir féin aire dá chuid.
  Focal idirnáisiúnta (as Laidin na Meánaoise), ach labhraítear ar asal sna teangacha Rómhánacha: Ray 122, SH 169, App. 119, DC 47, 167, I BSR 124, HV 27, LSM 49 p.

445 Fear na haonbhó faoina heireaball. (M)

  Áit nach bhfuil ach beagán, tugtar aire mhaith dó. Ray 237 (Alba).

446 Is beag an rud nach bhfeicfidh an tsúil. (Ind, Ca, RM)

- Is beag an rud a fheiceas an tsúil. (MÓD)

  1. An té a bhfuil amharc grinn aige, níl rud dá laghad ag dul ó fheiceáil air (Ca).
  2. Is beag den domhan a fheiceas súil an duine (MÓD).
  3. Le duine a fhaigheas locht ar rud (RM).

447 Is fearr súil an mháistir ná deichniúr de na fir. (CS)

- Déanann súil an mháistir níos mó oibre ná a dhá láimh. (MÓD)
- Is fearr duine ag ordú ná beirt ag obair. (Ca)
- Is mó obair a ghníos súile an mháistir ná a chuid lámh. (CF)

  Idem App. 196, Ray 14; leaganacha in YD 101, 108: le haghaidh a bhunúis, cf. O 251 (oculus) 12. CS 5/12/1903

448 Is géire súil sa gclúid ná dhá shúil ar fud an tí. (CS, M)

- Is fearr duine sa gclúid ná triúr ar an urlár. (CF)

  Seanduine sa gclúid ag faire ar gach uile shórt. CS 5/3/1904
  ACC 11 agus 35.

449 Is mairg nach gcuirtear ar a airdeall. (MS)

450 Is maith an capall a tharraingíos a charr féin. (S, CC, Ac)

- Is maith an beithíoch a tharraingíos a chairt féin. (I)
- Ní droch-chapall a tharraingíos a charr féin. (ÁC)
- Is maith an capall a tharraingeos a hualach féin. (Ac)
- Is maith an capall a aithníos a carr féin. (Ac)
- Tá a dhóthain mhór ar chuile chapall a ualach féin a tharraingt. (MS)
- Caithfidh an uile bheithíoch cairtín a tharraingt. (I)
- Is maith an té a thugas aire dá ghnotha féin. (S)
- Is maith fear atá in ann aire a thabhairt dá ghnotha féin. (Sp)
- Ní dhéanann duine mórán faillí má thugann sé aire dá ghnotha féin. (CF)
- Ní fear dona a chumhdós a chapall féin. (Sa)
- Is críonna an té a thugas aire dá ghnotha féin. (Ac)
- Is maith an duine a chuirfeas snáithe ar a cheirtlín féin. (Ár)
- Is maith an bhean a choinníos a cuid aráin féin gan dó. (GS)
- Is maith an chaora a thóigeas a huan féin. (CF)
- Is maith an bádóir a chuireas fostó ar a ghraiféad féin. (Sa)

- Ní droch-chearc ar bith a thugas aire dá hál féin. (Sa)
- Déanann na muca a ngnotha féin (i. a ramhrú féin). (MÓD)
- Is bródúil an t-ainmhí nach n-iompraíonn a bhia leis. (Ac)

Aire a thabhairt do do ghnó féin. S 11/1919, 8/1920.
Le haghaidh leaganacha a d'fhéadfadh a bheith gaolmhar leis, cf. SH 227, App.515, Ray 104, I BSR 133 (Tis an ill horse, etc.), MR 19, LSM 21 o.

451 Is maith an fear é an faitíos. (Ca, Cum. Béal. 111, 43)

452 Is minic duine ag dul amú agus solas aige. (CR)

453 Más maith leat do ghnotha a bheith déanta go maith, déan féin é. (MÓD)

Id. SH 215

454 Ní beag duit aon obair amháin go gcuire tú críoch uirthi. (F)

- Is leor obair amháin go mbí sí críochnaithe. (Ca)

455 Ní bhfuair an sionnach ariamh teachtaire chomh maith leis féin. (F, AR 136)

- Ní bhfuair an sionnach ariamh teachtaire chomh héasca leis féin. (CF)
- Ní bhfuair an sionnach teachtaire ariamh ab fhearr ná é féin. (CC, S 11/1927, TÓM)
- Níor chuir an sionnach teachtaire amach ariamh ab fhearr ná é féin. (MS, Ac)

Tú féin is fearr a dhéanfaidh do ghnó féin. SH 446, DC 42, YD 68 (Diwytaf i Fleiddian ei gennad ei hunan). I BSR 68 (lobo), III NG 197.

456 Ní féidir leat freagairt mara n-éisteann tú. (GS)

ZCP VI 270 - 'Eochair chéille coistecht' (as LBL). Seanfh. XVIII 13, agus Síor. XI 8.

457 Ní fhéadfaidh duine a bheith ag feadaíl is ag ithe mine. (S, TÓM)

- Ní féidir a bheith ag seoladh na mbó is á mbleán. (CF)
- Is deacair d'aon duine amháin an gabhar a bhleán is a choinneáil. (Ca)
- Ní féidir treabhadh is tiomáint in éineacht. (TÓM)
- Ní féidir treabhadh is tiomáint a dhéanamh. (MÓD)
- Ní féidir dhá chapall a mharcaíocht. (CC)
- Is deacair dhá chapall a mharcaíocht in éineacht. (RM)
- Ní féidir a bheith ag rith is ag tafann. (Cum. Béal. 91, 8: gan áit)

Cath Maighe Ráth 166 - 'uair ní fhedait ugdair in da fhaisnéis d'fhursannadh i n-aenfecht' (le leagan i bhfilíocht). O'Daly 95. Focal idirnáisiúnta atá bunaithe ar Laidin Plautus (O 138); SH 19, 318, DC 31, YD 20, II BSR 56, L II 255, NG II 7, III 81, LSM 31 n, 112 n. Joyce 116.

458 Níl ag an bhfear bodhar ach lán a chluas a thabhairt leis. (CF, AA 10/1938)

459 Níorbh fhearr an cat ná an t-aireachas. (IG 10/1905)

- Ní fearr an cat ná an coimhéad. (TÓM, Ériu VI 52)
- Dheamhan ar chríonna an cat ná an coimeád. (M, S 8/1923)
- Níorbh fhearr an cath ná an coimeád. (Ca, Cum. Béal. 160, 346)
- Ní críonna an cat ná an coinín. (Ca)
- Ná mothaíodh na luchóga tú. (Sl, DÓM)

Dá ghlice an rógaire, is glice an té atá á fhaire (nó ar a thóir?).
Leaganacha dá shamhail faoi ainmhithe eile, I BSR 80 (sionnach), 4 (coinín), 97 (luchóg, cat).

460 Níor mhill an t-aireachas maith tada ariamh. (RM)

- Níor mhill dea-aireachas aon rud ariamh. (S 11/1927)
- Níor mhill an t-airdeall maith aon bhlas ariamh. (Ca)
- Níor mhill an t-aireachas maith aon bhlas faoi aon duine ariamh. (RM)
- Airdeall géar, níor mhill sé tada ariamh. (RM)

461 Ní thig leis an ngobadán an dá thrá a fhreastal. (S 4/1918)

- Ní thig leis an ngobadán an dá thrá a bheith aige. (S 11/1919)
- Ní thig leis an ngobadán freastal do dhá thrá. (CS 16/5/1903)
- Níor éirigh an dá thrá leis an ngobadán ariamh. (IG 4/1895)

- Ní thugann an gobadán dhá thrá leis in éineacht. (Ca)

  Ní fhéadann duine a bheith sa dá áit ag an am céanna. Má bhíonn an iomarca oibre le déanamh aige, ní bheidh aon teacht aige uirthi (CC).
  Leagan 5: O'Daly 95

462 Nuair a bhíos an cupán lán is fusa a dhoirteadh. (GSe)

- Nuair a bhíos an cupán lán is giorra dhó a dhoirteadh. (Ac)
- Nuair atá an ghloine lán is ea is deacra aire a thabhairt di. (Ca)
- Nuair a bhíos an cupán lán cuirfidh sé thairis. (Ca)
- Doirtear cupán is é lán. (M)

  Nuair atá duine i mbarr a shonais is a mhaitheasa, sin é an t-am le haghaidh aireachais, mar is ansin is éasca a mhilleadh.
  Leaganacha in App. 129, 1320, SH 11, PB 80.

463 Nuair a fheiceas tú teach do chomharsan trí lasadh, tabhair aire do do theach féin. (CS 13/6/1903)

- Nuair a fheiceas tú srón duine eile salach, glan do shrón féin. (F)
- Is maith an chomhairle dhuit nuair a fheiceas tú srón duine eile salach, do shrón féin a ghlanadh. (TÓM)
- Is maith séideadh sróine do dhuine, smug a fheiceáil ar dhuine eile. (MÓD)

  BTD 1, 46a agus 16, 15c. Rel. II 479. Idem Ray 105, 262, SH 170, AWM 186, L II 300, 360: cf. freisin II BSR 314 (barba): le haghaidh an tseanfhocail a d'fhéadfadh a bheith ina bhunús dó, cf. O (alienus, 3; paries, 2), LSM 31f.

464 Tabhair aire do do chniteáil nó beidh do riopáil cam. (M, RM)

Tabhair aire do do ghnó, nó ní thiocfaidh sé amach ceart.

465 Tabhair aire do na cosa is bhéarfaidh an cloigeann aire dó féin. (AR 621)

466 Tabhar cluas bhodhar don rud nach dtaitníonn leat. (RM)

cf. 4981

467 'Tá go leor ar ár n-aire' mar a dúirt Súil Gheam. (TU 10)

468 Tá íoc na huaire ar m'aire-sa is t'aire-sa ar do chléibhín. (Sa, CnM)

- 'Ní raibh mise agam féin,
  Ó mharaigh mé na Spáinnigh,
  Ach mar a bheadh sí gaoithe ar bharr cnoic lá Márta.
  Le allas lucht an tsaothair,
  Is a bheith go daor ar na boicht,
  Ach is é féarach an dá chaorach,
  Tá íoc na huaire ar m'aire-sa is t'aire-sa ar do chléibhín.' (CnM)
- 'Is é olann an dá chaorach,
  A chaolaigh mo dhá chois;
  Breithiúnas gearr a thug mé,
  Flaithis Dé ní fheicfidh mé,
  Tá íoc na huaire ar m'aire-sa is d'aire-sa ar do chléibhín.' (CnM)

  Giota de rann atá sa gcéad leagan. Deirtear sa scéal go raibh Flaithbheartach na gcolpaí móra an-chrua ar a thionóntaí bochta, ach is é an gníomh is tuataí a rinne sé, olann a cuid caorach a choinneáil ar bhaintreach bhocht nach raibh in ann an féarach a íoc. Nuair a fuair sé bás casadh caoladóir aitheantais air, nár aithnigh an Flaithbheartach, leis an athrú mór a bhí tagtha air. Dúirt an caoladóir is an Flaithbheartach an chaint seo:-
  'Ní féidir gur tú Tadhg Mór na gCreach,
  Nó céard a chaolaigh do chosa?'
  'Gach coir dá ndearnas a chur i mo cheann,
  Ariamh nár loic mé,
  Le allas lucht an tsaothair,
  Is a bheith go crua ar na boicht,
  Ach is é féar na gcúig gcaorach
  A chaolaigh mo dhá chois.
  Tá fearthainn ar mo leaba
  Is síorghaoth;
  Tá íoc na huaire ar m'aire,
  Ach tá t'aire-sa ar do chléibhín.' CnM
  Tá scéilín eile agus véarsa níos faide in Cum. Béal. 58, 85 agus tá an scéal thuas in Cum. Béal. 65, 110; 74, 249 ('Tadhg na Buile' a thugtar ar an bhFlaithbheartach sa dá cheann seo) 77, 324; 155, 73: Íoc na huaille' atá in S 5/1929. As Carna nó Cill Chiaráin na leaganacha deiridh seo.
  Annála Beaga Iorrus Aithneach (S. Mac Giollarnáth) 45 (ca), B XI 15 (Oileán Chléire), The Irish of Cois Fhairrge (T. De Bhaldraithe) 79.

469 Tarraing an chluas a chuala é, is buail an chluas nár chuala é. (GS)

- Tarraing an chluas nár chuala é, agus cuir sop sa gcluais a chuala é. (F)
- Gearr an chluas nár chuala é. (RM)
- Tarraing an chluas nár chuala é. (Ca)

  Leagan magaidh a deirtear le duine a fhiafraíonn ceist athuair, is é ag éisteacht le neamhshuim.

470 Téirigh a chodladh, rug an chearc. (RM)

Go bhfuil an gnó déanta, níl aon chall a bheith san airdeall níos faide.

ÁITEACHA

471 Achadh Ghobhair, Cluain Dúlach,
Ros Triall is Árainn Ó Dheas,
Níl bua damanta ar aon duine
Atá ansiúd i bhfeart. (GS)

Na ceithre reilig is naofa in Éirinn.

472 Ar an taobh amháin mar Bhaile Loch Glinne. (MÓD)

- Go léir ar thaobh amháin mar Bhéal Átha Luain. (MS)

Tá leaganacha mar é i mBéarla na tíre seo faoi áiteacha éagsúla; cf. L II 20 le haghaidh leagain dá shamhail faoin roinnt a dhéanadh dream áirithe. App. 67, 94, 405, 483, 582, 618 (ó 1841).

473 Baile Átha an Rí a bhí, Gaillimh atá, is (amuigh) in Árainn a bheas. (GS, S 5/1929)

- I mBaile Átha an Rí a bhí, i nGaillimh atá, is (amuigh) in Árainn a bheas. (IG 9/1905)
- Baile Átha an Rí a bhí, Gaillimh atá, ach Árainn bheag a bheas. (Ár)

Príomháit Chonnacht.
MIP 273: scéal in Cum. Béal. 109, 180 (an Clochán); ar l.182 deirtear, 'Dófar Tuaim, báfar Gaillimh agus sloigfear Dún Mór síos sa talamh.' App. 368, SH 271, 373, faoi bhailte Sasanacha (ó 1603), agus SH 271 (Luimneach, Baile Átha Cliath agus Corcaigh).
Iar-Chonnacht Ruaidhrí Uí Fhlaithbheartaigh 84, 13 (le nóta). Féach OG (Hogan) l. 65.

474 Bí mall in Acaill, is ar beagán den olann. (S 11/1919)

- Bí in Acaill in am, nó beidh tú ar ghannchuid den olann. (Ac)
- A té nach mbíonn in Acaill in am, beidh sé ar ghannchuid den olann. (Ac)
- Mara mbí tú in Acaill in am, beidh tú ar ghannchuid den olann. (I)

Tagairt do na bacaigh a thagadh ag iarraidh giotaí olla a d'fhágtaí i ndiaidh sníomhacháin agus ní mórán a bhíodh le fáil ag an dream deireanach. cf. Cum. Béal. 79, 631.

475 Binn Fheá, Binn Éadain,
Cruach Phádraig is Néifinn,
Binn Shléibhe dá n-iarrfainn,
Na cúig cnoic is airde in Éirinn. (GS)

In aice na nDeirceanna sa Dúiche Sheoigheach, atá Binn Fheadha; taobh ó dheas de Loch Measca, atá Binn Shléibhe.
Binn Éadain a deirtí i ngach uile chúige in Éirinn, de réir IG XII 60.
Féach freisin Trí Torpáin (Seosamh Laoide) l.54.

476 Chomh fada siar le tower Cheann Gólaim. (LMóir)

477 Chomh hard le Cnoc Meadha. (MS)

- Chomh hard le cnoc. (Ca, TN 26/9/1890)
- Chomh hard le Cnoc Dabhach. (LMóir)

cf. 1100

478 Cineál Ceannaí Cléire,
Muintir Shliabh-bhreac Acla;
Lucht na bhféasóg sínte,
Muintir Íochtar Acla. (Ac)

479 Coillte Chreigín gan préachán choíchin. (AA 1938)

480 Col ceathrar don chriathar an bodhrán,
Shiúil mé go mór is chonaic mé mórán;
Is ní fhaca mé aon phíosa de bhóthar níos salaí,
Ná atá ó Ghaillimh go hUarán. (UM)

481 Contae Luimnigh i ndiaidh na léise,
Contae Thiobraid Árainn is fearr in Éirinn,
Contae an Chláir na bláthaí géire (bláthaí bréine),
Contae na Gaillimhe na mbuachaillí tréana. (G)

- Contae na bláthaí géire (i. Co. An Chláir). (CC, AA 6/1940)

Féach SM 914

482 Corcaigh agus Ciarraí ag iarraidh a chéile. (GS)

483 Dá bhfaighfeá Gaillimh ar phingin, theastódh an phingin uait le dul ann. (RM)

Tá caint den tsórt céanna a deirtear de neamhshuim (LMóir), 'Dá bhfaighinn Gaillimh ar phingin' agus 'ní ghabhfainn go Gaillimh', nó 'dá bhfaighinn Gaillimh bronnta.'

484 Dá bhfaighfeá Gaillimh inniu, theastódh Baile Átha Cliath uait amáireach. (RM)

485 Den chuan an caladh. (IG 8/1905)

Leagan eile SM 2007

486 De réir (léir) nótaí a théas na cóistí go hIorras. (I)

I leaba a chéile; ní raibh aon bhóthar déanta san am a ceapadh an rá seo, do chóistí ná eile.

487 Diaganta, diabhalta, mar mhuintir an Chaoil. (Ac)

- Diaganta, diabhalta. (I)

488 Dubhloch, Dumhach agus Duibh-Éige,
Trí bailte is measa in Éirinn. (I)

489 Fáilte Mhuintir Iorrais i dTír Amhlaidh. (GSe)

Fáilte fhonóideach; is í a chuirtí roimh Mhuintir Iorrais nuair a ghabhaidís trí Thír Amhlaidh ar a mbealach go Sligeach.

490 Fuair sé a dhóthain de, mar a fuair an bacach d'Inis Ní. (Ár, LB)

Tugadh drochíde air; deirtear in AA (8/1938) gur cuireadh splanc ina mhála.

491 Gráíní Acla agus blacks Bhaile Chrua
Ag tarraing preaibíní Iorrais sa luaith. (Ac)

492 Inis Meáin, inis gan arán,
Inis ghann ghortach;
Mara dtabharfaidh tú leat arán
An lá a ghabhas tú ann,
Beidh tú an lá sin i do throscadh. (IG 11/1890)

- Bealach an Doirín an chrainn,
An baile gann gortach;
Mara raibh tú istigh in am,
Beidh tú an tráth sin i do throscadh. (S 9/1927)

Caint a cheap Colm de Bhailis tráth a raibh sé ar a chuairt go hInis Meáin.
cf. eagrán an Laoidigh dá chuid amhrán, XVII, IG IV 46, is AA 12/1935: cf. an chéad rann as an Codex Boernerianus (TP II 296) - 'Téicht doróim, mór saido, becc torbai; Inrí chondaigi hifoss, manimbera latt nifogbai'. Tá an rann céanna ar áiteacha eile in AAmhicC I v agus SFM 904. Tá leagan dá leithéid in PB 241 i dtaobh dhá bhaile i mBriotáin na Fraince.

493 Iompaigh do chúl le Móinín na gCiseach,
Is mara bhfaighidh tú bás gheobhaidh tú biseach. (S 8/1925)

Caint a thagann isteach i scéal (S 8/1925); ar an gceann thoir de Chathair na Gaillimhe atá Móinín na gCiseach.

494 Is deacair a rá nach maith iad na faochain,
Is gurb iad a chuir síoda ar mhná Leitir Móir. (AA 11/1938)

495 Is fearr lí ar íochtar na ngarranta ná fosaíocht ar bharr Bharr an Tiorán. (Ac)

496 Má bhíonn tú in Éirinn bí in Árainn, is má bhíonn tú in Árainn bí in Eochaill. (Ca)

- Má bhíonn tú in Árainn bí in Eochaill, is má bhíonn tú in Eochaill bí in íochtar. (CC)

497 Maicíní Chamuis. (AA 6/1940)

498 Mangairí an Chamais, amhais an Turlaigh, is pocaidí dubha Ros Muc. (AA 12/1937)

- Mangairí Chamais, amhais an Turlaigh, daoine uaisle Chill Bhriocáin. (LMóir)

499 Má théann tú go hÁrainn bíodh airdeall amach agat. (RM)

500 Míle ó Thuaim go Sligeach,
Míle ó Shligeach go Muaidh,
Míle as sin go Néifinn,
Míle ó Néifinn an Chruach. (GS)

Na mílte fada.

501 Milleadh Laighean, moladh na Mí. (CF, Gearrbhaile 1938–39)

502 Mná gan náire,
Bia gan sásamh,
Is duine á bháthadh,
Gach lá sa Clyde. (RM)

Mallacht Phádraig ar Ghlaschú.

503 Muintir Choill Rua agus luach na heornan. (LB, AA 10/1938)

504 Ní fuide suas Neamh na néal ná is fuide síos (tóin) Loch Mhám Éan. (RM)

- Níl a fhios cé is mó, airde éan ná doimhneacht Loch Mhám Éan. (B IV 134, B 6/1937, le scéilín)

cf. Stair É. Uí Chléire 210 agus Salm CIII 11 le haghaidh an tsamhail seo de na flaithis.

505 Ní scallann an ghrian ach uair sa mbliain ar íochtar Chontae an Chláir. (Ca)
- Ní scairteann an ghrian ach uair sa mbliain ar Chnoc an Bhaile Láir. (AA 8/1938)

Ceithre mhíle siar ón Spidéal atá an Baile Láir.

506 Tá an Deisceart go hálainn,
Is an Tuaisceart go breá,
Tá an tOirthear go séimh,
Is tá an tIarthar thar barr. (M)

507 Taobh na ndeamhan den Chruach. (MÓD)

'Cuirfidh mé taobh na ndeamhan den Chruach é,' a deirtear de bhagairt.
Gleann na nDeamhan atá ar an áit aníos ón loch ar an taobh ó dheas de Chruach Phádraig (B III 469 Ca); Pairlement Chloinne Tomáis, líne 33 (Gadelica I).

508 Tír bhradach na gcipíní,
Contae an Chláir,
Tír na bláthaí. (LB, AA 12/1937)

509 Tobac na Maoile an tobac is caoile,
Tobac an Daingin an tobac righin,
Tobac Bhéal Átha hAmhnais an tobac gan aimhreas,
Is tobac an Chláir an tobac is fearr. (S 10/1927)

AOIS

510 Ag dul in aois, ag dul i ndonacht. (I)
- Ag dul in aois, ag dul in olcas. (DS)
- Is bocht an rud a bheith ag éirí sean. (I)
- Lá níos aosta, lá níos measa. (CF)

511 An seanmhada don bhealach fada, is an coileán le haghaidh an bhóithrín. (ACC 77)
- An seanmhada ar an mbóthar is an coileán ar an mbóithrín. (MÓD)
- An seanmhada le haghaidh an bhóthair fhada agus an coileán le haghaidh an bhóithrín. (RM)

Joyce 112

512 Aois Mhairéad le Dána, an chailleach cham ag dul chun scoile. (F)

Daoine i ngrá le chéile is éagsúlacht mhór aoise eatarthu; seanduine cam liath a bhí in Dána is thosaigh sé ag déanamh suas le cailín óg; is é an tsamhail a bhí ag na comharsana leis an gcleamhnas, seanduine ag dul ar scoil. B'fhéidir gur chóra 'dána' (.i. ealaíona) a léamh .i. an aois ag tosú ag foghlaim.

513 Aois Sheáin Deirg. (GS)
- Chomh sean le Seán Deirg. (GS)

Bhí cosúlacht na haoise air is gan é ach óg.

514 Bíonn ciall i gceann an tseanduine. (TÓM)
- Bíonn ciall i gceann na haoise. (MÓD)

cf. 3205

515 Cloigeann a chaithfeadh seacht gcolainn. (F)

Ceann críonna seanóra.

516 Dá shine an gabhar is ea is crua a adharc. (S, F)
- Chomh crua le adharc pocaide. (F)

Dá shine an duine is amhlaidh is láidre a thréithre ann.
Idem Fraincis is Gearmáinis, I BSR 166.

517 D'ordaigh na húdair na seandaoine a mhúnadh. (AR 145)

D'ordaigh na húdair do na seandaoine a bheith ag múineadh na n-óg (?).

518 Éist leis na seandaoine ag a sílfidh tú eolas a bheith. (M)
- Éist leis an seanduine agus gheofaidh tú eolas. (Ca)

B 110, idem. Bríatharthecosc Conculaind (Ir. Texte I 213) - 'bat umal múnta a gaethaib, bat cuimnech coisc ot senaib'; TC 3, 49 - 'étsecht fri sruithi'; cf. Síor. VI 34, VIII 9, agus Spec. Prin. 441.

519 'Fair play' don tseanduine ó chaill sé na fiacla. (Ca)

SU 1795.

520 Fás síos a ghníos an aois, ar nós eireaball na bó. (GS)
- Fás síos, ar nós eireaball na bó. (F)
- Taobh thiar i gcónaí agus fás síos ar nós eireaball na bó. (Sp)

AA 7/1942 (líne amhráin); Joyce 137. Leaganacha de in Ray 163, 263, SH 517; as an Laidin (O 79). Idem Bangor 561 (tyfu).

521 Is beag an bhrí buille seanduine. (MÓD)

522 Is deacair cleas a mhúnadh do sheanmhada. (TÓM)

- Is deacair garda a mhúnadh do sheanmhada. (RM)
- Is deacair a aireachas a mhúnadh do sheanmhada. (RM)
- Is deacair ciall a mhúnadh do sheanmhada. (CF)
- Is deacair fetch a mhúnadh do sheanmhada. (Ca)
- Is deacair damhsa a chur roimh seanmhada. (Ca)
- Ní féidir cleasa nua a mhúnadh do sheanghadhar. (Cum. Béal. 91, 5, gan áit)
- Is deacair an mada a bhaint den tseanchasán. (MC)

Níl seanduine in ann aon rud nua a fhoghlaim (?). cf. II BSR 186/187, Ray 121 (An old dog will learn no tricks), SH 235. Féach Bangor 400 (cast).

523 Is deacair focal an tseanduine a shárú. (Ca)

524 Is fada cuimhne seanlinbh. (S, AR 275)

- Is fada cuimhne seanpháiste. (S 1/1928)
- Is fada cuimhne an tseanpháiste. (ÁC)
- Is fada an chuimhne ag seanleanbh. (Ac)
- Bíonn cuimhne fhada ag seanpháiste. (IG 8/1894)
- Is fada a choinníos seanleanbh cuimhne. (TÓM)
- Is fada cuimhne an tseanpháiste. (ÁC)

Go mbíonn cuimhne fhada ag seanduine (agus páiste aibí; Áth Cinn); go háirithe ar éagóir a rinneadh air ina óige; RM).
LN 78. IM, Lessons 270, College 282 idem; cf. BB 150, FL 30/5/1925, Clár (fada) agus nóta Mhic Néill in IG V 73. O'Daly 92. YD 49, 62/3, DC 66 (Da yw cof plentyn, etc.).

525 Is fearr a bheith liath ná leamh. (AR 386)

526 Is furasta an tslat úr a fheacadh, ach is deacair an tslat chríon a chasadh. (AR 133)

- Nuair a chríonas an tslat is deacair a sníomh. (Ac)
- Nuair a chríonas an tslat is deacair a snadhmadh ina gad. (Ca)
- Nuair a chríonas an tslat is deacair í a thabhairt ar ais. (RM)
- Nuair a chríonas an tslat is deacair a lúbadh. (RM)
- An tslat a chruas le aois is deacair í a shníomh ina gad. (CF)
- Nuair a chruas an tslat is deacair í a shníomh. (S 4/1920)
- An tslat nach nglacann sníomh. (Ac)
- Nuair a chríonas an tslat ní féidir a cinniúin. (S)
- Is deacair an tslat atá críon a shníomh ina gad. (CC)
- Nuair is óige an tslat is éasca a lúbadh. (CC)
- Nuair a chríonas an tslat is deacair a sníomh ina gad. (Ár)

BTD, I l.30; Claontar fiodh re fás a ghéag': IGT 656; Lessons 31, MIP 343: Búrd. 66, 86, Rel. I 153, II 501. Aonghus Ó Dálaigh li, 3cd.; LN 174. Leagan 8: IM; College 276 idem
Focal fairsing faoi leaganacha iomadúla, Ray 71, App. 38, I BSR 38, DC 76, PB 72, Arm. 488, MR 40, LSM 46f.

527 Is í an cailín is sine againn an cailín is mire againn. (IG 11/1905)

- Is í an cailín is sine againn an cailín is fearr againn. (Ca)

528 Is minic a bhíos ceann óg ar cholainn chríonna. (CC)

- Ceann eireoige is tóin seanchirce. (MÓD)
- Ní féidir ceann eirín a chur ar sheanchearc. (Ca)
- Ní féidir ceann sicín a chur ar sheanchearc. (CF)

529 Mar a dúirt an dreoilín, 'Mo cheol go deo an tseanchnáimh.' (CS 7/11/1903)

- Mar a dúirt an dreoilín, 'Go neartaí Dia an tseanchnáimh.' (TÓM)
- Mar a dúirt an dreoilín, nuair a bhí sé féin is a dháréag mac ag bualadh coirce, 'Is maith é an tseanchnáimh.' (TÓM, MÓD)
- Is maith é an tseanchnáimh i gcónaí. (CS 7/11/1903)
- 'Is maith é an tseanchnáimh féin', mar a dúirt an dreoilín. (F)
- An tseanláimh go deo! (CF)
- Gairim é an tseanchnáimh. (GS)

Chinn ar chlann an dreoilín cruimh a tharraingt as an talamh go dtáinig an t-athair.
cf. an scéal in CS 7/11/1903, AA 6/1938, Cum. Béal. 113, 17.

530 Mar a thiocfas an aois tiocfaidh an chiall dá réir. (S 5/1929)

- Tigeann ciall le cois na haoise chuig duine. (M)
- Is le haois a thagas an chríonnacht. (Cum. Béal. 91, 14: gan áit)
- Nuair a bhíos duine ag dul in aois, bíonn sé ag dul i gcríonnacht. (LM, Cum. Béal. 90, 272)

531 Na trí seacht, aois capall na muintire.

- Tá aois chapall na muintire aige. (RM, LMóir)
- Tá aois chapall mo mhuintire aige. (GS)
- Chomh sean le capall na muintire. (Sa)
- Aois chapall na muintire, bliain agus fiche. (Cd)

Aois chomh mór sin nach bhfuil ann ach an chuimhne (GS) aois an-mhór (LMóir).
Trí sheacht each .i. Maireann capall bliain is fiche: SM 1643. 'Nuair a bhí mé óg' (Máire) 269. In L I 127, faightear - Il a l'age des poulains, mardy unze ans - freagra ar dhuine a chuireann ceist faoi aois duine eile (1640). Thiocfadh dó a bheith bunaithe ar Laidin Ausonius (O 125 - aquilae senectus aut equi). cf. 4594

532 Ní bhíonn aon mheas ar an tslat a chríonas. (Ind, Ca)

- Ní fhásann duilliúr ar an gcrann ó chríonas sé. (RM)
- Ní thagann duilliúr ar an gcrann a chríonas. (Ca)
- Ní fhásann bláth ar an gcrann a chríonas. (Ca)

Ní dhéanann an seanrud aon mhaith.
'Is lestar fás is crann crín' atá in Codex S. Pauli (TP II 294); Duanta Philib Bhoicht vi 38 b (Aithdhioghluim Dána 89, 38b) - 'ní torthach crann ina chríontamhan'. Dioghluim Dána 59, 19d. TB 3, XIX, 4 - 'Ní bhí sochar san gcrann' etc.; AGC 75 agus 114, líne d'amhrán; DÓF 49 is IG II, 287. LN 180.

533 Ní brúite go dul in aois. (M)

D 269 (Lr. 1782, etc.). O'Daly 88, College 295, SFM 13.

534 Ní fada ón té is buaine an bás. (Ca)

Líne véarsa in D 119.

535 Níl a fhios cé is measa, baosra na haoise nó nuall na hóige. (CS)

- Níl a fhios cé is measa, baois na haoise nó iúl na hóige. (F)
- Níl a fhios cé is measa, baois na haoise nó baois na hóige. (Ca)
- Ní fios cé is fearr, baosra na haoise nó baosra (dúil, maolú) na hóige. (RM)
- Cé is measa, baosra na haoise nó nuall na hóige? (MÓD, TÓM)

Amaideacht na haoise nó mian (?) na hóige; an leanbh nó an seanduine in aois leanbhaí (F).
CS 25/7/1903

536 Níl fear dá láidre nach leagann an aois é. (Sa)

537 Níl modh le tabhairt d'fhear féasóige. (Ca)

- Níl moladh le tabhairt d'fhear féasóige. (RM)

Ná tugtar ómós dó.
II BSR 10, 208 (En la barbe n'est pas li sens, etc.): freisin D 114, Cat. II (Eg.155, 31b; Eg. 127); b'fhéidir gur cóir 'mealladh' a léamh anseo; tá meascadh idir 'mealladh' is 'moladh' in 4504.

538 Ní thigeann an aois is an óige le chéile. (Ca)

- Ní réitíonn an óige is an aois le chéile. (CF)

Ní aontaíonn siad le chéile.
Idem App. 720, SH 610.

539 Salann is iarann, dhá earra nach liathann. (CS 8/4/1905)

540 Seanduine is ciall aige, rud nach raibh ariamh aige. (Ca)

- Seanbhean is ciall aici, rud nach raibh ariamh aici. (RM)

541 Seanfhear na leapa, seanfhear gan aon pheaca. (Sa)

542 Sin é dlí na Spáinneach,
Na seandaoine a théas ó láthair,
Á dtabhairt amach is a mbá. (RM)

Seanrá as 'Suirghe Fhinn go Tír Lochlann'; faightear é freisin sa JGAHS 1904 l. 22 (UA))

543 Tá an onóir ag an aois, is an uaisle ag an óige. (GS)

- Tá seanaois onórach. (MÓD)
- Tá sé ordaithe ag Dia modh a thabhairt don aois. (CF)

- Tabhair modh don aois. (Ár, Cum. Béal. 110, 550)

  ZCP VI 270 - 'Eochair úaisle aisse' (ar LBL); RC XLVI, 270 - 'atcota aos allud' (leasú ar FFx 1, 24). Leagan 2: Idem Ray 120

544 Tús is deireadh an duine, tarraingt ar an tine. (Sp)

- Ar an tine atá tús is deireadh an duine. (IG 8/1905)
- Tosach is deireadh an duine chuig an tine a thriallas. (M)
- Tosach is deireadh an duine a bheith ag triall ar an tine. (MÓD)
- Tús is deireadh an duine, is ar an tine atá a thriall. (Ca)
- Tús is deireadh an duine is maith leis teannadh in aice na tine. (Ind)
- Tús agus deireadh an duine, ar an tine a tharraingíos. (S 11/1927)

  Gnás na haoise is na hóige.
  O'Daly 98.

BÁS

545 An té is fuide a chuaigh, is é is gaire don uaigh. (AR 565, DÓF)

BC 671, Lessons 302. Leagan de in Ray 24, SH 452.

546 An té nach dtig a lá, tig sé leis sa snámh nó bun os cionn. (RM)

- An té nach bhfuil a lá caite, tigeann sé ag snámh nó bun os cionn. (TÓM)
- An té nach bhfuil an báthadh air, tiocfaidh sé sa snámh. (Ca)
- An té nach bhfuil a ré caite, faigheann sé biseach. (MÓD)
- An té nach bhfuil an báthadh air, tiocfaidh sé sa snámh air. (CF)
- An té nach bhfuil an báthadh air, tiocfaidh sé gan snámh nó bun os cionn. (Sp)

  An té nach bhfuil an bás in ann dó go fóill, tiocfaidh sé saor ar íodhain ar éigean as an nguais.
  cf. Tuireadh na hÉireann iii

547 Bás chailleach Heibeard Riabhaigh, bás roimhe is bás ina dhiaidh. (F)

- Bás Hibeart na Riabhaí, bás roimhe is bás ina dhiaidh. (TÓM)
- Bás Riobaird Riabhaigh, bás roimhe is bás ina dhiaidh. (CC)

  Duine tinn a d'fhulaingeodh mórán sula bhfaigheadh sé bás. Seanbhean trochailte atá i gceist sa bhfocal seo; deireadh sí go raibh seacht mbás faighte aici leis an bpionós a d'fhulaing sí le drochshláinte (F). Duine a mbeadh faitíos air roimh an ócáid is ina dhiaidh (CC).
  cf. Amhrán an Ghabhair (véarsa 8): AA 2/1940

548 Bíonn an bás ar aghaidh an tseanduine is ar chúl an duine óig. (GSe)

Bíonn an seanduine ag cuimhneamh air ach ní bhíonn an duine óg.
Lipp. 861

549 Bíonn an osna dheiridh cráiteach. (I)

550 Biseach an bháis. (Sl, DÓM)

Biseach beag gearr a thagas ar dhuine tinn achar gearr sula síothlaíonn sé. 'Luain an bháis' .i. gníomhaíocht roimh bhás ba chirte b'fhéidir(?). Tá an focal i gConnacht ó dheas freisin, is tugtar 'Luain an bháis' ar ghoile a bheadh ag duine go hathghearr roimh an mbás (AA 6/1938: Eachros).

551 Bliain agus lá amáireach a báthadh mo mháthair agus bheadh sí timpeall ó shin. (AR 263)

552 Breitheamh ceart cothrom an t-éag. (Ca)

- Breitheamh ceart cothrom an bás. (CnM)
- Breitheamh ceart cothrom an t-éag,
  Ní ghabhann le tréan ná truaighe;
  Ní ghabhann airgead ná ór,
  Is ní théann óg ná aosta uaidh. (CR)

  Líne tosaigh dáin a shamhlaítear le Donncha Mór Ó Dálaigh.
  Lessons 344, 345, Cat. II l. 21 (ls.1686), freisin Eg. 164, 8; Eg. 192, 2. Líne tosaigh naoi rann le Aodh Buí Mac Cruitín é in A iv 2.

553 Caitheann an bás a scáile roimhe. (Ca)

cf. Cath Maighe Ráth 268 - 'cach duine dana derbh - cinnid a fhod urdalta aircinnti oideda d'urmaisi ...teagaid bedg -- arrdhena báis aga buadred ocus aga bhrath - aimsiugad.'

554 Cén mhaith do dhuine a shaol, nuair a bheas a bhean ina baintreach? (GS)

Joyce 115

555 Claí an dá mhíle. (RM)

An té a bheadh i sáinn, i dtrioblóid, nó gar don bhás, deirtear go bhfuil sé ar chlaí an dá mhíle.

556 Codladh buan an bás. (GSe)

- Deartháir don chodladh an bás, ach codladh buan is ea an bás. (CF)
- Tá codladh fada san uaigh. (CR, Gearrbhaile 1940–41 l.31)

557 Cosúlacht báis sop i ndiaidh na circe. (Ca)

Pisreog; má fheictear sop ar chearc taobh thiar, sin comhartha go bhfaighidh duine de mhuintir an tí bás roimh lá agus bliain. Tá insint eile ar an bpisreog (LMóir) a deir an té (fear nó bean) a mbeadh píosa snáithe i bhfostú ina éadaí, gur comhartha baintreachais dó é.

558 Cuimhnigh ar an mbás a thiocfas do d'fhéachaint,
Bí faoina choinne in ainm is in éadach;
Níl a fhios cén uair a thiocfas an Summons do d'fhéachaint. (CnM)

559 Dá dhonacht an tinneas, is measa an bás. (Sa)

560 Deartháir don bhás an codladh. (GS)

- Col ceathrar don bhás an codladh. (RM)
- Céile don chodladh an bás. (S 5/1928)
- Céile don leaba an uaigh. (S 5/1928)

IM; Cinnlae II 304 (rann), 306 (leathrann); Sanas Chormaic (adart) - 'ar is bás do rimther codlud.' Consanguineus Leti Sopor (Aen. VI 278: Iliad XVI 231). Ba dheartháireacha an Codladh agus an Bás in Déscéalta na Sean-Ghréagach. SH 394.

561 Díríonn an bás an cleasaí is caime. (M)

- An rógaire is caime, ghníonn an bás fear díreach de. (CF)
- An ropaire is caime, ghníonn an bás fear díreach de. (MS)
- An té a bhíos cam, díríonn an bás é. (Ár, Cum. Béal. 101, 546)

cf. O mors 2

562 Fear an cháil bháis is fada é a lá. (Sa)

563 Fearasbarr donachta na hAoine. (RM)

Comhartha báis é.
cf. 4770 agus 4769

564 Gheobhaidh an duine óg bás, ach caithfidh an seanduine a fháil. (F)

Idem Ray 265, App. 720, SH 608.

565 Imeoidh a dtiocfaidh is a dtáinig ariamh. (CF)

- Imeoidh soir is siar,
Imeoidh a dtáinig ariamh,
Imeoidh an ghealach is an ghrian,
Is imeoidh Síol Éabha ar fad. (GS)
- Imeoidh an seanfhear atá cráite liath,
Imeoidh an fhuiseog is áille ar an gcraobh,
Imeoidh an duine óg is a cháil ina dhiaidh,
Is imeoidh a dtiocfadh is a dtáinig ariamh. (M)

Rann a deirtear nuair atá an corp á thógáil amach (GS).
Faightear an smaoineamh céanna in Ud. Mor. - do-bebae, do-beba, do-rerae, do-rera cach boí cach bias (ZCP XI 37). Búrd. III, O'Daly 100. Leagan 3: cf. ADC II 404

566 Inniu lá do bhlaoite is amáireach lá do chaointe. (Ca, RM)

Nós na seanaimsire; cheaptaí nár cheart duine a chaoineadh lá a bháis.

567 Is beannaithe an bás, bás Aoine, guí Sathairn, agus adhlacan Domhnaigh. (F)

- Bás Aoine, adhlacan Sathairn is guí an Domhnaigh le d'anam. (Ca)

Ionann agus trí lá bás Chríost.
Bethada náem nÉrenn (Plummer), I, 128, 21 (lr. 1629) - 'Gach aon imorro dogheibh bás Áoine agus a adhlacadh Dia sathairn fo úir chaoimhghin, dogheibh díolgadh dia anmain'; tá an chaint chéanna i bhfilíocht ar l. 142. Vocab. 24 (Aoine agus Domhnach); na trí lá thuas atá i leagan na hArmoraice (Mélusine 8, 86).
Bás ar Aoine an Chéasta a gealladh do Cholmcille (beatha Cholmcille 348, 8); cf. Guidhe Domhnaigh, Sathairn agus Aoine (Amhráin an Reachtabhraigh l.362).

568 Is cuma cá mbeidhir má tá an bás le d'aghaidh. (Sa)

569 Is deacair seasamh in aghaidh an bháis. (Sa)

570 Is é an bás leigheas an duine bhoicht. (GS)

- Is é an bás lia gach boicht. (M)

LN 179. Leagan 2: IM idem, College 221, 290

571 Is foigse bás ná síltear. (AR 524)

Lessons 296

572 Is iomaí fear leathan ard is bean fhada dhíreach atá sa tseanchill sínte. (M)

573 Is iomaí lá sa gcill orainn. (IG 8/1905, AR 538)

- Is iomaí lá san uaigh orainn. (GS)
- Is iomaí lá sa reilig orainn. (RM)
- Is iomaí lá a bheas tú ar thaobh an teampaill, is ní iarrfaidh do dhrandal bia. (ACC 62)
- Is iomaí lá orainn ar thaobh na cille, is ní iarrfaidh ár gcarbad bia. (I)
- Is iomaí lá sa teampall orainn, is tá gach le lá againn air. (TÓM)
- Is iomaí lá againn ar an teampall, ach is iomaí lá aige orainn. (CnM)
- Is iomaí lá fada ag an teampall orainn. (Sa)
- Is iomaí lá breá a bhíos ar thaobh an teampaill. (AR 320)

  Beidh muid scaitheamh fada san uaigh (GS). Ní mór dúinn cuimse ama a chaitheamh sa teampall (i. séipéal) lenár mbeo, ach is mó an t-achar a chaithfeas muid sa reilig; TÓM, CnM
  Colophons 2 - 'Na ling, na ling an fód for atái; Gairit bia fair, fada bia fai.'
  College 288, Lessons 27, 66, 297.
  Leagan de in Ray 524, SH 482.

574 Is iomaí riocht ina dtagann an bás. (IG 8/1894)

  DC 27 (Ymhob rhith y daw angeu).

575 Is mairg a mbíonn tús leagtha aige. (Ca)

- Is mairg a mbíonn tús leagain (tús imeachta) aige. (Ca)

  An chéad duine sa teach a chailltear.

576 Is maith an t-am nach gcloífidh. (Sa)

- Is fada an t-am nach gcloítear. (Sa)

  Is fada an saol nach gcuirfidh bás críoch leis.

577 Is maith é an bás nuair a theastós sé. (CF)

578 Is minic a ligeas béal na huaighe rud chuig béal na truaighe. (CC, AR 542)

- Is minic a ligeas béal na huaighe cabhair chuig béal na truaighe. (S)
- Is minic a d'fhág béal na huaighe rud ag béal na truaighe. (S 1/1920)
- Is minic a d'fhág béal na huaighe áit ag béal na truaighe. (S 4/1925)
- Is minic a d'fhág béal na huaighe greim a bhéil ag béal na truaighe. (Ca)
- Fágann béal na huaighe rud ag béal na truaighe. (F, MS)
- Ligeann béal na huaighe rud chuig béal na truaighe. (S 10/1928)
- Is minic béal uaighe ag tabhairt ruda ó bhéal na truaighe (.i. á sciobadh uaidh). (RM)
- Is iomaí teach inar fhág béal na huaighe maith ar bhéal na truaighe. (R, AA 7/1940)
- Dúnann béal na huaighe béal na truaighe. (M)
- Is minic a thug béal na huaighe rud do bhéal na truaighe. (Ac)

  Go mbíonn duine bocht eile ag fanacht leis an deis a bhí ag an té a fuair bás.
  Cinnlae IV 14, Lessons, 298, Finck 42, Rel. II 499.

579 Ligtear duine agus beithíoch chun báis le cion faillí. (F, LMóir)

- Faigheann duine agus beithíoch bás de cheal aire. (F)

580 Má tá muid marcáilte le bás a fháil, tá ár ndóthain againn. (Ca)

- Is minic a thug béal na huaighe rud do bhéal na truaighe. (Ac)

581 Ní bheathaíonn an marbh an beo. (MS)

  Ray 127 (We must live by the quick, etc.).

582 Ní bhfaighfir ach cónra is bráillín, an rud a fuair Mór is a cailín. (MS)

  Gur ionann uasal is íseal sa mbás.
  cf. SM 156.

583 Ní bhreathnaíonn an bás i dtreo an lagair. (Sa)

584 Ní chaithfear tada a dhéanamh ach bás a fháil. (Ca)

  An t-aon rud dearfa i saol duine.

585 Ní éireoidh sé go n-éirí Fionn ina phearsain. (RM)

- Ní éireoidh sé go n-éirí Fíona ag fuirseadh. (IG 11/1905)

  Faoi dhuine atá ag saothrú an bháis.

586 Ní ghlacann an bás breab. (IG 10/1908)

- Ní féidir an bás a cheannach. (RM)
- Ní ghlacfaidh an bás duais. (CF)

  Líne as 'Aithrighe' (Cat. II; Eg. 209, II, 6; dáta 1767) - 'Ní ghlacaim breab ó neach sa tsaoghal-sa' (i. an Bás).

587 Ní ionann cuireadh a chur ar an mbás, is a ionsaí. (AR 572)

- Ní hionann cuireadh a thabhairt don bhás, is a ionsaí. (Ár)

Ní hionann teacht a chur air is a bheith ina láthair. In Lessons 348, is múineadh fabhalscéil é (an seanfhear agus an Bás).

588 Níl a fhios ag aon duine an fada nó gearr a shaol. (Sa)

- Níl a fhios ag aon duine cá fhad go mbí a choinneal caite. (Sa)
- Níl a fhios ag aon duine cén uair a bheas a choinneal caite. (Sa)

Duanta Eoghain Ruaidh 17, 89 - 'Gabh mo theagasg i n-am uaim Ní fios ca huair thig an t-eag.' Cat. I 347 (rann); Cóh. IX 12.

589 Níl a fhios ag aon duine cá bhfuil fód a bháis. (Sa)

- Níl a fhios ag aon duine cá bhfuil a leaba cóirithe. (Sa)

Seo ceann de thrí ainbheasa Mhic an Óig, cf. nóta ar 127 de Immacallam in dá Thuarad (RC XXVI, 8: téacs as LL); freisin deismireachtaí líonmhara MIP 282, TB 3, X, 2 (Trí fódáin nach seachantar); an dá rann sa Codex Boernerianus (TP II 296) - 'olais airchenn teicht do écaib'; Ériu V 120 - 'dail bais ar is derbh a theacht inderbh imorro cisi uair no cisi aimsir regthair' (i scéal as Liber Flav. Ferg.) Tá dhá shampla eile in Aithdhioghluim Dána (ITS XXXVII l. 182, 200): Bí 121. Luaitear éiginnteacht fhód an bháis i nduan in Studies 3/1933, l. 140, agus na trí fóid in Beatha Cholmcille 102, 17.

590 Níl dul i bhfolach ón mbás. (S 11/1919)

- Níl dul ón mbás. (Sp, Cum. Béal. 77, 93)

Duanta Philib Bhoicht 23, 26 ab - 'Cinnte an bás do bheith r'ar gcionn 'S ní headh an uair fa bhfuigheam'; Trans. Oss. Soc. III 182 (TDG); Lessons 345 agus Cat. II 21.

591 Níl leigheas is fearr ná leigheas an bháis. (AA 3/1937, RM ?)

592 Níl luibh ná leigheas in aghaidh an bháis. (DÓF)

- Bíonn an saibhir ag caoineadh a cháis,
Níl luibh ná leigheas in aghaidh an bháis. (GS)

Líne de rann in TB 1, VII, 1. 'As cuindgidh frealta i fritagaid ecca' (CCath. 4399 agus nótaí gluaise). O'Daly 96. Leagan 2: féach ACC 42. Seanfhocal idirnáisiúnta; App. 527, Trench 147, L I 179, II BSR 205, NG I 140, HV 337, Lipp. 861, PB 37, SH 475, 479, LSM 95c, 206c; as Laidin na meánaoise (Taylor 123, BSR).

593 Níl péist ar bith chomh ramhar le péist reilige. (CS 1/8/1903)

- Níl péist ar bith chomh ramhar le péist na frochóige. (RM)

594 Níl truaighe ag an mbás d'aon duine. (Cum. Béal. 91, 6, gan áit)

595 Ní luaithe craiceann na seanchaorach ar an bhfraigh ná craiceann na caorach óige. (AR)

- Níl a fhios cé is luaithe craiceann na seanchaorach ar an bhfraigh nó craiceann na caorach óige. (S 1/1918)
- Ní túisce craiceann caorach ar an bhfaireadh ná craiceann uain. (TN 24/1/1890)
- Ní túisce craiceann na caorach ná craiceann an uain ar an gcroch. (GS)
- Ní dóiche craiceann na seanchaorach ar an gcroch ná craiceann an uain. (MÓD)
- Ní túisce craiceann na seanbhó ná craiceann na bó óige. (F)
- Nach buartha a bhíos na daoine in uireasa lóin,
San uaigh á líonadh díobh go minic sa lá;
Ní luaithe don chill an duine bocht cráite dearóil,
Ná an fear lúfar groí ná an naíleanbh bog óg. (M)
- Níl a fhios cé is luaithe, bás an tseanduine ná bás an duine óig. (RM)

Ní túisce a sciobann an bás an seanduine ná an duine óg. Tá tagairt d'fhocal éigin mar seo in TB 1, I, 8; BC 672; Eg.127 (Cat. II, l. 49; ls.19ú haois); MIP 115. Búrd. 18. Seanfhocal idirnáisiúnta, RAY 145, YD 40, DC 164, I BSR 164, L I 87; le samhail lao is bó, I BSR 149, L I 134, I NG 295, LSM 34n, 223q. Bangor 76, 1 agus 223, 25.

596 Níor bhlais an bia nach mblaisfidh an bás. (S 1/1920)

- Níor bhlais sé bia nach mblaiseann bás. (CS 21/3/1903)

Tiontú ar téacs as Salm LXXXIX 48; cf.LU (Best and Bergin) 1416/17, áit a dtugtar an Laidin is an Ghaeilge, RC XXVIII, 314: Tráchtar ar an téacs

céanna in TB 2, III, 8. Tá véarsa aonraic Nua-Ghaeilge in S 9/1927, agus i gCaoineadh Eoghain uí Chaoimh (1704) deirtear -
'Do lucht an bheatha ós dearbh gurab éigion Blaiseadh an bháis trén gcáin do raobadh' (Gadelica I 253).
I dtéacs as LBL (Seculum 7/1941 l. 324 agus RC XIV 243) faightear 'cach beoil blasid bethaid blaisid ec'.

597 Níor cheadaigh an bás aon duine ariamh. (Ca)

598 Níor doirteadh cuid fear báis. (TÓM)

Fear a mbeadh an bás air, nó i ndán dó go luath, ní doirtear a chuid as siocair nach dtugtar aon bhlas dó, ní theastaíonn aon bheatha uaidh.

599 Níor fhulaing duine bás dhá uair. (Ac)

600 Níor tóigeadh aon bhlas ariamh ó mharbhán. (RM, Cum. Béal. 77, 115)

Nach dtógtar galar ó chorp duine a chailltear le tinneas tógálach.

601 Ní thagann bás gan tsiocair. (S 8/1920)

- Is beag siocair a bhíos ag an mbás. (GS)
- Ní theagann oíche (leg. éag?) gan ábhar. (Ca)

Leagan 3: cf. O'Daly 95

602 Ní thugann an bás aon spás uaidh. (IG 10/1905)

- A dhochtúir an áidh, coinnigh thusa an bás uaim,
  Is tabharfaidh mé rud ar bith duit a dhéarfas do bhéal.
  Níl i do dhochtúir an áidh ach mar a bheadh scáile,
  Is ní thabharfainnse de spás dó ach oiread leat féin. (CnM)

TB 2, II 12 - Níl lá ná oíche ná uair ná cairde cinnte ón mbás ag aon duine. Chaoin Raifteirí Tomás Ó Dálaigh le
'Scéal cráite ag an mBás
An phláigh ghránna, nach é a rinne an feall,
Nach dtug dó lá cairde,
'Dhia láidir, ná beagáinín am' (ADR 35) agus arís in Eanach Cuain
'Bhí an Bás chomh láidir, nach dtug sé cairde,' etc. (ADR 71).
S 9/1927 véarsa aonraic, College 297.
cf. 596

603 Nuair a bheas seal duine tugtha, caithfidh sé imeacht. (Sa)

604 Nuair a imíos an ceann imíonn an greann. (CF)

Go dtagann mírath ar an teach nuair a chailltear ceann an tí.

605 Nuair a thagas an bás, níl aon leigheas air. (TÓM)

606 Nuair a thiocfas an bás ní imeoidh sé falamh. (Acl, Cum. Béal. 271, 291)

607 Sin tairne i gclár do chónra. (GS)

Le duine drabhlásach, nó duine a chleachtann nósanna a ghabhfaidh faoina shláinte.
App.435.

608 Sula dtiocfaidh glaoch ort, bí réidh. (Sa)

609 Tá an bás siúráilte. (Ca)

610 Tá an saol seo cleasach is meallfaidh an uaigh a lán;
Aodh a chruinnigh ar ghlac is a bhfuair a lámh,
Bhí Seán Ó Ceallaigh chomh deas leis in uair a bháis. (AR)

- A Aodh Bhuí Bhricín, a chruinnigh a bhfuair do lámh,
  Tá Seán Ó Ceallaigh chomh deas leat ar uair do bháis. (Ca, B X 35, le scéal)

Tá ceathrú dá shamhail seo clóbhuailte in Cat. I (Add. 27 496; 51; dáta 1825).

611 Tigeann an bás mar ghadaí san oíche. (Ca)

- Tigeann an t-éag san am nach bhfuil súil leis. (GS)

Tá leagan filíochta de in 'Oíche na Gaoithe Móire' (S 10/1928). Duanta Eoghain Ruaidh 17, 23 bc. As an Scrioptúr Naofa; I Teas. V 2 agus téacsanna gaolmhara.
Id. Lipp. 860.

BEAGÁN

612 An áit nach mbíonn a bheag bíonn a mhór. (Ind)

cf. 644 agus 3838

613 An té nach bhfuil aige ach an t-éadach, is mór is fiú leis a bheith gáifeach. (GS)

Nuair nach bhfuil ann ach beagán, an maitheas is mó a bhaint as.

614 An té nach raibh aige ach a shláinte, nach mairg a chaill a chos. (Ca)

- An té nach raibh aige ach a shláinte, is mairg a chaill a chos. (S 9/1923)
- An té nach bhfuil aige ach é, nach mairg a chaillfeadh é. (MÓD)
- An té nach bhfuil aige ach leathlámh, is minic a chaillfeadh cos. (Cum. Béal. 91, 18 gan áit)

Gan ann ach beagán is é sin a chailleadh.

615 Bí beo mara mbeifeá beo ach leathuair. (F, Sa)

Gur mór é an scaitheamh gearr féin.

616 Bíonn earraí maithe i mbeartíní beaga. (CM)

- Is minic a bhí earraí luachmhara i mbeart beag. (GS)

Joyce 110
Leaganacha de (Fraincis agus Iodáilis) in II BSR 203, 248, L I 182.

617 Cailltear lán loinge ar son aon duine amháin. (AR 64)

- Is minic a bádh lán loinge mar gheall ar dhuine amháin. (RM, Ac)
- Is minic a bádh lán loinge mar gheall ar pheaca amháin. (Ca)
- Ní cóir lán loinge a bháthadh mar gheall ar aon duine amháin. (F)

An t-iomlán a dhul amú ar scáth beagáin.
Scéilín FL 14/5/1932 scéilín
MIP 329 (16ú haois)
Leagan amháin in II BSR 261 (Spáinnis)
cf. 'Cin aenfir for sluagh '(Leabhar Aicle, Seanchas Mór III 114).

618 Feileann spallaí do bhallaí chomh maith le clocha móra. (GSe)

Go bhfuil maith sa mbeag chomh maith leis an mór.

619 Is beag an aithinne a dhéanfadh dó. (GS)

Líne de rann i mBeatha Phádraig - 'do aibhell dotaet bres' (Bk.Lismore - Stokes 411, Vita Trip. 468). Tugtar arís in Arch. II 139 é, as Leabhar Uí Mhaine. Leagan eile in Beatha Aodha Ruaidh 180. In Buile Shuibhne 54, 13 tá 'as adud re hénoires.' 'Mar theinte ó dteilgthear crithre, Lasas a los aoindrithle' i nduan de chuid an 16ú haois (Studies 1925, l. 254).
As an Laidin de bhunús é (O 311), LSM 32d, 19m; cf. Freisin Síor. XI 32, téacs a thugtar in Instructio Pie Vivendi (ITS XXIX) 88, le tiontú, 211; App. 592, I NG 277, 294, Lipp. 244. MIP 300.

620 Is beag an rud a shalaíos bríste. (GS, CF)

- Is beag an rud a shalódh bríste, ach shalódh salachar é, ar fheabhas tíre. (F)
- Is beag an rud a shalódh stocaí bána. (BA)

621 Is beag le rá an chuileog nó go dté sí sa tsúil. (CF, Cum. Béal. 100, 232)

622 Is é a locht a laghad. (GS, IG 7/1893, S 5/1928)

Aonghus Ó Dálaigh lii, 19d 'dobh é aon-locht a fheabhas.'

623 Is fearr beag deas ná mór gránna. (S 7/1927, TÓM)

- Is fearr beagán faoi shnas ná mórán gan slacht. (GS)
- Níl sí beag deas ná mór gránna (i. bean bheag mhíshlachtmhar). (CF, Ca)
- Mór gránna nó beag deas. (IG 9/1905)

cf. 'ferr gaire immad' (SF 4, 36; FFx 6, 81).

624 Is fearr leath ná meath. (S 1/1925)

- Is fearr leathbhuilín ná a bheith gan arán. (LMóir, S 4/1919, Ray 113, App. 278, AR 466)
- Is fearr leathbhuilín ná a bheith gan aon rud. (Ac)
- Is fearr beagán den bhia ná a bheith gan olc gan maith. (CC)
- Is fearr leithphingin ná a bheith falamh. (Ca)
- Is fearr cupán lán ná crúiscín falamh. (CS 31/3/1906)
- Is fearr caora bhearrtha ná dhá chaora gan fáirnéis. (GS)
- Is fearr scríobadh an phota ná lí na leice. (M, IG 8/1894)
- Is fearr an baladh ná a bheith falamh. (M)
- Is maith tada i mbaile falamh. (M, Cum. Béal. 114, 493)
- An tsúil amháin i gceann, is fearr ná a bheith gan aon tsúil. (MÓD)
- Is fearr aon fhata amháin ná lán pláta de chraicne. (Ár, AA 1/1934)

Le haghaidh dáta focal den tsaghas seo, cf. MIP 143, agus cuir leis sin 'Is fearr úad alleth anda a meth' (Rann 13 den duan Cert cech rig: Miscell. To K. Meyer 258). O'Daly 92. DC 133 (Gwell hanner na dim). LSM 68e. Leagan 11: cf. F 4, 52; App. 470,

L II 264, II BSR 13.
cf. 1803

625 Is fearr teach beag is bainne gabhair,
Ná teach mór ar bheagán bia. (S 5/1929)

- Is fearr teach beag is teann stóir ná teach mór ar ghanntan bia. (CF)
- Is fearr teach beag te teolaí ná teach mór fuar falamh. (CR)
- Is fearr teach beag is é lán ná teach mór falamh. (Ca, Ind)
- Is fearr teach beag ar theann stóir ná teach mór gan stór ar bith. (CF)
- Is fearr teach beag agus é lán ná teach mór ar beagán. (Ind)
- Is fearr míne ná boirbe mhór,
  Is fearr cóir ná dul chun dlí,
  Is fearr teach beag is teann lóin,
  Ná teach mór ar beagán bia. (AR 160)
- Is fearr réidh ná róghlic,
  Is fearr cóir ná dul 'un dlí,
  Is fearr teach beag ar teann stóir,
  Ná teach mór ar ghanntan bia. (M)

Rannta in D 231, 232, Cinnlae III 14. Cat. II 65, 57. Leagan 7: Lessons 293, College 287
cf. 2619 agus 3964

626 Is fearr teach giortach teann,
Ná teach fada fann. (Ac, S 11/1918)

- Is fearr teach gearr te ná teach fada fuar. (MÓD)
- Tá nead bheag níos teo ná nead mhór. (Ca)

PB 32, Arm. 318

627 Is furasta capall gearr a chíoradh. (Ca)

- Furasta fuinneog bheag a choinneáil glan. (S 5/1929)

Idem Ray 131, App. 567

628 Is fusa cupán a dhéanamh ná dhá chupán. (IG 9/1905)

Gur éascaí beagán a dhéanamh ná mórán.

629 Is lú ná frigh ábhar na hurchóide (AR 519)

- Is beag an ní ábhar na hurchóide. (AR 518)
- Is minic a rinne dealg bheag braon mór. (CF)
- Ní bhíonn oiread na fríde in ábhar na hanachana. (S 3/1930)
- Is lú ná fríd máthair an drochábhair. (S 4/1925)
- Ní lú frigh ná máthair an oilc. (IG 8/1905)
- Is beag an ní máthair an drochábhair. (S 1/1928)
- Is beag an dealg a dhéanfadh braon. (S 10/1920)
- Is beag an dealg a ghníos sileadh. (S 4/1925)
- Is beag an dealg a ghníos ábhar. (GS)
- Is beag an t-ábhar a ghníos braon. (GS)
- Is beag an t-ábhar a ghníos lot. (GS)
- Is beag an dealg a tharraingíos fuil. (MÓD)
- Níl dealg dá laghad nach ndéanann sileadh. (CF)
- Níl dealg ar bith nach ndéanfadh tolladh. (Ind)
- Chomh beag le frídín galair. (T, Cum. Béal. 208, 219)
- Is lú ná frigh máthair an oilc. (S 10/1920)
- Is beag í máthair an oilc. (IG 8/1905)

Dhéanfadh ruidín beag dochar mór.
Líne as duan in ZCP VI 272: Lessons 295; MIP 51.
Leagan 8: cf. O'Daly 92.
Leaganacha de in Ray 260, SH 453, YD 27, 36, DC 182.

630 Is mairg atá ag taobh le bior in aontsúil. (S 2/1929, TÓM)

- Bior ar aontsúil. (RM, CF)
- Is beag í máthair an oilc. (IG 8/1905)

Ag brath ar cheann (duine etc.) amháin; páiste amháin sa chlann (RM).

631 Is maith an rud beagán den rud maith. (GSe)

- Is maith an rud roinnt d'earra maith. (CR)
- Is maith an rud beagán d'earra maith. (CF)

632 Is maith an rud riar. (LMóir)

A bheith sásta le beagán, gan a bheith róshantach.

633 Is minic a bhain cuileog léim as bulóg. (TN 28/8/1891)

- Is minic a bhain creabhar preab as capall. (CS 21/3/1903)

634 Is minic a bhí an fear fada ag ceannach fataí ón bhfear gearr. (S)

- Is iomaí fear fada ag ceannach arbhair ó fhear gearr. (Ár)

Is minic gur fearr duine beag ná duine mór. S 11/1926

635 Is minic a chuir fear beag a lámh ghearr i bhfad. (S)

- Sín do lámh ghearr i bhfad. (TÓM)
- Cuir do lámh ghearr i bhfad. (GS)

Fad a bhaint as an mbeagán, a dhícheall a dhéanamh lena bhfuil aige.

636 Is mór an fad orlach ar shrón. (MÓD)

- Is mór an rud orlach ar shrón. (TÓM)
- Is mór an rud orlach ar shrón duine thar srón duine eile. (F)

Is mór é an beagán in áit fheiceálach.
Joyce 105
Idem App. 327, Ray 312

637 Is mór an giorrú ar mhuc a bheith gan eireaball. (GS)

- Is mór an airde ar chapall an diallaid. (GS)
- Is trom an rud cearc i bhfad. (S 7/1923)

Is mór an slacht an beagán féin.

638 Is mór é an beagán i measc na mbochtán. (Ca)

- Is mór é an beagán i measc na mbocht. (LMóir)

639 Is mór iad na beagáin i bhfochair a chéile. (M)

MIP 223

640 Is trom cearc i bhfad. (RM, Ac, IG 10/1894)

- Is trom gé i bhfad. (M)
- Is caora mhór an t-uan i bhfad. (CM, RM)
- Is trom an rud cearc i bhfad. (S 7/1923)

Leaganacha dá shamhail in Ray 110, App. 364, 379, L I 54, II NG 118. College 301.
cf. 363

641 Leagfaidh tua bheag crann mór. (RM)

II BSR 329 (Pequeña segur derrueca gran roble).

642 Má dhíolann tú an capall, ní dhíolann tú an srian ná an diallait. (GS)

- Má dhíol mé an beithíoch, níor dhíol mé an srian. (I, B IX 95)

Má ligeann tú roinnt uait, ní fhágann sin go ligfidh tú tuilleadh, ná an t-iomlán. I bpisreog Ros Muc, ní ceart an srian a thabhairt leis an gcapall. Is ceart adhastar a fháil ón té a dhíolann capall leat (Ind).

643 Mara bhfuil mé toirtiúil, tá mé poirtiúil. (IG 9/1905)

- Mara raibh sí mór toirtiúil, bhí sí beag poirtiúil. (S 3/1926)

Freisin ag ÓD (toirt).

644 Mara mbeidh siad beag ní bheidh siad mór. (RM)

- Ní raibh mór ariamh nach mbeadh beag. (Ca)
- As beagán fásann mórán. (Ca)
- An áit nach mbíonn beag ní bhíonn mór. (CF, Cum. Béal. 207, 177)

Idem App. 271.
cf. 4938, 612 agus 3838

645 Na beagána beaga a ghníos na mórána móra. (I)

646 Na ceithre beagáin is fearr:-
Beagán tiarnaí géara i dtír,
Beagán síl in ithir mhéith,
Beagán daoine i lár óil,
Beagán bólacht is mórán féir. (AR 414)

- Beagán beithíoch a chur i bhféar,
  Beagán bréag san áit a mbeadh rath,
  Beagán tiarnaí i dtír,
  Beagán síl a chur in ithir mhaith. (MC, S 5/1927)
- Beagán de chlann an rí i dtír,
  Beagán síl in ithir mhaith. (AR)

Péire díobh seo in TI 13, 93.
cf. 5170

647 Ní bhíonn beag bog. (Ca)

648 Ní falamh an gleann a mbíonn an t-uisce ann. (Ca)

- Ní falamh an gleann ina mbíonn an t-uisce. (M, DÓF)
- Ní gleann falamh gleann a mbíonn uisce ann. (RM)
- Ní gleann tur gleann a mbíonn uisce ann. (CR)
- Ní gleann falamh gleann a mbíonn deatach ann. (RM)
- Ní falamh ina mbíonn an t-uisce. (Ca)

Áit a bhfuil beagán féin, dá laghad é, ní féidir a rá go bhfuil sí dubh folamh uilig.
O'Daly 95.

649 Ní fearr míle ná orlach. (GS)

Má thugann an t-orlach slán ó chontúirt thú.
Ray 107, App. 327, 419 agus YD 57. Joyce 106.

650 Níl agam ach beagán ach is folláin dom féin é. (MC)

651 Ní théann an geall gearr i bhfad. (Sa)
- Ní théann an scéal gearr i bhfad. (RM)

Beagán le roinnt, is gearr a rachas sé.

652 Nuair is gainne meas is ea is fearr an blas. (T)
- Bíonn blas ar an mbeagán. (MS, S)
- Bíonn meas ar an mbeagán. (I, Lessons 109)

Nuair nach bhfuil ar fáil ach beagán, is fearr an sásamh a bhaintear as.

653 'Sin méadú ort' arsa an dreoilín, nuair a rinne sé a mhún sa bhfarraige. (MS)

Idem Ray 89, 230, SH 100 (le leagan Fraincise)

654 Tagann fata mór as póirín. (IG 8/1894)

655 Tá leigheas i láimh an mharbháin. (RM, Cum. Béal. 77, 115)

Leigheasfar lot nó anó má chuimlítear lámh duine mhairbh de.

656 Tógann mionchlocha caisleáin. (CF)

BÉASA

657 An gnás a bhíos sa mbaile agat, iompraíonn tú ar do chuairt é. (GS)
- An faisiún atá sa mbaile agat, leanann sé ar do chuairt thú. (CC)
- An faisiún a bhíos ag duine sa mbaile, leanann sé ar a chuairt é. (BA)
- An faisiún a bhíos sa mbaile, leanann sé chun na buaile. (I)
- An duine a bhíos cam sa mbaile, beidh sé cam sa mbaile thall. (Cloigeann)

Tugann tú béasa an bhaile amach leat ar do chuairt.
YD 22 (Arfer pen mynydd, etc.)

658 An rud a hoiltear go holc, imíonn sé go holc. (Sp, B 1934)

659 An té a chleachtas ag baile é, ní beo é gan é. (CC)

660 An té a dhéanas beag é, déanfaidh sé mór é. (Sa)

661 An té nach féidir leis é féin a iompar taobh istigh, an taobh amuigh is fearr dhó. (S)
- A ghiolla na breille, fág an t-aonach. (RM, TÓM)

An té atá mímhúinte istigh, is fearr a chur as an gcomhluadar.

662 A strainséara, a chroí, fág an fata mór ag fear an tí. (TÓM)
- A strainséara, a chroí, fág an fata is fearr ag fear an tí. (RM)

A bheith múinte (áit a gcaitear go maith leat), gan an bia is fearr a aimsiú etc.
Bean áirithe a bhí fíorghortach, a dúirt é le fear a tháinig ag iarraidh a hiníne (RM).

663 Bealach Mhairéad Ní Chorraigín, bealach an deamhain is an diabhail. (MÓD)

Drochbhealach oibre nó drochnósanna (?).

664 Duine gan múnadh i ngarraí na comharsan. (F, LMóir)

Sin é an duine gan mhaith in áit ar bith (LMóir).

665 Gach leanbh mar a hoiltear is gach aige mar a hábhar. (CC, GS, S 12/1925)
- Gach aige mar a hábhar, gach leanbh mar a oiltear, is gach duine mar a fhaightear. (AR)
- Gach leanbh mar a hoiltear. (Ca)
- Gach éan mar a hoiltear. (Ac)
- Gach dalta mar a mhúintear. (Ca)
- Gach dalta mar a thóigtear. (IG 8/1905)
- Gach dalta mar a oiltear is an fhuiseog sa móinéar. (M)

13ú haois (Eg. 111, 126: MIP 13): Pilib Bocht12, 1a: duan in Cat. II (Eg. 139, 34; 17ú haois); Cinnlae I 46. Lessons 365.
cf. NG I 210, II 257, BSR I 213, II 198 - La estopa como es hilada y la moza coma es criada, etc., is Seanfh. XXII 6.

666 Grá don chomhluadar a thugas na gadhair chuig an Aifreann. (Ca)
- De ghrá an chomhluadair a théas na madraí chun an Aifrinn. (TÓM)

Go mbíonn daoine ag leanúint dá chéile is ag déanamh aithrise ar a chéile.
cf. 'Bí go haontumhail aifriondach' (Comh. Chú Chul.) in O'Daly 's Ir. Lang. Misc. 77.
Idem App. 159, SH 110.

667 Is deas an rud a bheith caoithiúil. (Ca)

668 Is fearr múnadh ná maiseacht. (MS)
- Is fearr béasa ná breáthacht. (Ca)

L II 206, HV 137 (Courtoisie passe beauté).

669 Is fearr oiliúint ná scolaíocht. (MÓD)
- Is treise oiliúint ná oideachas. (GS)

College 282. Leagan 2: cf. College 86

670 Is fearr sampla ná teagasc. (Ind, S 9/1927)
- Is fearr sampla ná comhrá. (TN 24/1/1890)
- Ní múnadh go dea-shampla. (M)

Idem App. 194, SH 100; LSM 135e. Lessons 286, 333.

671 Má táthar do do bheathú, níltear do do mhúnadh. (RM)

Malrach mímhúinte; tá sé ag fás ach níl sé ag foghlaim dea-iompair.
BC 212, 634.
Leagan cainte in App. 43.

672 Mo bheannacht dhuit ach mo mhallacht do bhéal do mhúinte. (RM)
- Mo bheannacht duit a mhuirnín, ach mo sheacht mallacht do bhéal do mhúinte. (S 6/1923)

Malrach nó duine mímhúinte; tá locht a mhímhúinte ar an té a thóg é.

673 Múnadh an mhada múnadh an teaghlaigh. (Ca)
- Taispeánann múnadh an mhada múnadh an teaghlaigh. (Ca)

674 Múnadh deas, an rud is deise sa duine. (Ca)

675 Ná déan nós is ná bris nós. (S)
- Ná déan geas is ná bris geas. (MS)
- Ná tóg geas is ná bris geas. (IG 10/1905)
- Ná bris geasa is ná tóg geasa. (T, B 6/1936)
- Ná bris reacht is ná déan reacht. (Ac, TÓM)
- Ná seachain seanghnás. (S 12/1919)
- Ná cuir teir is ná seachain seanghnás. (F)

Ná tóg gnás nua is ná bris seanghnás maith.
cf. 19

676 Ní dhallann cúthaileacht áilleacht. (M)

677 Ní hé an té is áille gáire is áille béasa. (CR)

678 Níl aon ghréasán sa seol chomh deas le modhúlacht. (CR)

ÓD (seol).

679 Ní liachta tír ná gnás. (GS)
- Ní lia tír ná grás. (F, IG 12/1894, Lessons 301)
- Ní liathaí tír ná nós. (IG 10/1905)
- Ní liachtaí tír ná faisiún. (CR)
- Tá gnás ag chuile thír a fheileas di féin. (MS)

Idem Ray 81, App. 586 (ón 9ú haois), II NG 93.

680 Ní mhilleann dea-ghlór fiacail. (CF, AR 37)
- Ní bhriseann dea-ghlór fiacail. (TÓM)
- Ní bhriseann dea-fhocal fiacail. (S 1/1926)
- Ní bhriseann focla maithe fiacla. (G)
- Níor bhris focal maith ceann duine ariamh. (DÓF)
- Níor bhris focal maith srón duine ariamh. (CF)
- Níor bhris dea-fhocal béal duine ariamh. (Sp)
- Níor bhris focal maith fiacail ariamh. (F, M)
- Ní miste don dea-fhocal é a rá faoi dhó. (RM)

O'Daly 95, 96. Rel. I 158, LN 181.
cf. L I 112, II 178, II BSR 25 (nóta) le haghaidh leaganacha Fraincise ('Beau parler n'écorche pas la langue' etc.)

681 Teach ar leith don mhífhiúntas. (MÓD)

BEATHA

682 A bhean mhánla as do halla aniar
Ní geal an gáire ach san áit a mbíonn an bia. (MÓD)

683 An díogha le haghaidh an aráin agus an togha le haghaidh na dí. (RM)

Eorna; leathfhocal as OL 162.

684 An fotha is fuide ón mbróin, is bainne na bó a rug anuraidh. (TÓM)

- Is í an mhin is fuide ón mbró(in) is fearr, is bainne na bó a rug anuraidh. (Ca)
- Uachtar phota na cáfraithe,
Íochtar phota an bhrocháin,
An mhin is fuide ón mbróin,
Is bainne na bó a rug anuraidh. (DÓM)
- Creathnach na nDásacha,
Bairnigh na bhFoiriún,
Trí sháith d'uisce Ghlais Feá,
Min ab fhuide ón mbró (i. an mhin ba deacra a fháil),
Is bainne na bó a rug anuraidh (i. an bheatha a d'iarr an tsióg). (Ca, Cum. Béal. 62, 205)
- An gráinne is fuide ón mbró, bainne na bó a rugadh anuraidh, smior mairt agus feoil chearc (.i. an bia is fearr). (CF, B V 142)

Ní maith an plúr atá díreach tar éis a mheilte, ná bainne bó atá tar éis laoidín a bhreith; is fearr iad a fhágáil scaitheamh. cf. 'Nua gach bia (nuabhruite?) is sean gach dí'.
Siar ó Leitir Mealláin atá na Dásacha, siar ó Mhaoras atá carraigreacha na bhFoiriún agus in aice le Caiseal atá Glais Feá.
Annála Beaga Iorrus Aithneach 283; B V 143, le scéilín. Leagan 1: cf. BB 190.
cf. 5144 agus 2454

685 Anlann an duine bhoicht, bainne ar baineadh a mheabhair as le maide. (GS)
- Bainne a fuair scannal le bata (i. bláthach). (CF, AA 10/1938)
- Bainne buartha le bata. (M)

Bláthach
Féach AA 1/1943. Leagan 3: cf. Lia Fáil I 162.
cf. 714

686 Anlann an fhir bhoicht, an fata beag leis an bhfata mór. (GS)
- An fata beag leis an bhfata mór (.i. anlann). (R, AA 9/1940 le scéilín, CF, Cum. Béal. 303, 426)
- Fata beag leis an bhfata mór,
Is an craiceann a ligean ar ceann an stóil. (Ár, Cum. Béal. 101, 52)

An t-anlann is fearr.
Tá ciall eile leis in Joyce 110.

687 An té a mbíonn dinnéar aige, bíonn fíon aige. (TÓM)

Dinnéar ceart iomlán.
cf. SFM 2

688 An té a shaothróidh an t-arán, ní fhaigheann sé ach na fataí. (M, Cum. Béal. 109, 284)

cf. 4625

689 An té is fuide a bheas ag ithe is é is fuide a bheas beo. (IG 11/1898)

690 Aoine an Chéasta is mór an céasadh bainne a ól,
Domhnach Cásca is mór an náire a bheith gan feoil. (CF)
- Aoine an Chéasta is mór an céasadh bainne a ól. (CnM)

Cinnlae I 230, II 118, etc. (leagan den chéad líne)

691 Aonach nach seasann i bhfad, aonach an chláir. (IG 7/1905)

Béile; clár .i. bord.

692 Arán bodaigh ar bóthar, an té nach mbainfidh dhuit ná bain dó. (CnM)

693 Arán cam a ghníos bolg díreach. (RM, S 11/1927, AR 4)
- Is é an cáca a ghníos an fear cam díreach. (CF)
- Arán cam a ghníos bolg díreach, is dhéanfadh arán ar bhord é nó go bhfaighfeá fuílleach. (F)
- Arán ar bhord go bhfaightear fuílleach, sin é a dhéanfas an bolg díreach. (Ca)

AWM 187

694 As a ceann a bhlitear an bhó. (RM, S 7/1927, AR 452)
- Coinnigh an féar (le haghaidh na bó) is tálfar bainne duit. (CF)
- Nuair a bheas féar faoina ceann is ea is cóir an bhó a bhleán. (CF)

Ní bhíonn rath ar an mbeithíoch mura mbeathaítear é.
Rel. II 480.
Idem. SH 231, DC 32.
Tá roinnt leaganacha dá shamhail sna teangacha Rómhánacha i dtaobh na gcearc (I BSR 241) 'Les poules pondent par le bec' etc. freisin PB 40, Mélusine 8, 87.

695 Bainis an ghortáin, fataí agus scadáin. (IG 8/1894, TÓM)

696 Ba mhinic béile bairneach ag fear in aice cladaigh. (Sa)

697 Bia rí ruacain, bia tuataigh bairnigh,
Bia caillí faochain is í á bpiocadh lena snáthaid. (S 7/1923)

- Bia rí ruacain, bia tuataigh bairnigh,
Bia caillí faochóga is í á bpiocadh lena snáthaid. (Ac)
- Bia rí ruacan (ls. rocán), bia bodaigh bairneach. (AR 59)

698 Blais den bhia – ní de bhia na bruíne é.

.i. (F)
Ní bia sí é.

699 Blas gach bia an salann. (RM)

- Blas gach bia an gráinnín salainn. (I)

700 Bocstaí bread a chuireas na cailleacha ag troid. (Sa)

701 Bord cruinn miotail agus éadach cláir slat, agus braon bainne ghéir a bhainfeadh gáire as cat. (TÓM)

- Bord cruinn miotail agus éadach cláir slat, agus braon bainne ghéir a bhainfeadh scréach as cat. (Ca)
- Round table miotail agus cláréadach slat (gad). (MS)
- Round table miotail agus éadach cláir slat,
Mug mór fada agus bainne i bhfad síos. (UM)
- Round table an Bhaile Ghlais an pota agus an bascaed (buscaed). (M, Cum. Béal. 114, 522)

Droch-chóir agus drochghléas; scib in airde ar bhéal an phota mar bhord.

702 Brochán ó aréir é,
Is mairg nár téadh é,
Mar seo a fuair sibh féin é,
Ní thabharfadh an fiach dubh dá éan é,
Dá dtabharfadh níor leis féin é. (CF, É 19/12/1936)

Áit a raibh glac fear (táilliúirí a deirtear i gCois Fharraige, triúr a chuaigh go Tír Lochlann a deirtear i gCill Chiaráin, meitheal ceathrar a deirtear in Indreabhán) ag caitheamh bracháin le haghaidh suipéir; bhí cosúlacht ar an mbrachán é a bheith fuar is nuair a d'ól an chéad fhear blogam, dódh é, ach dúirt an chéad líne den véarsa ag ligean air an brachán a bheith fuar. Dódh gach uile dhuine acu i ndiaidh a chéile ach rinneadar uilig líne suas leis an gcéad duine eile a mhealladh gur dódh iad uilig.

Is iomaí leagan den scéal atá ag imeacht (cf. Cum. Béal. 117, 33; 101, 31); tá trí líne in áiteanna is ceithre líne in áiteanna eile. CS 6/6/1903, S 9/1918.
Tá leaganacha in II BSR 105/106, SH 72, 75, Ray 337, faoi bhrachán atéite. O 96 (Crambe repetita). Bangor 440 (pottas).

703 Ceaile a bhí aréir againn,
Gréis a bhí thríd;
Bhí poll ar an méis,
Is lig sí thríd. (CR)

704 Chomh daor le uibheacha seisiúin. (F, RM)

705 Coisreacan ciotóige ar íochtar do phutóige. (F, RM)

1. Sórt eascaine ar dhuine alpach (F).
2. Faoi dhuine nach ndéanann altú i ndiaidh béile; níl de bhuíochas aige ach a lámh a leagan ar a bholg (RM).
Sa seansaol, ba chumhachtaí an deasóg ná an chiotóg ag tabhairt beannachta nó mallachta, cf. nóta Stokes in Ériu III 11/12.

706 Dá fheabhas an t-ól is fearr an t-ithe. (S 11/1927)

707 Dia a ghráisíos, bia a shásaíos. (M)

- Dia a ghráisíos, bia a shásaíos, a Uáitéir, bí amuigh. (U, B IV 52)

Leg. ghrásaíos, nó b'fhéidir, Deo gratias; cf. an t-altú, 'Deo gratias do Dhia a thugas an Bheatha seo dúinn; go dtuga tú an bheatha shíoraí dár n-anam' (GS).

708 Dinnéar mall a ghníos cabhair don tsuipéar. (GS)

709 Domhnach Cásca, Domhnach na bpruthóg. (F)

Eag. pruthóg/bruthóg = bruithneog (FGB)

710 Éirigh agus téigh bainne dó,
Maraigh cearc is lacha dó,
Téirigh chun an mhargaidh,
Is tabhair abhaile feoil. (I)

Go fonóideach faoi dhuine beadaí.

711 Fágaim le huacht gur sa tine is fearr na Rattlers. (S 5/1929)

Cineál fataí síl a bhíodh ann fadó.

712 Fataí beaga boga ar poll, bia an duine bhoicht. (GS)

- Fataí boga, beaga, fliucha
  Bruite, brúite as uisce an locha. (MÓD)

713 Fataí is bainne géar, is obair bheag dá réir. (ACC)
- Fataí is bainne géar is drochobair bheag dá reir. (GS)
- Fataí is bainne géar is obair bhreá réidh dá réir. (T, B 6/1936)
- Fataí úra is bainne géar, is crua an croí nach scrúdfadh sé. (IG 7/1897)
- Fataí úra is bláthach, chuirfidís an donas chun báis. (IG 7/1897)

714 Fataí miona mantacha is bainne a fuair scanradh le maide. (F)
- Dinnéar an talmhaí – fataí beaga boga as poll agus bainne ar baineadh an mheabhair as le maide. (Mnl, S 6/1927)

Bia an duine bhoicht: cnámhóga is bláthach. cf. 685

715 Fataí tráth is dhá thráth fataí. (S)

Fataí le haghaidh gach uile bhéile, bia an duine bhoicht.

716 Fataí tráth is dhá thráth fataí, is an lá nach bhfaighidh muid an t-arán, go bhfaighimid ár seacht sáith de na fataí. (TÓM)

Dá dhonacht iad is dá mhinice a fhaightear iad, is maith iad d'uireasa a malairte.

717 Fear beadaí, fear feola. (Sa)

718 Feoil choinín agus anraith giorria. (M)
- Feoil coinín agus sú sicín. (Gearrbhaile 1936)

Itear feoil an choinín, ach is fearr anraith a dhéanamh den ghiorria.

719 Gabáiste glas is rud eicínt thríd
A chuir mearbhall ar Shéamas Sheáin
Liath. (CnM)

720 Im nó airm dóite. (GS)

Gnás tíre: nuair atá na fataí lánaithe iarrann na fir suipéar maith an oíche sin seachas aon oíche sa mbliain; deoch a iarrtar in áiteanna, BB 48. Nuair atá na fataí curtha, cuirtear cos na lái sa tine, faitíos nach bhfásfaidh an barr (S 7/1929). Cuirtear cois lái nua sa tine freisin (BA)

721 I ndeireadh na bliana a rugadh thú. (S)
- I ndeireadh an bhia a rugadh thú. (S)
- In am bia a rugadh thú. (GS)
- I ndeireadh an tsaoil a rugadh thú. (CF, AA 12/1936)
- I dtús na bliana a rugadh thú (i. le duine a thiocfadh isteach agus an béile ar an mbord). (CF, Cum. Béal. 208, 323)

An té a thiocfadh isteach mall chuig béile (nó eile).

722 Is beag an bhealaíocht is fearr ná an turaíocht. (S 4/1926)
- Is beag an t-anlann is fearr ná an turaíocht. (Sp)

An té a mbíonn anlann aige lena chuid, ní fhaigheann sé an blas uirthi is a fhaigheas an duine bocht a chaitheas a chuid tur (RM).

723 Is beo cailleach gan iasc ach ní beo í gan arán. (CC, RM, Ár)

Nach dteastaíonn bealaíocht (RM); níl maith le cailleach go mbeidh gach uile ní aici.

724 Is bocht an t-údar bricfeasta drochfhata. (RM)
- Is bocht an t-údar bricfeasta bocstaí. (RM)

cf. ÓD (údar)

725 Is cuma céard a dhéanfas an obair ach bímid ag sodarnaigh ag dul chun an bhia. (Ca)
- Pé ar bith rud a dhéanfas an obair, bíodh sodar agaibh chun bia. (LB, AA 1/1938)
- Pé ar bith rud a dhéanfas an obair, bí i do shodar chuig an mbia. (I)
- Sodar chun an bhia is timpeall chun na hoibre. (BA)
- An timpeall chuig an Aifreann is an cóngar chuig an mbia. (CnM)
- Gach cóngar chun bia is gach timpeall chun oibre. (M)

SH 204, AWM 182

726 Is é gearrán na hoibre an bia. (AR 200)
- Capall na hoibre an bia. (RM, F, Ca)
- Is é an bia capall na hoibre. (Ca, Cum. Béal. 111, 138)

Is é an bia a dhéanann an obair.

727 Is fearr lán glaice de mhin ná lán stoca d'ór. (GS)

728 Is fearr poll ar an arán ná poll ar an bputóg. (CnM)

Fearr poll a bheith ar an mbuilín (nó a bheith ite) ná ocras a bheith ar dhuine.
cf. 4269

729 Is fearr rud ar bith ná a bheith ag ithe tur. (CF)

Turach .i. ceann de na rudaí is measa don cholainn
cf. TC 22

730 Is í beatha na carraige an bheatha dheireanach. (RM)

Saol ar oileán (?).
cf. 2319

731 Is léir don dall a bhéal. (GS, S 11/1927)

- Is léir don dall béal, ach mara léir faigheann sé amach é. (F)
- Aimsíonn an dall a bhéal. (IG 8/1905)
- Tig le dall a bhealach a fháil go dtí a bhéal, ach ní chuile lá a ghabhfas sé giorria. (IG 8/1894)
- Bhéarfadh dall ar ghiorria ach é a fháil bruite. (M, Cum. Béal. 109, 284)
- Is leor do chuile dhuine a bhéal. (AA 11/1941)

Tá a fhios ag an dall, nó duine ar bith, nuair atá ocras air.
Rel. II 498.
cf. 78 agus 4801

732 Is maith an rud cócaire fírinneach. (TÓM)

Go gcuireann cócairí rudaí isteach nach n-insíonn siad (?).
Leagan eile SFM 9

733 Is maith na fataí nuair a bhíos an bláth bán orthu,
Is fearr iad na fataí nuair a bhíos an cúr bán orthu,
Ach is fearr fós iad na fataí nuair a bhíos an bolg lán acu. (CF)

734 Is milse salann ná siúcra. (AR 324)

Cuireann salann blas ar bhia, nach gcuirfeadh siúcra.

735 Is minic a d'ith duine fataí le muc. (GS)

Le muiceoil nó bágún; focal siamsa.

736 Is mór an trua mada is putóg faoina mhuineál aige. (MÓD)

Le fonóid, faoin té a fhaigheas a dhíol le hithe is le hól

737 Is olc an bia triúir é, nó bainfidh fear brabach as. (S 10/1927, TN 28/11/1890)

- Is olc an bia triúir é, nó riarfaidh sé beirt. (GS)

Nuair nach bhfuil díol duine (díol beirte etc.) sa méid a leagtar roimh thriúr.

738 Itear iasc thar éis na Cásca. (IG 8/1905)

- Íosfar iasc i ndiaidh na Cásca. (RM)

Tá an t-iasc chomh maith i ndiaidh na Cásca is atá sé lena linn.
I NG 185 (Buenas son mangas despues de pascua .i. mall).

739 Ith smior mairt is bí crua tapa,
Ith smior muice is bí mór meata. (M)

- Smior muice d'fhear mheata. (AR 268)
- Smior muice a ghníos fear meata. (TÓM)
- Smior muice a chuireas neart sa gcnáimh. (TÓM)
- Smior mairt a chuireas neart sa gcnáimh. (MÓD)

O'Daly 94, SFM 11.
cf. 5144

740 Leathghalún de bhainne na ngabhar
Is cupla crág mine a chraitheadh air,
Sílim go ndéanfadh sé cabhair
Don fhear a bhí bodhar in Albain. (M, DÓM 344)

- Leathghalún de bhainne na ngabhar
Is cupla crág mine a chraitheadh air,
Sílim go ndéanfadh sé cabhair
Don fhear atá bodhar agus ina mheatachán. (M, DÓM 344)
- Dá bhfaighinnse bainne na ngabhar
Is méaracán bláthaí a bheith craite air,
Is cinnte go ndéanfadh sé cabhair
Don té a bhí i bpower an Chommittee. (DÓM 347 gan áit.)

741 Mairg a thabharfas drochmheas do bheatha. (Sp)

742 Mar a dúirt an fear fadó,
'Súistín thiar agus buailtín thoir,
Ná punanna eornan,
Ná cead a bheith ag bualadh go faoithin.'
(Tm, ÁC, Cum. Béal. 70, 130)

Seanrann a bhíodh ag daoine fadó.
cf. 4733

743 Más caol tanaí é giall, b'fhéidir nach ar a fiacail atá an locht. (TÓM)

- Má tá a leiceann faon, níl a locht ar a fhiacail. (AR 504)
- Má tá do leicne fann, ní locht ar do ghoile é. (M)
- Más crua caite é mo ghiall, ní ar m'fhiacail atá an locht. (CF)
- Más craite é do ghiall, ní ar d'fhiacail atá an locht. (F)

Duine a itheas go leor is nach mbíonn snua a chodach air ina dhiaidh sin.
Lessons 281

744 Más maith leat a bheith buan, caith fuar agus te. (AR 272)

Giota as scéal é seo ó cheart, ach tá glacadh leis mar sheanfhocal. 'Caith fuar agus TEICH a bhí sa scéal .i. comhairle a tugadh do dhuine a bhí ar a chaomhnú is bhí an tóir ina dhiaidh. B'ionann 'teich' agus 'teith' sa chanúint úd.
IM idem. cf. ASG (An Craoibhín) III 233. Seo ceann de na húdair a raibh an Chailleach Bhéarrach chomh buan.
Lessons 27, 41, 66, 165, College 291.

745 Murach an fheoil ba mhór ab fhiú an t-anraith. (S 11/1929, RM, CF, CC)

- B'fhearr an sú go mór ná an fheoil. (Sl, DÓM)

1. Nuair a mhilleann duine aon rud agus nach mbíonn maith ann (CC).
2. Seanfhocal a thagann isteach i scéal, féach B 1937 l.132; an té a d'ól an sú, bhí a fhios aige gach uile áit in Éirinn a raibh ciste i bhfolach; nuair a d'ith sé an fheoil d'imigh an chuimhne uaidh.
3. Anraith dreasáin (DÓM).

746 Ná déan ceasacht ar do bhia mar is é an phéist a bheas á mheas. (MS)

Leagan a deirtear le malrach a eitíos a bheatha a ithe. Leathrann in ZCP VII 303 ar Laud 615
'Mairce neoch cheisess ar a chuid,
Maith in randadóir Mac Dé' (D45 freisin)
cf. Freisin an píosa seo as Aithrí den 16ú haois (Ériu VII 164) – 'his aire is beithi menmae frisin fodor immun tuarai uare issed chetarrali diabal for adam agus eua hí tosuch dommuin.'

747 Ná hith cuid nuaíochta an Domhnaigh. (Sa)

Spáráil rud eicínt deas le haghaidh bhéile an Domhnaigh.

748 Naosc ag féarach ar phortach na haimiléise. (RM)

- Naosc ag féarach ar phortaigh dearglaoich. (RM)

Duine nó beithíoch a bheith san áit is nádúrtha á bheathú. Séard é dearglaoch, caonach a fhásann ar chriathrach nó ar shalachar, agus sa dearglaoch nó san aimiléis a bheathaítear naosc.

749 Ní ar a cheann a bhrisfeas an salann. (Ac)

cf. 2363

750 Ní béile bidh bia gan deoch. (AA 7/1944)

751 Ní bhíonn beo gan bia ann. (MÓD)

- Ní beo gan bia sinn. (G)
- Ní thig le duine ar bith teacht d'uireasa na beatha. (MS)
- Níl aon mhaith i bhfear gan rud eicínt le n-ithe. (LM, Cum. Béal. 90, 272)

Foclóir Uí Chléirigh (RC V 38, rubha) - 'ní rubha an beo bheith gan bhiadh ar Adamnán', agus ZCP XIX 49 - 'cach bi a biathad' (as LBL). Tóraidheacht (agus Searc) III 56, 1.

752 Ní bia an t-im ach anlann beag deas. (GS)

753 Ní bia tur bia te. (Sa)

Má tá sé te, ní theastaíonn anlann uait leis; geobhaidh tú blas air.

754 Ní ceart an fheoil a thabhairt ar iasc. (Sa)

755 Ní ceart bia a eiteach. (RM)

Ní ceart cur suas dó, níl sé sonaí.
cf. 'Narsaid diultadach um biad' (Sil. Gad., I 107; téacs as LL), 'Tomil téchtae do thúarae' (as Riaghail Comhgaill Beandchair; Ériu I 194) agus 'Mairc danabés bithdiultad' (as Riaghul na Manach Líath; Ériu II 229).

756 Ní feoil gan a cnáimh. (AR)

- Níl feoil gan cnámh agus níl talamh gan clocha. (Ca)

Seanfhocal idirnáisiúnta sna leaganacha éagsúla, II BSR 95, YD 6, DC (prynu), SH 74, App. 75.

757 Ní hé an maide pota a ghníos leite ach min. (IG 8/1894)

758 Ní im bainne, ní bainne bláthach,
Ní feoil putóg, ach níonn siad duine sách. (UA)

- Ní im bainne, ní bainne bláthach,
  Ní beatha fataí, ach go ndéanann siad duine sáthach. (Ca)

759 Ní íosfadh beithíoch ach cóir. (AR 354a)

760 Ní íosfaidh an pláta an fuílleach. (GS)

Ní dochar ar bith níos mó ná a dhíol a thabhairt do dhuine.

761 Níl farae ar bith chomh tábhachtach le farae an duine. (F)

762 Níl féata ach duine dona. (RM)

IM idem.

763 Ní miste do dhuine lón ag dul chun aistir. (DÓF)

Féach Aithdhioghluim Dána 30 69 cd.
App. 410, Ray 125, 251 (Mass and meat hinder no man's journey).
Lessons 301

764 Níor ghabh do bholg féin buíochas ariamh leat. (S 11/1927)

- Ní dheachaidh a bholg féin chun buíochais le aon duine ariamh. (S)
- Níor chas a bholg féin buíochas le aon duine ariamh. (Sp)

Ní fhaigheann duine buíochas ar bith óna bholg, ní mór dó a bholg a riar le maireachtáil.

765 Níor ith aon neach a dhóthain ariamh nár fhág fuílleach. (AR 343)

Féach Desiderius (Ó Rathile) 1026–32.
Idem App. 442, Ray 257, DC 93, 121.

766 Ní thagann olc as bia. (Ca)

- Tigeann maith as cairde is cairdeachas as an mbia. (F)
- Níor tháinig olc as an mbia ariamh. (CC, CF)
- Níor tháinig olc ariamh as beatha. (CF)

Le duine a bheadh ag cur suas do bhia (CC).
cf. App. 410/411, SH 403 le haghaidh leagain dá leithéid.

767 Ní thig leat é a bheith ina ghruth agus ina mheidhg agat. (M, GS)

768 Nua gach bidh agus sean gach dí. (Casla, GS)

Gurb iad is fearr.
Tráchtar freisin ar 'Rogha gach bidh agus togha gach dí' (GS).
cf. 684, nóta.

769 Nuair a itheas an mhuc a sáith, éiríonn an bia searbh. (CF)

I BSR 96 (luch agus min). II 62 (fear agus silíní).
cf. 4676

770 Ola a chroí an t-im. (M, RM)

Tugtar 'Ola an Chroí' ar dheoch nó eile, a thiocfadh go mór leat nó a dhéanfadh maith mhór duit.
Clár (ola, scoth), Peadar Chois Fhairrge 33, Bangor (eli).
DC 70 (Eli calon yw cwrw da).
cf. 2455

771 Póiríní úra is gabáiste glas,
Sin é an bia nua a bhíos acu i nDún na nGall. (I)

772 Ruainnín sleamhain ime
A cruinníodh i gciumhais maide fearnóige;
Fataí boga muinge
A d'fhás ar athmhuin;
Torthaí de bharr crainn
Is casúir de chloigne daoine. (Casla, Cum. Béal. 69, 236)

An béile a bhíodh fadó sna tithe móra.

773 Seachtain na simléar salach. (S 12/1929)

Achar gearr roimh an Nollaig; bíonn fuílleach beatha á ghiollacht.

774 Sméara agus coirce,
Miosarúin agus fataí. (MS)

Téann siad le chéile.

775 Tae dubh, tae bocht. (Ár)

A deirtear le duine a ólas tae gan bainne air.

776 Tinn is do ghoile agat. (IG 12/1905)

- Greim mór is ochón. (CC)
- Buíochas le Dia is altú le Muire,
Má tá bean an tí tinn, níor chaill sí a goile. (F)

I L 176

777 Tiocfaidh bia sa seagal nár cuireadh fós. (RM)

- Tiocfaidh bia sa seagal fós. (CR)

Go mbeidh an saol níos fearr, dá dhonacht faoi láthair é (LMóir).

778 Troscadh an chait cheanainn, d'íosfadh sé feoil ach ní ólfadh sé bainne. (AR)

- Troscadh an chait cheanainn. (MS)

Leagan a deirtear le páiste éisealach a d'iarrfadh rud eile in áit an bhia a leagtar roimhe.

BIOR

779 Chomh díreach le bior. (U, B IV 52)

BÓ

780 An teanga, an tsúil, bun na dúide. (CF, LMóir)
Na trí nithe is fearr le hithe sa mbó (CF); na trí ghreim is deise i mbó (LMóir).

781 Blitear na ba buí agus óltar a gcuid bainne,
Is tagann na ba bána gan blogam chun an bhaile. (M, Cum. Béal. 210, 308)
Gur dona iad na beithígh bhána (?)
cf. 4303 agus 2294

782 Bó leis an íoc, bó leis an gcíos,
Bó leis an ngalar géimní,
Bó sa bpoll, bó ar a droim,
Is an taibhsín óg ag géarghol. (MS)
An chaoi a laghdaítear tréad (?).
cf. SM 1569.

783 Dhíol sé bó na bruide. (M)
Scaradh le rud a theastódh lá na cruóige.

784 Eadra fada agus go domhain san oíche a dhéanas drochlao. (Ca)

785 Is ard géim bó gan lao. (Ca)
- Is cráite géim bó gan lao. (RM)

786 Is cuma leis an mbó cé a ólas a cuid bainne. (Ca)

787 Is fearr bó ná lao. (RM)
- Is fearr an bhó ná an lao. (Ár, Gearrbhaile 1938–39)

cf. 3607

BOCHTAINEACHT

788 'A chonách sin ar an muintir a bhfuil ba acu,' arsa an ceannaí mála maidin sheaca. (MS)
Ní bhíonn aon imní faoi stoc ar an mbocht.

789 Ag faire na fuaraíochta. (RM, M)
Leagan a deirtear faoi dhuine bocht nach bhfuil aon tslí mhaireachtála aige: 'Cé air a bhfuil sé ag faire?' 'Tá sé ag faire na fuaraíochta.'

790 Ag imirt na bochtaineachta ar a chéile. (TÓM, MÓD)
Gach aon duine ag ligean air féin a bheith bocht, le brabach dó féin a bhaint amach.
SFM 2

791 An bhochtaineacht, ní mholfad is ní cháinfead í,
Ach an té a mholfadh an bhochtaineacht, is aige a b'fhearr liom í. (Ca)
- An bhochtaineacht, ní mholaim is ní cháinim í,
Is níl neach (aon duine) a bheadh á moladh, nach aige ab fhearr liom í. (Sl, DÓM)

Eg. 178, 22 (Cat. II: 1782), O'Daly 99, College 276, Búrd. 70

792 An pota róbheag is ní líontar é. (S 2/1919, TÓM)
- Is mó do mhála ná do sholáthar. (IG 11/1898)
- Is mó do mhála ná do dhíolaim. (IG 11/1898)

793 An té a bhfuil truaighe aige do na bochta, tabharfaidh sé onóir do Dhia. (Ind)
- Ní bacach an fear siúil ach bochtán é. (I)
- Is mairg a chaitheas drochmheas ar bhochtán Dé. (MS)
- Déan an rud is ceart cóir,
Ná hiompaigh cúl leis an duine bocht,
Sa tír seo níl seisean faoi ardonóir,
Ach i láthair Dé tá sé gan locht. (Sp)

Tiontú ar Seanfh. XIV, 31. Leagan 3: cf. Seanfh. XVII 5.
cf. Dán Dé vii 4c.
cf. 838

794 An té a bhíos bocht bíonn sé scéaltach. (S 4/1918)
- Bíonn an duine falamh scéaltach. (CS 5/9/1903)

795 An té a bhíos bocht bíonn sé siúlach. (RM)
Ag soláthar a chodach.

796 An té a bhíos gan muc, gan mart, gan gráinne i ndéis,
Is mór sa solas é is is follas do chách a mhéad;

Ach an té a bhíos go socair sochma ina áras féin,
Faigheann sé cuireadh Nollag is fáilte an lae. (TN 25/7/1890)

- An duine bocht falamh gan ard, gan chéim,
Is mór sa mbealach é, is is toirtmhar le cách a mhéad. (DÓF)
- An té atá socair sócúlach ina áras féin,
Gheobhaidh sé cuireadh Nollag is fáilte an lae;
Ach an té atá gan mhuc, gan mhart, gan chráin, gan ghé,
Is mór sa solas é, is is follasach do chách a mhéad. (GS, S 5/1927)

Rann in Cat. II (Eg. 178, 22; 1782: Eg. 196; tús an 18ú haois).
LSM 118d, 119d. Búrd. 59. O'Daly 100, IG 11/1903

797 An té a chailleas a chuid, cailleann sé í. (IG V 139)

798 An trí chineál bocht,
An bocht le toil Dé,
An bocht lena thoil féin,
Is an bocht dá mba leis an saol. (CF)

- Trí shórt bochtán,
Duine bocht le toil Dé,
Duine bocht lena thoil féin,
Is duine bocht dá mba leis an saol. (Ac)

MIP 261; SM 1861

799 B'fhearr bás saibhir a fháil ná maireachtáil bocht. (Cum. Béal. 91, 18 gan áit)

800 Bí ag iarratas ar dhuine bocht, is ní bhfaighidh tú do shaibhreas a choíchin uaidh. (TÓM)

801 Bíonn an béal bocht truamhéileach. (Sa)

802 Bíonn ceann cúnsa ag roighin réidh. (S 5/1929)

An té atá bocht (ceann cromtha), is furasta a dhul thairis; bíonn sé mall, réidh (RM).

803 Bíonn glam ag chuile mhada ar an duine bocht. (GSe)

Leagan amhán in I BSR 179 (Al pobre, hasta los perros le ladran)

804 Bocht le muir is saibhir le sliabh. (RM)

- Gach bocht le muir is gach saibhir le sliabh. (CR)

Is bocht an fear farraige is is saibhir an sliabhadóir (?).
Féach SU 722.
YD 102, DC26 (Gwell anghenog môr nag anghenog mynydd).
cf. 849

805 Cnaigeann an bocht gach alp. (IG X 210)

IM idem.

806 Dá fhad siar Iar-Umhaill is fuide siar pócaí falmha. (TÓM)

807 Fear gan airgead, fear gan tairbhe. (Sa)

- Ní minic brabach ar phócaí falmha. (Ca)

808 Fear gan airgead i mbaile mór, is olc an lón dó goile géar. (DÓF)

- Fear gan airgead i mbaile mór, is olc an lón dó goile mór. (RM)
- Póca falamh i mbaile mór, is olc an lón dó goile géar. (R)
- Nuair a bheas duine i mbaile mór, is beag an lón dó a ghoile géar. (Ind)
- Goile géar i mbaile mór, is olc an lón pócaí falmha. (CC)
- Is olc an rud pota falamh i mbaile mór. (GS)
- Is fíor gur fearr an tsláinte mhór,
Ná na táinte bó amuigh ar féar,
Ach fear gan airgead i mbaile mór,
Is bocht an lón dó a ghoile géar. (CR, ACC 49)

809 Go bhfóire Dia ar dhuine atá i gcleith póca duine eile. (RM)

- Go bhfóire Dia ar dhuine a bhfuil a lámh i bpóca an duine eile aige. (Ca)

An duine bocht atá ag brath ar dhuine eile.
cf. 3965

810 Is airde fear bocht ina sheasamh ná fear saibhir ar a ghlúine. (Ca)

- Is airde fear bocht ina sheasamh ná fear saibhir ina shuí. (Ca)

811 Is bocht an rud fear fiúntach falamh. (F)

812 Is breá an rud a bheith bocht, ach gan a bheith róbhocht. (CF, AA 1/1931)

813 Is cam cábán na mbocht. (MÓD)
LN 175.

814 Is cuibhe do dhuine a bheith bocht, ach ní cuibhe dó a bheith truaillí. (AR 616)
- Is cuibheas do dhuine a bheith bocht, ach ní cuibheas dó a bheith truaillí. (Ca)
- Má bhíonn tú bocht, ná bí tuatach. (TÓM)
- Má bhíonn tú bocht, ná bí go holc. (MÓD)

815 Is cuma don bhacach cén chaoi ar tógadh ina leanbh é. (Ind)

816 Is cuma leis an mbacach cé a líonas a mhála. (CC)

817 Is deacair do phócaí falmha a bheith ag caint. (Sa)

818 Is é an ceann trom den bhata a fhaigheas an bocht. (GS)

819 Is fearr beo bocht ná beo le locht. (Ca)
- Is fearr bocht ná nocht. (Ca)
- Is fearr lom ná léan. (M)
- Is fearr lom ná léirscrios. (R, D 232)
- Is fearr preabán ná poll, is fearr lom ná léan. (ACC 59)
- Dá dhonacht an bothán bocht, is fearr é ná a bheith gan olc ná maith. (Ind, Ca)

820 Is fearr sonas ar shop ná stoc ar chnoc. (TÓM)
- Is fearr suaimhneas ar shop ná bú ar chnoc. (IG 12/1894)
- An té nach mbíonn bólach ar chnoc aige, bíonn suaimhneas ar shop aige. (Ca, S 2/1925)
- An té a mbíonn bólach ar chnoc aige, ní bhíonn suaimhneas ar shop aige. (Ár)
- Mara mbíonn saibhreas ann, beidh suaimhneas ann. (RM)
- Ar bheagán airgid is gan a bheith imníoch. (S 5/1929)
- Is fearr bocht sona ná saibhir dona. (Ca)
- Is breá an rud an saibhreas,
  Ní air atá aon locht;
  Ach is fearr ná sin an suaimhneas,
  A bhíos i gcroí na mbocht. (M)
- Is fearr beagán le só ná mórán le anó. (AR 509)
- Is fearr beagán le suaimhneas ná mórán le imreas. (M)

FFx 6, 5; Bí 37. Leagan 9: cf. Lessons 292
As an mBíobla (Cóh. IV, 6 is téacsanna gaolmhara).
Leagan de in YD 104, PB 50, MR 5, SC 795, 893, 931, LSM 136d, 66p.

821 Is furasta nocht bocht a chur amach. (GS)

822 Is í bochtaineacht a ghníos cumha. (Ár, AR 439)
- Uireasa a mhéadaíos cumha. (I)

Eochair dograing daidbre (ZCP VI, 270; as LBL)

823 Is iomaí fear bocht a théadh a chneas ag tine fir shaibhir. (GS)
- Is minic a chaith fear saibhir go maith le fear bocht. (GS)

Is iomaí fear bocht a fuair cabhair ó fhear saibhir.

824 Is iondúil fáinne ar mhaide bacaigh. (CnM)
- Ba mhinic fáinne óir ar mhaide bacaigh. (F)
- Chomh teann le fáinne ar mhaide bacaigh. (MÓD)

Bíonn fiú ar cheann an mhaide aige i gcónaí.
cf. 'Banais an tSleadhtháin Mhóir' (ADR 115) agus 'An Bacach' (Londubh an Chairn l. 20).
Séadna 75 agus 163.

825 Is ionúin le Dia an duine bocht súgach,
Ní lú leis an donas ná duine bocht sotalach. (AR)
- Is áil le Dia an duine bocht súgach,
  Ach is leis an riabhach an duine bocht tuatach. (MÓD)
- Is áil le Dia an duine bocht súgach,
  Ach is geal leis an riabhach an duine bocht tuatach. (TÓM)

Bí 39 (leagan den chéad líne).
Faightear an dara líne i dtréanna in Síor. XXV 2 agus LSM 204s.

826 Is mairg a bhíos falamh ar nós ar bith,
Nó a roinneas ar dhaoine lán dá chuid;
(An) té a líonas a mheadar dhó lán le gruth,
Ní aithneoidh mé ar sráid na Gráige inniu.
(TN 25/7/1890)

827 Is mairg a rachadh a chodladh ina throscadh. (IG 9/1905)

828 Is maith Dia faoi bhróga, ach ní fhaightear gan airgead iad. (AR)
- Is maith Dia faoi thrócaire, ach ní fhaightear bróga gan airgead. (CS)
- Is maith Dia faoi thrócaire, ach ní fhaightear bróga in aisce. (GS)
- Is maith Dia le haghaidh bróga a thabhairt uaidh, ach ní fhaightear iad gan airgead. (IG)
- Tá Dia maith faoi thrócaire ach ní fhaightear arán gan airgead. (M IG V 190)
- Is maith an rud bróga ach ní fhaightear iad gan airgead. (M, Cum. Béal. 114, 510)
- Is maith Dia faoi thrócaire, ach ní bhfaighidh tú bróga gan airgead. (CF)

An té atá gan airgead ní bhfaighidh sé dada.
Scéilín in Cum. Béal. 209, 28.
AR 394

829 Is maith le daoine bochta bláthach. (CR)

Cinnlae I 124
SFM 7

830 Is minic duine bocht fiúntach. (CR)

831 Is olc é mallacht na mbocht. (S 4/1918, TÓM)

832 Má bhíonn tú bocht ná lig anuas do bhochtaineacht. (Sa)

833 Má dhruideann tú leis an loime, druidfidh loime leat. (M, DÓM)

834 Maítear an bás féin ar an duine bocht. (M)

Gur mór leis an duine saibhir an oiread sin sóláis dó.

835 Mara bhfuil airgead i do phóca, beidh eolas fada agat. (Ac)

Sin é an t-am a chuirfidh tú aithne cheart ar dhaoine agus ar an saol.

836 Mar a bhíos tú leis an saibhir bí leis an daibhir. (R)
- Mar a bhíos tú leis an duine saibhir, bí mar sin leis an duine bocht. (CF)

Leagan 2: Féach ACC 67a

837 Na boicht is fearr a fhios cá luíonn an bhróg orthu. (RM)

838 Ná déan fonóid faoi dhuine bocht. (TN 24/1/1890)

TI 83 - 'airchisecht fri fuigdech'; TC 7, 22; 12, 3; 12, 4 - 'Ní cuitbe na bocht ciarba rhoimm': rann in D 178: AMC 71 - 'ba hircuitbed fri foigdech; fonomhad fa shenóir lan truagh' (Ériu I 26); 'Ni fuirse ni chuitbe ni faitchither senori' (Briath. Chon Chul. Ir. Texte I 213) O'Daly 80.
cf. 793

839 Ní baol don bhacach an gadaí. (CR, Gearrbhaile 1940–41 l.31)

840 Ní bhíonn aon mheas ar phócaí falmha. (CM)

841 Ní críonnacht creagaireacht is ní saibhreas bochtaineacht. (I)

842 Ní dhéanfaidh póca falamh mórán torainn. (CF, Cum. Béal. 100, 125)

843 Ní laghdóidh Dia do thrócaire, le do phócaí a bheith falamh. (TÓM)

Gur ionann saibhir is daibhir i láthair Dé.

844 Níl aige ach sop leis an gcáith. (AR 349)

cf. Finck 148 - 'Imíonn an sop leis an gcáith.'

845 Níl cion ar fhear gan brá gill. (AR 3 B 37)

846 Níl maith ag cur láimhe i bpóca falamh. (IG 8/1894)

847 Ní náire an bhochtaineacht. (IG 10/1905)
- Ní náire a bheith bocht. (I)
- Ní náire a bheith bocht cneasta. (CR)

College 294. SH 361 (dhá leagan)

848 Ní théann an fear giobach go hIfreann. (TÓM)

Tá cion ar leith ag Dia ar na boicht.

849 Ní théann ar imirce ach na daoine bochta. (CS 27/8/1904, MÓD)

cf. 804

850 Obair is lón, beatha an duine bhoicht. (GS)

851 Póca falamh, buaileadh sé bóthar. (IG 9/1895)

- Pócaí falmha, buailigí bóthar. (CM)
- Buail bóthar is bain torann as. (DÓF)
- Caithfidh pócaí falmha bóthar a bhualadh, snámh nó dul go tóin. (S)
- Mara bhfuil airgead i do phócaí, buail bóthar is ná bí linn. (G)
- Mara bhfuil airgead le scapadh agat, fan sa mbaile is ná bí linn. (GS)
- Mara bhfuil airgead agat féin, buail bóthar is bain torann as. (F)
- An té a bhfuil airgead aige,
  Tá ithe is ól aige,
  Tá a leaba cóirithe ó thús na hoíche;
  Ach pócaí falmha, buaileadh bóithrí,
  Is geobhaidh sé lóistín amuigh faoin tír. (CR)

Leagan eile as Oirthear na Gaillimhe in Cum. Béal. 109, 276
D 161 (ls. den 18ú haois)

852 Scéal fada ar an anró. (RM, Ind)

Scéal fada an duine bhoicht ag míniú a cháis.
Idem YD 121

853 Seachain na mná is an t-ól is ní bheidh do phócaí gan airgead. (CF)

- Seachain na mná agus an t-ól. (Sp, Cum. Béal. 76, 14)
- A dhuine bí ciúin go fóill,
  Is éist le glór an tseanchais,
  Seachain na mná is an t-ól,
  Bíodh deireadh go deo lena gcleachtadh sin. (MS)

Rann Laidine dá shamhail, le tiontú Gaeilge, TB 3, XIX, 5.
cf. freisin LSM 55a. Leagan 3: cf. S 2/1928
Leaganacha de in SH 591, L II 67, Arm. 467, 468; d'fhéadfadh sé a theacht as Laidin Plautus (O 372 vinum 4)
cf. 3725

854 Sneachta os cionn siocáin,
Siollántacht gaoithe,
Ach saol an iúir is an iolraigh,
Ag fear siúlta na hoíche. (CnM, TÓM)

- Sneachta os cionn siocáin,
  Is cruatalán gaoithe,
  Saol an luinn (luin?) san inneoin,
  Ag fear siúlta na hoíche. (TN 28/8/1891)
- Sneachta os cionn siocáin, is callán maith gaoithe, ag fear siúlta na hoíche. (U, B IV 53)
- Sneachta os cionn seaca is é ag siodántacht thríd,
  Scéal an iúir is an iolraigh ag fear siúlta na hoíche. (CnM)
- Saol an loin duibh faoi iúr agat. (AR 255)

Más crua saol duine bhoicht, is fada sláintiúil é. Luaitear 'Saoghal na slaite iubhair' in 'Tabhraidh chugam cruit mo Ríogh' (rann 12 b). Le haghaidh 'saol an iolair', cf. O 125 (aquilae senectus).

855 Stór an duine bhoicht ón láimh go dtí an béal. (GS)

- Ón láimh go dtí an béal. (Ac, I)
- Ón láimh go dtí an béal is leath an lae falamh. (MS)

SH 528 (To live from hand to mouth), Lipp. 371, Spr. Red. 514.

856 Tá cáil mhór ar an bhfear saibhir, ach is mór an truaighe an fear bocht. (ACC 23, TÓM)

- An duine saibhir ag déanamh grinn,
  Deir chuile dhuine gur binn a ghlór;
  Ach is seirbhe ná an searbhán goirt,
  An duine bocht ag déanamh ceoil. (M, DÓF)
- Milis glór gach fir,
  A mbíonn cuid aige is spré;
  Searbh glór an té a bhíos bocht,
  Bun os cionn a labhraíos sé. (M, IG)

Le haghaidh na rann, cf. D 24, 25, 26, Eg. 127, 73, f (Cat. II; 1775). Tá rann as Partraí in Cum. Béal. 210, 308; leagan 2: cf. O'Daly 99. Leagan 3: M cf. College 292, O'Daly 98
Samhlaítear Síor. XIII 28, 29 leis an dara rann, in D 24 (nótaí).

857 Tá sé uaigneach a bheith falamh. (Sp)

SF 2, 23 (FFx 1, 32) 'adcota daidbre dochraite'.

858 Tóin gan taca. (DÓM, Sl)

An duine bocht nó duine gan cúl toraic.

BRABACH

859 Ag caint ar olann is ag súil le pluid. (RM, CC)

- Ag iarraidh bainne is ag súil le leamhnacht. (RM)

Duine ag caint ar gach uile shórt a dhéanamh is gan é ag déanamh tada (CC).
Caint ar rud le súil a fháil (RM).

860 Ag cur amach is ag cailleadh, an galra is measa amuigh. (Sa)

861 An chearc istigh is an ubh amuigh. (GSe)

- Fáilte na circe fáin romhat ag mo dhoras. (RM)

Ag beathú circe a bhíos ag breith in áit nach bhfaighidh tú aon ubh dá mbeireann sí (?).
SFM 1.
App. 298, DC 141, YD 123, I BSR 239; III NG 55. Bangor 496 (hwsmonaeth).

862 An leanbh mar a hoiltear é,
An aige mar a hábhar;
Mar a shaothraítear an t-iomaire,
Is amhlaidh a thiocfas barr air. (F)

863 An rud a fuair boyeen – báisteach. (F, GS)

Gur toradh éadairbheach a bhíos ar ghnó nó geastal gan críoch rathúil, nó ar ghnó nach n-éireodh leis.

864 An té a bhfuil an chaora aige, is dó is fusa an t-uan a bheith aige. (GS)

Áit a bhfuil roinnt, is éasca cur léi.

865 An té a d'ith an barr, íocadh sé an féarach. (GS)

- An cab a d'ith an féar, íocadh sé an cíos. (GS)
- An té a d'ith an t-uachtar, óladh sé an t-íochtar. (GS)
- An té a d'ith an fheoil, óladh sé an t-anraith. (GS)
- An té nach bhfuair an fheoil, ná hóladh sé an t-anraith. (RM)

An té a rinne brabach, íocadh sé an costas.
ADR 123; M. Mac Suibhne115. Leagan 4: idem Spáinn. II BSR 95

866 An té a fuair é, is dó is cóir é,
Is creidim go mbeidh a bhail air. (M, DÓM)

Fear a fuair cóta amuigh.
Finding's keeping (?).

867 An té a ligeas mórán amach, féachann sé a chruinniú isteach. (MÓD)

868 An té is mó a chuireas, is é is mó a bhaineas. (Ár)

- An té is fearr a chuireas, is é is fearr a bhaineas. (I)

LSM 12 p, SH 332; Gal. VI 7

869 An toradh céadach – nuair a bhíos naoi gcnó ar an mogall is naoi mogall ar an tslat. (TÓM)

- Le linn Chormaic Mhic Airt bhí an saol go haoibhinn ait;
Bhí naoi gcnó ar an gcraoibhín, bhí naoi gcraoibhín ar an tslat. (Ac)

870 Bíonn an mhil go milis ach bíonn an mheach cealgach. (S)

BTDl I, 137 'is beich óghlána d'argain'.
Idem Ray II, SH 191, II N 69, I BSR 260.

871 Buaifidh an t-each nó caillfidh an srian. (S)

Cearrbhach a chuir geall den tsrian, le capall a ghnóchan: beagán le cailleadh is mórán le gnóchan.
BC 323 'Buaidhfead an t-each nó caillfead an diallaid'.
IM, College 278 idem.
Idem Ray 182, SH 92.

872 Chuile dhuine faighteach ach mise caillteach. (Sa)

- Chuile dhuine gnóiteach ach mise sciúrtha. (Sa)

873 Déan thú féin do ghnotha is ith thú féin do bhuilín. (RM)

'Sudóg' atá in BC 600

874 Is áil liom do chuid, a bhodaigh, ach ní háil liom thú féin. (S)

- Is mian leat mo chuid ach ní mian leat mé féin. (Ár)
- Is teann liom do chuid, a bhroic bhréin, ach ní teann liom thú féin, chor ar bith. (Sa)
- Is áin leat mo chuid ach ní háin leat mé féin. (TÓM, Ca)

875 Is fearr an ubh agus an t-éan ná an ubh léi féin. (F)

.i. An craiceann agus a luach.
App. 180 (To have both the hen and the egg), II L 240.
cf. Fabhalscéal La Fontaine, 'La poule aux Oeufs d'Or'.

876 Is fearr beagán gnóthaithe ná go leor caillte. (TÓM)

- Is áin leat mo chuid ach ní háin leat mé féin. (Ca, TÓM)

877 Is fearr slat de counter ná gabháltas talún. (F)

878 Is le fear na bó an lao. (IG 9/1905)
- Is le fear na bó an gamhain. (I, Ac)
- Le fear na bó an lao, is le bean an tí an bainne. (CR, ACC)
- Le fear na bó an lao, ach is le bean an tí an bainne. (F)
- Le fear na bó an lao, is leo le chéile an bainne. (RM)
- Le fear na bó an lao, is leo uilig an bainne. (F)

Ag fear na hoibre (nó an úinéara) is cóir an tairbhe a bheith (is roinneadh sé an toradh mar a thograíonn sé).
ACC 41

879 Is mairg a bhíos go holc is go bocht ina dhiaidh. (S 4/1925)
- Is dona an rud a bheith go holc is go bocht ina dhiaidh. (Ca)
- Is mairg a bheith go holc is go bocht ina dhiaidh. (AR 335)
- Is mairg a ghníos an t-olc is a bhíos go bocht ina dhiaidh. (IG 6/1894)
- Is iomaí duine ag dul i bpeaca leis an sracadh nach bhfaighidh sé. (CF)
- Is mairg a bhíos go docht agus a bhíos go bocht ina dhiaidh. (Sp)
- Is mairg a bhíos gan deoch, is mairg a bhíos gan bia,
  Is mairg a ghníos an t-olc agus a bhíos go bocht ina dhiaidh. (Ind, ACC 3)
- Scuabadh an chait ar an domblas. (S)

Olc a dhéanamh is gan tairbhe dá bharr.
College 288.
YD 98 (Gwae a lygro ei gydwybod heb ennill dim).

880 Is minic a cheaptar bradán le cuileog. (GS)
- An ubh chirce ag teacht ag iarraidh na huibhe gé. (IG 7/1905)

Leaganacha dá shamhail, SH 605, App. 221, I BSR 257.

881 Má bhíonn cearc leat ag breith, caithfidh tú cur suas lena glagarnaigh. (S)

Cúpla leagan de in I BSR 241

882 Má chuireann tú póiríní bainfidh tú póiríní. (GS)

883 Má chuireann tú, tógfaidh tú arís. (IG 9/1905)

Má shaothraíonn tú (má chuireann tú síol; má ghabhann tú sa seans), beidh do bhalachtáil agat.

884 Ní bhíonn brabach ar bith ar urlár lom. (IG 9/1905)
- Ní féidir imirt ar an gclár lom. (Ca)

cf. an t-amhrán:
'Cé hé siúd thiar a bhfuil bríste bán air?
Nár soirbhí Muire dó ná Rí na nGrásta;
Urlár lom agat ar beagán fáltais,
Is naonúr dall agat is iad gan mháthair."

885 Ní chruinníonn caonach ar an gcloch reatha. (AR 378)
- Níor choinnigh cloch rolla caonach ariamh. (AR)
- Ní chruinníonn cloch reatha caonach. (S 10/1928)
- Ní bhíonn (thagann) caonach ar chloch reatha. (IG 10/1905, S 6/1920)
- Is deacair do chloch reatha caonach a theacht uirthi. (MÓD)
- Bíonn cloch reatha gan caonach. (GS)
- Ní minic caonach ar an gcloch reatha. (CF)
- Níor mhinic forás ar an gcois siúlach. (CF)
- Ní bhíonn caonach ar ghiolla an reatha. (Ár, Cum. Béal. 77, 427)

BC 473, 585: cf. Gluais ar Col II, 18 - 'nitairci lessu utmille'. (TP I 673); MIP 63. Rel. I 158, II 485. O'Daly 95.
Rífhairsing san Eoraip (as Laidin Lucanus), Ray 128, App. 537, DC 34, I BSR 34, L I 54, Taylor 44, III NG 150, LSM 102m, 20r, 71v.

886 Ní fhaightear cion gan caillteanas. (CF)
- Ní fhaightear buachtáil gan cailliúint. (RM)
- Ní mór dhuit beagán a chaitheamh le mórán a ghnóchan. (GS)
- Ní bhíonn sochar gan dochar. (Sl, DÓM)

cf. App. 242, 459, SH 331, DC 156, PB 54, II L 233, N III 47

887 Ní fiú an tairbhe an trioblóid. (S 10/1920, IG 10/1905)

Faoi rud nach n-íocann as féin.
cf. caint Bhríde - 'ni mor uar tarba cid mór for saethar' (TP II 328).

888 Ní teach glan a íocfas cíos. (MÓD)

Áit a bhfuiltear ag obair (is ag déanamh airgid), bíonn rudaí in aimhréidh, roinnt, is beagán salachair.

889 Ní thuirsíonn fear na buachtála. (MÓD)

- Ní thig tuirse ar fhear na héadála. (M, DÓM)

DC 47 (Y budd a lludd y lludded), SH 352.

890 Pluid nua ar sheanphluid. (IG 11/1905)

891 Raithneach é, raithneach é, is mairg nach mbainfeadh é. (IG 11/1905)

Bhíodh brabach le déanamh ar raithneach fadó: cf. BB 161.
Féach 'Rath na raithnighe oraibh', Pairlement Chloinne Tomáis, líne 727 (Gadelica I). Tá scéal faoi rath na raithní .i. Mallacht Phádraig in B III 471 agus AA 3/1940. Luaitear críonadh na raithní i scéal faoi Bhalor Béimeann in B IV 88.

892 Sciob an clúmhach an fheoil leis. (AR 269c)

- Is minic a rug na cleití an fheoil leo. (GS)
- Is minic a thug na cleití an fheoil leo. (Sl, DÓM)
- Beireann na cleití an fheoil ón drochfhiagaí. (MÓD)

An mhaith scuabtha leis ag an bhfuílleach; drochfhoghlaera a mhilleas an t-éan á lámhach.O'Daly . 93
Idem Ray 257, is b'fhéidir leagan gaolmhar in I BSR 216 (Ave de mucha pluma, poca carne tiene).

893 Searrach i ndiaidh gearráin. (RM)

- Rith an tsearraigh i ndiaidh an ghearráin. (Gearrbhaile 1936–37)

Brabach a bheith faighte ag duine, nach ceart a bheith ag dul dó.
Deir an scéal gur fhág searrach a mháthair is lean do ghearrán comharsan, is ní thabharfadh an chomharsa ar ais é. Nuair a tugadh an chúis sa chúirt, d'fhág an breitheamh an searrach ag an gcomharsa (RM); leannán, an chiall atá leis in ÓD (searrach) agus féach freisin an tomhas 'Mideach (miodóg?) sa sliabh agus searrach ina dhiaidh' .i. snáthaid (RM); 'Biorach sa sliabh agus an tsleá ina dhiaidh' (Ca) . cf. AA 9/1937.
cf. 5263

BRÉAGA

894 An dubh a chur ina gheal. (RM, GS)

- An dubh a chur ar an mbán. (F)

Filidheacht na gCaisideach 38 'cuirim an dubh ar an mbán dóibh'. Rannta is dátaí D 77, 286: BC 113, 471.
Idem SH 531 (le tagairt do Laidin Juvenalis), Spr. Red. 46, 1228, O 243.

895 B'fhearr liom do bhéal a bheith briste ná bréagach. (GS)

896 Bunchloch na bréige i gcolainn na fírinne. (GS)

Cosúlacht na fírinne ar an mbréag.

897 Caitear bréag a chothú le bréag eile. (Ár)

- Caitear bréaga a chothú le bréaga eile. (CF)

Béarla idem (SH 344, App. 472).

898 Casfaidh an bhréag thart timpeall is tiocfaidh an fhírinne ina barr. (CF)

Beidh oiread sin casta ag an mbréag go dtiocfaidh an fhírinne amach.
AMC 25 - 'Tánic in brec for timchell'.

899 Chomh bréagach le barrach. (Sp)

900 Chomh bréagach le watch Shéamais a Búrca. (CF, Cum. Béal. 208, 343)

Bhaitse (?), cf. Finck 248

901 Chuirfí bréag ar dhuine is é ina chodladh ar a leaba. (IG 7/1905)

Duine nach raibh baint ná páirt aige leis an scéal.

902 Dá n-abróinn gur dubh é an fiach, Déarfá 'Dar Fiadh, ní hea!' (RM)

Rann in D 77.

903 Deirtear gur fuide a rachas an fíor ná an bhréag, ach is maith an coisí an bhréag féin. (Ár, AΛ)

YD 96: is é a mhalairt atá sna teangacha Rómhánacha. (II BSR 42, 43, II NG 284, 291)
'Les mensonges ont les jambes courtes,', etc.
SH 262, Lipp. 570, nóta is leagan Béarla in Trench 120.

904 Dhéanfainn mionna ar an rud nach bhfaca mé ariamh. (CF)

905 D'inis fiach é agus shéan fionnóg é. (RM)

906 Druid do dhorn sula dtuga tú an bhréag. (IG 8/1894)

- Ná tabhair an bhréag go mbí tú réidh le buille. (IG 8/1894)

907 Fianaise an ghiolla bhréagaigh a bhean. (RM, AR 400)

- Fianaise ghiolla bhréige a bhean. (F)
- Is í fianaise an fhir bhréagaigh a bhean. (M)

Duine chomh bréagach leis ag dearbhú a scéil.

908 Fuair sé an mála. (MS)

Bréagadóir agus gur aige atá mála bréag Thomáis Uí Ruaidhín.
Deirtear faoi bhréagadóir (LMóir), 'Tá sé a' tíocht anois agus lán mála aige,' 'Inseoidh sé lán mála dhúinn.'
cf. 909

909 Go ndéana Dia trócaire ar Thomás Ó Ruaidhín. (MS)

Bréagadóir mór é. Deirtear an leagan seo le scéal dochreidte.
cf. 908

910 Is é an Diabhal athair na mbréag. (I)

Id. Teagasc Críostaí Mhic Éil, 49.
Cum. Béal. 91, 11, gan áit.
Id. I L 8

911 Is fearrde a dhearcas bréag fianaise. (Ca)

SU 1484

912 Is furasta bréag a chur ar na mairbh. (Ca)

cf. 916

913 Is fusa thú féin a shábháil ar an bhfear bréagach ná ar an gcreimire. (S 12/1933)

Is measa an té a bhíos ag cúlchaint ná an bréagadóir.

914 Is iad na daoine bodhra a ghníos na bréaga. (G)

Na daoine nach gcloiseann an scéal ina iomlán, ceapann siad féin roinnt.

915 Is ionann barúil agus bréag. (T)

916 Is mairg a chuireas bréag ar an marbh. (MS)

cf. 912

917 Is measa an fear bréagach ná an fear bradach. (AR 84)

- Is measa an bréagadóir ná an gadaí. (T)
- Coisneoidh tú thú féin ar an bhfear bradach, ach ní féidir thú féin a shábháil ar an bhfear bréagach. (Ca)
- Is fusa dhuit thú féin a chumhdach ar dhuine bradach ná ar dhuine bréagach. (F)
- Féadfaidh tú thú féin a shábháil ar an ngadaí ach níl sábháil ar bith agat ar lucht déanta na mbréag. (Ca)
- Cosnóidh duine é féin ar ghadaí ach ní chosnóidh slua ar éitheadóir é. (I)

Féadfaidh tú a bheith san airdeall ar an ngadaí, ach gabhann an bhréag timpeall i ngan fhios duit.
Id. Síor. XX 25, III NG 107.

918 Is measa bréag ná brúcht. (GS)

919 Is minic Síle chaoch bréagach. (S 6/1923)

- Ba minic síleadh bréagach. (CF)
- Bean í Síle a bhí bréagach. (CF)

Síle chaoch .i. dearmad (cf. 'Sílim . . .' 'Ná síl arís é, nó tabharfaidh mé Síle chaoch ort.')
YD 40.
cf. 83

920 Lasfadh sé Ifreann gan match. (I)

Le bréaga (nó le eascainí?).

921 Má tá ina bhréag, bíodh, ach beidh an brabach againn féin. (MÓD)

922 Mullach lom ag béal na bréige. (MÓD)

923 Nach glas é an t-asal is gan é ach seachtain! (CC)

Déarfaí le magadh é, faoi scéal dochreidte.

924 Ná cuir dallamullóg ar an mbréag nó casfaidh an fhírinne tuathal. (CF)

925 Ná fiafraigh aon cheist díom is ní inseoidh mé aon bhréag duit. (CC)

Id. SH 56. Joyce 191.

926 Ná gearradh do theanga féin do scornach. (ACC 37, MÓD)

Id. SH 259

927 Ná tacht do scornach féin. (T)

- Níor ordaigh Dia d'aon duine é féin a thachtadh. (Ca)

Ná déan bréag.

928 Ní dhearna an ghiúsach bréag ariamh. (CF, Gearrbhaile 1939–40 l.38)

Deirtear dá mbeadh teanga aici, go n-inseodh sí scéal ar dhó an domhain, ó faightear bunanna dóite giúsaí sa bportach corruair (LMóir).

929 Ní fíor bréag ar bith. (S)

As an Scrioptúr Naofa (1 Eoin II 21).

930 Ní ghráíonn Dia béal bréagach. (GS)

- Ní maith le Dia béal bréagach. (RM)
- Ní hionúin le Dia béal bréagach. (I)

931 Ní hé clár na fírinne a bhíos ag lucht an bhíodáin. (T)

Daoine a bhíos ag cúlchaint ar a gcomharsana.

932 Ní hé cursaí an triúis é, ná na gcarlaí iasachta. (TÓM)

- Ní hé cursaí an triúir é. (Ca)

Ní bréag ar bith é.
Féach ÓD (triús).

933 Níl áit ar bith ar fusa bréag a chur ar dhuine ná os comhair a dhá shúl. (IG)

Ní chreidtear an séanadh uaidh, is níl sé faoi réir lena séanadh i gceart.

934 Níl toradh ar bith ar an mbréag ach toradh searbh. (MS)

- Ní bhíonn aon rath ar an mbréag. (MS)
- Ní raibh rath ariamh ar lucht na mbréag. (Ac)

935 Níor choinnigh a mhála bia aon duine as na Flaithis, ach coinneoidh a mhála bréag. (MÓD)

Ní peaca an déirce ach is peaca an bhréag.

936 Ní sheasann an bhréag ach trí lá, go dteagann an fhírinne suas léi, is go dtachtann sí í. (F)

- Ní mhaireann na bréaga ach tamall. (Ca)

cf. DC 126, go n-éiríonn an fhírinne an tríú lá, dá dhoimhne dá n-adhlactar í.

937 Oiread bréag agus a dhéanfadh mada de shodar. (Ár, LMóir)

Bréag a insint chomh sciobtha le rith mada.
cf. 2239

938 Seasfaidh an fhírinne i gcónaí ach caithfear frapaí a chur faoin mbréag. (Ca)

cf. 'd'inis mé an fhírinne gan frapa gan tapa'.

939 'Sílim', 'is dóigh liom' agus 'dar liom féin', Sin trí fhianaisí a bhíos ag an mbréag. (Ár, AA)

TI 19, 136, FFx 3, 36 'dligid bés bréithir', 37 'dligid dóig díthech'.

940 Teanga mheallta ag an mbréagadóir. (Sa)

- Mheallfadh sé an t-asal ón gcoirce. (MÓD)

BREATHNÚ ROMHAT

941 Amadán an té nach mbíonn críonna, is nach ndearcann an tslí mar is cóir. (TÓM)

942 An té a dhós a thóin, suíodh sé ar an mbolscóid. (GS)

An té a dhéanann botún, fulaingíodh sé an iarmhairt.

943 An té nach bhféachann roimhe, féachann sé ina dhiaidh. (MS)

944 An té nach dtugann aire dó féin, is minic a lámh in iorghal. (GS)

945 An té nach gcuirfidh snaidhm, caillfidh sé a chéad ghreim. (Ca)

- Cuir snaidhm, is ní chaillfhidh tú an chéad ghreim. (GS)
- Cuir snaidhm nó caillfidh tú dhá ghreim. (BA)
- An té nach gcuirfidh snaidhm, cuirfidh sé dhá ghreim (.i. in aisce). (RM)
- An té nach gcuirfidh snaidhm cuirfidh sé dhá shnaidhm mall. (MÓD)
- An té nach gcuirfidh snaidhm beidh na trí chéad ghreim gan tada aige. (MÓD)
- An áit nach gcuirtear snaidhm, cuirtear dhá ghreim (.i. in aisce). (Ca)
- Snaidhm ar bharr do shnáithe nó beidh an chéad ghreim in aisce agat. (I)
- Is onóraí snaidhm ná dhá ghreim. (Ár)
- An té nach gcuirfidh cnap, déanfaidh sé dhá ghreim. (Ac)

Déantar obair in aisce, áit nach mbíonn duine ag breathnú roimhe.
Leaganacha sna teangacha Rómhánacha, II BSR 190, 231, (Quien no da nudo, pierde punto, etc.), NG III, 298; SH 464, PB 128.
cf. 5097

946 An té nach n-iompróidh a chóta an lá breá, ní bheidh sé aige an drochlá. (IG)
- An té nach n-iompróidh a chóta an lá breá, ní bheidh sé aige an lá fliuch. (GS)
- An té nach n-iompróidh a chóta an lá breá, ní bheidh sé aige an lá garbh. (Ca)
- An té nach n-iompróidh a chóta an lá breá, ní bheidh sé aige lá na báistí. (MÓD)
- An té nach n-iompraíonn a chóta mór lá maith, ní bheidh sé aige lá fliuch. (Ac)
- Béarfaidh an fear críonna a chóta mór leis lá tirim. (CF, Gearrbhaile 1938)
- Nuair atá an aimsir go breá tabhair aire do do chlóca. (CF, Cum. Béal. 100, 232)

Leagan de i gcuid de na teangacha Rómhánacha, II BSR 123/124, HV 273.

947 Ar fhaitíos na heaspa, is maith a bheith coimeádtach. (GSe)
- Ar eagla na heaspa, is maith a bheith coimeádtach. (CR)

948 Bádóirí óga is gealach tús oíche. (Ind)
- Bádóirí óga is gealach tús oíche, is olc an rud in éindí iad. (Ca)

Bádóirí óga a chuirfeadh chun farraige le gealach tús oíche, ag ceapadh go mbeadh a solas acu ar feadh na hoíche; nuair a bheadh an ghealach faoi is an oíche chomh dubh le pic, ní bheadh a fhios acu cá mbeidís ag seoladh, is b'fhéidir gur i mullach carraige a ghabhfaidís. Tá tagairt don leagan in AA 9/1938.

949 Beir ar an abhainn sula dtéir chun an fhuarlaigh. (BA)

S 5/1929; College 278; Búrd. 78; MIP 150

950 Bíodh an mhóin istigh agat sula dtaga an lá fliuch. (CF)

951 Bíodh dhá abhras ar do choigeal. (Gearrbhaile 1937 l.28 gan áit.)

cf. Avoir deux cordes à son arc (L II 56, HV 35). cf. 3857

952 Breathnaigh romhat sula gcaithe tú léim. (CC)
- Breathnaigh romhat sula chaitheas tú léim. (AR)
- Ná léim thar an gclaí gan breathnú thar a bharr. (M)
- Cuimhnigh sula labhraír, is dearc sula léimir. (MÓD)
- Cuimhnigh sula labhraíonn tú, is dearc sula léimeann tú. (MS)
- Is mairg don té nach bhféachann roimhe. (Ár, BA)
- Féach romhat. (IG)

Duanaire Mhic Shamhradháin - 'ná ling fál sgiach gan sgothadh' (AA 12/1939); TC 21 (dallchéimenna); BC 61. MIP 188. Idem App. 380, YD 75, 76

953 Buail mise is gortaigh thú féin. (F)
- Buail mise is cuir thú féin ag caoineadh. (Ca)

954 Ceann céillí a mharós an eascainn. (Ind, Ca)

Ní mór do dhuine ceann staidéarach a bheith air agus breathnú roimhe go maith, sula n-ionsóidh sé píosa oibre.

955 Chuile shórt ach fataí an tsíl a ithe. (Ca)

956 Coinnigh beagán le haghaidh na coise tinne. (GS)
- Bíodh rud agat le haghaidh na coise tinne. (CM)
- Is cóir rud a chur i dtaisce le haghaidh na coise tinne. (F)
- Cuir i dtaisce é le haghaidh na coise tinne. (I)
- Rud beag a shábháil le haghaidh mo lagair. (CF, B 1934)

Lá an ghanntain, lá an anró. Idem SH 249, Ray 247 (Alba). Joyce 110.

957 Cosa lomnochta ag scapadh driseacha as a chasán. (MÓD)

Leagan gaolmhar sna teangacha Rómhánacha, II BSR 271 (Quien siembra abrojos, no ande descalzo, etc.); SH 58

958 Déan an fál nó íocfaidh tú foghail. (RM)

Síor. XXXVI 25. Aithdhioghluim Dána 71, 12c (ar gan fál), Dioghluim Dána 121, 3c (gort gan fál), 81, 33c (gnáth éagnach ar ár gan fhál), Branach 651 (Ár gan fhál).

959 'Dia idir sinn is an anachain,' a dúirt an duine a bhí ag dul san anachain. (GS)

960 Éadrom i gcéill, is luath i gcoisíocht. (CnM)

Go mbeidh neart le déanamh ag cosa an té nach mbreathnaíonn roimhe.
Focal bunfhairsing, SH 274, II BSR 6, HV 402, Lipp. 466, O 276.

961 Éirí den linn is luí ar an lathach. (T, ACC, B 6/1936)

- Ag éirí as an linn agus ag dul sa lochán. (M, Cum. Béal. 114, 153)
- Ón teallach sa ngríosach. (Sa)
- Ón ngríosach chuig an tine. (MS)
- As an luaith go dtí an tine. (GS)
- Ó thí deamhain go tí diabhail. (CC)
- Ó theach cill na bhfaochóg go teach cill na mbairneach. (Ac)
- As Purgadóir go hIfreann. (GS)
- Is minic a léim bó as an bhfásach isteach sa lompaire. (Ca)
- Is minic duine ag imeacht as lár a mhaoine is ag dul ag tiomsú. (GS)

ADC 88 (Maigh Eo) le tagairt do ls. ó 1782.
Leagan 6: cf.SFM2
NG III, 362 - Salvi de lavajos y entrar en aojadas.
Faightear bunús na bhfocal seo sa Laidin, O calcaria; flamma 3.

962 Fad troscáin idir an cat is an mioscán. (F, CC)

- Eadrascán idir an cat is an mioscán. (CR)

Coinnigh dhá rud ó chéile, más dochar a dteagmháil, beirt ag troid etc.

963 Fanann fear sona le séan, ach tugann duine dona dubhléim. (S, TÓM)

- Fanann fear sonais le séan, ach tugann fear bocht an dubhléim. (F)
- Fanann fear sonais le séan, ach tugann fear bocht a léim. (MS)
- Fanann fear saibhir le séan, ach tugann fear bocht léim. (Sp)
- Fanfaidh an fear sonais le séan, ach tabharfaidh an fear donais dubhléim. (S)

'Rith doill fan bhioth do léim' (Aithdhioghluim Dána 52, 2a), SFM 9, MIP 345 is nóta breise, l. 174 (18ú haois). Rel II 490. O barathrum, Cóh. Ii 14.

964 Féach sula léime tú, is séid sula n-óla tú. (AR)

- Fuaraigh sula n-óla tú. (Ca)
- Ag ól agus ag fuaradh. (I)
- Breathnaigh sula léime tú, agus séid sula n-óla tú. (RM)

cf. College 281. App. 56 (Blow first, and sip afterwards).

965 Glac a bhfaighir agus bí ag iarraidh tuilleadh. (CR, Gearrbhaile 1940–41, l.31)

966 Is cuma le fear na mbróg cé gcuirfidh sé a chos. (TÓM)

- Is cuma le fear na mbróg cé leagfaidh sé a chos. (MÓD)

967 Is fearr breathnú romhat ná dhá bhreathnú i do dhiaidh. (S)

- Is fearr féachaint romhat ná dhá fhéachaint i do dhiaidh. (S)
- Is fearr amharc romhat ná dhá amharc i do dhiaidh. (M)
- Is fearr duit ag féachaint romhat ná féachaint i do dhiaidh. (TÓM)
- Is fearr do dhuine ag féachaint roimhe ná ina dhiaidh. (MS)

FFx 6, 23 - 'ferr recond iarcond'; Cinnlae I 223; SC 823. SH 342.

968 Is fearr péire maith bonn ná dhá phéire uachtaraí. (AR, Ca)

- Is fearr péire bonn ná dhá phéire uachtar. (Ac)

'Pádraig Mháire Bán' 177 (i dtaobh an té a bhí ag éalú ina rith).

969 Is fearr 'Seo é' ná 'Cá bhfuil sé?' (S)

- Is fearr 'Seo dhuit é' ná 'Cá bhfuil sé?' (S)
- Is fearr 'Seo dhuit' ná 'Cuartaigh, cuartaigh é.' (CR)

970 Is iomaí fear atá gan rath, mar gheall ar a chuid oibre féin. (RM)

971 Is mairg a dhóigh an athbhuaile. (S, TÓM)

- Ná dóigh an athbhuaile. (Sa, M)

Ná dóigh (Ná caith amach etc.) an rud nach gceapann tú a bheith ag teastáil faoi láthair. B'fhéidir go mbeidh tú ina chall arís.
MIP 216 (ls. Muimhneach, 18ú haois). Búrd. 77.

972 Is maith an aire an fhógairt. (Gearrbhaile 1937, l.28 gan áit)

973 Is minic a bhain duine slat a bhuail é féin. (RM)

- Is minic a bhain duine slat a bhuailfeadh é féin. (Sa)
- Is minic a bhain fear slat le é féin a bhualadh. (S)
- Is iomaí fear a buaileadh lena mhaide féin. (Ca)
- Is minic a bhain bean slat a bhuail siar faoin mbéal í. (TÓM)
- Is minic a phós bean fear a bhuailfeadh í ar an mbéal. (G)
- Is minic a bhain Tadhg slat a bhuail é féin. (Ca)
- Is minic a buaileadh duine le slat a bhain sé féin. (RM)

MIP 364, rann in D 95 (16ú haois); Amh. Ch., 263.
AGC. 74.
Idem App. 536, Ray 176, SH 150.

974 Is minic a chuir duine a chos in iomar na haimiléise gan call leis. (GS)

975 Is minic a d'fhill go tromchroíoch an té a d'imigh go lúcháireach. (TÓM)

Searc 1, xx, 7.
cf. 77

976 Ná cuir greim ar bith suas ach an greim a mbeidh tú i riocht a shloigthe. (Ca)

977 Ná cuir na huibheacha in aon chiseán amháin. (BA)

- Ná cuir do chuid uibheacha uilig in aon bhosca amháin. (Ca, Cum. Béal. 74, 212)

Id. App. 180

978 Ná déan aon rud san oíche a mbeidh aiféala ort ar maidin faoi. (CF)

- Ná déan rud ar bith san oíche a mbeidh aiféala ort faoi lá arna mháireach. (Ca)
- Ná déan tada inniu a mbeidh aiféala amáireach ort faoi. (RM)
- Ná déan tada anocht a mbeidh aiféala ort faoi amáireach. (Ca)

979 Ná labhair go deo nó go smaoinír faoi dhó. (GS)

- Cuimhnigh trí huaire sula labhraí tú aon uair amháin. (CC)
- Cuimhnigh ort féin faoi dhó sula labhraí tú uair amháin. (RM)
- Smaoinigh sula labhraí tú. (Ca)
- Machnaigh sula labhraí tú. (BA)
- Ba cheart do dhuine cuimhneamh air féin faoi dhó sula n-abraí sé tada. (Ca)

SC 821

980 Ná leag do chos ach san áit a bhfaighidh tú í. (Ac)

981 Ní hionann roimhe is ina dhiaidh. (AR 347a)

982 Níl aon neart air ach b'fhearr a bheith. (Ca, Cum. Béal. 111, 43)

983 Níl tuile dhá mhéid nach dtránn. (Ac, S)

- Níl tuile dá mhéid nach dtránn dá réir. (BA, Sp)
- Níl tuile dá mhéid nach gcaitheann an fad eile ag trá. (CF)
- Níl taoille dá mhéid nach gcaitheann an fad eile ag trá. (RM)
- Níl tuile dá mhéid nach nach dtránn sí an fad eile. (Ca)
- Níl taoille dá mhéid nach dtráifear. (AR)
- Níl trá dá mhéid nach dtuileann dá réir. (Ár, Sp)
- Is ard an tuile nach dtránn. (Ac)
- A dhuine gan chéill, tabhair aire dhuit féin, Mar, níl tuile dhá mhéid nach dtráfaidh. (Ac, S)

Dá mhéid an só sonais nó saibhris, gabhfaidh sé chun deiridh.
Rann 21 den duan as LL (Ériu IX 45); Irish Songs and Stories (Meyer) I 127-128 (11ú haois?); BTD I 267; Aithdhioghluim Dána 13, 25d, 33, 9a; Lessons 302; AGC157; ACG 142; Ceol 121; BC 223; Búrd. 16, D 3 2a, 34, 4c; tuilleadh samplaí in MIP 104.
Idem App. 220, Ray 94, SH 95, DC 143, SC 806, Rel. II 507.
Leagan eile in App. 193, Arm. 333, AWM 185.
cf. 2651

984 Rith bodaigh le fána. (M)

- Urchar bodaigh le fána. (TÓM)
- Léim bodaigh le fána. (Ca, Cum. Béal. 159, 480)

Ag imeacht leis gan cuimhneamh ar dheacracht an turais ar ais.
Leagan de in IM

985 Ritheann fear buile trí thuile go dána,
Ach is minic a thug an tuile fear buile le fána. (M)

- Ba mhinic fear buile ag dul thar tuile go dána,
Ach is minic a thug an tuile fear buile le fána. (Ca)
- Is minic a chuaigh buile thar tuile go dána,
Ach is minic a thug an tuile fear buile le fána. (RM)

Go mbaintear tuisle as duine nach mbreathnaíonn roimhe.
Scéilín, É 12/12/1936.
Leathrann in 23 K 3 (19ú haois).

986 Seachain na hócáideachaí is ní baolach na peacaí. (MÓD)

987 Seas agus féach, agus ná rith go halluaiceach chuig do chuid oibre. (Cd, AA 11/1936)

988 Síleann daoine, a fhad is atá an lá acu, nach dtiocfaidh an oíche. (MÓD)

BRIONGLÓID

989 Ná hinis do bhrionglóid ach d'fhear an dá chroí nó do do mháthair sa mbaile. (M, Cum. Béal. 127, 595)

cf. 5066

990 Ná tabhair breith ghearr ar do bhrionglóidí. (M, Cum. Béal. 127, 595)

BRÍSTE

991 Fairsing sna ceathrúna,
Fáiscthe sna corróga,
Fada sa slaodh. (RM)

An chaoi le bríste a dhéanamh.

BRÓG

992 Bhí bróga sa triús agus d'imigh an triús leis an sruth. (BA, AA 7/1942 gan áit)

993 Go maire tú agus go gcaithe tú do bhróga nua agus is liomsa do sheanbhróga. (F)

994 Is í an bhróg bheag a íocfaidh an bhróg mhór. (Sa, BA)

995 Más beag duit do bhróg, is cúng leat do shaol. (GSe)

996 Tá sé ina bhróg Mhánais Mhóir, sin í an bhróg a cailleadh. (AA 9/1938 gan áit, le dhá véarsa de scéal.)

BRÓN

997 An rud a ghoilleas ar an gcroí, caithfidh an tsúil é a shilt. (Sa)

- An rud a ghoilleas ar do chroí, is é do shúil a shileas é. (RM)
- An brón a bhíos ar an gcroí, sileann an tsúil é. (Ca)
- An rud a bhíos ar an gcroí, amhdaíonn an tsúil é. (TÓM)
- Crá a ghníos caoineadh. (CC)

Cath Maighe Ráth 238 - 'Ní gnáth derb-gul gan dérguba'.
LSM 58c.

998 An té atá i mbrón, ní geal leis aon rud. (CF)

Ml. 108a II - cia beith soilse isindlau ní soilse doneuch bís imbrón (TP I 366)

999 Ar bharr do theanga a ghoilleas mo chuid anó. (GS)

Le duine a deir go bhfuil brón air faoi do bhris, is gan ann ach é á rá.

1000 As cuideachta mhór is minic a thagas an dobrón. (Ca)

- Níor tháinig an comhluadar fada le chéile ariamh. (Cloigeann, AA 7/1940)

LSM 19c

1001 B'fhearr dhuit an braon ná an t-ualach. (Sa)

Is fearr caoineadh ná ualach bróin ar do chroí.

1002 Bíonn alladh na héagaoine ann. (M)

Tráth áirithe a mbíonn brón ar dhuine faoi rud a rinne sé.
ÓD (alladh).

1003 Bíonn an cathú siúlach. (RM)

- Bíonn an cathú ann. (RM)
- Bíonn na cathuithe ann. (MÓD)
- An cathú láidir agus an mí-ádh gnoitheach. (Sa)

1004 Bíonn gol a ngáire acu. (Sp)

Go gcúititear iomarca gáire le gol am eile.
Rel. II 477.
YD 41 (Canu, crio, etc.) agus PB 35 leagan cosúil; LSM 37t.

1005 Cuairt an lao ag dul tríd an athbhuaile. (CF)

- Cuairt an lao ag dul tríd an athbhuaile, a d'fhág mo chroí-sa brúite greadbhuailte. (F, GS)
- Cuairt an lao ar an athbhuaile (GS)
- Cuairt an lao ón athbhuaile. (RM)

1. Ag cuimhneamh ar (nó ag dul ar ais go dtí) áit a mbítí sonasach fadó.
2. Ag teacht ar ais go dtí an tseanáit nuair nach bhfuil níos fearr le fáil. GS
Eg. 117, 36 (Cat. II: tús an 19ú haois); AGI 19; Ceol 48; S 1/1926.

1006 Cuirfidh mé athrú cáire ort, mar a chuir Máirtín Mhaitiú ar an bpúca. (LB, AA 1/1937)

1007 Dhá ní chráite, capall ón tsrathair nó an chéad mhac ón athair. (CC)

1008 Duine ar bith a imeos, tabharfaidh sé a thrioblóid féin leis. (Ca)

1009 Faoistean bhéal in airde. (M, DÓM)

An té a d'inseodh chuile ní a chloisfeadh sé (?).
Féach ÓD (béal).

1010 Is annamh a thig osna gan doilíos mór sa gcroí. (AR 563)

Búrd. 91, Lessons 302.

1011 Is fearr a bheith tuirseach ná a bheith marbh. (AConn)

Tuirseach .i. brónach (?). Dá mhéad do bhrón, is fearr a bheith beo ná caillte (?).
SF 4, 6 - 'Ferr mog marbad' - agus a leasú in RC XLVI. 269.

1012 Is fearr an charraig a shilfeas braon,
Ná an charraig nach silfidh aon deoir
choíchin. (Sa)

Is nádúrtha an té a mhothaigh brón ná an té nár mhothaigh ariamh é.

1013 Is goirt iad na deora, na deora a shiltear,
Ach is goirte go mór iad na deora nach
siltear. (RM)

1014 Is minic a mhaolaigh béile maith brón. (RM, S)

- Is minic a mhaolaigh béal maith brón. (RM)

O'Dav. 224 (baile) - 'digbail dubha baile bel' (Arch ii, 233).
SH 36 ('All griefs are less with bread'), Ray 133.

1015 Is trom osna ó chroí cráite. (MS)

1016 Lá brónach á phósadh agus lá deorach á chur. (M, MÓD)

Gur brónach an dá lá don duine bocht.
SFM 11.
cf. 38

1017 Máthair i ndiaidh a mic, nó uan i ndiaidh a mháthar. (GS)

- Is mairg a chailleas clann nó bean,
  Is mairg an tseanaois gan bhrí,
  Oisín i ndiaidh na Féinne,
  Nó bó ag géimnigh i ndiaidh lao. (CF, ACC 5)

cf. 3162

1018 Ní chásaíonn an brón ach an dochar. (Sa, RM)

Ní cás le duine an brón, ach is cás leis an dochar a thagas le buairt, anró, etc.

1019 Ní cóir glaoch ar an ngol go deo go dtige sé. (CM)

Seilg i measc na nAlp 14.
cf. Mac (devil)

1020 Ní íocfaidh an brón an obair. (Sa)

- Is fearr a bheith ag obair ná ag bualadh d'uicht. (Sa)
- Níor chuir deora ariamh poll i gcóta ná inneall chun oibre. (Sa)

SH 400 - Sorrow will pay no debt; III NG 53.

1021 Níl aon ghar sa mbuaireamh ach éirí suas air. (S)

- Níl aon ghar sa mbuaireamh ach éirí thuas air. (LM)

- Níl aon neart ar an mbuaireamh ach éirí suas air. (IG)

1022 Níl aon mhaith sa gcaoineadh, cé gur nádúr é a dhéanamh. (CF)

1023 Níl cara ag cumha ach cuimhne. (F)

1024 Níl dólás dá mhéid nach sólás a dheireadh. (Ac)

1025 Níl fíor ná bréag dá dtiocfaidh ina bhéal, nach ndéarfaidh an té a bhíos cráite. (Ca)

Leabhar Aicle 112 - 'uair arimraitear mór tre feirg forrain sceo baisi buaidred'.

1026 Ní maith do dhuine a chroí a bhriseadh le buaireamh. (Ca, CF)

1027 Níor tháinig ariamh an meadhar mór nach dtiocfadh ina dhiaidh dobrón. (M, Cum. Béal. 109, 282)

1028 Ní thigeann an óige faoi dhó choíche,
Ach tigeann an brón faoi dhó san oíche. (GS, RM)

1029 San áit a gcailltear feanntar. (RM, Ca, S 7/1927)

- An áit a maraítear feanntar. (TÓM)
- An áit a scalltar feanntar. (Sa)
- An áit a sceantar feanntar. (Sa)

Ar muin a chéile a thagann na donais.

1030 Tá brón mór os cionn mo gháire. (RM)

AGC 12,
Ceol 159, S 10/1924.

1031 Tugann deor ó shúil suaimhneas do chroí. (IG)

II NG 213

BUÍOCHAS

1032 Altaigh do bhia,
Roimhe is ina dhiaidh. (MÓD)

1033 An duine nach mbíonn aon tsúil leis, ní thugtar aon ghuth air. (GS)

An té nach bhfuil súil le maith uaidh, níltear faoi oibleagáid dó.

1034 An té a thabharfadh ubh dhom, thabharfainn ubh dhó,
Is an té a thabharfadh dhá ubh dhom, thabharfainn dhá ubh dhó. (MÓD)

Scéilín AA 7/1941

1035 Bíonn an chuimhne i gcónaí dílis. (MS)

Ar an maith agus an té a rinne í.

1036 Déan maith ar an dea-dhuine is breathnóidh sé ort, ach déan maith ar an drochdhuine is iompóidh sé uait. (Ind)

Rann ciumhaise dá shamhail i Leabhar Fíodhnacha 27 'Dena maith for degduine' etc. 17ú haois).
Féach Sior. XII 2.
cf. 3039

1037 Gan blas, gan buíochas. (MÓD)

Mara bhfaightear maith ní thugtar buíochas (?).
SFM 7

1038 Inis an scéal sin do chapall, is buailfidh sí cic ort. (CC)

- Dá n-inseofá do chapall é, bhuailfeadh sí cic ort. (RM)

Scéal dochreidte; sin é an buíochas a gheobhaidh tú air.
Idem SH 403, App. 612, ach is asal atá i gceist sna teangacha Rómhánacha uilig,
I BSR 123

1039 Is déirc le bocht a bhfaighidh sé. (Ca, CC, S)

- Is seanfhocal nár sáraíodh go mba bhuí le boicht a bhfaighidís. (TÓM)
- Is buíoch a bhíos an bocht ar an mbeagán. (Ca)
- Is mór buíochas beagáin. (Ca)
- Bocht buíoch beannachtach. (MS)

Rann 21 den duan as LL (Ériu IX 45). Rann i scéilín faoi Mholaing Naofa (ZCP XVIII 92, as LL). Riagol Ailbe Imlecha, rann 11 (Ériu III 98); MIP 4; Aithdhioghluim Dána 77, 32 ab.
Rel. II 499, MR 40, LSM 21p.

1040 Is minic a bhain duine sclamh as an láimh a chothaigh é. (GS)

1041 Is minic gurb é páighe duine a bhuíochas. (GS)

Nach bhfaigheann sé dada le cois a bhuíochais.

1042 Ná bac le mo bhuíochas i ndeireadh an lae. (Sa)

- Táimse tugtha is ní fhaighim fear mo thruaighe. (Sa)

  Dúirt an duine nach raibh aon bhuíochas le fáil aige i ndiaidh a shíleála.

1043 Ná féachtar fiacla an chapaill a bhronntar. (M)

BC 257
Seanfhocal idirnáisiúnta ag dul siar go Laidin Hieronymous (Equi donati dentes non inspiciuntur). cf. App. 245, YD 54, 75, DC 107, PB 54, L I 102, I BSR 102, LSM 165c, etc., O 125.
Nótaí bunúis in Taylor 5, Trench.

1044 Ní bhíonn aon chuimhne ar an arán a hitear. (GS, IG 11/1905)

- Ní bhíonn aon chuimhne ar an arán a hitheadh. (RM)
- Arán a (h)itear níl cuimhne air. (AR)
- Cuimhnigh ar an arán a hitheadh. (IG 8/1905)
- Ní chuimhnítear ar an arán atá ite. (CF)
- Ba cheart duit cuimhneamh ar an arán a d'ithis. (IG 8/1905)
- Mairg nach gcuimhníonn ar an arán a caithcadh. (CF)
- Tá sé ite cáinte. (AR 271)
- Ní thráchtar ar an arán a bhíos ite. (Ca)
- Dearmadtar an mhaith a dhéantar. (RM)

College 298, Rel. II 483, Joyce 106. Leagan 6: cf. SFM2.
Seanfhocal idirnáisiúnta, II BSR 28, 53, 81, App. 178, Ray 89, AWM 182, II NG 325.

1045 Ní bhíonn fear na chéadchodach buíoch nó díomuíoch. (IG)

- Ní bhíonn an chéad fhear buíoch ná díomuíoch. (BA)

1046 Ní buíochas ach an ceart. (Ca)

1047 Tabhair dhom rud is geallfad a dhá oiread duit. (MÓD)

1048 Tagann sliabhghorta san áit nach n-altaítear an bia. (CR)

cf. TI 250, faoi ithe gan altú.
Déantar tagairt dá shamhail seo in Survivals 57.

1049 Treabhadh soir is fuirseadh siar. (RM, IG 12/1905)

Obair gan buíochas; dá ndéanfá sin is tuilleadh, ní bheadh cuid de na daoine buíoch díot.

1050 Tuilleann oibleagáid mhaith oibleagáid ar ais. (Ca)

- Saothraíonn iontó maith ceann eile. (Ca)

Leagan eile in BC 380, 646. App. 70.
Féach Tóraidheacht 1, xv, 1.
Id. SH 432, II L 283, HV 79.
Féach Síor. III 31.

CÁIL

1051 Airgead fánach é, airgead Vail (cianóg is leithphingin rua). (RM, CC)

Scainnirín a bhí in Vail is shíl gach uile dhuine go raibh greadadh airgid curtha i dtaisce aige, ach nuair a fuair sé bás, níor fhág sé ina dhiaidh ach glac bheag leithphingneacha.

1052 An t-ainm is measa a fuair aon duine ariamh, duine bocht fiúntach nó buachaill beag. (TÓM)

- Duine bocht fiúntach nó buachaill maith. (S 7/1928)

Má théann an cháil sin amach orthu ní fhéadfaidh siad ceart ar bith a fháil, ní ligfidh an fiúntas dóibh cur ar a son féin.

1053 An té a dtéann cáil an mhochóra amach air, tig leis codladh go nóin. (AR)

- An té a dtéann cáil na mochóirí amach air, ní miste dhó codladh go headra. (AConn)
- An té a dtéann cáil na mochóireachta amach air, tig leis codladh go meán lae. (M)
- An té a dtéann cáil na mochéirí amach air, ní miste dó codladh go hardmheán lae. (RM)
- An té a rachaidh cáil na mochóireachta amach air, tig leis a bheith ina chodladh go tráthnóna. (S)
- Má tá cáil ort éirí go moch, is féidir leat codladh go meán lae. (T)
- Má tá cáil na mochéirí ort, is féidir leat codladh go headra. (MS)
- An té a fhaigheas ainm mochóireachta, tig leis codladh go meán lae. (Ac)

Tiontú díreach as an mBéarla atá in BC 484. Lessons 300, Béarla is teangacha Rómhánacha, as Laidin Suetonius (App. 436, Ray 360, 118, SH 115, I NG 249, II L 229, HV 280/1).

1054 An té a thréigeas a cháil is deacair í a chur ar fáil. (Sa)

1055 An té nach bhfaca Lorcán, chuala sé a cháil. (Ca)

Gur scaip a cháil i bhfad is i ngar; táilliúr cleasach a bhí ann.

1056 Ceangail den drochrud is ceanglóidh sé dhíot. (IG)

- Nuair a ghreamaíos duine den tsalachar, greamaíonn an salachar dhe. (TÓM)

LSM 6a

1057 Cén mhaith duine a bheith caoch mara n-aithnítear air é? (S)

- Ní dochar duine a bheith caoch mara n-aithnítear air é. (Ca)
- Ní dochar duine a bheith bodhar mara n-aithnítear air é. (IG)
- Níl aon mhaith a bheith dall mara n-aithnítear ort é. (F)
- Cén mhaith a bheith i d'amadán mara n-aithnítear ort é? (Ca)

1058 Dá fhad a bheas tú amuigh, ná tabhair aon drochscéal abhaile ort féin. (Sl, DÓM)

1059 Dá laghad d'éagóir is amhlaidh is mó do cháil. (Sa)

1060 Duine uasal thú nuair a luaitear thú. (Ca)

- Duine uasal thú ó luaitear thú. (CF)

1. Duine a mbeadh cáil mhaith air, beidh an cháil sin ag dul amach faoin saol air. (Ca)
2. Labhair faoin diabhal agus tiocfaidh sé. (CF)

1061 Gan ciste is fuar an chliú. (TÓM)

IM, College 284 idem

1062 Gheofar do cháil le do chois. (M, Cum. Béal. 127, 598)

1063 Is buaine bláth ná saol. (IG)

- Is buaine cliú ná saol. (Ca, DÓF)

An-tsean is an-fhairsing sa nGaeilge, MIP 134, IM, Foclóir Uí Raghallaigh (85).
SFM 7, College 210, 278; rannta in D 2.
Idem YD 123

1064 Is fada a fhanas leasainm ar dhuine. (TÓM)

1065 Is fada a théas cáil an drochdhuine. (Ca)

1066 Is fearr a bheith ag dul i gceist ná a bheith ag dul i seisc (chun deiridh). (RM)

ÓD (ceist)

1067 Is fearr cliú mhaith is í a choinneáil go maith. (Ca)

1068 Is fearr cliú ná conách. (AR 561)

- Is fearr cáil mhaith ná saibhreas mór. (Ca)
- Is fearr cliú mhaith ná saibhreas an domhain. (Ca)
- Is fearr ainm maith ná breácha an duine. (Ca)
- B'fhearr duit do chliú ná lán do mhála. (CF)
- Is daoire ainm ná ór. (I)

Idem BC 4, IM; MIP 277 (dátaí, etc.).
Lessons 302, College 283
LL 344a 13, TC II, 3, ZCP II 86 'Is ferr dín cloth oldás din mbiid', FFx 6, 52 (6, 43) - 'ferr cloth biudh'.
As an mBíobla (Seanfh. XXII, 1 is Cóh. VII, 1) is tá sé coitianta san Eoraip (Ray 118, App. 261, DC 64, II BSR 123, 185, L II 264, Arm. 266, PB 76.

1069 Is fuar an rud cliú gan caraid. (GS, TÓM)

O'Daly 91.

1070 Is gearr a bhíos cáil is cliú duine ag dul amach. (Sa)

1071 Is mairg a chuirfeas bréag ar an marbh. (MS)

1072 Is mairg a ligeas a dhrochtheist amach. (TÓM)

- Is mairg a ligfeadh an drochthásc amach. (CF)

An duine a ligeas droch-cháil amach air féin (?).

1073 Má bhí do mhuintir romhat fial, beidh an fhéile leat go dtí an chill. (GS)

An Craoibhín a chum an leagan seo, féach ACC 10.SF 3, 4 - 'Bat eslabar corbot erdairc'; SF 3, 5; Aibidil (ZCP 17, 66).

1074 Má chailleann tú do chliú, ní bheidh tú gan locht níos mó. (Sa)

- Ná caill do chliú nó aithneofar thú. (Sa)

1075 Maireann drochghníomhartha an duine ina dhiaidh féin. (Ca)

Tiontú ar líne Shakespeare, b'fhéidir.

1076 Más ionann do bhriathra is do ráite, ní hionann iad is do chliú is do cháilíocht. (GS)

1077 Más mór do chliú is maith. (Ca)

1078 Má théann do chliú ar gcúl, tá tú féin curtha amú. (Sa)
- Má chailleann an clog a chliú beidh náire air (.i. ní dhéanfaidh sé aon tic). (Sa)

1079 Má théann tú ag iomrascáil leis an salachar, bí thíos nó thuas, salóidh sé thú. (M)
O'Daly 94
Idem Ray 145 is tá leagan Laidine de in Trench 156, LSM 6a, 34h, 92s; cf. freisin App. 498.
cf. 1457

1080 Ná bí crua is ná bí bog, is ná tabhair cuid cainte ort féin. (Ind)
Gan a bheith crua ná scaiptheach (le d'airgead) is ná tuill cáil dá réir.

1081 Ná lig do chliú ar chlé ná ar dheis. (Sa)

1082 Ní airde do chuid ná do chliú. (CF)

1083 Ní fhaightear cáil gan caillteanas. (RM)
- Ní fhaightear clú gan caillteanas. (RM)
- Ní fhaightear maith le magadh agus ní fhaightear cliú le cailleadh. (MÓD)

'Daor ceannuighthear clú gaisgeadh,' teideal dáin in Branach 2697; 'clú ní dleaghair gan díoghbháil,' ib. 6937.
O 36 (arduus)

1084 Olc nó maith, is mairg a deir an míscéal. (S)
- Bíodh fíor, bíodh bréag, is mairg a dtéann air míscéal. (MÓD)
- Más fíor bréag é, is mairg a dtéann míscéal air. (S)
- Má leanann an droch-cháil thú, báigh d'ainm. (Sa)

Má insítear míscéal ort, bíodh sé fíor nó bréagach, ní ghlanfaidh tú d'ainm go deo.

1085 Sceithfidh do chomharsa do chliú mar a scaipfeas sí cleití san aer. (AR 380)

1086 Tabhair drochainm do mhada is caithfidh gach éinne cloch leis. (CF)
- Má bhuaileann duine féin buille ar a mhada, buaileann chuile dhuine buille air. (MÓD)

Ray 360, 118, App. 159

1087 Tá drochainm chomh dona le drochbhualadh. (IG)

1088 Tá m'ainm leis ach ní lón dom é. (Ac)
An cháil gan an tairbhe.
cf. DC 64, SH 162

CAILLEACHA

1089 Aer dorcha a chuireas faitíos ar an tseanchailleach. (Sa)
TC 15, 14 - 'aduath mar cech ndorcha'.

1090 Airgead caillí á thóint le ballaí. (LMóir)
Duine nár shaothraigh (nár bhailigh) an mhaoin a bheith á caitheamh; á chaitheamh i ndiaidh a báis a bhíos airgead caillí.
cf. 1274

1091 An dúdán leagtha ar an tinteán ag cailleach na luaithe. (Sa)

1092 An té a bhfuil cailleach mhaith sa gclúid aige, is maith an sócúl ag teacht an gheimhridh. (RM)
- An té a bhfuil cailleach mhaith sa gclúid aige, is maith an dó dhó í ag teacht an gheimhridh. (Ind)

Is mór an sócúl cailleach le pinsean a bheith sa teach (nó bean bharainneach). RM

1093 An tseanghráin ort, an rud a bhíos ag na seanmhná uaisle. (Ind)

1094 Arm caillí tlú. (MS)
- Arm caillí cloch. (Ac, I)

1095 As brionglóidí a théas na cailleacha ag troid. (Sa)

1096 Ba mhinic tae láidir ag cailleach an tí. (Sa)
- Chomh láidir le tae chailleach na clúide. (Sa)

1097 Brionglóid caillí nuair is mian léi. (I)
Bangor 405 (yn ol), 562 (ewellys).

1098 Cailleach charthanach a ghníos duine cunórach. (Sa)

1099 Cailleach ghrinn ar chodladh gé. (Sa)
Is furasta í a dhúiseacht.

1100 Cailleach i gCnoc Dabhach agus í ag rith ar an diabhal. (CF, B)
Bean a bhí ag bleán bó ar an gcnoc a fuair dabhach óir, d'fhág sí buarach ar chloch mar chomhartha agus d'imigh le cúnamh a fháil, ach nuair a d'fhill sí bhí buarach ar gach cloch ar an gcnoc: i bparáiste an Chnoic atá Cnoc Dabhach.
cf. 477

1101 Cailleach Pheadair Uí Mhaidín a d'íosfadh na fataí is an t-im. (F)
Duine alpach.

1102 Cailleach sa gclúid,
Is a dúd i gcúl a glaice aici,
Gan aici ach an aon fhiacail,
Is gan í sin féin i gceart aici. (GS)

- Cailleach sa gclúid,
Is a dúd(a) ina glaic aici,
Ní raibh aici ach aon fhiacail amháin,
Is bhí sin féin ar bogadh aici. (CF, AA 8/1936)

1103 Cailleach sa gclúid is pus uirthi. (MÓD)

1104 Cé a chonaic náire ar sheanchailleach? (Sa)

1105 Cheithre cosa faoi gach scéal ag cailleach bhréagach na clúide. (Sa)

1106 Chomh fairsing le peacaí na Caillí Béarra. (Sa)

1107 Chomh sean leis an gCailleach Bhéarra. (CnM, Cum. Béal. 208, 111)

- Chomh sean le Cailleach Bhéarra. (T, Cum. Béal. 208, 220)
- Fuair tú aois na Caillí Béarra. (CF, Cum. Béal. 208, 343)

1108 Chuile shórt ag cur imní ar chailleach na clúide. (Sa)

- An iomarca cúraim ar chailleach na clúide. (Sa)

1109 Cumann caillí leis an donas. (DÓM)

- Cumann caillí leis an áibhirseoir. (Sl)

1110 Cúram caillí ar cuairt. (Ind)

1111 Díolfaidh mé saor agus ceannóidh mé daor agus déanfaidh mé raic,
Mar is mise Cailleach Bhuí Chathair na Mart. (CnM)

1112 Faigh céad cailleach gan a bheith mantach. (Sa)

1113 Go luath san oíche a bhíos na cailleacha caoch. (Sa)

1114 Inis do chailleach é, is mór é a ádh nó athróidh sí é. (Sa)

1115 Is cunórach cailleach ar chuairt. (Sa, Ár, Cum. Béal. 101, 550)
Bíonn caidéis aici ar chuile shórt.

1116 Is cunórach cailleach ar chuairt;
Más cunórach, ní suairc. (CC)

- Is cunórach iad cailleacha ar chuairt, ach ní suairc. (RM)

1117 Is deacair mórán éirime a chur i gceann caillí. (Sa)

1118 Is fada go dtabharfadh cailleach na clúide snaoisín ar luaith. (Sa)

1119 Is fearr cailleach i gclúid ná triúr ar chiseog. (CC)
Go n-itheann sí níos mó beatha ná an triúr.
Béal faoi a bheadh an chiseog, mar bhord.
cf. 2303

1120 Is fuar é cumann na caillí. (M)

- Ní mórán gaisce cumann caillí. (Ca)
College 283, IM.
cf. 5148

1121 Is furasta do chailleach na clúide a teanga a chasadh ina pluic. (Sa)

1122 Is gortach í crúb na caillí. (Sa)

1123 Is minic cailleach ag rith léi féin. (RM)

- Is luaithe an chailleach ag rith léi féin. (Ca)

1124 Is minic crúb dhubh ar chailleach an chábáin. (Sa)

An bhean a bhíos ag díol paidrín, etc. taobh amuigh den tséipéal.

1125 Is minic scéal ladarach ag cailleach sa gclúid. (Sa)

1126 Ní bhíonn an chailleach clúide gan a pisreog féin. (Sa)

1127 Ní gnáthach sin searrach ar mhachaire chrua gan rith,
Is ní gnáthach sin cailín gan grá aici ar buachaill fir;
An grá gan ceangal, is é an grá is buartha ar bith,
Is bíodán caillí ar maidin, ní maith a comhluadar dhuit. (DÓM)

1128 Ní hí an chailleach is sine an chailleach is mó. (RM)

1129 Seanbhean is cion uirthi, is gearr a bhíos sin uirthi. (Sa)

- Cailleach is cion uirthi is gearr a bhíos sin uirthi. (Sa)

1130 Shloig sí a bhfuair sí ar nós na Caillí Duibhe. (RM)

Is éan an Chailleach Dhubh.
Seoid ón Iarthar Órdha, 31

1131 Trí phéire seandaoine i mBaile na Móna,
Is trí phéire cailleach ag iarraidh a dhul leofa. (F)

1132 Tugann Dia beatha do na spreallairí is an diabhal do na cailleacha. (CC, Ind, Ca)

- Tugann Dia bia do na spreallairí agus an diabhal bia do na cailleacha. (CF)
- Tugann Dia bia do na spreallairí ach déarfainn féin nach dtabharfadh. (F)

Gur measa le Dia spreallaire ná cailleach. (CC)
cf. S 3/1920 (scéilín agus véarsa).

CAINT

1133 An áit nach bhfeicfear cluinfear. (AR 351a)

- San áit nach bhfeicfear é cloisfear é. (IG 11/1905)
- Cloiseann gach ní an chaint. (CF)
- Is mó a chloisfeas tú ná mar a fheicfeas tú. (AR 418)
- Cluintear duine san áit nach bhfeictear é. (GS, Sl, DÓM)

Gabhann an chaint i bhfad.
Idem App. 294, Ray 165, DC 65

1134 An chluas deas do do ghoid as,
An chluas chlí do do chur i gcrích. (GS, Ca)

- An chluas deas do do ghoid as,
  An chluas chlé do do chur i gcrích. (Ca)
- An chluas deas le maith, an chluas chlé le olc. (LMóir)

Focal pisreoige; airíonn tú do chluas te nuair atá duine ag caint ort. Tá daoine do do cháineadh más í do chluas dheas atá te, nó do do mholadh más í an chluas chlé (GS).

1135 An duine ciallmhar, is é is lú caint. (Ind)

1136 An rud a bhíos á shíorlua, tigeann sé isteach sa deireadh. (S)

- An rud a bhíos á lua i bhfad, tagann sé isteach fíor ar deireadh. (Ca, RM)
- An rud a bhíos á shíorlua, tagann sé isteach. (S)

Má chaintítear ar rud sách fada, creidtear sa deireadh é.

1137 An rud a déarfas tú, ná déan aon iontas é a chloisteáil. (CC)

É a chloisteáil arís; bíonn an chaint ag dul timpeall.
cf. 1142

1138 An rud is gaire don chroí is é is gaire don chab. (Ca)

- An rud is gaire don chroí is é is gaire don bhéal. (Ca, AConn 10/1907)
- An rud is gaire don chroí is é a chaithfeas an béal a rá. (Ca)
- An áit a mbíonn an drochrún bíonn an drochrá. (IG 7/1905)
- Is gnách gurb é an rud is foisce don chroí is foisce don bhéal. (MÓD)

Gabhann sé siar go dtí an Tiomna Nua (Mth. XII 34, XV 18, Lúc. VI 45) is tá leaganacha bunaithe air in go leor teangacha (App. 295, SH 308, 569, YD 24, LSM 119e, II BSR 22). cf. Mélusine 8, 163 le haghaidh focail Bhriotáinise.
Leagan 5: cf. SFM 9.

1139 An seanchas gearr an seanchas is fearr. (S)

- An scéal gearr is é is fearr. (ACC)
- An scéal atá gearr is é is fearr. (Ca)
- An scéal is giorra is é is milse. (T)
- Ní maith é scéal a leanúint rófhada. (AR 472)
- An chuid is lú den chaint an chuid is fearr. (CF)
- Focal nó dhó, is mara dtaitní leat lig dó. (F)
- An té is lú a abraíos, is é is géire a chanas. (T)
- Is fearr scéal gearr greannmhar ná scéal fada fairsing fann. (ACC)
- An té a mbíonn an iomarca le rá aige, ní mórán a bhíos buíoch de. (CF)
- Ná déan rann de mar a rinne Áine den fhaoistean. (S 7/1928)
- Cuntas gearr an cuntas is fearr. (TÓM)
- Scéilín deas gearr is é an scéilín is fearr. (Ca)
- Is fearr scéal maith gearr ná drochscéal fada. (RM)
- Is olc é an seanchas fada. (CF, AConn)
- Ná déan port de. (Sl, DÓM)

TI 93; TC 4, 13 'Scélugud ngairit'. Rann D 221; Teagasg Flatha 176 - 'Athgerr is ferr an faisneis' (IG I, 344); BC 53.
App. 209, Ray 144, Lipp. 711, O 184.

1140 An té a bhéarfadh scéal chugat, bhéarfadh sé dhá cheann uait. (MS)

1141 An té a bhíos ag bíodán, deir sé maith is olc. (CF)

- An té a bhíos ag síorchaint, deir sé an t-olc is an mhaith. (Ca)
- An té a mbíonn iomarca le rá aige deir sé fíor is bréag. (Ca)

1142 An té a deir gach ní is maith leis, cloiseann sé nithe nach ansa leis. (S)

Id. SH 179, Lipp. 712, O 45 (audire), LSM 75q, etc.
cf. 1137

1143 An té a labhraíos go seafóideach, labhraíonn sé go baineann. (GS)

1144 An té is lú eolas, is é is mó a labhraíos. (Ca)

1145 An té nach gcuireann fál ar a gharraí féin, ná ligeadh duine eile a rún leis. (GS)

An duine béalscaoilteach.`

1146 Ar an teanga a bheirtear ar na daoine is ar na hadharca na ba. (Ac, S 1/1920)

- Ar an teanga a bheirtear ar na daoine is ar na hadharca na beithígh. (CF)
- Beirtear ar theanga ar na daoine is ar na hadharca ar na ba. (CF)
- Beirtear ar teanga na ndaoine is ar adharca na mbó. (CF)
- Ar adharca a bheirtear ar na ba is ar theanga ar na mná. (F)
- Ar adharca a bheirtear ar na ba is ar olann ar na caoirigh. (T)
- Ar teanga a bheirtear. (AR 407)
- Ní féidir breith ar theanga. (S 11/1926)
- Greim teanga a bhreith air. (Sl, DÓM)

IGT 388 'as fasdadh chind bó gan beinn'.
As an Laidin (Verba ligant homines, taurorum cornua funes) is faightear é in go leor de na teangacha Eorpacha (App. 479, SH 597, MR 6, Rel. II 490, I NG 76, LSM 23b, I BSR 139); cf. Freisin an Sean-Tiomna (Seanfh. VI 2, XII 13).

1147 Ar fhear an tí atá an chéad scéal a inseacht. (M)

1148 As an gcaint a thagas na buillí. (MS)

1149 Bás na seanchaillí is pósadh na mná óige. (RM)

Ábhar comhrá; deirtear é le duine nach bhfuil mórán nuachta aige.
cf. 4359

1150 Beagán is a rá go maith. (TÓM)

- Ná habair ach an beagán ach abair go maith é. (CF)
- Beagán a rá agus a rá go maith. (Ac)
- Beagán a rá ach a rá go ceart, is é is fearr i gcónaí. (Sl, DÓM)

1151 Beagán ráite furasta a leigheas. (MS)

- Beagán le rá furasta a leigheas. (MS)

Joyce 107, Ray 440, App. 357, SH 273.

1152 Beir drochfhocal níos dona ina dhiaidh. (AR 536)

- Beir drochfhocal níos measa leis. (M)
  Lessons 297

1153 Bíonn caint mhaith cois teallaigh. (Ca)
YD 94, DC 80 (Goreu cytys, cytys pentan).

1154 Bíonn cead cainte ag fear caillte na himeartha. (S)
- Bíonn cead cainte ag fear caillte an chluiche. (M, Ac)
- Faigheann fear caillte na himeartha cead cainte. (F)
- Bíonn an cú falsa ag glaimrigh nuair a chailleas sé an fia,
  Is tá cead cainte ag fear caillte na himeartha ariamh. (U, B 6/1933)
- Bíonn an cú falsa ag glaimhigh nuair a chailleas sé an fia,
  Is tá cead cainte ag fear caillte na himeartha ariamh. (Ac)
- Bíonn glaimh ag mallchoin nuair a chailleas sé an fiach, is cead cainte ag fear caillte na himeartha ariamh. (MS)
- Tá cead sclafa ag cú mall nuair a chailleas sé an fiach,
  Is cead cainte ag fear caillte na himeartha thiar. (RM)
- Tá cead cainte ag an bhfear caillteach. (Ca)
  Iomarbhágh xxiv, 12 (ITS)
  Búrd. 123
  Idem App. 383, Ray 361

1155 Caint a bhaineas caint. (IG 7/1905)
- Baineann focal focal eile amach. (RM, Joyce 202)
- Baineann scéal scéal amach. (RM)
- Scéal a tharraingíos scéal. (MS)
- Cothaíonn focal focal eile. (CF)

1156 Caithfimid éisteacht le toirneach. (GS)
Níl aon leigheas ar dhuine cabach ach foighid.

1157 Comhrá cois tine comhrá ban díomhaoineach. (IG 7/1905)
FFx 4, 13 - 'Descaid báisi banchobra'.

1158 Comhrá mná cardála. (Sp)
Béadán

1159 Cuir cab le cabach ach ná cuir peann le páipéar. (RM)
- Cuir gob le gob ach ná cuir peann le páipéar. (M)
- Is mairg do dhuine a ligfeadh a rún le duine cabach, ach is fearr sin ná a chur ar pháipéar. (T)

1160 Dá mbeadh íocaíocht ar an gcaint bheadh mórán ina sost. (T)

1161 Dearbhaíonn daoine mar bíonn a fhios acu go mbíonn a bhfocal ar beagluach. (S)
Daoine a bhíos ag lua mionn.

1162 Fág an drochscéal san áit a bhfuair tú é. (Sl, DÓM)

1163 Fear fiafraíoch, fear fiosrach. (CF)
- Fear grinn, fear fiosrach. (CF)

1164 Fear gan caint, fear gan airgead. (CF, Ac)

1165 Galar mná táilliúra. (CF)
- Galra mná táilliúra. (LM)
  Caidéis. .i. galar baineann an táilliúra.

1166 Glór i gcóitín. (MS, I)
Caint ó pháiste, caint gan bhrí.

1167 Imíonn an chaint le gaoth, ach téann an buille leis an gcroí. (GS)
- Imíonn an chaint le gaoth, ach téann an buille go dtí an croí. (RM)
  Idem App. 711, SH 597, Ray 183, 263 (Albain)

1168 Inis scéal, cum bréag, nó bí amuigh. (Sa)
- Inis scéal nó cum bréag nó téirigh amach. (Garmna, AA 2/1940)
- Is olc an rud gan aon scéal a bheith ar bharr do theanga agat. (M)
  Nach mbíonn meas ar an mbéal marbh; comhairle a chuirtear ar dhuine a n-iarrtar amhrán air (IG IV 192).

1169 Inseoidh an duine scéal don duine eile. (Ár)
Go n-imíonn nuacht timpeall; deirtear an focal nuair a chloistear scéal nua nó nuair a dhéantar tagairt dó.

1170 Is buaine port ná glór na n-éan,
Is buaine focal ná toice an tsaoil. (MS)
- Is binne port ná glór na n-éan. (LMóir)

Faightear an seanrá céanna in AGC 12 (eag. 1931); cf. freisin Lismore Lives 302 'robdar earcroidech na maine . . . . agus maruidh in moladh dianeisi,' Leabhar chlainne Suibhne lxiii 'is buaine aon rann maith na sliabh oir,' Dioghluim Dána 13 4 (duan le Aonghus Fionn) –
'Annsa leis-sean leathrann molta
Ná maith bhréige an bheatha bhuain.'
Branach 6726 (duan le Aonghus Mac Doighre Ó Dálaigh) –
'Dán na bhfileadh bhfocalghlan
Buaine sin ná na réda', etc.
.i. brí an duain trí chéile.

1171 Is éadromaide an ceann a dtiocfaidh as. (CF)

1172 Is é 'yes' is 'no' an chuid is mó den Bhéarla. (Ca, ACC, MÓD)

1173 Is fada ó chíos na Féile Pádraig do chuid gnotha domsa. (Sa)

Nuair a chaintíos duine ar nithe nach mbaineann le gnó na huaire.

1174 Is fearrde scéal maith a inseacht faoi dhó. (Ca)

Ray 289, App. 263.

1175 Is féidir a bheith ag caint agus ag cardáil. (RM)

Nach gcuireann caint isteach ar obair.

1176 Is fuar í an chloch, is fliuch é an lóbán
Is focal trom ag lucht an bhíodáin. (I)

1177 Is fusa a rá ná a dhéanamh. (AR 522, TÓM, DÓM, Sl)

- Is fusa rud a rá ná a dhéanamh. (CF)
- Is furasta caint a dhéanamh ná cóta (casóg). (S 4/1928, S 7/1927)
- Dá ndéanfadh caint casóg, bheadh cóta agatsa. (Ca)
- Is furasta caint a dhéanamh ach is deacair pluid a dhéanamh. (RM)
- Ní caint a dhéanfas brochán ach min is gruán. (Ca)

Graiméar Uí Mhaolmhuaidh 148; Lessons 295, 370.
Idem SH 90, App. 54 DC 106, II L 230.

1178 Is gnás don fhalamh go mbíonn sé go síoraí ag caint. (Ca)

- Is é is gnás don fhailmhe go mbíonn sí ag síorchlamhsán. (M, DÓM)

1179 Is iomaí rud a luas meitheal. (Ca)

1180 Is luaithe a thigeas caint ná coisíocht. (TÓM)

cf. 2378

1181 Is mairg a ligfeadh a rún le duine cabach. (GS)

1182 Is mairg nach gceanglaíonn a chiall is nach gcuireann srian lena ghuth. (RM)

- Is mairg nach gcoinníonn a chiall is nach gcuireann srian lena ghuth. (T)
- Is mairg nach ngabhann ciall is nach gcuireann srian lena ghuth. (Ac, M)
- Is mairg nach gcuireann srian lena theanga. (M)
- Ceangail do chiall is cuir srian le do theanga. (CF)
- Ceangail do theanga nó ceanglóidh sí thú. (Ca)
- Ná lig do do theanga rith roimh do chéill. (TN 24/1/1890)
- Caint gan aon tsuim a tharraingíos milleán mór. (CF)
- Is mairg an ní bréanra gan síol,
  Is mairg a bheith i dtír gan a bheith tréitheach,
  Is mairg an ní comhrá gan slacht,
  Is is mairg nach gcuireann slacht ar a bhéal. (LS 157)
- Is mairg a deir comhrá gan slacht. (TU)

Bríatharthecosc Conculaind (Ir. Texte I 213) 'Ni fresnesca go labur,' TC 14, 33 'Rolabra cen gais.' Bí 56: An Iomarbhágh xxiii, 5 (ITS); S 1/1925, l. 1, B III 86. Leagan 7: O'Daly 84, Béarla idem, App. 639, Ray 180, 265. Leagan 10: Cat. II, Eg. 128, 9; dáta 1748. Freisin Eg. 127, 73b; Eg. 155, 62e.
I L 173 (Langue doit estre refrenée). Seanfh. X 19.

1183 Is minic a chuirtear snaidhm leis an teanga nach féidir a scaoileadh leis na fiacla. (M)

- Is minic a chuir duine snaidhm leis an teanga nach scaoilfeadh sé leis an gcár (drad). (MS)
- An tsnaidhm a chuir tú le do theanga, ní scaoilfeá le d'fhiacail. (MS)

Pósadh is mó atá i gceist leis an bhfocal seo.
Id. Béarla (SH 140, App. 345), Breatnais (YD 48), Rel. II 489

1184 Is olc í an raimhreacht, is measa í an chaoile,
Ach ní furasta a theacht ó bhéal na ndaoine. (Ac)

1185 Is tuirseach an áit a bheith ag faire báid,
Is tuirseach an áit ar shráid fhuair i do sheasamh,
Ach is tuirsí ná sin a bheith ag éisteacht le giolla gan blas.

cf. Cum. Béal. 62, 114 Ca, leagan sé líne.
cf. 5120

1186 Leagann sceach duine a bhíos ag caint is ag maíomh i gcónaí. (RM)

- Buaileann sceach duine a bhíos ag caint is ag maíomh i gcónaí. (RM)

1187 Leigheas gach bróin comhrá. (M)

IM, College 221, 290 idem.

1188 Má tá tú bodhar níl tú balbh. (M, ADC II 92)

- Dá mbeifeá bodhar ní chloisfeá mé is dá mbeifeá caoch ní fheicfeá mé. (RM)
- Má tá tú caoch níl tú balbh,
  Mara dtaitní leat fan sa mbaile. (M)
- Má tá Raghallach caoch níl sé balbh,
  Is mara dtaitní leis, téadh sé abhaile. (M)

Leis an duine a chuireas a ladar isteach gan iarraidh. (RM)
Faightear an focal seo in 23 L 35 (1782) freisin.

1189 Mórán cainte ar bheagán údair. (Sa)

- Ná déan mórán cainte ar bheagán cúise. (Sp)
- Iomarca cainte ar bheagán tairbhe. (Sa)
- Comhrá trom ar bheagán brabaigh. (Sa)
- Níl ann ach giorria nó dos raithní (.i. sin é an t-údar atá le do scéal). (Sa)

Rann in D 53 (17ú haois).
cf. App. 432.
cf. 72

1190 Ná bí i do thús drochscéil. (Sa)

1191 Na rudaí a deir lucht a gcáinte, ná cloisfeadh do chairde uait choíche. (S)

- Chuile scéal go dteaga an drochscéal. (Sa)

An Craoibhín a chum é, féach ACC 72.

1192 Ní bhíonn cíos ar an gcaint. (GS, S)

- Tá caint saor. (IG 12/1905)
- Níl aon chíos i ndiaidh cainte. (IG 11/1905)
- Tá caint chomh saor leis an uisce. (T)
- Caint saor is airgead ar tobac. (MS)

Joyce 108, Clár (caint).
Béarla idem (App. 619).

1193 Ní bhíonn in aon ní ach comhrá naoi lá. (S)

- Scéal naoi lá. (IG 10/1905)

ÓD (naoi)
Ray 143, 263, 'A wonder lasts but nine days.' cf. Mac (wonder).

1194 Ní briathar a dhearbhaíos ach gníomh. (CF, AR)

- Gníomh a chruthaíos. (IG 8/1905)
- Gníomh a chruthaíos is ní hé ráite an bhéil bhréagaigh. (S)
- Is fearr an gníomh a chruthaíos ná ráite an bhéil bhréagaigh. (Ca)
- Gaoth a chríonas, grian a thriomaíos is gníomh a chruthaíos fear. (M)
- Is fearr gníomh ná caint. (CR)
- Is uaisle beart ná briathar. (S 7/1928)
- Is fearr an gníomh a chruthaíos ná ráite bréige as béal na mbréagadóirí. (Ca)

Trans. Oss. Soc. VI 14; Eg. 111, 27 (14ú haois) teideal dáin; SF 4, 34 - 'Ferr grés sous'; Rel. II 483, 484; MIP 369.
Focal fairsing san Eoraip, cf. SH 33, 380, App. 141, Ray 5, AWM 186, Mélusine 10, 91, II L 216, 241, I NG 263, Spr. Red. 15, Lipp. 1034, LSM 227n.

1195 Ní chaitheann an chaint an t-éadach. (Ca, S 12/1919)

1196 Ní chothaíonn na briathra na bráithre. (Ca)

- Ní bheathaíonn na briathra na bráithre i gcónaí. (S 1/1920)
- Ní hiad na briathra a bheathaíos na bráithre. (S 6/1928)
- Ní líonann beannacht bolg. (Ac)
- Is maith an scéal a líonas bolg. (Ca)
- 'Suarach an bia do phutóga falmha a bheith ag éisteacht le glór aingle', mar a dúirt an Sotach lena mháthair. (Ár, AA 6/1939)

MIP 356 (17ú haois). cf. Deot. VIII 3, etc., téacs atá tugtha ag Céitinn in TB 3 XVIII, 2. Tagra na Muice (Lia Fáil III 12), Tóraidheacht I, II 2, College 295, Rel. I 158.

Le haghaidh leaganacha cosúil leis, cf. App. 200, Ray 71, II L 247, Spr. Red. 15, Lipp. 1034, II BSR 55, 107.

1197 Ní fearr a rá ná cuimhneamh air. (TÓM)

1198 Níl cnáimh i do theanga ach brisfidh sí cnáimh. (RM)

- Is minic a bhris teanga (duine) a shrón. (S 8/1924, S 11/1927)
- Bíonn briseadh a srón ar lucht na cúlchainte. (Ac, S 11/1919)
- Bíonn briseadh a ghaosáin ar bharr teanga an té a bhíos ag cúlchaint. (Ac)
- Tá briseadh do shróine ar bharr do theanga. (I)
- Ná gearradh do theanga do scornach fein. (ACC)

MIP, 86. In Mil. 77a faightear focal (as Síor. 28, 18) atá gaolmhar leis seo - 'huilliu adcumnet indate chlaidib' (TP I 262).
Idem Béarla is teangacha Rómhánacha (App. 638, SH 552, 597, LSM 218n, 79o, II L 245, II BSR 25) is leaganacha dá shamhail sa Bhreatnais (YD 85, DC 180). Leagan 6: Béarla idem, Ray 21. É bunaithe ar an mBíobla (Seanfh. XXV 15), cf. Taylor 58.

1199 Níl comhrá dá fhad nach mbíonn deireadh leis. (RM)

1200 Níl rann gan réasún. (M, Cum. Béal. 127, 598)

1201 Níl scéal ar bith nach fearrde cuid de a fhágáil gan insean. (AR 549)

- Níl scéal ar bith nach fearrde cuid de a bheith gan insean. (TÓM)
- Is fearr i chuile scéal cuid de a fhágáil gan insean. (AR 121)
- Is fearrde chuile scéal píosa a fhágáil gan insean. (Ca)
- Níl scéal dá ghiorra is (nach?) fearrde cuid de a fhágáil gan insean. (G)

AR 471, leagan neamhiomlán.
Lessons 300.
DC 126, PB 26, LSM 146n, Ray 138 ('All truth etc.')
cf. 3179 agus 4709

1202 Ní scéal go Scéal Chuid is ní laoi go Laoi an Deirg. (TÓM)

- Ní dán go Dán Dhonncha Mhóir,
  Ní amhrán go Peigí Nuinseann,
  Ní laoi go Laoi an Deirg,
  Is ní rann go Rann an Mhada. (I, DÓM)

Sin iad na scéalta agus amhráin is mó a raibh meas orthu.
S 1/1928, l. 7
BB 171

1203 Scéal an iolraigh ar an gcrann,
Nuair a d'imigh sé ní raibh sé ann. (RM)

- Scéal na caróige ar an gcrann,
  Nuair a thiontaigh sí ní raibh sí ann. (RM)
- Caróg a bhí ar chrann, nuair a d'imigh sí ní raibh sí ann. (CR)
- Bhí dhá phréachán ar chrann agus nuair a d'imíodar ní rabhadar ann. (M, Cum. Béal. 109, 283)

Raiméis de scéal; tomhaiseanna in B II 289

1204 Scéal chailleach an uafáis. (Ind, RM)

- Scéal ghiolla an uafáis. (GS)
- B'in comhrá caillí (.i. le duine a ghéill do phisreog). (SS, Cum. Béal. 271, 162)

Scéal mór le fuile faile faoi thada: deirtear gur cuireadh an chailleach ach d'éirigh sí as an uaigh arís (Ind).
cf. 1 Tiom. iv 7.
SH 337 (Old wives' tales).
O 28 (fabellas aniles).

1205 Scéal i mbarr bata. (Sa, RM)

1. Scéal fánach, scéal gan údar.
2. An sreangscéal.

1206 Scéal Mhurchadha faoina bhean, ní raibh d'fhad ann ach sin. (RM)

- Scéal Mhurchadha an dá ghad, ní raibh d'fhad ann ach sin. (RM)

Gan scéal ar bith ann; deirtear le duine fiosrach é.

1207 Scéal phaidir an phúca. (Sa)

1208 Sceitheann an chaint ar dhuine. (Sa)

Aithnítear duine ar a chaint.

1209 Seachain do bhriathra ar 'bhéal gan fascadh'. (T)

1210 Seachain lucht an bhíodáin. (MÓD)

1211 Seanteach is poll air. (GS, MÓD)

Deirtear é le seanscéal, le scéal gan bhrí, nó le duine a bheadh ag déanamh gaisce de bheagán.

1212 Tá cead ag fear balbh a chaint a rá faoi dhó. (S 5/1928)

- Is féidir leis an bhfear balbh a chaint a rá faoi dhó. (RM)

'Dligid étnge aimsir' (RC XLVI, 270 - leasú ar SF 5, 25).

1213 Tamall ag caint is tamall ina thost ar nós an Easa Dhraíochta. (T)

1214 Tá scéal breá agat dá n-éireofá i do sheasamh leis. (GS)

Faoi scéal gan mhaith nó le duine ag cur a ladair isteach gan iarraidh.

1215 Teanga a ghníos caint is ní fiacla. (Sa)

1216 Tuige ar labhair tú is gan tada le rá agat? (Ca)

CAIRDEAS

1217 An rud nach gcaithfidh tú féin, caithfidh do chomharsa é. (TÓM)

- An rud nár chaith tú féin, caithfidh duine eicínt eile é. (IG)
- An rud nach bhfaighidh tú féin gnotha de, gheobhaidh do chomharsa gnotha de. (F)
- Mara n-íosfaidh Dan é, íosfaidh a bhean é. (LB, AA 3/1937)
- Mara n-itheann an leanbh é, íosfaidh an bhanaltra é. (MS)

O'Daly 97.
O 21; L I 32, II 44 (Ce que ne veut Martin, veut son âne, etc.)

1218 An té nach truaighe leis do chás, ná déan do ghearán leis. (Ac, TÓM)

- An té nach dtuigeann do chás, ná déan do ghearán leis. (RM)
- An té nach dtriomóidh deor do shúl, ná déan do ghearán leis. (Ca)
- An té nach ndéanann truaighe de do chás, ná déan do chasaoid leis. (TÓM)
- Ná déan do ghearán le giolla gan truaighe. (CS)
- Ag inseacht do scéil do ghiolla gan truaighe (.i. mallacht Cholm Cille). (Sa, CR)

Rann in D 183 (dáta 1807 - 1931).
O'Daly 81, 82; College 276

1219 An tráth a n-imíonn an séan, slán le cairde. (S, AR 499)

- Bhí mé seal is bhí gean ag chuile dhuine orm,
  Bhain cor don tsaol is níl meas ag duine ar bith orm. (F)

Idem BC 232. Tá go leor rann den bhrí chéanna in MD (26, 3 agus 33; 27, 5) is D (27, 29) le dáta roimh 1602 tugtha i gceist do leagan amháin. In SF 2, 23 (FFx 1, 32) faightear 'adcota daidbre dochraite.' Búrd. 176, Rel. II 479, Lessons 280. Síor. VI 10, etc., LSM 129p, 18t, O 22.

1220 Ar mo mheisce nó ar mo chéill, d'aithneoinn mo dhuine féin. (RM)

- Ar do mheisce nó ar do chéill, ná déan dearmad ar do dhaoine féin. (T, B 6/1936)
- Ar a mheisce nó ar a chéill, ba cheart go n-aithneodh duine a dhuine féin. (IG)

1221 'Beidh mise i bpáirt leat', mar a dúirt an sionnach leis an gcoileach. (Ca)

Is ar mhaithe leis féin a bhíos an duine láidir (nó glic) i bpáirt leis an duine lag.
Dioghluim Dána 4 6b; Dánta Grádha viii
cf. Síor. XIII 17

1222 Bíodh ugach do dhuine mhuintrigh agat sula dteastaí sé uait. (TÓM)

- Braith do chomhluadar sula dté tú ina chomhdháil. (GS)
- Féach do dhuine muinteartha sula dteastaí sé uait. (GSe)

Leagan de in MIP 183, le tagairt do Síor. VI 7.
College 281
Idem App. 650, SH 555, DC 170, LSM 86a

1223 Bíonn cuid mhaith truaíoch ach is beag a bhíos caillteanach. (Ca)

1224 Castar na daoine le chéile ach ní chastar na cnoic ná na sléibhte. (M)

- Castar na daoine le chéile ach ní chastar na cnoic ná na gleannta.. (S)
- Castar ar a chéile na daoine, ach ní chastar na cnoic. (Ca)
- Imíonn na daoine, ach fanann na cnoic. (MS (le ciall eile?))

Deirtear seo nuair a chastar cairde ar a chéile nó le cur i gcéill go mbeidh lá eile ann (le cúnamh a thabhairt, nó le díoltas a bhaint amach, etc.).
Leagan de in BC 238: cf. MIP 132. O'Daly 98, College 278;

Líne d'amhrán in AGI 45.
Fairsing san Eoraip (as an Laidin), I BSR 32, HV 297, L I 53. Bangor 109 (dyn), 313 (cynt).

1225 Cuntas gearr a ghníos carthanas fada. (MÓD)

1226 Déan le do chomharsa mar ba mhian leat é a dhéanamh duit. (MÓD)

- Déan mar ba mhaith leat a bheith déanta leat. (MÓD)

cf. Beatha Mhaighneann (Sil. Gad. I 37; ls. 15ú haois); Beatha Chiaráin Bk.Lismore 3917 agus 4149); PHL Breac 7504; Pairlement Chloinne Tomáis (Gadelica I 143).
Is minic i dteangacha na hEorpa é - SH 86, MR 29, Mélusine 10, 90, II L 189, 204, LSM 164n, O 15, 16. cf. An Phaidir, Mth. VII 12 agus téacsanna gaolmhara.
cf. 1787

1227 Duine gan caraid, duine gan suim. (RM)

- An té nach mbeidh caraid aige, ní bheidh mórán aige, anseo ná ansiúd. (Ca, Ár, AA 2/1934)

L DLios Mòir 59 'ne math dwnni gin charit'.

1228 Ghníonn bladar caradas. (M)

IM idem

1229 Giorraíonn beirt bóthar. (Ca, CS)

App. 257, O comes

1230 In aimsir an éigin aithnítear an charaid is fearr. (CR)

- In am an éigin is ea a fhéachtar an charaid. (Ac, S)
- In am an ghá is ea a bhraitear an charaid. (G)
- Is furasta do dhuine muintreach a aithneachtáil i gcruachás. (MÓD)
- Is furasta aithne dhuit do dhuine muintreach i gcruachás. (TÓM)
- Lá do phósta nó lá do thórraimh is ea a aithneos tú do charaid. (IG)
- Aithnítear cara i gcruatan. (DÓF)
- In aimsir an éigin féachtar an fíréan. (Ac)
- Lá an éigin is ea a fhéachtar an charaid is fearr. (Ac)
- Aimsir an chaill an aimsir is fearr. (M, Cum. Béal. 287, 288)
- Más mian leat aithne a chur ar do chairde, déan dearmad eicínt. (Ac)
- Níl a fhios agat cé hé do chara go dtriáilfidh tú é. (Cum. Béal. 91, 19 gan áit)
- In aimsir na cruóige a fhéachtar an charaid is fearr. (AR)

Gabhann sé siar go dtí an 9ú haois (TP I 366) mar atá tugtha síos in MIP 274; is minic a thráchtar ar 'cara na héigne' sa Dán Díreach (Aithdhioghluim Dána 10 3b, lxviii 25d, Dioghluim Dána 12 12b, Branach 14, 523, 3603); 'Ní dhearbhthar cara go cás' a deirtear mar chéadlíne dáin (A v 2; 17ú haois); Eachtra Uilliam 399, 453, 4304. College 275, O'Daly 81, 93, BC 238, 489, SC 855, Rel. II 484. Leagan 6: cf. App. 403. Leagan 7: IM idem. Tugtar dhá bhunús lena aghaidh, Cóh. XII 8-9, is Laidin Ennius (O 21, Taylor 60).
Tá leaganacha den fhocal in App. 237, SH 10, L II 167, 253, II NG 6, LSM 115a, 35f.

1231 In aimsir sonais is sóláis, beidh cairde go leor agat,
In aimsir donais is dóláis, beidh ceann as an scór agat. (Ca)

- In aimsir sonais is sóláis tá cairde go leor agat,
  In aimsir donais is dóláis, níl duine in aghaidh an scóir agat. (BA)

Tá an rann céanna in Ray 9, App. 514.
cf. O amicus 7

1232 Inis dom do chomrádaí is inseoidh mé dhuit cé thú féin. (Sa)

- Taispeáin do chomhluadar dhom is inseoidh mé dhuit cé thú féin. (AR)
- Inis dom do chomrádaí agus beidh a fhios agam cé thú féin. (RM)
- Aithnítear duine ar a chuideachta. (MS)
- Inis dom do chomhluadar agus inseoidh mé dhuit cé thú féin. (RM)

O'Daly 94, Rel. II 476.
Ionann is an focal céanna in App. 621, Ray 98, 494, SH 412, PB 76, Mélusine 10, 259, I NG 325, 331.
cf. 1434

1233 Is beag rud is lú nádúr ná an duine. (CC)

- Níl rud ar bith is lú nádúr ná an duine. (Sp, Cum. Béal. 76, 15)

.i. Is lú cion ar a chéile.
Féach an duan ar A 9 (Leabharlann na mBráthar)
'Is dúr in cined dáena
Cruaidhi indát clocha a cridhi' (Ériu III 29).

1234 Is dil le fear a dhearthair ach is é smior a chroí a chomhdhalta. (GSe)

1235 Is fearr caraid sa gcuirt ná bonn sa sparán. (RM, Ac)

- Is fearr focal sa gcúirt ná bonn sa sparán. (S)
- Is fearr focal sa gcúirt ná pingin sa sparán. (RM)
- Is fearr fabhar sa gcúirt ná punt sa sparán. (CF)
- Is fearr caraid sa gcúirt ná triúr sa gclúid. (MÓD)
- Is fearr caraid sa gcúirt ná lámh sa sparán. (Ac)

Rann in 'Tagra na Muice' (Lia Fáil III 14); Lessons 105, 110,
College 287, SC 861. Seanfh. xxii 1.
Idem App. 237, 490, DC 54, OSK (Gwell), HV 21, II NG 329.

1236 Is fearr comharsa béal dorais ná duine muinteartha i bhfad uait. (Ac)

- Níl comharsa ar bith is fearr ná comharsa béal dorais. (Ár)
- Más fada uait do dhuine féin, is fearr dhuit do chomharsa. (F)

As Seanfh. XXVII 10.
Idem Arm. 508 (leagan eile 366), L II 264 (leagan eile 244), II NG 331, Lipp. 644.

1237 Is fearr dhuit an mada gearr leat ná i d'aghaidh. (Ca, CC)

- Is fearr duit madraí leat ná i d'aghaidh. (F)
- Is fearr duit madraí an bhaile a bheith leat ná i d'aghaidh. (TÓM)
- B'fhearr do dhuine an mada leis ná ina aghaidh. (RM, IG)

Is fearr daoine a bheith cairdiúil leat ná i d'aghaidh. Tá leaganacha dá shamhail in Ray 87, SH 66, App. 158, YD 102, 103 is b'fhéidir I BSR 55-56 (mejor is lamiendo que mordiendo).

1238 Is fearr fuacht do charad ná teas do namhad. (Ca)

- Is fearr fuacht carad ná blas namhad. (Ca)

1239 Is fearr muirín mhaith ná drochintinn. (RM, Ca)

Fear drochintinne, níl cás ag aon duine dó, ach tá gach uile dhuine faoi ómós ag fear staidéarach is tabharfar cúnamh dó.

1240 Is fearr uaigneas ná droch-chomhluadar. (T)

- Is fearr uaigneas maith ná droch-chuideachta. (MS)
- Is fearr uaigneas fada ná droch-chuideachta. (Ca)
- Is fearr an troid ná an t-uaigneas, ach is fearr uaigneas ná droch-chuideachta. (S)
- B'fhearr do dhuine leis féin ná le droch-chuideachta. (I)

Focal fairsing, Ray 232, MR 43, II L 240, 264, II NG 349, Lipp. 9

1241 Is iomaí fíorcharaid a scaras an fharraige óna chéile. (Ca)

1242 Is mairg a leagas an ordóg ar shúil a charad. (Ca)

A fheiceas bás a chara.

1243 Is mairg a mbíonn a charaid fann. (Ca)

1244 Is mairg a thréigeas a dhuine gnáth, ar dhuine dhá thráth nó trí. (S)

- Is mairg a thréigeas duine ar a ghrá, nó ar dhuine dhá thráth nó trí. (MÓD)

IM idem. College 290, LN 135, 180.

1245 Is maith an scáthán súil charad. (GSe, F)

'Seancharaid' a deirtear in SH 418, III NG 48, 50, Lipp. 229

1246 Is maith caoithiúil do dhuine féin. (Sa)

1247 Is measa caraid fhealltach ná námhaid fhollasach. (M, AR 570)

Lessons 337
LSM 14f

1248 Lúb leis an gcrann a lúbfas leat. (TÓM)

- Crom leis an gcraobh a chromas leat. (Ca)
- Lúb leis an tslat agus lúbfaidh sí leat. (F)

Bí mór leo sin atá mór leat.
SH 183 (Albain)
'Wag bush an' I'll wag wi ye,' a deirtear i mBéarla Chúige Uladh.

1249 Maith an charaid is caraid le foighid. (BA)

cf. 3256

1250 Mar a chaitheas duine a bheatha, tabhair breith ar a chomharsain. (Sp)

Beidh a fhios agat cén sórt daoine a mbíonn sé ina gcomhluadar.

1251 Mar a mhéadaítear ar an aithne laghdaítear ar an gcaradas. (MS)

1252 Más ionúin leat an chráin is ionúin leat an t-ál. (AR)

- Más ionúin leat mé féin, is ionúin leat mo réim. (S)
- Más ionúin leat an chráin is ionúin leat a hál. (RM)

Tá an dá leagan thuas in BC 428, College 291; tá leagan RM in IM, Lessons 296, Rel. II 501.
cf. an focal dá shamhail faoi ghadhar .i. an leagan coitianta san Eoraip (I BSR 189, App. 386, Ray 86, YD 17, DC 55, Rel. II 492, L I 109, III NG 294, O 19): tá nóta faoina bhunús in Trench 138 agus SH 280.

1253 Má tá tú ar lorg carad gan locht, beidh tú gan charaid go deo. (S)

Idem Ray 552, MR 17.

1254 Milis spleách ar bheagán caillteanais. (Sa)

Slíomadóir de chara; briathra milse is gan aon chur leo.

1255 Milleann droch-chomhluadar dea-bhéasa. (AR 503)

- Droch-chomhluadar máthair an oilc. (AR 350a)
- Seachain droch-chuideachta. (TÓM)
- Ní comhluadar maith an droch-chomhluadar. (Ind)
- Is olc an rud an iomarca den droch-chomhluadar. (TÓM)

Idem BC 197, leagan eile 127. Leagan 3: SFM 15 Lessons 281.
SH 100, LSM 132f, 66v.
As 1 Cor. XV 33.

1256 Ná déan cairdeas marab é do leas é. (Ca)

1257 Ná díol do chomharsa ar bheagán. (Ca)

1258 Ná tabhair aon scéal chugam, agus ná tabhair aon scéal uaim,
Is an tan a dhéanfas mé gáirí leat déan gáirí liom. (I)

1259 Ná tréig do charaid ar do chuid. (TÓM)

- Ná tréig fear na láimhe deise. (GS)
- Ná bí crua agus ná bí bog,
  Ná tréig do charaid ar do chuid. (Sp, Cum. Béal. 77, 88)
- Ná bí crua agus ná bí bog,
  Ná tréig do charaid faoi do chuid. (Ca)

Líne de rann in D 176 (L. Albanach 1688).
O'Daly 80, Lessons 304, College 292.
Seanfh. XXVII 10, agus téacsanna gaolmhara.

1260 Ní chailleann an salann a ghoirteamas, ach cailleann na daoine an carthanas. (M)

- Imeoidh an goirteamas as an salann, is an carthanas as na daoine. (IG)
- Imeoidh an goirteanas as an salann, is an carthanas as na daoine. (CR)

Rud nach dtarlóidh choíche: F
cf. Mth. V 13

1261 Ní cheannódh aon rud comharsa mhaith. (GSe)

1262 Ní ghabhann caraid cuid a chéile. (RM, CF, MÓD)

1263 Ní heaspa go díth carad. (TÓM)

Líne de rann in D 269 (ls. 1782, etc.)
O'Daly 89, College 296

1264 Níl duine ar bith is gaire dhuit ná do chomharsa, lá an anó. (RM)

1265 Níl éag ná galar chomh géar ná chomh cráite,
Le éag na gcarad is scaradh na gcompánach. (MÓD)

As marbhna Mhic Cába ar Chearbhallán; féach Búrd. 46, 126, IM 94, 'Amh. Ch.' 163, ACG 109, Lessons 299.

1266 Síleann do charaid is do namhaid nach bhfaighidh tú bás go deo. (TÓM, MÓD)

- Dias nach gcreideann i mbás, fear fuatha is fear grá. (AR 434)
- Shíl duine ariamh nár cailleadh a charaid ná a namhaid. (F)

Is luath le caraid agus is fada le namhaid é.

1267 Tá fabhar in Ifreann. (IG)

- Bíonn caraid in Ifreann. (IG)

Go mbíonn cara san áit is measa.
Beatha Mhaighneann (Sil. Gad. I 45; ls. 15ú haois) - 'In baile nac fagar cobair ó charait .i. Ifreann'.

1268 Togh do chuideachta sula ngabha tú ag ól. (Sa)

Idem App. 97

1269 Tús caradais an aithne cheart. (Ca, BA)

CAITHEAMH

1270 Ag baint tuí dhá theach féin, is á chur ar theach comharsan. (S)

- Ag stróiceadh an dín dá theach féin, lena chur ar theach duine thall. (ACC)
- Ag baint scláta de do theach féin, is á chur ar theach duine eile. (F)
- Ag baint an chumhdaigh de do theach féin agus á chur ar theach an fhir eile. (Ac)

Duine a chaitheas a mhaoin ar sheafóid (nó ar ól, etc.)

1271 Ag caitheamh an triúis san oíche agus ag caitheamh an tsúsa sa ló. (Sp, Cum. Béal. 77, 84)

1272 An áit a bhfuil tarraingt do láimhe ann, bíodh cangailt do chíre ann. (GS)

- Cogain do chíor san áit ar oibrigh tú. (IG)
- Áit a bhfuil tú ag obair, faigh do bhia. (Ca)

Caith do chuid airgid san áit ar shaothraigh tú é. I NG 339

1273 An caitheamh ag dul thar an bhfáil. (Sa)

1274 An méid (rud) a chruinníos an cnapaire, scapann an grabaire é. (TÓM, MÓD)

- Níor tháinig cruinneadóir ariamh nach dtiocfadh scapadóir ina dhiaidh. (Ca)
- Níor tháinig cráiteachán ariamh nach dtiocfadh scapadóir ina dhiaidh. (GS)
- Níor tháinig cruinneadóir ariamh nach dtiocfadh fear caifeach ina dhiaidh. (M)
- Cruinníodh go barainneach é is caitheadh go frasach é. (F)
- An rud a bhailítear go crua, imíonn sé go dona. (S)
- An rud a shaothraítear go crua, caitear go bog é. (GS)
- Airgead caillí á mhún le ballaí is a chruaidhe is a shaothraigh sí féin é. (F)
- Airgead caillí á ól cois ballaí. (RM)
- Cuid an taisceora ag an gcaiteoir. (CF)

B XI 73 (Oileán Chléire), D 7, 8, 43 (17ú haois); Eg. 209, II, 3 (Cat. I); ADR 88, O'Daly 96, Búrd. 104, SFM 14. Tá a leithéid sách fairsing, cf. App. 418, YD 14, 68, DC 58, PB 56, Arm. 276, I NG 108, 113, L II 165, Ray 99.
cf. 1090

1275 An rud a fhaightear go bog, caitear go bog é. (Sa)

- An rud a fhaightear go bog, imíonn sé go dona. (DÓF)
- An rud a fhaightear go slámach imíonn sé go glámach. (MÓD)
- Rud a fhaightear go glámach imíonn sé go fánach.

O'Daly 89.Leaganacha dá shamhail in App. 365, DC 172, YD 14

1276 An rud nach saothraítear go dtí an smior, imíonn sé go mion. (AA 2/1938, CF ?)

Rud a fhaightear go bog, etc.

1277 An t-airgead a imíos ina phúdar, ní thagann sé ar ais. (MS)

S 4/1918 l. 2

1278 An té a chaitheas a chuid go fánach, ní bheidh sé aige nuair a d'fhónfadh. (MÓD)

- An té a chaitheas an t-airgead, ní bheidh sé aige. (CC)

1279 An té a chruinníos an ciste, ní hé a chaitheas é. (Ca)

- An té a chruinníos mórán airgid, beidh sé á chaitheamh ina dhiaidh. (MÓD)

1280 An té atá caifeach lena óige, beidh sé bocht lena aois. (Ca)

- An té a bhíos caifeach ina óige, tuillfidh sé anó dó i ndeireadh a shaoil. (CC)

1281 Beagán go minic a fhágas roic sa sparán. (Sa)

1282 Caillteanas amuigh, tíos istigh. (Ca)

1283 Cainteanna críonna is bealaí caifeacha. (RM)

1284 Caitear an spré ach ní chaitear an scéimh. (Gearrbhaile 1937, l.25 gan áit)

1285 Caitear na cruacha móra, is tigtear leis na cruacha beaga. (GS, UA, Sp)

- Nuair a chaithfeas duine na cruacha móra, caithfidh sé déanamh leis na cruacha beaga. (Ca)
- Caitheadh duine na cruacha móra, is caithfidh sé déanamh leis na cruacha beaga. (Ca)

An té a scaipeann a mhaoin gan breathnú roimhe, caithfidh sé teacht leis an mbochtaineacht ina dhiaidh (GS). Má tá go leor agat caithfidh tú é; mura bhfuil tiocfaidh tú leis an mbeagán (UA)). Lessons 287 (Itear etc.)

1286 Caith an mhaith i láthair is gheobhair amáireach tuilleadh. (S)

- Ná spáráil cuid na hoíche le haghaidh na maidine choíche. (F)
- Ná spáráil cuid na hoíche le haghaidh an lae. (Ca)
- D'ordaigh Dia gan cuid na hoíche a spáráil le haghaidh an lae. (CF)
- Ná spáráil suipéar na hoíche le haghaidh bricfeasta an lae amáirigh. (CC)
- Ná fág cuid na hoíche go lá. (MÓD)
- Nuair a thiocfas an lá amáireach tiocfaidh a chuid. (MÓD)

D 1 (ls. Muimhneach, 1807 - 31). Leagan 6: O'Daly 94.
Véarsa dhá líne in B III 36 M.
As an mBíobla (Eax. XVI, 19/20). Leagan Béarla (na hAlban), Ray 257.

1287 Caithfidh muid fuint de réir na mine. (CR)

- Déan do mhargadh de réir do sparáin. (MÓD)
- Caithfidh duine a bheith beo de réir acmhainne. (Sl, DÓM)

1288 Chaithfeadh duine ar bith airgead ach is fear glic a chruinneodh é. (TÓM)

- Chaithfeadh duine ar bith airgead ach is fear glic a choinneodh é. (S 12/1917)
- Chaithfeadh aon duine airgead ach ní chuile dhuine a shaothródh é. (M)
- Is deacair airgead a fháil ach is furasta é a chaitheamh. (S)
- Is mó na fuinneoga atá ag an airgead le dul amach ná le teacht isteach. (RM)

DC 37 (Arian)

1289 Cuid an tís a chaitheamh go luath, is i gcleith an tsoláthair uaidh sin suas. (Ca)

- Tíos an bheagáin a chaitheamh go luath, is a bheith i gcleith an bheagáin uaidh sin suas. (TÓM)
- Tíos an bheagáin a chaitheamh go luath, is a bheith i gcleith an tsoláthair uaidh sin suas. (F)

An té a scaipeann a chuid go luath, beidh sé ag brath ar an mbeagán atá sé in ann a sholáthar as sin amach.

1290 Déanann luach rudaí seafóideacha rud maith a cheannach. (MÓD)

1291 Drochfhear tí caifeach i dteach an óil. (Sa)

1292 Fágfaidh an fhéile rómhór faoi róbhrón go goirid tú. (T)

Féach ACC 34.

1293 Fear gan maith ag saothrú do theach, is é á chaitheamh amach i dtraipisí. (Sa)

1294 Ghníonn díomailt dheontach díth mhillteach. (AR 232)

- Díomailt de do dheoin a ghníos easpa de d'ainneoin. (CC, Cum. Béal. 77, 279)

Stair Éamuinn Uí Chléire 751
Idem Ray 262, App. 687.

1295 Imíonn an mhin le mionroisínteacht. (AR 410)

- Imíonn an mhin le mionruifínteacht. (TÓM)
- Imíonn an mhin ina mionribíní. (CF)
- Imíonn an mhin le ribínteacht. (CC)
- Imíonn an mhin le mionghoid. (G)
- Imíonn gach maith le mionchaitheamh. (Ca)
- Caitear gach maith le mionchaitheamh. (TÓM)
- Imíonn min le mionrudaí. (CF 410)

MIP 170
Cinnlae III 6

1296 Ina bheagán is ina bheagán, mar a d'ith an cat an mioscán. (S)

- Ina ruainne is ina ruainne, mar a thug an cat an t-im. (GS)

App. 87 (le malairt bheag)

1297 Is é airgead na n-óinseach a chuireas bróga ar bhean an phíobaire. (S 11/1918)

- Is é airgead na n-óinseach a chuireas cótaí ar bhean an phíobaire. (RM)
- Is é airgead na n-óinseach a chuireas stocaí ar bhean an phíobaire. (GS)
- Is minic a chuir airgead amadán bróga ar bhean an phíobaire. (CF)

1298 Is é deireadh na doscaíochta call. (AR 233)

- Bím san oíche ag ól,
  Bím sa ló ar leaba;
  Bíonn mo chroí á dhó
  Nuair a bhíos mo phócaí falamh. (S 2/1925)

1299 Is fusa spíonadh ná cruinniú. (MÓD)

1300 Is giorraide an téad a mbaintear dhi. (CS)

- Is giorraide an tsreang a mbaintear dhi. (Ár)

  Laghdaítear má chaitear.

1301 Is iomaí iorball a baineadh dhe sula bhfuair mise é. (Sl, DÓM)

1302 Is olc an tslí a bheith ag ceannach tobac agus á scaoileadh le gaoth. (Cum. Béal. 109, 285)

cf. ACB 5

1303 Mar a bhuaileas an muileann (é) sloigeann an mála é. (Sp, Cum. Béal. 77, 84)

1304 Min go mion minic é, is ith te é, is gearr a bheas tú ag dul thríd. (CF)

Is ionann 'min' agus 'meil'; 'Min go maith é', a deirtear, agus 'Tá sé minte go maith', i dtaobh mine nó plúir, mar shampla (RM; LMóir).

1305 Na cosa go deo is na bróga a fhad is a mhairfeas siad. (Ca, S 5/1929)

- An óige go deo is na bróga a fhad is a mhairfeas siad. (RM, S)
- An óige go deo is na bróga a fhad is a sheasfas siad. (Ca)

  1. Ní féidir na cosa a chaitheamh ach is féidir na bróga (Ca).
  2. Seanchaint a dúirt amadán a raibh fonn damhsa air (RM).

1306 Ní bhíonn stuama caifeach. (Sa)

- An té atá stuama níl sé caifeach. (Sa)

1307 Ní buachtáil mhór pingin a chur críonna is scilling a chur dícheillí. (Ca)

1308 Níl coirnéal ar bith ar an scilling. (RM)

PB 56, SH 299 (Money is round, etc.; dáta 1659)

1309 Ní sheasann tine soip tuí i bhfad. (RM)

- Tine neamhbhuan tine tuí. (GS)

  Duine ag caitheamh go frasach (ar ól, etc.)
  Riagail Comhgaill Bendchair - 'Ní déne tenid ratha is and is gair a bádud' (Ériu I 194); Agallamh Oisín agus Pádraig - 'gal suip' (Trans. Oss. Soc. IV 40) Cinnlae I 44, AGC 127 (ag trácht ar ghrá); Pádraigín Haicéad xxiv 2.
  II BSR 151, I L 45, O 332.

1310 Ní túisce a fháil ná a chaitheamh,
Ní túisce ann ná as. (AR 516)

- Caitheamh is fáil. (CF)
- Caitheamh is fáil, beatha na Naomh. (Ár, AA)
- Beatha na naomh, ón láimh go dtí an béal. (GS)
- Ní thug Dia do na naoimh ach caitheamh is fáil. (CF)
- Tugann Dia caitheamh is fáil do chuile dhuine. (CF)
- Is maith an rud caitheamh is fáil. (TÓM)
- Tuill ór is caith é. (GS)
- Nuair nach bhfuil muid ag saothrú, bímid ag caitheamh. (IG)
- Nuair nach bhfuil muid ag leagan pingine isteach, bíonn muid ag leagan pingine amach. (Sa)
- An méid a chruinníos an lámh dheas, cuireann an lámh chlé sa mbéal é. (GS)
- Caifeach saothraíoch. (Sa)
- Caifeach cruinneálach. (Sa)
- A dhuine bhoicht, a d'ól do pháighe, caitheamh agus fáil go dtuga Dia dhuit. (MÓD)

  Nach mbíonn i saol an duine ach caitheamh is fáil, nó a bheith sásta má tá caitheamh is fáil agat.
  ADR 44, 68, líne amhráin.
  Lessons 294, Clár (gheibhim). Leagan 8: O'Daly 98, SFM 16.
  cf. FFx 1, 58 - 'atcota crodh a caithemh'; B XIV 239.

1311 Nuair atá dhá thaobh na coinnle lasta, ní sheasann sí i bhfad. (Ca)

Id. SH 502, App. 78, PB 57; 'Ceap' atá in MR 32; leagan cainte in II L 186

1312 Rud a chaitear gan dúil, bíonn marach air. (CF)

1313 Sábháil na pingine is dul amú na scillinge. (AR)

- Sábháil na bpingineachaí is dul amú na bpunt. (RM)
- Tíos na pingine is dul amú na scillinge. (S)
- Tíos na pingine is caitheamh na scillinge. (CF)
- Tíos na pingine is díomailt na scillinge. (CF)
- Ag cumhdach na pingine is ag cailleadh na scillinge. (S)
- Caitheamh na scillinge, spáráil na pingine. (I)

BC 52
Béarla, Ray 174, App. 490

1314 Saothraigh an rud is caith é, is maith an rud é sin, ach caith an rud is saothraigh é, is olc an chuma é sin. (Ca)

- Ná caith do chuid airgid go mbí sé agat. (Ca, Cum. Béal. 74, 214)

1315 Spáráil na circe fraoigh ar an bhfraoch. (MÓD)

- 'Spáráil an fraoch, spáráil an fraoch,'
  Arsa an chearc leis an gcoileach;
  'A Mhairéad, a Mhairéad,' arsa an coileach,
  'An bhfeiceann tú an cnoc seo is an cnoc údan thall?
  Níl cnoc acu siúd nach bhfásann fraoch.' (GS)

Ní spárálann sí é, tá fuílleach aici de.
BB 80.
cf. 4970

1316 Tá caitheamh ar airgead. (S)

- Tá cathú san airgead (.i. go dtéitear i bpeaca ar a shon). (CF)

Rinneadh é le caitheamh.

1317 Tine bhreá ag lasadh a d'fhág mise gan móin. (MÓD)

1318 Tugann Dia do chroí a chaite. (RM)

- Tabharfaidh Dia é do chroí a chaite. (GS)
- Thug Dia a sháith d'fhear a chaite. (GS)
- Tugann Dia rud d'fhear a chaite. (G)
- Tugann Dia don chroí caite. (RM)
- Tugann Dia rud d'fhear an chroí chaite. (Ca)
- Thug Dia na glóire d'fhear a chaite a dhóthain. (Ca)
- Níor cheil Dia luach an tobac ar fhear a chaite. (GS)
- Thug Dia slí d'fhear chaite an tobac. (F)

An té atá in ann é a chaitheamh, is é a gheobhaidh.
Fairsing sa nGaeilge, cf. samplaí is dátaí in MIP 157, D 3, 5.
Duanta Eoghain Ruaidh 12, 4b. BTD 28, 37c.
Tá a shamhail in Ray 134, App. 594, 262.

1319 Ualach chapall na muintire. (LB, Vocab. 209, 38)

A seanualach a chur ar an gcapall a bhaineas le chuile dhuine; caitheamh mór a bhaint as an rud nach mór ag duine.
cf. 531.

CAPALL

1320 Capall ag teacht agus capall ag fuireachan. (M, Cum. Béal. 117, 24)

Oibrí dona ag bascadh oibrí mhaith.

1321 Capall aníos agus bó anuas. (G)

Capall aduaidh agus bó aneas is fearr.

1322 Capall beag na mbonn mór agus capall mór na mbonn beag. (S 9/1920)

Faoi dhaoine leitheadacha agus gan a údar acu (GS).
SFM 4 leagan gearr.

1323 Capall gan truisle is furasta a mharcaíocht. (GS)

- Is maith an capall nach bhfaigheann truisle. (Ind)
- Is maith an capall nach bhfaigheann truslóg. (MS)
- Faigheann beithíoch ceithre chos truisle. (Ca)

Gur beag nach ndéanann botún am éigin.
BC 323, 626.
Focal fairsing, Ray 104, App. 311, 313, DC 152, L I 103, I BSR 103, 109, LSM 3q.

1324 Capall Sheáin Shéamais, is gaire dhom féin é ná dhuitse. (CC)

Má bhíonn A ag caint ar rud leis féin agus go bhfaigheann B locht ar an rud, déarfadh A an leagan seo thuas le B .i. Gur fearr atá eolas ag duine ar an rud a bhaineann leis féin.

1325 Fear gan capall, siúl dhá chois. (CF)

1326 Is mairg a thóigfeadh ar an gcapall a n-íosfadh sé. (GS, S 10/1920)

Dá mhéid a itheann capall, is maith a bhíonn sé saothraithe aici leis an obair chrua a dhéanann sí. cf. 'Longad capaill'.i. Leagan faoi ghoile mór nó duine an ghoile mhóir (H 3, 18 Col. Na Tríonóide; deireadh 16ú haois).

1327 Má tá capall agat, gheobhaidh tú iasacht capaill; mara bhfuil, ní bhfaighidh. (GS)

1328 Ní bhíonn ar an gcapall ach luí agus éirí. (LB)

I dtinneas searraigh; ní stró uirthi é.
Ó Thomás de Bhaldraithe, Ph. D., an ceann seo.

1329 Síleann an capall an duine a mharú seacht n-uaire sa ló. (LMóir, Ár, Cum. Béal. 101, 548)

Is drochmhúinte í mar tá seacht n-easna ón diabhal inti, agus murach easna amháin ón duine a bheith inti, ba mheasa í (LMóir).

1330 Tharraingeodh an capaillín an cnoc, ach mharódh aon ualach amháin é. (RM)

- Tharraingeodh capall an choill ach mharódh ualach amháin í. (CC, RM)
- Tharraingeodh capall an choill ach mharódh ualach amháin é. (CM)

Fulaingíonn duine go leor ach má thagann an iomarca, ní bheidh sé in ann aige.
O'Daly 90.

CÁRTAÍ

1331 Nuair is muilead an mámh, is maith an drámh é an truif. (CC)

- Nuair is muileata an mámh, is maith an drámh é an truif. (Ca)
- Muileata an mámh, is maith an drámh an cuileata truif. (Sa)
- Muileata an mámh, is maith an drámh an deich truif. (Sp)
- Más mámh an hairt, is drámh an triuf. (MS)

Gur ceart cárta maith triuf a choinneáil go mbíonn na máite go léir imithe (LMóir).
cf. IG 1/1903, l. 213 áit a léitear 'tarraingt' (.i. draw < drámh).

1332 An ceathair gránna ar colbha. (MÓD)

An ceathar hairt nó muilead a bheith ar colbha na láimhe; tuar drochratha é.

1333 An dó hairt, a ghnóthaigh leath mairt i mBaile Cláir. (M, Cum. Béal. 109, 286)

1334 Anonn agus anall a théas an imirt. (Ca, LMóir)

- Anonn agus anall mar a théas an imirt. (TÓM)

1335 An tríú cluiche cluiche an chearrbhaigh. (IG 1/1903)

As Deisceart Chontae na Gaillimhe; ceaptar an rud céanna in áiteanna eile freisin, go mbaineann ádh áirithe leis an tríú cluiche.

1336 B'fhearr dhuit a bheith ag robáil an chíonáin ná an t-aon hairt a bheith i do ghlaic. (Sa)

Más leat robáil an chíonáin, tá an t-aon máimh i do láimh.

1337 Bun Barrett. (GS)

Bun a cúig déag; cluiche gearr, an té is túisce a bhaineann cúig déag is é a ghnóthaíonn an cluiche.

1338 Bun mór tar éis cluiche an fhir eile. (Ca)

1339 Chuile ghearradh a dhéanamh. (Ca)

- Chuile ghearradh déanamh. (LMóir)

Seo é an riail áit a bhfuil imirt ghéar chrua; an té a dhéanann dearmad ag déanamh na gcártaí, ó brisfear díobh, caithfidh sé a lámh a chur i bpaca agus tugann an déanamh don chéad duine eile.

1340 Cíonán caoch. (Sa, LMóir)

Cíonán nach mbeadh iompaithe dó.

1341 Cíonán do m'aon agus ligfidh mé síon. (Sp)

- Cíonán do m'aon agus leagfaidh mé. (LMóir)

Caint a deir an té a fhaigheann aon leis an déanamh; má fhaigheann sé cíonán leis an aon, leagfaidh sé é (LMóir).

1342 Cluiche na fola. (LMóir)

An naoú cluiche, nó an cluiche deiridh, nuair is géar an choimhlint.

1343 Cúig a chaillfeas cluiche. (MÓD)

- Cúig a mhilleas cluiche. (TÓM)

1344 Cúig liobair. (Sa)

- Cúig sliobair. (LMóir)

Cúig a fhaightear go slibreáilte, nó go han-bhog.

1345 Cuileata aonraic – giorria ar aonchois. (LMóir)

- Cuilead aonraic nó giorria. (TÓM, BB 169)

  Níl maith le cuireata aonraic, cuireann an cíonán an tóir air.

1346 Dá leagfainn mo rí dráimh in áit mo rí máimh, bheadh an báire liom. (LMóir)

Nuair a thógann sé cárta buailte an mháimh leis an rí dráimh a bhualadh.

1347 Déanann gearradh slámach maith don déantóir,
Mar a bhíos an sonas i ndiaidh na straoilleála. (GS)

1348 Dia agus do robáil leat. (RM, LMóir)

- Dia agus do robáil agat. (GS)

  Focal a deir duine lena pháirtí, ag guí go raibh an t-aon aige, ó thig leis robáil má bhíonn.

1349 Éirigh a chuilid, ní féidir leat ceilt ar an gcíonán. (GS)

- Ní thig leat do chuilead a cheilt ar an gcíonán. (TÓM)

  Deirtear sa scéal, bean nach dtabharfadh déirc d'aon duine, go ndúirt bean eile go mbainfeadh sí déirc di dá míle buíochas. Nuair a chuaigh sí isteach chuici lá, d'fhiafraigh fear an tí cén t-ainm a bhí uirthi. 'An Cíonán (Ann Keenan?),' a dúirt sí. 'Éirigh a chuilid,' a dúirt fear an tí lena bhean, 'ní féidir leat ceilt ar an gcíonán.' (GS)

1350 Falamh fúthu! (Ca, LMóir)

Leagan a deirtear le duine a bheadh ag déanamh na gcártaí agus go mbeidís le feiceáil ag chuile dhuine.

1351 Fear gan mámh, a lámh i bpaca. (Sa, RM, LMóir)

- Fear gan mámh, a lámh isteach. (CC)

  Duine gan a dhath, caitheann sé a chártaí isteach agus ní imríonn an cluiche sin.

1352 Fear is láidre triuf! (Sa)

- An fear is fearr drámh. (LMóir)

  Go mba aige a bheidh an cluiche; caint a deir an té a leagann triufasaí, nó drámh éigin, nuair atá na máite uilig imithe.

1353 Hairt an fear ceart a chuir mac d'athar don phríosún. (Sa)

- Hairt an fear ceart a chuaigh ag ól. (LMóir)

1354 Imir arís, a ghiolla a bhí dána. (IG 1/1903)

Rud a deirtear leis an té a imríonn an dath mícheart: deisceart Chontae na Gaillimhe.

1355 Is beag as póca White é. (An CM, AA 1/1937)

1356 Is deacair an seacht a shárú. (Ca, LMóir)

Is minic a thógann sé cárta maith lena bhualadh; freisin, síltear go mbíonn ádh éigin ag baint leis an seacht.
Féach SM 1884.

1357 Is fearr é a bhualadh ar bord ná i mo ghlaic. (Ca)

Is fearúla an cárta a imirt ná a thabhairt uait agus tú buailte (nó a bheith crochta leis .i. nuair a ghabhfaidh an cluiche amach agus an cárta a bheith i do lámh).

1358 Is mairg a d'fhág a ghlaic falamh. (Ca)

- Is mairg a fhalmhaíos a lámh. (GS)
- Ná falmhaigh do lámh go brách. (LMóir)

  Gur ceart cárta maith a choinneáil go deireadh an chluiche más féidir.

1359 Is maith an cárta a ghníos deich agus a thugas a bheanna leis. (TÓM)

- Is maith an cárta a ghníos deich agus a thugas a cheann leis. (MÓD)
- Is maith an cárta a ghníos deich agus a imíos slán. (Sa)
- Is maith an cárta a ghníos deich agus a imíos glan. (LMóir)
- Is maith an cárta a dhéanfas deich. (Ca)

  Cúig le beart agus cúig le iompú; deich fichead a imrítear in áiteacha agus bíonn cúig le fáil ar rí nó ar aon iompaithe.

1360 Is minic a rug fear an deich ar fhear an dá fhichead. (Ca)

- Is minic a rug fear an deich ar an dá fhichead. (CF)

1361 Is minic fear ceilte caillte. (RM)

- Is minic fear ceilteanach caillteanach. (Ca)
- Is minic fear caillteach ceilteach. (Ca)
- Is minic fear ceilteach caillteach. (Ca, LMóir)
- Is minic caoilteanach caillteanach. (Ca)

1362 Lá scartha móna ort, a haoinín hairt! (Sa)

- Lá scartha móna ort, a haon a hairt! (GS)

Deirtear é nuair atá cíonán ag duine agus é ag súil go n-iontófar aon agus go mbeidh an robáil aige; is féidir aon ar bith a rá sa leagan: an cíonán a deirtear ann freisin.

1363 Má iompaíonn tú banríon, caillfidh tú an cluiche. (TÓM, MÓD)

- Iontaigh banríon agus caill an cluiche. (Ca)
- Banríon iompaithe agus cluiche caillte. (LMóir)

Leagan a fhaighbtear i mBéarla na hÉireann freisin.

1364 Mara n-imrí tú mámh imir drámh maith. (MÓD)

- Mara leaga tú an mámh, leag mada maith drámh. (BB 169)

Comhairle don té atá ag leagan.

1365 Muileata an mámh agus faobhar air! (Ca, LMóir)

1366 Ná caith agus ná cáin an muileata. (Sa)

- Ná cuir agus ná caith an muileata. (LMóir)
- Ná caoin agus ná cáin an muileata. (Ca)
- Ná caith agus ná coinnigh an muileata. (RM)

Ní rómhaith iad, ach feileann siad corruair; ná bíodh tuairim rómhór ná róbheag agat orthu. Féach ÓD (muilleat).

1367 Ná crochtar i do ghlaic go bráth é. (LMóir)

Imir an cárta maith, ná bíodh sé fágtha i do lámh go dtí an beart deiridh.

1368 Ní bhíonn cártaí agus an chneastacht in aontíos. (RM, OL 223)

1369 Níor bhuach béal faoi ariamh. (LMóir)

- Ní rug béal faoi é. (TÓM, BB 170)

Nuair a imrítear cárta agus titeann sé béal faoi.

1370 Pingin sa ngandal – cleite bainte as a sciathán. (CF, LMóir, AA 1/1937)

Leagan a déarfadh an té a thógfadh an chéad chúig in áit a mbeifí ag imirt gandail.

1371 Rí nó aon ar laiste an dorais. (Ca)

- Rí nó aon ort, a Mhaorla (.i. Maolmhuire). (LMóir)

Focal a deir an té atá ag déanamh na gcártaí, ag súil go n-iontóidh sé suas; 'Iontaigh (iompaigh) suas é,' an freagra; bíonn cúig le fáil in áiteanna ar iontó rí nó aoin.
Seo leagan Béarla ag freagairt dó seo, 'A king, or an ace, or a queen with a bonny face, that never refused a kiss.' (GS) cf. 1375

1372 Spéireat as Loch Éirne agus cárta maith hairt. (Ca)

- Spéiread ó loch nó cárta maith hairt. (CnM)

1373 Tá cárta is fearr ná an cíonán aige. (Sa)

1374 Tosach bun agus téagar agus chuile dhuine mar a chéile. (TÓM)

- Tosaí buin agus achrainn. (LMóir)

Leagan a deirtear i dtús cluiche.
BB 170.

1375 Trian duit go n-iompaí tú cúig! (GS)

- Dia agus t'aon leat! (LMóir)

A deirtear le fear roinnte na gcártaí .i. go n-iontódh sé rí nó aon; bíonn cúig le fáil scaití má dhéantar sin.
cf. 1371

CAT

1376 Chomh cantalach le mála cat. (GS)

1377 Chomh craite le cois deiridh cait. (GS)

- Chomh tanaí le cois deiridh cait. (GS)
- Chomh cráite le cois deiridh cait. (IG 8/1905)

Mar sin a bheadh duine (nó beithíoch) tanaí feosaithe; ní mórán feola a bhíos ar chois deiridh cait.

1378 Chomh postúil le cat a mbeadh póca air. (Ca)

1379 Chomh ríméadach le cat a mbeadh bróga air. (Sp)

1380 Chomh sona le cat dubh. (GS)

1381 Dá rachadh an cat sa ngarraí gobhann. (Sa, MC)

- Dá mbeadh na seacht sraith ar lár. (M)
- Dá mbeadh na seacht n-iomaire ar lár. (CF)

Cuma céard a tharlódh; 'Dhéanfainn é, dá . . . ' a deirtear.

1382 Níor fhliuch cat a chos nár chraith í. (Ca)

Leagan ag brostú daoine a mbeadh faitíos orthu go bhfliuchfaí iad.

1383 Tá cat crochta romhat. (F, GS)

1. Gan aon fháilte a bheith romhat (F).
2. Leagan a deirtear nuair atá namhaid agat (GS).

1384 Tá naoi n-anam ag an gcat. (GS)

Naoi saol.
ASG. 147 – má tá naoi mbeatha ag an gcat, etc.
Bangor 66, 391, SH 4.

CEARCA

1385 Cearca samhraidh agus cailleacha fómhair, bíonn siad gortach. (F)

- Seanmhná samhraidh agus cearca fómhair, sin iad an dá rud is fuaire ar bith. (F)
- Cearca samhraidh agus cailleacha fómhair. (LMóir)

cf. 1386

1386 Cearca samhraidh agus crábáin fómhair, níl aon mhaith leo. (RM)

- Cearca samhraidh nó coiligh fómhair, is beag an mhaith iad. (M)

Éanlaith a thagann amach mall sa bhliain, ní fhásann siad mar is ceart sa ngeimhreadh agus bíonn siad giortach. Séard é crábán, coileach nach mbíonn aige ach drochghlaoch (nó é gan glaoch ar bith). Deirtear sa seanscéal go raibh fear agus bean geallta le chéile agus fuair an fear bás gan fhios don bhean; oíche amháin, tháinig neach i gcumraíocht an fhir, le capall, chuig an bhfuinneog, ag iarraidh ar an mbean imeacht leis agus d'imigh sí leis ar chúl an chapaill, ach de réir a chéile bhuail amhras í mar níor labhair an fear smid níos mó. Ag dul thar theach dóibh, ghlaoigh coileach. 'Tá an coileach glaoite,' ar sise. 'Tá,' ar seisean, 'ach is crábán fómhair é.' Tharla sin an athuair. Ghlaoigh an tríú coileach agus iad ag teannadh le ceárta a raibh gabha ag obair inti. 'Tá an coileach glaoite,' ar sise. 'Tá,' ar seisean, 'Tá leat, is coileach Mártain é.' Léim an bhean anuas agus shíl rith isteach sa gceárta. Rug an neach ar a clóca. Lig sí leis é agus d'imigh léi. An lá dár gcionn, fritheadh paistí den chlóca ar uaigh an fhir. Is é an coileach Mártain a shábháil í (RM).

Séard é coileach Mártain, coileach a rugadh i mí Márta agus ar rugadh a athair agus a mháthair freisin i mí Márta; tá sé in ann duine a shábháil ó spiorad (RM): coileach a thiocfadh amach sa Mhárta agus freisin a athair agus a sheanathair; nuair a ghlaonn sé, tá dainséar na hoíche thart agus níl diabhal ná sióga in ann baint le daoine (Sp; Cum. Béal. 76, 53): uibheacha a gcuirfear cearca ar gor sa Mhárta orthu agus a dtiocfadh a sicíní amach i rith mí Márta, sin coiligh agus cearca Márta; níl maith iontu go gcuirtear uibheacha ó choileach Márta agus ó chearc Márta síos, seacht mbliana i ndiaidh a chéile agus iad arna dtoghadh ón ál céanna, glún i ndiaidh glúine; an coileach a bheidh agat an seachtú bliain, sin coileach Márta a mbeidh brí ann agus ní ligfidh sé drochrud ar bith in aice leis an teach (Ca; Cum. Béal. 62, 208): níl sé ceart coileach a thiocfadh amach faoi Fhéile Mhártain a ithe (Ca): tá coileach fírinnach Márta in ann namhaid a aithint fad garraí ón teach (Ciarraí; B II 25);
Féach B IV 74 (CF). cf. PMB 227. Creidtear iontu ar Oileán Mhanann, cf. MR 44.
cf. 1385 agus 3103

1387 Chomh cantalach le cearc an áil. (GS)

1388 Chomh dána le cearc goir. (GS)

- Chomh gangaideach le cearc goir. (I)

1389 Dá bhfaigheadh na cearca a sáith ime, d'imeoidís go Críoch Lochlann. (F)

Leithscéal faoi rud nach dtig a dhéanamh (?); nuair a ligtear amach na cearca ar maidin, deirtear go bhfuil siad ag dul go Tír Lochlann .i. tír na sióg (LMóir).
cf. 2246

1390 Is fearr cearc sa gcarn aoiligh ná do chairdeas Chríost i bhfad ó bhaile. (R, ACC 56)

cf. 2903

1391 Mhill sé é féin mar a mhill an chearc na huibheacha. (GS)

An té a dhéanfadh botún.

CEIRD

1392 An cheird nach bhfuil inniu ann, tá sé amáireach ann. (CR)

1393 An té a mbíonn ceird aige, bíonn beatha aige. (MÓD)

BC 38 leagan gaolmhar.

1394 An té a ólas a pháighe, ní ólann sé a cheird. (RM)

1395 Ba mhinic baithis dhubh ar fheilméara. (Sa)

1396 Ba mhinic drochmháilléad ag togha tuíodóra. (Sa)
- Ba mhinic droch-chlaíomh ag saighdiúir maith. (Sa)
- Ba mhinic droch-chasúr ag togha siúnéara. (CF)

Déanfaidh fear maith obair mhaith dá dhonacht a uirnis.

1397 Ba mhinic leis an gceoltóir a chosa a bheith ag corraí. (Sa)

1398 Ba mhinic pionsúr mantach ag gréasaí. (Sa)

1399 Ba mhinic uirnis mhaith ag droch-chúipéara. (Sa)

Nach ndéanfaidh drochoibrí obair mhaith dá fheabhas a uirnis.

1400 Beatha an tsaighdiúra beatha na muice. (Sa)
- Is é an chaoi a mbeathaítear an mhuc a bheathaítear an saighdiúr, is le haghaidh a mharaithe a bheathaítear gach aon cheann acu. (TÓM)

1401 Bí i do mháistir ar do chúram nó beidh do chúram ina mháistir ort. (DS)

1402 Bíonn an teach ag an táilliúr agus ní fearrde go minic é. (MÓD, LMóir)

Ag obair istigh a bhíodh táilliúirí sa tseanaimsir, agus ó bhíodh deifir ar na fir oibre nuair a thagaidís isteach ag a mbéile, d'fhágtaí an táilliúr go deireadh ó bhí triáil aige, ach is minic nach mbeadh mórán fágtha ag na fir dó (LMóir).
cf. 1861

1403 Bolg rite ag an gceannaí. (Sa)

1404 Bonnacha fuara ag an tuíodóir. (Sa)

1405 Bonn fliuch ag an mbádóir. (Sa)

1406 Bróg shalach ar an sclábhaí. (Sa)

1407 Buille faoi thuairim gabhann. (LB, AA 7/1937)

Níl call le an-chruinneas ag bualadh iarainn; ní bhíonn miosúr ag gabha mar a bhíos ag ceardaí eile.
TI 118 'béimm fo chommus', College 160.
Bangor 10, dhá leagan: 1. amcan gof, 2. amcan trowr.
cf. 1437

1408 Caid ar chaid, caid ar dhá chaid, is sliogán oisre mar bhorradh (spallaí) fúthu. (Sa)
- Dhá chloch ar chloch, is cloch ar dhá chloch (comhairle an Ghobáin Saor dá mhac). (GS)
- Caid ar chaid, caid idir dhá chaid, is caid os cionn caide. (TU, ACB 47)

An chaoi cheart le balla a dhéanamh; déanamh an tseanchaisleáin (OL 28); ceird an tsaoir cloiche mar a mhúin an Gobán Saor dá mhac í (CF).
leagan 3: Leaganacha eile OL 208, BB 184.
Píosa seanchais faoi in AA 3/1937 as na Forbacha.
II BSR 142 - Piedra sobre piedra a las nubes llega.

1409 Capall láidir ag an treabhdóir. (Sa)

1410 Chomh smeartha le fíodóir. (GS)

1411 Chuile shórt ceirde ag Seán a d'fhág leis an bhfán is falamh é. (I)

1412 Cloch ar a faobhar, an-eolaí a chuirfeadh í. (Sa)
- Cloch ar a heochair, an-eolaí a chuirfeadh í. (Sa)
- Cloch ar an gcorr, ní saor a chuirfeadh í. (GS)
- Cloch an fhaobhair ní saor go gcuirfeadh sé í. (TÓM)
- Dhá chloch ar chloch is cloch ar dhá chloch, ach cloch ar a faobhar, ní saor a chuirfeadh í. (MÓD)

cf. BB 185.

1413 Cnámha leonta ag an sclábhaí. (Sa)

1414 Cruit ar fhear málaí. (Sa)

1415 Culaith bhán ar an saor. (Sa)
- Bróga bána ar shaor cloiche. (Sa)

1416 Dona go leor, a tháilliúr, chaill tú do mhéaracán. (RM)
- Dona go leor, a tháilliúr, ó chaill tú do mhéaracán. (MS, LMóir)
- Tá go breá, a tháilliúr, go loice an méaracán. (Sa)

- Tá go breá, a tháilliúr, má chaillis do mhéaracán. (Sa)
- Tá go breá, a tháilliúr, má chaillir do mhéaracán. (Ac)

'Tá go dona,' nó 'Tá go maith'; freagra ábalta faoi rud nach mbeadh trua agat dó (LMóir). cf. 5198

1417 Drochúmacha ag drochfhíodóir. (Sa)

1418 Droim díreach ag an saighdiúir. (Sa)

1419 Droim dóite ag an ngabháileadóir. (Sa)

1420 Éadan ramhar ag búistéara. (Sa)
- Chomh ramhar le búistéara. (Sa)

1421 Easnacha tarraingthe ag an spealadóir. (Sa)

1422 Easnacha tinne ag caoladóir. (Sa)

1423 'Faitíos atá ort, a tháilliúr?' 'Ní hea,' arsa an táilliúr, 'ach b'fhearr liom a bheith amuigh.' (Sa)

1424 Fan go dteaga an mheirg ar an tsnáthaid ag an táilliúr. (Sa)

1425 Feacanna caite ag spailpín. (Sa)

1426 Fear le gach uile cheird is gan é ina mháistir ar aon cheird. (GS)
- An fear a mbíonn chuile cheird aige, ní bhíonn aon cheird go maith aige. (TÓM)

Focal fairsing, cf. SH 245, Ray 436, II BSR 211, L II 104, Arm. 844.

1427 Fear posta fear tirim. (Sa)

Fear le post istigh.

1428 Fuil reoite in ordóg an ghréasaí. (Sa)

1429 Gach saor go binn is gach treabhaí go caolfhód cam. (CR)

Is í an bhinn a fhéachfaidh an tuíodóir, etc.

1430 Gach sleádóir go móin shnáitheach. (Sa)
- Gach saor go deatach agus gach sleádóir go móin shnáitheach. (Sa)

Tá gach sleádóir go maith go bhféachfaidh sé léi; is deacair í a bhaint.

1431 Gliogar i gcluais an cheoltóra. (Sa)

1432 Gréasaí maith a chuireas a cheap ar a ghlúin. (Sa, RM)

1433 Guaillí tirime ag an siúinéara. (Sa)

1434 Inis dom cá bhfuil do cheárta agus aithneoidh mé féin an ceardaí. (GS)

cf. 1232

1435 Is báúil iad lucht aoncheirde. (M)

BC 212 idem
MP 128 (a thugas leagan Breatnaise de).
DC (brawd)

1436 Is beag a fhuas an táilliúr in aice an tseanchais. (Sa)

1437 Is cruinne súil gabhann ná miosúr táilliúra. (MS)

cf. 1407

1438 Is fearr ceird ná ealaín. (F, Ca)

Ná a bheith ag plé le go leor saghas oibre.

1439 Is fearr lán glaice de cheird ná lán glaice d'ór. (F, Ac)
- Is fearr lán doirne de cheird ná lán doirne d'ór. (Ca)
- Is fearr lán doirn de cheird ná lán loinge d'ór. (Ac)
- Is fearr ceird ná airgead. (IG 10/1905)

Teideal seanscéil freisin é (B 12/1930). B'fhéidir go bhfuil a fhréamhacha in 'Ferr dán orba' (SF 4, 1; FFx 6, 1). Leagan 4: DC 59, YD 103. Idem Ray 226, 290, App. 281, 643.

1440 Is í leath na ceirde an uirnis. (Ca)

Rel. II 489

1441 Is minic a gheall táilliúr is nach dtiocfadh sé. (MS)
- Chomh bréagach le táilliúr. (F)

1442 Is namhaid an cheird gan a foghlaim. (Ac, S 7/1913)
- Is dall í an cheird gan a foghlaim. (CF, Rel. II 495)
- Is namhaid gach ceird gan a cleachtadh. (CF, Rel. I 153)

- Is dall í an cheird go dtí í a fhoghlaim. (Ár, Cum. Béal. 77, 423)
- Ní theagann ceird gan foghlaim. (Ca, Cum. Béal. 77, 195)

cf. rann 26 sa duan as LL - 'is borbb nad aithgiuin a cheird' (Ériu IX 45); RC XLVIII, 245 (leagan as ls. den bhliain 1726); MIP 330, 354 (dáta 1600). Rann in D 228; Scot. Cat. 89.

1443 Lámha bealaithe ag an bhfíodóir. (Sa)

1444 Lámha gágacha ag an bhfeilméara. (Sa)

1445 Léine greamaithe ar an bhfeilméara. (Sa)

1446 Luaidhe throm ag drochiascaire. (Sa)

1447 Luath nó mall an feilméara. (Sa)

1448 Más luath nó mall fear na láí, is é fear na sluaiste a bhíos ar deireadh. (C, Gearrbhaile 1937 l.27)

1449 Más maith leat a bheith ag meath, téirigh ag iascaireacht. (S 4/1929)

- Má mheathann tú téirigh ag iascach. (S 12/1919)
- Nuair a mheathas tú, téirigh ag iascach. (Ca)
- An lá a mheathas tú, téirigh ag iascach. (Ca)

Obair mheata í iascaireacht; d'fhéadfadh duine a bheith seachtain gan aon bhreac a mharú.

1450 Méaracha dóite ag ceannfort an aoil. (Sa)

1451 Ná cóirigh a leaba do mhuc ná do tháilliúr. (TÓM)

cf. 1441

1452 Náprún bán ag an mbuitléara. (Sa)

1453 Ní bádóir go lánscóid. (Sa, Ca)

- Ní bádóir go lánscóid,
  Ní tuíodóir go cúinne,
  Ní hoireamh go caolfhód,
  Ní fíodóir go súsa. (CnM, D 241, BB 214, an rann céanna mórán.)

1454 Ní bheidh an saol choíche gan gréasaí. (F)

Go mbeidh a leithéid ag teastáil i gcónaí.

1455 Ní bheidh obair an talmhaí déanta go brách. (TÓM)

Go mbeidh muid uilig i gcónaí ag brath ar obair an fheilméara is toradh na créafóige.

1456 Ní bhíonn i ngach táilliúr ach an deichiú cuid d'fhear. (Ac)

- Ní bhíonn sa táilliúr ach an tríú cuid déag d'fhear. (MS)
- Tríú cuid d'fhear is ea an táilliúr. (CF)

'An naomhadh cuid' a deirtear in ASG 107. cf. an focal coitianta Béarla (SH 314), a fhaightear freisin in PB 127, Arm. 849; tá sé i gceist gur buillí creidhill bháis (.i. tellers) a bhí sa bhfocal Béarla ar dtús, trí bhuille le haghaidh páiste, sé bhuille do bhean, is naoi gcinn d'fhear. (cf. New Eng. Dict. 1919 - tailor). Joyce 168.

1457 Ní féidir a bheith ag plé lé súiche gan smearú. (GS)

Fairsing san Eoraip, le pic in áit súiche, II BSR 213, App. 498, SH 172, LSM 7a; Sior. XIII 1. cf. 1079

1458 Ní féidir bád a ghabháil gan láimhsiú. (Sa)

Lámh a bheith ar an halmadóir.

1459 Ní féidir ceird a chaitheamh. (IG 10/1905)

A chaitheamh amach; bíonn sí agat i gcónaí.

1460 Ní féidir olann a shníomh gan bealadh, ach sníomhtar an barrach i gcónaí. (CF)

1461 Ní féidir snáithe a chasadh le tuirne gan rotha. (Sa)

1462 Ní hé gach saor a shocraíos a chloch sciatháin ceart. (Sa)

cf. BB 184.

1463 Níl aon fhear ceirde is bréagaí ná an gréasaí. (ADR 169)

cf. Tagra na Muice - 'fear déanta bróg … nach dtabharadh a bhréaga ...' (Lia Fáil III 17). cf. 2742

1464 Níl aon fhear in ann don arm ach an saighdiúir, is níl aon fhear in ann don fharraige ach an mairnéalach. (Ca)

1465 Ní lia tír ná gnás, is ní lia ceann ná ceird. (ACC)

- Chuile dhuine is a cheird féin aige. (CS 15/2/1908)

'Cách dia ceird' atá in Immacallam in dá Thuarad 164 (RC XXVI, 8) Searc 1, xviii, 5.
SH 97, App. 190, PB 122. Thiocfadh dá leithéid dul siar go dtí an Laidin, cf. O 37 (ars 1).

1466 Níl mairnéalach go fear stiúir. (GSe)
- Ní mairnéalach go stiúrthóir. (MÓD)

D 269 (dáta 1782)
O'Daly 88, SFM 14

1467 Níl táilliúr ar bith gan a bhásta féin. (S)

Níl ceird ar bith gan dul amú a bheith léi.

1468 Píobaire an aonphoirt. (TÓM)
- Píobaire aonphoirt. (Sp, Ca)

MIP 413.
SH 517, App. 287, O cantilena.

1469 Póca teann ag fear na ceirde. (Sa)

1470 Posta dona ag fear an ghuail. (Sa)

Obair chrua, shalach, chontúirteach a bhíos ag mianadóir.

1471 Pus dubh ag an néiléara. (Sa)

1472 Pus dubh ag an ngabha. (Sa)

1473 Scian ghéar ag an gcoilleadóir. (Sa)
- Scian ghéar ag an gcoillteoir. (RM)

1474 Scíth an ordlaí ón inneoin go dtí na boilg. (GS)

Ní bhíonn de scíth aige ach malairt gníomh.
TB 3, X 4 (Fuaradh giolla an ghabhann)
MIP 395

1475 Seanfhocal nár sáraíodh, gurb ionann bean is tailliúr. (F)

Obair mná a dhéanann an tailliúr, fuáil agus obair istigh.

1476 Síleann mná gan eolas go bhfuil ór ag saothraí báid. (RM)
- Tá ceird mhaith ag saortha báid, agus meallann sin mná dícheillí. (LMóir)

Is duine gan eolas a cheapfadh go mbeadh airgead acu, mar níl aon dream is fánaí a chaitheann a gcuid airgid.

1477 Siséal mantach ag an gcúipéara. (Sa)

1478 Sleádóir maith a bhaineas portach móna ar leic. (Sa)

1479 Sleán mantach ag drochshleádóir. (Sa)

1480 Sochar is dochar na ceirde. (GS, MÓD)

Seal go maith agus seal go dona.
College 184
Lessons 238

1481 Stoca tirim ar an táilliúr. (Sa)

1482 Stór teann ag an mbáicéara. (Sa)

1483 Stuaim mhór atá sa gcaoladóir. (Sa)

1484 Táilliúr a chlisfeadh is táilliúr nach gclisfeadh. (Sa)

cf. 1441 agus 1451

1485 Tairne i mbeo a ghníos caiple bacach,
Tairne i mbeo, ní gabha a chuirfeadh. (MÓD)

1486 Taobh tarraingthe ag an tuíodóir. (Sa)

CEIRT

1487 Chuimil sé ceirt na geire dhe. (RM)

CEOL

1488 Deireadh ceoil (.i. damhsa) cáineadh.
- Deireadh céilí cáineadh. (MS, Cum. Béal. 91, 15 gan áit)

cf. 5046

CIALL

1489 A chiall féin ag gach aon duine, is a chiall féin ag an bhfear mire. (CR)
- A bharúil féin ag gach aon duine, is a bharúil féin ag an bhfear mire. (CR)

1490 An té nach mbíonn ciall aige, bíonn fán air. (GS)

1491 Bí ar an taobh ceart den fhascadh. (LMóir)
- Bí ar thaobh an fhascaidh den chlaí. (RM)

Is maith an ní a bheith ar an taobh sábháilte, nó ar an taobh is fearr a dhéanfaidh maith duit.

1492 Chomh stuama le Arastol. (T, Cum. Béal. 208, 221)

cf. 2274

1493 Cloigeann mór le ciall scóir agus cloigeann circe ar amadán. (I)

1494 Comhartha cluaise is comhartha céille, an dá rud nach dteagann le chéile. (Ind)

1495 Cuir ceirín den neamhshuim leis agus leigheasfaidh sé. (CR, Gearrbhaile 1940–41 l.31)

1496 Duine ar bith nár chuir Dia ciall ann, ní chuirfidh maide ná bia ciall ann. (Ind)

1497 I leaba a chéile a thagas an chiall don duine. (MS, TÓM)

1498 Is beag is fiú éadan álainn gan ceann céillí. (AR 571)

- Ní hí an bhean is áille is mó ciall. (GS)

SF 4, 20 (FFx 6, 66) - ferr ciall cáinchruth; rann faoin ábhar céanna ZCP VII 268. Lessons 347 (fabhalscéal).

1499 Is deas an rud ceann a mbíonn ciall ann. (MÓD)

- Is deas an rud an cloigeann a mbeadh ciall ann. (TÓM)

1500 Is fada go dtigeann ciall don duine. (RM, TÓM)

- Is fada go dtigeann ciall an duine. (Ca)
- Is fada ag tíocht ciall an duine. (MÓD)

Go bhfeicfidh sé an scéal mar is ceart, nó go ndéanfaidh sé comhairle, etc.

1501 Is fearr ciall ná cuid. (AR 173)

- Dá fheabhas bia, is fearr ciall. (CF, AR 545)
- Ní fearr bia ná ciall. (S 10/1928, AConn, TÓM)

Leagan de in IM: O'Daly 95, Lessons 299, MIP 339.
cf. DC72. YD 107 (Gwellpwyll nag aur, etc.), Arm. 218, 262, SH 294, is Seanfh. XVI 16

1502 Is minic a thigeas caint chríonna as béal amadáin. (M)

1503 Is mór is fiú an chiall, an té a ngeallfadh Dia dhó í. (CC)

Leagan a deirtear le duine díchéillí, le fonóid.

1504 Más beag an rud an chiall, is mór an rud a díth ar dhuine. (CR)

1505 Ná nocht d'fhiacla gur féidir leat greim a bhreith. (MÓD)

Scríofa a fuair mé seo, níor chualas sa chaint ariamh i gConnachta é.
BC 71, Joyce 139, SM 12.
Focal fairsing, SH 213, 311, App. 50, BSR I 56, HV 300 (mordre), L II 324.

1506 Nead ó anuraidh í,
Fág ina codladh í. (Sa)

1507 Ní gan ciall an seanfhocal. (GS)

1508 Níl aon amadán gan fios a chéille féin. (S 1/1928)

- Níl amadán ar bith gan a chiall féin. (IG 6/1894, AR 405)
- Chuile amadán is ciall dó féin. (F)
- Bíonn a chiall féin ag chuile amadán. (S 10/1928, IG 7/1905)
- Níl amadán ar bith nach bhfui ciall aige dhó féin. (Ár)
- Chuile amadán agus a chiall féin. (CF)

1509 Níorbh fhearr dhuit a bheith i do cheap céille ná i do strae margaidh. (M)

Ní fearr an té róchiallmhar ná an t-amadán.
SH 7, 7 - 'Nirbat rogáeth, nirbat robáeth'.

1510 Ní scorn do dhuine bocht ciall a bheith aige. (S 1/1928)

- Ní scorn ar dhuine bocht ciall a bheith aige. (M)

Is uaidh is géire a theastós sí.
SFM 14

1511 Ní thagann ciall roimh aois. (Ac, TÓM)

- Ní thagann ciall roimh an aois. (Ca)
- Ní thagann ciall roimh aois, ach tagann sí ina diaidh. (MS)

1512 Ní ualach don cholainn ciall. (CS, AConn 2/1908)

- Ní tromaide an cholainn ciall. (M)

- Ní truimide fear a bhrat,
  Ní truimide each a shrian,
  Ní truimide caora a lomradh,
  Ní truimide ceann ciall. (IG)
- Ní truimide an loch an lacha,
  Ní truimide an t-each a shrian,
  Ní truimide an bhó a heireaball,
  Is ní truimide an ceann ciall. (MS)
- Ní meáchan ar cholainn ciall,
  Ní meáchan ar bholg bia,
  Ní meáchan ar chaora a holann,
  Ní meáchan ar loch lacha,
  Nuair a rachas sí ag snámh uirthi. (CC)
- Ní troimide an loch an lacha,
  Is is deiside each a shrian;
  Is teoide an chaora a holann,
  Is ní miste colainn ciall. (I, DÓM)
- Is deise don abhainn an lacha,
  Is deise don each an srian,
  Is deise don chaora a holann,
  Is deise don chloigeann ciall. (CF)
- Ní hualach don chapall an tsrian. (Ac)

  Rann an-fhairsing i lámhscríbhinní, cf. Eg. 106, 13 b (Cat. II: dáta 1715), D 59, etc.; Neilson I 101, College 212, Finck 178, 242, Rel. II 486, SC 829

CINNTEACHT

1513 An bheatha faoi láthair an bheatha is fearr. (M)

1514 An rud atá le d'aghaidh, ní féidir leat a dhul thairis. (Sa)
- Níl aon dul ón rud nach féidir a sheachaint. (RM, Ca)
- An rud atá i ndán dom, is doiligh a bhánú. (M)
- An rud atá le d'aghaidh, caithfidh tú a dhul thríd. (S 4/1930)

  Cuir seo i gcomórtas le MIP 282, is na samplaí as an litríocht atá leis.

1515 An rud nach féidir, ní féidir é. (Ca)

1516 An teach nach bhfuil aon bhun láidir faoi, tuiteann sé thar éis tamaill. (CF, RM)
- Ná déan do theach ar an ngaineamh. (Ca)

  Teach gan fothaí láidre, nó duine gan cúl torraic maith.
  cf. an t-amhrán - 'God é an mhaith dom dá ndéanainn muileann ar móin?' (AGI 49; AGC 60). As an mBíobla (Mth. VII 26, 27); tá leaganacha sna teangacha Rómhánacha leis an mbrí chéanna (II BSR 136 - Sin buen fundamento, el edificio no puede ser durable - O 31, LSM 28d, 43o, Lipp. 748, II L 254).

1517 Bí ceart sula mbí tú dearfa. (MÓD)

1518 Bíonn 'ina dhiaidh sin' ann agus ní phóstar an cailín. (AA 1/1940)

1519 Buail an ceann, seachain an muineál. (TN 28/12/1893)
- Buail an cholainn, seachain an ceann. (IG 7/1905)
- Seachain an ceann agus buail an muineál. (Ac)

  Ag iarraidh dochar a sheachaint in áit amháin agus á dhéanamh in áit eile.
  Rel. II 475, 484

1520 Buail an tairne sa gceann. (MS)

  Leagan cainte, SH 522

1521 Ceangal lae is bliana, mar a rinne Fionn lena churrach. (M)
- Ceangal lae is bliana, mar a rinne Fionn lena churrachán. (MÓD)
- Tabhair feisteas lae is bliana ar do bhád, mara mbeadh sí agat ann ach uair an chloig. (Ca)

  A bheith aireach ar bhád agus feisteas maith a chur uirthi mar is gearr a bhíos athrú ag teacht ar an aimsir (Ca).

1522 Chomh cinnte le urchar gunna. (Sl, DÓM)

1523 Cothromacan síon na haimsire, is comhar na gcomharsan, an dá rud is cinnte ar bith a thuitfeas amach. (RM)
- Comhar na gcomharsan nó cothrom síon na haimsire. (CF)
- Comhar na gcomharsan nó cothromacan síon na haimsire. (RM)
- Is ionann comhar na gcomharsan is cothromacan síon na haimsire. (F)
- Comhar na gcomharsan agus cothromacan sín. (MÓD)
- Cothromacan sín, a deireadh na seandaoine, nó comhar na gcomharsan. (LB, Cum. Béal. 208, 181)
- Ní dheachaigh Fionn Mac Cumhaill i

mbannaí ariamh ach ar chothromacan síon na haimsire. (LB, Cum. Béal. 209, 28)

cf. 129

1524 Cuir an tsrathar ar an asal ceart. (GS)

- Cuir an diallait ar an gcapall ceart. (I)

Leagan de in BC 592; id. SH 385.
Idem Ray, 129, 309

1525 Fásann níos mó sa ngarraí ná a chuirtear ann. (RM)

Nach é an ní a raibh súil leis a bhíos ar fáil sa deireadh, nach leanann páistí a n-oiliúint etc.
Idem SH 290 (le leagan Spáinnise), III NG 6.

1526 Fearr a bheith cinnte ná caillte. (I)

- Fearr a bheith cinnte ná caillteach. (MS)

Rel. I 159, II 496.
cf. 1534

1527 Greamanna beaga is é a cheangal go luath. (Ca)

1528 Iarracht an tríú huair, bua nó claonadh. (Ca)

- Má theipeann ort an tríú huair, éist leis; má éiríonn leat, lean dó. (RM)
- Is olc an tríú hiarracht nach mbainfidh. (M, CF, B V 152)

1529 Is ceart an t-airgead a chomhaireamh faoi dhó. (RM)

1530 Is é an chaoi is fearr gan a bheith róchinnte. (Sl, DÓM)

- Ná bí róchinnte. (Sl, DÓM)

1531 Is é an ghair chéanna agat, breith ar mhac tíre is uisce a iompar i gcriathar. (RM)

Ní fhéadfaidh tú ceachtar acu a dhéanamh.
BC 666; tá an dara ceann tugtha in AMC (Meyer) 73 (téacs as An Leabhar Breac).
I NG 28 (Agua coge en harnero, etc.), I L 118, O 31, 98, 199.
cf. 2128 agus 2521

1532 Is é cruthú na putóige a hithe. (F, M, TÓM)

- Níl a fhios ag súil dá ghrinne, an searbh nó milis an deoch, go mblaise an béal di. (GS)
- Is é cruthú na stéige a hithe. (M)
- In ithe na putóige a bhíos a féachaint. (Ca)
- Ní bheadh a fhios agat cén mhaith atá sa bputóg nó go n-íosfaidh tú do dhóthain. (Ca)
- Maitheas an cháca a ithe. (MS)

Leagan 3: cf. Éan an Cheoil Bhinn; Lloyd 23.
Leagan 4: cf. O'Daly 89, SFM 7
Idem App. 154, SH 457

1533 Is fada ón gcréacht an t-inreach. (TÓM)

- Is minic gur fada ón gcréacht an ceanrach. (GS, CF)
- Is fada ón luaith an bocaire. (CR, Ind)
- Is fada ón luaith an chrannóg. (GS)
- Is fada ón muileann a leag tú d'ualach. (Ca)
- Is fada ó bhaile a leag tú d'ualach. (RM)
- Is fada ón muileann a leag tú an sac. (GS)

A bheith i bhfad ón gceart nó rud a aimsiú i bhfad ó láthair.
MIP 317
I L 182, II NG 367 (focal Fraincise)

1534 Is fearr duit a bheith dearfa de do ghnotha, ná aiféala a bheith ort. (TÓM, MÓD)

- Is fearr a bheith siúráilte ná aiféalach. (Cum. Béal. 91, 13 gan áit)

Joyce 113.
cf. 1526

1535 Is fearr éan sa láimh ná dhá éan sa dos. (AR)

- Is fearr éan i do láimh ná dhá éan ar an tom. (TÓM)
- Is fearr éan i do láimh ná dhá éan ar an gcraobh. (S 6/1920)
- Is fearr éan i do láimh ná péire ar an gcraobh. (RM)
- Is fearr éan i gcliabhán ná péire ar an gcraobh. (CR)
- Is fearr dreoilín i ndorn ná corr ar chairde. (IG 9/1905)
- Is fearr dreoilín sa dorn ná corr ar chairde. (CF)
- Ná lig an t-éan atá i do láimh ar an éan atá ar an gcraobh. (Ca)
- Ná tabhair an t-éan atá i do láimh ar an éan atá ar an gcraobh. (S 1/1925)
- Is fearr an breac atá sa dorn ná an breac atá san abhainn. (Ca)
- Ná tabhair an breac atá i do dhorn ar an mbreac atá sa bpoll. (CC)

- Is fearr fear ar an talamh ná beirt ar an gcruach. (MÓD)
- Is fearr éan sa láimh ná dhá cheann sa tom. (Ac)
- Is fearr éan sa ghlaic ná dhá cheann sa tom. (Ac)
- Ba deise éan ar láimh ná lán coille. (Inis Airc, Cum. Béal. 237, 147)
- Is fearr bó agat féin ná dhá bhó ag do chomharsain. (Ca, Cum. Béal. 77, 193)

BC 70. E. Ruadh Ó Súilleabháin (eagrán Uí Dhuinnín) 76 (cf. SM 1792); IM, College 282; Stair Éamuinn Uí Chléire (Ó Neachtain) 1928 (dreoilín ...corr); Búrd. 121; rann as ls. sa Fhrainc (RC XLVIII, 247); SC 863, Rel. II 496; cf. freisin, 'Ferr tairisiu tairngiri' (SF 4, 12; FFx 6, 58), 'Cinntech ar ecinntech sin' (Leabhar Aicle 156). Leagan 10: cf. DC 69.
Rífhairsing san Eoraip, cf. I BSR 213 (éan), 228 (gealbhán, etc.). II NG 336, 377. App. 49, Ray 72, AWM 186; YD 102, 105, 107, DC 101 (dryw . . . Gwydd). Tugann App. Bunús Gréagach dó, is tá leaganacha Laidine in LSM 69p, 70p, Taylor 23 agus Trench 30. Bangor 3 (adar).

1536 Is fearr glas ná aimhreas. (S 9/1927)

SF 4, 27 (FFx 6, 75) 'ferr astud amaires'.

1537 Is fearr suí socair ná éirí is tuitim. (TÓM)

1538 Is fearr ubh inniu ná damh amáireach. (RM)
- Is fearr ceann inniu ná péire amáireach. (TÓM)

Tá leagan Fraincise focal ar fhocal leis in II BSR 93, L I 95, ach is fairsinge go mór fada leagan eile ag trácht ar ubh agus cearc, cf. I BSR 241/242. Leagan 2: cf. L II 264

1539 Is mairg a bheadh teann is an saol gearr. (CM, Ind)
- Is mairg a bhíos teann sa saol. (CF)
- Is mairg a bhíos teann is a ghoiride a bhíos duine ann. (GS)
- Is mairg a labhraíos go teann. (CF, I)
- Is mairg a bheadh teann as a shaol, mar is gearr ar an mbás na daoine. (Ár, Gearrbhaile 1938–39)
- Is mairg a bheadh teann. (IG)

An duine ceanndána, teannpháirteach; duine a bheadh ag baint iomarca leasa as an saol.
Cinnlae II 120; an chéad líne d'amhrán ADC I 100.

1540 Is mairg a ghníos dóigh dá bharúil. (CF)
- Is mairg a ghníos deimhin dá bharúil. (MÓD)
- Is mairg a ghníos dóigh dá dheifir. (TÓM)
- Is olc an rud do dhuine dóigh a dhéanamh dá bharúil. (TÓM)
- Ná déan dóigh de do bharúil. (S 1/1928, AR 348a)
- Ná déan deimhin de do dhóchas. (S 1/1928)

Aithdhioghluim Dána 86, 15d. Branach 8, 2889, Cat. II 267; MIP 191.

1541 Is maith an comhartha an ceanrach. (MÓD)

Má cheanglaítear caora etc. le ceanrach, níl aon chall duit a chomhartha (.i. comharthaíocht) a thabhairt ná dul á tóraíocht.

1542 Má leanann tú lorg an chrú,
Ní rachaidh tú choíche amú. (S 4/1927, TN)

Píosa de scéal atá clóbhuailte in S 4/1927.
Sa tseanaimsir, áit nach raibh bóthar ar an sliabh, bhíodh lorg crúite na mbeithíoch go soiléir, mar chosán (TÓM).

1543 Ná bí ag lorg rudaí nach bhfuil i gclár ná i bhfoirm. (Sa)

cf. Bríatharthecosc Conculaind - 'Ní géis co ansa' (ZCP XV 188)

1544 Ná caith amach an t-uisce salach go bhfaighe tú an t-uisce glan isteach. (TÓM)
- Ná caith amach an t-uisce salach nó go mbí an t-uisce glan istigh. (S)
- Ná caith an t-uisce salach féin amach go mbí an t-uisce glan istigh agat. (S 5/1929)
- Ná caith an t-uisce salach amach go dtige an t-uisce glan isteach. (GS)
- Ná caith an t-uisce salach amach go dtabharfar an t-uisce glan isteach. (Ac)
- Ná caitear amach an t-uisce salach go mbí an fíoruisce istigh. (Ca)
- Ná caith uait an tseanbhróg nó go bhfaighe tú an bhróg nua. (Casla)
- Ná múch coinneall go lastar ceann eile. (TN 24/1/1890)
- Ná maraigh an chráin go mbí an t-ál tógtha. (M)

- Ná maraigh an chráin go mbí an t-ál cothaithe. (IG 8/1894)

  Idem. App. 153, SH 74, Ray 233 (Alba); malairt leagain in App. 337.

1545 Ná comhair na héanacha go dtige siad amach. (TN 24/1/1890)
- Ná comhair na sicíní go dtaga siad amach. (S 12/1919)
- Ná comhairtear na héanlaith go dteaga siad amach. (Sa)
- Ná comhair na sicíní go bhfeicfir ag piocadh gráinní mine bhuí ar an urlár iad. (M)
- Comhaireamh na sicíní is gan iad amuigh. (IG 7/1905)
- Ná haltaigh an bia go mbí sé i do mhála. (CnM)
- Ná haltaigh do chuid go mbí sé i do mhála. (Ca)
- Ná haltaigh an bia go gcaithe tú é. (M, TÓM)
- Ná haltaigh do chuid go gcaithe tú é. (Ca)
- Ní breac go mbí sé ar bhruach agat. (GS)
- Ná habair gur breac é go mbí sé istigh sa mbád agat. (Ca)
- Ná beannaigh don iasc go dtiocfaidh sé i dtír. (Ca)
- Ná déan cró go mbí súil le muic agat. (MÓD)
- Ná scaoil anuas do sheol go mbí cóir agat. (CF)
- Ná maraigh an fia go bhfeice tú é. (Ca)
- Roinnt Sheán Niocláis ar na glasóga. (Ár, Cum. Béal. 73, 54 le scéal)

  BC 297. O'Daly 90, 94. Leagan 13: cf. IM. Idem App. 95, YD 54, DC 81, AW 185, Bangor 110 (deor), 260 (cyw).

1546 Ná lig aon scréach nó go bhfága tú an choill. (CC)

SH 327 (leagan cainte)

1547 Ná maígh thú féin as an lá amáireach. (AR)

Ná déan dearfa dá bhfuil fút a dhéanamh amárach. As an mBíobla (Seanfh. XXVII 1).

1548 Ná suigh ar an stól go mbí sé formáilte fút. (CF)

1549 Ní chreideann an tsúil ach an rud a fheiceas sí. (GS)

PHL Breac 6731 - 'ar is démniu a n-atchí súil inas n-atchluin cluas' (ag tagairt d'amhras Thomáis Naofa); FFx 6, 72, SF 4, 25
cf. App. 556, SH 382, Ray 130. L II 295, O 251 (oculus 9).

1550 Ní cleas é mara ndéantar faoi dhó é. (Ca)

Rann 34 den duan as LL - 'ní suí nad athchain fa dí'.

1551 Ní den chríonnacht an chinnteacht (Sa)
- Ní den chríonnacht a bheith rochinnte ar fad. (M)
- Ní gan críonnacht an chinnteacht. (G, DÓM)
- Ní den chríonnacht an chruinnteacht. (AA 10/1938)

  IM (Críonacht cinnteacht).
  MR 34 (Marish y chenndiaght ta creenaght).

1552 Níl aon mhaith le 'b'fhéidir'; tá 'sílim' maith go leor. (CR)

1553 Níl baol báite ar an té a chrochfar. (AR 312)
- An té a bheirtear i gcomhair a chrochta, ní bhíonn aon bhaol báite air. (Ca)
- An té a mbeidh sé ina chinniúint é a chrochadh, ní bháfar go brách é. (Ac)
- An té a bhfuil sé i ndán dó a chrochadh, ní bháfar é. (Ca)
- An té a bheirtear le haghaidh a bháite, ní fhaigheann sé bás ar a leaba. (F)
- An té a bhíos á chrochadh, ní baol dó a bhá. (Ca)

  Idem App. 61, SH 163, Ray 73, 239.

1554 Ní leatsa a bhfeiceann tú. (AR)
- Ní le duine féin a bhfeiceann sé. (CC, IG)
- Ní le duine bocht féin a bhfeiceann sé. (GS)
- Ní linn a bhfeiceann muid. (Ca)
- Ní linn féin a bhfeiceann muid. (TÓM)
- Ní le chuile bhó a lao féin. (RM)
- Is minic nár rug lao na bó ar a lacht. (GS)
- Níl tadaí róchinnte. (Sl, DÓM)
- Tig leat a rá go bhfuil agat má mhaireann tú. (I)
- Ná habair gur leat a bhfeiceann tú. (GS)

  Ná bí dearfa de do mhaoin is do shealús; níl aon ghreim buan ar an saol agat agus tugann an bás

roinnt uait (RM: TÓM); ní ceart do dhuine gach uile ní a shantú. (CC).
Rann as Laud 615 (ZCP VII 303) -
'A De bí,
mairce doni deirb eile im ní
do gheibh duine ní nach 'faic;
Arch. III 222 (rann), Dioghluim Dána 22 11b, D 43, Búrd. 143, Tóraidheacht III 28, 4.
LSM 243n (véarsa dhá líne).

1555 Níl urchar ar bith níos measa ná an t-urchar nach gcuirtear i gcion. (CS 24/10/1903)

1556 Níor eitigh páipéar bán dúch ariamh. (Ca, GS)

Duine cineálta; níor eitigh sé cúnamh a thabhairt ariamh (Ca).
Bíonn fíor is bréagach ar an bpáipéar (GS).
cf. SH 610 (Youth and white paper take any impression), II L 249, II NG 295 (leagan Fraincise).

1557 Níor fhág marbh an láthair. (RM, S 2/1919)

- Ní insíonn an fear caillte aon scéal. (Ca)
- Níl fear marbh ag dul ag insean aon scéil. (Ca)
- Níl fear marbh ag dul ag déanamh aon tseanchais. (Ca)
- Greim an mhadaí mhairbh. (RM)
- Ní thig le mála falamh seasamh ná le cat marbh siúl. (IG)
- Ní fhágann marbh láthair. (RM)

An rud atá cniogtha, ní ghabhfaidh sé níos faide, ní chorróidh sé tuilleadh.
Leagan 2: idem SH 83, App. 138, O 229.
Leagan 5: cf. App. 137, 158, I BSR 55.

1558 Ní thigeann na hindéirí is na hadéirí le chéile. (AR 48)

- Ní thigeann na húdraí is na hádraí le chéile. (RM)

An rud atá scríofa síos is an rud a deirtear (nó a cheaptar) a bheith.

1559 Seo é an gadaí, ach cá bhfuil an cruthú? (RM)

1560 Tá dhá Dhomhnall i gCúige Uladh. (RM)

- Tá dhá Mhánas in Iorras. (MÓD)

Deirtear seo le cur in iúl go bhfuil beirt den ainm céanna ann, nuair a fhreagraíonn duine d'ainm duine eile.
cf. 2524

1561 Tá dhá 'i ndán' ann, i ndán báis is i ndán pósta. (GS)

BC 292 (tiontú ó Bhéarla).
Idem App. 403, SH 291, Ray 43, 367 (bain), 'Hanging and marriage go by destiny,'
Lipp. 388.

1562 Tá fáth le gach ní. (DÓF)

College 299, Lessons 41, 70.

1563 Tá 'gar dó' chomh fada uaidh is a bhí sé ariamh. (S)

- Ní dhéanann 'gar dó' an gnotha. (GS)

CLANN

1564 An fháilte is mó ar bith, fáilte an athar roimh an mac, nuair a thigeas sé ar an saol. (F)

1565 An mháthair leis an mac agus an iníon leis an athair. (CF)

- Mac máithriúil, iníon aithriúil. (I)

1566 An rud a chíos an leanbh, ghníonn an leanbh. (AR)

- An rud a chíos an leanbh is é a ghníos an leanbh. (TÓM)
- An rud a fheiceas an ceann óg ag an gceann críonna, bíonn sé aige féin. (CF)

Lessons 280

1567 Bean gan leithscéal gan scíth, bean gan píopa gan leanbh. (TÓM)

- Cailleach gan scíth, cailleach gan leanbh gan píopa. (Ca)
- Bean gan leithscéal, bean gan leanbh. (MÓD)
- Bean gan leanbh, bean gan píopa, bean gan scíth. (MÓD)

1568 Bean phósta gan clann, is bean í atá lán le éad. (Ca)

1569 Bíonn cúram naonúir ar lánúin gan aon leanbh. (GS)

Bíonn oiread cruóige orthu is dá mbeadh naonúr acu.

1570 Bíonn muirín níos mó ag dreoilín ná ag fiach dubh. (M, IG)

- Chomh bisiúil le dreoilín. (CF)

  cf. Amhrán Bhuachaillí an Dreoilín, 'is mór do mhuintir, is beag thú féin'. AWM 137, MR 11.

1571 Bíonn tinneas a clainne ar an máthair i gcónaí. (GS)

1572 Bíonn trí ceathrú den chairdeas Chríost sa bpáiste. (Ca)

1573 Buailfidh duine a pháiste féin ach ní ligfidh sé do dhuine eile a bhualadh. (GS)

1574 Buille na leasmháthar, buille crua gan aon torann. (S 2/1927)

- Buille na leasmháthar, buille trom gan torann. (GS)

1575 Clann a leagas, clann a thóigeas. (RM)

- Clann ag leagan is clann ag tóigeáil. (CF)
- Clann atá le duine a thóigeáil, is clann atá le duine a bhriseadh. (M)
- Clann a thóigeas is clann a thóigeas leagan. (CF)

1576 Clann na Cuaiche (Sl)

Páiste amháin de chlann.

1577 Dá mhéad grá máthar dá céadmhac, is seacht mó a grá dá haonmhac. (GS)

- Más mór é grá máthar dá céadmhac, is mó ná sin i bhfad a grá dá haonmhac. (S 8/1924)

1578 Dá shleamhna lao na bó, líonn a mháthair é. (TÓM)

- Níl lao dá shleamhna nach líonn a mháthair féin é. (Ac, BB 66)

  Go mbíonn bród uirthi as.
  DC 47 (Llua pob buwch ei llo ei hun).

1579 Fág d'iníon ag caitheamh an lae,
Is cé ar bith fear atá i ndán di, gheobhaidh sí é;
Ach buailfidh mise buille den ord marbh
Anuas san éadan ort. (M, DÓM)

1580 Feoil a thabhairt do leanbh, feoil a bhaint de leanbh. (AConn 2/1908)

1581 Go mbuaile an diabhal i gcuinc a mhuiníl,
An té a thabharfadh a chuid go léir dá mhac no dá iníon. (TÓM)

- Gabháil den tua seo i mbaic a mhuineáil, don té a thabharfadh a chuid go léir dá mhac nó dá iníon. (AConn 3/1908)
- Ná tabhair do chuid do mhac ná d'iníon. (RM)
- Go mbuaile an diabhal i mbaic a mhuiníl,
  An té a thabharfadh a chuid go léir dá mhac nó dá iníon. (RM)
- Buille tua i mbaic a mhuiníl,
  Don té a thabharfadh a chuid do mhac ná d'iníon. (LMóir)

  O'Daly 82, Búrd. 81.
  An rann céanna, SH 158, Ray 240 (bain), is rann mar é L II 296, NG II295, 307. As an mBíobla (Síor. XXXIII 19/21).

1582 Is creach don chat a pisín. (AConn 2/1908)

- Baineann an t-uan siúl as a mháthair. (GS)
- Is púir leis an gcat a pisín. (Ca)
- Púir don chat a pisín. (RM)

  Go bhfaigheann an mháthair anró lena clann.
  SFM 8.
  cf. 4685

1583 Is é a dhul idir an craiceann is an dair a dhul idir an mháthair is a leanbh. (GS)

- Is deacair a dhul idir an dair is an craiceann (.i. idir gaolta). (CC)

  In Immacallam in dá Thuarad (RC XXXVI, 8) faightear 'etir fid 7 a folt (duille)': leathfhocal BC 68: cf. Freisin 'Amh. Ch.' 211, agus M. Mac Suibhne 130. 'idir fear is a bhean,' a deir an Béarla (App. 26) is tá leaganacha mar é fairsing san Eoraip ó aimsir Phlatón (II BSR 39, L I 40, II 126).

1584 Is é do mhac do ghrá is do mhada do chomrádaí. (CC)

1585 Is fearrde bean leanbh ach is miste dhi beirt. (M)

O'Daly 92

1586 Is fearr iníon agat féin ná mac ag duine eile. (Ca)

1587 Is fearr iníon bheo ná mac marbh. (RM)

1588 Is fearr mac le himirt ná mac le hól. (Ac)

- Níl a fhios cé is fearr, mac le himirt nó mac le hól. (TÓM)
- Níl a fhios cé acu is fearr, mac le himirt nó mac le hól. (MÓD)

Ní chailleann cearrbhach ach airgead; cailleann meisceoir clú agus cáil is meas air féin chomh maith.

1589 Is fearr sliocht ná an lorg. (Ca)

- Is fearr orlach gasúir ná troigh cailín. (Ca)
- Is fearr orlach de ghasúr ná troigh de chailín. (Ca)

Is fearr clann mhac ná clann iníon (.i. sliocht a bheith i do dhiaidh).
Bangor 146 (gewin).

1590 Is furasta leanbh a ghráú lena mháthair féin. (TÓM)

- Is furasta leanbh a ghráchaint lena mháthair féin. (S 9/1929)

Gur furasta don mháthair a leanbh a ghráú.
cf. M. Mac Suibhne 49 agus 123.

1591 Is giobach an chearc go dtóige sí a hál. (RM)

- Is cuileach an chearc go dtóige sí a hál. (RM)
- Bíonn chuile chearc giobach go dtóige sí a hál. (S 1/1920)
- Is giobach cearc ag tóigeáil a háil. (Sp, B 1934)
- Is gliobach an chearc go dtóige sí a hál. (LMóir)

Go mbreathnaíonn sí leibideach stiallach; ní di féin a thugas an mháthair aire ach do na páistí.
BC 221 idem.

1592 Is iad a chlann saibhreas an duine bhoicht, is bochtanas an duine shaibhir (uasail). (S 1/1928)

Saothraíonn clann duine bhoicht dó, ach scaipeann clann deisiúil cuid an athar.
Tá an chéad leath in App. 96, L II 165.

1593 Is í glúin máthar Gaelaí an scoil is fearr in Éirinn. (GS)

1594 Is leasmháthair a thóigfeadh air é. (AR 321)

Thógfadh sí rud ar a leasmhac nó leasiníon tar éis go gceapfadh daoine eile nach raibh aon mhilleán ag sroicheadh dóibh .i. nach bhfuil aon bhá ag leasmháthair do chlann a fir.
cf. 'mór a chais co a lesmáthair' sa rann samplach in Amra Choilm Chille (RC XX, 248); 'Is brath lettrom lesmáthar' atá i nduan le C. Hua Lothchain (Ériu IV 98). Joyce 194.
Tá dhá sheanfhocal faoi leasmháithreacha in O (noverca 1, 2) agus tuilleadh in Lipp. 827.
Féach an dréacht in RC XXXI, 419 i dtaobh bhunús Ceilteach na scéalta béaloidis faoin leasmháthair éadmhar.

1595 Is mac duit do mhac go bpóstar é,
Ach is iníon duit d'iníon go dtéir sa gcré. (S 3/1926)

- Is mac duit do mhac go bpóstar é,
Ach is iníon duit d'iníon go dté sí sa gcré. (GS)
- Is tú mo mhac go bpósa tú, is mo dheargnamhaid as sin amach. (ACC)
- Is maith an charaid é do mhac go bpósa sé. (CF)
- Is é do mhac do mhac inniu ach is í d'iníon d'iníon go deo. (GS)
- Is leat féin do mhac go bpósa sé, ach más scaoilte nó pósta í d'iníon is leat go deo í. (Ca)
- Is é do dhearthái go bpósa sé bean, is é do namhaid é uaidh sin amach. (MÓD)
- An mac ar an gcnocán is an iníon ag an gceannadhairt. (Sa)
- An iníon ar an gcnocán is an mac ar an gceannadhairt. (Sa)
- Is iníon duit d'iníon go dté sí i gcré,
Ach ní mac duit do mhac ó póstar é. (RM)

Idem App. 587 (le dáta 1670).
Lessons 304

1596 Is mairg a bhí ag taobh le gob an aon chinn. (F)

Ag taobh le mac nó iníon amháin.

1597 Is mairg don té nár thóig leanbh ná lao dhó féin. (M)

An té atá gan chlann; fágfar uaigneach é in earr a aoise.
O'Daly 93, SFM 9

1598 Is maith atá a fhios ag gach máthair an chaoi le smacht a chur ar leanbh a comharsan. (GS)

1599 Is maith leanbh gan fiacail. (S 1/1928)

1600 Is trom an rud dea-chomhairle athar ar chroí a chlainne. (GS)

1601 Is uaigneach teach gan clann is is corrach teach a bhfuil siad ann. (GS)

1602 Leanbh gan aiteas leanbh gan athair. (AR)

1603 Leanbh gan máthair, ní binn é a ghol is ní geal é a gháire. (GS)
- Is trua an leanbh leanbh gan máthair. (ACC)
- Is uaigneach an rud leanbh gan máthair. (Ca)
- Is bocht an rud leanbh gan máthair. (I)

Féach ACC 98.

1604 Mac an duine shona, ábhar an duine dhona. (M)
- Mac an duine shona, ábhar an duine dhona is mac an duine dhona, ábhar an duine shona. (MÓD, TÓM)
- Duine faoi sheach nach mbíonn meath ar chuid dá chlann. (GS)
- Ní bhíonn gort gan dias fia,
Tuigeadh cách ciall mo rainn;
Is tearc neach ar a mbí rath,
Nach mbíonn meath ar chuid dá chlainn.
(GS (an leathrann deiridh), AR 507)

Go milleann an duine deisiúil a chlann.
cf. Cat. I (Eg. 88, 72, 32; dáta 1564) agus D 109 le haghaidh an rainn. Lessons 281.
II NG 320 (Los hijos de buenos capa son de duelos).

1605 Mac an údair ábhar tuataigh agus mac an tuataigh ábhar údair. (CF)

1606 Mac caillí is peata baintrí, an dá mháistir is mó le fáil. (F)

Peataí millte iad.

1607 Mac is iníon, díol an rí. (F)

'Désir de roi, garçon et fille'; d'imigh an tagairt amú orm.

1608 Mac le imirt agus mac le spóirt
Agus mac eile leis an mí-ádh mór. (C, Gearrbhaile 1937, l.27)

1609 Mac máthar agus a mhian féin, rud níos measa ní bhfuair sé ariamh. (Sp)

1610 Mara mbainfidh siad gáire, ní bhainfidh siad gol as. (RM)

Duine gan muirín, gan aoibhneas, gan buaireamh.

1611 Más mac is mithid ach más iníon is rómhithid. (F)

1612 Máthair éasca a ghníos iníon fhallsa. (AConn 2/1908)
- Máthair éasca a fhágas iníon leisciúil. (TÓM)
- Ní mholtar iníon na caillí éasca. (F)
- Iníon na caillí éasca, níor moladh ariamh í. (CF, AA 8/1936)
- Cailleach shiúlach is iníon fhallsa aici. (I)
- Ba mhinic giolla leisciúil ag bean mhaith. (CF)
- Máthair cos éadrom fágann sí iníon tóin trom. (M, Cum. Béal. 127, 598)

Áit a ndéanann athair nó máthair stuama gach uile shórt, millfear an chlann.
Leaganacha den fhocal seo in App. 364, Ray 47, L I 147, II NG 354, 361, 365, Rel. II 504, DC gwraig.

1613 Mol an páiste is molann tú an mháthair. (MS)

1614 Ná bí ag súil le sí ó ghaoth, ná cailín glan ó straoill. (S 2/1919)
- Ghníonn iníon straoille drochbhean tí. (GS)

1615 Ná hith is ná heitigh cuid an linbh. (RM)
- Ná hith is ná heitigh tairiscint an linbh. (Ca)
- Ná coinnigh is ná heitigh cuid an linbh. (CC)

Rud a thairgeas páiste dhuit, ná heitigh é, ach ná caith é; tabhair ar ais arís dó é, nó beidh sé á iarraidh arís.
SH 333 (Albain)

1616 Ná lig do rún go héag le do leasmháthair. (AR 383)

1617 'Nár ba fearr a bheas bhur gclann dá chéile,' mar a dúirt bean an tí leis na madraí nuair a bhíodar ag troid. (F)

1618 Ní bhfuair an carrachán caraid ab fhearr ná a mháthair. (MÓD)

1619 Ní grá go clann. (M, CF)

Idem DC 111 (etifeddiaeth)

1620 Ní moladh maith lena chloisteáil, moladh máthar ar a hiníon. (Ca, RM)
- Moladh na máthar ar an iníon. (T, CF, Ár)

Nuair atáthar ag déanamh cleamhnais, molann an mháthair a hiníon rómhór (RM, T); moladh áibhéileach (CF); an moladh is fearr amuigh (Ár).

1621 Níor phléasc eagán mátha(i)r an áil ariamh. (AR 585)

- Níor bhris cearc an áil a heagán riamh. (Tm, S 12/1919)
- An áit a mbíonn an ganntan bíonn an mháthair ar an gcaolchuid. (GS)
- Ní minic a phléasc cearc áil a heagán. (CF)
- Níor bhris cearc an áil ariamh a heagán (I)
- Níor scoilt cearc an áil le ar ith sí. (Ca, Cum. Béal. 111, 138)

Beathaíonn máthair a clann ar dtús.
Idem Ray 232 (Albain)

1622 Ní sleamhain an lao nach líonn mháthair féin. (S 12/1919)

- Ní sleamhain é an lao nach lífidh a mháthair. (F)
- Ní sleamhain an lao go líonn a mháthair é. (ACC)
- Is sleamhain an lao a líos a mháthair. (Ac)
- Is cuileach an lao nach líonn a mháthair é. (M)
- Is ocrach an lao nach líonn a mháthair é. (MS)

An mháthair féin is fearr a thugas aire do pháiste.
cf. An Táin (Windisch 1377) - 'máel gle find fair mar bo ataslilad' - agus an nóta air sin ag tagairt do dhá shampla eile.
Rel. I 153

1623 Nuair a bhíos Clanna Gael ag inseacht scéil,
Bíodh clanna caillí ina sost a mbéil. (F)

- Nuair a bhíos Clainne Gaisce ag inseacht scéil,
  Bíodh clainne cailleach ina sost a mbéil. (GS)
- Ordaíodh do dhaoine óga a bheith ag déanamh aitis,
  Do lucht gaisce a bheith ag inseacht scéil;
  Tá suíochan ar gach éinne,
  Ach ordaíodh do chailleacha a bheith ina dtost i mbéal. (UA)
- Nuair atá Clanna Gael ag inseacht scéil, tá clann na caillí agus a mbéal oscailte. (LMóir)

Focal a deirtear le duine ag éisteacht le caint agus b'fhéidir gan tuiscint aige uirthi (LMóir).

Seo rá as 'Suirí Fhinn go Tír Lochlann'; as JGAHS 1904, l. 22, (UA)).

1624 Nuair a théas tú chuig teach do mhná téann tú chuig teach do pháistí. (Cum. Béal. 91, 19 gan áit.)

1625 Oideachas dá mhac agus ansin a bheith thíos leis. (M, Cum. Béal. 109, 293)

1626 Pé ar bith leis an leanbh, is lena athair a ghuífeas sé. (MS)

- Pé ar bith leis an leanbh, is lena mháthair a ghuífeas sé. (MS)

1627 Peata máthar, ábhar clampair. (CF)

1628 Síleann gach máthair gur as a páiste féin a éiríos an ghrian. (AConn)

1629 Spáráil an tslat is mill an páiste. (Ca)

- Spáráil an tslat is mill do mhaicín. (Ca)
- Spáráil an tslat is mill an leanbh. (Ca)
- Má tá cion agat ar do mhaicín, tabhair an tslaitín dá thóin. (Ca)
- Is é spáráil na slaite a mhilleas an páiste. (Ca)
- An fear a spáráilfeas an tslat, fuath atá aige ar a mhac. (CF, B V 151)
- An iomarca peataireachta, milleann sé an páiste. (Cum. Béal. 91, 24 gan áit.)

Duanta Eoghain Ruaidh, 7, 67; SC 923.
As an mBíobla (Seanfh. XIII, 24, Síor. XXX 1, 12).
Idem App. 592, DC 61, LSM 163c, 104q.

1630 Suí an athar tí an mhic is a dhá ghlúin ina ghob. (Ca)

- Suí an athar i dteach a mhic is a dhá ghlúin ina lúb. (RM)
- Suí an athar i dteach a mhic, a dhá ghlúin faoina smig. (GS)
- Suí an mhic tí an athar, suí fada leathan. (LB, AA 10/1938)
- Suí an athar i dtí a mhic,
  A dhá ghlúin faoina smig;
  Suí an mhic i dtí an athar,
  A chosa scartha trasna an teallaigh. (RM, OL 224)

Ní bhíonn athair ná máthair teanntásach is iad i dtuilleamaí a gclainne.Rann in 23 E 9, 213, D 111 (18ú haois)

1631 Treabhchas gan éirim gan chaoi,
Clann do chlainne ard i maoin. (LC, Cum. Béal. 77, 311)

CLEACHTADH

1632 A mhic an gheataire, cuimil do lámh de. (AR 301)

Is é an té atá cleachtach ar thrilseán is fearr a mhúchfas é. Déanadh fear a chleachta é.

1633 An faisiún atá sa láimh, is deacair a bhaint aisti. (RM)

Leagan eile OL 174
Féach Tóraidheacht I 14, 3

1634 An iomarca aithne, méadaíonn sé an tarcaisne. (M, TÓM)

- An iomarca den aitheantas, méadaíonn sé an tarcaisne. (RM)
- Méadaíonn an aithne an tarcaisne. (F)
- Taithí a ghníos tarcaisne. (F)
- Tagann drochmheas ar caidreamh. (Ca)
- Mar a mhéadaítear ar an aithne, laghdaítear ar an gcaradas. (MS)

BC 91, Lessons 244, MIP 177 (ls. Muimhneach den 17ú haois). Idem App. 202, Ray 91, II L 244, O 132; NG ii, 260 (mucha conversación, etc.), I NG 3, 127 (leagan Fraincise).

1635 An raibh tú ariamh i mBaile Átha Cliath? Dá mbeadh, dhúinfeá an doras i do dhiaidh. (LMóir)

Caint a deirtear le duine a d'fhágfadh doras ar oscailt ina dhiaidh.

1636 An rud is annamh is iontach. (S 6/1929, AR 155)

- Is milis an rud a fhaightear go hannamh. (MÓD)

1637 An té nach gcleachtann an fhairsingeacht, is féasta leis beagán. (GS)

1638 An té nach gcleachtann an mharcaíocht, dearmadann sé na spoir. (CC, RM, S 1/1920)

- An té nach dtéann ach go hannamh ag marcaíocht, dearmadann sé na spoir. (TÓM)
- An té nach gcleachtann an mharcaíocht, déanann sé dearmad de na spoir. (Ac)

An scil nach gcleachtar, dearmadtar í.
Idem Ray 255 (Béarla na hAlban)

1639 As a chleachtadh is fearr é. (Sa)

- As a thaithí is fearr é. (M, IG 7/1905, MÓD)
- Ina thaithí is fearr gach rud. (S 9/1927)

1640 Bíonn blas milis ar bhrochán na gcomharsan. (S)

- Bíonn blas milis ar phraiseach na gcomharsan. (F)
- Bíonn blas milis ar bhéilí na gcomharsan. (Ca)

Tá leaganacha den déanamh céanna in DC 29, II BSR 81/82, 88, III NG 131: ina éadan sin tá seanfhocal idirnáisiúnta le ciall chontráilte ('Fremdes Brot schmeckt bitter,' etc., II BSR 81).

1641 Bíonn caitheamh i ndiaidh an chleachta. (I)

MIP 13 'Gnáth dúil i ndiaidh oilleamhna': (17ú haois?)

1642 Cleachtadh a ghníos máistreacht. (MS, Ac)

- Más olc maith an obair, taithí a ghníos máistreacht. (M)
- De réir mar a chleachtas tú is ea is fearr thú. (CF)
- Tigeann stuaim le cleachtadh. (GS)
- Níl dá mhinice nach fearr (ag cleachtadh ceirde, etc.). (AR 230)

Fairsing san Eoraip, de bhunús Laidine, cf. II BSR 208/9, App. 509, SH 559, Ray 475, YD 22, 23, II NG 84, 248, O 359.

1643 Coisméig fhada ag fear an tsléibhe. (CF)

Féach 1671.

1644 Cothaigh le do dhrochlao agus le do dhrochleanbh. (Ac)

1645 Dath dubh, an dath is daoire amuigh.

As siocair gurb é is mó atá sa bhfaisean (Ca); gurb é dath éadaí na n-uasal is na cléire é (?), cf. an t-amhrán Muimhneach, 'dubh ann don uaisle is airde' (O'Daly 54).

1646 Fear clúmhaigh gan mála agus bacach gan maide. (Ca)

Ní bhíonn siad le fáil.

1647 Fearthainn do lao agus gaoth do shearrach, Uisce do ghé agus déirce do bhacach. (MS, CnM)

cf. 282

1648 Féirín ón aonach nó píopa tobac. (M)

Deirtear é leis an té a bheadh tagtha abhaile ón aonach .i. gur cheart dó ní éigin a bheith tugtha abhaile leis.

1649 Iomramh dona a ghnítear ar an talamh. (Sa)

1650 Is buan fear ina dhúiche féin. (M, RM)

- Ní buan fear ina dhúiche féin. (MS)
- Is maith gach duine ina thír féin. (MS, RM, S 2/1918 (Rann))

1. Go mairfidh duine i bhfad ina áit dúchais. 2. Gur deacair duine a lochtú nuair atá an ceart aige, nó cúltaca maith aige.
cf. Vitae Sanc. Hib. (Plummer I, cxxiii) 'Is ferr duthchas ina gach ní,' etc. (freisin Ir. Texte II 126).

1651 Is dall fear i dteach fir eile. (S 11/1927)

- Is dall fear i gclúid duine eile. (TÓM)
- Is dall duine ar chliú duine eile. (AR 390)
- Tá muid dall i gcúinne duine eile. (IG 1/1906)
- Is cúthail duine i gcúinne duine eile. (GS)
- Níl a fhios ag duine céard a dhéanfas sé i gclúid an fhir eile. (Ca)
- Is ciúin duine i gclúid duine eile. (MÓD)
- Is furasta duine a lochtú ar theallach na gcomharsan. (CC)
- Is dall súil i gcúl duine eile. (Ac, College 286, MÓD)

Áit nach bhfuil cleachtadh aige a bheith.
Féach MIP 58, 330. Tá focal níos iomláine in App. 223, L I 160, NG II, 337.

1652 Is fearr an diabhal a bhfuil cleachtadh agat air ná an diabhal nach bhfuil. (GS)

Idem SH 66, YD 106. Leagan eile AWM 186.

1653 Is furasta lena aithneachtáil buille an tseanduine. (M)

- Bíonn fuinneamh i mbuille an tseanduine. (TÓM)
- Seachain buille an tseanduine. (MS)

O'Daly 93, 97. YD 104 (Gwell cyngor hen no'i faeddu)

1654 Is geal gach úr ach is searbh gach gnách. (M)

Gheofar riar maith samplaí den fhocal seo in MIP 279 agus Cath Finntrágha 85: 'Searbh gach síor-ghnáthach' atá in Cinnlae II 302.
Tá leaganacha den iomlán in YD 113, DC 162, Lipp. 663, LSM 83e, 31o; leaganacha den chéad leath in YD 45, 115, SH 314, II L 212, II NG 310, PB 72, LSM 30f; App. 193, 444. O 361.

1655 Is geall le scíth malairt oibre. (Sa, IG)

- Is cosúil le scíth athrú oibre. (Ind)
- Tá malairt oibre chomh maith le sos. (MS, Ac)

Idem App. 91 (ó 1985, as Corn na Breataine); AWM 182.

1656 Is iomaí leanbh maith a bhaintear as a chleachtadh. (CF, AR 244)

- Is iomaí fear maith a baineadh as a chleachtadh. (CF)
- Is iomaí leanbh a tógadh go maith a baineadh as a chleachtadh. (M, Cum. Béal. 109, 284)

1. Nuair a thaithíos duine droch-chleachtadh, nó cleachtadh nach raibh aige roimhe. 2. Nuair a bhítear rógheár air. 3. Nuair a thagas mí-ádh nó tubaiste ar dhuine.
Tá scéilín faoin bhfocal in AA 11/1940.

1657 Is mairg a bhíos i bhfad ó bhaile. (Ár, Cum. Béal. 101, 554)

1658 Is maith leis an gcat bainne leamhnachta. (Ind)

Gur fearr le duine an rud a chleacht sé.

1659 Is mall cos duine ar chosán gan eolas. (Ca, CF)

MIP 330.

1660 Is teann mada gearr i ndoras a thí féin. (AR, CC)

- Is teann gach mada gearr i ndoras a thí féin. (CC, AR)
- Is teann an rud mada gearr i ndoras a thí féin. (TÓM)
- Tá an mada gearr teann ina dhoras féin. (AR)
- Bíonn chuile mhada dána ina dhoras féin. (Ca)
- Is teann mada gearr an áit a bhfuil a thaithí. (G)

- Bíonn chuile mhada ina throdaí maith ina dhoras féin. (Ca)
- Bíonn gach mada teann ag a dhoras féin. (GS)
- Is dána chuile mhada ag a thairseach féin. (MS)
- Is teann gach mada ar a urlár féin. (CF)
- Is teann gach coileach ar a charn aoiligh féin. (ACC)
- Is teann gach mada i mbéal a dhorais féin. (CR)
- In aice a dhorais féin is teann gach mada. (Ca, Cum. Béal. 77, 91)
- Bíonn chuile ghadhar dána i gcionn a dhorais féin. (Cum. Béal. 91, 26 gan áit)
- Bíonn chuile choileach dána ar a charn aoiligh féin. (Ca, Cum. Béal. 74, 215)
- Is teann é an mada ar a charn aoiligh féin. (RM)

Go mbíonn muinín ag duine as féin in áit a chleachta, nó i measc a dhaoine féin. cf. Sanas Chormaic (crumduma) - 'cin chon crumduma' - agus O'Dav. 368: MIP 178. Táin Bó Geanainn (Lia Fáil I 58). Ríchoitianta san Eoraip, is é bunaithe ar Laidin Seneca (Gallus in sterquilinio plurimum potest) O 152: cf. I BSR 231; App. 105, Ray 80, 228; YD 81, 124, DC 59 (coileach) agus I BSR 173, LSM 89a, 30i, etc.; App. 159, Ray 349; I L 106; PB 75, Arm. 404; YD 124, DC 63 (mada).

1661 Lámh i ndiaidh an chleachtaidh. (Sa, GS, RM)

An té a chleacht aon ní áirithe, deirtear go bhfuil ' a lámh, etc.'

1662 Má bhíonn tú ó lá ag an doras, beidh tú ó lá istigh. (S 4/1920)

1663 Má chleachtann capall sodar, ní maith leis cos in airde. (GS)

1664 Más maith leat fios a fháil cé mé féin, tar agus mair liom. (Ca)

- Más maith leat fios a fháil orm, teara in éindí liom. (Ca)

SH

1665 Ní bhíonn an smacht ach an áit a bhfuil an tslat. (Ca, Cum. Béal. 77, 198)

- Ní bhíonn an slacht ach mar a mbíonn an tslat. (Ca)
- Ní bhíonn an smacht mara mbíonn an tslat. (Ca)

cf. 4835

1666 Níl aon mheas ar an tseanscuab, áit a raibh scuab nua. (LMóir)

1667 Níl coileach ar bith is fearr duit ná coileach do shráide féin. (RM)

- Níl coileach ar bith is gaire duit ná coileach do charn aoiligh féin. (CR)
- Níl aon choileach is fearr do dhuine ná coileach a shráide féin. (Ár)
- Níl coileach ar bith is lú le duine ná coileach a shráide féin. (T, B 6/1936)

1668 Ní thigeann meirg ar an roth a bhíos ag casadh. (S 10/1928)

- Ní thagann meirg ar an eochair atá coinnithe úsáideach. (Ca)

Leagan 2: id. SH 467

1669 Ní tú a thuit ach tiarna talún. (Ac)

- Ní mé a leagadh ach duine eicínt eile. (GS, LMóir)

Focal pisreoige; má bhaintear leagan asat, is ceart a rá nach tú féin a leagadh (GS).

1670 Nuair a rachas tú go dtí an Róimh, déan mar a ghnítear sa Róimh. (MÓD)

- Nuair a théas tú chuig an Róimh, bí i do Rómhánach. (Ár)

Búrd. 7. Faightear an focal céanna in L I 198, SH 579 (a thugann siar go Naomh Ambrós é), LSM 25t (15ú haois)

1671 Oscar fada ar shliabh is coiscéim ghearr ar bhóthar. (GS)

Ag coisíocht, ní hionann na coiscéimeanna a chleachtar sa dá áit.

1672 Scuabann scuab nua go glan, ach is fearr a scuabfas seancheann. (I)

- Scuabann scuab nua go glan, ach is fearr a scríobfadh seancheann. (Ca)
- Scuabann scuab nua go glan, ach tugann an seancheann níos mó puitigh léi. (Cum. Béal. 91, 27 gan áit)

cf. 5042

1673 Sólás long farraige tuar uisce tráthnóna. (RM)

- Sólás long farraige a bheith ar uisce tráthnóna. (Ca)

  Is maith di a bheith san áit ar cleachtaí í; scoiltear adhmad loinge má fhágtar sa chaladh rófhada í.

CLOCH

1674 Ag caitheamh cloch le do chóta. (MS)

Obair in aisce.

1675 Bíonn dhá iompú le baint as an gcloch. (Ár)

1676 Is fearr cloch ghlas a mbuafaidh tú rud uirthi ná cloch mhín nach mbuafaidh tú tada uirthi. (Ca, Cum. Béal. 77, 192)

1677 Tá chuile chloch go maith ag snámh. (Sa)

1678 Tar abhaile nuair a fheiceas tú an chloch bheag agus an chloch mhór. (F, GS)

Gnás tórraimh; fanacht go mbíonn tús solas na maidne ann (GS). Ní ceart teach tórraimh a fhágáil san oíche.
cf.B III 515.

CNEASTACHT

1679 As go brách le táilliúr Thomáis, nuair a thug sé an cáca leis faoina ascaill. (Ca)

1680 Ba mhinic intinn te ag fear cneasta. (Ár)

An té a bhfuil an fhírinne nó an ceart ar a thaobh, tá údar aige le bheith ag sáraíocht, más call dó seasamh ar son a chirt.

1681 Bí cneasta i do chuid saothair uilig. (TÓM)

1682 Ceart dom, ceart duit. (Ca)

1683 Coimhéad an tsaoire mar is cóir. (NF, Gl, Cum. Béal. 209, 185)

An tríú haithne.

1684 Cóir cneasta a bheith bocht. (IG 7/1905)

An té a bhíos cneasta, ní chruinníonn sé saibhreas.

1685 Is deas an rud an ghnaíúlacht. (IG 9/1905)

Céadlíne amhráin, Ceol 81.

1686 'Is é an ceart an ceart a dhéanamh,' mar a dúirt Brátun, nuair a bhí sé ag roinnt na mbruithneog. (Ár, AA 3/2934)

1687 Is fearr a bheith réidh ná róghlic. (AR 624)

Is fearr a bheith cneasta oscailteach ná róghlic.
SF 4, 31 (FFx 6, 78) - 'ferr réide rogáis'.

1688 Is í an chneastacht an dúnghaois is fearr. (AR)

Leagan eile in BC 320.
Idem App. 306, SH 191.

1689 Is mairg nach leanann an bealach díreach. (IG 9/1905)

- Lean an ród go díreach. (AConn 1/1908)

1690 Más maith leat a bheith ceart, tabhair a chuid féin do chách. (MÓD)

- Ní mór a cheart féin a thabhairt do chách. (M, Cum. Béal. 210, 417)

1691 Ná bí luath chun labhartha ná leasc chun éisteachta. (M)

'Gidh fear é len leasc labhra' (Aithdhioghluim Dána 15 31c); 'dob fhearr leisge labhartha' (Branach 10); B 13, O'Daly 85.
SH 281. Séam. i 19.
cf. 5055

1692 'Níl aon rud mar chneastacht,' mar a dúirt an fear nuair a bhí na bróga goidte faoina ghualainn. (AR 302)

- 'Macántas thar an saol,' mar a dúirt Páidín dearg agus an meadar goidte ar an muin aige. (Ár, IG VI 167)

1693 Tugann Dia rud maith don duine cneasta. (TÓM)

CODLADH

1694 Airneán maith agus drochmhochóireacht. (I)

1695 An rud is milse amuigh codladh. (Casla, Cum. Béal. 69, 263a)

1696 An té a chodail i bhfad is é a ainm 'Codladh go headra.' (GS)

1697 Codladh an tsicín sa gcarraig, codladh fuar fada. (TÓM)

- Codladh an tsicín i gcarn aoiligh agat! (LMóir)
- Codladh an Tuicín agat i Muicín an mhara! (IG 8/1905)
- Codladh an Tuicín traonach agat! (IG 8/1905)
- Codladh an Tuicín agat! (I)
- Codladh an Tuicín sa gcarraig. (Ca)
- Codladh an Chaislín chloiche. (RM)
- Codladh an chaislín cloch agat! (LMóir)

Eascaine go hiondúil é; eascaine éadrom ar an té a chodlódh rófhada, go bhfuil sé ag déanamh oiread codlata leis an sicín caillte a chaithfí ar an gcarn aoiligh (Leitr Móir); codladh corrach gan só (I): fear a dtáinig Pádraig chuige le Críostaíocht a mhúineadh dó a bhí sa Tuicín (IG); is an-éasca éan a chur a chodladh (RM).
Leagan 8: codladh éadrom.
Thiocfadh go bhfuil tagairt anseo do bhealaí na n-éan a théas ar imirce sa gheimhreadh, nó a chodlaíonn sa lá, cf. IG VII 12, X 31 agus FGB (traonach). Insítear scéal béaloidis faoi Phádraig Naofa, págánach nó ainspiorad a raibh Suicín air agus cloch solais (B II 34, 386). Féach freisin B XIV III (Na Déise).
YD 123, DC 137 (Hun ar aderyn).

1698 Codladh go headra, agus eadra an bia. (TÓM)

- Codladh go headra
  Is sodar chun bia,
  Is ríbheagán maitheasa
  Arís go dtí an oíche. (F)
- Codladh go headra
  Sodar chun bia,
  Beagán maitheasa
  Arís go faoithin. (CF, B IV 146)

1699 Codladh go meán lae a fhágas an doras dúnta. (Sa)

1700 Codladh na Caillí Béarra, ó Dhéardaoin go Domhnach. (S 2/1919, TÓM)

- Codladh mná Dhoire an Fhia, ó Dhéardaoin go Domhnach. (RM, TÓM)

Scaitheamh fada codlata: deirtear sa scéal go raibh fir Dhoire an Fhia ó bhaile is d'fhan na mná taobh istigh dá dtithe le scanradh roimh ghéinneach uafásach a d'ionsaigh an áit (RM).
Féach Annála Beaga Iorrus Aithneach 311.

1701 Codladh na maidne is mairg a ghníos é. (Ac)

1702 Déanann an iomarca codlata cloigeann dána. (TÓM)

cf. TC 21 - 'rochotlud (.i. ceann de na nithe is measa do cholainn duine)'.

1703 Déanann codladh fada faillí. (Sa)

1704 Fágfaidh codladh fada droim nochta agat. (BA, AA 7/1942)

- Fágfaidh codladh fada an craiceann dearg leis ag daoine. (Sp, Cum. Béal. 76, 12)

Seanfh. xx 13, HV 161

1705 Is é an t-am is siúráilte le bheith i do shuí go moch, gan dul a chodladh ar chor ar bith. (Ca)

1706 Is fearr oíche ná dhá lá. (Ca)

Gur fearr codladh oíche amháin ná codladh dhá lá.

1707 Is maith an tráth leapa an codladh. (GS)

1708 Is minic a bhí an t-ádh
Ar an bhfear a chodail a sháith. (S)

1709 Lá a bhíos sé ag báisteach bíonn sé fliuch,
Is codladh go headra, ní éiríonn sé moch. (CS 18/7/1903)

- An lá a bhíos sé ag báistigh bíonn sé fliuch,
  Is an té a chodlaíos go meán lae ní éiríonn sé moch. (S 12/1923)
- An lá a bhíos sé ag báistigh bíonn sé fliuch,
  Is an té a chodlaíos a dhóthain, ní éiríonn sé moch. (CF)
- An lá a bhíos sé ag báistigh bíonn sé fliuch,
  Is an té a chodlaíos go ham eadra ní éiríonn sé moch. (Ind)
- An té a chodlaíos go hard ní éiríonn sé moch. (S 5/1929)
- An té a chodlaíos go hairneán ní éiríonn sé moch. (RM)
- An té a chodlaíos a sháith ní éiríonn sé go moch. (CF, B V 152)

Faightear an chéad líne leis féin, cf. BB 40; líne as amhrán é i dteangacha eile, cf. Taylor 33 agus Arm. 127.

1710 Mochóirí maidine ag baint na scriochán,
Is codladh go headra ag baint na gcnapán. (CC)

- Mochóirí ag baint scriochán agus codladh go hard ag baint cnapán. (CF)

1711 'Ná bac leo siúd, a Pheigí. Beidh fear agatsa nuair a bheas na mná eile falamh;' mar a dúirt fear an tí lena bhean, nuair a bhí sí ag achrann leis nuair nach n-éireodh sé moch ar nós fir eile an bhaile. (F)

- Beidh fear ag do bheansa nuair a bheas daoine eile falamh. (CF)

1712 Ní chodlaíonn ach fear gan imní. (F)

1713 Ní hé an sionnach a bhíos ina chodladh is mó a mharaíos éanlaith. (TÓM)

Focal idirnáisiúnta (SH 460, I BSR 78, I L 130, LSM 181d).

1714 Suan neide. (CR)

Suan chearc an áil, suan briste gearr.

1715 Trí huaire don ghadaí,
Sé huaire don talmhaí,
Ocht n-uaire don bhean linbh,
Agus naoi n-uaire don leadaí. (F)

- Trí huaire don ghadaí is naoi n-uaire don leadaí. (Ac)
- Dlí na n-uair codlata -
  Cúig uaire d'fhear dlí,
  Sé huaire d'fhear an tí,
  Dhá uair don ghadaí,
  Naoi n-uaire don leadaí. (M, FL 27/3/1926)
- Dhá uair dhéag don leadaí,
  Sé huaire don sclábhaí,
  Dhá uair don ghadaí. (CF, B V 146)
- Ocht n-uaire déag díol leadaí,
  Dhá uair dhéag díol lúiste,
  Sé huaire díol talmhaí,
  Dhá uair díol cneámhaire,
  Uair amháin díol gadaí. (Casla, Cum. Béal. 69, 236a)

Uaireanta codlata.
'Ond meli mian suain air-laige' atá in Cath Maighe Ráth 170; gheofar deismireacht as an Laidin bhunaidh sa Regimen Sanitatis (H. C. Gillies) l.12. SH 395, App. (cúig insint).

COMHAIRLE

1716 A chomhairle féin do mhac Anna,
Is ní bhfuair sé ariamh níos measa. (RM, Ac, S 11/1920)

- A chomhairle féin do mhac gaill,
  Is ní bhfuair sé ariamh níos dona. (DÓF)
- A chomhairle féin do mhac geamhair,
  Is ní bhfuair sé ariamh níos dona. (GS)
- A chomhairle féin do mhac Anna, an chomhairle is measa a fuair sé ariamh. (IG 7/1905)
- A chomhairle féin do mhac danartha, comhairle ariamh ní bhfuair sé níos measa. (CF)
- A chomhairle féin do Mhag Eamhair, is ba í sin an chomhairle ba mheasa a fuair sé ariamh. (S 4/1925)
- Is minic a chuir a chomhairle féin aiféala ar dhuine. (TÓM)
- A chomhairle féin do mhac dána ní bhfuair sé ariamh níos measa. (ÁC)
- A chomhairle féin do mhac danartha ní bhfuair sé ariamh níos measa. (CR)
- A chomhairle féin do mhac danartha ní bhfuair sé ariamh níos measa. (Sa)

'Mac dainimhe' is cóir a léamh ann, b'fhéidir. Ud. Mor. 42' - níp sotal soisil sainairlech'. YD 15 (A gymer ei gyngor ei hun, etc.)

1717 An té nach dtéann chun comhairle lena athair, ní minic a leas ina cheann. (Ca)

cf. Seanfh. XV 5

1718 An té nach gcomhairlíonn Dia, is doiligh fear a chomhairleach a fháil. (S 11/1919)

- An té nach gcomhairlíonn Dia, ní chomhairleoidh duine é. (RM)
- An té nach dtugann aird ar Dhia, ní thugann aird ar dhuine. (CR)

1719 An té nach mbíonn comhairle air, do dheamhan a mbíonn de rath air. (S 5/1925)

- An té a bhíos do-chomhairleach, is minic a chuireas sé a thóin sa naigín (.i. go ndéanann sé botún). (GS)
- An té nach nglacann comhairle, bíonn aiféala air. (TÓM)
- An té nach mbíonn comhairle air, dar nDomhnach bíonn rath air. (TÓM)
- An té nach nglacfaidh comhairle, ar an dara Domhnach beidh a rath air. (MÓD)

- Beidh bochtaineacht is náire ag an té nach nglacfaidh comhairle. (Ca)
- An té nach nglacfaidh comhairle,
  Dar a nóinín, beidh a rath air,
  Is beidh sé á sheoladh,
  Mar a bheadh tóraí, i bhfad ó bhaile.
  (MÓD (leagan eile Ac).)

  cf. 'Rig gan comairledh (.i. ní is gráin le Dia)' Ériu V 142.
  M. Mac Suibhne 92 (dáta 1904).
  Seanfh. XI, 14, LSM 49v, NG III 313.

1720 An té nach nglacann comhairle, glacann sé comhrac. (S, TÓM)
- An té nach nglacann comhairle, glacann sé cúl. (F)
- An té nach nglacann comhairle, glacann sé míchomhairle. (MÓD)
- Glac comhairle nó glacfaidh tú comhrac. (MS)

1721 Bíonn cluas bhodhar ar an té nach dtabharfaidh aird ar dhea-chomhairle. (MÓD)

1722 Cogar i gcluais, fóireann sé go minic. (CS 21/3/1903)

1723 Comhairle an tseanduine is maith an duine óig. (CS 5/12/1903)
- Comhairle an tseanduine is obair an duine óig. (CF)
- Ba cheart don óige comhairle an tseanduine a dhéanamh. (Ca, Cum. Béal. 111, 138)

  Is í leas an duine óig í.

1724 Comhairle a thabhairt do dhuine borb,
Níl ann ach ní gan chéill,
Go gcloítear é ina locht,
Is go ndíothaítear é ina aimhleas féin. (TN, LS 157)

1725 Comhairle chóngarach bíonn sí neamhchaillteanach. (S 9/1918, MÓD)

1726 Comhairle gan iarraidh. (MS)

1727 Éist go glic le comhairle an tseanduine. (CR)

1728 'Fainic na biríní géara,' a deireadh an púca agus é seo ag imeacht ar a dhroim.

.i. É féin á stróiceadh ag na driseacha.

1729 Fear do chomhairle, fear d'fhuatha. (M)

1730 Glacann fear críonna comhairle. (Ca, Ac)

MIP 286, Rel. I

1731 Hob ann agus hob as. (MC, CF, GS, B IV 134)

Idir dhá chomhairle.
cf. 68

1732 Is fearr comhairle le ceannach ná dhá chomhairle in aisce. (S)
- Is fearr comhairle le ceannach ná céad comhairle in aisce. (RM)
- Is fearr comhairle le ceannach ná seacht gcomhairle in aisce. (AR 13)
- Is fearr comhairle ar ceannach ná dhá cheann déag le fáil in aisce. (S 5/1925)
- Is fearr comhairle in aisce ná dhá chomhairle le ceannach. (S 1/1920, Ind)

1733 Is fearr comhairle na haoise ná comhairle na hóige. (Ca, Cum. Béal. 111, 41)

1734 Is fearr dhá chloigeann ná ceann, más cloigne caorach iad. (Ca)
- Is fearr dhá chloigeann ná ceann, más cloigne gabhair iad. (GS)
- Is fearr dhá cheann ná ceann. (Ind, O'Daly 92)
- Is críonna beirt ná aon duine amháin. (F)
- Is fearr comhairle beirte ná comhairle aon duine amháin. (RM, Ca, TÓM)

  Idem SH 557, App. 655; leaganacha eile YD 104, DC 87, 168, Ray 138. Tugann App. siar go Hóiméar é, ach cf. Cóh. IV, 9.

1735 Is fusa comhairle a thabhairt ná a ghlacadh. (Ca)

1736 Is ionann comhairle is cúnamh. (MS)

1737 Is mairg a bheir agus is mairg a ní droch-chomhairle. (M, Cum. Béal. 287, 346)

1738 Is mairg nach ndéanann comhairle dea-mhná. (F, TÓM)
- Is maith an rud comhairle dea-mhná. (CR)
- Is mairg nach gcomhairlíonn lena mhnaoi. (MÓD)

Idem TDG 182 (Trans. Oss. Soc. III: ls. 1780?); cf. Freisin TC 16, 113/114.

1739 Is maith an rud cogar an pheiliúir a bheith ag duine. (IG)

- Is olc é cogar (cogadh?) na ceannadhairte. (I)
- Cogar na ceannadhairte. (M, Cum. Béal. 99, 401)

BC 538 (Comhairle pheilliúir).
Measaim gurb é seo an leagan Gaeilge ag freagairt do 'To take counsel of one's pillow,' 'Cyngor y gobenydd,' etc., cf. Ray 154, SH 545, App. 46, YD 55, L II 285, III NG 186 (leagan Fraincise).

1740 Is minic a bhí duine ina dhroch-chomhairleoir dó féin, is ina dhea-chomhairleoir maith do dhaoine eile. (M)

1741 Is minic a fritheadh comhairle ghlic ó amadán. (Ca)

- Comhairle amadáin an chomhairle is fearr a fuair tú ariamh. (GS)
- B'fhéidir go mba mhaith comhairle amadáin féin corruair. (Ca)
- Ba mhinic comhairle mhaith ag amadán. (Ac)

NG I 291, II 399.

1742 Ná cuir méar thrí do shúil féin. (GS)

Ná déan do bhascadh féin.

1743 Ná déan comhairle an té a ndeachaigh a chomhairle go dona dó. (Ind)

Bí 26
HV 129; féach Síor. XXXVII 19, O sapere 1, 2.

1744 Ná tabhair do chúl ar chomhairle do leasa. (Cum. Béal. 91, 24 gan áit.)

1745 Ní fhéadfadh duine ar bith comhairle chuile dhuine a dhéanamh. (F)

1746 Níl maith sa gcomhairle is fearr a thigeas in antráth. (AR 574)

- Níl maith sa gcomhairle is fearr ach an tráthúil. (AR 574b)
- Is fearr comhairle in am ná dhá cheann in antráth. (I)
- Is fearr comhairle in am ná dhá chomhairle ar ball. (RM)

Lessons. 369
Idem Ray I, SH 571, App. 2, II L 286; cf. freisin, DC 75, YD 55, 108, App. 474, 710, SH 128, agus Seanfh. XV 23.

1747 Níor sáraíodh focal an tseanduine ariamh. (Ac)

- Is deacair focal an tseanduine a shárú. (Ca, Cum. Béal. 77, 196)

1748 Níor thug aon duine ariamh comhairle uaidh nach mbeadh cuid di ar mhaithe leis féin. (TÓM)

- Níor thug aon duine comhairle ariamh uaidh, nach dtéadh cuid di ar mhaithe leis féin. (AConn 10/1907)
- Aon duine a dhéanfas a dhícheall le comhairle a thabhairt uaidh, gheofar cuid di chun maitheasa dó féin. (MÓD)

O'Daly 96, SFM 14, Síor. XXXVII 7.

1749 Nuair a thigeas lá, tigeann comhairle. (S 11/1919)

Má chodlaíonn tú ar an gceist.
SFM 15.Idem AWM 18; cf. App. 445, DC 163, L II 205, 245, II NG 268, 282, is Ray 154 (a thugann bunús Laidine dó), SH 314 (bunús Gréigise) le haghaidh leaganacha as teangacha Rómhánacha; O dies 5.

1750 Scrúdaigh go maith an chomhairle atá ag dul i bhfabhar smaointe. (Ca)

1751 Tabhair do chomhairle don té a ghlacfas í. (TÓM, MÓD)

1. Ní hé gach uile dhuine a ghlacfas comhairle uait.
2. Freagra ar chomhairle nach n-iarrtar.

1752 Tabhair do scian agus do spúnóg leat. (GS)

Má tá tú ag imeacht, imigh go glan.

1753 Tobar beatha is ea béal an duine fhónta. (CR)

COMHARSA

1754 Is fearr comharsa ná saibhreas. (F)

1755 Ná santaigh cuid na comharsan go deo. (Ca)

- Ná santaigh go deo cuid do chomharsan. (Ca)

An deichiú haithne.

COMÓRTAS

1756 An cnoc is airde is é is fuaire. (Ca)

- An té is airde ar an gcnoc is é is mó gaoth. (GS)
- Aoibhinn do lucht an dóláis,
  Mar is dóibh is aithnid Dia,
  An cnoc is airde is é is fuaire,
  Cé gur dó is gaire an ghrian. (GS, D 64)

Gur móide trioblóid duine airde a áite saolta.
Rann in E. 178, 36b (1782) le tagairt do Dáibhidh Ó Bruadair I 188: freisin in Eg. 208, 29 (Cat. II). Rann agus tuilleadh tagartha RC XIV, 306; SC 963.
As an Laidin, O 148, I BSR 32, App. 689, II L 164.

1757 An dall ag treorú an daill. (GS, TÓM)

FL 23/8/1924, BB xviii (Réamhrá don chéad eagrán). SU rann l. 203.
Tá an téacs iomlán (Mth. XV, 14) ina sheanfhocal idirnáisiúnta; II BSR 15, DC 86, RC XLVIII 86, SH 209, App. 56, LSM 62 s. Le haghaidh a bhunúis, féach an téacs thuas is O caecus 2.

1758 An ghrian sa ló agus an tine san oíche. (Cum. Béal. 70, 220)

An solas is feiliúnaí.
As Eachinis, Co. an Chláir an focal seo.

1759 An leanbh a rugadh inné,
A bhfuil a anam chomh glé le sruth,
An tIúdás a chéas Mac Dé,
Nach raibh sé seal chomh saor leo siúd? (GS)

1760 An rud a d'fheilfeadh don chapall, d'fheilfeadh sé don duine. (IG)

- An rud a d'fheilfeadh an capall, d'fheilfeadh sé an duine. (IG 7/1905)

Áit mhaith, leaba mhaith is beatha mhaith (Ca, CR, CnM); seo iad na mínithe atá faighte agam, ach b'fhéidir go bhfuil thairis sin ann.

1761 An rud a fheileas do dhuine, d'fheilfeadh sé do dhuine eile. (TÓM)

- Más maith do dhuine é, is maith do chuile dhuine é. (F)
- Más maith domsa é, is maith duitse é. (F)

1762 An rud is nimh do dhuine, is leigheas do dhuine eile é. (RM, CC)

- An rud is nimh do dhuine, is mil do dhuine eile é. (CC)
- Bia do dhuine, is nimh do dhuine eile. (Ca)
- An rud is maith do dhuine, is nimh do dhuine eile é. (Ca)
- An rud is mil do dhuine, is nimh do dhuine eile é. (GSe)
- An rud is bia maith do dhuine, is nimh do dhuine eile é. (GSe)
- An rud a leigheasfadh duine, mharódh sé duine eile. (Ac, IG 7/1905)
- Is iomaí rud a mharódh duine, is a shábhálfadh duine eile. (TÓM)
- Is iomaí rud a mharaigh duine, is a leigheas duine eile. (MÓD)
- An rud a thaitneodh liomsa, ní thaitneodh sé leatsa. (M, TÓM)
- An rud a mharódh an tincéara, leigheasfadh sé an táilliúr. (GS)

TB I, IV, 8 - 'amhail téid aoin-bhiadh amháin,' etc.; O'Daly 89. cf. an seanfhocal coitianta Béarla, App. 410, SH 344, Ray 121, 230, 469, NG. II 305.

1763 An rud nach bhfeilfeadh duine, d'fheilfeadh sé duine eile. (TÓM)

1764 An té a bheirtear gan tuistiún ní sháraíonn sé bonn agus leithphingin. (Ac)

Féach Bangor 473 (sawl).

1765 An té is cuí is ea is córa. (T)

- An rud is cuí is ea is córa. (Cum. Béal. 287, 338)

1766 Arbhar dhuine eile a thomhas i do bhuiséal féin. (AR)

Breith a thabhairt ar dhaoine eile de réir do chaighdeáin féin.
BC 453 idem, is leagan eile 95. Joyce 111. Idem. App. 410, SH 151, Ray 170; cf. Freisin Ray 264 (Albain), PB 23, O 221 (metiri).

1767 Ar bhóithre móra a ritheas carrannaí. (Ca)

Is cóir do dhuine a bheith san áit (gnó, etc.) a fheileas dó.

1768 Ar iompú na n-each tagann athrú scéil. (CnM)

1769 Bád nua is seancharraig. (Ind, Ca)

Ní dhéanann sí aon dochar don bhád nua .i. nach n-airíonn an duine láidir an t-anró is níl aon bheann aige air (Ca).

1770 Beidh fear na bó nó fear an tairbh caillte. (GSe)

Beidh dul ar thaobh amháin; ní féidir bua a bheith ag gach aon taobh.

1771 Beireann cearc dhubh ubh bhán. (Ca)

- Ba mhinic ubh mhór bhán ag cearc bheag dhubh. (RM, Ca)
- Is minic ubh mhór ag cearc bheag. (RM)
- Is minic a bhíos uan dubh ag caora bhán. (RM, Ca)
- Is minic uan geal ag caora dhubh. (MS)
- Bhéarfadh caora dhubh caora geal. (MS)
- Is minic a bhí bean mhór dhubh ag fear mór mantach. (Ind)

Lessons 36, 68, 318, Joyce 117.
Idem App. 298, SH 2, I BSR 24 (teangacha Rómhánacha), HV 352, LSM 72 e.

1772 B'fhearr do dhuine coinneall roimhe ná dhá choinneall déag ina dhiaidh. (Ca)

- Is fearr solas amháin romhat ná dhá sholas déag i do dhiaidh. (RM)
- B'fhearr solas romhat ná seacht gcinn i do dhiaidh. (CF, B V 141, le scéal)

Faightear an chaint chéanna sna teangacha Rómhánacha (II BSR 149, L I 4, HV 96).

1773 Bristear ór le iarann. (M)

Go mbeidh dul ar neart ag neart níos mó.

1774 Caithfidh chuile dhream daoine a bheith ann leis an domhan a líonadh. (GS)

- Is iomaí sórt duine ag Dia ann. (GS)

Idem App. 7 (dáta 1844), SH 243 (1620).

1775 Capall rása a cheannaigh fear,
Mara bhfuil sí tapa, tá sí mear. (RM)

- Cearc bhán istigh sa loch,
  Má tá sí tirim, níl sí fliuch. (RM)

Má tá sé de dhonacht ar taobh i rud, tá sé de mhaith ar bhealach eile ann.

1776 Cat is dhá eireaball, is cat eile gan eireaball ar bith. (Ár)

1777 Ceann dá gheantracha (geancracha) féin a scoilteas an leamhán. (CC, CF, TÓM)

- Ging de féin (dá chnámha féin) a scoilteas an leamhán. (S)
- Níl ging níos fearr a scoiltfeadh crann ná ging dá adhmad féin. (AR)
- Le ging dá geantracha féin a scoiltear an dair. (TU)
- Ging den dair a scoilteas í féin. (M)

Is é an comórtas is fearr do rud ar bith, ceann dá leithéid féin.
Líne de dhán in Eg. 111, 34 (Cat. I; 14ú haois; cf. MIP 299).
Tá cúpla leagan de in I BSR, 46, 331 (teangacha Rómhánacha), III NG 59, Rel. II 456.

1778 Cén rud a dhéanfadh mac caillí nach ndéanfadh mac caillí eile? (CC)

1779 Chomh socair le leac ar portach. (MÓD)

1780 Comórtas an ghiolla dhona lena mháthair. (Ca, S)

- Comórtas an ghiolla dhána lena mháthair. (M)
- Comórtas píobaire dhona lena mháthair. (F, IG 11/1905, TÓM)

Droch-chlann a bhíonn ag ceartas lena máthair (Ca); beirt mar a chéile (TÓM).

1781 Cor in aghaidh an chaim agus cam in aghaidh an choir. (GS)

- Cor in aghaidh an choir agus cam in aghaidh an chaim. (F, MÓD)
- An cam in aghaidh an chaim agus an gil in aghaidh an ghil. (M, Cum. Béal. 114, 504 le scéal faoi Ghobán Saor)

Cleas a bheith agat féin in aghaidh gach aon chleas a imrítear ort;
Féach scéal Choileánach criochánach (Gearrbhaile 1937, l. 26).

1782 Dá dhonacht maoil, is measa mullach. (RM, CC, ÁC, AR 17)

- Más olc maoil, is measa mullóg. (IG, S 11/1926)
- Dá dhonacht maoil, seacht measa mullóg. (M, Sa)
- Más dona an mhaoil, is measa an mothallach. (S 4/1926)
- Dá dhonacht an mhaoil, is measa an mothallach. (Ca)
- Dá dhonacht maoil, is dona mullóg. (IG 8/1905)
- Dá dhonacht maoil, is measa mullóg. (LMóir)

Má tá A go dona, is measa B. Is doiligh a fháil amach cé dó a bhfuiltear ag tagairt ach fuair mé na mínithe seo:
1. Má fhaightear fuaraíocht ar maolchnoc, ba mheasa arís an bheann (RM).
2. Dá dhonacht duine maol (caora lom, etc.), is measa, b'fhéidir, an ceann mothallach. (TÓM)
3. Seans gurb é seo an chiall: más trom cléibhín lán go maol, is troime cléibhín is mullach (mullóg) air. cf. 'An Troid agus an t-Uaigneas', 101 agus BB 195. BC 339; IM. Féach na scéalta in S 11/1926, 2/1927.

1783 Dá gcaillfeadh éigse airgead, b'fhéidir gur amadán a gheobhadh é. (MÓD)
Caillteanas in áit amháin a dhéanfas éadáil in áit eile (?).

1784 Dá gcaillfeá do chás is é a fháil arís,
Nárbh é an cás céanna duit é? (S, TÓM)
- Dá gcaillfeá an cás is é a fháil arís,
Is é an cás céanna i gcónaí é. (Ca)
- Dá gcaillfeá cás is cás a fháil amuigh,
Nach é an cás céanna agat é? (S)

1785 D'aithneoinn mé a scríobadh thar mé a thochas. (M, AR 290)
- D'aithneoinn mo thochas thar mo scríobadh. (GS)
- Níl duine ar bith nach n-aithneoidh a scríobadh thar a thochas. (Ca)
- Is furasta aithne do dhuine a scríobadh thar a thochas. (CC)
- D'aithneoinn an té a bheadh ag magadh fúm thar an té a bheadh dáiríre. (GS)
Aithníonn duine magadh thar dáiríre, an té atá ar mhaithe leis thar an té nach bhfuil, etc.

1786 De réir mar a ardaíos an ghealach is ea a íslíonn an ghrian. (RM)
Rud amháin ag teacht chun cinn, rud eile ag dul i léig. cf. an líne amhráin, ACG 114, AGC 76

1787 De réir mar a dhéanfas muid a gheofas muid. (Ár)
- Mara mbí tú cineálta le do bhuachaill, ní bheidh sé cineálta leat. (IG 9/1905)
cf. 1226

1788 Dhá rud nach ceart a thabhairt faoi deara,
Bainne bó is an rud a itheas fear. (IG 8/1905)
- Ní chuirtear bainne na bó i gcóimheas. (Ca)
- Ní féidir bainne na bó a chur i gcóimheas. (Ca)
1. Ó nach mar a chéile beirt ar bith (IG)
2. Ní hionann i gcónaí tál bainne bó ná ní hionann an méid oibre a dhéanas duine (Ca).

1789 Gearrann iarann iarann eile. (AR 252)
Leg. géarann (?); cf. Seanfh. XXVII 17 agus an focal idirnáisiúnta a tháinig de (II BSR 180, Lipp. 618).

1790 Greim nach bhfuil tú in ann a shlogadh, ná taosc é. (GS)
Ná síl go mbeidh glacadh ag daoine eile le rud nach áil leat féin.

1791 Gruth do Thadhg is meadhg do na cailíní. (F)
- An gruth ag Tadhg agus an mheadhg ag na cailíní. (RM)

1792 I dtír na ndall is rí fear na leathshúile. (S 9/1927)
- I ndomhan na ndall is rí fear aontsúile. (M)
- I ndomhan na ndall is rí fear an leathroisc. (I, S)
- Is rí fear ar aon-tsúil (aon-tsúileach) i measc na ndall. (Ca)
- I dtír na ndall bíonn fear na leathshúile ina rí. (Sp)
- Is ait fear leathshúile i measc daoine dalla. (M, Cum. Béal. 117, 88)
Seanfhocal idirnáisiúnta, App. 342, YD 33, DC 45, L I 136, II BSR 12 (as Laidin na Meánaoise), Lipp. 71, II NG 104.

1793 I ndiaidh an chruinnithe tagann an ciúineas. (S)

1794 Is beo cailleach ag rith léi féin. (CC)
- Is maith í an chailleach ag rith léi féin.
Nuair nach bhfuil aon duine ag coimhlint; caint a deirtear le duine ag déanamh gaisce.

1795 Is deacair roghain a dhéanamh de dhá dhíogha. (S 1/1928)
- Roghain an dá dhíogha. (S 5/1926)
- Is deacair rogha a dhéanamh de dhá ghabhar chaocha. (M)
- Is deacair rogha a bhaint as dhá ghabhar chaocha. (TÓM)

- Is deacair toghadh idir dhá ghabha dhalla. (Ind)

  Leagan 4: SFM 8
  OSK, DC 89, YD 65 (Dewis o'r dwy fachddu hwch).

1796 Is é maith an mhada bás an chapaill. (CF, AA 1/1938)

  Focal Spáinnise, cf. I BSR 36, NG II, 95 (En la muerte del asno no pierde nada el lobo).

1797 Is fearr an mhaith atá ná an mhaith a bhí. (M, S 9/1927)

- Is fearr an mhaith atá ná an dá mhaith a bhí. (S 2/1925)

  'An mhaith do bhí, ná bí dhi,
  An mhaith atá, tar tairsi',
  as duan Uí Ifearnáin 'A mhic ná meabhruigh Éigse' (Cat. I 392; Eg. III, 71).
  Idem IM College 286, MIP 153, Búrd. 72.
  cf. 3573

1798 Is fearr an t-asal a d'iompródh thú ná an capall a chaithfeadh ar an talamh thú. (TÓM)

- Is fearr asal a iompraíos thú ná capall a chaitheas thú. (Ca)

  Fairsing san Eoraip; cf. Ray 2, App. 18, YD 106, 107, DC 38, 152, I BSR 115 (teangacha Rómhánacha), NG II 337.

1799 Is fearr an té a thóigeas claí ná an té a thóigeas caisleán. (Ind)

1800 Is fearr beirt dá dhonacht ná fear dá fheabhas. (Ár)

1801 Is fearr ceann maith ná drochphéire. (TÓM)

1802 Is fearr croí maith a bheith ag duine ná coróin a bheith air. (Cum. Béal. 91, 61, gan áit)

  Is é líne Tennyson é, ar ndóigh.

1803 Is fearr dhá shúil ná súil amháin. (Sl, DÓM)

  Is fearr péire ná ceann, an t-iomlán ná an chuid.
  IM, College 282.
  cf. 624

1804 Is fearr dhuit greim maith ná dhá ghreim go dona. (Ca, Cum. Béal. 111, 43)

- Is fearr bó amháin agus í maith ná dhá bhó agus iad go dona. (Cum. Béal. 91, 26, gan áit)
- Is fearr béile ná dhá bhéile. (Sp)

1805 Is fearr duine ar ard ná beirt san ísleán. (RM)

1806 Is fearr focal ó rí ná seanmóir ó dhuine eile. (Ind)

1807 Is fearr mada beo ná leon marbh. (M)

- Is fearr duine beo ná beirt mharbh. (GS)
- Is fearr dáréag loite ná aon duine amháin marbh. (Ca)

  IM, College 282 idem; SC 949. Leagan 3: cf. PB 20.
  Seanfhocal idirnáisiúnta, as Cóh. IX, 4; cf. Ray 293, App. 376, YD 103 (gadhar, capall), MR 33, I BSR 193.

1808 Is fearr olc Cháit ná maith Nóra. (M)

- Is fearr olc duine ná maith duine eile. (CnM)
- Is fear a chuid oilc ná maith duine eile. (GS)

  B'fhearr le duine an t-olc a dhéanfadh A ná an mhaith a dhéanfadh B.
  Tóraidheacht I 4, 1.

1809 Is geall le buachtáil cóipeáil. (Ca)

- Is geall le buachtáil coinníoll. (RM)

  Is buachtáil é an mhaith a dhéanamh; ní éireodh le duine marach oibleagáid a rinneadh dó (RM). cf. duine coinníollach .i. duine oibleagáideach. Caithfidh sé go gciallaíonn seo gur ionann a bheith buach agus a bheith cothrom, nó ar aon dul leis an té atá i d'aghaidh.

1810 Is iomaí ceol thar píobaireacht. (CC, S)

- Is iomaí sórt ceoil a bhíos ann d'uireasa píobaireachta. (IG)
- 'Is iomaí sórt ceoil atá ann,' mar a dúirt an fear a raibh an trumpa maide aige. (IG)
- Is iomaí gléas ceoil a bhíos ann. (GS)

  Ní ar aon chaoi amháin a bhíos duine.

1811 Is ionann (cosúil) le chéile bailséara is a ghiolla. (S 4/1925, IG 2/1894)

- Dhá mhar-a-chéile, bailséara is a ghiolla. (Ca, R, AA 8/1940)
- Dhá mhar-a-chéile, baileabhair is a ghiolla. (M)

- Mar a chéile an baitsiléara is a ghiolla. (RM)
- Ní measa Cáit ná Conchubhar. (F)
- Is maith chun a chéile iad. (F)
- Beirt mar a chéile is an péire i gcuideacht. (F)
- Mar a chéile an ball séire is a ghiolla. (LMóir)

  Graiméar Uí Mhaolmhuaidh 54, A Dialect of Donegal 195.
  Focal fairsing O 119 (qualis dominus, talis et servus), Ray 111, L I 69, HV 268, Lipp. 459, 392. NG III 257 (leagan Fraincise).

1812 Is láidre tír ná tiarna. (LB, RM, AA 3/1937)
- Is treise tír ná tiarna. (Ca)

  cf. MIP 287. Rel. I 158.
  Idem DC 127.

1813 Is measa an maor ná an máistir. (RM)

1814 Is minic a tháinig cloigeann glégeal as poll súiche. (RM)
- Is minic a tháinig páiste glégeal as bothán súiche. (RM)

1815 Is minic bó mhaith bradach is bean bhorb flaithiúil. (Sa)

  Go mbíonn drochthréithe is cinn mhaithe sa duine céanna.

1816 Is minic ceann dubh ar cholainn ghlégeal. (Ár, CC)

  Tá go leor níos fearr ná a cheaptar a bheith.
  Líne amhráin in AGC 4.

1817 Is minic nach é an capall is fearr a thóigeas an rása. (S)

  Cóh. IX, 11.

1818 Is mise an fear is fearr sa teach, nuair atá an teach taobh liom. (GS)

1819 Is mór díol drochmhná tí dá cuid drochbhláthaí. (GS, AR)
- Is mór díol drochdhuine dá dhrochsholáthar féin. (Ca)

  Ólann sí go leor di; ceapann an drochoibrí go bhfuil a chuid ar fheabhas.
  Lessons 296, Rel. I 153.

1820 Is olc an rud dhá mhada dhalla a chur ag troid. (GS)
- Is deacair dhá mhada dhalla a chur ag troid. (RM, MÓD)

  Duine a chur in éadan oibre nach bhfuil sé in ann a dhéanamh, fear gan scolaíocht a chur ag léamh, nó a shamhail sin.

1821 Is onóraí cathaoir ná dhá stól. (Ca)
- Is fearr cathaoir ná dhá stól. (AR)
- Is fearr cathaoir ná dhá stól is is fearr fear mór ná beirt. (Ind)

  Is fearr duine mór (deisiúil, uasal) ná beirt bheag (bhocht).

1822 Is taibhseach adharca na mbó thar lear. (AR)
- Is mór taibhseach iad adharca na mbó thar lear. (I)
- Bíonn adharca fada ar na ba thar lear. (GS)
- Bíonn adharca fada ar na beithígh thar lear. (Ind)

  O'Daly 83, Búrd. 82, College 289, SFM 11, Rel. II 476, Joyce 118, MIP 117 (17ú haois).
  Seanfhocal idirnáisiúnta, ach ní hé an beithíoch céanna a bhíos i gceist i ngach uile áit; cf. Ray 92, L I 133, I BSR 148, 167 (gabhar). Gheofar focail a bhunúis in O 13, LSM 287 n.

1823 Is treise spor ná bacaí. (Ac)

1824 Lá i bpéin agus lá i scléip. (Sp)

1825 Marab é seo é, is é siúd é. (GS, RM, Ca, IG 9/1905)

  Go bhfuil an dá bhealach ann.

1826 Mara bhfuair sé ina im, fuair sé ina bhainne é. (IG 9/1905)

1827 Mara bhfuil sé díreach, caithfidh sé a bheith cam. (TÓM, Ériu vi, 54)
- Mara bhfuil sé díreach, ní féidir dó gan a bheith cam. (M)

  Samhlaím leis seo Cóh. I, 15; VII, 13. Leagan 2: SFM 12.

1828 Más crúsca thú, seachain an corcán. (F)

  Gan a bheith i dteannta duine nach mbeifeá ag teacht leis (ag pósadh, nó eile).
  Féach fabhalscéal 36 (Aesop, Ó Laoghaire) agus La Fontaine, 'Le pot de terre et le pot de fer'.
  SH 432; as Síor. XIII 2.

1829 Masla an scilléid ar an bpota. (GS)

- Masla an phota ar an scilléad. (Ac)
- An pota dubh ag maslú an scilléid. (F)
- An túlán ag tabhairt 'tóin dubh' ar an bpota. (Ca)
- An kettle ag tabhairt 'tóin dubh' ar an bpota. (LMóir)
- An greideal ag tabhairt 'tóin dubh' ar an mbácús. (IG)
- 'Amadán na gcluas fada,' a dúirt an t-asal lena dheartháir. (Ca, CF)
- 'Scread maidine ar an gcúpla,' mar a dúirt an fiach dubh lena chrúba. (Sl, DÓM)
- 'Chím,' arsan dall. 'Thug tú d'éitheach,' arsan balbhán. (I)
- 'Tá beirt agaibh ann,' mar a deir an gabhar lena adharca. (S 10/1925)
- Comórtas an chiotail leis an bpota. (I)

Faightear an focal seo go fairsing lena bheag nó a mhór de dhifríocht. Leagan 7: idem Lipp. 171.
cf. II BSR 166, NG 1, 328, L II 245, App. 507, Ray 108, DC 45 (fiach dubh, faoileán), PB 25, AWM 189; nóta in Trench, 63.
Rel. II 475, 502; nóta in Trench, 63.Féach Bangor 532 (tinddu; préachán agus faoileán).

1830 Má tá do dhíol sa gcaipín, caith í. (CS 6/5/1905)

- An té a bhfeileann an caipín dó, caitheadh sé í. (CF)
- An té a dtigeann an caipín dó, caitheadh sé í. (IG 7/1905, IG 1/1906)
- Mara bhfeileann an caipín thú, ná caith í. (Ind)
- Mara bhfeileann an caipín duit, ná caith í. (Ca)
- Mara bhfeileann sé duit, ná bac leis. (MÓD)
- An caipín nach bhfeilfidh thú, ná caith í. (Ca)

An seanfhocal gnáth Béarla, App. 81, SH 209.
O'Daly 94

1831 Mhill an mhuc é is níor leasaigh an banbh é. (S)

- Mhill an mhuc é is chneasaigh an banbh é.

Péire mar a chéile.

1832 Ná bí ag comórtas leis an té is dona, ach féach le bheith suas leis an té is fearr. (CR)

1833 Ná bí ar an gcéad duine a thriallfas an nua, ná ar an duine deireanach a bhfeicfear agat an sean. (Ca)

Seo tiontú ar leathrann as Essay on Critics le Pope.

1834 Ná déan aithris ar aon duine choíche mara bhfeileann sé duit. (CR)

1835 Ní bhaintear an t-ainm den bháirín. (CF, AR 247)

- Ní cóir a ainm a bhaint den bháirín. (TÓM)

Dá dhonacht nó dá laghad an ní, bíonn ainm air.
Lessons 277.
DC 126 (Mor gwired ag fod bara mewn torth) agus II BSR 87 (Ai pan pan, etc.).

1836 Ní ceart ualach trom a chur ar asal lag. (CF)

1837 Ní dhearna croí agus ciall cuingir mhaith ariamh. (CF)

1838 Ní dóighde ga gréine ar chnoc ná scamall ar cheann eile. (Gearrbhaile 1936, gan áit)

1839 Ní féidir im a bheith agam gan bláthach. (GS)

- Is dual im ar bhláthach. (Ca)
- Ní bhíonn an t-im ach san áit a mbíonn an bainne géar. (GS)
- Ní bhíonn an t-im ach san áit a mbíonn an bhláthach. (LMóir)

Go n-ordaíonn an mhaith an t-olc; áit a moltar, déantar comórtas nó sainiú.
cf. 2793, 5308.

1840 Ní fhéadann duine a bhuilín a bheith aige is a ithe. (TÓM)

- Ní fhéadfaidh tú do bhuilín a bheith agat is é ite agat. (Casla)
- Ní féidir leat do bhuilín a bheith agat is é a ithe. (RM)
- An té a itheas a bhuilín, ní fhéadann sé a bheith aige. (Ca)
- Ní fhéadfadh builín a bheith agat agus tú féin á ithe. (Ca, Cum. Béal. 111, 42)
- An té a itheas an bhollóg, ní bhíonn sí faoina ascaill aige.

Lessons 166, College 297.
App. 178, SH 601.

1841 Ní fheileann an bhróg chúng don chois fhrithir. (AR)

- Is dona í an bhróg bheag ar chois mhór. (Sa)

  Neilson I 98, 122.

1842 Ní fuide gob an ghé ná gob an ghandail. (Ár, S 5/1929)

- Is fuide gob an ghé ná gob an ghandail. (IG 9/1895)
- Tá gob an ghé chomh fada le gob an ghandail. (Ac, S 9/1927)
- Comhfhad gob an ghé is gob an ghandail. (IG 8/1905)
- Aon fhad gob an ghé is gob an ghandail. (Ca)
- An rud atá go maith i ngé, tá sé go maith i ngandal. (Ind)
- An rud is fearr don ghé is fearr don ghandal. (CF)

  An seanfhocal Béarla, Ray 99, SH 47.

1843 'Ní hé sin féin, ach an fad atá ann,' mar a dúirt an pilibín leis an bpiastóg. (MÓD)

1844 Ní hionann a dhul chuig an mbaile mór is a fhágáil. (RM)

- Ní hionann a dhul go baile mór is a theacht as. (S 1/1928)
- Is furasta a dhul chun an bhaile mhóir ná a fhágáil. (Ca)
- Is éascaí a dhul chun an bhaile mhóir ná a theacht as. (Ind)
- Is furasta a dhul isteach i dteach an rí ná a theacht as. (CF)

  B'fhéidir go ndéanfadh duine níos mó moille ná a shílfeadh sé; ní hé an fonn céanna a bhíos air a dhul abhaile, is a bhí air a dhul chuig an mbaile mór. MIP 348 (tús 17ú haois). O'Daly 95, College 294. LSM 172 q (Quisque scit egressum, sed non est scire regressum: 15ú haois).

1845 Ní hionann an síoda is tuí na heornan. (F)

- Ní hionann an chíb is tuí na heornan. (Ca, B XII 85)
- Ní hionann máistir báid mhóir is grabaire. (RM)
- Ní hionann máistir báid mhóir is na grabairí. (Sa)
- Ní hionann pócaí falmha is pócaí fairsinge. (Sa)
- Ní hionann teach dhá stór is an róipín. (Sa)
- Is leithne bóthar ná cosán. (M)
- Is fada ón teach mór an scioból. (Sa)

  Is mór an chéim ón gceann breá go dtí an ceann bocht. 'Is samlad siric fri snath, samlad Chloinne Neill riach' (Leabhar Fhiodhnacha 316); le haghaidh samplaí a bhféadfadh na focail seo a bheith múnlaithe orthu, cf. IM I 286 (duan le Seán Mac Torna Ó Maolchonaire) is foclóir Uí Chléirigh 'Ní sain caimper is einirt' RC IV, 378.

1846 Níl a fhios cé is fearr, scéalaí maith (i dteach) nó drochscéalaí. (Ca, CC)

- B'fhéidir nárbh fhearr scéalaí maith i dteach ná drochscéalaí. (Ár, S 5/1925)
- Nach fearr scéalaí maith i dteach ná drochscéalaí? (AR 404)

  Is doiligh míniú de bhrí a fháil air; seo roinnt atá faighte agam:
  1. Nuair atá duine sa teach is gan aon scéal maith aige. (CC).
  2. A déarfadh scéalaí le searbhas nuair nach mbeifí ag éisteacht leis. (Ár).
  3. B'fhéidir gurb é seo an míniú ceart: b'fhéidir nach fíor an scéal maith is is minic comhairle do leasa (fógra, rabhadh) sa drochscéal (TÓM) – féach An ghaoth aniar l.14.

1847 Níl áit a gcuirfidh tú poll, nach dtiomáinfidh mise tairne. (GS)

- Ní dhéanfainn poll go maidin nach gcuirfeá tairne ann. (CF)
- Níl aon pholl dá ndéanfadh sé nach gcuirfinn tairne ann. (F)
- Ní dhearna sé poll nár chuir mise tairne ann. (Ac)
- Níl aon áit a gcuirfear poll nach gcuirfear tairne. (RM)

  Duine amháin a bheith in ann chuig duine eile. Rel. II 484. II NG 220 (estacas . . . agujeros)

1848 Níl comórtas ar bith ag mac an pheata leis an méar fhada. (Sp)

- Níl comórtas ar bith ag mac an daba leis an méar fhada. (Sa)
- Is deacair an mhéar fhada a chur i gcomórtas leis an ordóg. (Sa)

  An beag is an mór, an tánaiste is an mhidhmhéar. Mac an dalla (CF); mac an droma (ÁR) atá ag Ó Gramhnaigh (Arch. I 553) is mac an abair (Tír Chonaill). Iomarbhágh xxviii 60 (ordóg in aghaidh glaice).

1849 Níl duine dá fheabhas nach féidir a dhéanamh dá uireasa. (GS)

1850 Níl fear dá fheabhas nach bhfaighidh a chomharba uair eicínt. (Sa)

- Níl buachaill dá fheabhas nach dtéann i ndiaidh a thóna. (Sa)
- Níl laoch dá thréine nach bhfaightear fear a chloíte. (MS)
- Níl laoch dá thréine nach bhfaightear duine á chloí. (Ac)
- Dá mhire an giorria, is mire an cú ná é. (S 5/1929.)
- Is minic a chlaon fear ar aghaidh buachalla mhaith. (Sa)
- An té nár féachadh, féachfar é. (Ac)
- Dá fhad an lá, tagann an tráthnóna,
  Is dá fheabhas an fear tá sé ag dul i ndiaidh a thóna. (CanD, Cum. Béal. 181, 62)

An té is fearr, gheofar duine eile leis an gceann is fearr a fháil air.
MIP 319; Beatha Aodha Ruaidh 12; SC 857.
Leaganacha de in L II 69
Leagan 5: focal Spáinnise in I BSR 91.

1851 Ní lia (liachta; léithe) bealach chun na coille ná bealach lena fágáil. (RM, CC, S)

- Ní lia bealach chun na coille ná bealach chun a fágála. (M, AR)

1. Tá níos mó ná bealach amháin le rud a dhéanamh (CC).
2. Dá mhéad dá saothraíonn duine, tá bealaí lena chaitheamh. (RM).
App. 428 (There are more ways to the wood than one).

1852 Ní liachta duine ná barúil. (S 12/1924)

- Ní lia duine ná intinn. (Ár)
- Ní lia sméara sa bhfómhar ná barúla daoine. (S 12/1919)

BC 445, 462.
Focal idirnáisiúnta: Ray 114, App. 586, YD 56, L I 185, L II 177, II BSR 7, Lipp. 466, MR 27.
Féach O 166 (homo, 9) i gcomhair a bhunúis.
Bangor 430 (opiniwn).

1853 Ní maith samhail a théas i bhfad. (RM, S 12/1923)

- Ní maith samhail a théas i bhfad, ach is measa an tsamhail a théas rófhada. (GS)
- Ní maith do shamhail dá dtéann i bhfad. (Ca)
- Ní théann an mhacasamhail i bhfad. (MÓD)
- Ní théann samhail i bhfad. (Ca)

Ag lochtú duine eile is tú féin chomh dona leis.

1854 Ní mór fear le haghaidh na srathrach is fear le haghaidh na diallaite. (GS)

Fir oibre is cinnirí; fir le haghaidh gach uile shórt oibre, idir glan is salach.

1855 Ní mó scilling ón rí ná cianóg rua ón duine bocht. (S)

MIP 351

1856 Níorbh fhearr an taobh seo den sceach ná an taobh eile. (AR)

- Ní fearr taobh den sceach ná an taobh eile. (DÓF)
- Is sona taobh den chlaí ná an taobh eile. (Ca, S 11/1927)
- Bíonn taobh den chlaí níos sona ná a chéile. (RM)
- Bíonn taobh den bhád níos sona ná a chéile. (Ár)
- Níl a fhios cé is fearr, an taobh seo den tom nó an taobh eile. (TÓM)
- Tá taobh den chnocán níos ádhúla ná a chéile. (Ca, Cum. Béal. 111, 112)

Ní fearr áit amháin ná a chéile (?).
Seo é an chaint a bhí scríofa ar an gcloch a bhain Tomás Buí Umhruid as fréamhacha an toim sa scéal: féach an scéal in DÓF 34, AA 7/1940 is S 4/1929, 10/1928. Faightear an scéal céanna in TGJ 92 faoi Gilmin Droedd-ddu ag dul go Londain. B'fhéidir gur gaolmhar leo atá Scéal Mhongáin, Voyage of Bran 52. Leagan 3: cf. Cum. Béal. 70, 133

1857 Ní raibh beirt ag cur síos tine nach n-éireodh eatarthu. (AR 297)

1858 Ní thagann an tsíodráil agus an ghiotamáil go maith le chéile. (Ca, Cum. Béal. 77, 373)

1859 Ní thagann dhá fhaobhar le chéile. (CF, B V 152)

1860 Ní thagann sodaire is dodaire le chéile. (Ca)

An té a mbeadh deifir air is an tutálaí (duine righin).

1861 Nuair a bhíos a bhfuil istigh amuigh, bíonn an teach ag an táilliúr. (GS)

cf. 1402

1862 Nuair a bhíos fear an tí is bean an tí ag troid, bíonn an chlann uilig ina sost. (GS)

1863 Snámhann sop ar bharr an uisce is tuiteann péarla go tóin an phoill. (Ca)

1864 Srathar capaill ag fíodóir. (RM)

Rudaí nach bhfuil feiliúnach dá chéile; nó rud a ndéanfaí iontas de.

1865 Tá an fear eile féin go maith. (CF)

- Tá an fear eile féin ann. (CF)

1866 Tá an sionnach ag tabhairt seanmóra do na géabhaí. (RM)

Ag lochtú daoine eile is is measa tú féin.
BC 568.
Le haghaidh na cainte céanna, le malairt bheag chéille, cf. I BSR 83, HV 364, Arm. 571, SH 225, App. 234
cf. 3887

1867 Tabhair slat dá thomhas féin dó. (FL 17/5/1924, TÓM)

Oiread céanna (oilc, go hiondúil) is a fhaightear, a thabhairt ar ais.
Mc. IV, 24 is na seanfhocail atá bunaithe air (II BSR 245). Seanmóirí Uí Ghallchobhair 38, 12. Bangor 563 (wrth).

1868 Tá crainn sa gcoill seachas caorthainn. (MS)

Déanann a chaora an caorthann feiceálach; tá níos mó ná an ceann breá ann.

1869 Tá daoine ann chomh dona le Sara. (RM, Ár)

An té a bhfaightear locht air, ní measa é ná go leor eile.

1870 Taise le truaighe is troid le tréan. (GSe)

- Déan taise le truaighe is gruaim le namhaid. (Ca)

Bí crua ar láidir ach glac trua don lag.
Is iomaí áit a bhfaightear an focal sa litríocht; TC 7, 11/14; 3, 15: in Sil. Gad. I 43 deirtear faoi dhrochdhuine, 'do airginn etréin ocus am tuillmech buide fri trén': rannta 64 is 65 sa duan 'Cert cech rig co réil' (Misc. Meyer 258): Bat gusmar im naimtiu (ZCP XV; Briath. Concul.): 'Forbrisiud cach truad, aslach cach threun (.i. toradh na sainte)' in Ériu vii, 152: i nduan Meán-Ghaeilge faightear 'Rí cach mbaethlach báes, rí cech mbidbaid bas' (R.I.A. Proc. 3rd Ser. III 4, 552). Is fairsing sa Duanaireacht é, féach Studies 6/1934, l. 244, rannta 27 agus 28; Dioghluim Dána 21a 11, 57 40; Branach 271, 288, 5868; Duanta Eoghain Ruaidh xii 41; F vi 2 (A. R. É.) l. 500, rann 3. Tá tuilleadh samplaí in MIP 333, is rannta in D 184. Sa Nua-Ghaeilge, faightear an líne, 'Ba teann le tréan, is ba shéimh le dragain bheadh lag' Amhráin Thaidhg Ghaedhealaigh 2345; freisin, IM II 276, College 278).
In DC 33, tá 'Na fydd anrhugarog wrth euogion'; Samhlaím leis mar bhunús Séam. II 3, is Seanfh. XVIII 23.
Studies 1924, l. 245, rann 28ab; Aodhagán Ó Raithille xiii 97; Songs of Màiri Mc Leod (Watson) 777; IG I 353, 354 (línte 149, 170).

1871 Taitneamhach amuigh is gruama istigh. (Ind)

- Is minic a bhíos breá ar aonach gruama ina theach féin. (Ca, BA)

Féach IGT, l. 70, sampla 690; Rel. II 499.
Leaganacha den chaint chéanna in App. 545, YD 15, DC 26. Bangor 97 (diawl), 423 (pentan).

1872 Tá na caisleáin ag tuitim is na cairn aoiligh ag éirí. (S 7/1927)

Na hísle ag ardú agus na huaisle ag ísliú.
I NG 2 (Abaxanse los adarves y alzanse los muladares).

1873 Tá sé sa gcroí ach níl sé sna cosa. (Mnl)

- Tá sé sa gcroí dá mbeadh sé sna cosa. (CF, AA 8/1942)

Fonn gan scil, go mór mór ag caint ar dhamhsa.

1874 Tá tú i do Cháit, is bhí Cáit ina hóinseach. (Ca)

- Tá tú i do Cháit (.i. is óinseach thú). (Ár, AA 3/1934)

1875 Téann an fuath chomh fada is a théas an teas. (CR)

1876 Tine mhóna is maidí, nó tine mhaidí is móna, cé acu is fearr? (IG 12/1905)

- Aon mheáchan amháin tonna clúmhaigh is tonna cloiche. (F)

CONTÚIRT

1877 Ag tíocht na hoíche is olc an rud a bheith sa sliabh. (TÓM)

1878 An dá rud is baolaí, droim a thabhairt do dhréimire nó do chailín óg. (F, S 4/1926)

1879 An gad is gaire don scornach is cóir a réiteach ar dtús. (S)

- Is é an gad is gaire don scornach a ghearrtar i dtosach. (F)
- Gearr an gad is gaire don scornach ar dtús. (Ca)
- An leanbh is mó a bhí i bpian a bhaist an sagart ar dtús. (TÓM)
- An leanbh is mó atá i bpéin is cóir a bhaisteadh ar dtús. (MÓD)

Joyce 114.
cf. 3482

1880 An té a mbeidh an cith os a chionn, beidh faitíos air. (IG 1/1906)

An té a mbeidh contúirt ag feitheamh leis.

1881 An té a shiúileas ar meachain (beacha), ní mór dó siúl go réidh. (S)

- An té a shiúileas ar meachain, ní foláir coiscéim éadrom a bheith aige. (S 9/1927)

1882 An té a théas i ndaimhséar go minic, teangmhóidh guais leis. (AR)

- An té a ghráíos an baol, caillfear ann é. (M)
- An té a ghráíos an dainséar, éagfaidh sé ann. (MÓD)

PHL Breac 7734 - 'amal atbeir Solam: - in t-i dobeir grád do'n guasacht, dogéba sé bás ann.' Aithdhioghluim Dána 74, 10 ab; MIP 214. As Síor. III 26.

1883 An té nach eol dó snámh, a bháthadh sa tonn a dhán. (GSe)

1884 Ar a dtaithí a thigeas na cathuithe. (F)

- Tarraingíonn taithí cathú. (CF, AA 12/1937)

Is é a dhul in aice a níos cathú.

1885 Beag an baol go mbuailfeadh Maol poc. (Cum. Béal. 108, 58, gan áit)

Nach mbíonn aon treallús ná dochar sa duine bog simplí (?).

1886 Bíodh faitíos ort agus ní baol duit. (Ac, Ca)

Ní ghabhfaidh cladhaire i gcontúirt.
PHL Breac 4862, 4864; 'Imchisnech cách oimnech' (ZCP xvii 65), MIP 218. Tá leaganacha gaolmhara in Aibidil 2, 54, TC 13, 20; 13, 24; 15, 3.
II L 290

1887 Bíodh feamainn Pháidín Mhóir ag an gcontúirt atá ag baint léi. (CF)

Rud nárbh fhiú dul i nguais ar a shon.
cf. 'Bíodh an fheamainn aige' - drochimpí éadrom.

1888 Buail le cead é, bolg ar fad é. (CF)

- Tá cead Maol a bhualadh. (CF)
- Is furasta buille mór a bhualadh ar an talamh. (Ca)
- Cosúil le frog é, bolg ar fad é. (LMóir)

Níl contúirt ar bith go dtabharfadh sé iarraidh ar ais.
cf. Os cionn na fairrge (P. Mac Piarais) 26, agus ACB 7: 21-22 'Is cosamhail le frog,' etc.

1889 Choíche ná gabh ag iascach in iombhá. (Ac)

I ndrochbhád.

1890 Chomh gar dó is a chuaigh an ceo de Heanraí. (RM)

- Chomh gar dó is a chuaigh an ceol de Heanraí. (CF)
- Chomh crua is a chuaigh an ceo le Heanraí. (CC)
- Chomh rite is a chuaigh an ceol le Heanraí. (Eachros, AA 12/1938, le scéal)

1. Fear a chuaigh amú sa gceo is is beag nár cailleadh é (RM)
2. Nuair nach bhfuil ann ach go gcinneann ar dhuine rud áirithe a dhéanamh. (CC)
Tá leagan fada Árainneach den scéal in FL 6/12/1924.

1891 I bhfad ón ngréin is fearr an t-im. (RM, S 2/1918 (le scéilín))

- I bhfad ón ngréin is maith é an buíoc. (TÓM)

Gan rudaí somhillte a ligean i gcontúirt.
Samhluoidí in BC 96, 455. cf. BB 191.
Thiocfadh dó seo a bheith gaolmhar le - 'Wer Butter auf dem Kopfe hat, gehe nicht in die Sonne,' etc., cf. II BSR 4, 240, L II 133, SH 59, 161.

1892 Is aoibhinn don té nach bhfuil rath air, ní ghabhfaidh sé in aon chontúirt go deo. (Ca)

1893 Is fearr filleadh ar lár an átha ná bá sa tuile. (CF)

Rel. II 497

1894 Is furasta gabháil thar doras mada gan fiacail. (S 7/1923)

- Is furasta gabháil thar doras tí gan mada. (Ca)
- Is furasta gabháil thar doras tí gan mada is gan fear an tí ag baile. (CC)
- Is furasta gabháil thar doras duine mhairbh gan é féin ná a mhada istigh. (MÓD)
- Is furasta gabháil thart le teach mada gan fiacail. (Ac)

Is éasca a bheith dána nuair nach bhfuil aon chontúirt ann.

1895 Is í an toirneach a scanraíos is an tintreach a mharaíos. (TÓM)

- Is í an toirneach a scanraíos ach an tine a ghníos an dochar. (CF, Cum. Béal. 100, 231)

1896 Is mairg a ligeas a chéasla le sruth agus oibriú farraige air. (Gearrbhaile 1937 l.28, gan áit.)

1897 Is minic a chuir gunna falamh faitíos ar bheirt. (TÓM)

Bíonn faitíos roimh ghunna i gcónaí, bíodh sé lán nó folamh.
cf. an focal airm 'The devil loads an empty gun.'

1898 Is mór coisreacan duine ó éireos sé go dté sé a chodladh. (Ca)

- Is mór an coisreacan ó dhuine, ó éiríos sé ar maidin, go dté sé a chodladh san oíche. (Ca)

Ní mór do dhuine é féin a choisreacan go rímhinic i gcaitheamh an lae, le é féin a chosaint ar an gcontúirt atá i ngach uile áit.

1899 Is olc an áit a bheith ag caraíocht, ar an uisce. (F)

- Is olc an rud a bheith ag caraíocht leis an uisce. (F)
- Ná déan dánaíocht ar an bhfarraige. (RM)
- Ná bí dána ar an bhfarraige. (Ca)

Gur contúirteach an áit an fharraige.
Féach Amhrán Sheáin Uilleac - '. . Ná déan dána, lá gála ar an uisce choíche' (S 1/1920)

1900 Is olc chun a chéile an tine is an barrach. (F)

- Is olc é barrach is tine in aice a chéile. (AR 145)
- Is furasta leis an mbarrach tine a ghlacadh. (Ca)
- Is te an rud tine is barrach. (CF)
- Nuair a theangmhaíos an tine chuig an mbarrach, caithfidh sé lasadh. (Sp)

TB 3 XI 13 le tagairt do Síor. XXI 10. Leaganacha iomadúla san Eoraip, de bhunús Laidine (II BSR 164, 196: App. 213, Ray 160, 355, L I 46, II 193). cf. an téacs thuas agus ls. I 31.

1901 Mara contúirteach, ní éadálach. (CF, AR 429)

- Ní bhíonn bua mhór gan contúirt. (S)
- Mara dté tú sa gcontúirt, ní ghnóthóidh tú. (Ca)

Le haghaidh leaganacha den bhrí chéanna, cf. Ray 139, YD 20, I BSR 114.

1902 Ní bhfuair fear críonna fear marbh. (Ca)

- Ní baolach don chríonnacht. (TU)
- Ní fhaca duine críonna duine marbh. (CnM)

Ní ghabhann duine críonna i gcontúirt.

1903 Ní dochar a bheith ag éisteacht le claí ag tuitim ach tú a bheith tamall uaidh. (RM 78, 1020, Cum. Béal. 78, 1020)

Féach Clár (claí)

1904 Ní féidir leat do lámh a chur sa tine is a theacht slán. (GS)

1905 Ní fhaca tú ariamh fear gan chiall is é báite. (Sa)

Ní ghabhann amadán i gcontúirt.

1906 Ní hé an bádóir an fear is fearr ceird ar fad. (Sa)

.i. go dtugann a cheird i gcontúirt é.

1907 Níl aon bhaol go deo ort, ach coinnigh i lár an bhóthair. (TÓM)

.i. gan a bheith ag taobhú le ceachtar den dá dhream atá ag troid, etc.
O' Daly 96, SFM 14.
II NG 210, Lipp. 626, LSM 71 v, O 216

1908 Níl aon bhlas anachaine ann, ach oiread leis an gcuid thiar den mheach. (TÓM)

- Chomh géar le ruball beiche. (MÓD)
- Chomh dona leis an tóin thiar de dharadaol. (IG 7/1905)

cf. Laidin (In cauda veneum) is na leaganacha atá bunaithe air sin. (I BSR 274, SH 462, I L 129)

1909 Ní leithne an t-aer ná an timpist. (RM)

- Bíonn an timpist chuile áit. (CF)
- Bíonn an timpist ann. (CF)

Níl a fhios cén áit a n-éireoidh timpist.

1910 Níl greim ar bith chomh dílis le greim an fhir bháite. (Ca)

- Greim an fhir bháite. (CF)

Aithdhioghluim Dána 70, 29 cd, Cat. I (Eg. 161, 92, rann), O' Daly 92, ASG 108.

1911 Nuair atá do lámh i mbéal an mhada, tarraing go réidh í. (RM)

- Má bhíonn do lámh i mbéal an mhaistín, tarraing as go réidh í. (MÓD)
- Ná srac do mhéar as béal an mhada. (GS)
- Ar a tharraing atá a shábháil. (Ind)
- Ná seas ar chois an mhada a fhad is atá do lámh ina bhéal. (Sp, B 1934)

Cuir i gcomórtas leis seo, MIP 379, is BTD I 87, II 245. O'Daly 96, SFM 15

1912 Seachain lorg an chrú agus an tairne. (GS)

.i. Focal tairngreachta; go dtiocfaidh sa saol gur contúirteach a bheith ar na bóithre.

1913 Seol gearr a dhéanfas ceann liath. (RM)

- Seoladh gearr a ghníos ceann liath. (GS)
- Seol beag a ghníos ceann liath. (RM)

Bádóir a thógas na cúrsaí isteach in aimsir gála, ní bháfar go hóg é .i. an té a bhíos aireach nuair a fheicfidh sé guais feicfidh sé a cheann liath. Ach ní mhíníonn sé sin an focal 'Seoladh'. B'fhéidir gurb ionann 'seoladh' agus treoir nó stiúr .i. gur maith treoir an tseanduine, féach S 4/1928, l. 7 (guide). cf. 'Meth gach seolad go sindser' (Leabhar Fhiodhnacha 322).

1914 Súgradh an chaitín leis an luichín. (GS)

- Is é súgradh an chait leis an luch é. (GS)
- Pléisiúr an chait leis an luchóg. (Ca)

Súgradh contúirteach.
TB 1 VII, 16 - 'amhlaidh tra doghní an cat ris an luich,' etc.; rann as ls. A 9, Leabharlann na mBráthar (ZCP VI 263); Cinnlae I 114; Dánta Phiarais Feiritéir 86.
LSM 28 c.
Aodhagán Ó Raithille 184, 8.

1915 Táilliúirí, fíodóirí is cait,
Triúr nach mbíonn orthu scrios. (RM)

- Táilliúirí, fíodóirí is cait,
Dream nach bhfuil iontu ach scrios. (CF)

Caitheann siad saol sócúlach is ní ghabhann siad i gcontúirt.
CC BB 85.

1916 Tá nimh an mheana ar an tsnáthaid. (M, Cum. Béal. 127, 570)

Goin nimhneach a dhéanann snáthaid ach is gan nimh goin meana: deirtear sa scéal gur iarr an Mhaighdean Muire iasacht snáthaide ag teach le greim a chur ina seál, ach eitíodh í; sa gcéad teach eile .i. teach caibléara, tugadh iasacht meana di go cóir agus d'fhág sí beannacht ar mheanaí a bhain an nimh astu go deo agus a chuir ar na snáthaidí í.

1917 Tá sé contúirteach, gan eolas, a dhul rófhada isteach sa gcoill. (Ca)

1918 Turas Mhurchadha go hÁrainn. (CF)

Turas dona dochrach.
Scéal B IV 67

COSÚLACHT

1919 An áit a mbíonn an brochán bíonn a chosúlacht. (GS)

Go bhfágann gach uile ní a aithne le feiceáil.

1920 An bharrainn a bhíos mór, bíonn an fata mór fúithi. (RM)

- An áit a mbíonn an bharrainn mhór, beidh fata mór. (RM)

1921 An té a cheannódh mar amadán mé, bheadh margadh maith aige. (GS, MÓD)

- An té a cheannódh ina hóinseach í, is fada a bheadh sé óna chuid airgid. (IG 7/1905)

Ní amadán ar bith é.

1922 An té a mbíonn gruaim ar a mhalaíocha, ní bhíonn sé sásta. (TÓM)

.i. Gur san éadan a thaispeántar míshásamh (?).

1923 Ar a haghaidh is fearr í. (TÓM)

Bean shlachtmhar, ach í ina hóinseach.

1924 Ba mhinic capall maith gioballach. (TÓM, MÓD)

1925 Bean nó muc san oíche. (MS)

Ní féidir ceann gránna a aithint thar cheann breá sa dorchadas.
cf. O (nox 2).
cf. 1930

1926 Bíonn (Is minic) caol crua is leathan láidir. (Ca)

- Bíonn (Is minic) caol crua is leathan lag. (Sp)
- An té atá caol éasca, tá sé crua miotalach. (TÓM, MÓD)
- Caol ioscadach, crua miotalach (.i. le duine tanaí crua). (CF)

Féach Éigse V 117 'sgudalach'. (CF)

1927 Bíonn an chosúlacht ann i bhfad roimh an am. (RM)

- Bíonn an chosúlacht ann. (TN, S)

1928 Bíonn an deatach i ndiaidh na breácha. (F)

- Sonas i ndiaidh na straoilleachta, is deatach i ndiaidh na breácha. (Ca)

cf. 4728

1929 Caipín deas ar leiceann ghlas, ag mealladh an amadáin. (F)

- Binneog dheas ar leiceann glas, ag mealladh an amadáin. (M)
- Caipín geal ar sceitheach glas, ag mealladh an amadáin. (S 5/1925)

Meallann rud feiceálach an t-amadán, is ní fheiceann sé céard atá faoi.

1930 Caora fómhair nó cailín Domhnaigh. (S 11/1926)

- Cailín Domhnaigh nó gamhain samhraidh. (MS)
- Cailín Domhnaigh nó bó aonaigh. (S 11/1926)
- Bó aonaigh nó bean Domhnaigh. (CM)
- An dá rud is deacra a thoghadh, caora fómhair is cailín Domhnaigh. (MÓD)
- Ná bí santach an cailín a thóigeáil mar a fheiceas tú í Dé Domhnaigh. (Ca)
- Ná santaigh an chaora fómhair, is ná pós an cailín Domhnaigh. (DÓF, líne d'amhrán)
- An dá rud is fearr a bhreathnaíos, muc le coinneall is cailín óg Dé Domhnaigh. (Ca)
- Ná ceannaigh caora fómhair is ná pós cailín Domhnaigh. (Ac)
- Ná santaigh an chaoirín fhómhair agus ná santaigh an cailín Domhnaigh. (Sp, AA 7/1940)
- An dá rud is mó a mheallas daoine, bean ar maidin Domhnaigh agus muc le coinneall. (Sp)
- Bó aonaigh nó cailín Domhnaigh, an dá rud is meallta. (Mnl, S 6/1927)
- Cailín Domhnaigh nó muc le coinneall. (CF, Cum. Béal. 207, 166)

Sin é an t-am a mheallfadh a gcosúlacht duine; bíonn an chaora ramhar sa bhfómhar is an cailín gafa gléasta ar an Domhnach.
Ag trácht ar 'chailín Domhnaigh' cf. App. 684, SH 77. 'Cailín damhsai agus beithíoch aonaigh' atá in PB 65. Feach an focal fairsing eile atá gaolmhar leo seo - Choose neither a woman nor linen by candlelight (SH 77, I NG 87, 320, II 75, III 18, I BSR 167, HV 96). NG III 267, Quien quisere muger hermosa, el Sábado la escoja, que no el Domingo en la boda.
cf. 1925

1931 Ceann cíortha a dhíolas na cosa. (S 6/1918)

- An ceann a dhíolas na cosa. (GS)

Slacht in áit amháin a choinníos duine ó bhreathnú ar locht in áit eile.
O'Daly 90

1932 Ceileann slacht neart go minic. (Sp)

1933 Chomh binn le clog. (GS)

1934 Chomh caol le cois fuip. (CF)

1935 Chomh ceart le dath dubh. (CC)

Faoin ní atá déanta go maith nó go ceart.
cf. Dáth Dubh (SM 2121)

1936 Chomh ceolmhar le fideog. (GS)

1937 Chomh cruinn le liathróid. (GS)

1938 Chomh díreach le slat gunna. (MÓD)

1939 Chomh díreach le slat saile. (LMóir)

1940 Chomh doimhin le Poll Tí Liabáin. (IG 7/1905)

- Chomh domhain le Poll (Coill) Tí Lábáin. (GS)

Poll Tighe Liabháin a deirtear in FF ii 34 áit a luaitear é mar cheann d'iarsmaí na Féinne in Uí Fiachrach Eidhne. Tá tuilleadh trácht air in iv 421. Poll Tighe Léabáin (Stair É. Uí Chléire 369). Féach freisin scéal Hudden agus Dudden agus Domhnall Ó Dálaigh agus SU 1147. Ar dhréacht Sheosaimh Laoide (IG xii 66) deirtear an t-ainm a bheith ar dhá áit, ceann in aice leis an nGort agus ceann gar don Mhalainn Bheag. Tá an t-ainm i ráite éagsúla sa tír trí chéile.

1941 Chomh fliuch le líbín. (GS)

1942 Chomh geal le calthóg. (GS)

1943 Chomh glas le féar. (Ca, TN 26/9/1890)
- Chomh glas le féar faoi Bhealtaine. (GS)

Finck 125.

1944 Chomh héadrom le liobóg leathair. (GS)

Sciathán leathair.

1945 Chomh leathan le mála na gceithre leithead. (F)

Mála a dhéantar as anairt naoi gcéad, nó éadach atá ceithre huaire níos leithne ná leithead singil.

1946 Chomh leathan le poorhouse. (MS)

1947 Chomh righin le gad. (Ca, GS, TN 26/9/1890, IG 8/1905, S 11/1927)

Joyce 259, Vocab. 68

1948 Chomh tanaí le péatar. (LMóir)

ACB 3.

1949 Chomh tirim le coicheann. (U, B IV 52)

1950 Comhartha na háilleachta, a bheith ag síorathrú crutha. (G, S 12/1927)

1951 Cuireann búcla slacht ar sheanbhróg. (MÓD)
- Is mór an mhaise ar sheanbhróg búcla. (AA 1938)
- Is mór an feabhas ar sheanbhróg búcla. (I)

O'Daly 93, SFM 11.

1952 Déanann cleiteacha deasa éan deas. (Ca)

BC 212.
Idem Ray 91, I BSR 215 (Fraincis is Spáinnis), L I 123, NG II, 294.

1953 Dhá thrian den damhsa cosúlacht. (S 6/1918)
- Dhá thrian den damhsa goití. (MS)

1954 Dhá thrian den dathúlacht an gheanúlacht. (M, CR)

1955 Dinnéar an Chairréara,
Jug mór fada is bainne i bhfad síos,
Cáca mór leathan, gan mórán taois. (S 11/1926)

- Arán mór leathan ar bheagán taois,
  Mug mór fada is bainne i bhfad thíos. (IG 12/1894)
- Soitheach mór fada is bainne i bhfad siar. (F)
- Soitheach fada domhain is bainne i bhfad síos. (CnM)
- Sparán mór fada is rud i bhfad síos ann. (RM)
- Jug mór fada
  Is an bainne i bhfad síos ann,
  Cáca mór leathan,
  Gan mórán taois ann. (GS)
- Is minic a rinneadh cáca mór ar beagán taois. (M, Cum. Béal. 109, 284)

Mórán le feiceáil, ach beagán téagair ann.
MR 40 (Fuinney thanney er y veggan meinney)

1956 Duine gan eolas a thabharfadh cóilís ar ghabáiste. (CC)
- Fear gan eolas a thugas cóilís ar ghabáiste. (S 1/1928)

Dhá rud furasta a aithint thar a chéile; rudaí a mbíonn miondifríochtaí eatarthu.
Scéilín AA 7/1940. cf. Biolar thar féar (Dánta Grádha xxxvi II)

1957 Fearacht gach fearacht. (I)

1958 Fidil pholl an chlaí.

.i. (TÓM)
An fheadaíl a dhéanann an ghaoth trí pholl sa chlaí (?).

1959 Gidh gurb ard é an crann caorthainn, bíonn sé searbh as a bharr. (RM)
- Más dearg í an chaor, ní bhíonn gan mórán seirbhe. (GS, ACC 14)

Cosúlacht álainn ach blas searbh.
Rannta in D 74, 75; Líne as 'An Droighneán Donn', IM I 236, AGC 32; Dánta Phiarais Feiritéir 110, Búrd. 65, M. Mac Suibhne 92. cf. 4262

1960 Gile na ruacha, gile gan buíochas. (RM, S 11/1927, TÓM)

Bíonn gile ina chloigeann is ina aghaidh ar an duine rua, dá mhíle buíochas.

1961 Glan agus slán a dheallraíos éadach nua. (Cam)
- Glan agus slán a chaitheas éadach nua. (LMóir)

1962 Intinn mhaith ag an gclog. (Sa)

1963 Is breá an fear ar a chúl é, dá mbeadh na súile pioctha as. (TÓM, MÓD)

Duine gránna; éadan gránna air is súile gránna.

1964 Is cosúil le glóire fáinne san uisce. (Ca)

Is mór an t-athrú a dhéanfaidh clúdach; éadaí maithe ar dhuine, etc.

1965 Is cuid den chraiceann an fheoil. (S 5/1929)

- Is cosúil leat féin thú. (IG 8/1905)
- Samhail cheart de réir a cosúlachta. (CF)

Go mbíonn samhail duine de réir a nádúir. Eachtra Uilliam 313.

1966 Is duibhe an clúmhach ná an fiach. (GS)

Feictear níos measa é ná atá sé.

1967 Is é an duine an t-éadach. (AR 298, TÓM)

- An duine an t-éadach is an gréagach an bia. (AR 189, TÓM)
- Ní hé an t-éadach a ghníos an duine. (Ca)
- Ní hé an t-éadach a ghníos an duine uasal. (Ár)
- Ní dhéanann balcaisí an duine. (Cum. Béal. 91, 23 gan áit)

ZCP VI 270 - 'Eochair uaisle étach' (as LBL); rann in D 36; MIP 361. O'Daly 97, SFM 8. Seanfhocal atá sách fairsing, SH 464, Ray 250, YD 67, DC 94, PB 62, L I 168, Lipp. 455; Gheofar trácht ar a bhunús in O 100 is Taylor 27.

1968 Is fearr a bheith marbh ná róramhar. (I)

1969 'Is fuide do chuid féasóige ná do chuid intleachta,' mar a deir an sionnach leis an ngabhar.

Fabhalscéal, Lessons 208.
HV 54 (Plus de barbe que d'érudition).

1970 Is furasta an tsúil a mhealladh. (CR)

- Ná déan clár dá bhfeicfidh tú. (GS)

1971 Is geal an buí san oíche. (S 7/1927)

- Breathnaíonn an buí geal san oíche. (TÓM)
- Bíonn salachar geal san oíche. (RM)
- Is glan é an rud salach san oíche. (RM)

1972 Is glas iad na cnoic i bhfad uainn,
Más glasmhar iad, ní féarmhar. (AR)

- Is glas iad na cnoic ach ní féarmhar iad. (RM)
- Is glas iad na cnoic ach ní féar iad. (Ca)
- Is glas iad na cnoic i bhfad uainn, ach ní féarmhar. (S 12/1919)
- Is glas é an cnoc i bhfad uainn, ach ní féarach é. (RM)
- Is glas iad na cnoic i bhfad uainn. (TÓM)
- Tá na cnoic glas i bhfad uainn. (AR)
- Is geal iad na ballaí uainn. (IG 9/1905)
- Is glas iad na cnoic i bhfad uait ach ní féarúil (agus fill ar Acaill arís). (Ac)
- Nach glas iad na cnoic agus nach féarmhar! (CF, Cum. Béal. 100, 125)

Neilson I 132, College 288.
Tá leagan dhá líne sa 'Láighe' le Marcus Ó Callanáin (AA 8/1940).
Dánta Grádha xxx 14 d. Béarla, App. 302, SH 187, freisin AWM 189.

1973 Is maith an óinseach an mhíchaoi. (CC, AR 451)

- Is maith an óinseach an-chaoi. (RM)
- Is maith an óinseach an mhí-dheis. (RM)
- Is mór an aibéis an mhí-dheis. (CR)

Mura bhfuil caoi mhaith ar dhuine, tá sé ina óinseach ag an saol (CC). B'fhéidir nach óinseach chomh mór é is a fheictear é (RM).

1974 Is minic a bhí deatach mór ar beagán tine. (AR 246)

- Ba mhinic deatach mór ar dhrochthine. (RM)

1975 Is minic a bhí fear maith i seanbhríste. (MS)

- Is minic a bhí rud maith i seanbhíste. (RM)
- Is iomaí uair a bhí fear maith i seanbhríste. (Ac)
- Is minic a bhí croí fíor faoi chasóg stróicthe. (GS)
- Is minic an uaisleacht is an tsaíocht i bhfolach faoi chiomacha na mbocht. (CF)
- Is minic le leabhar maith a bheith faoi chlúdach suarach. (S 5/1928)
- Is minic croí maith faoi dhroch-chasóg. (I)

LSM 183 s, O 262

1976 Is minic a bhí gránna geanúil is dathúil dona. (IG 8/1905)

- Is minic an gránna geanúil is an dathúil mífhiúntach. (GS)
- Is minic gránna greannmhar is dathúil dona. (F, AR 108)
- Ba mhinic deas gránna, is ba mhinic gránna greannmhar. (RM)
- B'fhéidir gur fearr an bhó ghránna ná an bhó dheas. (MÓD)
- Is minic deas duairc agus gránna suairc. (S 11/1926)
- Nach minic a bhí gránna greannmhar (fóinteach). (FL 7/3/1925)
- An cairdiúil leis (ag) an dathúil, an chríonnacht ag an ngránnacht. (T, Cum. Béal. 287, 338)
- Is iomaí fear ciallmhar a bhíos cam. (Cum. Béal. 91, 6 gan áit)
- Is minic cleitheánach cam bríomhar teann. (RM)
- Is minic mór mí-ádhasach agus dathúil dona. (Sp)
- Is minic a bhí gránna gnaíúil is dathúil dona. (MS)

IM, College 289 idem; TB 3, XVIII, 3 - 'giodh go mbiodh gnúis gheanamhail,' etc. (ag tagairt do Eoin VII, 24); SF 9, 20/21 (TC 31, 22) - 'Sochraid cach sona, dochraid cach dona'; IG IV 194 (rann as An Leabhar Breac).

1977 Is minic a bhíos duine is a chosúlacht in aghaidh a chéile. (Ca)

- Ná ceannaigh mé de réir mo thaibhse. (GS)
- Scathán meallta. (Sa)
- Crústa meallta. (Sa)

1978 Is minic a mhealltar daoine le dath. (RM)

1979 Is minic ceann mór gan ciall. (TÓM, MÓD)

- Cloigeann mór na céille bige. (GS)
- Ceann mór na céille bige. (IG 8/1905)
- Ceann mór na céille bige, a gcuala tú ariamh, ná cuir chuige. (Ca)
- Ceann mór na céille bige, d'ith an fheoil de thóin na muice. (F)

Graiméar Uí Mhaolmhuaidh xi agus 47, Lessons 270, College 279.

Ray 101, 251 (Albain), App. 271 (Great head, little wit). AWM 190.

1980 Is minic cnámha móra ag drochmhada. (S 4/1919)

- Is minic cnámha móra ag fear dona. (Ca)
- Fear mór fada ar beagán maitheasa. (CF)
- Is iomaí fear macnasach dona go leor. (CF)
- Is iomaí duine a bhíos beag istigh is mór amuigh. (TÓM)
- Mór amuigh is beag istigh, mar cloigeann seilmide. (CS 4/4/1903)
- An mór amuigh is an beag istigh. (G)

LSM 45 s

1981 Is minic cuma aingil ar an diabhal féin. (Ca)

1982 Is minic pálás bocht go leor, dá mhéad a thoirt is a shéad. (R, ACC 57)

- Is minic teach mór maiseach, is é falamh gortach gann. (GS, CR)

1983 Is mó a thoirt ná a thairbhe. (Sa, IG 8/1905, AR 532)

- Is mór é a thoirt, ach is beag é a théagar. (Sa)
- Toirt gan tairbhe. (U, TÓM, B 6/1933)

Iomarbhágh xviii 20, Lessons 296, Finck 236. MIP 336

1984 Is mór an náire do Mhac Uí Áille a bheith ar deireadh. (CnM)

An duine acmhainneach a bheith thiar (?); cuirtear i gcomórtas leis sin, 'A Bhean na Fallainge Báine, ní fhaca mé ariamh ar deireadh thú' (DÓM).

1985 Má chneasaigh an lot, d'fhan an colm. (GS)

Cúpla leagan in II BSR 201, SH 489

1986 Marab é Bran é, is é a dheartháir é. (RM, AR)

- Duine eile de na hÉamoinn (.i. faoi dhaoine) (RM)
- Ceann eile de na hÉamoinn (.i. faoi dhaoine) (RM)

.i. Faoi rud (dhuine) atá ag dul i gcosúlacht le rud (duine) eile (dhá bhiorán, etc.); mar a chéile an dá cheann.
Féach B XIII 281, Ca .
SH 206 (1814; as Waverley, áit a dtugtar leagan i nGaeilge na hAlban).

1987 Más fearrde thú é, fearfaidh sé ort. (GS)

Beatha (nó eile) a dhéanann maith duit, cuirfidh sí snua breá ort.

1988 Má tá gob bog air, tá tochras crua air. (Ca, Ár, AA 2/1934)

- Má tá sníomh bog air, tá tochardadh crua air. (RM, TÓM)

Níl sé chomh bog is a bhreathnaíonn sé.
Féach 'Táilliúr an Mhagaidh' - '
Tá bean agam féin agus is cosúil le óinsigh í,
A ceann ar crith agus a ceirteacha léi síos;
Bhuail sí bleid orm go gceannaínn a hiarnín caol,
Bhí déanamh bog uirthi agus tochardadh cruaidh faraor.'

1989 Má tá mé buí, tá croí geal agam. (Ár)

College 290. Féach 'Tadhg Buí' –
'Má's buidhe dom tá croí agam chomh geal leis an gcailc,
'S deir mo dhaoine gach a bhfuighfinn go scaipfeadh mo dhá ghlaic.'

1990 Má tá mé míofaireach, ní scannal dom é. (GS)

1991 Nach bog a fhásas an olann orm! (RM, Ca, GS)

1992 Ná glac an leabhar de réir an fholaigh. (AR 136)

- Ná tóig an leabhar de réir a chlúdaigh. (Ca, CS)
- Ná tóig an leabhar i ngeall ar an gclúdach. (RM)
- Ná tóig leabhar lena chlúdach. (Ind)
- Ná tóig an leabhar ar mar a fheiceas tú an clúdach. (Ca)
- Ná ceannaigh an leabhar dá bhreátha an clúdach. (RM)
- Ná ceannaigh an rud le breathnú taobh amuigh air. (CF)

cf. Eoin VII, 24

1993 Ní bhíonn deatach gan tine. (Ind, Ca, TN)

- Ní bhíonn toit gan tine. (MÓD)
- Níl aon deatach gan tine eicínt. (BA)
- Áit a mbíonn deatach bíonn tine. (RM, TÓM)
- Áit a mbíonn toit bíonn bainis. (MÓD)
- An áit a mbíonn deatach bíonn súil le teas. (IG)
- Ní fada ón toit an teas. (RM)
- An áit a mbíonn toit bíonn teas. (S 1/1928)

BC 614 idem. TP I 108 (Milan 40 c) - 'airis gnáth lassar hitiar - moracht diad' (gluais ar Shalm xviii 7/8); Tóraidheacht III 49, 2. Seanfhocal idirnáisiúnta, Ray 133, 154, App. 582, SH 316, DC 159, PB 80, I NG 344, L I 46, II BSR 156/7, LSM 120, 173, 183 c: le haghaidh a bhunúis, cf. O 137 (flamma), 171 (ignis, 7).

1994 Ní chomhaireann na ceirtlíní na céadta. (Ca, RM)

Níl oiread céadta agat is a cheapfá ó na ceirtlíní; breathnaíonn siad níos líonmhaire ná atá siad.

1995 Ní dhéanann breá brochán. (MÓD)

- Ní breáthacht a ghníos brochán ach min. (S 12/1919)
- Ní breáichte a ghníos brochán ach min. (RM)
- Ní breáthacht a ghníos brochán ach min bhuí is gruán. (CF)
- Ní breáichte a ghníos brochán ach min bhuí is gruán. (RM)
- Ní breácha a ghníos brochán, ach min choirce is grán. (Ca)
- Dá bhreáthachta Máire Áine, ní dhéanfadh sí cáca gan min. (Ár)
- Ní hiad na mná deasa a ghníos an brochán, ach min. (S 1/1918)
- Ní fearrasbarr breáthachta a chuireas barr ar an bpota. (S 10/1928)
- Ní fhiuchann an dathúlacht an pota. (S 9/1927)
- Ní chuireann deiseacht an pota ag fiuchadh. (RM)
- Ní chuireann an scéimh an corcán ag bruith. (MÓD)
- Ní hé an teach a bheith breá a bhruitheas na fataí. (IG 10/1905)
- Ní hiad na mná deasa a chuireas an pota ag fiuchadh. (M)

Ray 126, App. 511 (Prettiness makes no pottage), AWM 12, Arm. 399

1996 Ní fear é an t-éadach is ní fear é ina éagmais. (I)

1997 Ní féidir le chuile rud a bheith ina thaibhse. (S)

- Ní taibhse gach rud san oíche. (RM)

1998 Ní feoil a ghníos gníomh, ach an chnáimh a bhíos roighin. (I)

FF III, 60 - 'Nach iad na crotha caomha,' etc.

1999 Ní fhiafraítear den mharcach cén chulaith a bhí air ina leanbh. (Sp, Cum. Béal. 79, 386)

- Ní fhiafraítear den mhalrach cén chulaith a bhí air ina leanbh. (LMóir)
- Ní fhiafrófar den mharcach cén t-éadach a bhí ina leanbh air. (GT, AA 1/1945)

2000 Ní hionann a théas an t-éadach gearr do chuile dhuine. (Ac)

2001 Ní hór ar fad a dhéanfas lonradh. (GS)

- Ní (h)ór gach a sorchaíonn. (AR 234)

Seanfhocal atá sách fairsing; cf. SH 37, DC 38, PB 33, L I 54, L II 353 (13ú haois), HV 320, NG iii, 63, Lipp. 331, LSM 47 a, 37 o. Rel. I 158. Bangor 28 (aur).

2002 Ní i gcónaí a bhíos an suanaí ina leibide. (CF)

.i. Gur fearr é ná a bhreathnaíonn sé.

2003 Níl aon tslacht ar an gcnáimh gan feoil ar an ngualainn. (RM)

Ní duine slachtmhar é an duine tanaí cnámhach. BC 212

2004 Níl pabhsae dá áille nach gcríonann a bhláth. (RM)

2005 Ní théann áilleacht thar an gcraiceann. (TÓM)

- Ní théann breáthacht thar an gcraiceann. (MÓD)

SH 60.

2006 Nuair a ghléastar suas an tseanscuab, breathnóidh sí go péacach. (S 3/1920)

- Má ghléasann tú an scuab le síoda, nach mbeidh sí go deas? (CF)

SH 88 (Dress up a stick and it does not appear to be a stick) le leagan Spáinnise.

2007 Ritheann uisce domhain go ciúin socair. (GSe)

- Is é an t-uisce ciúin is doimhne a ritheas. (Ac)
- Sníonn uisce domhain ciúin. (GS)
- An t-uisce a sheasas, ritheann sé go domhain. (Ac)

IGT 1878, 2121, Dioghluim Dána 91, 48 c. Rann in D 51, 52, O'Daly 99, Scot. Cat. 206 (1690-1) Focal idirnáisiúnta: App. 602, Ray 255, YD 29, 30, DC 148, I BSR 23, 26, L I 42, 43, II NG 218. Le haghaidh a bhunúis cf. O 139, Lipp. 970, NG 1, 338, LSM 126 n. College 286. cf. 5065, 5250 agus 5324

2008 Roinn na riabhaí. (I)

- Rian na riabhaí. (GS)

Éadach atá ina riabán .i. nach bhfuil daite ceart, deirtear go bhfuil 'rian na riabhaí' air (GS).

2009 Sionnach i gcraiceann an uain. (GS, TÓM)

- Sionnach i gcraiceann na caorach. (GS, CF)

23 I 40 l. 41 (duan le Ó hEoghusa), AAmhicC II 5, rann in DDU 276, Lessons 270, College 299; MIP 400; App. 701 (mac tíre). Dhá leagan in I BSR 72; ceann in LSM 38 p. As an mBíobla (Mth. VII, 15).

2010 Sleamhain taobh amuigh is locht taobh istigh. (GS)

- An taobh sleamhain amuigh is an taobh garbh istigh. (T)
- An taobh sleamhain amuigh is an taobh cam istigh. (Ca)
- Bíonn craiceann sleamhain ar fhata piorra. (Ca)
- Taitneamhach amuigh agus bréanach istigh. (BA)
- Is minic a bhíos an t-úll dearg go holc ina chroí. (Ac)

Leagan de in App. 200, SH 102, LSM 56f, 59r, Focal atá bunaithe ar Mth. XXIII, 27.

2011 Tá bainne bó na leathadhairce chomh maith le bainne bó ar bith. (RM)

2012 Tá ciomacha (folach) a chuid maitheasa air. (Sa)

- Tá a chuid éadaí mar is fiú é. (Sa)

2013 Teaspach dearg nó fíor-riachtanas, dhá rud nach féidir a cheilt. (M)

Aibidil 78 - 'cach esbaid cen forcleith;' cf. freisin TI 188, SFM 16

2014 Thomhaisfeá uibheacha san áit a bhfeicfeá blaoscracha. (Sp, B IV 133)

2015 Tine an tsionnaigh, tine gan fuacht gan teas. (RM)

- Tine chufarnach, chafarnach,
  Gan dé gan deatach,
  Go dtige an seangán ón mongán,
  Ag téamh a leathmháis léi.
  (.i. an tine a bhí ag an mada rua do mhac Rí Éireann). (Ca, Cum. Béal. 62, 207)
- Tine an mhada rua, tine gan fuacht gan teas. (Sa)

Solas a fheictear san oíche ar adhmad lofa (Fox Fire).
Loinnir Mac Leabhair 70, rann.
In Hib. Min. 80 gheofar míniú na seanaimsire ar an gcaoi ar dearnadh ar dtús í (.i. Críost ag satailt ar adhmad lofa ar éirí ón uaigh dó).

CRÁIFEACHT

2016 A anam féin ar ghualainn gach duine. (S)

- Mara ndéana tú féin d'anam, ní dhéanfaidh fear eile é. (ACC 85)

cf. 'Ní rochosna nech aile ní dot ainm tartési' (Riagail Comhghaill Bendchair; Ériu I 201).

2017 Aithríoch óg, ábhar seandiabhail chríonna. (T)

- Cailín óg cráifeach, seandiabhal ceart. (Ca)
- Ghníonn cailín óg cráifeach seandiabhal ceart. (T, Cum. Béal. 117, 139)

Idem Béarla is teangacha Rómhánacha (Ray 145, App. 120, I NG 303, L I 8; LSM 79 a, 202 n).

2018 Aithrí toirní is tintrí. (MS)

Faoi na daoine a bheadh ag rá urnuithe in am guaise is a dhéanfadh dearmad ar Dhia nuair a bheadh an chontúirt thart.

2019 An diabhal nuair a bhíos ina luí go tnáite fann,
Is diaga a bhíos ina chroí ná bráthair ceall;
An diabhal arís nuair a bhíos go láidir teann,
don diabhal a mbíonn de ghníomhartha bráthar ann. (CS)

Búrd. 27.
Idem Ray 196, SH 430, LSM 3 d; fairsing san Eoraip ó thosach na Meánaoiseanna ach níl a fhios cén bunús a bhí leis, cf. Taylor 51.

2020 An obair a dhéantar ar an Domhnach, bíonn dhá locht uirthi. (MÓD)

A bheith in éadan aitheanta na hEaglaise is gan a bheith rathúil (?).
cf. PHL Breac 7359 - 'sechnum na peccaid dia domnaig saindriud,' etc.

2021 An té a bhíos ag obair Dé Domhnaigh, tagann tuirse air am eicínt. (MÓD)

2022 An timpeall chuig an teampall, is an cóngar chuig an Aifreann. (GS)

- An cóngar chuig an Aifreann ach an timpeall chuig an reilig. (M)

.i. Gnás na tíre, an bealach is giorra chuig an Aifreann, ach cuireann muintir sochraide timpeall orthu féin.
cf. B I 52, III 68, V 229, BB 136.
Eascaine scaití é - 'Fuadar gearr chun cille fút!' 'Fuadach luath chun na cille ort!'

2023 An tseachtain mar is maith leat ach an Domhnach do Dhia. (I)

2024 Bíodh Dia ar do bhéal go dtuite néal ort. (Sa)

.i. Bí ag rá d'urnuithe go dtitfidh do chodladh ort.

2025 Bíonn uair na hachainí ann. (M)

- Bíonn am na hachainí ann. (RM)
- Bíonn uair na mallachta ann. (I)
- Is olc an eascaine, bíonn uair na hachainí ann. (Ca)

.i. Pointe áirithe sa lá is an té atá ag iarraidh achainí ar Dhia, faigheann sé gan cliseadh í.
Pilib Bocht14, 38d. cf. ASG (Hyde) 8, S 1/1928, B V 254 (scéilín).

2026 Bóithrín caol cúng ag dul go Flaithis,
Bóthar fairsing go hIfreann. (MÓD)

2027 Comhlíon aitheanta Dé go beacht,
An seachtú lá ná lig i bhfeacht;
B'fhéidir gur ar lár a bheifeá an t-ochtú lá,
Is an naoú lá ar neamh. (GS)

- Gabh go hAifreann an Domhnaigh
  Más fliuch fuar an mhaidin;
  Mar níl a fhios agat Dé Luain
  Nach é an uaigh do leaba. (Ac)

cf. rann as Laud 615 in ZCP X 48 -
'Freccair aifrinn in Domhnaig
Is mór ocainn a eagla
Ni fhedrais-(s)i sul tí an lúan
nách ba hí in úadh do leaba.'

2028 De réir do bheatha is ea a bheas do bhás. (CF, Ca)

- Mar a bheas do shaol is ea a bheas do bhás. (F)

  Seanmóirí Uí Ghallchobhair 166, 35. SH 45, 406, II L 245; as Cóh. XI 3.

2029 Is fearr urnaithe gearr ná fada. (RM)

- Ní mholtar an phaidir fhada. (RM)
- Is olc é an paidrín fada. (CC)

2030 'Is iomaí sórt rud a leanas an peacach,' mar a dúirt an fear agus an gandal ina dhiaidh. (M, Cum. Béal. 210, 140)

2031 Mar a dúirt an gasúr leis an sagart, nuair a dúirt sé leis a phaidreacha a rá, 'Níl na paidreacha agam, ach tá an tiúin agam.' (TÓM)

2032 Má tá faitíos ort roimh Dhia, tabhair aire do na haitheanta. (TÓM)

2033 Míghrásta nó grásta, is buaine é ná na daoine. (Ca)

Go maireann olcas nó maitheas duine i ndiaidh a bháis is beidh a anam faoi mheirse nó faoi áthas de réir a shaoil.

2034 Muileann ag meilt cátha, nó rá urnaithe faoin bpluid. (ACC, MÓD)

Obair gan tairbhe an péire.
Rann as Laud 615 (in ZCP IX 172),
'itaid ráidh
terc dona cléircibh is cáidh
amhail muilend bís 'na rith
ní dhénann don ith acht cáith.'

2035 Ná déan lón Domhnaigh. (Ca)

.i. Ná bí ag saothrú ar an Domhnach.

2036 Ná déan tada in aghaidh Dé, do choinsiais, ná na fírinne. (AR 3 B 37)

2037 Ní ar scáth a chéile a théas na daoine go Flaithis. (RM)

2038 Ní bhíonn obair an Domhnaigh buan ná seasmhach. (Sa)

- Gach greim a chuireas tú Dé Domhnaigh, scaoilfidh tú an lá deireanach le do shrón é. (I)

  Féach Survivals 293 – 'Cha dian duine ceum comhnard is greim an Domhnaich 'na aodach.'

2039 Ní ghabhann sé ach go hannamh, an té a ghabhas gan a ghlún a lúbadh. (Ca)

2040 Ní glóir go glóir Flaitheas. (M)

- Ní beatha go Flaithis. (M)

  cf. IM, College 293, 295.
  D 269 (ls. 1782).

2041 Ní hionadh aithríoch seanbhean spíonta. (T, Cum. Béal. 117, 139)

Féach ACC 103.

2042 Níl amadán is mó ná an peacach. (CS)

BC 640 idem.

2043 Ní raibh creachadóir i dtír ba mheasa ná an Bíobla. (Sl, DÓM)

2044 Obair an Domhnaigh,
Ag siúl ar do ghlúine. (Ca)

.i. A bheith ag guí, is gan aon obair shaolta a dhéanamh.

2045 Scairt aithrí is scairt peaca. (TÓM, MÓD)

.i. Aithrí is peaca a dhéanamh san am céanna.

2046 Troscadh an anama, a bheith go maith leis an gcolainn. (F)

An iomarca aire a thabhairt don cholainn, is ionann é is faillí a ligean san anam.
Líne de chúig rann as Add. 30512 (in ZCP XII 395) – 'Mairg do ní peta dá cholainn.' I rann i scéal as LBL faightear 'Cidead sin is maith re corp, is fada a olc don anmain' .i. ag tagairt d'adhaltranas (Ériu V 26).
YD 48 (Clefyd corff iechaid enaid). 'Trosgadh na hanaman, lá throsgaidh na hanaman' .i. Ember Day (T. Críostaí Uí Dhuinnshléibhe 120 agus 122).

2047 Turas na Cruaiche naoi n-uaire go Balla. (BT, Cum. Béal. 99, 399)

- Turas na Cruaiche nó naoi n-uaire go Loch Dearg. (B XII 207 i.)

  .i. Gur ionann turas na Cruaiche uair amháin agus naoi dturas go Balla (nó naoi n-uaire go Loch Dearg) le pionós a dhéanamh.

CRÁITEACHT

2048 Ní den tsaibhreas an chráiteacht. (GT, AA 11/1944)

Nach mbíonn saibhreas ag an gcráiteachán.
cf. 3864

CRANN

2049 An áit a snoitear an crann, is ann a bhíos a shlisneach. (TÓM, RM, S 9/1918)

- Mar a dtuiteann an crann, is ann a gheofar a shlisneacha. (MÓD)
- Ní bhíonn na slisneacha, ach mar a leagtar an crann. (DÓM)
- Áit a leagtar an crann, is ann a bhíos na slisneacha. (Sp)

Áit a ndéantar an obair, is ann a bhíonn a brabach. O'Daly 94, SFM 9; cf. SM 1439 agus B III 222 (Corcaigh) le haghaidh scéilín faoi seo.
PB 55 ionann is an leagan céanna a húsáidtear ag tagairt d'oidhreacht. Focal Gearmáinise, BSR I 14.

2050 Crann scoite, crann gan duilliúr. (M, Cum. Béal. 127, 598)

Crann a mbaintear a bharr de (nó rud a ndéantar dochar mór dó), ní dhéanfaidh sé rath níos mó (?).
cf. An t-amhrán –
'Tá crann i lár an ghairdín a bhfásann air bláth séimh,
'S gur fíor, dá mbaintí an barr dhe, go bráth nach bhfásfadh sé.' (Ca)
'Sgaithce' atá sa ls.

CREAMH

2051 Chomh géar le creamh. (GS)

CREASCANNA

2052 Is mairg a mbíonn tús na gcreascannaí aige. (CF)

- 'Ná bíodh tús ná deireadh na gcreascannaí agat,' a deir an Chailleach Bhéarra. (AA 7/1942)
- Is olc tús agus deireadh na gcreascannaí. (RM)

Ciseach ar an sliabh; an té atá i dtosach, is é a ghabhfaidh sa bpoll. Tús píosa oibre ar bith a chiallaíonn sé in Gearrbhaile 1937 l.25.
cf. 5034

CRÍONNACHT

2053 Amadán an té nach bhfuil críonna. (RM)

- Is amadán an té nach mbíonn críonna. (Ac)

Líne d'amhrán é in AGI 23.

2054 An rud is giorra is é is géire. (S 2/1919)

- An rud is giorra is géire. (GS)
- An té is lú a abraíos is é is géire a chanas. (T)

Mac (brevity).
App. 567 (Short and sharp).

2055 An té atá go dona faoi lóistín, tá sé go maith faoi eolas. (CS, TÓM)

- An té atá go dona faoi lóistín, tá sé go maith faoin tuairisc. (F)
- Té atá go dona faoi lóistín, tá sé go maith ag múnadh an eolais. (CR)

2056 An té nach múnann Dia, ní mhúnann duine. (Ca, MÓD)

- An té nach múnann Dia, ní mhúnann Dia ná duine é. (TÓM)
- An té nár mhún Dia, ní mhúinfidh duine é, is an té nár mhún Dia ná duine, ní mhúinfidh an saol é. (Ac)

2057 Ba mhaith dá mbeadh duine críonna in am. (Ca)

2058 Barúil fhir chríonna, is í is gaire don fhírinne. (I)

2059 Bíodh do theanga i do phóca is do mhaide sa talamh. (RM, CC)

1. Comhairle seanduine dá mhac – gan a bheith rósciobtha chun cainte ná chun feirge.
2. Má dhéanann tú sin, beidh gach uile dhuine buíoch díot (CC).
Faightear ina rann freisin é, 'Scaoil thart an dea-dhuine, ceannaigh an drochdhuine, bíodh do theanga etc.,' (RM).

2060 Bíonn faitíos ar an leanbh dóite roimh an tine. (AR)

- Bíonn eagla na tine ar an leanbh dóite. (Ca)
- An té a dhóitear, bíonn faitíos roimh an tine air. (Ca)
- An té a bhuailtear sa gceann bíonn faitíos air. (S, Ár)
- An té a bhuailtear sa mullach bíonn faitíos air. (IG)
- An té a bhuailtear sa gcúl bíonn faitíos air. (IG)
- Dá mbuailfí cheana thú ní thiocfá arís. (GS)

- Nuair a theagmaíos an breac leis an duán, seachnaíonn sé an baoite. (GS)

  In Eg. 88, 72 (111), tá 'acht do chealgadh mé rimi so, go bhfuilim soirb' (Cat. I, c. 1564; 'al cach hongtha' atá in O'Dav. 116, leagan a ghabhann siar go dtí LL. PHL Breac 7731; BC 94; IM; College 290, Rel. II 482; freisin, MIP 365. Idem App. 73, Ray 75, LSM 41. Samhail eile atá sna teangacha Rómhánacha, I BSR 181 (gadhar), 200 (cat), II NG 154 (cat).
  Nóta in Trench 64.

2061 Bíonn múnadh ar fhear, ó éirí go bás,
Ach ní bhíonn múnadh ar bhean go Lá an Bhrátha. (I)

- Bíonn múnadh ar fhear ó aois go bás,
  Ach ní mhúintear bean a choíche ná go brách. (Sl ?, DÓM)
- Bíonn comhairle (múineadh?) ar dhuine ó aois go bás. (IG 7/1905)

  ACG, Rel. II 481.

2062 Bog-éan fómhair, is furasta é a mhealladh. (CC)

2063 Chomh críonna le fear na méaracán. (LMóir)

- Chomh himeartha (chomh cliste) le fear na méaracán. (GS)
- Tá tú in ann imirt le fear na méaracán. (F, GS)

  cf. 3299

2064 'Chonaic mé do leithéid cheana,' mar a dúirt an cat leis an mbainne te. (F)

- 'Tá a fhios agam cén scéal é,' arsa an cat leis an mbainne bruite. (IG, M)

  Ní mhealltar an duine críonna an dara huair.
  I NG 333 (Dixo el gato al unto, bien te lo barrunto).

2065 Comhairle do dhuine a ghaisce. (Ca, RM)

  .i. Duine gaisciúil teann, nach dtugann aird ar aon duine, is minic nach mbíonn de chomhairle air ach an bualadh a fhaigheas sé.

2066 Cuir do shrón romhat is déanfaidh sí eolas. (Sp)

- Cuir do shrón romhat is gheobhaidh tú bealach. (Ca)
- Cuir do shrón romhat is múinfidh sí an t-eolas duit. (RM)
- Tugann a shrón féin eolas do dhuine. (S)
- Is minic a thugas a shrón féin comhairle do dhuine. (TÓM)
- Cuirfidh do shrón féin comhairle ort go fóill. (Ca)
- Lean do shrón is gheobhaidh tú an t-eolas. (RM)
- Múinfidh do shrón féin ciall duit. (F)
- A shrón féin a mhúinfeas ciall do gach amadán. (GS)
- Ní strainséara duine a bhfuil srón air (.i. déanfaidh sí eolas dó in áit nua). (CC)

  SH 593 (To follow one's nose).

2067 Dá fhad a mhairfeas tú is ea is mó a fheicfeas tú. (IG)

  Leagan de in SH 499 (Albain). Bangor 383 (mwy).

2068 D'aithneoinn mo chuid salainn féin ar bhrochán na gcomharsan. (CC, RM, TÓM)

- Is deacair do dhuine ar bith a chuid salainn féin a aithneachtáil ar bhrochán na gcomharsan. (Ca, Cum. Béal. 77, 341)

  1. An duine a bheadh an-ghrinn ar fad, mar dhóigh dhe. (TÓM)
  2. Duine a d'aithneodh rud a ghoidfí uaidh. (CC)
  3. Rud dócúlach. (RM)

2069 Dá mbeadh chuile dhuine críonna, ní bheadh díth céille ar bith ann. (M)

2070 D'fhás mo chuid fiacal faoi dhó. (GS)

- D'fhás d'fhiacla faoi dhó le bheith sách críonna. (F)

  .i. Faoin té ar chóir dó a bheith níos cliste ná atá. (IG 8/1905)

2071 Dhéanfadh amadán nead i gcluais duine chríonna. (GS)

- Dhéanfadh sé nead i do chluais (.i. duine glic). (MS)

2072 D'imigh tú cheana is tháinig tú arís. (GS)

  .i. An té a tháinig ar ais abhaile nuair nach bhfuair sé níb fhearr aon áit eile.
  Líne as amhrán ó cheart, cf. M. Mac Suibhne 94 (c. 1904), agus ACB 5 (Amhrán an Tae).

2073 Druinnín ó deatach, Druinnín ó deatach,
Ní dhéarfaidh mé féin 'Druinnín' ná 'deatach'. (GS)

  Tá Druinnín taobh thiar de Loch Measc agus

bhíodh deatach in gach uile áit ar fud an bhaile as siocair na tithe a bheith an-ghar dá chéile. Bhí buachaill ag dul tríd an mbaile, lá, agus mhaslaigh sé é ag blaoch 'Druinnín ó deatach' air, rud a chuir fearg ar mhuintir na háite, is d'ionsaigh siad é, ach scaoil siad leis nuair a gheall sé nach dtabharfadh sé an t-ainm sin arís ar an mbaile. Scaitheamh ina dhiaidh, bhí an buachaill is compánach leis ag dul tríd an mbaile; thosaigh an compánach ag maslú na háite, ach dúirt an buachaill an focal thuas .i. bhí sé níos críonna.

2074 Fear críonna níor facthas ariamh falamh. (Sa)

2075 I gcúl a chinn a bhuailtear an pocaide (GS)
.i. Tá taobh ar an duine críonna féin ar féidir teacht air i ngan fhios dó.

2076 Is doiligh púicín a chur ar shúile seanchait. (Ac, I)
- Ag cur caibhsigh puca ar shúile an tseanchait. (MÓD)

2077 Is é an fhoghlaim is fearr a bheith críonna, Is é an eagna is fearr a bheith maith. (ACC)

2078 Is fearr aithreachas fuireachta ná aithreachas imeachta. (CF)

2079 Is fearr aithrí ar deireadh ná gan aithrí go deo. (I)
- Is fearr aithreachas go mall ná gan aithreachas ar bith. (Ac)

2080 Is fearr ciall ceannaithe ná dhá chiall múinte. (AR 345)
- Is fearr an chiall a cheannófar ná an dá chiall a mhúinfear. (S)
- Ciall cheannaithe, is í is fearr. (G, S)
- Ciall cheannaithe, an chiall is fearr a fuair aon duine ariamh. (CF, É 13/6/1936)
- Is maith an chiall an chiall cheannaithe. (Ca)

BC 664, SFM 9, Rel. II 495.
Idem App. 699, Ray 143, SH 348, YD 109, L II 264; cf. freisin App. 475, Ray 313, SH 44, AWM 183, PB 71. Leagan 3: idem Ray 143

2081 Is maith an treoraí an t-anró. (S, TÓM, Ériu VI 51)
- Is maith an t-eolaí an uireasa. (M)
- Is maith an t-eolaí an t-uireasach. (GS)
- Múnann call treoir. (Ca)
- Múnann gá seift. (Ca)
- Is maith an tolgaí an t-anró. (M, Cum. Béal. 127, 594)

2082 Is truaighe nach bhfuil sin le déanamh arís agam. (Sl, DÓM)
- Dá bhfaighinn breith ar m'aiféala. (Sa)
- Dá mbeadh arís ann. (Sa)

.i. Bíonn duine níos críonna an dara hiarraidh.

2083 Má fhoghlaimíonn tú tada, foghlaim a bheith críonna. (R)
cf. 2603

2084 Ná haithris gach ní dá bhfeictear duit. (CF)
- Glac a bhfaighidh tú, is ceil a bhfeicfidh tú. (CC, Ca)
- Ceil a bhfeicfidh tú is clois a gcloisfidh tú. (CR)
- Ná feic a bhfeiceann tú is ná clois a gcloiseann tú. (Sa, T, B 6/1936)
- Ná feic a bhfeictear is ná creid a ndeirtear. (S 5/1929)
- Ná cum scéal, ná hinis bréag, ná feic gach a bhfeicir is ná clois gach a gcloisir. (Ár, É 30/5/1936)
- Ná feic is ná cluin. (Ca)
- Ná bíodh amharc rófhada i do shúile. (Ca)

Rannta in D 179 (ls. Muimhneach, 1744); Add. 31874, 57 (Cat. II; 1816). i Riagol Ailbe Imlecha (Ériu III 104) comhairlítear dóibh siúd a bhíonn ar a gcuairt chuig seirbhísigh Dé a bheith 'i ssocht amal ni acced is ni cloath ní.' RC XVII 17 (duan as ls. Giessen; 1685); Tóraidheacht I 4, 1.
Caint dá shamhail in App. 36, DC 82, 131, YD 98, 48, 15, PB 27, L II 267, LSM 10 n, O scire 1, credere 2..

2085 Ní bhíonn duine críonna go dté beart ina aghaidh. (F, S)
- Ní bhíonn críonna ach an té a mhealltar. (CS)
- Ní críonnacht go cráiteacht. (MS)
- Ní bhím múinte go mbím meallta. (MS)
- Ní den chráiteacht an chríonnacht. (R, AA 7/1940)

AA 11/1944 (Oirthear na Gaillimhe) an leagan deiridh agus ciallaíonn sé nach críonna an ní a bheith gortach, crua.

YD 13 (A gafas dwyll a gafas bwyll).
cf. 1551.

2086 Ní fhaigheann duine an cat le brostú. (S)

.i. Ní héasca cat (nó duine críonna) a mhealladh.
I BSR 187, NG I, 110, (A perro viejo nunca cuz cuz).

2087 Ní fhaigheann duine ciall in aisce. (CF)

2088 Ní ghabhtar seanéan le lóchán. (GS)

- Is deacair seanchat a mhealladh le cáith (im). (Ca, CS)
- Ní héinín mise a mhealltar le cáith. (UA)
- Ní ceann de na héanacha é a mhealltar le cáith. (GS)
- Ní féidir seanchat a thachtadh le cáith. (Ca)

BC 70.
Idem App. 48, SH 601, Ray 120, DC 187 (ceffyl); tuilleadh leagan, I BSR 228, 80 (sionnach): thiocfadh dó a bheith bunaithe ar Laidin Horáit, cf. O 199 (lupus).

2089 Ní i mbéal na gaoithe a bhíos an doras sa mbrocach ag an sionnach. (Sa)

2090 Níl duine dá chríonna nach dtéann beart ina aghaidh. (CM, RM)

- Dheamhan duine dá chríonna nach dtéann beart ina aghaidh. (RM)
- An té is críonna, téann beart ina aghaidh. (Ca)
- An té is glice, mealltar é. (CF, Cum. Béal. 207, 163)

2091 Níl duine dá chríonna nach gcaitheann seal leis an aos fáin. (GS)

2092 Ní loisceann seanchat é féin. (DÓF)

- Ní dhónn seanchab é féin. (IG)
- Níor dhóigh seanchat é féin ariamh. (Ac, S)
- Níor dhóigh seanchat ná seanchab é féin ariamh. (RM)
- Níor dhóigh seanchat é féin, ach dhóigh seanchab. (RM)
- Níor dhóigh seanchat é féin, ach is minic a dhóigh seanchab é féin. (F, S)

IM idem.

2093 Ní rachadh seanchat ag plé le sop tuí. (GS)

- Ní imreodh cat dá aois (.i. seanchat) le sop. (S)

Ní mhealltar seanduine le seafóid, nó rud bréige. Leaganacha dá shamhail in Ray 243, 246, App. 87, SH 322, DC 82.

2094 Tá Éire fada fairsing agus fál thart timpeall uirthi. (GS)

Sin a dúirt an fear a raibh a chapall ar iarraidh uaidh.

CRUATAN

2095 Ag treabhadh na sléibhte is an talamh réidh a fhágáil gan saothrú. (S 9/1918, BB 49)

2096 An obair is cruaidhe amuigh – ag gearradh féir le corrán. (S)

.i. Mar bíonn tú ag tuinseamh na talún le do dhorna.

2097 An taobh crua den leaba is an chuid chaol den bhia. (CR)

- An taobh crua den leaba is an chuid chaol den bheatha. (RM)

1. Cuid an duine bhoicht (CR), ciall a fhaightear freisin ag ÓD (taobh).
2. Is iad is sláintiúla (RM).

2098 An té a bhíos bacach, bíodh, is an té a bhíos tuirseach, suíodh. (MS)

2099 Capall corrach níor chuir ariamh fear ina chodladh. (Sa)

2100 Caraid don neantóg an dris casáin. (CF)

Is minic a nítear tagairt sa litríocht don driseog achrannach; féach an rann in Sil. Gad. I 245 (ls. 1419/1517). 'Crom feda déin dris, loisc féin i ngéir nglais, fennaid gerraid cois, srengaid nech ar ais,' agus gheofar cinn eile in Buile Shuibhne 64, Eg. 127 (Cat. I), D 229. 'Ní thig acht aen bhlath air an dris' (.i. gur beag a rath) a deirtear i rann in IM II 137. cf. ADC II 218 (an t-ochtú donas).
cf. 2117 agus 3018

2101 Céalacan fada is díth bróg,
A ghníos seanduine den duine óg. (RM)

- Céalacan fada is drochbhróg,
  A ghníos seanduine den duine óg. (M)
- Fataí boga, beaga, fliucha,
  Bruite ar uisce is uisce leo,
  Céalacan fada agus díobháil bróg,
  A ghníos seanduine den duine óg. (TÓM)

- Fuacht is ocras is díobháil bróg,
  A ghníos seanduine den duine óg. (F)
- Codladh go headra is easpa bidh,
  D'fhágfadh sé fathach gan lúth gan bhrí. (MÓD)
- Céalacan fada agus drochbhróga
  A ghníos seandaoine de dhaoine óga. (Ac)

  DC 182 (Bod yn ddiarchen, etc.). O'Daly 90.

2102 Chomh fliuch leis an aoileach. (GS)

2103 Cois fhliuch ag fear sléibhe. (Sa)

2104 Cuardach snáthaide i bpunann tuí. (MS)

- Ag tóraíocht dreancaide i measc carnán clúmhach. (IG)

  Clár (feadaíl), Joyce 189.
  Leaganacha de in SH 265, App. 440, II BSR 188, L I 48, I NG 34, PB 84, Mélusine 8, 120.
  Bangor 399 (nodwydd).

2105 Fear an bhóthair, fear an allais. (Sa)

.i. Fear siúlta an bhóthair.

2106 Fear an chladaigh i lár an earraigh,
Ag bailiú feamainne deirge is é fliuch salach. (Sa)

2107 Fear céasta, fear speirtheach. (Sa)

cf. 2100

2108 Fear gan bróga, fear gan sólás. (Sa)

2109 Iomramh éigin nó tuiseadh bóthair, an obair is troime ar bith. (RM)

- Iomramh éigin, siúl sléibhe, tomhais na talún ina ghlacaí. (RM)

  Iomramh crua agus coisíocht.
  Féach An Féineachas IV 344 – 'taircella tomus conid iar na durn toimdither.'
  cf. 5161

2110 Is fada an t-iomramh ó chladach go bruach. (T)

Leagan a déarfadh duine a mbeadh píosa fada siúil déanta aige .i. gur fada an bealach é.

2111 Is fearr an deatach ná gaoth an tseaca. (S)

.i. Drochthine: is fearr cur suas leis an deatach ná an doras a oscailt is an ghaoth fhuar a ligean isteach.
Arm. 283 (Gwelloch moged evit res).

2112 Is fearr marcaíocht ar ghabhar ná coisíocht dá fheabhas. (S)

- Is fearr marcaíocht ar asal ná coisíocht dá fheabhas. (Ac)
- Is fearr marcaíocht ar ghabhar ná coisí dá fheabhas. (Ca)
- Is fearr marcaíocht ar ghabhar ná siúl coise. (IG)
- Is fearr marcach ar ghabhar ná coisí dá fheabhas. (S)
- Is olc an mharcaíocht nó is fearr í ná coisíocht. (MÓD)
- Is fearr marcaíocht ar each ná coisíocht leat féin. (Ac)

  Lessons 299
  Leaganacha a d'fhéadfadh a bheith gaolmhar leis, I BSR 115.

2113 Is fearr seasamh ar scáth ná suí ar an trá fhalamh. (S)

- Is fearr seasamh ar an scáth ná suí ar an gclár falamh. (ACC)
- Is fearr seasamh ar an scáth ná suí ar an mblár falamh. (M)
- Is fearr suí ar an scáth ná suí ar an mbláth falamh. (Ca)

  .i. Is fearr seasamh compordach ná suí míchompordach.
  Tá leagan dá shamhail in O'Daly 78.
  Leagan gaolmhar leis in Ray 68, SH 1, AWM 182.

2114 Is fusa an t-anró a thoghadh ná an ró. (U, B 6/1933)

2115 Is fusa dhá choiscéim a thabhairt le fána an chnoic ná coiscéim in aghaidh an chnoic. (CS)

2116 Is ionann calm is cóir ag an gcurrach. (AR)

.i. Ní bhíonn aon éadach á iompar ag an gcurrach, ní mór a bheith ag iomramh, cuma cén chaoi a n-athraíonn an ghaoth.

2117 Is mairg a bhíos ina dhris cosáin. (GS)

.i. Duine achrannach: cf. 'chomh achrannach (coilgneach) le dris cosáin.'
Scot. Cat. 206 (leathrann).
cf. 3018 agus 2100

2118 Is maith a shaothraigh an cat, nuair a mharaigh sé an luch. (M)

- Is maith an saothraí an cat nuair a mharaíos sé luch. (CF)

  Ag fonóid faoi dhuine a dhéanann gaisce as rud beag ab éasca dó a dhéanamh.

2119 Is mór an ní anró na marcaíochta. (AR 269)

- Dá mhéad an t-anró, is mór an leas an mharcaíocht. (AR 269a)

.i. Gur fiú an t-anró a fhulaingt ar son deifir a dhéanamh.
L II 193 (C'est grand peine d'aller à cheval, etc.)

2120 Is olc an rud seasamh fada ar chosa laga. (RM)

- Ní féidir seasamh fada ar chosa laga. (Ca)
- Tá seasamh fada agat ar chosa laga, ar nós capall Sheáin Thomáis Mhic Aodha. (Ca)
- 'Seasamh fada ar chosa laga agat,' mar a dúirt an fear fadó. (CF, CS)
- Seasamh fada ar chosa laga (.i. duine atá ag déanamh go maith is gan aige ach drochdheis). (CC)
- Seasamh an tseagail agat ar cosa laga. (CF, AA 12/1937)
- Bealach fada ag cosa laga. (M, Cum. Béal. 109, 285)

TC 21, 3 'airissem fota' .i. ceann de na rudaí is measa don cholainn.

2121 Lucht caorach is lucht ban, an dá rud is measa a bhí in aon bhád ariamh. (Ca)

.i. Go bhfaightear anró mór leo.

2122 Mara dtarraingeoidh sé deatach, tarraingeoidh sé caint. (Ár, ÁC)

.i. Drochshimléar

2123 Más milis mil, ná ligh den driseog í. (TÓM)

- An té arb ansa leis mil as neantóg, íocann sé ródhaor as. (S)

Focal fairsing, Rel. I 159, Ray 11, SH 84, HV 292, I BSR 264 ('Cher est le miel qu'on lèche sur les épines, ' etc.)

2124 Ná bris do lorgain ar stól nach bhfuil i do shlí. (Ca)

Ná cuir anró ort féin nach bhfuil call leis.

2125 Ná rith i ndiaidh capaill nach bhfanann leat. (MS)

2126 Ní cruatan é go cruatan tine. (Ca)

2127 Ní fearr duit Aoine a throscadh ná deargadaol a loscadh. (CF)

- Ní fearr duit Aoine a throscadh ná deargadaol do do loscadh. (F)
- Is fearr a loscadh ná Aoine a throscadh. (Ac)
- Is fearr deargadaol a loscadh ná Aoine an Chéasta a throscadh. (M, Cum. Béal. 99, 397)
- Is fearr (ná) oíche i do throscadh daol a loscadh. (M, Cum. Béal. 83, 287)

.i. Gur inmholta deargadaol a mharú; an té a mharódh ciaróg, bainfear seacht bpeaca de, a deirtear in Árainn (AA 1/1934). Má chuireann deargadaol ga ionat, beidh oiread luaíocht tuillte agat is dá dtroscfá Aoine (F).
I dtaobh marú daol agus ciaróg, agus an fáth, féach Trans. Oss. Soc. V 26, Joyce 246, 'Beside the Fire' (Hyde) 83/4 agus ADC 303: deirtear nach ceart deargadaol a ghlaoch ar dhuine mar leasainm (CF, Oirthear na Gaillimhe). Deirtear in Oileán Mhanann nach ceart ciaróg a mharú (Vocab. 29). B XIV 104, XV 283.
B'fhéidir go bhfuil baint aige seo leis na rannta as H 1, 11 faoi throscadh Aoine agus loscadh (ZCP XII 296); cf. Freisin an véarsa – 'Abair fri nech aoines sirthrosgad,' etc. (ZCP VII 311).

2128 Ní féidir gaineamh a chur i ngad. (Ár, AA)

- Is deacair gaineamh a shníomh i ngad. (AR 132)
- Ag cur uisce i séathlán. (Sa)
- Ní féidir uisce a choinneáil i séathlán. (Cum. Béal. 91, 5 gan áit)
- Ag iarraidh cait an bhaile a chur sa ngarraí gabhainn. (CF)
- Ag coinneáil na farraige siar le graeip. (I)

Togail Troí 629 'Gat im gainem' (téacs as LL). Freisin, nótaí Meyer in AMC (71) agus Cath Finntrágha 83–84; MIP 371; D 207; Corpus Astron. 90, ITS XXXVII, duan 27, 34a, IGT 1565. Cín Lae Uí Mhealláin 31, 3; College 302. Leathfhocal in SH 530 (le leagan Laidine), agus tá an focal bunaidh in O 160. Leagan 3: AMC 73; SH 503; O 31, 98.
cf. 1531 agus 2521

2129 Ní i nganfhios dá srón a ghníos an mhuc tochailt. (GS)

.i. Ní dhéantar obair ar bith gan anró.

2130 Ní mó an só ná an t-anró. (F, AR)

- Ní fhaightear só ar bith gan anó. (RM)
- Ní fiú só nach bhfuilgneodh anró. (Ca)
- Is beag só nach bhfuilgníonn anró. (CC)

.i. Nuair a fhaightear mórán anró ar scáth beagán pléisiúir.
ITS XXXVII 49 (rann), 23 F 16, l. 63 (teideal), College 293; O bonus 1, Ray 462, App. 192, L II 189.

2131 Ní obair gan dua an damhsa. (MS)

2132 Níor caoineadh ariamh ach an t-anró. (IG VIII 56)

Is é an míniú a thugtar ar an seanfhocal, nár chaoin aon duine ariamh ach an ní a ghoill air féin.

2133 Ní teach teach gan tine. (Ár)

- Is olc an rud teach gan tine. (RM)
- An teallach nach bhfuil tine air tá sé fuar. (RM)
- Ní bhíonn i dteach gan tine ach fothrach. (DS)

2134 Ní ualach do dhuine a chóta. (AR 114)

- Ní ualach ar dhuine a chóta mór. (Ca)
- Ní ualach do dhuine a chuid éadaí. (RM)
- Ní ualach do dhuine a bhrat. (MS)
- Ní ualach ar dhuine a lón ná a bhalcaisí. (CF)
- Ní ualach ar dhuine a lón ná a chuid éadaí. (Ár, Cum. Béal. 77, 427)

cf. 2196

2135 Nuair is mó siúl is ea is mó tuirse. (Sa)

2136 Pá an asail, bata agus bóthar. (RM)

- Beatha an asail, bata agus bóthar. (CC)
- An bata is an bóthar, mar a thug an tincéara don asal. (MÓD)

cf. Síor. XXXIII 24.

2137 Puis smiotaithe ag fear siúil. (Sa)

.i. Puis bhriste ar a bhróga

2138 'Saol corrach,' arsa Páidín agus é ag rith anuas le fána. (Sa)

2139 Snámh in aghaidh easa. (RM)

MIP 370.
SH 236, Ray 135, NG III 8; O flumen, 7, Síor. IV 26.

2140 Spailpín tréan ar beagán céille. (Sa)

Á mharú féin is gan aon bhuíochas air, ach oiread leis an té a ghlacann go réidh é.

2141 Teach fuar falamh, an teach is suaraí ar bith. (RM)

- Teach fuar falamh, gan bia gan baladh. (S 4/1927)
- Teach mór falamh, gan dé gan deatach. (RM)

cf. 5253

2142 Téirigh ar aimsir ag ligean do scíth,
Nó pós, agus éirigh as imní an tsaoil. (F)

.i. Go fonóideach; a chontrártha atá i gceist.

2143 Tine ró-íseal agus pota ró-ard,
Is fataí ar an gcaoi sin ní bhruithfidh go lá. (Casla, Cum. Béal. 74, 578)

2144 Trá mhoch nó trá mhall, nó cnoc idir dhá bhaile. (Ac)

Is dócúlach iad, chuirfidís timpeall ort.

2145 Tuirse chapall na céachta. (Sa)

- Tuirse fear an tríú barr. (.i. nuair a bheadh trí bharr móna bainte aige). (Sa)
- Tuirse na seanmhadraí. (Sa)
- Tuirse gan aon fhulaingt (Sa)
- Chomh tuirseach le seanmhada. (MS)

2146 Tuirse na ngabhann (na ngaibhne) ar na buachaillí bó. (Ár, M, Ac)

- Bíonn tuirse na ngabhann ar na buachaillí boga. (Sp, Cum. Béal. 77, 84)

Tuirse a ligeas duine air féin agus é gan mórán oibre air.
B XIV 103, scéal.

2147 Ualach beag a dhéanas scafántacht. (CC, RM)

1. Nach gcuireann ualach beag anró ná moill ar dhuine. (RM)
2. Go ndéantar duine scafánta le gan ach ualach beag. (CC)

CRÚISCÍN

2148 Is fearr crúiscín lán ná é a bheith falamh. (RM)

CUIREADH

2149 Chomh searbh le cuireadh gan iarraidh. (T, Cum. Béal. 208, 218)

Teacht gan cuireadh gan iarraidh.
cf. 250

CÚIRT

2150 Cúirt inné agus crochadh amárach. (Ca, RM)

- Crochadh moch agus cúirt amárach. (AA 8/1942 gan áit.)

Saol an duine (Ca).

2151 Níl cúirt dá ghéire dlí nach bhfuil fear nó dhó aige saor. (Ca)

CÚLFHIACAIL

2152 Cuir sin faoi do chúlfhiacail. (Sl, DÓM)

- Coinnigh faoi do chúlfhiacail é. (GS)

1. Fulaing an éagóir gan sásamh a iarraidh (DÓM).
2. Coinnigh an scéal ina rún (GS: LMóir).
3. Nuair nach mbíonn aon tsásamh le fáil ag duine, níl aige ach a chasaoid a choinneáil faoina chúlfhiacla (GS).

CUMHA

2153 A chumha lena chúl agus a chraiceann ar cheann úr. (GS)

Nuair a chailltear aon ní, faightear ceann nua agus ceaptar gurb é an ceann céanna é.

CÚNAMH

2154 An charaíocht is measa, caraíocht aon duine amháin. (S)

An duine aonraic ag scríobadh leis an anró.

2155 An té a bhíos ag feitheamh lena chomharsain, fanann a chuid fómhair ar sraith. (GS)

2156 Ar scáth a chéile a mhaireas na daoine. (GS, Sp, Ca)

- I dtaca a chéile a mhaireas na daoine. (GS)

.i. Ag brath ar chúnamh a chéile.

2157 Ballasta a sheolas. (S)

Is meáchan é, ach is cúnamh don bhád é.

2158 Bhí duine ariamh ag déanamh gair dá chomharsain. (I)

2159 Cóir Mhuintir Laife – gaoth ina gcúl. (CF, AA 2/1940)

2160 Comhartha na gealaí. (IG 8/1905, AA 1/1938)

- Comharthaíocht na gealaí. (Ca, RM, LMóir)

Comhartha neamhchruinn simplí ; folach a rinneadh san oíche, nach mbeadh d'aithne ar a áit ach ionad na gealaí ar an spéir. Deirtear sa scéal (RM) go raibh airgead ag fear a raibh Seán air agus gur chuir sé i bhfolach é tráth a raibh tóir san áit; nuair a fiafraíodh de cár leag sé an t-airgead, dúirt sé gur chuir 'in aghaidh na gealaí' é. Nuair a bhí an chontúirt thart, chuaigh muintir Sheáin ag tóraíocht áit an fholaigh ach chinn orthu agus ar a dteacht abhaile fiafraíodh díobh an bhfuair siad é. 'Ní bhfuair, mar nár thug sé dhúinn ach comharthaíocht na gealaí,' ar siad. 'Seán na Gealaí' a tugadh ar an bhfear ina dhiaidh sin, leagan a bhfuil ciall eile leis in Clár (gealach).
cf. Tairngreacht Bhriain Ruaidh 10.

2161 Cuidigh leat féin, is cuideoidh Dia leat. (RM, AR)

- Cabhraíonn Dia leis an té a chabhraíos leis féin. (RM)
- Cuidíonn Dia leis an té a chuidíos leis féin. (Ca)
- Gheall Dia cúnamh. (S)
- Cuidigh thú féin leat féin agus cuideoidh Dia leat. (S 1/1920, AR 90)

Idem SH 120, L I 12, Mélusine 9, 262, O 111.
cf. 2493

2162 Cuir go mín is déan an fál,
Is thuas atá an Fear a ghníos an fás. (CR)

2163 Cúnamh na bhfear i dteannta a chéile,
Is fágaigí mé féin ar cheann an spéice. (GS)

- Cúnamh na bhfear mar a dúirt an dreoilín lena chlann. (MÓD)

A dúirt an dreoilín lena chlann is iad ag tarraingt an bhaoite ón gcloch.

2164 Dá laghad an gabhar, is cabhair do Phádraig é. (TÓM, MÓD)

Is maith í an chabhair, dá laghad í.

2165 Deilbh an saol is gheobhaidh tú inneach dó. (F)

2166 D'fhág mise faoi chúram Dé é, is d'fhág Dia faoi mo chúram féin é. (Sa)

Ní dhéanfaidh Dia an rud atá tú féin in ann a dhéanamh.

2167 D'ordaigh cinnire cúnamh. (CC, S, TÓM)
- D'ordaigh Dia cúnamh. (RM, CF)
- D'ordaigh Dia do dhuine chuideachan leis. (MÓD)
- Is maith le Dia féin cúnamh. (S)
- Is móide cúnamh Dé cur leis. (M)

Is maith leis an duine láidir féin beagán cúnaimh a fháil.
cf. BB 59.

2168 Fómhar na mban fann. (GS, S)

1. Fómhar bocht, ceal cúnaimh.(S)
2. Ní raibh aon fhear ann lena shábháil. (GS)

2169 I do chodladh nó i do dhúiseacht, ná diúltaigh don fheiliúntas. (Ca, RM)

Deirtear sa scéal (RM) go raibh beirt seanfhear ina gcónaí le chéile is bhí cóta mór ag duine acu. Oíche amháin nuair a bhíodar gafa a chodladh, tháinig fear de chomharsa, a d'fheil dóibh go minic, ag iarraidh iasachta den chóta mór ó bhí sé le dul ag iarraidh mná. Nuair a d'fhógair sé ar na seanfhir istigh, d'fhreagair fear an chóta, a rá go raibh sé ina chodladh. Ansin dúirt an chomharsa an focal thuas.

2170 Iomad (iomada) lámh a dhéanas obair luath. (Ind)
- Déanann iomad (iomadaí) lámh obair éasca. (CF)
- An áit a mbíonn iomad na lámh, bíonn an obair luath. (S)

Focal bunfhairsing sna leaganacha éagsúla; cf. II BSR 36, App. 399, SH 288, DC 143, Lipp. 371, LSM 75m, 72n.

2171 Iomlán na lámh(a) le chéile. (RM)

Go gcabhraíonn na lámha lena chéile.
B'fhéidir gur chóra 'ionnlann' (.i. nionn) a léamh, cosúil le BC 380 'Ionlaid na lámha a chéile' ó is é siúd an seanfhocal idirnáisiúnta, SH 343, L I 174, NG II 237, Lipp. (Hand), BSR II 34, LSM 86v, O manus 3. B'fhéidir gur gaolmhar an rá dlí, 'Ní fognai lamh laimh' (Seanchas Mór I 228).

2172 Is beag an rud a thugas duine ó bhás go beatha. (GS)

Is mór an leas a dhéanfadh cúnamh beag nó maith beag.

2173 Is bocht an rud fear gan dearth

áir ag dul ag seasamh in aghaidh fear cúnta. (Ind)

2174 Is cúnamh do bhróg barriall. (CC, S)
- Is mór an cúnamh do bhróg barriall. (F)
- Is cuid den bhróg an bharriall. (Ca)
- Is maith an cúnamh don bhróg an bharriall. (RM)

Is cúnamh maith an rud beag féin.

2175 Is fearr beagán cúnta ná mórán truaighe. (S)

2176 Is fearrde fear láidir fear bocht a bheith ina chóngar. (TÓM)
- Is minic a bhí gránna gnaíúil is dathúil dona. (MS)

2177 Is mairg a bheadh gan cúnamh. (CF, B V 152)

2178 Is mairg a bhíos i dtír gan duine a aithneos é. (TÓM)
- Is mairg a bheadh i dtír gan duine leis féin. (AConn)
- Is mairg don té atá sa tír i nach n-aithnítear é,
  I lár na bruíne luitear an bata ar a thaobh. (CS)

College 288, O'Daly 93, SFM 9, MIP 62.
SH 594, Lipp. 9 is Cóh. IV, 8, 9, 10.

2179 Is maith an rud cúnamh, ach timpeall na méise. (GS)
- Is maith an rud cúnamh, go dtí am scríobtha na méise. (Sa)
- Is maith an rud cúnamh, ach ag an mbord. (F)
- Is maith é an cúnamh ach ní i láthair an bhia é. (IG)
- Is maith é an cúnamh chuile áit ach ag an mbord. (Ca)
- Is maith é an cúnamh sa ngort, ach is olc ag an mbord é. (F)
- Is maith é an cúnamh go dtige sé chun na bascaide. (M)
- Is maith é an cúnamh lá déise, ach is olc é lá na méise. (CnM)
- Is maith an comhluadar gach áit ach ag an bpláta. (Ár)
- Is maith é an cúnamh go dtí am na méise. (CF)
- Is maith é an cúnamh go dtaga am an bhoird. (CF)

- Tá an cúnamh go maith chuile áit ach ar an mbord. (LMóir)

  TI 93 'uathad carat im chuirm'.
  SH 185 (Albain: 1721)

2180 Is maith comhairle ach is fearr cabhair. (CF)

2181 Is mall buille an aonoird. (S)

- Is mall buille aondoirn. (AR)
- I dtroid bodaigh le slua, is mall buille an aonoird. (IG)
- Is mall buille an aonoird, mar throid bodaigh le slua. (MÓD)
- Is mall buille an aonoird,
  Is téachtann an goradh arís,
  Is mar sin atá sé, mo léan,
  Ag an té (úd) ó rachas sé in aois. (TÓM)

  Duine gan cúnamh, is mall a chuid oibre.
  cf. M. Mac Suibhne, 49

2182 Is mall guth an éin a labhraíos leis féin. (MS)

.i. gan cúnamh.
Faightear freisin é in AGC, 67 (eagrán 1931), AGI 45.

2183 Is mór an rud cnaipe maith cúil a bheith ag duine, nuair a bhíos sé i dteannta. (CR)

2184 Is mór an teannta le cat pisín. (CnM, MÓD)

- Is mór an babhta le cat pisín. (Ac, MÓD)

  Is cúnamh don cheann mór an ceann beag (cat is pisín, mac is athair, etc.). Ciallaíonn leagan 2 gur creach leis an gcat an pisín a chailleadh .i. gur tubaiste an beagán féin a chailleadh áit a bhfuil sé faoi mheas.
  cf. 1582

2185 Má chuireann tú mé faoi choimrí Dé, nach bhfuil an cead sin agam féin? (GS)

Ní cúnamh ar bith é.
Tá an leagan seo bunaithe ar cheann a cheap An Craoibhín, féach ACC 92. Le haghaidh leagain dá shamhail, cf. App. 92.

2186 Marcaíocht go Gaillimh, is cead siúl abhaile. (RM, GS)

- Marcaíocht go Gaillimh, is cead coisíochta abhaile. (F)
- Carr go Gaillimh, is siúil abhaile. (Ca)
- Ag marcaíocht síos is ag feadaíl aníos. (MÓD)

  Deirtear gur ag tagairt do dhaoine a tugadh go príosún na Gaillimhe a bhí an focal seo ar dtús (GS).

2187 Más beag nó mór é, is mór an gar é. (CF)

2188 Más thíos a fritheadh é, is thuas a fágadh é. (TÓM, B XV 142)

Cóir mhaith a rinneadh air, tugadh cúnamh dó.
Féach Éigse III 3, 207

2189 Mo chuid is mo chostas ar Rí na nGrás, tá deireadh mo sparáin caite. (RM)

.i. An péisteánach, ag fágáil faoi Dhia a chuid a sholáthar dó.
'Mo chuid agus mo chostas ort' .i. iarratas an bhigéara (Leabhar an Athar Eoghan 375).

2190 Moltar cabhair na gcomharsan. (GS)

'Cabhair' a deirtear is a thuigtear, ach leg. 'comhar.'

2191 Ní bhíonn go lag ann, ach fear ó aonach. (GS)

An fear atá i bhfad óna mhuintir féin, an strainséara, etc.

2192 Ní comhdháilíocht gan triúr, is ní cúnamh gan ceathrar. (Ind)

Is doiléir an chéad ainmfhocal; thiocfadh dó 'comhghuailliocht' a bheith ann, nó b'fhéidir 'cuallaíocht'.

2193 Níl duine dá bhoichte nach féidir leis biorán a dhéanamh don té a ghníos biorán dó. (AR)

- Níl duine dá bhoichte nach féidir leis comhar na gcomharsan a thabhairt uaidh. (AR)
- Bruith birín dom, is bruithfidh mé birín duit. (IG)
- Beirigh birín dom, is beireoidh mé birín duit,
  Is a fhir gan aon bhirín, níl aon bhirín agam duit. (CS)
- Má tá birín agat dom, gheobhaidh mé birín duit, (mara bhfuil, ní dhéanfad). (GS)

2194 Níl seasamh ar a chois ag fear aonraic. (Sa)

- Fear aonraic ar a chois. (Sa)

  Bíonn sé róbhroidiúil le seasamh.

2195 Níor cailleadh ach an té a chuir a shúil go Dia. (Ca)

.i. Is gan aon phunt a dhéanamh, é féin.

2196 Ní ualach do bhád a gléas. (AR 416)
- Cúnamh do bhád téad. (RM)
  cf. 2134

2197 Nuair a ghearrtar géaga an chrainn is furasta an crann féin a leagadh. (MS)

2198 Nuair a thagas cabhair, tagann dhá chabhair. (Ca)
- Is iondúil nuair a thagas cabhair, go dtagann dhá chabhair. (Ca)

2199 Nuair a thiocfas lá fómhair, éiríonn an cuidiú gann. (Ca)
.i. Tráth a dteastaíonn cúnamh uait, ní bhíonn sé ar fáil.

2200 Ró Pháidín an bharraigh. (CF, AA 8/1937)
Duine a dhéanfadh go maith dá bhfaigheadh sé cúnamh; bhíodh Páidín ag imeacht le ualach barraigh ar a dhroim aige; is maith an siúl a dhéanfadh sé nuair a bheadh an ghaoth ina chúl, ach ní dhéanfadh dul chun cinn ar bith is í ina éadan.

2201 Seirbhís gan iarraidh, ní bhíonn Dia ná duine buíoch di. (RM)
- Gnotha gan iarraidh, ní bhíonn Dia ná duine buíoch de. (CF)
- Seirbhís gan iarraidh, ní bhíonn Dia ná duine buíoch de, is is minic nach mbíonn sé féin róbhuíoch de féin. (F)
- Seirbhís gan iarraidh, ní bhfuair buíochas ó Dhia ná duine. (MÓD)
- Ní seirbhe an sú (leg. súiche?) ná an umhlaíocht gan iarraidh. (MS)
- An rud a fhaightear go fial,
  Ní bhíonn aon éileamh air,
  Ar nós seirbhís gan iarraidh,
  Ní bhíonn buíochas ag Dia ná ag duine air. (GS)

In Ray 126, faightear 'Proferred service . . . stinks', ag freagairt do Laidin Hieronymous (Merx ultronea putet;: O 220). Leaganacha eile Lipp. 117, AWM 183, LSM 81e.

2202 Troid bodaigh le slua. (CC)
- Troid bodaigh le ceithearn. (M, AA 7/1939, Cum. Béal. 114, 331)
- Troid bodaigh le ceithearnach. (AR 484)
  IM, College 300 idem.

CUR I GCÉILL

2203 Ag cur cosa maide faoi na cearca. (TÓM)
- Chuirfeadh sé cosa crainn faoi na glasóga. (GS)
- Chuirfeadh sé cosa fada faoi sheilmide. (CF)
- Ag déanamh sléibhte de chnoca caocháin. (AR 392)

An té a chuirfeadh áibhéil le gach uile shórt.
Leagan 4: cf. SH 529
cf. 2209

2204 Ag cur madraí i bhfuinneoga is á dtarraingt amach i ngreim eireabaill. (F)
Ag cur i gcéill is á mhilleadh san am céanna.

2205 An chomharthaíocht á déanamh is í ag taispeáint na hoibre. (CF)
- Saothrú gan aon tuirse. (CF)
  Duine atá ag ligean air a bheith ag obair.

2206 Bain dá thóin é is cuir ar a cheann é. (AR 309)
- Bain de thíos é is cuir air thuas é. (F)
  .i. Ag cur malairt crutha ar rud ach gan é a athrú. College 299, II NG 324 id. (faoi thine bhocht nó tine scainnirín).

2207 Ba mhinic paidrín fada ag droch-Chríostaí. (CC)
- Ba mhinic paidrín fada ag rógaire maith. (CF)
- Ba mhinic paidrín fada ag cneamhaire. (M)
- Paidrín fada an leitiméara. (RM)

2208 'Bhí mé ag dul á dhéanamh,' mar a dúirt cailín rua bréagach na mbráthar. (GS)
- Cailín rua na mbráthar. (MÓD)
- Chomh dona le cailín rua bréagach na mbráthar. (CF)
  .i. An cailín aimsire a bhí i gcónaí ar tí a dhéanta, nuair a hiarradh uirthi aon phíosa oibre a dhéanamh.
  Scéilín É 5/1939. Graiméar Uí Mhaolmhuaidh 42, 131.

2209 Bíonn dhá cheann ar gach caora aige. (M)
I dtaobh duine a bhíos a maíomh as a chuid féin.
cf. 2203

2210 Chomh macánta leis an té nach leáfadh an t-im ina bhéal. (GS)

Le fonóid, ag trácht ar an slíomadóir.
Joyce 198, Bangor 89, 368, App. 74.

2211 'Chugat mé, a gharraí,' mar a deireadh Tadhg Beag. (CF)

Faoi dhuine a bheadh a cur gothaí móra air féin is gan aon déantús maitheasa ann.
Gheofar an scéal i gcló ar 'Scéala Éireann' Aibreán 13–16, 1938.

2212 Claimhte fada i láimh cladhaire. (Ca)

2213 Déirc dá chuid féin don amadán. (S)

- Iasacht dá chuid féin don amadán. (Sp)
- Bia dá chuid féin don amadán. (Gort, Cum. Béal. 263, 58)

Gur éasca cur i gcéill a chur i gcion ar amadán.
College 281. Leagan Breatnaise YD 117, DC 113.

2214 De réir airde uaille is ísle gníomh. (AR 535)

- An té is airde caint, is é is ísle gníomh. (CS 23/9/1905)
- An té is airde caint, is é is ísle obair. (Ca)
- Is iondúil gurb í an bhó is airde géim sa doras is bradaí sa gcoill. (AR 541)

Caint bhreá is drochghníomh.
BC 633, 'An té is airde uaill, is é is ísle gníomh,' (le malairt bheag céille). Rann in D 52. Lessons 297, 298, Rel. II 475.
AWM 186 (bó), LSM 99 o (cearc).

2215 Dhéanfadh sé téad dá bharriallacha. (Sa)

- Shiúlfadh sé amach as a chuid éadaí. (Sa)
- Tharraingeodh sé an t-aer ar an talamh. (Sa)
- Rífidh sé muid. (Sa)
- Bainfidh sé uisce as na néalta. (Sa)
- Dhéanfadh sé cat is dhá eireaball. (Sa, F, DC)

.i. Fear na cainte gaisciúla
Leagan 6: DC 58; I BSR 80 – sionnach

2216 Fada ó bhaile a labhras an pilibín míog. (RM, Ár, Ac, Ca)

- Imeacht an fhilibín óna nead. (TÓM)

Cur i gcéill; le nach mbeidh a fhios cá bhfuil an nead agus na héanacha óga.
O'Daly 97.
SH 447 (dáta 1580)

2217 Focal mór is póca falamh. (Ac)

2218 Folach an chait ar a chac. (M, MÓD, Cum. Béal. 127, 597)

Folach nó clúdach dona (MÓD); obair a dhéantar go maolscríobach (M).

2219 Glór ard, gníomh beag. (S)

- An té is mó caint, is é is lú obair. (M)
- Is minic an té is mó a chaintíos an té is lú a ghníos. (GS)
- An té is airde gleo, is é is measa ag obair. (Ca)
- Is minic gurb é an té is lú a ghníos maith, is mó a ghníos gleo. (F)
- An fear gaisciúil, is é is measa. (RM)

cf. 'Ferr bríg bágaib' – leasú ar SF 4, 42 (RC XLVI, 269); 'ar a ngníma ropsat mára, ar mbága rapsat beca' – as LL 208 a 34 (RC XLVI, 269; Ériu I 72); rann a dó in Riagol Ailbi Imlecha (Ériu III 96). Rann in D 53. 'Boegal i n-écmais omain' (PHL Breac 3010).
cf.App. 63, 270, DC 186, YD 33, I NG 87.

2220 Is áil liom é is ní háil liom é. (MÓD)

Duine a dtaitníonn rud leis ag ligean air nach maith leis é.
SFM 7.

2221 Is airde do bhéic ná thú féin. (Ca)

2222 Is ait an fear é lá fliuch. (T)

Leadaí a dhéanfadh caint lá fliuch ar an ngaisce a dhéanfadh sé an lá breá.
cf. 4629

2223 Is é an lus nach bhfaightear a fhóireas. (AR)

- Is é an lus nach bhfaightear a fhónas. (AR)
- An leigheas nach bhfaightear is é a fhóireas. (IG)
- An luibh nach bhfaightear, is í a leigheasas. (F)
- An rud nach bhfaightear, is é a fhóireas. (S)
- An rud nach bhfaightear, fóireann. (MÓD)
- Is maith an rud nach mbíonn. (Ac)

Dochtúir a leigheasfadh duine le luibh áirithe nach raibh le fáil; duine nach bhfuil in ann dada a dhéanamh d'uireasa deise nach bhfuil le fáil.
College 276

2224 Is é seacht gcruacha arbhair Shean-Pháidín é. (RM)

- Bíonn dhá cheann ar gach caora aige. (M)

- Bíonn dhá lomradh ar a chaoirigh chuile lá. (MS)
- Bíonn dhá ubh ag a chearc chuile lá. (MS)

Duine ag maíomh as a shealús gan mórán aige.
cf. 2347

2225 Is féidir gaisce a dhéanamh i gcaint. (Cum. Béal. 91, 3; gan áit.)

2226 Is furasta tochras ar abhras do chomharsan. (RM)

- Is maith an fear é i ngarraí an duine eile. (M, Cum. Béal. 109, 285)

2227 Is giorra duit an t-aer ná an talamh uachtair. (M, Cum. Béal. 109, 284)

Duine onórach (?)
'Níl a fhios aige cé is gaire dó, an t-aer atá os a chionn nó an t-aer atá faoi,' a deirtear i dtaobh duine postúil (LMóir).

2228 Is measa a ghlaim ná a ghreim. (Ca)

- Is measa a ghlafar ná a ghreim. (AA 3/1945)

SH 187 id. Joyce 136.

2229 Is minic glór mór i gceann beag. (TÓM)

1. Caint mhór ag duine gan eolas.
2. Caint mhaith ag duine nach mbeadh súil léi uaidh.

2230 Is mó an gháir ná an galar. (M)

2231 Is mó an torann ná an olann. (AR 532)

- Mórán gleo is beagán tairbhe. (AR 370)
- Is mó a thorann ná a thoirt. (T)
- Gleo mór ar bheagán ábhair. (T)
- Is mó an ghlaim ná an tairbhe. (G)
- Is mó an cháil ná an tairbhe. (CF)
- Is mór é a cháil ach is beag é a thairbhe. (Sa)

BC 144. Féach freisin an rann sa Codex Boernerianus. – 'Téicht doróim mór saido becc torbai' (TP II 296) agus an rann sa scéal as LBL (Ériu V 116). Lessons 296, Rel. II 502, Joyce 61. Idem App. 432, YD 36. cf. Taylor 25, 31, 220.

2232 Leithead mór ar bheagán céadta. (S 4/1925)

An t-éadach a dhéanamh scagach ag iarraidh leithead a chur ann; an rud beag ag ligean air a bheith mór.

2233 Leithscéal agus a thóin leis. (Ca)

- An torc sa gcró is a thóin amach. (MÓD)
- Chuile leithscéal agus a thóin. (Sl?, DÓM)

II L 236, HV (dos)

2234 Má bhíonn tú tanaí, lig ort a bheith ramhar. (GS)

- Má tá tú beag ná tabhair do mhéid. (CF)

Mura bhfuil tú chomh maith le daoine eile, lig ort go bhfuil.
ACC 101, An Craoibhín.

2235 Maíomh na mogall falamh. (IG 3/1906)

- Maíochtáil na mogall falamh. (Sa)
- Maíomh na málaí falmha. (Ca)

Cnónna a bhíonn caoch: ag déanamh gaisce as rud gan mhaith.
Is seansamhail sa litríocht an cnó folamh, cf. IGT 68, Dioghluim Dána 121, 6, Aithdhioghluim Dána 98, 7. Her. P. Bk. of D. Lismore xxviii 2. Iomarbhágh xvi, rannta 84, 85.

2236 Marach rud eicínt, d'íosfadh an cat an tlú. (F)

- Marach rud eicínt, thuitfeadh an t-aer (ar an talamh). (Ca)
- Marach rud eicínt, thuitfeadh an spéir. (RM)
- Marach 'ach' bheadh tíortha is ríochtaí ó rath. (GS)
- Marach an marach, thuitfeadh an t-aer ar an talamh. (Gearrbhaile 1936)
- Mara mbeadh mise, d'íosfadh an cat an císte. (CnM)

Ag magadh faoi fhear leithscéil; b'ait é 'ach. . .'

2237 Mórán gaisce is gan aon chur leis. (CF)

Rann in D 56 (ls. Muimhneach 1681)

2238 Ná bí ag cur madraí i bhfuinneoga. (GS)

- Ag cur na gcaorach thar an abhainn. (TÓM)

Ag cur i gcéill: ag mealladh do chomharsan.

2239 Ní baol duit an gadhar a ghníos tafann. (T)

- Níl mada ar bith is measa ná an mada is airde tafann. (RM)
- Chomh bréagach le mada tafainn. (GS)
- Oiread bréag is a dhéanfadh mada de thafann. (GS)
- Is minic tafann mór ag drochmhada. (RM)

Fairsing san Eoraip, de bhunús Laidine (I BSR 175, App. 157, Ray 69, PB 73, HV 113, NG II 20, 235, III 138, Lipp. 415).
cf. 937

2240 Ní féidir préachán bréige a dhéanamh den dúiche. (Ca)

- Ní féidir préachán bréige a dhéanamh de lacha. (RM)

Ní féidir dallamullóg a chur san áit a bhfuil go leor daoine.

2241 Ní hiocht a bhí air ach ionnas. (Ac)

Doiléir.
cf. 3339

2242 Nuair a ghabhfas an fhánaíocht agus an fhalsacht sa gcloigeann, imeoidh sé féin (imeoidh sé le fán). (R, GT 11/1944, AA 7/1940)

2243 Pota bruith mhagaidh is clár air. (F, I)

- Fan go bhfeicfidh tú god (cad) é atá sa bpota. (Sl, DÓM)

leg. frithmhagaidh? Lánúin a bhí beo bocht, nár mhaith leo a ligean chuig na comharsana go raibh, chuirtí pota ar an tine dá dtiocfadh aon duine isteach, ach níor baineadh an clár ariamh de, le nach mbeadh a fhios an pota a bheith folamh.
Pota ag bruith mhagaidh agus clár air (Tomhais, B XI 80 i).

2244 Téamh an fhalsóra. (M, Cum. Béal. 114, 340)

Nuair a chuirtear pota uisce ar an tine agus fágtar é go mbíonn an t-uisce róthe.

2245 Téann drochfhear oibre ag troid lena uirnísí gnotha. (CR)

- Bíonn an drochoibrí ag fáil locht ar a ghléas oibre i gcónaí. (S)
- Is doiligh corrán maith a fháil do dhrochbhainteoir. (GS)

Fairsing, II BSR 211, Ray 144, AWM 182, Rel. I 156

2246 Triall na gcearc go hAlbain. (I)

- Triall na gcearc go Tír Lochlann. (RM)
- Triall na gcearc ag dul go hAlbain, ag triall go mall gach tráthnóna. (MÓD)

Duine a bheadh i gcónaí ag caint ar imeacht ach a d'fanfadh sa mbaile.
cf. Cum. Béal. 6, 92; 62, 684; B VI 107
cf. 1389

DAOINE

2247 Ag síorchaint ar an mbia, mar a bhíos an Sasanach. (TÓM)

2248 Aicearra Bhríd Shúigheach ag dul chun an Loghtha. (DÓM)

- Aicearra Bhríd an tSúgaigh chun an Loghtha. (I)

Timpeall mór, ag iarraidh aicearra a dhéanamh. Maidir leis an Loghadh, tá Cnoc an Loghtha (Mount Jubilee) trí mhíle soir ó Ghaoth Sáile agus déantar turas go dtína bharr 15 Lúnasa .i. Lá an Loghtha. Bíonn aonach an lá céanna i mBéal an Mhuirthead a dtugtar an Loghadh nó Aonach an Loghtha air. Ó Heanraí Ó Catháin agus Micheál Mac Thamhais per Éamonn Mac an Fhailghigh, BA, an t-eolas seo: féach BB 24.

2249 Aicearra Éamoinn Bhuí go Béal Átha Dorcha. (I)

Fear a chuir timpeall mór air féin ag dul ar aonach Iorrais, a bhíodh i mBéal Átha Dorcha sa tseanaimsir; deirtear an focal le duine a chuireann timpeall air féin in áit dul díreach.
Ó Heanraí Ó Catháin per Éamonn Mac an Fhailghigh é seo.

2250 An t-eiriceach ag bun na croiche. (F)

Slíomadóir nó fimíneach.

2251 An triúr is aeraí ar domhan,
Táilliúr, píobaire agus gabhar. (Ár, Cum. Béal. 77, 429)

2252 Aon mhuintir, muintir Ard Raithin, ach nach in aon phóca amháin a chuireas siad an t-airgead. (IG 7/1905)

- Aon mhuintir amháin muintir Ard Raithin. (GS, IG 1/1906)
- Aon dream amháin iad muintir Mhóinín na gCiseach. (G)
- Tá muintir Ard Raithin uilig in éineacht. (CF)

Ag caint ar dhaoine a mbeadh an bharúil chéanna nó an t-ugach céanna acu uilig. Áit a mbeadh plód ag sceimhle le chéile (CF). Tincéirí iad go léir (GS). cf. LI 1 le haghaidh leagain ionchurtha leis ag tagairt d'ab agus mainistir.

2253 Ba mhinic Tiobóid ar Seoigheach. (RM)

- Ba mhinic Uilioc ar Seoigheach. (RM)
- Is minic trioblóid ar Seoigheach. (Ca)

Gur fairsing na hainmneacha baiste úd i measc Seoigheach.

2254 Bean sí lár oíche a chaoineadh Frinsigh,
Sionnach na sliabh a chaoineadh Lingsigh. (MC)

Cumhacht na Cinneamhna 93

2255 Beidh sé ar nós spúnóga Úna, ar fáil ar ball. (IG 7/1905)

2256 Bheadh na fataí nite, bruite agus ite ag an gConnachtach, a fhad is a bheadh an Muimhneach ag rá 'prátaí'. (RM)

- Bheadh fataí bruite, ite, chomhfhad is a bheadh Muimhneach ag rá 'préataí'. (TÓM, Url 77)
- Bheidís nite, bruite agus ite ag an gConnachtach, a fhad is a bheadh an Muimhneach ag rá 'pota fataí bruite'. (Ár, Cum. Béal. 101, 544)

Tá an focal céanna in Cinnlae I 48, ag trácht ar Chonnachtach is Laighneach.

2257 Brúnaigh, Búrcaigh is Breathnaigh,
Trí bhraon broghach a rinne an diabhal is é ag reatha. (F)

- Brúnaigh, Blácaigh agus Brianaigh,
Trí bhroim an riabhaigh. (GS)

2258 Buachaill Éamoinn Mhic Dháibhí,
Buachaill gan bia gan páighe. (MÓD)

- Tá tú á chur go hÉamonn Mac Dáibhí. (MÓD)
- Buachaill Éamoinn Mhic Dháibhí,
Ag obair lena láí. (LMóir)

2259 Buille feille Mhuintir Uí Eadhra. (M, Cum. Béal. 114, 340)

2260 Caochóg ar chóisir. (Sp)

Duine gruama i láthair siamsa.
Féach ÓD (caochóg).

2261 Chaill tú é mar a chaill Donnchadh an trosc. (CF, LMóir)

Le cion faillí.

2262 Chaithfeadh sé píopa Ainde Mhóir. (Sp, AA 7/1940)

Fear a mbeadh dúil an-mhór i dtobac aige.
Féach an t-amhrán 'Píopa Aindí Mhóir,' Ceol 650.

2263 Chomh bodhar le bráthair Árláir. (ADC I 338 (le scéal).)

2264 Chomh bog le garraí Bháitéir. (TÓM)

Le magadh b'fhéidir, Bháitéar = water (?)

2265 Chomh bréagach le Fiarac. (GS)

'Rí a bhí ann fadó,' a dúirt an seanchaí; drochdhuine (LMóir).

2266 Chomh cóir leis an Éan Fionn. (TÓM)

- Chomh fial leis an Éan Fionn. (GS)
- Chomh fíor leis an Éan Fionn. (LMóir)

Duine fiúntach (GS): séard é an tÉan Fionn an t-éan a tharraingíonn an clúmhach dá heagán le foscadh a dhéanamh dá héanacha óga (GS).
cf. An peileacán agus beathú a sicíní. Crua, gortach, an chiall atá leis in ÓD (éan). Féach 'Scaipeadh na nÉan Fionn ort!' (IG 8/1905) agus Clár (gaol).

2267 Chomh críonna le Solamh. (I, LMóir)

- Chomh críonna le Solamh Mac Dáibhí. (GS)
- Solamh Mac Dáibhí an rí, a d'fhulaing a lán agus a bhí críonna. (F)

2268 Chomh crosach le Máirín Chrosach. (Sp)

2269 Chomh cúthal le clann Ainde. (Sa)

2270 Chomh díreach le riail Uí Dhúgáin. (U, B 6/1933)

2271 Chomh fada le muineál Mháire Fhada. (GS)

2272 Chomh gnothach le Féilim. (I)

2273 Chomh láidir le Goll Mór Mac Moirne. (GS)

- Chomh calma le Goll Mór Mac Moirne. (GS)

'Ní dhéanfadh Goll Mac Moirne é' .i. rud dodhéanta, 'Ní chorródh seacht gcatha na Féinne é' .i. rud a mbeadh cos i dtaca air (CF; as B iv 84). Deirtear freisin 'Ní bhainfeadh sé feanc as Goll Mac Moirne' (LMóir).
cf. 2291

2274 Chomh láidir le Harry Statle. (LMóir)

cf. 1492

2275 Chomh láidir le Samson. (GS, LMóir)

2276 Chomh leathan le Máiria Bláca. (GS)

- Chomh leitheadach le Máire de Bláma. (G)

Bean a bhí pósta ag Linseach Bhaile Neonach (An Fhairche); bean an-mhór í agus an-mharcach (GS).

2277 Chomh saibhir le Seoirse. (MS, GS)

- Chomh saibhir le rí Seoirse. (GS)

2278 Clann (Muintir) Tuathail na gcos fuar. (CF)

Cosnocht.

2279 Clann Donnchadha an Tuistiúin. (LB, Cum. Béal. 72, 327)

Daoine a d'athródh a sloinne féin go sloinne Chlann Donnchadha ar scáth tuistiún de bhrabach, mar gheall ar an meas mór a bhí ar an muintir sin. Annála Beaga Iorrus Aithneach 61.

2280 Connachtach lách,
Muimhneach spleách,
Laighneach tláith,
Ultach bradach. (S 4/1927)

- Connachtach lách, Muimhneach bladarach. (IG 7/1905)
- Muimhneach neamhspleách agus Connachtach lách. (GS)
- Muimhneach slíocach agus Connachtach lách. (CC, AA 6/1939)
- Muimhneach spleách na bláthaí géire. (CF)

Féach SM 916.

2281 'Críostaí thú?' arsa an sagart le fear. 'Ní hea,' arsa an fear, 'ach Ultach'. (I)

Protastúnach an dara ciall atá le Ultach sa Tuaisceart, ar ndóigh.

2282 Cuimhne Mháiria Loinsigh den bhroc. (F)

Nuair a d'ith sí a sáith de.

2283 Dháréag agus píobaire. (Sp, LMóir)

Trí dhuine dhéag.
Céadlíne véarsa é in Cat. II 36 (Eg. 133; tús an 18ú haois) agus in G vi 1.

2284 Donnchadh an chaipín agus Máire an triúis,
Beidh siad á bpósadh seachtain ó inniu. (Ac)

Seo leagan Muimhneach, féach ÓD Donnchadh.

2285 Duine deas ach ná hiarr tada air. (I)

cf. 2337, 2841 agus 4523

2286 Éirí Chuinn faoi na gabhair.

Cur i gcéill gan údar.
Teideal scéil in ASG l.8; cf. IG vii 127 freisin: is cosúil an focal céanna a bheith i gCo. an Chláir, cf. B III 362. 'Éirí Chuinn agat!' a deirtear (LMóir) mar eascaine gan dochar leis an té a bhfuil leisce air ag éirí ar maidin.

2287 Faltanas Mhuintir Laoi is buille feill Chlann Donnchadha. (G)

- Faltanas Mhuintir Laoi, buille feill Chlann Donnchadha agus gliceas Chlann Mhic Con Fhaola. (CF)

Scéilín, Cum. Béal. 72, 328; LB

2288 Fearacht Chlann Aindriú na maol. (I)

- Chomh dona le Clann Aindriú na maol. (GSe)
- Tá tú chun treasa le Clann Aindriú na maol. (GSe)
- Is é treabhadh Chlann Aindriú na maol agat é. (GSe)
- Is measa thú ná Clann Mhic Aindriú. (DÓM)
- Is duine de Chlann Mhic Aindriú thú. (DÓM)

Leathdhuine.
Deirtear sa scéal gur ghearr an dream seo an cloigeann den bhó agus chaith suas ar dhíon an tí é leis an ngeamhar (na diasa coirce) a bhí ag fás ansin a ithe (GSe; Tír Amhlaidh). Deirtear freisin go mbíodh rún acu i gcónaí san oíche an t-uafás oibre a dhéanamh lá arna mhárach ach níor chuireadh an rún i gcrích ariamh (GSe). Ó É. Ó Ciaráin agus M. Mac Thamhais per Éamonn Mac an Fhailghigh, BA, iad seo.

2289 Fearacht Sheáin an Chúil a dhéanamh. (Ca)

- Tá dúil agat Seán an Chúil a dhéanamh díot féin. (RM)

Deirtear leagan RM le duine nach bhfanfadh sa teach ach a shílfeadh imeacht go tobann; fear siúil é Seán an Chúil agus tugadh an leasainm air i ngeall ar nach ndéanfadh sé aon mhoill sa teach a dtiocfadh sé isteach ann.

2290 Filleadh Thiobóid na Long, filleadh gan a theacht. (GS)

- Turas Thiobóid na Long go Baile an Tobair. (S 4/1929)

Imeacht gan filleadh: tagairt do mharú Thiobóid do Dhiarmán Ó Conchubhair nuair a bhí an bheirt ar a mbealach go Baile an Tobair.
Is mallacht é i Cum. Béal. 99, 399 le scéal. Féach B X 208.
cf. 2401

2291 Fionntán fáidh nár báthadh sa díle. (CF)

As B 6/1933; líne as 'Tuireadh na hÉireann' le Seán Ó Conaill ó cheart é (véarsa 3 in O'Brennan's Irish Antiquities, áit a bhfuil nóta ar Fionntán, ii 184); cf. freisin FF I 146 agus an Leabhar Gabhála (Mac Alastair II 195).
cf. 2273

2292 Fireann is fearr é, nuair nach baineann atá sé. (Sa)

- Mara baineann atá sé, fireann is fearr é. (MÓD)

2293 Focla móra ag Seoighigh. (DS)

2294 Galar bó Áine. (LMóir)
Eascaine: 'Garla bó Áine ort!' a deirtear .i. beatha chrua anróiteach.
B'fhéidir gur ceart 'Galar bó báine' a léamh ann.
cf. 4303, 4492 agus 781

2295 Guairim, Curraidhin agus Caodhanach, Triúr bodach na hÉireann. (CF)

2296 Iníon straoille agus strachaille, mac amadáin agus óinsí, b'olc chun a chéile iad. (F)

2297 Is deacair daoine a bhrath. (CnM)
Iad a thuiscint, nó a bheith suas lena mbealaí.

2298 Is deas guth nua ach ní buan a mhaireas. (Ca)
Is taitneamhach an strainséara ar dtús ach is gairid go mbítear tuirseach de.

2299 Is furasta faitíos a chur ar chladhaire. (Ca)

2300 Is iad na cnámha a bhfuil an meáchan iontu. (Cum. Béal. 91, 12 gan áit.)

2301 Is iomaí duine a bhfuil ceann ard air inniu a bheas ina luí go híseal amárach. (CF, Gearrbhaile 1938–39)

2302 Is maith an rud a bheith ag scríobadh leis an uaisle. (Sp, Cum. Béal. 76, 17)
cf. 4261 agus 4459

2303 Is measa duine i bpoll ná beirt ar bord. (F, CF)

- Is measa duine sa gcoirnéal ná beirt ag an mbord. (Ac)
- Is measa duine sa gclúid ná triúr ag bord. (F)

Itheann seanduine sa gclúid níos mó ná iad a bheadh ag an mbord.
cf. 1119

2304 Is minic duine bocht fiúntach. (CR)

2305 Lá Philib an chleite. (LMóir)
''ilip' a deirtear. Tá an tsamhail chéanna in 'Ní thiocfaidh sé go lá Fhéil' tSin Suet' .i. go deo (LMóir).

2306 Máire na nead a d'íosfadh an cheaist,
Lán a cóta d'fhataí rósta,
Is taoscán a póca d'uibheacha cearc. (LB, Cum. Béal. 208, 108)

2307 Mar a d'imigh Síle agus Siobhán, gan tasc gan troscán, gan mias gan mioscán. (RM, S 2/1920 as scéal)

2308 Más beo Áine gheobhaidh sí fear. (Mnl, LMóir)
Tagann rud chuig an té a bhíos foighneach dóchasach (LMóir).

2309 Moore as Moore Hall nó diabhal as Ifreann. (GS)
Leagan a deirtear faoin duine beartach. Ba dhuine beartach, cleasach Ó Mórdha. Casadh leis Máilleach a bhí bochtaithe ag cearrbhach de chailleach sa Fhrainc, agus dúirt Ó Mórdha go bhféachfadh sé cluiche leis an gcailleach. Níor fhéad sí é a bhualadh, agus sa deireadh dúirt sí 'Is tú Moore as Moore Hall nó an diabhal as Ifreann'.
Féach freisin B VIII 183.

2310 Mórtas Dálach. (CF)

2311 Muimhneach bradach na ngabhar. (LM, AA 6/1936, AA 6/1940)
Mar goideadh gabhair Phádraig Naofa i gCo. an Chláir.

2312 Muintir Fhéinneadha saorach socharach, Clann Mhic Con Fhaola daorach docharach. (Sp)

2313 Ná hinis do namhaid é ná do mhná Chlann Donnchadha. (RM)

2314 Ná maslaigh duine is sine ná thú féin. (Ca, Cum. Béal. 77, 198)

2315 Ná trust cnáimh an Bhrianaigh dá mbeadh sé seacht mbliana ar chúl na gaibhle. (F)

2316 Ní bhainfeadh sé an cúr den leamhnacht. (F)

Duine lag.

2317 Ní fíorscoth go Dálach,
Ní Blácach go Droma,
Ní Linseach go Bearna,
Is ní Máilleach go Conga. (TN 8/8/1890)

2318 Ní hionann gealladh is a chomhlíonadh do Mhuintir Mháille. (AR)

leg. 'na Máilligh'; deir cuid de na Máilligh nach seanfhocal ceart é, de bhrí nach ndéarfadh Gaeilgeoir maith 'Muintir' Mháille! AR 402

2319 Níl aon duine sa gcarraig gan a scéal aingeise féin. (BA)

Oileánaithe (?).
cf. 730

2320 Ní leanbh ar aois thú ná leanbh ar ghaois thú. (CR, Gearrbhaile 1940–41 l.31)

2321 Níl Máire bodhar ná Nóra balbh. (T)

Go bhfuil daoine ag éisteacht a scaipfidh an scéal; leid do chainteoir a bheith ina thost.

2322 Níor báthadh Griallaiseach ariamh. (CR)

2323 Níor dhearc ariamh ach snagaire.

- Níor bhreathnaigh ariamh ach cneagaire. (GT, AA 11/1944)

.i. ar a dtug sé uaidh.

2324 Níor ghnóthaigh croí na ngortach aon phioc ariamh. (R, GT, AA 7/1940, AA 4/1945)

2325 Níor mhinic forás ar chlann stíobhaird. (Sa)

Stíobhard an tiarna talún; nach mbíonn rath ar a chlann.
cf. 5168

2326 Níor shiúil Conán ariamh gan a chur-phóca. (M, Cum. Béal. 99, 399)

Gan cloch (leg. cur póca?).
cf. freisin 'Teachtaire Chonáin' .i. cloch (CF; B IV 84).
cf. 2328

2327 Ní raibh coimhthíoch ina thaoiseach maith ariamh. (Ac)

2328 Ní troime uisce ag tuitim ar loch,
Ná Conán Maol ag caitheamh cloch. (CF)

- Ní tibhe stoirm aniar ar loch,
  Ná Conán Maol ag caitheamh cloch. (Ac)
- Stoirm ar shliabh,
  Nó clocha sneachta thiar ar loch,
  Níor thréine ariamh ná Conán Maol,
  Nuair a thosaíodh sé ag caitheamh cloch. (RM)
- Níor tháinig stoirm ariamh i dtír,
  Ná cith clocha sneachta aniar thar loch,
  Leath chomh tréan le Conán Maol,
  Is é ag caitheamh cloch. (GS)
- Ní fhaca tusa stoirm aniar,
  Ná cith sneachta ariamh á chur ar loch,
  Ba mhire thréine ag tíocht,
  Ná Conán Maol ag caitheamh na gcloch. (S 6/1920)
- Ní fhacthas cith sneachta ag tíocht i dtír,
  Ná stoirm aniar ag tíocht ar loch,
  Ba mhine tibhe a bhí ag tíocht,
  Ná Conán Maol ag caitheamh cloch. (M, Cum. Béal. 99, 391)
- Conán Maol ag caitheamh cloch
  Nó múr sneachta ag tíocht ar loch. (I)
- Cuaifeach ar sliabh, gaoth aniar ar loch,
  Nó Conán Maol ag caitheamh cloch. (CR)
- Chomh tréan le cuaifeach gaoithe. (GS)

Rann as Laoidh an Chon Duibh, cf. Graiméar Uí Mhaolmhuaidh 153.
cf. 2326

2329 Ochón ó! Níl ach ceo sna daoine,
Iad atá beo is cóir a chaoineadh. (M, Cum. Béal. 114, 472)

Tá an dara líne sa gcéad rann de phíosa le Diarmaid Mac Sheáin Uí Dhálaigh (23 M 28, 296).

2330 Oifigigh go léir agus gan aon tsaighdiúir. (Cum. Béal. 91, 6, gan áit)

2331 Páidín an mheán oíche. (LMóir, CF, AA 10/1938, AA 1/1940)

Duine a bhíonn amuigh deireanach.

2332 Píosa de láí agus paiste de shleán a bhí i gceárta Antaine Dhuibh. (CnM)

2333 Scil Dhiarmada i gcac na ngabhar, a d'ith iad in áit airní. (CnM)

2334 Seachain an t-ól agus an mí-ádh mór, ach tá an diabhal ar na baintreacha. (LMóir)

2335 Seoighigh is bróga ar chuid acu,
Ach níorbh é sin ba chóir dóibh,
Ach bútaisí uilig orthu. (TÓM)

- Bhí Seoighigh go leor ann agus bróga ar chuid acu,
Níorbh é sin ba chóir dóibh, ach troithíní a bheith uilig orthu. (F)

2336 Shiúilfeadh sí go Donnchadh Daoi. (LB, GS, AA 3/1937)

- Shiúilfeadh sé go Bellmount Two. (LMóir)

Leagan a deirtear i dtaobh an té a mbeadh coisíocht mhaith aige.
cf. SM 887. Níl a fhios cén chiall atá le Bellmount Two.

2337 Síol nDálaigh más áil leat,
A bheith séimh leat nó socair,
Tabhair dóibh gach a n-iarrfaidh,
Is ná hiarr tada orthu. (M)

Leagan a chualas ag an Ollamh Ó Máille, a fuair sé i gCo. Mhaigh Eo; tá sé in BB 16 freisin. Tá leagan eile as Mala Raithní in B III 362. SM 885.
cf. 2841, 2285 agus 4523

2338 Síos leis i bpóca Sheáin Deirg. (MÓD)

2339 Tabhair cipín is scian don Éireannach. (F)

- Is é an chaoi a n-aithnítear an tÉireannach, ní féidir leis a bheith ina chónaí. (Ár)

Tá sé de cháil ar an Éireannach nach dtig leis fanacht ina chónaí, is is fearr a choinneáil gnóthach le nach ndéanfaidh sé místáid.
MIP 308 'Is denmnitach an raet in Gaeidel'.

2340 Tá blas gan ceart ag an Muimhneach,
Tá ceart gan blas ag an Ultach,
Níl ceart ná blas ag an Laighneach,
Tá ceart is blas ag an gConnachtach. (S 5/1928)

Ní mheasaim go bhfuil an focal seo sa gcaint, murab as leabhar a tógadh é, ach is soiléir gur focal Connachtach ó bhunús é. Graiméar Uí Dhonnabháin, lxxiii, LHI (Hyde) 617. Faightear seo sa Statistical and Agricultural Survey of the County of Galway (Hely Dutton 1824), l. 463.

2341 Tá cead ag an gConnachtach labhairt faoi dhó. (GS)

Mura gcuirfidh sé a chaint i gcion an chéad iarraidh.

2342 Tá chuile dhuine lách go gcaitear mála salainn leis. (RM)

cf. 2905

2343 Tá eireaball fada ar na Cathasaigh. (GS)

Gur líonmhar a sliocht is a ngaolta.

2344 Tá tú chomh maith le clann Shiobhán. (LMóir)

Rá a deirtear le duine a dhéanfadh rud místuama nó rud mícheart.

2345 Teanga bheadaí, tóin teasaí. (MS)

2346 Tiocfaidh an duine macánta ar a chuid féin. (Gearrbhaile 1937 l.29, gan áit.)

2347 Trí cruacha den tseanarbhar ag Sean-Allmhurán. (RM)

- Seacht gcruacha seanarbhair a bhí ag Seán Ó Allmhuráin. (CF)
- Gráinne den tseanarbhar a bhí ag sean-adhararlánán liath. (Ca, Cum. Béal. 111, 43)

Leagan a déarfaí i dtaobh duine spárálach tíosach a mbeadh arbhar dheireadh na bliana aige, nuair a bheadh daoine eile folamh (RM).
cf. 2224

2348 Triúr ar beag an mhaith comaoin a chur iontu,
Seanduine, an-duine nó leanbh. (M, Cum. Béal. 109, 280)

Féach Clár (ainduine).

2349 Trua gan tarrtháil, trua Mhuintir Lionnáin. (M)

- Trua gan tarrtháil, trua Mhuintir Fhionnáin. (S)

2350 Tuiteann toirt le taibhse. (S 8/1920)

Fear dá láidre, go bhfaighidh sé duine atá in ann chuige (TÓM).

2351 Uabhar ghiolla na mbreallach. (RM)

Uabhar cuileoige ar carn aoiligh; deirtear é faoin duine atá uaibhreach ar éirí sa saol.

2352 Uachtáin, longadáin, gágthaí, spoir. (GT, AA 3/1945)

Ceithre ní a bhaineann leis na huaisle; fuachtáin ar a lámha, a siúl ar longadán, gástaí a mbéil, spoir ar a mbútaisí.

DEARMAD

2353 D'éireodh dearmad sa teach is fearr amuigh. (CF)
cf. SH 2, App. 1

DEIFIR

2354 Aicearra an chait thríd an ngríosach. (RM)
Ag dul in áit achrannach nó i gcontúirt le teann driopáis.
cf. O 171 (ignis, 6)

2355 An té a théas in áit de sciotán, ní bhíonn fiú na gcolpaí de mhoill air. (GS)

2356 Ba mhinic deifir mhór chun drochmhargaidh. (F, GS)
- Is minic deifir ar dhuine ag dul chun drochmhargaidh. (S 8/1920)
- Luath go leor chuig drochmhargadh. (M)

Tá focal dá leithéid in App. 395

2357 Brostú na caillí is í ar a dícheall. (Sa)
- Ag brostú fear buinní is é féin ar a dhícheall. (Sp, MÓD)

SH 238

2358 Cangail do ghreim go maith is ní thachtfaidh sé thú. (CC)
- Ní luas do dhuine é féin a thachtadh. (Ca, RM)

Tóg d'am: duine a bheadh ag ithe rósciobtha.

2359 Cruthaíonn sé go maith, an té a chruthaíos go sciobtha. (IG 2/1894)

2360 Fan go socair is imeoidh an deifir dhíot. (MÓD)

2361 Glac as éadan iad mar a ghlacas an diabhal na Gaill. (TÓM)

2362 Glac d'am, ar ndóigh níl an coirce á scoradh ort. (GS)
- Tóg d'am, mairfidh an saol i do dhiaidh. (S 5/1929)
- Glac san aicearra é (.i. glac go réidh é). (GS)

2363 Is deacair gráinne salainn a chur ar eireaball do ghiorria. (Sa)
Deirtear seo le duine broidiúil: pisreog S 4/1930 (RM).
Tá an focal céanna in Ray 264 (Albain), SH 503 (éan).
cf. 749

2364 Is fada a bheadh an brochán á fhuaradh sula sroichfeadh sé thusa. (T, Ca)
- Is fada a bheadh an brochán á fhuaradh sula rachadh sé chomh fada leatsa. (TÓM)

Leagan a deirtear leis an duine a chuireas a ladar isteach gan call leis.

2365 Is fearr aiféala faoi gan rud a dhéanamh ná aiféala faoina dhéanamh. (M)

2366 Is fearr a theacht ar iodhain ar éigean ná meath d'íona reatha. (GS)
Is fearr a theacht go mall réidh ná tú féin a mharú ag deifriú.

2367 Is í an aicearra an tslí chun na carraige. (RM)
- Sin é an tslí cham chun na carraige. (AR 287)

2368 Is maith an sodar is gan cosa in airde a bhac. (M)

2369 Is minic a bhíos turas an tsionnaigh ar an té a bhíos soghluaiste (sabhlóstaí). (Ca, S 10/1928)
- Casadh an tsionnaigh ort, cibé casadh é sin. (Ac)
- Turas a bhí ag an sionnach air (.i. turas in aisce). (M)

2370 Lámh luath, lámh thapa. (S 4/1925)

2371 Má ghluaiseann tú mall siúlfaidh tú mear. (Ca, Cum. Béal. 111, 39)
- Má shiúil tú teann, ghluais tú mall. (RM)
- Má shiúil tú teann labhair tú mall. (AR)
- Má rith tú mall, níor ghluais tú tapa. (RM)

2372 Má leagtar thú is deifir ort, ná fan le éirí. (GS)
- Má thuiteann tú, ná fan le n-éirí. (F)

Joyce 122. Lia Fáil I 155, 156 (ls. 1851), B XI 66.

2373 Mar a bheadh púca ar sheanteach. (I)

- Mar a bheadh jig ó phíobaire. (I)

  Go han-sciobtha.

2374 Mara mbeire tú ar an am, béarfaidh an t-am ort. (Ca)

- Mara mbeire tú ar an rud, béarfaidh an rud ort. (TÓM)
- Beir ar an rud nó béarfaidh sé ort. (IG 7/1905)
- Beir ar do ghnotha nó béarfaidh sé ort. (M)

2375 Más fada gearr an t-achar, is é an bóthar mór an aicearra. (AR)

- Más cam díreach an ród (bealach) is é an tslí mhór (bóthar mór) an aicearra. (CF, S 1/1920, IG 11/1895)
- Ná tréig an bóthar mór mar gheall ar an aicearra. (Ca)
- Más cam díreach an róidín is é an bóthar mór an aicearra. (Ac)

  Tá leagan de in BC 213. College 290; AR 41. cf. Ray 11, 92, DC 28, NG II 330, 342, III 183.

2376 Moilleann Dia an deifir. (S 11/1927)

- Mhall Dia an deifir. (Ca)
- Moillíonn Dia an deifir is coimhlíonn Dia an mhoill. (RM)
- Nuair is mó deifir is ea is mó moill. (CF)
- Nuair is mó deabhadh is ea is mó moill. (IG 10/1905)
- An té is mó práinn is é is cinnte a bheith ar deireadh. (Ca)
- Moill in aghaidh an deabhaidh. (Ca)
- Deifir is deireadh (.i. deifir ort ach tú a bheith ar deireadh ina dhiaidh sin). (Ca)
- Mhall Dia an deifir. (LMóir)

  Féach SF 6, 27 'ferr drub déne' agus a cheartú sin in RC XLVI, 271; Sanas Chormaic (top): tá tiontú dá gcuid féin in BC 472 ag freagairt don fhocal Béarla 'More haste, less speed.' App. 427, AWM 185, NG I 32, LSM 71m, 11n.

2377 Ná déan do mhíthapa. (I)

  Féach ACG 106 – 'Dhearmad siad a dtapa agus thugadar an mhíthapa leo'.

2378 Ní comhrá a dhéanfas coisíocht. (GS)

- Ní caint a ghiorraíos an bóthar. (GS)
- Giorraíonn an chaint an bóthar, ach ní comhrá a dhéanfas coisíocht. (GS)

  cf. 1180

2379 Ní hionann sodar is cos in airde. (RM)

- Is fearr rith ná sodar. (CF)

2380 Níl aon luas nach fearrde. (S 5/1929)

- Níl dá luaithe nach fearrde. (RM)
- Ní go luath nach fearrde. (Ca, Cum. Béal. 111, 40)
- Níl dá luaithe nach amhlaidh is fearr. (CF)
- 'Gach uile bheart ar a luas' mar a deir an dreancaid. (RM)

  Leagan 5: B'fhéidir as an mBéarla, cf. Ray 101, SH 330

2381 Níl pota ar bith is fuide go bhfiucha,
Ná an pota is mó a bhfuil deifir leis. (F)

  Idem App. 669: cf. II BSR 169, freisin, le haghaidh leagain as an Spáinnis, 'Olla que se mira no cuece.' Joyce 113.

2382 Ní théann teas thar fiuchadh, ach téann cos in airde thar sodar. (Ac)

2383 Ní thigeann luas is léire le chéile. (TÓM)

- Ní thigeann luas is léar le chéile. (AR 32)
- Méid a luas is gainne cnuas. (M)
- Dá mhéad luas is lú cnuas. (Sl, DÓM)
- Ní raibh luath agus léir ariamh le chéile. (Gearrbhaile 1937, l. 29)
- Ní raibh deifir ariamh gan locht. (CF)

  Ní bhíonn slacht ar an rud a nítear go deifreach. BC 297, O'Daly 95, D 62. Leagan 3: IM idem. Idem App. 256, Arm. 538

2384 Nuair is giorra an t-am, is ea is mó an farach. (GS)

  Dá ghiorracht an t-am, bítear ag deifriú dá réir.

2385 Sodar faoi dhrochualach. (MÓD)

2386 Sodar i ngarraí fataí. (CF)

  Coiscéimeanna gearra.

2387 Sodar na banaltrach bréige. (F)

  Banaltra ag dul i dteachtaireacht, déanfaidh sí moill is beidh sí ag teacht ar ais ina sodar.

2388 Teach ar bhéal bóthair, ní aistear é ach cóngar. (F, MÓD)

- Teach i mbéal bóthair, ní aistear é ach cóngar. (Ca)
- Teach i mbéal bóthair, ní seascair é ach cóngar. (Ac)

  Gur minic deis marcaíochta le fáil ag an té a chónaíonn i mbéal an bhealaigh.

2389 Teanam an dá chailleach sa gcurrach is gan ceachtar acu ag corraí. (Ca)
- Teanam an dá chailleach sa gcurrach is gan ceachtar acu ag teacht. (CC)
- Teanam an dá chailleach is gan aon chailleach acu ag teacht. (TÓM)
- Teanam an dá chailleach is gan ceachtar acu ag teacht. (U, B 6/1933)

  Daoine atá in ainm a bheith ag dul in áit, ach gan iad ag corraí (nó gan aon deifir orthu).

DEIREADH

2390 An duine is deireanaí a dhéanfas gáire, is é is fearr a dhéanfas gáire. (Ca)

App. 531, Lipp. (lachen), BSR II 16

2391 An té a bhíos ar deireadh, beireann na gadhair air. (Ca)

SH 430 agus tá cúpla leagan de in I BSR 180, L I 117 – Den Letzten beissen die Hunde – etc.; as an Laidin (O 311).

2392 An t-earra deireanach an t-earra is fearr. (CF, Cum. Béal. 208, 325)

2393 Ba mhinic nárbh fhearr i dtús ná ar deireadh. (MÓD)
- Níl a fhios cé is fearr, a thús nó a dheireadh. (M)
- Ní fearr a thús ná a dheireadh. (CF)

  An té a bhíos ar deireadh, b'fhéidir go ndéanfaidh sé chomh maith leis an duine a bhí ann in am.
  Aithdhioghluim Dána 67, 15d, Rel. II 485, Cóh. VII 8.
  cf. 2403

2394 Bíonn ar deireadh abhrais bail. (AR 448)
- Ar deireadh abhrais a bheas bail. (CS)

  Teideal scéil é, freisin, in CS 24/12/1909

2395 Críoch coróin na hoibre. (AR 508)
- Ar bharr na binne a bhíos críoch. (M)
- Ar bharr na binne a bheas bail. (IF 1923 (16/17))
- Caolú na hoibre (.i. gar dá críoch) (M, Cum. Béal. 109, 282)
- An chríoch a mholas nó a cháineas an fear. (CF)

  Ní fheictear cén slacht a bheas ar obair go gcríochnaítear í.
  BC 196, Lessons 282. Leagan 2: Éan an Cheoil Bhinn VI agus 13.
  Idem App. 182, Ray 503, SH 433, L II 106, 194, 353, HV 196, NG II 9, Lipp. 152, O 126, LSM 48o.

2396 Dá dhonacht an bhean chardála, is ar an mbean sníomhacháin a bhíos an deireadh. (TÓM)
- Más luath mall bean an charla, is í bean an tuirne a bheas sa deireadh. (CF, B V 152)

  Caithfidh sí fanacht leis an mbean chardála.

2397 Dá mhinice a théas an crúiscín go dtí an tobar, bristear ar deireadh é. (RM)
- Dá fhad a théas an pitséar go dtí an tobar, bristear ar deireadh é. (AR)
- Bíonn an crúiscín ag dul chuig an abhainn go mbristear é. (GS, S)
- Dá fhad an crúiscín ag dul chun an tobair, is é a chríoch a bhriseadh. (DS)
- Ní thagann an crúiscín slán ón tobar i gcónaí. (CF)
- Is iomaí crúsca a bhíos ina bhruscar. (CF)

  Go dtagann an deireadh am éigin: an té a bhíos ag imirt cleasanna, faightear amach sa deireadh é, etc.
  BC 540.
  Rifhairsing san Eoraip (as Laidin Seneca – Ray 124); cf. App. 498, II BSR 17172, L I 44, Lipp. 476, Mélusine 10, 187, LSM 135d, 97v.

2398 Deireadh gach cumainn scaoileadh, deireadh gach cogaidh síth. (RM)
- Deireadh gach cumainn scoilt, deireadh gach cogaidh síth. (Ca)

2399 Deireadh seanmháistir scoile is seanghearráin bháin, an dá chríoch is measa ar bith. (RM)
- Deireadh seanmháistir scoile is seanmhairnéalaigh, an dá chríoch is measa ar bith. (RM)
- Deireadh seanmháistir scoile nó seanghearráin bháin. (Ca)
- Deireadh bádóra nó seanmháistir scoile. (Ac)

- Bíonn drochdheireadh ag seanghearrán bán. (RM)

2400 Faigheann an fear deiridh a chuid gan ceart. (MÓD)

- Is minic an fear deiridh caite ar an gcaolchuid. (Sa)
- Ní bhíonn an fear deireanach éadálach. (Sa)
- Bíonn an fear deireanach thiar lena chuid. (Sa)

2401 Imeacht gé an oileáin, imeacht gan casadh go bráth. (IG 7/1897)

Scéal, etc. RC IV 188, 197, 198; cf. Freisin 'turus gan iompughadh' in Tóiteán Tighe Fhinn (Ériu I 18).
cf. 2290

2402 Is fearr críoch (críochnú maith) ná filleadh. (Sa)

Obair a chríochnú go slachtmhar is gan a bheith á hathdhéanamh.

2403 Is fearr deireadh féasta ná tús troda. (Ca, TÓM)

- Is fearr deireadh féasta ná tosach bruíne. (GS)

BC 235, tiontú díreach ar an seanfhocal Béarla. IM dhá leagan. Rel. II 497, College 282, SFM 8.
Idem App. 36, Ray 92, SH 64.
cf. 2393

2404 Is maith an t-eolaí deireadh an lae. (Ca)

Nuair atá d'obair críochnaithe.
Freisin YD 22, DC 138 (Yn yr hwyr mae nabod gweithiwr.)

2405 Is maith tosach maith, ach is fearr críoch mhaith. (Ca)

2406 Lig don mharbh luí. (MS)

- Fág na mairbh mar atá siad. (Sl, DÓM)

Rel. II 501, Joyce 200.

2407 Más deireadh don dílis (dílseacht) ní á dearmad. (RM, Ca)

- Deireadh don dile ach ní gá dearmad. (Sp, B IV 136)
- Is dual deireadh don díograis. (CF)

Nuair a thagtar ar ais go dtí duine a ndearnadh dearmad air le linn rudaí a roinnt.
Branach 145, MIP 358. 'Tosach don díograis' (23 D 4, 144).

2408 'Mo léan géar' a deir an ghé a bhí ar deireadh, 'bhí mise lá a mbínn chun tosaigh'. (Ár, Cum. Béal. 101, 546)

2409 Ná fan a choíche leis an deireanas. (TÓM)

2410 Níl aon ghreim ar an urchar ó caitear é. (RM)

- Níl aon ghreim ar an gcloch ó caitear í. (RM)
- Níl aon ghreim ar an urchar ó loisctear é (Ac)
- Ní bhíonn aon bhreith ar an gcloch ó caitear í. (CF)
- Ní féidir breith ar an urchar ó caitear é. (GS)
- Ní thiocfaidh an lá inné ar ais. (CF)
- Ní thigeann an t-am a chaitear. (TÓM)
- Leá chúr na habhann. (M, F)
- Imeacht chúr na habhann. (Sl, DÓM)
- Ag imeacht mar sceamh ón ngadhar. (S 6/1918)
- Imeacht an tsrutha le fána ort. (F, S 8/1923)

Úsáidtear na trí ráite deiridh mar eascainí.
'Mar chuip na habhann' (Amhráin Phiarais Mhic Gearailt 637). CRR 90 – 'Is urchar ó théid ó láimh anosa'. Bí 55 (caint), O'Daly 81. Leagan 6: SH idem. Tóraidheacht I 25, 11.
Idem App. 632, agus féach NG III 121, HV 340, O 367; maidir le 'cubhar na habhann,' cf. Eagna Sholaimh (Apacrafa V 14.)

2411 Níl aon tsúil ag an Satharn. (RM)

- Ná fan le féachaint an tSathairn. (CF (.i. ná fág rudaí go dtí an Satharn).)

Ná bí ag brath ar aon rud a fháil ná a dhéanamh ar an Satharn: cuir chuige in am.

2412 Ní mhaireann an rith maith don each i gcónaí. (CC, S 12/1919)

- Ní sheasann rith don chapall i gcónaí. (S)
- Ní sheasann an rith don each mhaith i gcónaí. (TÓM)
- Ní sheasann rith maith ag an each i gcónaí. (Ac)
- Ní mhaireann an rud maith don neach i gcónaí. (Ca, S 11/1927)

Go dtiocfaidh an deireadh am éigin; ní mhaireann cumhacht, airgead, etc. ach scaitheamh.
O'Daly 95.

2413 Ní théann teas thar fiuchadh. (Ca, S)

- Ní théann fiuchadh thar teas, ná teas thar fiuchadh. (RM)
- Ní théann fliuchadh thar teas, ná teas thar fliuchadh. (RM)

Ní féidir a dhul thar phointe áirithe; níl cabhair duine a bhrostú thar an bpointe sin.

2414 Nuair a theanntar (a choinnítear) tine le cloch, caithfidh sí pléascadh. (RM, CF)

- Nuair a theanntar tine leis an gcloch ghlas, pléascann sí. (TÓM)
- Nuair a ghabhfas tine le cloch, pléascfaidh sí. (Ár)
- Má choinnítear neart tine ar an gcloch ghlas, scoiltfidh sí. (Ca)
- Teann tine le cloch is pléascfaidh sí,
Teann tine le gráinneog, nach éasca í. (MÓD)

Ní féidir tuinseamh a fhulaingt ach go dtí pointe áirithe (foighid duine, etc.)
ADR 215 (Cloch dá chruaidhe, etc.).
cf. 2831

2415 Paidir agus Ave Maria le hanmanna na marbh,
Chríochnaíomar deireadh an bhasraigh ghairbh. (MÓD)

2416 Rachaidh droch-chríoch ar fhear na fonóide. (Gearrbhaile 1937 l.27 gan áit)

2417 Searrach i ndiaidh na síne. (GS)

Duine ag teacht amach (ag déanamh gaisce, etc.) nuair atá gach uile shórt thart, ar nós ceatha i ndiaidh gaoithe móire.

2418 Tá dhá thaobh ar bhilleog is dhá cheann ar phutóg. (F)

Go mbíonn deireadh le gach uile shórt am éigin.
Tá a shamhail in App. 515, Ray 230, Lipp. 153.

2419 Tart deireadh an óil, brón deireadh na feirge. (ACC)

- Tart deireadh an óil, brón deireadh an ghrá. (AR)

2420 Tá sé ina chúirt thart, an chaoi a raibh sé ag clann Dálaigh sa bpríosún. (CF, AA 3/1937)

DEIS

2421 An gaisneas an gas is fearr ar bith. (TÓM)

- Is mairg nach mbainfeadh a ghaisneas as. (Ca)
- Bain do ghaisneas (.i. leas) as. (Sa)

Go mbeidh tú in ann teacht leis má tá deis nó gar agat a bhféadfadh tú leas a bhaint as. cf. 'Is mór an gaisneas dúinn é.'

2422 An iomarca iarann sa tine. (GS)

- An iomarca iarannacha thíos. (I)
- Dhá shlat sa ngoradh. (Gearrbhaile 1937–1938 l.25.)

Féach ÓD (teallach), Mac (iron). SH 405, App. 328.

2423 An scian is géire feannadh sí. (S 12/1924)

- An té a bhfuil scian aige, feannadh sé. (MS)
- An té is géire scian, feannadh sé. (S 9/1927)
- An té is géire scian, bíodh sé ag feannadh. (CC)
- An té is fearr rite reaite, caitheadh sé an claí. (CF)
- Fear na láimhe deise buaileadh. (T)
- An fear is láidre doirne, bíodh corna tobac aige. (CF)
- An té atá fliuch, tugadh sé an t-uisce isteach. (DS, S 7/1927, le scéilín)
- Bíodh buachaill na mbróg amuigh. (Ac)
- An té is fliche, téadh sé chuig an tobar. (MS)

An duine is fearr atá in ann a dhéanamh is aige a bheas an fhaill.
Leagan 5: cf. Ray 56

2424 An té atá sa tseilbh, is doiligh a chur as. (Sl, DÓM)

cf. 2887

2425 An té is gaire don tine, is é is mó teas. (CS)

- An té is gaire don doras, is é is mó solas. (CS)

Idem Taylor 21; leaganacha gaolmhara (?) II BSR 154.

2426 An té is giorra don teampall, ní hé is giorra don altóir. (GS, ACC)

- An duine is giorra (gaire) don tséipéal, is minic gurb é is fuide ón altóir. (Ca)
- An té is gaire do theach an phobail, is é is moille ag an Aifreann. (ÁC, CF)
- An té is gaire don chléir, is é is fuide ó Dhia. (RM)
- An té is deise do theach an phobail, is é is moille ag an Aifreann. (Ac)

BC 115.
Focal idirnáisiúnta; App. 438, YD5, Taylor 121, L I 15, PB 24.

2427 Bearta an tsaoil, is gan an tslí níl gar. (TÓM)

- Ní féidir rud ar bith a dhéanamh gan deis. (Sp, B IV 132)

Dá fheabhas tú, ní dhéanfaidh tú aon rath mura bhfaighidh tú deis.

2428 Buail an bob agus bí in aiféala. (TÓM)

- Buail an bob agus bíodh aiféala ort. (GS)

I gcaitheamh cion, má bhuaileann pingin an bob, cuirtear fada ó chéile iad, agus cailltear an cluiche nó an iarraidh sin.
cf. BB 162.

2429 Caith an builín ó t-ascaill agus cuir do lámh ghearr i bhfad. (CnM)

Scaoil tú féin ón rud atá do do bhascadh agus déan do dhícheall leis an deis atá agat.

2430 Caithfidh duine seoladh leis an ngaoth a bhíos aige. (CC)

Le haghaidh cainte dá shamhail (Laidin Plautus) cf. II BSR 260, L I 86 (Bisogna navigare secondo il vento, etc.). App. 690

2431 Deis a ghníos deis. (AR 642)

2432 Fuair sé ina bhéal é mar a fuair an mada scríobadh an phota. (GS)

2433 Is annamh leis an gcat srathar a bheith air. (CM, S 9/1920)

- Is annamh leis an gcat srathar a chur air. (Ca, RM)
- Is annamh le cearc adhastar a bheith uirthi. (Ca, CF)
- Ba mhaith leis an gcat srathar a bheith air. (MÓD)
- Chomh místuama le cat a mbeadh srathar air. (Sa)

1. Deis nach mbíonn ann go minic, bain do leas aisti nuair a fhaigheann tú í (RM), Clár (annamh).
2. Rud iontach.
3. Faoi dhuine ag déanamh oibre nach bhfuil cleachtadh aige uirthi (CM).
cf. freisin I BSR 169, NG II 300 ('Libre es la cabra de arado' .i. ní chuirtear beithíoch ag déanamh oibre nach bhfuil sé in ann).

2434 Is é seans ar fhataí an chapaill é. (RM)

- Chomh fada siar le bia i bhfaocha. (CC)
- Chomh fada uainn le fataí Chontae an Chláir. (CF)
- Ní fuide ón gcrotach a ghob ná é. (CC)
- Níl gair sú talún (salún) i mbéal bulláin agam air. (Sp)

Rud nach bhfuil gair agat a fháil.

2435 Is fearr éirí go moch ná a bheith i do shuí go mall. (CF, Gearrbhaile 1938–39)

2436 Is fiú rud maith a iarraidh. (CF, B V 152)

2437 Is furasta (éasca) fuint in aghaidh na mine. (RM, S 4/1919)

- Is furasta fuineadh in aice na tine. (Ac)
- In aice na mine is ea is fusa fuineadh. (Sp, Cum. Béal. 76, 13)

1849 – Foclóir de Vere Coneys (169). Lessons 295, College 283, Idem Ray 246, SH 232, MR 6, YD 117, L II 140, I BSR 96, II 76.

2438 Is mairg nach dtéann é féin sa lasóg nuair a bhíos an lasóg aige. (MS)

- Is mairg nach dtéann é féin sa lasair nuair a bhíos an lasair aige. (RM)

2439 Is minic mada ramhar ag búistéar. (TÓM)

- Bíonn muca an mhuilteora ramhar agus is ag Dia atá a fhios cé leis an mhin a d'ith siad. (CF, Gearrbhaile 1938–39)

2440 Má fhaigheann an bocht go hursain, rachaidh sé go gabhail éadain. (TÓM)

- Má fhaigheann an pocán go hursain, rachaidh sé go gabhail éadain. (MÓD)
- Nuair a théas bocht go hursainn téann sé go gabhail éadain. (CC, IG 11/1905)
- Nuair a théas bocht go nocht téann sé go gabhail éadain. (RM)
- Nuair a théas an diabhal go hIfreann téann sé go gabhail éadain. (RM)

- Nuair a théas an gabhar go hursain is mian leis dul go lár tí. (G)
- Nuair a théas an gabhar go hursain, ní háil leis nó go dté sé go haltóir. (AConn 2/1908)
- Nuair a imíos an gabhar go dtí an teampall ní stadann sé go n-imíonn sé go dtí an altóir. (AR 273)
- Nuair a théas an gabhar chuig an teampall ní stopann sé go dté sé ar an altóir. (M)
- Nuair a théas an gabhar go hAifreann ní stadann go haltóir. (TÓM)
- Nuair a thagas an bhochtaineacht go doras, téann sí go gabhail éadain. (CF)
- Ó thagas an t-anó ar an tairseach, ní thóigeann sé i bhfad air dul don ghabhail éadain. (CC, Cum. Béal. 77, 279)

'Gabhar', 'teampall' is 'altóir' atá sa mBreatnais freisin (YD 92, DC 114)

2441 Mara mbí agat ach pocaide gabhair, bí i lár an aonaigh leis. (S)

- Mara mbeadh agat ach uan baineann bí i lár an aonaigh leis. (MÓD)
- Mara bhfuil ach pisín agat bí i lár an aonaigh leis. (M)
- Mara mbeadh agat ach éan circe, bí i lár an mhargaidh (aonaigh). (F)
- Mara bhfuil agat ach gabhar, ná bí ar chúlsráid an aonaigh leis. (Ca)
- Mara mbeadh ar aonach ach uan caorach, bíodh sé i lár an aonaigh agat. (Ca)

AR 274, S 8/1918

2442 Mara mbí tú i mbaile an bhia, bí ar an mbaile is giorra dó. (IG 9/1905, ACC)

- Mara mbí tú i dteach an bhia, bí sa teach lena thaobh. (MS)
- Mara mbí tú i dteach an cheoil, bí sa teach is giorra dó. (Ca)

2443 Má thugann tú buille bog dó, tabharfaidh sé buille crua duit. (TÓM)

- An té a fhaigheas an buille bog, tugann sé buille crua uaidh. (G)

Gheobhaidh tú drochiarraidh má thugann tú deis buille gan chosaint a bhualadh ort.
BB 155.

2444 Ná labhair leis na cosa chomh fada is a bhíos an ceann i láthair. (AR)

- Ná bí ag caint leis na cosa a fhad is a bhíos an ceann le fáil. (IG 10/1905)
- Is mairg a bhíos ag caint leis na cosa fad is a bheas an ceann le fáil. (IG 8/1905)
- Ná labhair a choíche leis na cosa is an ceann beo. (Ca)
- Ná bí ag caint leis na cosa an fad is a mhaireas an ceann. (MS)
- Ná bí ag caint leis na cosa an fad is a sheasfas an ceann. (Ca)

Lessons 281. Tá leagan dá shamhail in App. 222, agus ceann eile ag trácht ar chrann agus craobhacha in I BSR 37 (Fraincis is Spáinnis)

2445 Ní féidir caoi a chur ar rud gan a dheis féin a bheith lena aghaidh. (Sa)

2446 Ní i gcónaí a mharaíos Páidín (Máirtín) fia. (TÓM)

- Ní chuile lá a mharaíos Páidín iasc. (S 1/1928)
- Ní gach lá a mharaíos Páidín giorria. (S 12/1919)
- Ní gach lá a mharaíos Tomás fia. (S 5/1924)
- Ní i gcónaí a mharaíos Páidín fia, cé go mbíonn sé ina dhiaidh. (RM)
- Ní gach lá a mharaíos Páidín fia is ní i gcónaí a fhéadas sé a bheith ina dhiaidh. (GS)
- Ní hé chuile lá a mharaíos Máirtín fia. (MÓD)
- Ní chuile lá a mharaíos Máirtín fia, ná chuile lá a bhíos sé ina dhiaidh. (MS)
- Ní i gcónaí a mharaíos an cat luch. (RM)
- Is maith é an t-iasc ach ní hé gach lá a fhaightear é. (CF)
- Ní fhaightear breac gach lá. (CF)
- Is corrlá a bhíos lá aonaigh ann. (CR)
- Ní lá aonaigh gach uile lá. (IG 10/1905)
- Ní chuile lá a bhíos lá aonaigh ann. (RM, S 12/1923)
- Ní hé gach aon lá lá an aonaigh. (S 5/1929)
- Ní i gcónaí a bhíos lá margaidh ann. (CC)
- Ní gach uile lá a bheas tú ag dul a phósadh. (Sl, DÓM)
- Ní i gcónaí a bhíos lá aonaigh ann. (Ca)

Ní bhíonn an deis agat i gcónaí, bain do leas aisti.

College 293, SH 563 (We don't kill a pig every day: 1877), II BSR 291, NG I 29, III 37 (Agosto y vendimia no es cada dia; etc.), PB 92, L I 20 (Il n'est pas tous les jours festes; etc.)

2447 'Nuair a bheas bróga ort, seas orm,' mar a dúirt an chailleach leis an gcat. (MÓD)

- Ach go bhfaighe tú bróga nua, seas orm. (F)

A chead agat do shásamh a bhaint amach ach deis a fháil.

2448 Tabhair banlámh don bhodach is bhéarfaidh sé féin slat leis. (S)

- Má thugann tú banlámh don bhodach bhéarfaidh sé féin slat leis. (CS)
- Orlach don bhodach is é féin ag baint troighe amach. (Ca)
- Dá ligfeá do dhuine suí ar do ghlúin anocht, shuífeadh sé ar do chloigeann amáireach. (Ca)
- Nuair a bhíos táilliúr ina shuí againn, bíonn táilliúr ina luí againn. (MS)
- Áit a thóna do cheithearnach. (CC)

BC 350, tiontú díreach ar an mBéarla; Bí 90 – 'Na tabhuir cumacta dot mhnaoi,' etc. (Caint a fhaightear in L I 149). Leagan 5: cf. Ray 167. cf. Síor. IX 2. S 4/1918, CS 3/10/1903.
Leaganacha in SH 384, App. 327 is II BSR 38, 44 atá bunaithe ar an Laidin – Si digitum porrexeris, manum invadet. cf. Taylor 51 faoina bhunús.

2449 Tá breathnú amach ar chuile dheis. (Sa)

- Tá breathnú roimhe in chuile dheiseacht. (Sa)

2450 Tig le soithí móra imeacht le cóir,
Is soithí beaga réidh go leor. (TÓM)

Go bhfuil gach uile dhuine in ann teacht leis an deis a fheileas dó féin.

2451 Tiocfaidh earrach eile gan sméar. (GS)

- Beidh muid earrach eile gan aon sméar. (S)
- Fásfaidh úlla arís. (Sl, DÓM)

Go bhfaighfear deis lá éigin le sásamh a fháil.
Joyce 107

2452 Tóraigh san áit ar chaill tú é. (RM, GS)

- An áit a gcaillfidh tú do chuid, is ann is cóir duit a dhul á tóraíocht. (TÓM)

1. Déarfá é sin le duine ag tóraíocht ruda a chaill sé (RM).
2. Tóraigh do cheart ar an duine ar thug tú rud dó (GS).

Cais lle bu, atá in YD 39; cf. NG I, 344 is II BSR 125 (Donde perdiste la capa ahí la cata .i. obair a chinn ort a ionsaí athuair).

DEOCH

2453 Bainne glionnach is inneach uisce ann. (MÓD)

Bainne lag is uisce tríd.

2454 Is fearr bainne bó gamhnaí ná bainne loilí. (Ca)

Is fearr bainne na bó atá scaitheamh tar éis lao (bó ghamhnach) ná bainne bó atá díreach tar éis lao (loilíoch).
cf. 684

2455 Is maith an luibh an bainne ach is é ola an chroí an tae. (Ca)

- Is maith an luibh an bainne ach is olc don chroí an tae. (CF)
- Is maith an luibh an bainne ach is é sú an chroí an tae. (RM)

Féach DC 70 (Eli calon yw cwrw da).
cf. 770

2456 Mar a dúirt an caitín lena pisín, 'Is é sú mo chroí an braoinín bainne.' (TÓM)

cf. ACC 21.

2457 Más beag mór bainne na bó, ól é ar a bhlas. (Ca)

- Más beag mór é bainne na bó, ól as a neart é. (CF)
- As a bhlaiseadh is fearr é. (DÓM)
- As a theas is fearr é. (M)

Ná mill beatha maith (ná deoch mhaith) ag iarraidh é a dhéanamh fairsing.

2458 Minic tae láidir ag cailleach an tí. (Sa)

2459 Seacht mbliain le tae agus bliain gan é. (Ac)

2460 Snámhann an t-iasc beo agus marbh. (S)

- Caithfidh an t-iasc deis snáimh a fháil. (GS)
- Ólann an breac deoch. (CC, TÓM)

Má itheann duine iasc cuireann sé tart air.
Leaganacha de in App.125, 215, Ray 29, L I 125, NG II 15, LSM 52; as Laidin Petronius, O 280.

2461 Tá déirc i ndeoch bláthaí ach tá dhá dhéirc i ndeoch leamhnachta. (IG)

2462 Tinn uaidh is tinn gan é. (IG)

- Marbh ag tae is marbh gan é. (GS, Ca)
- Marbh le tae is seacht marbh gan é. (CF)
- Marbh ag tae is seacht marbh gan é. (Ac)

2463 Tosach milseachta bainne cíche. (M)

2464 Uisce i ndiaidh éisc is bainne i ndiaidh feola. (G)

DIA

2465 Ar a dhuine bocht féin a leagas Dia a lámh. (CC)

As an mBíobla (Seanfh. III 11/12)

2466 Bíonn grásta Dé idir an diallait is an talamh. (Ca, CF)

- Tá pardún idir an stíoróip is an talamh. (AR 129)
- An té a thuit dá chapall,
  Rinne sé aithrí idir an diallait is an talamh. (T)

B V 248 scéilín.

2467 Cabhair Dé is min ón muileann. (M)

- Dia le cabhair chugainn is min ón muileann (.i. nuair a thagas cabhair). (CC)

Ní gnáthaí min ón muileann ná cabhair ó Dhia.

2468 Dá ghaire dhuit do chomharsa, is gaire dhuit Dia. (TÓM)

- Is gaire cabhair Dé ná an doras. (S 8/1920)

O'Daly 92, 93, Lessons 296, College 287. Leagan 2: cf. Ray 236, Trench 61

2469 Dia agus Diarmaid ort! (LMóir)

Eascaine éadrom gan dochar.

2470 Ghníonn Dia an ceart. (RM)

- Is breitheamh mall é Dia ach ní dhearna sé ariamh ach an ceart. (I)

2471 Go dtuga Dia coirce dhuit agus clocha beaga thríd. (Ca)

Dea-impí le gaimh ina heireaball.
cf. 2472

2472 Go dtuga Dia trócaire dhuit agus cócaire a bhainfeas an craiceann díot. (Ind)

SH 249, App. 253.
cf. 2471

2473 Go méadaí Dia chuile shórt dá fheabhas agat, cac bó agus lóchán. (G, GS)

Beannacht ag guí go raibh beithígh agus arbhar fairsing ag duine.

2474 Guigh ar Dhia i dtús oibre is déanfaidh sé féin an chuid eile. (Ca)

2475 Imeoidh a dtiocfaidh is a dtáinig ariamh,
Ach ní imeoidh na grástaí go deo ó Dhia. (G)

- Níl tuile nach dtránn ach tuile na ngrás. (CS)
- Níl tuile dá mhéad nach dtránn ach tuile na ngrás. (M)
- Ní féidir grásta Dé a thomhas. (Ca)
- Tránn gach tuile ach tuile na ngrás. (GS)
- Imeoidh a dtiocfaidh is a dtáinig ariamh,
  Imeoidh an seanóir is a cháil ina dhiaidh,
  Imeoidh an fhuiseog is áille ar sliabh,
  Ach ní imeoidh na grástaí go brách ó Dhia. (Ca)
- Chomh fairsing le Dia faoina ghrásta. (Sa)

Aonghus Fionn xxix (teideal) agus 13d, Branach 3571, ADC II 406, O'Daly 96, IG 10/1905, ACG138. Teagmhaítear sa Duanaireacht leis an gcaint chéanna ag trácht ar 'maith (nó grás) Mhuire,' cf. Aonghus Fionn xv (teideal), Dán Dé xxx 1, Dioghluim Dána 7, 33c, 22, 12c. Féach MIP 104.
cf. 982

2476 Is ag Dia atá a fhios cá mbeimid amáireach. (F)

- Ag Dia atá a fhios an mbeimid beo amáireach. (LMóir)

Leagan cosúil, SU 621.

2477 Is é Dia an bia nuair a thiocfas an t-am. (Sa)

2478 Is é Dia an lia is fearr. (Sl, DÓM)

2479 Is é Dia a rathaíos. (TÓM)

- Cér bith cé a chuireas, is é Dia a rathaíos. (CF)
- Dia a rathaíos is ruaim a dhathaíos. (CC, U)
- An rud nach rathaíonn Dia ní mór é cuid a roinnte. (CF)

- Is an duine a dhéanas an síolchur, ach is Dia a thugas an toradh. (CF, Cinnlae I 46, AA 12/1936)
- Cuirfidh tú agus sáfaidh tú ach Dia a fhásas. (Ár, Gearrbhaile 1938–39)

'Do béra Dia bal fair-sin' atá in Betha Colmáin maic Luacháin 60 (Todd Lect. Ser. XVII); Tóraidheacht I 19, 2, M. Mac Suibhne 93; cf. freisin Cinnlae II 64 agus D 140. As an mBíobla, I Cor. III 6/7.
Leagan 3: cf. Foclóir Uí Chléirigh (RC V 38) 'tlacht ní thígh gan ruadh'.

2480 Is é Dia a thug dúinn agus a thabharfas uainn. (TÓM)
- Is é Dia a thug dúinn is a thóigfeas uainn. (MÓD)
- Dia a thug is Dia a thóigeas. (RM)
- Dia a thug is Dia a bhéarfas. (S 10/1928)
- Is ag Dia atá gach aon rud. (Ac)

As an mBíobla, Iób I 21; cf. freisin, Betha Chiaráin tSaighre (Sil. Gad. 6) 'Amhail dobheir dia gach ní eile dhúinn dobhérfaidh muca.' Aithdhioghluim Dána 13 7c. Scéal B 6/1937 l.16

2481 Is fada fairsing é pobal Dé. (F, GS, LMóir)

Is seanfhocal é a úsáidtear le cur in iúl go bhfuil údar dóchais againn as maith Dé (LMóir). cf. Dán Dhonnchadha Mhóir, 'Is farsainn dealbhtha pobul Dé,' agus an dá insint bhéil atá i gcló leis (Arch. Hib. II 257: 13ú haois).

2482 Is fada siar an rud nach gcuirfidh Dia aniar. (S 11/1918)
- Is fada siar an rud a chuireas Dia aniar. (Ac, S 8/1925)
- Is fada an rud siar nach féidir le Dia a chur aniar. (ÁC)

Tairngreacht Bhriain Ruaidh 7, an freagra a tugadh ar an té a d'fhiafraigh cá bhfaighfí luach ceannaithe beithígh.

2483 Is fairsing Dia sa gcúnglach. (AR)
- Fairsingíonn Dia sa gcúinge. (G)

An dara líne de rann, D 218, 270, College 277.

2484 Is fearr bail ó Dhia ná dhá bhail ó dhuine. (GS)

2485 Is fearr Dia ná an t-ór. (S)

2486 Is fiú cabhair Dé fanacht léi. (Ca)

2487 Is goirid a bheadh Dia ag leigheas gach loit. (Ca)

Cinnlae II 282.

2488 Is mairg ar bheag leis Dia mar lón. (M)

Nach leor leis Dia.
Id. 24 B 34, 291; cf. Dioghluim Dána 22, 6c.

2489 Is maith Dia go lá is ní fearr ná go brách. (G)
- Is maith díol go lá ach ní fearr ná go brách. (IG V 72)

Tá Dia go maith go ceann lae amháin nó go deo. Lessons 40, cf. DC 84 (YD 63) Da yw Duw a hir yw byth.

2490 Is maith é Dia marar athraigh sé. (CC)
- Tá Dia go maith is dúirt sé féin go mbeadh. (F)

2491 Is mall Dia ach triallann a ghrás. (M)
- Más mall Dia, triallann a ghrás. (GS)
- De mholadh Dé ná bíodh ort tuirse,
Is beidh a ghrásta ag triall go mall. (TÓM)

SFM 9, D 133. Leagan 33: cf. MIP 164, SFM 6

2492 Is minic stór mór i gcófra Chríost. (TÓM)
- Tá stór mór i gcófra Chríost. (S)
- Is gnáthach stór mór i gcófra Chríost. (MÓD)
- Tá stór mór i gcófra Chríost is Dia na Glóire go fairsing faoi. (CF)
- Tá stór mór i gcroí na Maighdine,
Agus níor chaill sí ariamh ar chroí na foighde. (CF, ADC II 300)
- Tá stór mór i gcófra Chríost is fear fial lena roinnt. (RM)

2493 Is móide cúnamh Dé cur leis. (GSe)

2494 Is saibhir iad boicht i láthair Dé. (M, Cum. Béal. 109, 181)

2495 Is treise Dia ná dóchas. (CM)
- Bíodh dóchas as Dia agat is ní baol duit. (CF)
- Ná bí ag éidearbhú ar Dhia. (CF)
- Tá Dia láidir is Máthair mhaith aige. (G, Sa, Ac)

2496 Is tú a dúirt is ní hé Dia. (TÓM)

- Ní hé a dúirt, ach Dia. (Ac)
- Tusa á rá is Dia á dhéanamh (.i. go n-éirí sin). (RM)
- Labhair Dia romhainn. (IG 9/1905)
- Ag Dia atá an roinn. (AR 582)
- Ní hé an rud is toil linne, ach an rud is toil le Dia. (Sp, AA 8/1938)

Seans go bhfuil an ceann seo ag dul siar go dtí an Bíobla (Seanfh. XVI 9; cf. nóta Taylor 55). Tá tiontú díreach in BC ar an leagan Béarla atá ag freagairt dó seo: . . .'Labraid duine, innisid dia . . .' atá sa Sil. Gad. I 246 .i. líne as duan faoi dhuine ná dúirt 'Más toil le Dia,' nuair a bhí sé ag brath rud áirithe a dhéanamh (ls. 15ú haois): cf. MIP 328. SH 285 (leagan an Bhíobla); NG I 329 (Diós dijó lo que será).

2497 Más mall is díreach díoltas Dé. (F, S)

- Más roighin is díreach díoltas Dé. (TÓM)
- Más mall is millteach díoltas Dé. (I)
- Más mall is trom é díoltas Dé. (Ac)
- Is mall ach is fíor é díoltas Dé. (GS)
- Is lom is is díreach díoltas Dé. (MÓD)
- Más feall fillfear ach is buan dílis díoltas Dé. (Sp, Cum. Béal. 79, 386)
- Is mall is is díreach díoltas Dé,
  Is ní féidir a sheachaint ach go dtige sé. (Ca)
- Is mall is is díreach díoltas Dé
  Ach ní féidir a sheachaint go dtige sé. (MS)
- Cam díreach é díoltas Dé. (Ca, Cum. Béal. 111, 43)

College 288, Lessons 281, S 3/1926. Leagan eile IM.
Faightear an cuimhneamh céanna sna seanteangacha (O deus, 11).

2498 Má tá Dia i gcabhair duit, do dhúshlán faoin diabhal. (MS)

2499 Má tá Dia leat is cuma cé tá i d'aghaidh. (MC)

2500 Ní hionann bodach is Dia,
Ní hionann fear geal is fear liath. (F)

- Ní hionann bodach agus Dia. (CF, IG 11/1905)
- Is beag is ionann bodach agus Dia. (Sa)
- Ní imíonn Dia le miosúr na ndaoine. (AR)
- Ní hionann grásta Dé is rámhaillí caillí. (Sl, DÓM)

Níl comórtas ar bith idir Dia is an duine (idir bocht agus saibhir: CF)
Tá an chéad leath in MIP 352 (dáta 1676)

2501 Ní hóltar fíon i bhflaithis,
Biotáille ná seanbheoir,
Ach tiocfaidh an lá, is aiféala
Breithiúnas na n-aithreacha do Thiobóid. (TÓM)

Tiobóid na Loinge, mac Ghráinne ní Mháille, a bhí ag siúite le fear, ag iarraidh é a chur as a ghabháltas. D'fhág siad an chúis ar bhreithiúnas bhráithre Bhaile an Tobair, Co. Mhaigh Eo. Ó thug Tiobóid bronntanas fíona is beorach roimh ré dóibh, thug na haithreacha breith ar a shon. Dúirt an fear eile an rann.
Tá malairt leagain agus scéilín in S 4/1929 le tagairt do leabhar Sheáin Uí Dhonnabháin as Contae Mhaigh Eo.

2502 Ní imíonn Dia le mírún daoine. (CC)

- Ní bhíonn Dia le mírún daoine. (Ca)

AR 427, Tóraidheacht III 46, 4.

2503 Níl fear ar bith níos fearr ná Dia. (Sa)

2504 Ní lúide trócaire Dé a roinnt. (AR)

- Ní lúide an trócaire a roinnt. (S)
- Ní laghdaíonn an trócaire lena roinnt. (CC)

2505 Níor fheall Dia ariamh. (Ac)

- Ní fheallann Dia ar a chlann féin. (M, Cum. Béal. 277, 4567)

2506 Ní roghain go Rí na Cruinne. (S)

O'Daly 88, College 295, D 269 (ls. 1782)

2507 Ó chonaic Dia beag é, chonaic Dia fliuch é. (CnM)

2508 Ó Dhia a dhealbhaítear gach aige. (CM)

- Is é Dia tús is deireadh, bun is barr gach uile ní atá sa domhan. (TÓM)

Dán Dé vii 27; Cat. II (Eg. 197, 13 bb): 'A Dhe do dhealbhuidh gach ní,' tiontú ar an iomann Laidine 'Te lucis ante terminum'; 'as e Dia rodelbustair' atá in Laud 615 (ZCP VII 303). Tá an tsamhail chéanna i nduan faoin Domhnach as A (9): Leabharlann na mBráthar (Ériu III 143), i nduan as Laud 615 (Ériu V 11) agus i nduan ón Ath. Eoghan Ó Caoimh timpeall is deireadh an 17ú haois (Gadelica I 166). Féach Duan Íosa in Amhráin Thaidhg Ghaedhealaigh 29, 13.
Leagan 2: cf. Tóraidheacht III 5, 4; III 9, 1; Lessons 81, 140

2509 Roinneann Dia na suáilcí. (IG 11/1905)

Cinneann Dia bua éigin le gach uile dhuine. An chéad líne de rann Árainneach in D 196; cf. freisin IG V 133.

2510 Stiúir gach maitheasa grá Dé. (M)

SFM 15

2511 Tá Dia foighdeach ach níl sé dearmadach. (Sp)

2512 Tá Dia mall ach níl sé dearmadach. (Sa)

- Cuimhne Dé os cionn ár gcuimhne. (F, ADC 386)

Leagan 2: An chéad líne de ghníomh croíbhrú. cf. D 133

2513 Tá Dia tíolacthach tabharthach. (S)

An chéad líne de rann, D 218, 227, College 277, Cat. II l. 59.

2514 Tá lámh Dé os cionn gach duine. (CF)

'Deus super omnia' atá sa Corpus Astron. 168 agus i nduan Philib Mhic Cuinn Chrosaigh (IG IX 307; Pilib Bocht 25, 4) tá
'An égcoir leis dá locadh,
Do bhrégnaigh sé an seanfhocal;
Gé tá neart Dé ar gach duine
A cheart is é as eagluidhe.'
SH 184

2515 Tá muileann Dé mall, ach meileann sé go mín. (S 7/1924)

- Meileann muilte Dé go mall, ach meileann siad go mion. (F)
- Meileann muilte Dé go mion, ach meileann siad go síoraí. (CR)

Idem App. 254, Trench 140, SH 122, II BSR, 306, Lipp. 632.

2516 Thuas atá an chabhair is anuas atá a haghaidh. (RM)

- Ag Dia atá an chabhair agus anuas atá a aghaidh. (Ac)
- Thuas atá an Fear a ghníos an chabhair. (Ár, Gearrbhaile 1938–39)

2517 Toil Dé inné is inniu is choíche. (Ca)

2518 Tosach eagna eagla Dé. (CR)

- Tús na heagla eagla an Tiarna. (F)

Teag. Flatha 103 (IG I 344); Aonghus Fionn xlii teideal; Tóraidheacht I 2, 1, College 300; MIP 163 (16ú haois), SC 897. As an mBíobla (Seanfh. I 7; IX 10, Síor. I 14/27, XIX 20).

2519 Trí fillte in éadach is gan ann ach aon éadach amháin,
Trí hailt i méar is gan ann ach aon mhéar amháin,
Trí duilliúir i seamróg is gan ann ach aontseamróg amháin,
Sioc, sneachta, leac oighre, níl sna trí nithe ach uisce,
Mar sin tá trí phearsa i nDia is gan ann ach aon Dia amháin. (Ca)

- Sioc, sneachta agus leac oighre, is gan sa trí ní sin ach uisce. (CnM)
- Trí ní atá déanta as uisce, sioc, sneachta, leac oighre. (Ca)

ADC II 396

2520 Tús na breithe ag Dia orainn. (IG 12/1905)

- Tús na breithe ag Mac Dé. (CR)
- Tús na breithe ag an Athair Síoraí. (Ár, AA 3/1934)
- Tús is deireadh na breithe ag Dia orainn. (CR)

Nuair atáthar ag trácht ar dhuine a rinne rud éigin as bealach.
cf. Salm LXXV 7, Mth. VII 1, Deot. I 17

DIABHAL

2521 Ag tarraingt an diabhail de ghreim iorbaill. (Ac, Sp, B IV 134)

Joyce 61, HV 150, SH 523.
cf. 1531 agus 2128

2522 An áit a mbeidh an diabhal caithfidh an deamhan a bheith ann. (IG 7/1905)

cf. 4167

2523 An rud a fhaightear ar dhroim an diabhail, imíonn sé faoina bholg. (TÓM)

- Rud a chruinnítear ar dhroim an diabhail, imíonn sé ar a bholg. (CF, AA 10/1938)

BC 62; SC 905.
SH 567, App. 150, Joyce 61, PB 59.

2524 An té a d'ólfadh i gcuideachta an diabhail, theastódh spúnóg fhada uaidh. (Sp)

Beo ar éigean.
Joyce 62, SH 141, App. 143.

2525 Chomh dubh leis an diabhal. (LMóir)

SH 47 id.

2526 Chomh tobann agus a chuirfeadh an diabhal a cheirteacha air. (F)

2527 Nár bheire an diabhal ina gharraí gabáiste ort. (GS)

- Nár bheire an diabhal ina gharraí fataí ort. (GS)

Guí: ná raibh tú in ascar ag an diabhal.
Is dócha gur gaolmhar 'Ó chas an diabhal ina gharraí fataí mé' (F).i. Ó tharla an t-anró seo orm (?). Is féidir a chontrárthacht a rá d'eascaine (LMóir).

2528 Téigh tí diabhail, atá ó thuaidh de na Biolla. (RM)

- Téigh go dtí an diabhal atá ó thuaidh de na Bíle. (Ca)
- Téirigh i dtí diabhail, ó thuaidh de na cnoic. (LMóir)

DÍOL

2529 Aithníonn fear na holla a cheannach fear na holla a dhíol. (CR)

2530 An té a dhíolas roimh ré, bíonn a ghnotha drochdhéanta. (CR)

2531 An té a mbíonn rud le díol aige, bíonn an margadh ag déanamh tinnis dó. (IG)

2532 An rud a cheannaítear saor, díoltar go daor é. (Ca)

- Rud a cheannaítear go daor, díoltar go saor é. (mícheart?) (CF)

2533 B'fhéidir go gcaillfeadh fear a chuid earraí, cheal gan glaoch chucu. (CR)

2534 Ceannaigh daor agus díol saor agus beidh botún ort. (MÓD)

- Ceannaigh saor, díol daor is beidh botún (.i. stomán) ort (.i. sin é a fhágas an ceannaí ramhar beathaithe). (GSe)

cf. SFM 4

2535 Ceannaigh seanrud, nó ceannaigh drochrud, is bí gan aon rud. (RM)

- Ceannaigh drochrud is bí gan aoncheo. (S)
- Ceannaigh drochrud is beidhir gan aon rud. (DÓF)
- Ceannaigh drochrud is bí gan aon rud. (CR, MÓD)
- Ceannaigh an seanrud is bí gan aon rud. (CF)

O'Daly 90, College 279; DC 171 (Pryn hen, pryn eilwaith).
Bangor 65 (byth), 120 (eilwaeth), 414 (para), 446 (prynu).

2536 Chonaic mé ar an aonach thú is tú ag díol cearc an áil. (Sa, Ca)

- Chonaic mé ar an aonach thú, is tú ag díol an gabber bán. (CF)
- Chonaic mé ar an aonach thú agus gan agat ach cearc an áil. (RM)

Ar bheagán gnó ann.

2537 Déan do mhargadh de réir do sparáin. (MÓD)

2538 Díol an bhó, ceannaigh an chaora, is ná bí choíche gan capall. (GS)

Faigh airgead mór, íoc airgead beag, is ná bí choíche gan stór.
cf. Tíos, is SM 1611a.
cf. 4950

2539 Fial a dhéanas margadh i gcónaí. (Tm, Cum. Béal. 287, 337)

2540 Gnotha Mhuintir Thalach ar an aonach. (I)

2541 Go mbí deireadh leis an domhan, ní bheidh deireadh leis na gnothaí. (RM)

- Ní bhíonn críoch ná deireadh ar ghnotha, go deireadh an domhain. (TÓM)
- Níl deireadh leis na gnothaí go mbí deireadh leis an saol. (CF)
- Ní deireadh don domhan, ní deireadh do na gnothaí. (Ca)
- Más deireadh don domhan, ní deireadh do na gnothaí. (Ár)
- Nuair a bheas deireadh leis an saol beidh deireadh leis an ngaoth. (Ca)

2542 Íocfaidh an fear thoir an fear thiar, is íocfaidh Dia an fear deiridh. (TÓM)

- Íocfaidh an fear thoir an fear thiar, is íocfaidh Dia an fear deireanach. (Ac)

Gnó ceannaíochta; íocfaidh na daoine a chéile, tá siad ag maireachtáil ar a chéile.

2543 Is ar mhaithe leis féin a bhíos an siopadóir ag díol. (Cum. Béal. 91, 4 gan áit)

2544 Is fearr aiféala na díolaíochta ná aiféala na coinneála. (S)

Dá dhonacht an margadh, is fearr a dhíol ná a choinneáil.
YD 94, 105 (goreu edifeirwch, edifeirwch gwerthu; etc.).

2545 Is fearr curaíocht mhall ná ceannaíocht luath.

Is fearr na barranna a chuireas tú féin ar fáil, má tá siad mall féin, ná a bheith á gceannach.

2546 Is fearr maith daor ná drochrud saor. (Ca)

- Is fearr rud maith daor ná drochrud saor. (CF)

2547 Is fearr reic ná ceannach. (AR 236)

- Is fearr ag díol an lao ná á cheannach. (S)
- Is fearr á dhíol ná á cheannach. (Ca)

Leaganacha de in YD 105, OSK (Gwell), App. 30

2548 Is furasta luach na n-earraí a mheas, de réir mar a bhíos gá leis. (S)

Is fearr a thuigfear a luach, nuair a bheifear á n-iarraidh.

2549 Is ionann ithe agus ól ó tá duine ar an gceannaíocht. (AR 547)

Go mbeifear ag caitheamh airgid.
Lessons 299.

2550 Mara rachadh an t-amadán go dtí an margadh, d'fhanfadh na drochearraí gan díol. (S)

Idem Ray 8 (le leagan Spáinnise), SH 205

2551 Margadh a ghníos margadh. (Ca, CF, AR 468a)

Go gcaithfidh duine seasamh leis an margadh a dhéanann sé; níl aon ghnó aige a dhul siar air.

2552 Ná coinnigh do chapall ó dhíol mar gheall ar bheagán. (GS)

cf. Tréanna
cf. 5128

2553 Ní drochaonach a mbeidh do chuid féin ag teacht abhaile agat. (Ca)

2554 Ní féidir bó a cheannach gan airgead. (Sa)

2555 Ní féidir margadh a dhéanamh gan beirt. (CS)

SH 243

2556 Ní fhaigheann fear na cruóige dea-mhargadh. (Ca)

2557 Níor ordaigh Dia aonach gan gnotha. (GSe)

2558 Nuair a rachas tú ag ceannaíocht, ná ceannaigh muc i mála. (T)

- Ceannach muice i mála. (IG)
- Ceannach phigín i mála. (RM, Sp)
- Ná ceannaigh muc i mála. (M)
- Ná ceannaigh do mhuc i sac. (MS)
- Ní ceart do dhuine banbh a cheannach i mála go bhfeice sé. (Ca)

Tiontú díreach as an mBéarla in BC 96 is míniú eile ar l. 537; MIP 406. 'Cenn i mbolg .i. a bheith in aineolas', atá sa Tenga Bhith-nua (Ériu II 98; RC XXIV 369); Cinnlae II 138; Finck 148. Leagan 4: Idem IM, Ray 345.
Fairsing san Eoraip; cf. Ray 124, 345, SH 502, App. 494; 'cat' atá sa Bhreatnais (DC 171) is tá sé i gceist gurb é a bhí sna seanleaganacha (Taylor 187, Spr. Red. 997, I BSR 203): cat a bhí sa mála mar mhalairt mhíchneasta ar ghiorria; athraíodh sa chaint é go 'muc' leis an aimsir.
Bangor 305 (cwd), 446 (prynu), 472 (sach).

2559 Nuair a thiocfas tú ar an aonach, tabhair do chaora leat, a holann is a huan. (CF)

- Nuair a ghabhfas tú ar an aonach, bíodh do chaora agat is an t-uan. (CF)
- Má théann tú chun an aonaigh, bíodh an chaora leat. (Ac)

Féach 'Cuach na hÉireann', Ceol 22, AGI 38.

2560 Seán saor, margadh daor. (IG)

2561 Tá caint saor ag lucht díolta neathaí. (GS)

Ag lucht siopaí.
cf. 3138

DÍTH CÉILLE

2562 Ag cur claí timpeall goirt leis an gcuach a choinneáil istigh. (IG 8/1894)

SH 56 (As wise as the men of Gotham, etc.); deirtear an rud céanna sa mBreatain Bheag faoi mhuintir Ceredigion.

2563 Áit a mbíonn an óinseach, tagann an chóisir chuici. (S 8/1928)

- Áit a bhfaightear an óinseach, tagann an chóisir á hiarraidh. (RM)
- An áit a mbíonn an óinseach, bíonn a cóisir ann. (TÓM)
- An áit a mbíonn an chóisir, bíonn an óinseach. (CC)
- I ndiaidh na tairbhe bíonn an grá agus bíonn an chóisir i ndiaidh na hóinsí. (Sp)

Scéilín, DÓF 109

2564 Aithníonn maorach maorach eile,
Ach aithníonn an saol an bundún leice. (RM)

- An áit a mbíonn an t-amadán, bíonn sé le haithne. (GS)

Is furasta an t-amadán a aithint.

2565 Amadán iarainn. (Sa, Sl, AR 296, DÓM)

Amadán glic, nach bhfuil chomh bog is a fheictear é. In ASG (eagrán Rennes 1895) l. 134 agus arís le míniú in eagrán An Gúm, l. 10.

2566 Amaidíocht ghearr, is í is fearr. (GS)

BC 226
Idem L II 250, 206

2567 An teachtaire is fearr a fuair tú ariamh, duine gan ciall ná aire. (M, Cum. Béal. 109, 284)

2568 An té a mbíonn cuma an amadáin air i dtosach, bíonn sí air ar deireadh. (Cum. Béal. 91, 26 gan áit)

2569 An té nach bhfuil ciall aige, beidh cuimhne aige. (Casla)

2570 An té nach dtug Dia dó ach beagán céille,
Ní agróidh sé air ach an miosúr céanna. (S 2/1919)

- An té nár bhronn Dia ciall air, ní iarrfaidh sé air í. (MS)
- Níor thug Dia duit ach beagán céille
  Is ní thóróidh sé ort ach an miosúr céanna. (RM, ÁC, Cum. Béal. 70, 130)

2571 Ar chúl an dorais is an chiall á roinnt. (Ind)

- Ar chúl an dorais is an bhreáthacht á roinnt. (F)

Duine ar bheagán céille nó ar bheagán slaicht; fágadh folamh é nuair a roinneadh an chiall nó an áilleacht.
Joyce 128

2572 Bádóireacht cois teallaigh nó cúirtéaracht rófhada, níl aon mhaith ann. (Cum. Béal. 91, 18 gan áit.)

2573 Cab ar cab, mar a bhí an t-amadán is an fharraige le chéile. (S 1/1919)

Scéilín in BB 125.

2574 Caithfidh an díth céille a cuid féin a fháil. (IG 7/1905)

- Caithfidh an tseafóid a cuid féin a bheith aici. (CF, É 18/4/1936)

Go mbíonn a bheag nó a mhór di ann i gcónaí.
DC 103 (Dycid anmhwyll ei rann).

2575 Ceann eireoige, tóin seanchirce. (MÓD)

Ceann óg (ceann gan ciall) ar cholainn seanduine.

2576 Chomh ramhar le amadán. (LMóir, CF, AA 1/1937)

Id. Béarla na hÉireann.

2577 Dá mbeadh olann ag na hóinseacha, bheadh cótaí ar na driseacha. (RM)

- Dá mbeadh abhras ag na hóinseacha bheadh cótaí ar na soip. (M)
- Dá mbeadh olann ag an óinseach, chuirfeadh sí cóta ar na soip. (CC)

D'imeodh an olann le gaoth is gabhfadh sí i bhfostú sna driseacha, etc.

2578 Díth céille a chuir an gandal ar gor. (M)

- Seafóid gandail á chur ar gor. (RM)
- Cosúil leis an mbean a chuir an gandal ar gor. (AA 12/1939)

2579 Díth na céille, an rud a bhain an mhéar de Mhurchadh. (S 10/1928)

- Díth céille a bhain an mhéar de Mhurchadh. (Sa, CC)
- Is é an díth céille a bhain an mhéar de Mhurchadh. (M, RM)
- Easpa céille, an rud a bhí ar Dhomhnall na Gréine. (F)

2580 Fear glic ag tarraingt ualaigh in aghaidh an chnoic. (MÓD)

Le magadh; is amadán an té nach ndéanfadh éascaíocht éigin ar a chuid oibre.

2581 Fiannaíocht sa ló, is á bhriongláid san oíche. (Sa)

Ag déanamh caisleán san aer, caisleáin gaoithe. Féach Cum. Béal. 296, 494 le haghaidh leagain Chorcaíoch. B XI 69 rann.

2582 Ghníonn aon amadán amháin amadáin dá lán. (F)

- Déanann amadán amadáin de lán tí. (Ind, MS)
- Déanann aon amadán amháin cuid mhaith amadán. (TÓM)
- Ghníonn óinseach lán tí d'óinseacha. (RM)

Idem App. 228, Ray 8, 468.

2583 Is doiligh bláth a chur ar amadán. (GS, CS 21/3/1903)

Is deacair feabhas nó slacht a chur air. Más 'bladh' is ceart a léamh ann, cf. Seanfh. XXVI, l.8.

2584 Is dona an rud amadán a chur i dteachtaireacht. (TÓM)

- Ná cuir amadán i dteachtaireacht. (CF)
- Ná cuir dall ar theachtaireacht. (MÓD)

Seanfh. XXVI 6, is Ray 94, L II 267.

2585 Is é an sean-amadán an t-amadán is measa ar bith. (GS)

- Níl aon amadán chomh dona leis an sean-amadán. (TÓM)
- Níl aon amadán chomh holc leis an sean-amadán. (I, MS)
- Sean-amadán an t-amadán is fearr. (Ca)

Idem Ray 94, 251, App. 228, SH 317, YD 82, DC 104

2586 Is é ithe an phóir ghlais é. (AR 495)

Lessons 270.
cf. 272

2587 Is ionann a bheith ag iarraidh olla ar ghabhar is ag iarraidh céille ar amadán. (MÓD)

AMC 73 'bá ciall i n-oinmit.'
cf. 5267

2588 Is ionann tafann gadhair i ngleann glas, is a bheith ag caint le ceann gan eolas. (AR 566, MÓD)

- Tafann madra i ngleann gan féar,
  A bheith ag caint le ceann gan ciall. (Ár, Cum. Béal. 77, 426)
- Rith daill i measc ceapacha,
  Fostú fia ar dheargleacracha,
  Glam gadhair i mbord aille
  A bheith ag caint le ceann gan foghlaim. (Tm, Cum. Béal. 90, 412)
- Sclamhartaíl mada i ngleann gan féar. (AR 254)

Rann D 68, 69 (ls. Ultach, 1745). AMC 125 'is cuad do baesach'. Lessons 303, College 299.

2589 Is minic a bhí gamal géar. (MÓD)

Go ndéarfadh sé focal géar.

2590 Is minic amadán ag déanamh gnotha mhaith. (TÓM)

2591 Luíonn sonas ar amadán. (S)

- Ní luíonn sonas ar amadán. (TÓM, AR 492)
- An té nach bhfuil ciall aige beidh séan air. (MÓD)

1. Bíonn an t-ádh air (rith airgid nó teacht as gá nach dtiocfadh duine críonna as).
2. Bíonn sonas i ndiaidh na sraoilleachta.
Lessons 270, College 290

2592 Máirtín plásán a d'ith an t-im,
Thug sé leabhar nár ith sé greim. (CF, AA 12/1937)

Tugtar 'Máirtín plásán' mar leasainm ar gach uile Mháirtín; plásán .i. duine bog; cuirtear an t-ainm Máirtín ag fónamh le haghaidh amadáin sa Fhrainc. L I 90 (Il y a plus d'un âne à la foire qui s'appelle Martin) is II 44/46 (sé cinn de sheanfhocail faoi Mháirtín .i. amadán). Sa Spáinnis tá 'O dentro ó fuera, Martin sin asno' (NG III 90). Sa scéilín (AA 7/1940, l. 1 Sp) Máirtín atá ar an té atá in an-chaoi; cf. freisin máirtíneach .i. bacach. Féach an sceilín faoi Mháirtín Amadán, AA 10/1935, l.3.

2593 Mara bhfuil tú ciallmhar tá tú cuideachtúil. (Tm, Cum. Béal. 108, 48)

2594 Meallann glór falamh an t-amadán. (MS)

2595 Ní bhíonn airgead is amadán i bhfad le chéile. (CM)

- Ní bhíonn airgead amadáin i bhfad le chéile. (TÓM)
- Is éadrom ór ag amadán. (M)

College 293, Joyce 109, 117. Leagan 3: IM idem Idem Ray 94, App. 222, SH 9; leagan de in DC 193 (Ynfyd).

2596 Ní bhíonn aon duine ina amadán de shíor, ach bíonn gach duine uaireanta. (CR)

2597 Ní hé an t-amadán é, ach an té a thabharfadh air é. (IG 10/1905)

- Amadán a ghlaos chuile óinseach orm. (Ac)

cf. TI 82 – 'gáeth contibi baeth'.

2598 Níl ann ach seafóid a bheith ag ól anraith le forc. (TÓM)

- Díth céille a bheith ag ól anraith le gabhlóg. (MÓD)

Ag obair le gléas nach bhfuil oiriúnach. Féach SU 324. Féach Bangor 573 (uwd), ÓD meana.

2599 Ní liachtaí (lia) ceann ná ceird,
Ach is iomaí ceann gan ciall gan ceird. (M, DÓM)

2600 Níor chuir tú díon ar an somadán,
Mar bhí tú i t'amadán,
Nó gur lobh tú an gráinne
Isteach go dtí an cronnán. (CnM)

2601 Síleann fear na buile gurb é féin fear na céille. (AR 326)

- Is dóigh leis an bhfear buile gurb é féin fear na céille. (GS)
- Síleann an t-amadán nach bhfuil aon duine críonna ach é féin. (TÓM)
- Síleann fear díth céille gur aige féin is mó atá réasún. (CF)
- Síleann fear gan aon chiall gur aige féin atá an chiall ar fad. (IG 11/1905)
- Ciall agus míchiall, níor tháinig ariamh le chéile,
Ach síleann fear na míchéille gurb é féin fear na céille. (S 9/1927)
- Ciall is míchiall, beirt nach ngabhann le chéile,
Is dóigh le fear gan céill gurb é féin údar na céille. (T B 6/1936)
- Tuigsin is míthuigsin, ní thagann siad le chéile,
Is dóigh le fear na buile gurb é féin fear na céille. (CR)

Faightear an leathrann in D 58 (ls. 1807–1831), is Add. 27946, 51 (Cat. I: 1825); cf. App. 224 (a fool thinketh himself wise), LSM 176s, Seanfh. XXVI, 5 etc. Is YD 22 (Araith doeth a drud ni ddygymydd).

2602 Sodar amadáin. (Casla)

Ag imeacht ó dhuine go duine (nó ó áit go háit) gan tairbhe.

2603 Tá an t-amadán ag déanamh aithrí. (Sl, DÓM)

Go mbeadh an duine críonna sách fadbhreathnaitheach agus níor chall dó aithrí ina dhiaidh.
cf. 2083

2604 Tionlacan na n-óinseach, soir is siar, is aniar arís. (MÓD)

- Tionlacan na n-amadán. (I)
- Tionlacan na n-óinseach. (IG 12/1905)
- Éallacan na n-óinseach. (I)
- Triallachan na hóinsí. (LMóir)

A ag dul abhaile le B, is B ag dul abhaile ansin le A, is ar an ordú sin go maidin.
'Tionnlacadh púca' atá ag Ó Gramhnaigh in Arch. I 154.

DLÍ

2605 An chuid is lú den dlí an chuid is fearr. (Ca)

2606 Bíonn an t-uachtar ag an bhfear dlí is an sciotar ag an bhfear tíre. (T, B 6/1936)

2607 Cion chiontaigh ar an neamhchiontach. (AR 450)

Go n-íocann duine as coir a rinne duine eile.
cf. Leabhar Aicle – 'cin aenfir for sluagh' (114), 'cin rig for tuaith' (132)

2608 Cluas mheabhrach ag dlíodóir. (Sa)

2609 Comhairle an dlíodóra: an chuid is fearr den dlí é a sheachaint. (GS)

2610 Déanann fir chríonna dlíthe ach is amadáin is ciontsiocair leo. (CF, Cum. Béal. 100, 231)

2611 Dlí cois teallaigh, ní chosnaíonn sé tada. (GS)

2612 Dlí cois tine, ní ritheann sé sa gcúirt. (AR)

2613 D'ordaigh Dia do dhuine a dhul chun an aonaigh gan gnotha, ach níor ordaigh Dia do dhuine a dhul chun na cúirte gan gnotha. (TÓM)
- D'ordaigh Dia do dhuine a dhul chun an aonaigh gan gnotha, ach gan a dhul chun na cúirte ná seisiúin gan gnotha. (MÓD)
- D'ordaigh Dia do dhuine a dhul chun an aonaigh gan gnotha, ach níor ordaigh sé a dhul chun cúirte ná seisiúin. (F)
- D'ordaigh Dia do dhuine a dhul chun an mhargaidh gan gnotha, ach níor ordaigh Dia do dhuine a dhul chun na cúirte gan gnotha. (MÓD)

2614 I ngan fhios don dlí is fearr a bheith ann. (RM, CC, S 3/1926)
- I ngan fhios don dlí is cóir a bheith ann. (GS)
- I ngan fhios don dlí is cóir duit a bheith. (MS)
- Is ródheas an chaoi a bheith gan fhios an dlí,
  Is ní costas a choíche an t-éadach. (IG 10/1899)

cf. 2615

2615 Iontas don dlí gan coir a bheith ann. (CF)

cf. 2614

2616 Is cam an rud an dlí. (DÓM, Sl)

2617 Is caol an rud an dlí. (S 11/1926)

2618 Is fearr an chúis a thabhairt d'fhéasóg an bhreithimh ná do chnáimh a uilleann. (Ca)

Gur fearr an chúis a réiteach sa gcúirt ná dul ag troid fúithi.

2619 Is fearr socrú dá dhonacht ná dlí dá fheabhas. (GS, MÓD)

cf. 625

2620 Is geall le cóir cothrom. (CC)

2621 Is iomaí cor atá sa dlí. (M, CS 16/5/1903)
- Is iomaí cor i ndlí Shasana. (TÓM, Lessons 298)
- Ní liathaí cor san abhainn anonn ná anall, ná caimeacht sa dlí. (RM)
- Ní liathaí an abhainn anonn is anall, ná caimeacht sa dlí. (RM)

2622 Is iomaí duine a chrochtar san éagóir. (AR 338)
- Is minic a chrochtar duine san éagóir. (CF)
- Is minic a crochadh fear neamhchiontach. (GS)

2623 Is maith gach cúis dá dtéann i bhfad. (RM)

Nuair a bheas cúis duine á plé i bhfad, tá seans go ngabhfaidh sé saor sa deireadh.
Féach Branach 2280.
cf. 2936

2624 Ligeann Dia scaitheamh leis an éagóir. (MS)

2625 Luach pingine den dlí, cuid an duine bhoicht. (R, ACC)

2626 Mar a théas an bháisteach do na cearca, téann an dlí do na daoine bochta. (S 5/1928)
- Téann an dlí chomh dona do na daoine bochta is a théas an bháisteach do na cearca. (S 1/1928)

2627 Má théann tú chun dlí, bíodh bonn i do phóca. (R)

2628 Má théann tú chun na cúirte, fág d'anam sa bhaile. (TÓM)

2629 Níl dlí in aghaidh an bhuille nach mbuailtear. (MÓD)
- Ní théann dlí sa mbuille nach mbuailtear. (M)

SFM 14, Rel. I 157.

2630 Níl ponc ar bith sa dlí is fearr ná an séanadh. (F)
- Níl pointe ar bith sa dlí is fearr ná an séanadh. (Ind)
- Is é an séanadh an pointe is fearr den dlí. (TÓM)
- Ponc den dlí an choir a shéanadh. (MÓD)
- Ponc den dlí a bheith séantach. (AConn 1/1908)

An chomhairle is fearr sa gcúirt, gach uile shórt a shéanadh.

'Cach coir fri imsenad' (ZCP XX 266; The Cach Formulas)
O'Daly 97, SFM 15

2631 Níor mhinic dlíodóir gan peann. (Sa)

DÓCHAS

2632 Ag déanamh caisleán san aer. (GS)

- Ag déanamh plubóg san aer, ar nós caisleán gaoithe. (GS)
- Ag déanamh caisleán gaoithe. (TÓM)

O 6 (In aere aedificare).

2633 An croí a bhíos dóchasach, ní hiondúil é lagmhisniúil. (MS)

2634 An fear a fhaigheas an cúig deiridh, is é is túisce a imríos arís. (GS)

Gur móide dóchas beagán a ghnóthachan.

2635 An rud is doirbh le duine, b'fhéidir gurb é a leas é. (TÓM)

- An rud is doiligh le duine, is minic gurb é a leas é. (S)
- Is é lár do leasa an uair is measa leat. (Ind)
- Níl a fhios ag duine, an rud is doirbh leis, nach é a leas é. (S)
- An rud is doiligh le duine níl a fhios aige nach é a leas é. (S)
- An rud is doiligh le duine níl a fhios aige nach é clár a leasa é. (Ind)
- An rud is measa leat sa saol, b'fhéidir gurb é lár do leasa é. (Sp)
- An rud is lú leat ná an bás, b'fhéidir gurb é lomlár (lomchlár) do leasa é. (MS)
- B'fhéidir go mba é leas duine dá mbrisfeadh sé a chos. (Ca)
- Déantar leas duine dá ainneoin fein. (Ind, RM)
- Is minic a dhéanas duine a leas dá ainneoin. (Ca)
- Is iomaí uair a rinne Dia leas duine dá ainneoin. (TÓM)
- Is minic a cuireadh an t-ádh ar dhuine dá ainneoin. (Ca)
- An rud is doirbhe duit, b'fhéidir gurb é an t-ádh é. (Ac)
- Rud is doilí ar bith, níl a fhios agat nach é do leas é. (CF)

TB 3 XVI 17 – 'an rud is gortughadh le neach gurab leigheas dó é'.
Tá leathrann ó c.1726 in RC XLVIII 17. 'Meinic nac e a aimhleas, an gníomh budh doirbh le duine' (23 D 4, 311); AR 104.

2636 An té a bhíos i bhfad á thuar, faigheann sé é sa deireadh. (GS)

- An rud atá tú a thuar duit féin, beidh sé agat. (GS)
- Tuar an t-olc is tiocfaidh sé. (M)
- Tuar an mhaith is gheobhaidh tú í,
  Tuar an t-olc is gheobhaidh tú é. (IG VIII 56)
- Tabhair tuar maith is gheofar maith. (Ind)

cf. Ray 113, 248 (Albain), SH 69.

2637 Ar nós an tobair ghlé thrí chroí na leice,
Brúchtann an dóchas thrí chroí an duine. (MS)

2638 Béarfaidh bó eicínt lao eicínt, lá eicínt. (S 7/1926)

Beidh an t-ádh ort lá éigin má fhanann tú leis.

2639 Beidh lá ag an bPaorach fós. (TÓM)

- Beidh lá eile ag an bPaorach. (GS, I)
- Beidh lá eile ag an bportach orainn. (S 2/1919)
- Beidh lá eile ag an iomáin. (MÓD)
- Beidh séasúr eile ar na sméara againn. (GS)
- Beidh arís ann. (MÓD)
- Cá bhfios nach bhfásfaidh na sméara arís? (IG 7/1905)

Beidh lá (seans etc.) eile ann.
Tá scéal faoi in Cum. Béal. 157, 118. Cinnlae III 6.

2640 Beidh lá fós agus beidh Seán ina léine. (Ár, Gearrbhaile 1938–39)

- Beidh lá fós a mbeidh Seán ina léine. (LMóir)

Go dtiocfaidh an samhradh, go mbeidh an saol níos fearr (LMóir).

2641 Beidh rud fós ag an té nár rugadh. (RM, GS)

A bheith dóchasach; dá dhonacht an saol faoi láthair, tiocfaidh níos fearr.

2642 Bí ag iarraidh i gcónaí is gheobhaidh tú. (CC)

2643 Bíonn an buinneachán ar tús uair eicínt. (MS)

- Bíonn an chaora dhubh i dtosach turn eicínt. (Sl ?, DÓM)

Nach mbíonn lag i gcónaí ar deireadh.

2644 Bíonn luibh nó leigheas in aghaidh gach galair. (GS)

2645 Bíonn súil le muir ach ní bhíonn súil le úir. (RM)

- Bíonn súil ó Dhia ach ní bhíonn súil ón uaigh. (MÓD)
- Is fearr súil le béal an chuain ná súil le béal na huaighe. (Ca)
- Is fearr ag dúil le muir ná ag dúil le cill. (S 10/1928)
- Is fearr dul le muir ná dul le cill. (AA 7/1942 gan áit)
- Is fearr dúil ón mhuir ná dúil ón chill. (Ac)
- Is fearr ag súil le muir ná ag súil le úir. (Ind)
- Is fearr a bheith ag súil le farraige ná ag súil le cill. (Sp)
- Is fearr súilíocht le muir ná le úir. (AR, 3 B 37)
- Is fearr súil le muir ná le cill. (S 11/1919, AR 560)
- Is fearr súil le glas ná súil le uaigh. (Ca)
- Is fearr súil le muir na súil le aill. (Ac)
- Is fearr súil le tír ná súil le muir. (AR 101 (ciall eile?))

O'Daly 91, 92, Lessons 302, IM : cf. MIP 209. Tá leaganacha an-ghar dó in YD 109, DC 28, 33, (Gwell yu alltud nag yng ngweryd, etc.), agus AWM 190, MR 34.

2646 Coinnigh do chuid bróin go dtí an lá amáireach, is bí suáilceach inniu. (Sa)

2647 D'ordaigh Dia do dhuine lámhainní a chaitheamh le fia. (TÓM)

- Is minic a chaitear lámhainn le fia. (AR 385)
- Caith do mhiotóg le fia. (RM)
- Caith do chaipín leis. (AA 1/1934)

1. An iarracht lag féin a dhéanamh: lámhainn a chaitheamh ina dhiaidh le súil go ndéanfaidh sé rud nach ndéanfaidh tú féin de thoradh reatha. Féach an scéal i Cum. Béal. 281, 506 (Ca).
2. Úsáidtear leagan cainte dá shamhail, a chiallaíonn rud a thabhairt suas, nó éirí as an iarracht i nGaeilge agus Béarla.
Faightear an leagan céanna seo in App. 81, Ray 152, SH 484. 'Shake your hat at it' (.i. éirigh as) a chuala mé i gCill Chainnigh. CS 31/10/1903. Clár (hata).

2648 Feitheamh an tsionnaigh ar mhagairle an tairbh. (MÓD)

- Feitheamh an tsionnaigh ar mhagairle i gcluais an tairbh. (I)

Súil gan tairbhe.

2649 Gheobhaidh chuile dhrochmhada a lá féin. (Sa)

An gnáthfhocal Béarla in App. 159, SH 7.

2650 Is ag súil leis an donas a bheith súil leis an doras. (CC, Ca)

Ag súil le scéal nó ní nach dtagann.

2651 Is annamh a thig trá gan lánteacht mara ina dhiaidh. (AR 564)

Tiocfaidh sonas i ndiaidh an donais.
Lessons 302.
cf. 983

2652 Is beag an tslat nach bhfásann craobh uirthi. (Ca)

2653 Is é an dóchas lia gach anró. (M)

College 281, IM idem.

2654 Is fada an bóthar nach bhfuil casadh ann. (Sa, S 4/1929)

- Is fada an bóthar nach mbíonn cor eicínt ann. (S 9/1929)
- Níl bóthar dá fhad nach bhfuil casadh (cor) ann. (Ca)
- Is díreach an ród, ród gan cor. (CC)
- Is fada é an saol nach dtiocfaidh iompú ar bith ina thaobh. (CF)

Idem App. 379, Ray 427. cf. 3534

2655 Is fánach an áit a bhfaighfeá gliomach. (S 6/1928)

- Is fánach an áit a bhfaighfeá bradán. (GSe)

Níl a fhios cén áit a bhfaighfeá rud maith.

2656 Is geall le scéal maith, gan drochscéal. (F)

- Is geall le scéal gan aon drochscéal a bheith ag duine. (IG 9/1905)
- Is maith an nuaíocht a bheith gan drochnuaíocht. (GS)
- Is fearr gan aon scéal ná drochscéal. (S 5/1919)
- Is geall le dea-scéal gan aon drochscéal. (Ca)
- Is maith an scéal gan aon scéal. (M, Cum. Béal. 109, 285)

  Idem App. 450, SH 321

2657 Is maith an rud súil a bheith leis. (IG 8/1905)

2658 Is minic a leag bualtrach fear maith. (Sa)

- Is minic a leag bó fear maith. (IG)
- Is minic a leag maith na bó fear mór maith. (GS)
- Is minic a leag cac bó fear mór maith. (TÓM)
- Is minic a thuit fear maith i mbualtrach. (MS)
- Is iomaí marcach maith a leagadh. (RM)
- Is minic a bhain ascar do mharcach maith. (TÓM)

  Níl dochar tú a leagan; is iomaí duine maith a leagadh.

2659 Is minic a mheath dóigh is a tháinig an-dóigh. (CM)

Duine nach raibh súil leis le cur in áit duine a tharraing siar.
Branach 2307, O spes 1.

2660 Is minich a tháinig síth ó ghaoth. (S 12/1919)

Rud a theacht ó áit nach raibh ceapadh a bheith.
cf. 2777

2661 Is olc an cú nach fiú fead a ligean air. (F)

- Is olc an cú nach fiú feadaíl air. (S 4/1925)
- Níl gadhar dá dhonacht nach fiú fead a ligean air. (GS)
- Níl cú dá dhonacht nach fiú fead a ligean air. (Ind)
- Níl gadhar ar bith nach fiú glaoch air. (CR)
- Níl mada dá dhonacht nach fiú fead é. (CC)
- Is suarach an gadhar nó is fiú é fead a ligean air. (MÓD)
- Níl cú dá laghad nach fiú fead a ligean air. (CF)

  College 210.
  Idem Ray 87, 301, App.60, DC 83.

2662 Mair, a chapaill, is gheobhaidh tú féar. (RM, S 1/1920)

- Fan beo, a chapaill, is gheobhaidh tú féar. (CF, Ár, AA 2/1934)

  Joyce 107.
  Idem App. 313, YD 36, LSM 105 i, I BSR 106 (teangacha Rómhánacha).

2663 Má mheathann ceann tiocfaidh ceann. (IG 9/1905)

2664 Mara cóir soir é, is cóir siar é. (RM)

2665 Mara fearr, nár mheasa. (MS)

2666 Mara raibh sé agat inné, beidh sé amáireach agat. (TÓM)

- Mara raibh sé agat inné, beidh sé inniu agat. (GS)
- Mara bhfuil sé agat inniu, b'fhéidir go mbeadh sé amáireach agat. (MÓD)

  O 96 (Quod hodie non est cras erit). SH 212

2667 Ní bheidh sé ag báisteach i gcónaí. (F, IG 9/1905)

Ní i gcónaí a bheas an donas orainn, etc.

2668 Ní daortha go breith an bhreithimh. (M)

Bíonn dóchas go dtí an deireadh.
College 296, D 269 (ls. 1782), SFM 13.

2669 Níl a fhios ag duine cá mbíonn Dia ag cur ruda ann dó. (F)

2670 Níl aon rud dá dhonacht, nach bhféadfadh a bheith níos measa. (F)

2671 Níl cath dá mhéid nach dtigeann duine as. (AR)

- Níl cath dá mhéid nach dtigeann duine eicínt as. (TÓM)
- Níl gábh dá mhéid nach dtigeann duine eicínt as. (TÓM)
- Is trua an cath nach dtigeann fear inste scéil as. (Ac)
- An troid is mó ariamh, tháinig duine saor as. (CR)

- An cogadh ba mhó ariamh, tháinig duine sábháilte as. (Ca)
- An cogadh ba mhó ariamh, tháinig duine eicínt slán as. (M, Ca)
- Níl ár dá mhéad nach dtáinig duine eicínt as. (Ca)
- Ní raibh cogadh ariamh nach dtáinig saighdiúr amach. (M, Cum. Béal. 109, 283)
- Níl cath dá mhéad nach dtagann duine eicínt as ach Cath na bPunann. (CF)
- Níl gábh dá mhéid nach dtagann duine as. (S 1/1928)

  cf. Scéal Thuain Mhic Charill, LU (Best and Bergin, 1235); 'Ní gnáth orgain cen scéola do ernam esi do innse scél; Nibhe oirgne cen scinling' a thugtar de dheismireacht in CG 41 ag Ó Dabhoireann ach ní thugann a bhunús. MIP 294.
  Idem App. 285, Ray 69.
  Maidir le Cath na bPunann, féach Graiméar Uí Mhaolmhuaidh 131, agus Amhráin an Reachtabhraigh, l. xii nótaí. Leagan 10: cf. freisin B IV 83.

2672 Níl cnoc dá mhéid nach bhfuil gleann dá réir. (Sa)

- Ní liatha ardáin dona ná gleanntáin sona. (AR 20)
- Ní liachtaí (lia) ísleán sona ná ardán dona. (M)
- Ní féidir le Dia dhá chnoc a dhéanamh gan gleann a bheith eatarthu. (Sa)
- Ní féidir le Dia cnoic a dhéanamh gan gleannta a bheith eatarthu. (GS)

  Nach lú an sonas ná an donas.
  Scéilín (S 10/1928); Tóraidheacht II 10, 4; tomhas (AA 11/1940).
  Idem App. 302. Fairsing san Eoraip (I BSR 31, LSM 234n, L I 11, 53, 59, PB 80, NG III 84).

2673 Níl cogadh dá mhéid, nach mbíonn síocháin ina dhiaidh. (S 5/1929)

- Níl cath dá mhéid, nach síocháin a dheireadh. (AR)
- Níl cogadh dá mhéid, nach síocháin a dheireadh. (S 10/1928)
- An cogadh is mó a bhí ariamh ann, bhí síocháin ina dheireadh. (Ca)

  Idem SH 333, Ray 253 (Albain).

2674 Níl olc i dtír nach fearrde duine eicínt. (S 2/1925)

- Níl olc i dtír nach fearrde fear eicínt. (Ac)
- Ní thigeann olc i dtír nach fearrde duine eicínt. (IG 12/1894)
- Níl olc a thigeas nach fearrde duine eicínt. (S 2/1919)
- Níor tháinig scrios i dtír nach fearrde duine eicínt. (AR 38)
- Ní thigeann bris i dtír nach fearrde duine eicínt. (T)
- Ní thigeann briseadh tí nach fearrde duine eicínt. (G)
- Níl briseadh ar bith nach fearrde duine eicínt. (CF)
- Níl gaoth a shéideas nach fearrde duine eicínt. (Ca, S 4/1925)
- Níl ceard dá séidfeadh gaoth as nach fearrde duine eicínt. (M)
- Ní raibh briseadh i dtír ariamh nárbh fhearrde duine eicínt é. (RM)
- Is olc an ghaoth nach séideann maith do dhuine eicínt (go tír). (AR)
- Is dona an ghaoth nach séideann i bhfabhar duine eicínt. (CS 5/12/1903)
- Ní shéideann gaoth nach seolann duine eicínt. (MÓD)
- Ní shéideann gaoth as aer, nach dtéann sí i seol duine eicínt. (CF)
- Ní théann gaoth as aer nach mbíonn i seolta duine eicínt. (IG)
- Níl gaoth dá séideann as aon cheard nach dtagann i gcóir do dhuine eicínt. (Ca)
- Níl síon dá dhonacht nach ndéanann maith do dhuine eicínt. (GS)
- Níl gaoth as aer nach mbíonn ag seoladh do dhuine eicínt. (Ár)
- Is olc an ghaoth nach ndéanann cabhair ar dhuine eicínt. (CR)
- Is olc an ghaoth nach dtabharfadh cóir do dhuine eicínt. (RM)
- Is annamh an ghaoth nach cóir do dhuine eicínt. (Ac)
- Níl caoi a mbíonn an chóir nach mbíonn sí ag seol fir eicínt. (Ac)
- Níl donacht i dtír nach fearrde duine eicínt. (Sp, B 1934)
- Níl olc ó Dhia nach fearrde duine eicínt. (M, Cum. Béal. 117, 23)

- Is olc an ghaoth nach mbíonn i seolta duine eicínt. (Ac)
- Níl aon taobh a séideann an ghaoth nach i bhfabhar duine eicínt í. (Cum. Béal. 91, 21 gan áit)
- Ní thagann síon as ceard nach fearrde duine eicínt. (CR)
- Is olc an síon nach maith a ghníomh. (Sp)

Sanas Chormaic (eag. Stokes), 'buanann (genither buan ó ambuan).' BC 662. College 297, Lessons 296, AR 327, 534, IG 11/1895.
cf. an seanfhocal coitianta Béarla (App. 326, Ray 142) is DC 84, PB 36, LSM 5t; b'fhéidir a bhunús a bheith in O 207.
Bangor 46 (líne 7), 97 (daioni), 103 drwg).

2675 Níl stoirm dá mhéad nach calm a deireadh. (AR 371)
- Níl stoirm dá mhéad nach síocháin a deireadh. (Ac)
- Níl anfa nach n-íslíonn. (CS 23/9/1905, BC 625)
- Thar éis gaoithe, tagann ciúntas. (TÓM)
- Teagann ciúineadas thar éis stoirme. (Ca)

Níl trioblóid ar bith nach n-imíonn.
MD 26, 81 (duan ó thús an 17ú haois). Cinnlae II 51, III 258.
Idem App. 60 SH 34, Ray 135 (a thugas leaganacha Fraincise is Iodáilise), MR 14; as an mBíobla (Salm CVII, 29 etc.).
cf. 2687 agus 3252

2676 Ní lú do mhaoin ná do mhuirín. (Ca)

2677 Níor bádh ariamh a leath dá raibh i gcontúirt. (Ca)

2678 Níor baineadh tada as an lá amáireach fós. (Sa)
- There's no piece out of tomorrow yet. (G)

Idem App. 638 (dáta 1846), leagan eile SH 552 (dáta 1520).

2679 Níor chum Dia béal ariamh nár chum sé rud le n-ithe dó. (S 9/1920)
- Níor chruthaigh Dia béal ariamh nár thug sé rud le dul ann. (Sp)
- Níor chuir Dia duine ar an saol gan rud a chur ann lena aghaidh. (ÁC)
- Níor chuir Dia aon duine ar an saol ariamh gan rud lena aghaidh. (F)
- Níor chuir Dia duine ar bith ar an saol seo, gan greim a bhéil a chur leis. (GS)
- Gheall Dia greim a bhéil do chuile dhuine is níor chóir a shéanadh air. (F)
- Gheall Dia greim a bhéil do chuile dhuine is ní ceart a shéanadh air. (Sp)
- Níor chuir Dia béal ar an talamh nár chuir sé rud lena aghaidh ann. (CF, Cum. Béal. 100, 125)
- Níor chuir sé aon ní ar an talamh ariamh nár chuir sé greim lena aghaidh. (AA 11/1938)
- Níor ordaigh Dia béal gan bia. (Gearrbhaile 1937, l. 29)

BC 476 (tiontú ó Bhéarla).
Idem App. 252, SH 121, Ray 117, 261 (Albain).

2680 Níor dhún Dia doras ariamh nach n-osclódh sé ceann eile. (AR)
- Níor dhún Dia bearna nach n-osclódh sé bearna. (TÓM)
- Níor dhún Dia bearna ariamh nach n-osclódh sé bearna eile. (S 6/1928)
- Níor dhún Dia bearna nár oscail sé ceann. (S 12/1929)
- Níor dhún is níor stop Dia bearna ariamh nár oscail sé ceann eile. (CF)
- Níor dhún Dia aon doras ach d'oscail sé ceann eile. (Ac)
- Nuair a leag Dia bearna, thóig sé bearna. (CF, Cum. Béal. 100, 125)
- Níor dhún Dia ariamh claí nár oscail sé bearna. (Ca, Cum. Béal. 74, 214.)
- Níor dhún Dia bearna nár oscail sé céim. (Sp, S 12/1928)

College 297, AR 137, Joyce 197.
Seanfhocal idirnáisiúnta (II BSR 144, SH 581, App. 468, PB 75, NG I 341); cf. nóta Trench, 108.

2681 Níor tháinig an Nollaig ariamh gan cabhair. (Ca)

2682 Níor tháinig gort ariamh gan barr eicínt. (M, Cum. Béal. 109, 283)

2683 Nuair is mó an phian is ea is gaire an chabhair. (RM, S 2/1919)
- Nuair is mó an ghoimh is ea is gaire don chalm thú. (Ind)
- Nuair is mó an cruachás is ea is mó an cuidiú. (Ca)

cf. App. 439, MPS 40

2684 Tá bord eile ar an mbád. (AR)

- Tá taobh eile ar an mbád. (CF)
- Tá dhá thaobh ar an mbád. (RM, LMóir)
- Tá an dá bhealach ann. (RM, IG 10/1905)
- Tá an dá bhealach ann,
  An Daingean is an Ceann (.i. dhá bhealach go farraige mhór, Béal an Daingin is Ceann Gólaim). (RM)

  Má loiceann ceann tá an dara rogha agat.

2685 Tá breac san abhainn chomh maith is a gabhadh go fóill. (F)

- Tá iasc sa bhfarraige chomh maith is a gabhadh ariamh. (IG)
- Tá iasc sa bhfarraige chomh maith is a ceapadh ariamh. (M)
- Níor maraíodh aon bhreac sa bhfarraige fós, nach bhfanfadh ina dhiaidh breac eile níos fearr. (RM)
- Níor maraíodh ariamh sa bhfarraige thiar, nár fhan ina dhiaidh breac eile níos fearr. (M)
- Níor maraíodh ariamh sa bhfarraige thiar, nach bhfágfadh ina dhiaidh breac eile níos fearr. (Ca)

  IG 1/1906, Rel. II 506, Joyce 118. Idem App. 216, YD 57, DC 172.

2686 Tá Éire fada is níl aon chlaí ar Albain. (Ca)

2687 Tagann an ghrian i ndiaidh na fearthainne. (Ca)

- Sceitheann an ghrian i ndiaidh na fearthainne. (MÓD)
- Grian os cionn duibheacháin. (TÓM)

  College 300, IM idem: leaganacha ón 16ú haois in MIP 75; focal molta in BTD 24, 14 'grian gheal i ndeaghaidh dílionn'. Branach 6379, Iomarbhágh V 76, Pilib Bocht 25, 3b, Aithdhioghluim Dána 63, 29d, Tóraidheacht II 8, 5. DCAB xvii 72; B X 238 i. Leagan 3: cf. AGC 26.
  Focal idirnáisiúnta, atá bunaithe ar Laidin na Meánaoise (Post nubila Phoebus) is Iób III 23. cf. I BSR 17, II 18; App. 520, YD 62, 90, DC 136, 195, L I 75, II 173.

2688 Tiocfaidh lá fós agus beidh gnotha ag seanbhó dá heireaball. (S 1/1920)

- Tiocfaidh lá fós a mbeidh gnotha ag an mbó dá heireaball. (S 5/1929)
- Tiocfaidh an lá a bhfaighidh an bhó gnotha dá heireaball. (CS 16/1/1904)
- Beidh gnotha lá eicínt ag an mbó dá heireaball. (S 5/1930)

  Beidh an aimsir go breá arís.
  DC 47 (Rhaid fydd i'r fuwch wrth losgwrn).

2689 Tugann Dia a sháith d'fhear a chaite is beagán spáis d'fhear a bhraite. (MÓD)

DOICHEALL

2690 An glas ar an doras is an eochair ar iarraidh. (ACC, MÓD)

Leithscéal duine dhoicheallaigh.
Líne as rann in CnM.
Leannáin á scaradh óna chéile atá i gceist sna hamhráin (Ceol 165;AGC 104'). Comhla ar nach cuirthear glas .i. Dia' (Pilib Bocht 23, 48a). Tá focal doichill dá shamhail in SH 577.

2691 An té nach bhfuil a bhríce aige, itheadh sé a chuid leis féin. (AR)

2692 Cuairt gan cuireadh, is fearr gan a tabhairt. (M, AR 569)

Lessons 321

2693 Cuairt gan fuílleach, is béal gan foscadh. (RM)

Dhá rud thuirsiúla a mbíonn doicheall rompu.

2694 Cuairt ghearr is imeacht buíoch. (Ca, S)

- Cuairt ghearr is imeacht buíoch, an chuairt is fearr a rinneadh ariamh. (S)
- Cuairt ghearr, is í is fearr. (DÓF)
- Cuairt ghearr í an chuairt is fearr, is gan a déanamh ach go hannamh. (U, B 6/1933)
- Cuairt ghearr is í a dhéanamh go hannamh, an chuairt is fearr ar bith. (S)
- Cuairt ghearr is í a dhéanamh go hannamh, is í sin féin i dteach do charad. (RM)
- Cuairt ghearr is í a dhéanamh go hannamh, i dteach do charad féin. (S)
- Cuairt ghearr is í a dhéanamh go hannamh, i dteach do chomharsan. (Ind)
- Cuairt ghearr i dteach do charad, is í sin féin go hannamh. (CnM)
- Cuairt ghearr i dteach do charad, is í sin féin a dhéanamh go hannamh. (CR)
- Cuairt ghearr is a déanamh go hannamh, is ná bí i do chónaí i dteach do charad. (I)

- Go teach do charad má théann tú,
  Cuairt fhada, ní hí is fearr;
  Páirt de do chion tabhair leat uaidh,
  Is é ábhar d'fhuatha an t-iompú gearr. (M)
- Cuairtín ghearr ghoirid, í a dhéanamh le do charaid,
  Is í sin féin a dhéanamh go hannamh. (CF, B V 145)
- Cuairt ghearr an chuairt is fearr ar bith. (Ac)
- Cuairt gan fuílleach (.i. cuairt fhada). (CF, IG 8/1905)

  Briathra Chuchulainn – 'Ni bat ilfurig im irad n-echtrand' (ZCP XV); Bí 91 – 'Na taithidh do thigh do charat gu minic', etc. College 279. Leagan 12: cf. Rann Chearbhalláin, IM I 110
  As an mBíobla (Seanfh. XXV, 17 agus Síor. XXI 22. Leaganacha dá leithéid in App. 568 (ó 1923), NG I 13, LSM 38h.
  Rel. II 406 (ls. 1748)

2695 Cuirfimid leat í is ní hí an óige í. (CR)

Le duine ag imeacht is gan aon chathú ina dhiaidh.

2696 Dá dtabharfaidís scadán uathu, shílfidís gur bradán é. (CnM, AA 9/1940)

2697 Dá fheabhas an áit amuigh, caithfear triall ar an mbaile. (IG)

2698 Duine gan cuireadh nach fada go dtáinig. (RM)

Ní thiocfaidh sé ar chor ar bith.

2699 Fáilte an fhia is an eanaigh romhat. (F)

Drochfháilte, nó ag tiomáint duine ó dhoras.

2700 Fáilte Uí Cheallaigh, do do thiomáint chun bealaigh. (MÓD)

- Fáilte Uí Cheallaigh. (TÓM)

  MIP 411; luaitear an fháilte i leathrann ón 17ú haois (RC XLV 309)

2701 Fataí agatsa is fataí agamsa, is níorbh fhearr liom fataí a d'íosfá ná do chuid fataí féin. (TÓM)

- Fataí agamsa is fataí agatsa, is níl fataí ar bith a d'íosfá níos fearr ná do chuid fataí féin. (CF)
- Suigh síos is fan go lá,
  Mara bhfuil deifir ort, is ar ndóigh, tá;
  Tá fataí againne is fataí agat féin,
  Is ní fearr linn fataí a bhruithfeas tú
  Ná do chuid fataí féin.
  Tá na fataí seo againne dobhruite, donite, dochurtha síos,
  Tá an mhóin ar an bportach, is an pota ag ligean thríd,
  Tá an oíche ciúin is an ghaoth i do chúl,
  Is mara dtaitní leat greadadh ann, siúil. (TN)
- Tá na fataí seo dobhruite, donite, dochurtha síos,
  Tá an mhóin ar an bportach, is an pota ag ligean thríd,
  Tá an glas ar an gcófra, is an eochair ar iarraidh,
  Is punt is fiche ar an unsa den iarann. (CnM)
- Suigh síos is fan go lá,
  Mara bhfuil deifir ort, is ar ndóigh, tá;
  Tá fataí agamsa is fataí agatsa,
  Ní fearr duit fataí a d'íosfá ná do chuid féin;
  Má bhíonn tú ag tóin an tí ó ló,
  Beidh tú luath go leor sa mbaile. (.i. fáilte an duine dhoicheallaigh) (CF, AA 10/1937)
- Má bhíonn tú ó ló ag an doras, beidh tú ó ló istigh.

  Tá leaganacha eile in S 1/1928, Cum. Béal. 113, 12 agus 79, 328.
  cf. 2723

2702 Is é a dhruidim leis an bhfuacht, a bheith ag brú ar an doicheall. (GS)

- Ná bí ag brú ar leac an doichill. (GS)
- Brú ar an doicheall. (M, Cum. Béal. 114, 331)
- Gríosadh ar an doicheall. (Ca)

2703 Is é do chuid den ghé do mhéar a chuimilt de. (Sa, Ca)

- Cuid Pháidín den mheacan. (Sa)
- Cuid Pháidín den mheacan an t-eireabaillín caol. (M)
- Cuid na lochála den bhrochán. (MS)
- Is é mo chuid de na huibheacha na blaoscrachaí. (B XII 207 i.)

  Dánta Grádha xxxiii 4d, Iomarbhágh xxvii 15 agus b'fhéidir xiv 22, xvi 6, 92.

2704 'Is fada ó oineach na banríona thú,' mar a deir Frainc ac Confhaola le Doire Thuirc. (CF)

Leagan a deirtear le crostóir nó duine gortach.

2705 Is fada siar ' 'Naí Dia' (go mBeannaí Dia) ionat, mar a dúirt an scadán leis an míol mór nuair a shloig sé é. (MÓD)

Púdarlach de dhuine.

2706 Is fearr an mhaith a mhaítear ná an mhaith nach ndéantar. (CC, S 1/1928)

- Is fearr an mhaith a ghnítear ná an mhaith nach ndéantar. (IG 8/1905)
- Is fearr an mhaith a ghnítear ná an mhaith a mhaítear. (CF)
- Is fearr an mhaith a mhaítear ná an mhaith a dhéantar. (RM)
- Is beag an mhaith an mhaith a mhaítear, ach is lú é ná an mhaith nach n-admhaítear. (CM)
- Is fearr an mhaith a dhéantar is a mhaítear ná an mhaith nach ndéantar is nach maítear. (MÓD)

Gur fearr an gar a ndéantar caint air (a mhaítear) ná an gar nach ndéantar ar chor ar bith (?)
Tá tagairt dó seo, b'fhéidir, in ADR 163 ('Is an-mhór an gar, an mhaith a dhéantar'). Leagan 5: cf. MIP 141.
cf. 2716

2707 Is fearr beagán agus beannacht ná mórán agus mallacht. (MS)

- Is fearr greim aráin le grá ná bó bhainne na casaoide. (Ac)

cf. 'Cumhdach na bhfeadóg' in ASG (Hyde)

2708 Is furasta a dhul le doras tí gan mada, agus ní furasta ná a dhul le doras duine mhairbh. (F)

2709 Is geall le eiteach leithscéal. (MÓD)

- Is geall le dinnéar leithscéal. (F, TÓM)

2710 Is mór greim strainséara ar bord duine eile. (CC)

Is mór le muintir an tí a n-itheann an strainséara.

2711 Lá seaca, bíonn na clocha ceangailte is na madraí scaoilte. (GS)

A dúirt an bacach: rinne sé ar theach áirithe, lá geimhridh, is saighdeadh na madraí air á ruaigeadh; nuair a d'fhéach sé le breith ar chloch le caitheamh leo, bhíodar uilig sioctha sa talamh.
Tá an chaint seo, le scéal agus rann as Port Láirge in IG VII 151, agus freisin in Eachtra Shéamais Grae (O'Daly 68). Lia Fáil I 157 (1851) Troid Bhaile an Mhurdair, etc.; Mo Sgéal Féin (An tAth. Peadar) 109; cloistear a shamhail de leagan cainte i mBéarla na hÉireann, ag trácht ar chás leatromach.

2712 Má bhristear thú, ní le do bhoige a bhrisfear thú. (GS)

Duine neamhfhial.

2713 Milis spleách ar beagán caillteanais. (Ár)

- Is minic béal beirge ag croí neamhfhial. (GS)

Briathra milse gan aon chúnamh.

2714 Ná cuir an deochal (doicheall) roimh an teachtaireacht. (CS)

2715 Ní fhaigheann minic onóir. (S 1/1928, TÓM)

- Ní bhíonn fáilte roimh minic a thig. (Sl)
- An té a thagas rómhinic, bíonn a fháilte caite aige. (ÁC)
- Ná téirigh ach go hannamh go teach do charad is gheobhaidh tú fáilte. (MÓD)

1. An té a bhíos i gcónaí ag iarratas.
2. An té a thagas ar cuairt rómhinic.
Briatharthecosc Conculaind (Ir. Texte I, 214. as LU). 'Nir bat roescid ar na bat doescair;' D 27; IND I, 26, 2. Lessons 296, College 293. Búrd. 187. DC 166 (Ni bydd rhybarch rhygynefin, etc.), Ray 283

2716 Ní oineach ó iarrtar is ní maith ó maítear. (M, AR)

- Ní maith ó maítear. (Ac, RM)

Nach maith ó caintítear air é (?), cf. 2706.
cf. D 192: Rann ciumhaise (17ú haois?) i Leabhar Fhiodhnacha 33 – 'Mairg cuinges ni ar charaid, Mura loinn leis a tabhairt.' Bí 125 – 'Taphuir uait. . . Oir ni a naiscud dogheibhther anni iarrthar gu minic.' Pilib Bocht 22, 4d – 'do b'i an mhaith gá maoidheamh.'

2717 Ní tú fear na fáilte amuigh. (F)

An té nach bhfanfadh ag an doras le fáilte (?).

2718 Nuair a bheas cách sách, gheobhaidh tú a bhfuílleach. (TÓM)

2719 Oineach Uí Bhriain is a dhá shúil ina dhiaidh. (RM, S)

- Tíolaic Uí Bhriain is a dhá shúil ina diaidh. (GS)
- Déirc Uí Bhriain is a dhá shúil ina diaidh. (Ac)

- Tóig uaim é is gan uaim ach é. (GS)
- Tóig uaim is gan ag teastáil uaim ach é. (MÓD)

Rud a thabhairt is é a shantú arís.
Tá an scéal agus rann in S 4/1920 agus 1/1927.
O'Daly 97.

2720 Scadán ar an bhfód fuar, i bhfad suas ón tine. (TÓM)

1. Duine cúthail, nó duine a fhágtar go doicheallach i bhfad ón tine.
Nuair a thugtar béile go mall, doicheallach do dhuine i dteach comharsan (Sp).
Tá an focal feisin in IG IV 75 (Iar-Chonnachta)

2721 Sháraigh tú an Síogaí Suarach, ar do chuairt go minic. (TÓM)

- Sháraigh tú na sióga, le fad do chuarta go minic. (MÓD)

Le duine a thagann rómhinic ar cuairt.
Séard a bhí sa Síogaí Suarach, Colainn gan Ceann, a casadh ar fhile de Mháilleach, is thosaigh siad ag ceapadh rann. Chuir an Síogaí ainm air féin sa rann seo: –
'Mise an Síogaí Suarach,
a thagas ar cuairt go minic,
Luím ar leaba luachra,
Is bainim an chluas den tsionnach.'

2722 Sín do láimh nó bí i do thost. (CC)

Leagan a deirtear le duine nach mbeadh ag dul ag tabhairt déirce uaidh.
Féach ACC 93.
cf. 5075

2723 Tá an oíche fada is an bóthar breá, ach mar sin féin, fan go lá. (TÓM)

- Tá an oíche geal is an bóithrín breá, ach mar sin féin, fan go lá. (S)
- Fan, mara bhfuil deithneas ort, is ar ndóigh, tá;
  Dá mbeadh mo theachsa san áit a bhfuil do theachsa,
  D'imeoinn abhaile, ach má sin féin, fan go lá. (AR 266)

Leide le bheith ag imeacht.
cf. 2701

2724 Tabhair an criathrach amach dó, mar a thug Seán Ó Curraidhin don stirabout. (LB, AA 7/1937)

2725 Tá sé sách dona a bheith ag iarraidh an mhéma, gan a bheith ag iarraidh an mhála. (MÓD)

2726 Teach gan cuireadh, cuireadh gan fáilte freob. (F)

- Is é do bheatha agus do shláinte, a Mhichíl gan cuireadh gan fáilte. (I)

Is fada a bheas siad ann gan aon duine ag fáiltiú rompu.
Leagan dó in Ray 232 (Albain), App. 108, agus ceann gaolmhar in LSM 53t.

2727 Teach mór (Teach ósta) gan a bheith ag ól, nó cisteanach tí mhóir gan do ghnotha. (CnM)

Dhá áit nach mbeadh fáilte romhat.

DÚCHAS

2728 Aithníonn ciaróg ciaróg eile. (GS, S 9/1927)

- Faigheann ciaróg ciaróg eile. (IG 8/1894)
- Faigheann péist péist eile amach. (RM)
- Faigheann seanbhróg seanbhróg eile. (T)
- Faigheann seanbhróg seanstoca. (F, RM)
- Faigheann seanbhróg seanstoca amach. (M)
- Téann an tseanbhróg nó go mbuaileann an seanstoca léi. (S)
- Aithníonn na haingil a chéile. (AR 391)
- Aithníonn Tadhg Taidhgín. (M)
- Aithníonn ciaróg ciaróg dá shaghas féin. (Ca, Cum. Béal. 77, 391)
- Faigheann ciaróg ciaróg eile amach. (Ár)
- Ghníonn ciaróg ciaróg eile amach. (Ár)

College 275. Leagan 4: féach PB 64; Melusine VIII 19; Arm. 387. Leagan 5 RM : cf. Joyce 108.

2729 An cleas a bhíos ag an Deaid, bíonn sé ag an mac. (RM)

2730 An rud a ghintear sa gcnáimh is deacair a bhaint as an bhfeoil. (GS)

- An ní a oiltear sa gcnáimh is deacair a bhaint as an bhfeoil. (AR 50)
- An rud atá beirthe sa bhfuil is deacair a bhaint as an bhfeoil. (S)
- An rud a bhíos sa bhfuil, ní féidir a bhaint as an bhfeoil. (F)
- An rud a bhíos sa bhfuil bíonn sé sa bhfeoil. (CF)
- An rud atá sa gcnáimh ní féidir a bhaint as. (Ca)

- An rud atá sa smior ní féidir a bhaint as an gcnáimh. (Ca)
- An rud a gineadh sa gcnáimh, ní féidir a tharraingt amach thríd an bhfeoil. (Ca)
- An rud a bheirtear sa gcnáimh is deacair leis scaradh leis an bhfeoil. (S 1/1918)
- An rud a bhíos san fhuil, is doiligh é a bhaint as an fheoil. (Ac)
- An rud a imíos sa bhfuil, pléascann sé amach sa gcnáimh. (CF)

BC 87, Rel. II 503, S 4/1925.
Idem App. 66, Ray 74.

2731 An rud atá sa bhun bán, tá sé sa bharr glas. (S 4/1925)

Rud atá sa bhfréamh, tagann sé amach sa mbarr.

2732 An siúl a bhíos ag an seanphortán, bíonn sé ag an bportán óg. (Casla)

- Is mar a shiúileas an seanphortán is ea a shiúileas an portán óg. (CR)
- Siúl an chait ag an bpisín. (I)

Tá leagan Fraincise dá shamhail in I BSR 274 (La jeune écrevisse marche à reculons comme sa mère). cf. B XI 71.

2733 An soitheach a mbíonn an fíon ann, fanann cuid (braon) de sna cláir. (Ca, CC)

- An baraille a mbíonn an fíon ann, bíonn roinnt de sna cláir. (F)
- An ceaig a mbíonn an fíon ann, bíonn roinnt de sna cláir. (M)
- An fíon a bhíos sa mbaraille, fanann cuid de sna cláir. (Ca)
- An soitheach a mbíonn an fíon ann, fanann an mianach sa gclár. (Ca, Cum. Béal. 74, 209)

Go leanann duine dúchas.
Leaganacha dá shamhail in App. 83, SH 422, II BSR 167, 294, LSM 267n, 204q, NG I 188, II 258; tá sé bunaithe ar Laidin Horáit (O 346)

2734 An té a bhfuil na cosa cam faoi, is deacair iad a dhíriú. (Ind)

2735 An t-olc a rinne tú cheana, dhéanfá arís é. (GS)

Idem App. 155, Ray 400, DC 99 (YD 11).

2736 Bainne caorach is é a ól fuar, cá bhfuil an t-uan a chuir sé chun báis? (F, TÓM)

Ní dochar, ach leas, a dhéanfas an rud nádúrtha dúchasach.

2737 Ba mhinic leis an sceach gheal dealg ghéar a bheith uirthi. (Sa)

2738 Bíonn beirt in aon bhroinn is ní hionann iad. (AR 567)

- Is minic beirt ar aon bhroinn is ní hionann iad. (M)
- Bíonn beirt in aon bholg nach mar a chéile. (CR)

Lessons 299

2739 Briseann an dúchas thrí shúile an chait. (TÓM)

- Briseann an nádúr thrí shúile an chait. (RM)
- Leanann an dúchas thrí shúile an chait. (Ca)
- Ní imíonn an dúchas as súile an chait. (CC)

O'Daly 80

2740 Briseann an t-im thríd an leite. (Ca)

- Tagann an dóib bhuí aníos. (MS)

2741 Céard a dhéanfadh mac an chait ach luch a mharú? (TÓM)

- Céard a dhéanfadh mac an chait ach luchóg a ghabháil? (AConn 1/1908)
- An rud atá sa gcat, tá sé ina pisín. (Ca)
- Gach cat i ndiaidh a chineáil. (CM)
- Céard a bheadh súil agat a chloisteáil ó mhuc ach gnúsacht? (GS)
- Is é dúchas na lachan snámh. (AR 170)
- Is deacair lacha a bhá. (MÓD, TÓM)
- Loisceann tine. (CS 31/3/1906)

In 'Filidh Éireann go haointeach' tá 'Deallaigh gach cú re a cinéal'; cf. freisin rann XXVI den duan as Duanaire Mhic Shamhradháin (AA 12/1939). Graiméar Uí Mhaolmhuaidh149. Leagan 4: Idem Ray 167, Ap. 86; IM. Leagan 5: Idem App. 495, SH 566, Joyce 137. As an scrioptúr, Gein. I 24, 25, Síor. XIII 16.
Seanfhocal coitianta idirnáisiúnta, cf. Ray 76, I BSR 205, LSM 22c, 23c; (That which comes of a cat will catch mice; Katzenkinder mausen gern; El hijo de la gata ratones mata, etc.).

2742 Ceathrar sagart gan a bheith santach,
Ceathrar Francach gan a bheith buí,
Ceathrar gréasaí gan a bheith bréagach,
Sin dáréag nach bhfaigheadh i dtír. (AR)

- Ceathrar sagart gan a bheith santach,
  Ceathrar Francach gan a bheith buí,
  Ceathrar gréasaí gan a bheith bréagach,
  Sin dáréag gan a bheith sa tír. (S 2/1919)
- Ceathrar gréasaí gan a bheith bréagach,
  Ceathrar Francach gan a bheith buí,
  Ceathrar cailleach gan a bheith mantach,
  Sin dáréag nach bhfuil sa tír. (S 1/1928)
- Cheithre Shasanach nach bhfuil santach,
  Cheithre Fhrancach nach bhfuil buí,
  Cheithre ghréasaí nach bhfuil bréagach,
  Sin dáréag nach bhfuil sa tír. (LS)
- Cheithre asal gan a bheith screadach,
  Cheithre ghabhar gan a bheith bradach,
  Cheithre dhiabhal gan a bheith gnoitheach,
  Sin dáréag nach bhfaighfeá i dtír. (F)
- Chomh buí le Francach. (GS)

  D 235 (ls. Ultach den 19ú haois); cheap Raifteirí véarsa a bhí múnlaithe ar seo (ADR 168); LS (Hyde) 158; Graiméar Uí Mhaolmhuaidh 155. cf. 1463

2743 Cipín den tseanbhlocán é. (GS)
- Slis den tseanmhaide. (RM)
- Sliseoga den tsail chéanna. (M)
- Sliseoga d'aon mhaide amháin. (MÓD)

  Tá leagan tiontaithe ón mBéarla in BC 114; O'Daly 97. Fairsing san Eoraip, App. Ray 153; YD 24; NG I 292, 297, 320; II BSR 332 (La scheggia ritrae dal ceppo, etc.)

2744 Dá airde a théas an priompallán sa lá, i gcac a chaitheas sé an oíche. (MÓD)
- Dá airde dá n-éiríonn an priompallán is i gcac na bó a thuiteas sé ar deireadh. (MS, I)

  cf. Caint Chéitinn faoin bpriompallán (FF I 4).

2745 Dá mbeadh síoda ar ghabhar, is gabhar i gcónaí é. (RM)
- Dá gcuirfeá síoda ar mhuc, ba ghnúsacht binneas a bhéil. (AConn 1/1908)
- Síoda, ór is airgead, ceol is Laidin na tíre,
  A thabhairt do choileán na cuaine, ní dhéanfadh sé uasal choíche é. (M, Sp)
- Dá mhéad an léann is an mheabhair,
  A gheibh Malach mac an Daoi,
  Brisfidh an bhúracht thríd an mbrúta,
  I ndiaidh a chúrsa a chur i ngníomh. (TN 25/7/1890)
- Dá mhéad an léann is an mheabhair,
  A gheibh Malrach mac an Daoi,
  Brisfidh an bhúracht thríd an mbrúta,
  I ndiaidh a chúrsa a chur i ngníomh. (Cum. Béal. 90, 413)

  Seanfhocal idirnáisiúnta, é bunaithe ar Laidin, ach tráchtar ar mhoncaí in áit gabhair sna leaganacha uilig: cf. Ray 2, App. 12, NG II 272, I BSR 85/6. D 99, 102, Ls. Ultach 1745, Eg. 161, Eg. 155, O'Daly 98.

2746 Déanfaidh uibheacha iolair iolraí cibé an áit a ngortar iad. (ACC 1)
- Déanfaidh uibheacha iolair iolraí, pé ar bith nead a ngortar iad. (GS)
- D'imigh Clanna Néill thar sáile,
  Is tá Éire cráite ó d'imigh siad;
  Ach déanfaidh uibheacha iolair iolraí,
  Pé ar bith áit a ngortar iad. (MS, AA 3/1938)

  Cuir i gcomórtas leis seo 'Aquila non generat columbas,' etc. (I BSR 218, O 83), le malairt bheag chéille.

2747 Deartháir do Thadhg Dónall. (RM, Ca, F, IG 8/1905)
- Deartháir do Thadhg Dónall is mac do Dhónall Bilí. (MÓD)
- Deartháir do Thadhg Dónall is deirfiúr do bhreall óinseach. (AR 280)
- Deartháir don tsac an mála. (I)

  Faoi bheirt leis an nádúr céanna. College 281

2748 De bhun (As) aon chleite amháin iad. (Sa)

  Filidheacht na gCaisideach 35.

2749 De réir a thoraidh is ea a aithneos tú an crann. (GS)
- As a dtoradh a aithnítear na crainn. (F)
- As a ghníomhartha a aithneos tú an duine is ar a thoradh an crann. (S)
- As a ghníomhartha a aithnítear an duine is ar a thoradh a aithnítear an crann. (MS)

  Ud. Mor. 39 – 'admestar talam assa torthib,' etc. Dioghluim Dána 27a, 8, Pilib Bocht 8, 19c, Rannta, O'Daly 98; D 105; Eg. 127, Eg. 146. As an mBíobla (Mth. XII 33, etc.) is tá leaganacha iomadúla de san Eoraip (I BSR 41, L I 57, Ray 137, SH 270, PB 19, LSM 97a, 102a, 72f).

2750 Dúchas na heilite a leanas an fia. (Ac)

2751 Éanacha aonchleite, coinníonn siad in éineacht. (IG 8/1895)

- Déanann éanacha na haonchleite cónaí in éineacht. (AR 69)
- Éanlaith na haonchleite faoi aonsceach. (MÓD)
- Éanlaith an aoneite in éineacht ag eiteall. (M)
- Téann (Tigeann) na géabha le chéile. (Ca)
- Aithníonn na héin a chéile. (MÓD)
- Mar a chéile iad éanacha aonchleite. (IG 9/1905)

BC 70. College 281.
Idem App. 49, is tá leaganacha gar dó in I BSR 209. LSM 30h, 116 YD 6. Gheofar a bhunús in Síor. XXVII 9 agus O 264.

2752 Faoin gcrann a bhíos an toradh. (TÓM)

- Faoin gcrann a bhíos a thoradh. (MÓD)
- Toradh an chrainn faoina bhun. (CC)

Le haghaidh leaganacha ionann is an ceann seo, nó gar dó, cf. I BSR 42, 45, DC 25, Lipp. 22, (Der Apfel fällt nicht weit vom Stamm, etc.).

2753 Gach uile bhoc ar an strainséara, ach céad slán don bhaile. (GS)

Cáintear an rud eachtrannach, ach moltar an rud dúchasach.

2754 Is buan duine ina dhúiche féin. (CS 12/3/1904)

- Is buan fear ina dhúiche féin. (M)
- Is buan fear ina dhúiche, níor cailleadh ariamh i measc a chuaine. (CS 11/11/1899)
- Ní buan fear ina dhúiche. (MS)

2755 Is deacair duine is a thréathra a scaradh ó chéile. (S 12/1923)

- Is deacair duine is a cháilíocht a scaradh ó chéile. (S 12/1917)
- Duine is a thréathra, is deacair a gcur ó chéile. (MÓD)
- Duine is a bhéasa, ní féidir a scaradh ó chéile. (S 1/1928)
- A dhúchas féin ní bhainfear ó aon neach go deo. (AR 192)
- Is fada a leanas an dúchas. (I)

Tá rann Árainneach faoin bhfocal seo in Cum. Béal. 157, 119. Sa Corpus Astron. 61 tá leagan Laidine le tiontú Gaeilge. Ionann is an leagan céanna, YD 12, 21.

2756 Is deacair fiacla a chur i gcúl corráin. (Sa)

Rud a chur san áit nach bhfeileann sé ó nádúr.

2757 Is den mhuc an t-eireaball. (F)

- Is cuid den mhuc an t-eireaball. (S 5/1929)
- Giota den mhuc an t-eireaball. (RM)
- Píosa den mhuc an t-eireaball. (Ár)
- Is cuid den mhuc an t-eireaball is is cuid den ubh an bogán. (CR)
- Is cuid den phunainn an crios. (Ca)
- Is cuid den tsúiche an deatach. (Ca)
- Is píosa den ghé an t-eagán. (Ca, Cum. Béal. 111, 43)
- Eireaball i ndiaidh gadhair. (GS)

Gurb é an mianach céanna atá i ngach uile dhuine d'aon dream a bhíos ag imeacht in éineacht.
cf. 'ithi lochad co al-loss' (Cath Maighe Mucraimhe; RC XIII 446, XX 429).
DC 62 (Gyda'r ci y cerdd ei gynffon).

2758 Is é an dlúth agus an t-inneach a chuaigh ann é. (Sa)

2759 Is é an dlúth agus an t-inneach a chuaigh ann é. (Sa)

- Bhí sé de dhlúth agus d'inneach ann. (CF, B IV 134)

2760 Is furasta crann darach a ghearradh le scian,
Ach is deacair crann carrach a dhéanamh sleamhain ná mín. (Ind)

- Ní chuirfeadh an saol slis mhín ar na daoine. (GS)

2761 Is fusa deoch a bhaint as sruth ná greim as cloch. (AR 292)

Nuair atá deoch ag daoine ach iad a bheith gan beatha (?)
Focal mar é in SH 563, Ray 266, YD 86

2762 Is geal leis an bhfiach dubh a éanlaith féin. (AR 347)

- Is geal leis an bhfiach dubh a ghearrcach féin. (M, IG 7/1905)
- Is geal leis an bhfiach dubh a scalltáin féin. (MS)
- Is geal leis an bhfiach dubh a luiprín féin. (I)
- Síleann an fiach dubh nach bhfuil éan ar bith chomh geal lena éan féin. (F)
- Ceapann an fiach dubh nach bhfuil aon chearc sa gcoill ar nós a chircín féin. (CR)

- Ceapann an fiach dubh go bhfuil a chlann féin bán. (GS)
- Síleann an préachán gur deise a éan féin ná aon éan eile sa gcoill. (IG 8/1894)
- Síleann gach préachán gurb é a éan féin is deise. (S 11/1919)
- Síleann an charóg gurb é a héinín féin is breátha. (CM)
- Síleann an charóg gurb í féin an t-éan is breátha. (Ind)
- Bíonn meas ag gach uile éan ar a éinín beag féin. (IG 7/1905)

Idem App. 125, SH 425, Ray 83, DC 45, 131, Rel. II 497.
Leaganacha eile App. 479, YD 43, 86, 113. Tugann Ray leagan Laidine de. cf. freisin I BSR 211, L I 122 (Chaque oiseau trouve son nid beau, etc.)

2763 Is gearr go mbí an meannán níos measa ná an seanghabhar. (BA, Ind)

2764 Is le gach bó a lao féin, is le gach leabhar a mhacleabhar. (F)

- Is le gach bó a lao, is le gach leabhar a mhacasamhail. (Casla)
- Is le gach bó a lao is is le gach muc a heireaball. (GS)
- Aithníonn gach muc a cró, is gach bó a lao. (MÓD)
- Le gach bó a lao, le gach máthair a mac, is le gach bád a maide rámha. (S 5/1929)
- Le fear na bó an gamhain. (MÓD)

I dTáin LL (Windisch 2931) faightear 'cor bo ball sa ballaib a mac & co bo irrand da irrandaib, & co m-bad re Calatin Dána sochraiti a chuirp fadessin'; féach freisin The Cach Formulas in ZCP XX 260 agus tagraí ('la cach mboin a boinin; cach mac fria máthair'); Trias Thaumaturgas 409. Lessons 162, College 206, Graiméar Uí Mhaolmhuaidh 189. Tá tuilleadh samplaí in MIP 298.

2765 Is minic saoi ó dhaoi. (GS, CR)

- Is minic mac maith ag athair díchéillí. (RM)
- Is minic uan dubh ag caora bhán. (Ca, CC)
- Is minic clann mhaith ag drochathair, is minic uan bán ag caora dhubh. (Ca)
- Is minic nár lean bó dúchas. (RM)
- Is minic nach ndeachaigh bó le dúchas. (CS 5/8/1899)
- Leanann bó dúchas. (AR 341)
- Is minic mac fir cheirde gan meabhair. (Sa)
- Searrach feasach ag láir uafásach (?) (IG 11/1905)
- Is iomaí máthair mhaith a thóig drochiníon. (G)
- Is iomaí dea-athair a thóig drochmhac. (GS)
- Is iomaí athair cneasta a thóig mac fánach. (GS)
- Ba mhinic mac tincéara go maith. (Ca, Cum. Béal. 111, 41)

'Ni thoraig sai a domhna duadh' (IGT 1604).

2766 Is treise dúchas ná oiliúint. (Ca, Sp)

Idem SH 307, DC 31. A mhalairt atá in L I 181. Eachtra Uilliam 4290.

2767 Is treise dúchas ná oiliúint, go mór mór an drochdhúchas. (M, DÓM)

2768 Leanann ba dúchas agus leanann daoine a gcosúlacht. (CF, B IV 152)

2769 Má chuireann tú gé go dtí an domhan theas, ní bheidh sí ina gandal ag teacht ar ais. (Sp, Cum. Béal. 76, 14)

2770 Mar a bhíos an cú, bíonn an coileán. (M)

- Mar a mbíonn an cú bíonn an coileán. (Sp B 1934)
- An rud a chanas na coin mhóra, is é a dhéanfas na coileáin. (CC)

2771 Más buí ón ngréin é, gealfaimid féin é,
Más buí ón bhfréamh é, coinnígí féin é. (RM)

- Más buí ón gcré é, fág acu féin é,
  Ní buí ón ngréin ach buí ón bhfréamh. (RM)
- Más buí ón gcré é, fág acu féin é,
  Ní buí ón ngréin ach buí ó nádúr. (F)

Nach bhféadtar an rud atá ann ó dhúchas a athrú.

2772 Ní cheannaítear an scéimh is ní dhíoltar an stuaim. (GS)

Caithfidh siad a bheith ann ó dhúchas.
cf. 'Ní féidir liom a ceannach (.i. bean a ghrá) is ní díoltar an stuaim.' ACG 155, AGC 103. Tá smaointe dá leithéid ó thaobh na céille in Ceol 45.

2773 Ní chuirtear síol na sméar. (RM, TÓM, MÓD)

1. Beidh dúchas na dtuismitheoirí sa gclann (RM). 2. Fásann siad uathu féin .i. cuireann Dia rud ar fáil (TÓM).
O'Daly 96, SFM 13

2774 Ní dhéanfaidh an saol capall rása d'asal. (S 11/1924)

- Ní thig leis an té is cliste sparán síoda a dhéanamh de chluas muice. (M)
- Ní féidir le adhmad a bheith ina iarann. (CF)
- Asal is asal pé ar bith áit a mbíonn. (MS)

Leagan 2: idem Ray 127.
Leagan 4: cf. I BSR 121
Tá leaganacha gar dó seo i gcuid de na teangacha Rómhánacha (I BSR 114). Béarla Chontae Shligigh.

2775 Ní hionann fad do na méaracha ná tréathra do chuile dhuine. (S)

- Ní hionann fad do na méara ná béasa do na daoine. (Ca)
- Ní hionann fad dá chúig méara agus béasa do chuile dhuine. (RM)
- Ní fad céanna atá ag na méara ná tréathra ag na daoine. (AR 420)
- Ní lia méara ar cosa ná tréathra do na daoine. (AR 533)
- Barr do chúig méar nó tréathra gach duine. (M)
- Ní hionann fad do gach méir ná méin do gach mac. (Ca)
- Ní hionann fad gach méire ná méin gach aon duine. (Ca)
- Ní hionann chúig faid na méar ná tréathra na ndaoine. (Ár, Gearrbhaile 1938–39)

Rannta in D 107, 108 (13ú haois), Ériu V 142, Cat. II (Eg. 127; dáta 1775; Eg. 118, 18). Lessons 302, S 12/1934.
Tá leagan den fhocal sna teangacha Rómhánacha (II BSR 38, L I 175).

2776 Ní itheann na madraí allta a chéile. (IG 10/1905)

Seanfhocal coitianta idirnáisiúnta de bhunús na Laidine (Juvenal; App.), cf. App. 703, 158, SH 87; I BSR 63–64, 177.

2777 Níl aon mhaith a bheith ag súil le síth ó ghaoth. (S 5/1919)

cf. 2660

2778 Níl tairne ar bith nach mbíonn géar. (IG 10/1905)

2779 Ní measa leis an rí a mhicín ná leis an gcat a phisín. (IG 9/1905)

- Ní measa leis an muc a micín ná leis an gcat a pisín. (MÓD)
- Ní measa leis an gcat a phisín ná mar mheasa leis an rí a mhicín. (M)
- Is ansa leis an gcat a maicín ná leis an rí a mhicín. (Ca)
- Ní mó cion an rí ar a mhac ná cion an chait ar a chaitín. (CC)
- Tá oiread ceana ag an gcat ar a phisín is atá ag an rí ar a mhaicín. (F)

O rex 7, suus.

2780 Ní ón ngaoth ná ón ngréin a fhaightear an scéimh. (GS)

- Ní ón ngaoth ná ón ngréin a thug sé é. (CF)

Faoi rud is dual sinsir i nduine.
Joyce 188

2781 Níor fhág sé dual na slisne ina dhiaidh. (RM)

An printíseach a chuir an t-athair faoi choinne na n-uirlisí, níor fhág sé ceann dá laghad ina dhiaidh; ba dhual athar dó a bheith amhlaidh.

2782 Níor leigheasadh ariamh an rud a tháinig as broinn. (R, AA 7/1940)

2783 Ní thagann ach an drochubh as an drochéan. (RM)

Fairsing san Eoraip, ón Laidin (Mali corvi malum ovum); fiach dubh atá i gceist sna teangacha Rómhánacha agus Béarla freisin (I BSR 223/4, SH 41, NG I 295). Tá seanfhocail ghaolmhara in LSM 124e, L I 122.

2784 Nuair a mhéileas gabhar, méileann chuile ghabhar. (F)

- Nuair a luíos gé, luíonn siad go léir. (MS, CM)
- Nuair a ghaireas coileach gaireann chuile choileach. (TU)
- An rud a ghníos gabhar déanfaidh gabhar eile é. (Sp, Cum. Béal. 77, 84)

App. 161, SH 266 (gadhair?)

2785 Sin é an síoda, dá ndéanfaí é ina bharrach. (MÓD)

- Is é sin an síoda á dhéanamh de bharrach. (TÓM)

2786 Tá fear na n-adharc mór thíos i gcónaí. (Sa, RM)

An drochdhuine a cheap daone a bheith athraithe ina shaol (nó duine urchóideach ó dhúchas); níl sé in ann dul as a nádúr is brisfidh an t-olc amach arís.

2787 Téann an drochdheor go dtí an seachtú glún déag. (Sp)

2788 Téann feoil le fine, gidh nach de dheoin an duine. (I)

Rel. II 507 (an chéad leath).

2789 Thart le cladaigh a bhaintear maidí,
In aice baile a bhaintear móin,
Ag na caiple a bhíos na searraigh,
Is ag na caoirigh a bhíos na huain. (CnM)

2790 Thug sé ó dhúchas leis é, mar a thug an mhuc an tochailt. (CF)

2791 Tiocfaidh an dúchas tríd na crúba agus leanfaidh an cú giorria. (Gearrbhaile 1937 l.28, gan áit.)

2792 Tuigeann Tadhg Taidhgín agus tuigeann Taidhgín é féin. (T)

- Tuigeann Tadhg Taidhgín. (S 12/1929)
- Tuigeann Tadhg Taidhgín is tuigeann Tadhg a bhean. (Sp)
- Ní thuigeann Taidhgín tada. (Ca)
- Aithníonn óinseach locht amadáin. (T)
- Tuigeann Tadhg Taidhgín agus tuigeann siad féin a chéile. (Ár, Cum. Béal. 101, 550)
- Tuigeann Seán Seáinín. (Ca, Cum. Béal. 77, 371)

Leagan 5: IM, College 275

2793 Uachtar bainne níor facthas ariamh gan im. (S 5/1929)

Féach an tAmhrán Bréagach (S 10/1924, Éigse IV I l.15).
'Uachtar leanna ní fhacas ariamh gan im,
Agus uachtar bainne ní fhacas ariamh faoi sin.'

DÚTHRACHT

2794 Ag déanamh dhá chuid dá dhícheall. (M)

- Ná déan deimhin de do bharúil ná dhá chuid de do dhícheall. (S 11/1928)

2795 An áit a dtéann an chos téann an lámh. (RM, S 12/1923)

- Ní fhéadfadh an lámh a dhul ach san áit a mbeadh an chos. (F)
- Cibé áit a ngabhfaidh na lámha gabhfaidh na cosa. (AR 577)
- Ní théann an lámh ach san áit a dtéann an chos. (RM)
- Má shíneann tú le do lámh, cuartóidh tú le do chois. (CnM, AA 9/1940)

Más féidir rud a thosú is féidir dul níos faide leis.

2796 An lá is mó a shiúileas tú, sin é an lá is mó a théas tú. (Ca, Cum. Béal. 111, 138)

2797 An muileann a bhíos ag síormheilt, meileann sé mín is garbh. (S)

- An té a bhíos ag síorshiúl, meileann sé mín is garbh. (DÓF)

Ní fhágann an síoroibriú dada gan déanamh; caint is mó atá i gceist sa bhfocal seo.
S 5/1919, CS 31/10/1903, O'Daly 89, College 280, Joyce 115.

2798 An rud is fiú a dhéanamh, is fiú a dhéanamh go maith. (Ca)

- An rud is fiú a dhéanamh ar chor ar bith, is fiú a dhéanamh go maith. (Ac, I)
- Más fiú rud a dhéanamh is fiú a dhéanamh go maith. (CF)

Idem App. 714, SH 568

2799 An té a bhíos cruógach, bíonn a dhá cheann i dtalamh. (GS)

2800 An té nach bhfuil in ann a ghnotha a choinneáil faoi, beidh sé ar deireadh. (Sa)

2801 Bí ann ó lá is bí as ó lá. (MÓD)

Bí i mbun do chuid oibre ó dhubh go dubh.

2802 Caitheann an sruth buan an leac. (CnM)

- An tsíorshilt, cuireann sí poll sa gcloch ghlas. (F)
- An braon a bhíos ag silt i gcónaí, cuireann sé poll sa gcloch ghlas. (Ca)
- Caitheann síorshileadh an chloch ghlas. (GS)

- Caitheann na huiscí na clocha. (CS)
- Téann ag an tsíoraíocht ar chuile shórt. (GS, F)
- Braon i ndiaidh braoin is ea a chaitheas an bháisteach an chloch.

  Rífhairsing san Eoraip, de bhunús Laidineach, I BSR 33, App. 112, SH 80, YD 18, 64, L I 55, NG I 244, II 229, 266, LSM 34g; cf. freisin Seanfh. XIX 13, XXVII 15.

2803 Chaill sé time an cheoil le torann na mbríste leathair. (UM)

2804 Chomhfhad is a bheas tú ann, bíodh do bhuillí teann. (Ca)

2805 Cuireadh chuile dhuine an chos is fearr chun tosaigh. (Ca)

cf. an leagan cainte Béarla, SH 535, etc.

2806 Cúrsaí file – bíonn sé tréitheach is ar bheagán téisclime in aimsir ghnotha. (Sa)

2807 Déan an méid is féidir leat, déanfaidh Dia an chuid eile. (Sa)

- Cuir gort, ardaigh claí agus fág an chuid eile ag Dia. (M, Cum. Béal. 109, 283)

  Bí 20 – 'Denadh tionnscadal maith & cuirfe dia crith maith air.'
  Tóraidheacht I 7, I, O'Daly 86

2808 Déan an obair is ná bac le do dhícheall. (IG 8/1905)

2809 Déan do dhícheall an lá breá agus beidh suaimhneas agat an drochlá. (Cum. Béal. 91, 17 gan áit)

2810 Déanfaidh sé spúnóg nó millfidh sé adharc. (Ca, AConn 1/1908)

- Mara ndéanfaidh mé casóg millfidh mé éadach. (T)

  Idem App. 597 ag tagairt do dhuine a mbeadh dul chun cinn ann; Rel. II 502, MR 40.

2811 Déan go cróga an ní is dual duit a dhéanamh. (AR 574)

- Déan d'obair go dúthrachtach croíúil, sin é an chaoi le bheith séanmhar. (MÓD)
- Treabh an t-iomaire atá romhat. (M, Rel. II 507)
- Lean de do lámh. (CF)
- Ná lig síos do mhaidí rámha. (Sa)

  Lessons 360. cf. Cóh. IX, 10 is O 9 (age si quid agis)

2812 Druid le fear broide is gheobhaidh tú cónaí.

Má tá tú ag obair leis an rúscaire, déanfaidh sé an obair duit, is ní bheidh ort dada a dhéanamh.
Ciall eile in MIP 220.
SFM 6.
cf. 5211

2813 Éist leis an abhainn is gabhfaidh sí thart,
Cuir do chochall is gheobhaidh tú breac. (Sa)

- Éist leis an abhainn is gabhfaidh sí thart,
  Siúil leis an abhainn is gheobhaidh tú breac. (Ca)
- Éist leis an abhainn mar a gabhas sí thart,
  Seas ar an mbruach agus gheobhaidh tú breac. (M)
- Éist leis an abhainn is tiocfaidh sí thart,
  Imigh le habhainn agus gheobhaidh tú breac. (Sp, Cum. Béal. 76, 13)

  cf. 3232

2814 Is fearr bliain ag iarraidh déirce ná seacht mbliana ag guí. (AR 415)

- Is fearr aon bhliain ag iarraidh déirce ná seacht mbliana ag ordú. (AR)

  A dhul ag iarratas in áit a bheith ag tnúthán.

2815 Is geall le marú scanradh. (Ár, AA)

- Mara maróidh mé é scanróidh mé é (.i. drochfhoghlaeir ag lámhach éin). (GS)

2816 Is leor do dhuine dona a dhícheall. (AR 228)

- Is leor do dhuine dona a dhícheall a dhéanamh. (F)
- Is leor do Mhór a dícheall. (T, CC, S 5/1924, RM)
- Is leor ó Mhór a dícheall. (M, Ca)
- Is leor ó aon duine a dhícheall. (I)

  1. Ní fhéachfaidh duine dona le níos mó a dhéanamh.
  2. Ní fhéadann aon duine ach a dhícheall a dhéanamh.
  MIP 350 (dáta 1632); Cinnlae III 32, O'Daly 93, Rel. II 506.

2817 Machnamh i suaimhneas ach obair leat. (S)

2818 Mara bhféachfaidh tú leis an rud, ní dhéanfaidh tú é. (S)

2819 Má tá d'obair déanta lig do scíth, is mara bhfuil, imigh is déan í. (MÓD)

- Má tá do ghnotha déanta agat, imigh, is mara bhfuil, déan é. (TÓM)

2820 Ná bí ar tús ná ar deireadh na meithle. (F)

2821 Ná fág ar deireadh an té a thaispeánfas a dhícheall. (Sa)

2822 Nár thige súiche ar do loine ná meirg ar do chuinneog. (F)

- Nár thé súiche ar do loine. (MÓD)
- Nár thaga súiche ar do loine mara ndéanfá ach gogán sa tseachtain. (Sl, BB 191)

2823 Ní bheadh sé ina chodladh is an líon ar an lota. (RM, MS)

Duine piocúil.

2824 Ní féidir iarracht a shárú. (GS)

Béarla na hÉireann 'There's nothing can beat a try'.

2825 Ní gnách síorshiúl seisc. (I)

Rann in D 223 (17ú haois).

2826 Ní hionann lá ar bith is lá fómhair. (RM)

Séasúr cruógach é.

2827 Níl áit agam ach áit i bpoll an bhaic.

1. Leagan a déarfadh duine nach mbeadh áit ná spás aige lena obair a dhéanamh (I).
2. Le duine cúthail nó duine coimhthíoch (GS). 'Níl áit agam ach áit i bpoll an bhaic', a deir an té atá sa mbealach le linn oibre (Cd).

2828 Níl aon chur leis sa siota. (Sa)

An té a bhfuil spreacadh mór ann i dtús oibre ach tuirsíonn sé gan mórán achair.

2829 Ní raibh maith go leor go maith ariamh. (RM)

Leaganacha de in Ray 99 (Good enough is never aught) is DC 84.

2830 Ní sárobair ach síorobair a sheasas. (AR 421)

- Is fearr síorobair ná sárobair. (AR 57a)
- Téann an tsáraíocht ar an tsíoraíocht. (RM)

Is doiléir an leagan deiridh, leg. 'téann ag an tsíoraíocht ar an tsáraíocht' (?)

2831 Ní scoiltear cloch gan tine a chur uirthi. (Sa)

Ní dhéanfaidh tú d'obair mura dteannfaidh tú léi go maith. Níl aon luach saothair gan a shaothrú. cf. 2414

2832 Nuair a rachas tú ag marú do mháthar, maraigh í. (AConn 1/1908)

- An lá a bheas tú ag bailiú airgid, bí ag bailiú airgid, agus an lá a bheas tú ag baint scuab, bí ag baint scuab. (I)

An rud atá ceaptha agat a dhéanamh, déan go maith é.

2833 Tiomáin do ghearrán nó gheobhaidh tú milleán. (Sp)

Déan do ghnotha go maith nó gheofar locht ort.

EAGLAIS

2834 An té nach bhfuil leat, tá sé i d'aghaidh. (Sp, Cum. Béal. 76, 17)

Mth. XII 30

2835 Béal chomh bocht le doras theach an phobail. (RM)

2836 Brón ar an bhfoilmhe, is mairg mar chéile í,
Ach séard a deir an Eaglais go molann Mac Dé í,
Ach go deimhin má mholann, ní ghlacfaidís féin í. (S 9/1918)

- Mo chrá í an bhochtaineacht, is mairg dhar céile í,
Gidh gur ard is gur aoibhinn a mholas a chléir í,
A bhfuil ar neamh is ar talamh díobh, thréigfidís féin í. (TN 25/7/1890)
- Do shoraidh don bhochtaineacht is suarach an chéile í,
Brón agus deacair uirthi mar a casadh liom í;
Cé go ndeir na sagairt gur maith an tslí chun Dé í,
Ach ar ór an domhain ní ghlacfaidís féin í. (GS, S 11/1926)
- An bhochtaineacht ní mholaim is ní cháinim í,

Ach is í an bhochtaineacht a ghortaigh is a chráigh mo chroí;
Deir sagairt gur maith an tslí chun Dé í,
Ach trí pholl eochrach a thréigeas siad féin í. (M)

Dearthair bocht sagairt a cheap an rann seo nuair a d'eitigh an sagart béile a thabhairt dó. (GS)

2837 Buidéal, builín is spóla,
Coirce do mo chapall is airgead i mo phóca. (I, U, B 6/1933)

- Púdar sa ngunna,
Bealadh sna bútaisí,
Coirce don ghearrán,
Tabhair dom mo thairiscint.
- Aitheanta na hEaglaise,
Scian ghéar, arán is spóla,
Coirce do mo chapall is airgead i mo phóca (S 11/1919)

Iarratas an tsagairt (I); cúig aitheanta na hEaglaise (U).
cf. freisin ADC II 100 agus an scéilín in S 4/1920 l. 2.
Leagan 2: 9 n-aitheanta an tsagairt. Ní bhfuaireas ach an méid seo agus ní cuimhin liom cén áit ar fritheadh é.

2838 Déan mar a déarfas an sagart ach ná déan mar a dhéanfas sé. (F)

- Déan mar a déarfas siad ach ná déan mar a dhéanfas siad. (IG 8/1905)
- Comhairle an tsagairt, 'Ná déan mar a ním ach déan mar a deirim.' (T)

MIP 121 (15ú haois)
Tá an chaint chéanna in App. 154, Ray 6, YD III, Arm. 885, PB 129, NG II 167. B'fhéidir a bhunús a bheith in Mth. XXIII 3; cf. freisin Taylor 131.

2839 Deireadh an tsoiscéil an t-airgead. (Sl, DÓM)

- Deireadh an tseanmóra an t-airgead. (Sl, DÓM)

2840 Duine le Dia, b'fhearr leis bia ná bean. (Ca, RM, CF)

An sagart.

2841 Faisiún mhná na cille le mná na tuaithe, alpán chucu is millín uathu. (CF)

- Más ionúin leat na bráithre,
Bí leo go sásta socair,
Tabhair a gceart dóibh,
Is ná hiarr tada orthu. (M)
- Tabhair dóibh a n-iarrfaidh siad is ná hiarr tada orthu. (I)

Go n-iarrann an chléir go leor, ach nach dugann mórán uathu.
Tógadh as leabhar é, measaim; ÓD (millín) is SU 84; rann in D 145 (ls. Ultach, 1745), g, 161, 56 (1778). Leagan 2: leagan Chearbhalláin (?) le athrú beag in IM I 113; O'Daly 99.
cf. 2337, 2285 agus 4523

2842 Imíonn rith an phobail ar shagart an pharáiste. (Ca, RM)

Ar an sagart paróiste atá stiúir an phobail.
cf. 2855

2843 Is an Eaglais ag síor-rá
Nach bhfuil maith sna ráite,
Dá mba don iarratas an caoineadh
B'ard blao ón mbráthair. (GS)

Tá rann den déanamh céanna in D 144 agus véarsa le críoch mar an ceann seo in S 6/1926 l. 1.

2844 Is bocht an eaglais a bhíos gan ceol. (S, MÓD)

Idem IM, Measgra Dánta I 7, 10 (ls. 1745)

2845 Is é a leanbh féin a bhaisteas an sagart ar dtús. (IG 11/1905)

Go dtugann sé aire dá ghnó féin ar dtús.
In Mélusine IX 102, tá dréacht agus dhá scéal (Co. Thiobraid Árann agus Co. Uíbh Fhailí) le míniú contráilte ar an seanfhocal; déantar tagairt ann don JRHis.Arch.SI Aibreán 1889, l. 137 agus Iúil 1889, l. 247, áit a bhfuil scéal faoin bhfocal agus míniú ceart air. MIP 97. Béarla idem (App. 98).

2846 Marach an paráiste, b'fhurasta srathar a chur ar chapall an tsagairt. (GS)

Ní bheadh aon chapall (ná maoin ar bith) aige.

2847 Ná bí mór ná beag le sagart. (M)

- Ná bí mór ná beag leis an gcléir. (CM)
- Ná bí róbheag ná rómhór leis an gcléir. (MS)
- Ná bain leis an Eaglais. (Sl, DÓM)
- Ná bí in aghaidh sagairt, ná rómhór leis. (Sp, Cum. Béal. 76, 14)

2848 Ná cuir moill ar shagart ocrach. (MS)

2849 Ní dá gach adhmad is cóir sagart a dhéanamh. (Ca)

Bangor 153 (gwneud).

2850 Nuair a bhíos an sagart in éide, is minic é féin agus a theagasc ó chéile. (MS)

2851 Nuair a chaillfeas an Eaglais an tsaint,
Tiocfaidh an fiach dubh ag caint. (S 8/1928)

- Ní chaillfidh na sagairt an tsaint go dtiocfaidh an chaint chuig an bhfiach dubh. (IG 1/1899)
- Nuair a chaillfeas an Eaglais an tsaint, tiocfaidh caint don fhiach dubh. (S)
- Bíonn saint i ndiaidh na sagart. (S 12/1919)
- Sagart gan saint ní bhfaighinn ar m'aithne. (AR 276)
- Ach a dtréige na hiolair na gleannta,
  Ach a n-imí an ceo de na cnoic,
  Ach a gcaille an sagart a shaint,
  Is ea a thiocfas caint don fhiach dubh. (Ac)
- 'Cá fhad go mbí ceol ag an bhfiach dubh?'
  'Go dtige an lá inné ar ais,
  Go n-imí ceo de na cnoic,
  Go gcaille na sagairt an tsaint – go deo'. (M)
- Nuair a thiocfas an míol mór ar an moing,
  Nuair a thiocfas an Fhrainc go Sliabh Mis,
  Nuair a chaillfeas na sagairt a saint,
  Tiocfaidh ceol binn don fhiach dubh. (M)

Leagan 7: Ceist a chuir sagart ar amadán is an freagra a fuair sé.
Tá leagan eile den rann deireanach seo leagtha ar Eoghan Ruadh Ó Súilleabháin; cf. E. Ruadh Ó Súilleabháin l. XXXI. Scéal, B 6/1937, S 10/1923. Rann D 149. Tá leaganacha eile in B V 147 (CF) agus Cum. Béal. 83, 287 M.

2852 Paidir ghráúil ag an sagart. (Sa)

Go mbíonn paidir ar fheabhas aige.

2853 Sagairt óir is cailís crainn
Bhí le linn Phádraig in Éirinn,
Sagairt crainn is cailís óir,
I ndeireadh an domhain dhearóil. (M)

Rann in D 148 (17ú haois)
Focal Fraincise in L I 18 (17ú haois, le leagan Laidine).

2854 Sagart balbh, sagart dealbh. (F)

- Ni fhaigheann an bráthair balbh tada. (MÓD)
- Ní fhaigheann sagart balbh beatha. (Ca)
- Sagart balbh, sagart dealbh, sagart falamh. (MÓD)

Mura mbíonn sé in ann iarratais, fágfar bocht é.
Joyce 109

2855 Sciorrann focal ar shagart an pharáiste. (Sl, DÓM)

- D'imeodh rith focal ar an sagart paráiste. (I, M)
- Imíonn rith focail ar shagart an pharáiste (Sa)

Dá fheabhas duine, déanann sé corrbhotún.
Féach na leaganacha atá in ÓD (rith), SM 467.
cf. 2842

EASCAIRDEAS

2856 An té a bhuailfeadh mo mhada, bhuailfeadh sé mé féin. (M, IG)

- Más beag ort mo mhada is beag ort mé féin. (M)
- An té a bhuailfeadh a mhada, bhuailfeadh sé mé féin. (GS)
- An té a bhuailfeadh a mhada, bhuailfeadh sé mo chú féin. (GS)

O'Daly 89. SH 171, I BSR 187, 190 (An Fhrainc agus An Spáinn)

2857 Ar nós na madraí, ní túisce mór le chéile iad ná beag. (GS)

2858 Cogadh carad, caoi namhad. (M)

Taro cyfaill, arbed gelyn (Myv.); DC 181.

2859 Dalladh an choinín ort i bpúicín an bharraigh! (F)

- Dalladh an choinín ort! (GS)

Sáinniú in áit nach bhfuil aon dul aisti (?). Deirtear gur caoch an coinín am áirithe sa mbliain (LMóir).

2860 Dá mbeadh eireaball ort, ní liomsa a bhogfá é. (CC)

Duine a bheadh i d'aghaidh, nó namhaid.

2861 Do chapall do shócúl, do mhada do charaid is do bhean do namhaid. (F)

- Do chapall do charaid, do mhada do chomrádaí is do bhean do namhaid. (IG 11/1898)
- Is í do bhean do namhaid is do chapall do charaid. (CC)
- Is é do namhaid capall agus bean. (AR 445)

Scéal faoi in Cum. Béal. 61, 418. AMC 170 (nótaí) –
'fada le nech mar atú
can fer cumainn acht a chú
gan gilla acht a lám(h)a
gan cuach acht a chuarána' (Harl. 5280).
NG II 50 (El perre mi amigo, la muger mi enemigo, et hijo mi señor).

2862 Fiacla do charad is claíomh do namhad, an dá rud is dona ar bith. (S)

- Fiacla do charad is claíomh do namhad an dá ní is measa ar bith. (Ca)

2863 Gineann an t-éad gráin agus an ghráin díoltas. (Cum. Béal. 91, 10 gan áit)

2864 Ina dhá Mac Uilliam i gceann a chéile. (ÁC)

Daoine a mbeadh eascairdeas eatarthu; deirtear go mbíodh sliocht Mhic Uilliam ag troid le chéile de shíor.

2865 Inis do namhaid é. (RM)

Scaipfidh sé do rún.

2866 Is bocht an fear, fear gan namhaid. (GS)

- An té nach bhfuil namhaid aige, ní fiú fear a thabhairt air. (M)
- Fear gan namhaid, ní fiú mórán é. (Ind)

Is beag duine ar fónamh nach bhfuil namhaid aige, nó duine éigin lena cháineadh.

2867 Is é an capall is mó marc is airde a chaitheas a thóin. (AR 333, MS)

- An capall is airde marc is luaithe a dhéanfadh pramsáil. (GS)

Is deacair míniú sásúil a fháil air seo; is é an chiall atá leis, measaim, gurb é an té is géire a airíos pian (nó an té is mó a dtéann an scéal i gcion air) is túisce nó is soiléire a thaispeánas é.
cf. ADR 215 'Preabann eachraí le sáithsibh géara'. Féach 'Let the galled jade wince' (Hamlet) agus 'Trop presser fait le cheval restif' (HV 110).

2868 Is géar an scáthán súil namhad. (M)

2869 Is measa droch-chomharsa ná an diabhal. (BA)

- Is é an droch-chomharsa an droch-chlaí. (Sp)

O malum 8, vicinus, Lipp. 644.

2870 Is minic a rinne an carthanas caraid mhaith den namhaid. (RM)

Líne amhráin é in B X 221.

2871 Is olc é an rún díoltais. (Ca)

2872 Mara teann ar charaid, ní teann ar namhaid. (MÓD)

- Mara treise lenár gcaraid, nár ba treise lenár namhaid. (Ca)

Ní hiontrust aon duine nuair nach muiníneach ár gcairde.
IG VIII 179

2873 Mar is buil le mo charaid, is ea is fearr le mo namhaid. (RM)

- Mar is bodh le mo charaid, is ea is fearr le mo namhaid. (CC)
- Mar is maith le mo charaid, is olc le mo namhaid. (M, Cum. Béal. 114, 333)
- Mar is maith le mo chomharsain, is oth le mo namhaid. (RM)

Cúis bróin do charad, sin cúis áthais do namhad (RM); do mhaitheas is fearr le do chairde, do dhonacht is fearr le do naimhde (M). Ní bhfuaireas aon mhíniú ar an dá fhocal 'bodh', 'buil'.
CCU 90. cf. 'Fear siúil agus a Chomharsain' (Mac Meanman) II. B'fhéidir go bhfuil baint aige seo le téacs Síor. XII 8, 9.

2874 Ná seas ar mo chos go dtuille mé é, le faitíos na fala thuas. (F)

cf. 71

2875 Níl namhaid ar bith is measa do dhuine ná é féin. (Ca)

2876 Oiread gránach is atá ag an Diabhal ar uisce coisreacain. (GS, Ca)

Joyce 61

2877 Tháinig idir Peadar is Pól. (Sl, DÓM)

Go n-éireodh idir cairde móra scaití.

ÉIGEAN

2878 An rud is éigean is aoibhinn. (Ca)

1. Gur fearr duit an rud a chaithfeas tú a dhéanamh.
2. Gur fearr an rud a mbeadh stró ort leis ná an rud éasca.

2879 An té a bhfuil glac ar a scóig, caithfidh sé a bheith ina thost. (GS)

2880 An té a sháraítear in aghaidh a thola, tá sé ar a intinn féin ó shin. (RM)

- Má athraíonn tú an t-amadán in aghaidh a tholach, beidh sé ar an intinn chéanna arís. (Ca)
- Is deacair rud a áitiú ar amadán in aghaidh a tholach. (MS)

SH 156 (1678)

2881 Caithfidh tú damhsú de réir an phoirt. (RM, S)

- Is deacair damhsú ach de réir an phoirt. (F)
- Damhsa de réir an phoirt. (CF)

2882 Chuile shórt ag iarraidh síocháin nuair atá sé in íochtar. (Ca)

2883 Cíos do thiarna nó bia do linbh. (Ca, MÓD)

- Cíos do thiarna nó bia do leanbh. (RM)

An dá rud is géire riachtanas.Ciall eile in MIP 160. O'Daly 90

2884 Is deacair do dhuine an rud ceart a dhéanamh má bhíonn sé á dhéanamh in aghaidh a thola. (Sa)

- Rud in aghaidh do thoil is do tholach, rud gan sásamh. (Sa)

2885 Is é fuacht an droma a bhreacas na loirgne. (Ca)

- Is é fuacht na slinneán a bhreacas na loirgne. (CS)
- Tá fuacht ar mo ghuaille, is mo loirgne breac,
  Is iasacht na luatha ní thabharfainn don chat. (F)
- Crith ar mo ghuaille is fuacht ar mo chruit,
  Is cumhdach na luatha ní thabharfainn don chat. (CF)

O'Daly 91, MIP 48

2886 Is fearr cromadh ná ceann briste. (AR)

- Is fearr lúbadh ná briseadh. (GS)
- Ní hé an crann a bhíos i bhfad ag crith an chéad chrann a thuiteas. (CF)

Dioghluim Dána 52, 21. Leagan de in BC 67. Líne dáin as Duanaire Mhic Shamhradháin (AA 1/1940; II 71)
Seanfhocal idirnáisiúnta, cf. I BSR 49, App. 42, Ray 74, YD 102, PB 25, NG II 295, 383. cf. Fabhalscéal La Fontaine faoin gcrann darach is an brobh.

2887 Is fusa dáréag a choinneáil amach ná duine amháin a chur amach. (Ca)

Ray 232 (Better hold oot nor put oot – Albain). cf. 2424

2888 Is í easpa máthair na gceard. (AR 459)

- Múnann gá seift. (Ca, Casla)
- Brostaíonn airc intleacht. (Sp)

SF 2, 29 (FFx 1, 34) – 'adcota terca léire.' Rel. II 495.
Focal fairsing go leor, App. 439, SH 308, YD 16, L II 245, 268, Taylor 145; gheofar a bhunús in O (fames 2; paupertas 1)

2889 Is iomaí rud a tharlaíos nach mbíonn call leis. (F)

2890 Mara gcuirtear thú le grá duit, cuirfear tú le gráin ort. (F)

An rud a chaithfear a dhéanamh, déanfar é.

2891 Ní théann dlí ar riachtanas. (M)

- Níl dlí ag riachtanas. (IG, College 293)
- Níl dlí in aghaidh an riachtanais. (MÓD)

Leaganacha de in BC 488, IM : 'gach recht go h-eicin' atá in Forbhais Droma Damhghaire (RC XLIII 52); MIP 224.
Idem App. 438, SH 308, YD 15, L II 100, 179, 267, NG III 144. Faightear an fhoirm seo den fhocal i Laidin Aibhistín naofa ach tugtar foirmeacha níos sine ná í in App. 438 is Taylor 145.

2892 Nuair is crua don chailleach, caithfidh sí rith. (S)

- Nuair is truaighe don chailleach, caithfidh sí rith. (S)
- Nuair a chruaíos don chailleach, caithfidh sí rith. (Ca)
- Nuair is crua don tseanbhean, caithfidh sí a seanrith a dhéanamh. (Ac, I)
- Nuair a thigeas sé go crua leis an tseanbhean, caithfidh sí rith. (MS)
- Is truaighe don chailleach nuair a chaithfeas sí rith. (Ca)

Tiontú díreach as an mBéarla atá in BC 489. Scéal S 6/1924. Faightear an focal seo scaipthe sách fairsing san Eoraip, cf. Ray 118, App. 439, YD 15, 16, DC 26, NG I 261, II 270, LSM 92a, 27f.

2893 Obair gan buíochas caitheachtáil. (F)

- Rud gan buíochas caitheachtáil. (Ca)
- Is gan buíochas caitheachtáil. (Sa)
- Gan bhuíochas caitheachtáil. (RM)

1. Nach bhfaightear buíochas ar son a gcaithfear a dhéanamh.
2. Dá ainneoin féin a dhéanann duine an obair a chaithfear a dhéanamh.

2894 Tig leat capall a thabhairt chuig an uisce ach ní féidir tabhairt air a ól. (AR 373)

- Tig leat capall a thabhairt chuig an tobar ach ní thig leat iallach a chur air ól. (RM)
- Is féidir an t-each a thabhairt chuig an uisce, ach ní féidir iallach a chur air é a ól. (GS)
- Is furasta capall a thabhairt chuig an uisce, ach is doiligh iallach a chur air é a ól. (I)
- Is féidir capall a thabhairt chuig an uisce ach ní féidir iallach a chur uirthi é a ól. (F)

Seanfhocal idirnáisiúnta as an Laidin, le malairt beithíoch (bó, capall, asal) i gcuid de na teangacha (I BSR 126, LSM 20b, 165s, App. 314, MR 33).

EOLAS

2895 Ag tóraíocht gadhair is gan fios a dhatha. (CS 14/11/1903)

- Ar lorg do gadhair is gan fios a dhatha agat. (M, IG 7/1905)
- Ag cur tuairisce an mhada agus gan fios a dhatha. (F)

Ag iarraidh ruda is gan a chomharthaíocht go cruinn agat nó gan eolas ar bith agat air.
MIP 414, College 300.

2896 An rud a scríobhas an púca, léann sé féin é. (S 2/1925)

Graiméar Uí Mhaolmhuaidh 172, Joyce 117.

2897 An té a chuireas i bhfolach, is dó is fusa é a fháil. (F)

- An té a chuireas rud i bhfolach, is é atá in ann é a fháil. (GS)

Idem App. 300.

2898 Bíonn siúlach (siúltach) scéaltach. (CF)

- An té a bhíos siúlach bíonn sé scéaltach. (M, F)
- An té is mó a shiúileas, is é is mó a fheiceas. (S)
- An té is mó a shiúileas, is é is mó a thuigeas. (Ca)
- Ní fheiceann ach an té a shiúileas. (CF)
- Fear siúil, fear nuaíochta. (Sa)
- Scéal nua nó fear mála. (Gort, Cum. Béal. 263, 58)

Síor. XXXIV 9, 10, 11.
S 1/1920

2899 Blais den bhia is tiocfaidh dúil agat ann. (F)

- Blais de cheann is gheobhaidh tú greann sa gcuid eile de. (TÓM)
- Blais de cheann is gheobhaidh tú greann ar an gcuid eile. (MÓD)

Níl a fhios agat céard é rud go dtriailfidh tú é.
Tá focal mar é in Arm. 448.

2900 Cuid mhaith den obair an t-eolas. (MÓD)

2901 Cuimhne Sheáin Deirg. (GS)

Cuimhne fhada ar gach uile shórt, gan fhios cén uair a tharla sé.
cf. 'Cuimhne Sheáin Brún' (PMB 299)

2902 Dá mbeadh a fhios agat bheadh leigheas agat. (M, MS)

PHL Breac 7643 – 'amal atbeir Solam, 'co nach étir, in chned cen fis a doimne a legius, no-co festar hí.'
App. 153, II BSR 203 (Principio de la cura, etc.)

2903 Déan do chleamhnas ar an gcarn aoiligh, ach díol do bhó i bhfad ó bhaile. (F)

- Pós ar an gcarn aoiligh, is díol do bhó i bhfad ó bhaile. (M)
- Cleamhnas sa gcarn aoiligh, ach díol do bhó i bhfad ó bhaile. (Ca)
- Díol do bhó i bhfad uait, pós do bhean ar an gcarn aoiligh. (G)
- Cleamhnas an chairn aoiligh, is cairdeas Críost i bhfad amach. (CnM)
- Pós ar an gcarn aoiligh, is cairdeas Críost i bhfad ó bhaile. (M)
- Cleamhnas ar charn aoiligh, is cairdeas Críost i bhfad ó bhaile. (I)
- Ar lorg mná, ná téigh thar do charnán aoiligh féin. (GS)
- Iarr i bhfad uait (.i. i bhfad amach i ngaol) ach pós i ngar duit. (G)
- Díol do bhó le coigríoch ach pós ar an gcarn aoiligh. (T, Cum. Béal. 79, 157)

Pós bean aitheantais, ach déan gnó ceannaíochta le strainséirí.
'Clemna ili imchiana' (TC 18, 3);
'Cleamhnas ar deis duine féin
Is altrannas i n-imgcéin,'

atá i nduan le Gofraidh Fionn Ó Dálaigh Dioghluim Dána 66, 9a. Branach 6836, O'Daly 80, 83, Rel. II 505.
Tá cuimse leaganacha den fhocal iomlán sa mBreatnais – 'Dyweddi (cyfathrach) o agos galanas (dywain) o bell,' etc. (YD 34, 74, 85; DC 72, 106, 128, 129).
Tá an chéad líne in Ray 199, 231 agus leagan den chéad líne in MR 7.
cf. Freisin NG III, 273 is L II 301 (Qui loin va se marier sera trompé ou veut tromper).
cf. 1390

2904 D'ordaigh Dia a dhul chun aonaigh gan gnotha. (S)
- Tá cead a dhul ar aonach gan gnotha. (S)
- D'ordaigh Dia duine ar aonach gan gnotha. (RM)

Bíonn eolas ar fáil ann ar an saol, stoc, etc.

2905 Fan go n-ithe tú mála salainn leis. (RM)
- Ná mol aon duine go mbí céad salainn ite aige i bpáirt leat. (CC)
- Nuair a bheas cárta salainn ite agat ar aon bhord leis, beidh aithne mhaith agat ar dhuine. (I)

Focal idirnáisiúnta, II BSR 102, Ray 326, App. 73, PB 77, OSK (E), NG III 9, HV 382, Lipp. 748; ag dul siar go dtí na teangacha clasaiceacha, O 19, SP. Red. 1002.
cf. 5128 agus 2342

2906 Fios is fiafraí, damnú síoraí. (Ca)

Go bhfuil damnú síoraí saothraithe ag an té a fhiafraíonn faoi rud atá ar eolas aige.
cf. Sil. Gad. I 348 – 'fiarfaigid iar fios sin' – Eachtra T. mhic Céin Bk.Lismore. AMC 63 – 'in senbriathar .i. fiarfaige dar cubus.'
Tá leaganacha d'fhocal mar é in SH 386, PB 72.

2907 Iomarca eolais a choinníos clann na gcomharsan óna chéile. (G)

2908 Is cuma leis an dall cé air a dtuitfidh an meall. (Ca)
- Is cuma leis an dall cé air a dtiocfaidh breall.
- Cuma leis an dall cé air a dtuitfidh an breall. (LMóir)

Gur cuma le duine aineolach cén dochar a dhéanann sé lena chaint nó lena ghníomhartha.

2909 Is dall an duine nach dtuigeann a chúrsaí féin. (CF, AR 425)

Véarsa in Cat. II (Add. 18749, 57: dáta 1792), Búrd. 14 (1659).
SH 295 (Albain).

2910 Is deacair do dhall breithiúnas a dhéanamh idir dhá dhath. (TÓM)
- Is deacair do dhall breith a thabhairt idir dhá dhath. (MÓD)
- Is olc an breitheamh ar dhathanna dall. (CF)
- Ar lí ní breitheamh fear gan súile. (Ca)
- Is caoch an caoch ar dhath. (M)
- Níor cheart d'fhear caoch a thuairim a thabhairt faoi dhathanna. (S)

Tá tagairt dó in 'FF' Chéitinn (ITS IV 38). College 275, 280. Leagan 4: IM idem. Leagan 5: IM idem. Tá an focal céanna (nó a shamhail) in App. 54, Ray 73, SH 69, DC 86, YD 61, agus L I 136, HV 47, II BSR 14 (teangacha Rómhánacha). As Laidin na meánaoiseanna a tháinig sé.

2911 Is é an sop tuí is fearr a thaispeánas an chaoi a séideann an ghaoth. (CF)
- Insíonn tráithnín an taobh a mbíonn an ghaoth ag séideadh. (Sp, Cum. Béal. 76, 16)

cf. App. 605, SH 404 le haghaidh an fhocail choitianta Béarla; leagan cainte in L I 86, 125, NG II 8.

2912 Is fearr eolas an oilc ná an t-olc gan eolas. (GS, Ca)

O 208 (nota mala res optima est)

2913 Is fearr lá ag cur tuairisce ná dhá lá ag iarraidh. (S)
- Is fearr lá ag cur tuairisce ná trí lá ag tóraíocht. (Ca)
- Is fearr tuairisc ná tóraíocht. (GS)
- Is fearr dhá lá ag cur tuairisce ná lá amháin ag iarraidh. (Ac)
- Is fearr duine ag cur tuairisce ná beirt ag tóraíocht. (Ca)
- Is fearr duine ag cur tuairisce ná beirt ag iarratas. (Ac)

An rud a d'imigh amú ort, b'fhéidir go mbeadh scéala faoi ag duine éigin eile.

2914 Is iomaí saighdiúr maith nár throid ariamh. (S)
- Is maith an fear, fear gan féachaint. (TÓM)

Níl a fhios cén mhaith atá ann go bhféachtar é.

2915 Is léir dom an cró ach ní léir dom an tsnáthaid. (GSe, Sp)

Tuigim an scéal ach ní thuigim an t-ábhar atá leis.

2916 Is maith an báireoir a bhíos ar an gclaí. (AR 393a)

- Is maith an t-iománaí an té atá ar an gclaí. (F, S 7/1923)
- Is maith an bádóir an té atá ar an talamh. (S 1/1920)
- Bíonn an t-iománaí is fearr ar an gclaí. (CF)
- Is maith an marcach an té atá ar an gclaí. (Ca)
- Is maith an marcach, an fear a bhíos ar an talamh. (IG 8/1905)
- Is maith an marcach, an té a bhíos ar a dhá chois. (MÓD)
- Is é an cearrbhach is fearr an cúlchearrbhach. (AR 369)
- Is maith an cearrbhach an fear a bhíos thuas. (CF)
- Is maith an mharcaíocht a fhanas ar chlaí. (CF)
- Is maith an t-iomaitheoir an fear ar an gclaí. (CnM)
- Is maith an bádóir é an talmhaí. (Sp, AA 1/1940)
- Maith an bádóir a bhíos ar an talamh tirim. (S 3/1920)
- Is maith an snámhadóir a bhíos ar an mbóthar. (Cum. Béal. 91, 4 gan áit)

2917 Is mór é scil bacaigh i mbláthach. (CC)

Leagan a deirtear le duine a cheapann go bhfuil scil i ngach uile ní aige.
cf. MIP 83

2918 Lig tú an sionnach as an mála. (F)

- Lig tú an cat as an mála. (Ca, MS, Ac)

SH 527, App. 89 (cat). Bangor 166 (Gollwng y gath allan o'r cwd).

2919 Mac réidh mac Diarmada go bhfaigheadh sé uisce ar a mhias féin. (AR 463)

- Is maith ciúin é mac Diarmada go dté an t-uisce ar a mhias féin. (Ca)
- Tá chuile dhuine cineálta go dté bó ina gharraí. (CR)
- Tá chuile dhuine lách go dté bó ina gharraí. (S 3/1920)
- Tá do chomharsa maith go leor go dté bó ina gharraí gabáiste. (Ca)
- Is cara duit do chomharsa go dté do bhó ina chuid gabáistí. (Ac, I)
- Bíonn gach duine ciúin go dté an gabhar ina gharraí. (Ca)
- Níl a fhios agat cé hé duine ar bith go seasfaidh tú ar ladhraicín air. (F)
- Níl a fhios agat duine ar bith go seasfaidh tú ar chois leis. (RM)
- Tá an té is fearr sách maith nó go seasfaidh tú ar chosa air. (GS)
- Bíonn an muintearas ann nó go dtéann an t-asal sa ngarraí. (Ár, Cum. Béal. 552)
- Chomh lách le fear seasta go dtiocfadh bó ina gharraí. (Sa)

Ní thaispeánann aon duine a nádúr go gcuirtear múisiam nó fearg air. TC 31, 13 (SF 9, 11) 'Codnach cách co feirg.'

2920 Mara ndéanfainn caipín, d'aithneoinn caipín déanta. (MÓD, TÓM)

2921 Mara raibh mé ag an scoil, chuala mé na scoláirí. (Ca, RM)

- Mara raibh mé ag an scoil, chonaic mé na scoláirí. (CC)
- Mara raibh sé ag an scoil, bhí sé ag caint leis na scoláirí. (I)

1. Mura raibh tú ann, tá a fhios agat a raibh ar bun ann.
2. Aithnítear múineadh na scoile ar na gasúir a fheictear taobh amuigh. (CC)
Joyce 137 (ag trácht ar chaimiléara).

2922 Más fiafraíoch is feasach, is más feasach is cleasach. (Ca)

Rann in D (14ú haois); 'ferrdi fis fiarfaigid' atá in Cath Maighe Ráth 160.

2923 Nach é do scil i mbád mór é. (LB, Cum. Béal. 208, 171)

- Nach é do scil ann é! (RM)

Freagra ar dhuine a chuireas cronú i rud (obair, etc.) nach bhfuil eolas aige air.
Níl aon eolas agat faoi (RM).

2924 Ní bhíonn radharc ag an oíche. (RM)

- Ní bhíonn súil ar an oíche. (Ár)

Ní fheictear a ndéantar sa dorchadas.

2925 Ní fhaigheann aineolach dall
Eolas ó neach dá maireann;
A bheith gan eolas is fearr leis,
Ná a rá go mbeadh sé in ainbhios. (AR)

Rannta in Cat. II (Eg. 150, 66e; dáta 1773: Eg. 127, 36p; dáta 1775: Eg. 155, 65o), D 67, SU 312, A Dialect of Donegal 195.

2926 Ní heolas go haontíos,
Ní haontíos go pluid,
Ní pluid go bliain. (TÓM)

- Níl eolas go haontíos, is níl aontíos gan an phluid. (F)
- Ní eolas go haontíos, is ní aontíos go dul faoin bpluid. (CF, B V 152)
- Níl a fhios gan aontíos, is ní haontíos gan aonleaba. (Ca)
- Ní heolas go haontíos is ní haontíos go bliain. (M)
- Ní heolas go haontíos is ní haontíos gan bliain. (Ac)
- Ní eolas gan aontíos. (AR 498)
- Ní caidreamh go haontíos. (MÓD)
- Níl eolas gan aontíos. (S)

O'Daly 88, Lessons 273.
DC 43 (Ni farn dyn na charu hyd ympen y flwyddyn), Vocab. 181.
cf. 2928

2927 Níl a fhios agat cé hé do dhuine nó go mbí do dhéileáil leis. (G)

- Níl a fhios agat cé hé do dhuine go mbeidh tú seal ina chuideachta. (CR)
- Níl maith in aithne gan eolas. (Ca)
- Ní aithnítear neach go bhféachtar é. (AR)

Rel II 484

2928 Níl eolas gan oideachas. (Ár)

cf. 2926

2929 Níl rud ar bith ag dul thar intleacht an duine ach soilse lae is uisce. (S 21/6/1902)

cf. 5156

2930 Níl rún gan aithne. (GS, Ca)

Nach ligtear rún ach le duine aitheantais.
cf. SC 957

2931 Níl taise ná púca gan fios a chúise. (MÓD)

- Níl spiorad ná taise gan fios a ghnotha féin. (GS)

2932 Seachnann an tsúil an rud nach bhfeiceann sí. (S 5/1929)

- Ceileann an tsúil an rud nach bhfeiceann sí. (CS, MÓD)
- Séanann an tsúil an rud nach bhfeiceann sí. (MÓD)
- Seachnaíonn an tsúil an rud nach bhfeiceann sí. (Ca)
- An rud nach bhfeiceann súil, ní chuireann sé buairt ar an gcroí. (IG)
- An rud nach bhfeiceann an tsúil, ní dhéanann an tsúil aon chol leis. (BA, AA 7/1942)
- An rud nach bhfeiceann an tsúil, ní ghoilleann sé ar an gcroí. (RM)
- An rud nach bhfeiceann an tsúil, ní chránn sé an croí. (CF)
- An ní nach bhfeiceann súil ní bhrónann croí. (IG 8/1894)
- An rud nach gcloisfidh an chluas, ní chuirfidh sé buairt ar an gcroí. (ACC)
- An rud nach gcluineann an chluas, ní chuireann sé buairt ar an gcroí. (DÓF)
- An rud nach gcloiseann an chluas, ní ghoilleann sé ar an gcroí. (Ár, ACC)
- An rud nach gcloisfidh tú, ní ghoillfidh sé ort. (Sp, Cum. Béal. 76, 31)
- An rud nach gcloiseann an chluas, ní chuireann sé prioc sa gcroí. (R)
- An rud nach gcloisfidh do chluas, ní bhainfidh sé caint asat. (T, ACC, B 6/1936)
- An rud nach gcluinfeadh duine, ní chuirfeadh sé aon fhearg air. (CC)
- An rud nach bhfuil a fhios ag duine, ní chuireann sé aon imní air. (S)
- An rud nach eol don duine, ní chuireann sé buaireamh air. (I)
- Mara bhfeice tú, ní bhacfaidh tú. (Ca)
- Rud nach bhfeiceann súil, ní bhrónann sé an croí. (RM)

Bí 91: MIP 76. Líne de rann é in Tagra na Muice (Lia Fáil III 9); O'Daly 97, Rel. II 478.
Focal fairsing, Ray 90, 261 (Albain), SH 569, DC 124, PB 42, Mélusine X 15, NG II 321, III 61, 105, L I 183, LSM 99c, 105c, 64n. Níl mórán ar eolas faoina bhunús (Taylor 51)

2933 Súile cait ag an spiadóir. (Sa)

2934 Tuigfidh fear léinn leathfhocal. (S 5/1919)

- Tuigfidh mac léinn leathfhocal. (RM)
- Tuigeann fear glic leathfhocal. (CF)
- Is leor (Ní beag) nod don eolach. (S 5/1926)
- Tuigim is ní léim, is duine gan léann nach dtuigeann leathfhocal. (CF)
- Bíonn saoi sásta le leathfhocal. (MS)
- Tuigeann fear gan léann leathfhocal. (IG 12/1905)
- Tuigim is ní léim, ach thuigfeadh fear gan léann leathfhocal. (CC, Ac)

'Is beag nod don eolchaidh' (Leabhar Uí Chonchubhair Dhuinn 174). Iomarbhágh xxvii 4; BC 667; rann in D 65, Dánta Grádha xxx 3b, O'Daly 98, College 301, Lessons 189. Leaganacha éagsúla in App. 10, SH 32, Ray 144, 238; DC 26, 115, YD 19, 25, 85, 115; teangacha Rómhánacha, Ray 144, NG I 6, L I 165, L II 163. Tá sé bunaithe ar Laidin Plautus (O 112). Bangor 140 (gair). Leagan 4: RC XLVIII 279; 1726

2935 Tús feasa fiafraí. (GS, LMóir)

MIP 281

FAILLÍ

2936 An rud a théas i bhfad, téann sé i righneadas (righneas). (RM)

- An rud a théas i bhfad, téann sé in aimhréidh. (T)
- An rud a théas i bhfad, téann sé i ndearmad. (CF)
- An rud a théas i bhfad, téann sé i bhfuaradh. (IG 7/1905)
- An rud a théas i bhfad, téann sé chun fuartha. (GS)
- An rud a théas i bhfad, téann sé rófhada. (Ca)
- An rud a théas i bhfad, téann sé i síneadh. (IG 7/1905)
- An rud a théas i bhfad, téann sé i sínteachas. (IG 10/1899)
- An rud a théas i bhfad, téann sé chun straoilleachais. (DS)
- An rud a théas chun fadála, téann sé chun sínte. (IG 7/1897)
- An rud a théas i bhfadálacht, téann sé i síneadh. (ÁC)
- An rud a théas i bhfad téann sé chun sínte,
Is an rud a théas chun sínte, téann sé choíche. (CR)
- Déan an rud ar ala na huaire,
Mar an rud a théas i bhfad téann sé chun fuaire. (S)
- An té a théas i bhfad téann sé chun siobairne. (GS)

Branach 2280, O'Daly 89. YD 120, 121 (Hir amod nid â i dda, neu annod). cf. 2623

2937 An té a bhíos go dona dó féin, bíonn sé go maith don chomharsa. (Ca)

- An té a bhíos go dona ag obair dó féin, bíonn sé thar cionn dá chomharsa. (RM)
- An té a bhíos ina dhrochsheirbhíseach dó féin, is minic a bhíos sé ina sheirbhíseach maith do dhaoine eile. (GS, Sl, DÓM)
- An té nach ndéanfaidh rud dó féin, caithfidh sé a dhéanamh don té údaí eile. (I)
- An té a bhíos ina ghnothach maith don té údan eile, bíonn sé ina dhrochghnothach dó féin. (TÓM)
- An té is dona dó féin, is é is fearr don chomharsa. (Ca)

2938 An té a bhíos i bhfad amuigh, fuaraíonn a chuid. (CC, S 11/1919)

- An té a fhanas amuigh, fuaraíonn a chuid. (LB)
- An té is fuide a bhíos amuigh, fuaraíonn a chuid. (RM)

BC 6, College 283

2939 An té atá ina ghnothaí dona dhó féin, beidh sé ina ghnothaí dona do dhuine eile. (MÓD)

- An té nach bhfuil go maith dó féin, is deacair d'aon duine eile a bheith ag súil lena chuid maitheasa. (GS)
- An té atá ag faire ar ghnotha an fhir thall, tá sé ag faillí ar a ghnotha féin. (Cum. Béal. 91, 13 gan áit)

O 16 (nec sibi nec alteri), LSM 104n

2940 An t-uisce a sheasas, bréanann sé. (TÓM, MÓD)

As Laidin Ovid, is faightear in go leor teangacha Eorpacha é (I BSR 24; SH 403, App. 600); a mhalairt atá in DC 46.

2941 Ba mhinic drochbhróg ar ghréasaí. (CC, F)

- Is minic drochbhróga ar bhean gréasaí. (Ca)
- Is minic gréasaí gan bróg. (S 5/1929)
- Níl bean is gnáiche gan bróga ná bean an ghréasaí. (MÓD)
- Ba mhinic drochéadach ar tháilliúr is drochbhróga ar ghréasaí. (CF)
- Ba mhinic drochbhríste ar tháilliúr is drochbhróga ar ghréasaí. (Ca)
- Ba mhinic poll ar thóin táilliúra. (CC)
- Is minic a bhíos poll ar ghlúin táilliúra. (RM)
- Is minic poll ar bhád saoir. (Ca)
- Is minic teach tuíodóra ag tuitim anuas. (RM)
- Is minic drochstoca ar ridire caorach. (Ca)

1. Duine atá ag freastal do dhaoine eile, tugann sé faillí ina ghnó féin.
2. Locht nó uireasa in áit ar furasta a leigheas.
O'Daly 96 Fairsing san Eoraip, II BSR 231, 235, App. 566, Ray 131, 259, SH 585, PB 128.

2942 Beireann an lá gearr ar an bhfear fada faillíoch. (T)

Go n-imíonn an lá thart i ngan fhios dó.

2943 Bíonn fán fada is seachrán ar chuairtí na mbothán. (RM)

- Bíonn fán fada is seachrán ar chuairtí an mheán oíche. (RM)

Tugann lucht cuartaíochta faillí ina ngnó féin, is ní bhíonn dada acu dá bharr.

2944 Bíonn níochán na Satharna glan Dé Domhnaigh. (M)

1. Obair atá slachtmhar díreach i ndiaidh a déanta, is a n-imíonn an slacht sin di go gairid ina dhiaidh.
2. Go ndéanfaidh obair mhall cúis.

2945 Boislín broghach an tSathairn. (TÓM)

- Bráillín bhroghach an tSathairn. (MÓD)
- Níochán gorm an tSathairn. (MÓD)
- Is olc an rud níochán an tSathairn. (Ca)
- Ní hiondúil go mbíonn níochan an tSathairn glan. (Ca)

cf. App. 668 le haghaidh leagain dá shamhail (ó 1865). Le leagan 5 bhí leagan Béarla 'Saturday wash for Sunday dash.'

2946 Codaí de theachtaire a bhíos simplí sa bhfreagra. (Sa)

Tá sé rófhallsa an scéal a fháil le cruinneas.

2947 D'éalaigh sé uainn mar a d'éalaigh an Nollaig ó mhuintir na Sraithe. (GS)

Rud a ligtear faillí ann; rinne muintir na Sraithe dearmad an sagart a íoc faoi Nollaig.

2948 Déanfaidh mé abhras amach anseo, teacht na Nollag, nuair a dhaoirsíos an olann. (I)

2949 Féach bliain bhán is féachfaidh bliain bhán leat. (S)

Bliain díomhaoin nó bliain gan aon churaíocht déanta agat.
cf. BB 56.

2950 Is dona an cairréir a ligeas dá chapall seasamh ar a chois. (Sa)

Carraeir místuama nó faillíoch.

2951 Is é deacracht gach deacracht an rud a gcleachtar dearmad a dhéanamh arís air. (Ca, S 2/1925)

2952 Is fearr an fál sula n-itear a bharr. (TÓM)

ADR 164, 'D'éalaigh an lá is níor thóg mé an fál
Nó gur itheadh an barr inar chuir tú dúil.' –
Brighid Ní Ghaortha (AGI, 27) –
'Gabh abhaile is cuir fál ar an ngarraí a thóg tú aréir,
Ó itheas na ba an barr, níl aon aird ar bhun an fhéir.'

2953 Is mairg a bhíos i gcónaí ina bhéal in airde. (GS)

- Is mairg a fhágas rud ar bith ina bhéal in airde. (GS)

Rud a fhágtar go faillíoch, gan cosaint gan smacht.

2954 Is maith an fear leadaí lena chur i gcoinne an bháis. (GS)

- Teachtaire maith le cur ag iarraidh an bháis (.i. scrataí, ríste). (RM)

B'fhada go ndéanfadh sé an teachtaireacht. Idem MR 32. Tá leaganacha dá shamhail in App. 263, Ray 156, YD 47.

2955 Is maith an ní an fhoighid, ach is dona í an fhaillí. (CF)

- Is maith an ní an fhoighid, is olc an ní an fhaillí. (ÁC, S)
- Is maith í an fhoighid ach is olc í an fhaillí. (RM)

2956 Is minic nach dtug an drochtheachtaire an scéal aníos thar a phíobán. (Sa)

- Teachtaire dona ar nós an stadacháin féin. (Sa)

2957 Is mór é díol bodaigh de thalamh faoi Shamhain. (CC, Ca)

- Is mór é díol bodaigh d'fhataí faoi Shamhain. (RM)
- Is beag an rud dóthain duine de thalamh faoi Shamhain. (Ár)
- Is mór é dícheall bodaigh de thalamh faoi Shamhain. (CF)

Is faoi Shamhain is géire a theastós talamh ón duine faillioch (nó leisciúil) lena chuid beithíoch a bheathú.

2958 Is olc an fál 'Seas amach!' (GS)

An duine a bhíos ag fógairt ar dhaoine a choinneáil amach, in áit fál a chur suas.

2959 Is olc an t-éan a bhíos i gcrann lá fliuch. (CnM)

Duine a ligfeadh faillí ina chuid oibre san aimsir mhaith is a thosódh í sa drochaimsir.

2960 Má bhíonn dhá cheann an tí thrí thine, ní sheasfaidh an lár. (AR 142)

- Nuair a bhíos dhá cheann an tí thrí thine, is doiligh a múchadh. (M)
- Nuair a ghlacas dhá cheann an tí tine, is deacair a múchadh. (MÓD)
- Nuair a bhíos dhá cheann an tí faoi lasadh, is deacair a mhúchadh. (G)
- Nuair a bheas an tine dearg, ní furasta í a chur as. (Ca)

App. 214 (?)

2961 Más fuar an teachtaire, is fuar an freagra. (Ca, DÓF)

- Más fuar an teachtaire, is fuaire an freagra. (TÓM)

O'Daly 9, SFM 11

2962 Móin Shamhna a thriomaíos chomh maith le móin an tsamhraidh. (Sa)

Go ndéanfaidh an obair mhall cúis (?); nó b'fhéidir le magadh atá sé.

2963 Ní bhíonn aon tsásamh sa rud a fhaightear go faillíoch. (TÓM)

2964 Ní de chineál na gcearc a bhíos ag breith amuigh thú. (CF)

Ní duine bog ná réchúiseach tú.

2965 'Ní hé seo ach é siúd,' mar a dúirt an píobaire, 'ach cá mbeidh muid san oíche amáireach.' (Ca, RM)

Gur cheart dul i gcion oibre ar an bpointe is gan aon am a chur amú.
Deirtear go raibh dream daoine á bhfáil féin faoi réir i gcomhair ócáide áirithe, ach d'imigh go leor ama amú le caint is sioscadh, go dtí go ndúirt duine amháin an focal thuas.

2966 Ní hionann foighid is spadántacht. (S)

2967 Níl sa saol ach as amharc as intinn. (GS)

- Dearmadtar rud nach dtaithíonn súil. (RM)

BC 520 (An seanfhocal Béarla le tiontú Gaeilge); IM, College 297, Lessons 97, MIP 76, Rel. II 479, 480, 490, Joyce 189.
Ray 132, DC 28, L II 257, HV 122, NG I 5, III 221, LSM 207n, 113q, 64r, O (oculus) 8.

2968 Nuair a tharlaíos an lot ní héilítear an leigheas. (Sa)

2969 Staic i mbéal bearnan. (Ca, GS, S 11/1927)

- Sceach i mbéal bearnan. (TÓM, S 3/1926)
- Puic i mbéal bearnan. (RM)
- Muineach i mbearna. (GS)

Duine a bheadh fágtha ina bhaileabhar; tairseach, nó rud a bheadh fágtha sa mbealach (GS)
AGC 26 agus 42

2970 Tá an ghrian ag dul siar is níl an féar á shábháil. (TÓM)

- Tá an t-am á chaitheamh is gan an mhaith á déanamh. (CC)
- Tá an lá á chaitheamh is gan an mhaith á déanamh. (Ca)
- Tá an t-am á chaitheamh is gan an obair á déanamh. (MÓD)
- Tá an t-am á chaitheamh is an obair gan déanamh. (TÓM)

ADC II, 94 ó bhéalaithris is ls. a scríobhadh in 1782. Aithrí Raifteirí (ADR 164).
As an mBíobla é (Ir. VIII 20) téacs atá tugtha in TB 3, X 9.

2971 Teachtaire a dteachtairí. (Sa)

An teachtaire ag cur duine eile amach leis an scéal.

2972 Tóraigh go fánach é is gheobhaidh tú amáireach é.

- Cuartaigh go fánach é is gheobhaidh tú amáireach é. (RM)

DC 35 ('Arbed geisiaw arbed gael').

2973 Tráthnóna nó oíche Dhomhnaigh, beireann an óinseach ar a coigeal. (MÓD)

2974 Tuitim na gcaisleán, tuitim gan tóigeáil. (CC)

Leagan a deirtear nuair a chrochann duine aon ní (mias, canna etc.), is go dtitfeadh sé anuas arís. cf. 'Titim (Luí) gan éirí chugat'. cf. gluais ar Rómh. XI 11 (TP I 527) 'combad tothim cen éirge nobed and.' Féach freisin Cinnlae II 286 – 'Titim caisleán an churraigh orthu' .i. titim fada gan tógáil nó luí gan éirí.

FEALL

2975 An bhráillín a bhaint den chorp. (Ac)

2976 An té a bhraitheas, is é a mharaíos. (Ca)

SC 853

2977 An té a ghníos an poll tuiteann sé ann. (TÓM)

As an mBíobla (Seanfh. XXVI 27, etc.) O 38 (Premor arte mea), NG II 167)

2978 Béal eidhinn is croí cuilinn. (Ac, AR 430)

IM, College 277 idem: tiontú díreach ón mBéarla, BC 321: 2; Irische Texte II 126, 'Oir ni millsi mil n(a) techtairecht sithi' ls. ón 15ú haois). 'Olc hicridiu & briathra aildi' (gluais ar Salm xxxiv 20; TPI 177).
Cuir i gcomórtas leis seo, I BSR 263, App. 306, SH 60, Ray 103 (Mel in ore, novaculae sub cingulo, etc.), Lipp. 414, O mel 4.
Sior. XII 6.

2979 B'fhéidir go bhfaighinn bó leat i bpoll fós. (CR)

Deis le feall a imirt ort.

2980 Déan do gháire is do chealg sáite. (T, B 6/1936)

- Déan do gháire is do dhealg sáite. (MÓD)

O'Daly 91, SFM 6.

2981 Fealltóirí an cine daonna ag an bhfealltóir. (M, F)

2982 Fear ag craitheadh lámh leat is an scian sa láimh eile. (Ca)

2983 Is annamh a bhíos teanga mhilis gan ga ina bun. (Ca)

2984 Is furasta an duine aonraic a chealgadh. (GS)

In An Táin (Windisch) tá – 'ar uathad imrather go (2351) – cloentar go ar uathad (2354).'

2985 Is measa an té a bhraitheas ná an té a mharaíos. (CR, S 7/1927)

- Is measa an té a bhraitheas ná an té a dhéanas. (CC)

2986 Is minic cealg i mbun na póige. (RM)

BC 385; cf. Lúcás XXII 48.

2987 Mairg a ghníos éagóir mheabhlach. (M, DÓM)

2988 Má rinne tú le do láimh, cúitigh le do chois. (LMóir)

An dochar atá déanta ag duine, ní foláir dó a leasú.

2989 Más feall fillfear. (Ca, S 1/1918)

- Más feall filltear. (RM)
- Filleann an feall. (F)
- Filleann an feall ar an bhfeallaire. (Cam, S 7/1929)
- Filleann an mhailís sa gcúl uirthi féin. (Ca)
- Más cleas é gabhfaidh sé timpeall. (RM)
- Ós cleas é, téadh sé timpeall. (Gearrbhaile 1937, 4.)

In Ud. Mor. 40, tá, 'gonas géntair, marnas mérthir'; b'fhéidir gur dá leithéid seo atá tagairt sa rann in TB 3 VI 3, is Bethada náem nÉrenn I 147 líne 1, is 161, roinn 23. In Bruiden Da Chocae (RC XXI 312) deirtear 'olca for ngnima . . . Ticfaid frib na gnimhu dironsaidh friu'
DC 187 (A wnel dwyll ef a dwyllir). O 38, LSM 10f.

2990 Milis os comhair do chuid súl is searbh taobh thiar de do dhroim. (Ár)

2991 Nach iad na gáirí bána iad scadáin Sheáinín ite. (TÓM)

Slad gan meirse (?); is ionann 'gáire (gáirí) bán' agus duine ag baint leasa as ceart duine eile, agus gan tada ina dhiaidh air (GS).

2992 Ná déan caidreamh le feall nó déanfar feall ort. (Ca)

2993 Ní háil liom fear na bríbe. (MÓD)

2994 Ní in am a bhraitear an fealltóir. (S)

2995 Ní raibh ariamh an t-ádh ar lucht na feille. (AR 573)

Lessons 359

2996 Ní théann bearta i bhfad. (MS, TU)

2997 Saighead taobh thiar air is beir taobh thuas air. (GS)

Duine a ghríosadh is ansin breith ar a chaint air.

2998 Slad mainistir teampaill. (F, Ca, RM, LMóir)

Seanrá a deirtear, nuair atá fuadach nó gadaíocht an-mhór déanta: 'Ó, sé slad mainistir teampaill é!' (RM); nuair a cheaptar rud éigin as bealach a bheith déanta (Ca). Cheaptaí gur uafásach an choir é slad a dhéanamh ar mhainistir (RM).
Tá an insint chéanna in ACG 46, B 1937, l.178; drochghníomh nó údar donais agus míratha is ciall do chainteanna dá shamhail in Tuireadh na hÉireann lxxix 'cealla dhá raebadh.' Búrd. 161 'cealla do robáil,' Seanmóirí Uí Ghallchobhair 41, 31 'Loisga Mainistreacha agus Teampuill.'

FEAR

2999 Fear chroí chun a chaite,
Fear bhéal an bhealaigh,
Athair na n-iníonacha. (DS, Cum. Béal. 236, 177)

D'ordaigh Dia nach mbeadh an triúr seo folamh choíche.

3000 Fear dona, fear gan bó. (LMóir)

3001 Fear fuar lá te. (IG 8/1905)

Fear gan mhaith.
cf. 132

3002 Fear óg, fear meánaosta, seanfhear.

Na trí shórt fear nach dtaitníonn le bean (Ca) .i. nach dtaitníonn fear ar bith le bean, mar dhóigh dhe.

3003 Fear teaghlaigh, fear cúramach. (Sa)

3004 Ní hé an fear fada a chuireas an t-earrach ar fad. (BA)

cf. 3869

3005 Ní thuigeann an fear santach an fear flaithiúil. (Acl)

3006 Seachain an fear a shéideas fuar agus te. (Ca)

Múineadh an fhabhalscéil, cf. 'Aesop a tháinig go hÉirinn' (An tAth. Peadar Ua Laoghaire) scéal 38. Leagan cainte, SH 500, L I 184, HV 104 (souffler).

3007 Trí bhua a bhíos ag an bhfear beag,
Glao mór, fead mhór agus bean mhór. (Ca, Cum. Béal. 75, 381)

3008 Trí chineál fir,
Fir, fíríní agus fir-ó-ró. (CF)

- Tá trí shórt fir ann, fir, fíríní agus fililongaí. (M, Cum. Béal. 114, 153)
- Fear, firín agus fililungó. (LMóir)

3009 Tugtar fear ar fhear agus ní thugtar ar fhear ach fear. (Sp, B IV 134)

FEARG

3010 Aingeal in aghaidh do ghuí. (TÓM)

- Aingeal Dé in aghaidh do ghuí. (LMóir)

Caint a deirtear in áit a bhfuil duine ag eascaine agus ag mallachtú, leis an dochar a bhaint as an drochimpí.

3011 An té a bhíos stuacach, bíonn sé nuallach feargach. (TÓM)

- An té a bhíos stuacach, bíonn sé rucallach feargach. (MÓD)

3012 An té a mbíonn fearg air, bíonn dearg air. (GS)

- An té a mbíonn fearg air, bíonn gob dearg air. (Ár)
- Pilibín aerach, crann gan réiteach,
Nuair a bhíos fearg air, bíonn gob dearg air. (Ár)

Pilibín aerach, Dia á réiteach,
Nuair a bhíos fearg air, bíonn dearg air (a deirtear le gasúr feargach). RM (Cum. Béal. 90, 82)
'Brutha fergga .i.imdergadh' (Briatharogum Conc.; Anec. Ir. Mss. III 45); 'imbárad .i.cosamhlacht féirge' (TI 188).

3013 An triúr is measa a d'fhéadfá a tharraingt ort féin,
Seanduine, fannduine nó buachaill beag. (MÓD)

- An bheirt is measa a d'fhéadfá a tharraingt ort féin,
Seanduine nó buachaill beag. (TÓM)
- Ná tarraing seanduine ná seanghasúr ort féin. (Ca)
- Ná tarraing an seanduine ná an seanpháiste ort féin. (CC)
- Ná tarraing ort seanduine ná an-duine choíche. (CR)
- Ná cuir aithis ar sheanduine ná ar an-duine, ar óinseach ná ar amadán. (S 1/1928)
- Ná cuir aighneas ar sheanóir. (Ac)
- Ná cuir aighneas ar sheanóir ná ar dhuine óg gan náire. (CC, Cum. Béal. 127, 593)
- Ná cuir aighneas ar sheanduine ná ar dhuine óg gan náire. (M, AA 6/1939)
- Ná bac le seanduine ná an-duine, le óinseach ná le amadán,
Ná cuir aon araoid orthu is ní chuirfidh siad aon mhí-aighneas ort. (S)

Ná cuir fearg (caidéis : S) orthu, ná tarraing a bhfearg ort.
I gComhairle Fhinn do Mhac Lughain (Sil. Gad. I 107) faightear 'Ná ratarraic imale ar amaid ná ar drochduine; nárstet ingnech ar shenóir.' TI 82 (tri buirb in betha). O'Daly 80, Lessons 303, College 292, Finck 25.
cf. 3067 agus 4287

3014 Ar theacht na bhfocal borb is binn béal iata. (S)

College 276

3015 Cailleadh an dorú agus an duáin agat! (LMóir)

- Cailleadh an dorú agus an duáin air – é a chaitheamh thar bord amach. (CF, AA 9/1943)

Cailleadh go deo (sa bhfarraige); eascaine bheag a déarfadh duine le múisiam nuair a luaifí leis aon ní dá chuid a bheith caillte.

3016 Cat ag cangailt faideoige. (GS)

- Cat ag cangailt paideoige. (M)

Duine a mbeadh fearg air, deirtear go bhfuil sé 'chomh feargach le cat ag cangailt faideoige' nó 'Tá sé ar nós cait ag cangailt faideoige.'

3017 Ceann míthoisc (mísc) is fearg mhór. (RM, TÓM)

An drochdhuine; fearg air is é ag brath drochrud a dhéanamh.

3018 Chomh cantalach le dris a mbeadh a dhá ceann sa talamh. (ÁC, RM)

Tá trácht in B I 247, 289 (Áit a dtugtar an focal seo thuas i mBéarla), Cum. Béal. 65, 192, ar na pisreoga a bhaineas le dris den tsórt. 'Chuaigh tú faoi dhris inniu' a deirtear le duine a bhíos ag gnóthachan ag cártaí (AA 1/1940).
cf. 2100 agus 2117

3019 Ciúiníonn láíocht fearg. (Ca)

- Múchfaidh séimhfhreagra fearg. (MÓD)

SF 1, 12 – 'tossach córa cáinepert'; FFx 1, 30 – 'atcota sotnge sídugud.' Leagan gaolmhar leis is ea 'isel friart tailciud frigargg' a fhaightear i ngluais den 9ú haois (TP II 235) is freisin, le hathruithe beaga, in Riagol Ailbi Imlecha (Ériu III 98; rann 13), san Aipgitor Crábaid (ZCP III 447), rann as B IV 2 (ZCP VII 268), ls. den 15ú haois (ZCP XVIII 302); cf. freisin Eg. 161, 39 is D 230. Tá tuilleadh tagartha in Ériu I 204, II 57 (leagan as riail chléire sa Leabhar Breac). Gaolmhar leo seo atá 'súanach cech slemon, serb cech borb' (Tecosca Cormaic, 13, 12, 13), 'ferr súan serba' (SF 4, 17; FF, 6, 63). As Seanfh. XV 1 é, ach tugann Taylor (60) bunús Gréigise dó; is seanfhocal é in LSM 187d, 66f, SH 27, L I 171, II 215,NG II 280. cf. freisin I BSR 19/20.

3020 Cuir d'fhearg síos leis an ngréin is ná lig di éirí léi. (Ca)

cf. An Bíobla (Eif. IV 26)

3021 D'ordaigh Dia fearg ach níor ordaigh sé a coinneáil. (GS)

- Níl dochar i bhfearg ach gan a coinneáil. (Ca)

Pilib Bocht15, 10, Tóraidheacht III 16, 2; cf. Salm CII 9, Eif. IV 26.

3022 Dual eascaine le fearg, mar chasaoid le hábhar. (F)

Gur ceart eascaine nuair atá údar leis (?)
Leagan (mícheart?) de leathrann as M. Mac Suibhne 16, 18 (ls. roimh 1820)
'Mar is dual don easgaine seo a fhearadh,
Nuair is cruaidh casaoid le hábhar.'

3023 Fear nach bhfuil in ann an millteanas nó an fearg a smachtú, níl aon bhail air. (R, AA 7/1940)

3024 Is foighdeach an fear, fear gan fearg. (GS)

- Is maith an marcach an té a bhíos ar an talamh,
  Is is maith an foighdeach fear gan fearg. (F)
- Is foighdeach an fear, fear gan fearg, ach is acmhainneach an fear nach dtagann sí air. (GS)

Nach mórán dá leithéid a bhíonn ann.
O'Daly 93, SFM 9.

3025 Is furasta d'fhear gan fearg scéal a insint. (Ca)

3026 Is í an fhearg tús an achrainn. (Sa)

3027 Má tá fearg ort, nár mhaire tú d'ualach. (TÓM, MÓD)

3028 Níl fearg dá mhéid nach síocháin a deireadh. (Ac)

3029 Ní mórán a thigeas as an spréachadh. (Sa)

- Is gearr a mhaireas an spréachadh ach maireann an réiteach tamall. (Sa)

3030 Níor dhúirt fearg fíor. (RM)

- Níor dhúirt fearg fíor ariamh. (S)

cf. MIP 67.
Leagan dá leithéid in DC 71

3031 Tagann ciall tar éis feirge. (Ca)

3032 Tagann ciall thar éis feirge. (Ca)

3033 Tart deireadh an óil, is brón deireadh na feirge. (GS, TÓM)

- Tart deireadh an óil, is brón deireadh na meisce. (MÓD)

3034 Tigeann fearg ar éanlaith an aeir. (RM)

FÉASTA

3035 Féasta na hóinsí a chuireas brón ar an stróinse. (T, Cum. Béal. 287, 337)

FÉILE

3036 Aithnítear duine ar a dhéirc. (Ca)

3037 An mhaith a dhéanas do dheasóg, ná bíodh a fhios ag do chiotóg í. (Ca)

- An rud a dhéanas do lámh dheas, ná bíodh a fhios ag do lámh chlé é. (Cum. Béal. 91, 19 gan áit)

PHL Breac 5950 agus 6080.
As an mBíobla (Mth. VI 3. Tá leagan dá shamhail sna teangacha Rómhánacha (II BSR 35).

3038 An náire is mó a fuair Fionn ariamh,
Greim ina bhéal is gan greim ina láimh. (Ca)

- An náire is mó a rug ar Fhionn ariamh, gloine ina láimh is gan pioc a chuirfeadh sé ann. (ACC)
- An náire is mó a chuaigh ar Fhionn ariamh, rud ina bhéal is gan tada ina láimh. (CR)
- Ní bhfuair Fionn ariamh aon mhasla níos mó ná rud ina bhéal is gan tada ina láimh. (RM)
- Greim i do bhéal is gan aon ghreim i do láimh. (F)
- An náire is mó a fuair Fionn,
  Greim a bheith ina bhéal agus gan cumhacht é a roinn. (M, Cum. Béal. 117, 29 le scéal)

Nuair a thagas cuairteoir isteach i ndeireadh béile, is gan blas níos mó sa teach le tabhairt dó. Gan agat ach ón lámh go dtí an béal (F).
cf. Amhráin Thír Chonaill,
'Dheamhan pinginn dár shaothraigh mé ariamh, Nár chaith mé chomh fial le Fionn' (DÓM 439). 'Chomh fial le triath na Féinne' (O'Daly 73). ZCP VII 26' (Téid mo menma don mír, fil il-láimh righ Temra tréin,' etc.).

3039 An té a bhíos cóir, bí cóir leis. (Sa)

- An té a bhíos go maith dhuit, bí go maith dhó. (Sa)
- Is é a dúirt Cailleach Bhéarra le Cailleach Mhaigh Eo,
  An té a bhíos go maith dhuit, bí go maith dhó. (MS)
- An té a ghníos maith duit, déan maith dó,
  Mar a dúirt Cailleach Bhéarra le Cailleach Mhaigh Eo. (RM)

cf. 1036

3040 An té a bhíos cóir, bíonn daoine ar a thóir. (Sa)

3041 An té a bhíos cóir, roinneann Dia leis. (Sa)

3042 An té a bhíos flaithiúil, bíonn uaigh theann aige. (Sa)

Na Flaithis.
Is ag tagairt dá leithéid seo atá leathrann in MD 32 'A fhir an dorais dúnta, len háil cumhgach id' chomhrainn', b'fhéidir.
DC 133 (Ys dir i hael a roddo).

3043 An té a eitíos cuireadh, tigeann sé ag réabadh. (TÓM)

- An té nach nglacann cuireadh, tigeann sé ag réabadh. (S)

Leaganacha de in BC 662, IM.

3044 An té is mó a osclaíos a bhéal, is é is lú a osclaíos a sparán. (MS)

B'fhéidir gurb é seo an leagan Gaeilge ar fhocal na dteangacha Rómhánacha ('Longue langue, courte main', etc.), App. 380, II BSR 24, HV 251, NG I 73, Arm. 589, Lipp. 1058.

3045 Ba saoire go mór dhom a cheannach. (Sl, DÓM)

Gur daoire féile ná an rud a cheannach duit féin.
SH 529 (Nothing costs so much etc.)

3046 Bronn rud ar dhuine is bíodh a bhuíochas agat. (IG)

- Ná bain an maitheas as. (Sl, DÓM)

Rud ar bith a thugann tú, tabhair le fonn, gan doicheall, é.
cf. 2 Cor. IX 7 is téacsanna gaolmhara; DC 56 (Nid clodfawr y gardod . . . Aflawen), YD 64, MR 30. Bí 125.

3047 Cara na mban lámh le teas, cara na bhfear sa gcúl. (ACC)

- Muintir na mná ag an gcófra is muintir an fhir ag an doras. (I)
- Bunadh an fhir ag an doras, bunadh na mná ag an tine. (M, Cum. Béal. 117, 96)

Cuireann bean an tí fáilte roimh a cairde féin is doicheall roimh chairde a fir.
'Cara mná an tí ag an tine' – teideal dáin 15ú haois C ii 2).
Tá leaganacha den fhocal in YD 42, 43, DC 55, 131.

3048 Ceathrú na hoíche agat, is an bóthar ar maidin. (Ca, CF)

- Leath na hoíche agat, is an bóthar ar maidin. (RM)

An fháilte a chuirtear roimh an mbacach.
'Cuairt na mbacach' .i. cuairt oíche (Fear Siúil, etc., Mac Meanmain, 40).

3049 Chomh fial leis an bhfear a leag an tsnáthaid ar an gcoltar. (IG)

Fial ar mhaithe leis féin.
cf. an scéal in IG 1/1900 M.

3050 Déirc an Domhnaigh a briseas droim an diabhail. (CR)

B'fhéidir gur gaolmhar atá an leagan 'dan domnaig' sa Seanchas Mór III 18.

3051 D'fhágfainn teach na carraige agat. (Ac)

Le duine nach mbeadh gnaoi agat air.
Tá an focal in AGC 153.

3052 Dúthracht bhean an tsalainn. (MÓD)

An méid d'fharasbarr a thugann bean díolta an tsalainn .i. dada.

3053 Fáilte Bhéal Lathaí. (MÓD)

Duine ag cur fáilte roimh an té atá chomh gar do bhaile leis féin.
Béal Lathaí, Co. Shligigh, is dócha.

3054 Gabh anseo ag teacht aniar duit, ach go ndíola tú do mhuc. (F, MÓD)

Go mbeidh fáilte romhat nuair atá pingneacha sa bpóca agat.
Caint fhear an tsiopa leis na comharsana (F).

3055 Ghníonn an t-amadán féasta, is itheann an fear críonna é. (Ca)

- Amadáin ag déanamh féastaí agus daoine críonna á n-ithe. (TÓM, MÓD)

Idem Ray 94, L I 160, 183, II 133, NG II 215, 287.

3056 Go dté grian go grinneall, ní rachaidh fial go hifreann. (IG)

- Go dté grian go grinneall, ní rachaidh croí na féile go hifreann. (TU)
- Ní rachaidh fial go hifreann. (TÓM)
- Go dté grian tuathal nó go dté grian go grinneall, ní rachaidh fial go hifreann. (Ár, AA 1/1934)

Duan agus rann faoin ábhar seo, ZCP X, 51.
Duanaire Finn lvii 31. Dioghluim Dána l.497 (rann as 23 N 13).
cf. 3076

3057 Is beag an áit a dtoilleann an carthanas. (T)

3058 Is fial é Féilim i dteach na gcomharsan, is gan maith ar bith ann ina theach féin. (CR)

- Is cóir é Micheál i dteach Fhéilim. (CR)
- Is iomaí duine a bhíos flaithiúil i gclúid duine eile. (Ca)
- Is fial é Micheál tí Éamoinn. (Sp)

  Cuir seo i gcomórtas le D 57, is Eg. 127 (Cat. II, 65: dáta 1775)

3059 Is fial stiall de leathar duine eile. (M)
- Is suaill stiall de leathar duine eile. (CnM)
- Is úr (?) stiall de leathar duine eile. (TÓM)
- Is beag stiall de leathar duine eile againn. (MÓD)
- Is réidh a thagas stiall de chraiceann duine eile againn. (MÓD)
- Is bog réidh gach duine faoi chraiceann duine eile. (Ca)
- Is mór díol duine as bó duine eile. (Ca)

  O'Daly 94, SFM 11, Rel. I 159, II 498. Seanfhocal idirnáisiúnta (as Laidin na Meánaoise), II BSR 236, App. 131, YD 117, L II 207, NG I 280, LSM 111c, 26d, 27d, 134e, O 14.

3060 Is iomaí fear déirceach díobhálach. (RM)
- Is iomaí fear déirceanach díobhálach. (S)

  Go ndéanfadh sé díobháil (gadaíocht, etc.) tar éis déirc a fháil uait (RM). B'fhéidir gur fearr a léamh ann gur minic a bhíos an bacach folamh, nó gur minic folamh an duine déirciúil féin. 'Deireannach' atá in MIP 35, SM 1203, Cinnlae II 76, 302, 304, III 232; leagan eile SM 1009. cf. 3793

3061 Is lia duine a scaoilfeadh a gháire leat ná a scaoilfeadh a fhataí leat. (CR)

3062 Is minic croí fial ag lámha falmha. (G)
- Is minic fial ar beagán stóir. (TÓM, D 237)

3063 Is minic fial ar beagán stóir. (TÓM)

3064 Is mó an fháilte ná an féasta. (Gearrbhaile 1937 l.28, gan áit.)

3065 Má tá sé cúng, níl sé doicheallach. (RM, Ca)
- Má táimid cúng, níl muid doicheallach. (CF)

  Beagán le tabhairt, ach tugtar le fonn é.

3066 Meascadh in aice an ghanntain, is flaithiúlacht in aice na fairsinge. (Sa)
- Leanann féile fairsinge. (RM)

  'Tossach féli forsinge' (SF 1, 8; FFx 5, 8); 'atcota sochell saidbres' (FFx I, 1; cf. SF 2, 1). TC 13 – 'Slabar cach cumang, esslabar cach fairsing.' Teideal duain le Aodh Ollabhar Ó Carrthoidh é in Dioghluim Dána 120. 'Eslabhra a mbochta, absanuitt a nimad' a moltar in A 9 Leabharlainn na mBráthar (ZCP XVIII 302; 15ú haois). BC 296 'Leanaidh féile fairsinge, leanaidh doghrainn díth'; leagan eile 59.

3067 Ná bí crua is ná bí bog. (Ca, IG)
- Bog, crua, mar eireaball na mbó. (MÓD)

  Ná bí coinneálach ná caifeach (?); bí féaráilte ag déanamh margaidh (Ca).
  SF 7, 11; 7, 18; 7, 19 ag comhairliú gan a bheith róghaisciúch ná ró-umhal. Deirtear in Riagol Ailbi Imlecha 'ná ba rothend, ná ba lax,' i dtaobh riail mhainistreach agus arís 'ní rop romór, ní rop terc,' ag tagairt do dhéirceanna (Ériu III 104, 106). TC 7, 16; 29, 9; 16: rann in Cat. II, l. 22 (dáta 1686), freisin in D 176. O'Daly 97, College 292, Lessons 304.
  cf. 3013 agus 4287

3068 Nach flaithiúil atá tú faoi chuid do chomharsan. (RM)

  Idem DC 132 (Hael): as Laidin Seneca (II BSR 236 – de alieno liberalis).

3069 Ní cóir duine ar bith a eiteach faoina chuid féin. (C, Gearrbhaile 1937, l.24)

3070 Ní cruaí na clocha glasa ná na lámha falmha. (AR 619, DÓF)
- Ní cruaichte na clocha glasa ná na lámha falmha. (Sa)
- Ní loime an lán mara ná a bheith ag iarraidh déirce ar lámha falmha. (Ár)
- Céard is éigne ná an lán mara? Ag iarraidh déirce ar lámha falmha. (Sa)
- Céard is tréine ná an lán mara? Ag iarraidh déirce ar phócaí falmha. (BA)
- Is é an t-éigean is tréine ná an lán mara, a bheith ag iarraidh déirce ar lámha falmha. (CM)
- Fuair sé seachadadh na láimhe failmhe. (Sa)
- Is cruaí lámha falmha ná clocha glasa. (RM)
- Chomh crua le cloch. (TN 26/9/1890)

  Rann in Cat. I, 602, Cat. II, 57 (dáta 1775)

3071 Ní dhearna aon duine bainis ariamh nach bhfuair duine lena caitheamh. (Ca)

cf. Mth. XXII 2–10.

3072 Ní fáilte carthanas gan caillteanas. (Sp, B IV 134)

3073 Ní fhanann fear na fáilte i bhfad amuigh. (CC, U, B 6/1933)

3074 Ní hé díogha a reic a thug an t-athair dá mhac doscúch. (GS)

3075 Ní i mbrollach gach duine a ghníos an fhéile a nead. (GS)

'Gur i lár do bhrollaigh do rinne an fhéile nead' atá i nduan as Duanaire Ruaidhrí Mhic Dhiarmada (1758; S 1/1931 l. 11)
'Gur id' chinn cháil do phoinnteáil an fhéile a nead' (Amhráin Phiarais Mhic Gearailt 1783).

3076 Níl againn le dul go Flaithis Dé, ach leaba is déirc an duine bhoicht. (TÓM)

- Níor tháinig le aon duine ariamh go Flaithis Dé, ach leaba is déirc don duine bocht. (CS)
- Níor tháinig le haon duine ariamh go Flaithis Dé, ach urnaithe is déirc an duine bhoicht. (Ind)
- Dá mbíodh agat a dtiocfaidh is a dtáinig,
Nó ar shiúil ariamh ar chnoc,
Ní rachadh go Flaithis Dé leat,
Ach leaba is déirc an duine bhoicht. (Ár, S 12/1927)

Is rímhinic tagairt phróis agus filíochta sa litríocht do shuáilce seo na carthanachta agus an luach saothair síoraí a shaothraíonn sí. Féach Fís Adomnán (LU; Best and Bergin) 2193 – 'nos cobrat a n-almsana,' etc., 2290 – 'bertair imm ind noím,' etc. 'In fled deoda' a thugtar ar bheathú na mbocht sa Seanchas Mór III 18. Tá tagairt phróis don tsuáilce in PHL Breac 4954 agus tá nóta ag Meyer in IG IV 109 ar an leagan 'altram Dé' (na Cheithre Mháighistrí, etc.) i dteannta le rann gaolmhar as LB. Sa bhfilíocht faightear rannta in Betha Colmáin maic Lúacháin (Todd Lec. Ser. XVII 100, 11; 100, 21, rannta in Ériu II 172 (as 23N 10) IV 17 agus V 8 (as Laud 615 agus LBL); in RC XVI 19 tá rann as ls. Giessen le tagairt do Tribes and Customs of Hy Fiach, 391 agus Sil. Gad. I 399; cf. freisin Beatha Mhaighneann in Sil. Gad. I, 46. Tá rannta den bhrí chéanna in MD 31, D 252: giota d'urnaí as Inis Meáin in ADC 374, IG V 85. As an mBíobla (Seanfh. XIX 17, Mth. XIX 21, etc. agus cf. D 252 '. . Do réir dhlíghe na n-ughdar'). Pilib Bocht 25, 27c, Archivium Hibernicum II 262, rann 38.

Is éard a bhí sa bhfocal ar dtús ceann de na 'Naoi bhFreagraí (nó na Naoi bhFoghanta) .i. freagraí Chríost ar naomh, dréacht cráifeach próis de chuid de na meánaoiseanna atá ar fáil go forleathan ar fud na hEorpa i lámhscríbhinní atá curtha i liosta ag Flower in ZCP XIX 175. Tá leagan Gaeilge de na naoi bhfreagraí (as Lib. Flav. Ferg.) in ZCP XIX 73. cf. Bulletin of the Board of Celtic Studies I 133 (Bealtaine 1922).
Tá an focal céanna nó a shamhail in App. 208, 246, Ray 557, YD 23, DC 133, MR 18, Arm. 357, LSM 45t.
cf. 3056

3077 Níl aon chroí amuigh chomh maith le croí oscailte. (GT, AA 12/1944)

3078 Níor chaill fear an chroí mhóir é. (RM)

3079 Ní théann duine ar a chuairt, gan maith nó místáid a dhéanamh. (F)

- Duine ar bith a théas ar a chuairt, níonn sé leas nó millteanas. (Ár, AA 12/1933)
- Níor mhill an turas maith aon cheo ariamh, ach gan a bheith cabach. (M, Cum. Béal. 109, 285)

3080 Nuair is gainne an bia is cóir a roinnt. (TÓM)

- Nuair is gainne an bia is féile a roinnt. (MÓD)
- Nuair is gainne an trócaire is cóir a roinnt. (CC)

Gur fearr féile in am ganntain.
O'Daly 96, AR 256

3081 'Roinnigí eadraibh í' mar a dúirt an fear a thug leithphingin do lucht an dreoilín. (I)

3082 Suigh síos is fan go lá, is mara bhfuil deifir ort, go dtaga an t-ádh. (TÓM)

3083 Tabhair iasacht do leapa uait, is fág thú féin gan tada. (Sa)

- Tabhair sin domsa is bí féin i d'óinseach. (M, MÓD, Cum. Béal. 114, 336)
- Tabhair go leor dó, ach ná tabhair an seol dó. (MÓD)

TC 19, 31 'Ní ba rogartaid ar ná ba aithbe.'
YD 93 (Goreu cardod rhoddi llety), is DC 57.
O'Daly 97, SFM 16

3084 Tagann gach maith ar chairde is gheofar gach laoch (leg. luach?) in aisce. (Ca)

An mhaith a dhéanann tú, níl a fhios agat cén lá go ceann seacht mbliana a gheobhaidh tú luach saothair ar a shon.

3085 Tairg bia do dhuine beo, is mara n-ithe sé é, ligeadh sé dó. (RM, CC, Ca)

- Leag bia roimh dhuine beo, is mara n-ithe sé é, ligeadh sé dó. (Sa)
- Tairg an bia do dhuine beo, is mara gcuirfidh sé chun caite é, ligeadh sé dó. (Ca)
- Leag (Fág) an bia faoin duine beo, is mara n-itheann sé é, ligeadh sé dó. (Ac)
- Ná fógair an tine ar dhuine beo,
  Mara n-aireoidh sé í, lig dó. (CF)

FÉILTE

3086 Airneán go Féile Phádraig, cuartaí maith go Bealtaine agus fíréan thríd is tríd. (RM)

3087 An chéad Chéadaoin den chéad ghealach earraigh, an chéad lá den Charghas. (F)

3088 An Domhnach le buaireamh. (CF)

3089 An fad a théas an Inid san earrach is ea a théas an Chincís sa samhradh. (F)

- A fhad is a théas an Inid san earrach a théas an Chincís sa samhradh. (U, B 6/1933)

3090 Anocht oíche an chaorthainn. (GS)

Focal pisreoige; Oíche Bhealtaine, cuirtear ruainne caorthainn os cionn an dorais ar fhaitíos go dtabharfadh na sióga daoine nó beithígh leo. Gnás Manannach freisin é (B VII 177).

3091 Báisteach mhór na bhFéilteacha Muire. (T)

- Ceathanna móra na Féile Muire. (GS)

Idir 15 Lúnasa agus 8 Meán Fómhair

3092 Bíodh grian an mheán lae sa leaba agat sula n-éiríonn tú Lá Bealtaine. (Ca)

Pisreog: Ní maith le daoine tús a bheith acu ag fadú tine (ná ag éirí), Lá Bealtaine.

3093 Bíonn blas na meala ar bháisteach na féile San Seáin.

Is tráthúil ansin í.

3094 Brochán Bhríde agus poitín Phádraig. (CF, Ca)

Go gcaitear brachán Lá Fhéile Bríde is óltar fuisce Lá Fhéile Pádraig.

3095 Chomh dearfa agus atá an Cháisc ar an Domhnach. (F)

- Chomh siúráilte agus atá an Cháisc ar an Domhnach. (LMóir)
- Ní dóighde an Cháisc ar an Domhnach. (RM, Ca)
- Níor dhóichí an Cháisc ar an Domhnach. (LMóir)

3096 Chomh fada le Oíche Fhéile Fionnáin. (Gearrbhaile 1937–38, l.26 gan áit)

- Chodlófá Oíche Fhéile Fionnáin. (Gearrbhaile 1937–38, l.26 gan áit)

21 Nollaig, an oíche is faide sa bhliain.

3097 Cith glas na Féile Bréanainn. (I)

Stoirm a thagas i gcionn coicís de shamhradh.

3098 Domhnach an Iúir is Satharn na Cásca,
Bíonn an ghrian ag rince le háthas. (F)

Deirtear é sa mBéarla faoi Dhomhnach Cásca i gcuid mhaith d'Éirinn; tá tagairt dó in O'Brennan's Ir. Antiq. (nóta ar 'Domhnach gréine', rann lxxvi de 'Tuireadh na hÉireann').
Lessons 135, 156 agus B I 40 (Co. Aontroma) agus AA 4/1941; maidir le Oileán Mhanann agus Sasana, cf. AWM 109 agus in B VII 168 tugann Ó Muirgheasa sampla as TGJ 28.
I dtaobh iúir agus pailme, cf. Trans. Oss. Soc. V 155.

3099 Domhnach na bPutóg, ná bí gar. (GS)

An Domhnach roimh an Fhéile Mártain (?); nuair a mharaítear mart an tráth sin, ní ceart do bheirt dearthháireacha ná do bheirt deirfiúracha an fheoil a ithe Domhnach na bPutóg. Focal pisreoige é.

3100 Fad coiscéim coiligh ó Lá Nollag Beag,
Fad gabháil brosna ó Lá Chinn an Dá Lá Dhéag. (RM)

- Coiscéim coiligh d'fhad ar an lá, Lá Nollag Beag. (I)
- Lá Fhéile Stiofáin, beidh fad coiscéim coiligh ar an gcarn aoiligh d'fhad ar an lá. (F)
- Fad coiscéim coiligh ar an gcarn aoiligh ar Lá Fhéile Stiofáin. (TÓM, BB 34)
- Seachtain i ndiaidh Lá Fhéile Bríde, beidh dhá uair go leith d'fhad ar an lá. (F)

An tráth a dtosaíonn fad ag teacht ar an lá. Maidir le 'fad gabháil brosna', ciallaíonn sin fad is a bheadh duine ag bailiú gabhála.

Deirtear faoi Lá Caille é in AA 1/1939 (CF).
Lá Fhéile Tomáis atá sa rann gluaise le Féilire Aonghusa (LB), cf. Todd Lec. Ser. III 381 Codex. Pal. Vat. 830. Cinnlae I 198.
Faightear an seanfhocal céanna fairsing go maith san Eoraip ag trácht ar fhéilte éagsúla idir 13 Nollaig agus 2 Feabhra: App. 99, 444, 652, Ray 38, SH 57, 281, PB 99, Vocab. 36, 99 (Lá Fhéile Tomáis .i. 21 Nollaig), NG I 266, 301, III 161, L I 64, 76, 79; tugtar siar go dtí an 14ú haois é in Taylor 117.

3101 Gach Aoine roimh Nollaig, gach Aoine roimh Cháisc,
Is gach Aoine roimh Chincís, ní chuimhníonn fear báis. (GS)

- Ar an Aoine roimh Nollaig, agus ar an Aoine roimh Cháisc,
Agus ar an Aoine le Cincís, ní chuimhníonn fear báis. (F)
- An Aoine roimh Nollaig, agus an Aoine roimh Cháisc,
Agus an Aoine roimh Chincís, ní smaoiníonn fear báis. (CF)

1. Na trí Aoine is mó troscadh i rith na bliana, is ní bhíonn imní ar an té atá i mbaol báis ar aon lá díobh (F).
2. Ní chuimhníonn fear báis ar na laethanta sin, mar nach bhfuil sé d'oibleagáid air troscadh (GS).
3. Deirtear freisin gur ceart don mháthair ligean don pháiste trí scread a chur as le ocras sula dtabharfaidh sí cíoch dó na trí lá úd. (F)
Is éard atá iontu seo, an 12ú, an 3ú is an 6ú ceann de na hAointe Órga .i. Aointe áirithe sa mbliain is an té a dhéanfadh aithrí is a throiscfeadh na laethanta sin, ní ghabhfadh sé go hIfreann. Tá liostaí dá shamhail i lámhscríbhinní Laidine ón 10ú haois is tá caint orthu sa nGaeilge ón 14ú haois; cf. Cat. I 319, II 496, RC XXVIII 308, Arch. II 223 (O'Dav. 155); freisin DDU 274, ADC II 218 is Gadelica I 207 (13 donais a tharluigh Dia hAoine) agus leagan eile SM 1561. 'Dubh-Aointe Órdha' a thugtar orthu in 24 V 25, 46 (cf. Leabhar Clainne Suibhne). Tá 13 rann ar na hAointe Órga in 23 O 39. Tá dréacht in Mélusine IV 134 ar na hoilc a cheaptaí sna Meánaoiseanna a bheith ag teacht ar an Aoine, as siocair gur ar Aoine a céasadh Críost.

3102 Gaoth na Féile Muire Beag agus gaoth na Féile Muire Mór. (M, Cum. Béal. 117, 26)

Go séideann stoirmeacha gach bliain le linn an dá fhéile.

3103 Glacfaidh Mártan roimhe ach ní ghlacfaidh ina dhiaidh. (M, LMóir, Cum. Béal. 117, 5, Cum. Béal. 277, 4565)

Tagann Oíche Fhéile Mártain naoi n-oíche tar éis Oíche Shamhna (cf. 3120) agus is ceart fuil éin nó beithígh a dhoirteadh an oíche sin nó cupla oíche roimpi. Ní ghlacfaidh Mártan an rud mall, ceaptar. Bó a mharaítear in Albain Lá Fhéile Mártain (B I 289, II 207–8, III 143) agus uan a mharaítear aimsir na Féile Michíl (Survivals 258, le tagairt don scéal atá in FF ii 41–3). Féach freisin Clár (gearradh). 'Mártan an bhoilg mhóir,' a deirtear mar bíonn gach uile dhuine ag marú dó (CF; Cum. Béal. 208, 413) agus 'Domhnach na Mart' atá ar an Domhnach roimh Lá Fhéile Mártain (B V 226; CF). Gnás an-ársa é, a shamlaítear a thosú le Naomh Pádraig in Vita Trip. (Stokes) ii 560. cf. freisin O'Davoren's Glossary (Arch. ii 407 lupait) agus FF ii 41.
Taobh amuigh den rá atá in BB 25 ('Muc a mharú do Mhártan') agus 'Fiach do Mhártan' (RM), níor casadh liom aon insint Gaeilge ag dul i gcosúlacht leis an Spáinnis 'Á cada gorrín le llega su San Martín,' ach is fairsing go maith a mhacasamhail san Eoraip (NG I 15, L I 32, BSR I 156, SH 95); Lá Fhéile Iognáid a deirtear sa Rómáin.
cf. 1386

3104 Goirtín carrach na Féile Sin Seáin. (CF)

- Goirtín gortach na Féile Sin Seáin. (CF)
- Ná mol agus ná cáin goirtín carrach na Féile Seáin. (Sp, B 1934)

Ní droch-chosúlacht barr beag a bheith ar an ngarraí faoin am úd; tiocfaidh togha bairr air ina dhiaidh (Gearrbhaile 1939–40 l. 39, CF).
cf. 3119

3105 Is maith í báisteach na Féile Sin Seáin. (Gearrbhaile 1937 l.25 gan áit.)

3106 July an ghabáiste. (MS, AA 6/1941 gan áit)

- July na mine buí. (AA 6/1941 gan áit)

Go mbeadh gach uile shaghas beatha eile gann an mhí sin.
cf. 'Mí an dá bhéile' (PMB 217).
cf. 152 agus 163

3107 Lá an Éisc (nuair a chaithfeas sé múr breac). (Sa)

Lá Philib an Chleite; lá nach mbeidh ann choíche.

3108 Lá buí Bealtaine, gan saoire gan sollúin. (GS)

Deirtear 'Mí bhuí Bealtaine' freisin; is fairsing an dá leagan in Cinnlae, go háirithe imleabhar a II. Rel. II 493. Lá Buidhe Bealtaine (Stair Éamuinn Uí Chléire 2334)

3109 Lá Fhéile Muire na Féile Pádraig a ghaireas an chuach ar sceach in Ard Mhacha. (F)

25 Márta

3110 Lá Fhéile Pádraig ní gnás dúinn a bheith ag faire na haonbhó, ach na cártaí is na gloiní a bheith os cionn boird. (U, B 6/1933)

Dhá líne as amhrán Ultach é in DÓM 371, le hathruithe beaga.

3111 Lá Nollag ar an Aoine is an t-earrach ar bheagán daoine. (Ár)

3112 Lá Nollag, lá na móna, is Lá Fhéile Michíl thall sa bhfómhar, na trí lá a itheas an bodach a sháith. (F)

- Lá Nollag, lá na móna, is Lá Fhéile Muire thall sa bhfómhar, na trí lá a n-itheann an bodach a dhóthain. (CF, É 19/121936)
- Oíche Nollag agus lá na móna, agus Oíche Fhéile Muire Mór thall sa bhfómhar, na trí oíche a d'íosfadh an bodach a sháith. (I)
- Na trí lá a fhaigheas an bodach a dhóthain,
  Domhnach Chrom Dubh,
  Lá na móna,
  Lá Mhichíl thall sa bhfómhar. (CF, B V 146)

3113 Leath fataí is leath fothair Lá Fhéile Bríde. (Ac)

- Leath na hiothlann Lá Bríde. (MS)
- Leath bidh agus leath fodair ar Lá Fhéile Bríde. (Cd)

Is ceart leath d'fharae an gheimhridh a bheith fágtha ag an bhfeilméara an t-am sin.
SH 435, Ray 38 (On Candlemas Day, you must have half your straw and half your hay), AWM 107, MR 15.

3114 Luan meidhreach, Máirt mheirgeach,
Céadaoin chumtha, Déardaoin dealfa,
Aoine throscaidh, Satharn folcaidh,
Agus Domhnach dálach lá arna mhárach. (F)

- Luan tosaigh, Máirt ullmhaithe,
  Céadaoin bhearrtha, Déardaoin dearfa,
  Aoine throscaidh, Satharn folcaidh,
  Domhnach dálach agus lá arna mhárach. (RM, Cum. Béal. 90, 82)

Rann le laethanta na seachtaine a mhúineadh do leanbh. (RM)
cf. 3446

3115 Maith ar an Domhnach. (M, Cum. Béal. 114, 504)

Gur maith an ní an mhaith a dhéanamh ar an Domhnach.
NG II 92

3116 Má ólann tú bainne Aoine an Chéasta,
Déanfaidh do chorp crumha agus péistí. (Sp, Cum. Béal. 77, 55)

3117 Más aointeach an tSamhain,
Is caointeach an domhan. (F)

- Más Samhain an Chéadaoin, is éagaoin don domhan. (F)

3118 Má thuiteann Lá Nollag ar Dhéardaoin,
Tiocfaidh geimhreadh stoirmiúil ina líon,
Ach beidh an samhradh tirim fial,
Is beidh arbhar is eallach go leor le díol. (S 2/1927)

3119 Ná mol is ná cáin,
Go dtaga an Fhéile Sheáin. (CF)

cf. 3104

3120 Naoi n-oíche is oíche gan áireamh,
Ó Oíche Shamhna go hOíche Fhéile Mártain. (Ár)

- Naoi n-oíche is oíche gan áireamh,
  Ó Fhéile Samhna go hOíche Fhéile Mártain. (IG 7/1897)
- Naoi n-oíche is gan aon oíche acu a áireamh,
  Ó Oíche Shamhna go Féile Mártain. (RM)
- Naoi n-oíche is oíche gan áireamh,
  Ó oíche changailt na n-úll go hoíche na gcnámh. (Ár)
- Naoi n-oíche is oíche gan áireamh,
  Ó oíche changailt na n-úll go hoíche changailt na gcnámh. (CF)

Cinnlae II 52 (1828)
Leaganacha den déanamh céanna faoi fhéilte eile, I NG 281, 305, 306 (Iodáilis)

3121 Ní dírí a fhásas an droim sa lacha ná Lá Fhéile Pádraig i lár an earraigh. (Ca)

- Ní dírí cnáimh i ndroim na lachan ná Lá Fhéile Pádraig i lár an earraigh. (Ár)
- Ní dírí an chnáimh droma ar an lacha ná Lá Fhéile Pádraig i lár an earraigh. (MS)
- Ní dírí bradán i lár an easa ná Lá Fhéile Pádraig i lár an earraigh. (Ca)
- Chomh díreach le bradán i lár na habhann. (T, Cum. Béal. 208, 216)

Faightear an tsamhail chéana (.i. dírí an chnámh sa scadán) i móid Deemster Oileán Mhanann (AWM 151, 168, Vocab. 80).

3122 Níl aon Oíche Fhéile Mártain gan feoil ná aon Oíche Nollag gan im. (Sp)

cf. 3126

3123 Nollaig in aghaidh na míosa,
Cáisc in aghaidh na seachtaine,
Lá saoire gach re lá. (CF)

3124 Oíche an dá lá dhéag, oíche an dá rí dhéag. (F)

3125 Oíche Fhéile Bríde Bricín,
Bain an chluas den toirtín
Is tabhair a sháith don dailtín. (CS)

- Oíche Fhéile Bríde Bricín,
Cuir isteach an muiltín,
Is bain an chluas den toirtín. (Ac)
- Oíche Fhéile Bríde Bricín,
Bain an maol den gcroicín
Agus tabhair a sháith don ndailtín. (Cd)

Caint a bhaineas le comóradh na Féile Bríde; féach na dréachtaí ar ghnásanna na féile, B I 394 M, II 195 (Ciarraí)

3126 Oíche Inide gan feoil,
Lá Nollag Mór gan im,
Domhnach Cásca gan arán,
Sin é an bothán lom. (U, B 6/1933)

- Oíche Inide gan feoil,
Lá Nollag Mór gan im,
Domhnach Cásca gan arán,
Sin é an gearán lom. (I)
- Oíche Inide gan feoil nó Oíche Nollag Mhór gan im. (TÓM)
- Oíche Nollag Mhór gan im,
Oíche Fhéile Bríde gan brochán,
Oíche na hInide gan feoil,
Nach é sin an bothán lom. (U)
- Domhnach Cásca gan uibheacha,
Oíche Nollag Mhór gan im,
Oíche Inide gan feoil,
Nach é sin an gearán lom. (MS)
- Oíche Nollag Mhór gan feoil,
Oíche Fhéile Bríde gan im,
Domhnach Cásca gan arán,
Is nach é sin an gearán lom. (IG 7/1897)
- Oíche Inide gan feoil,
Oíche Nollag Mhór gan im,
Oíche fhéile Bríde gan brochán,
Sin é an bothán lom. (Ac)

Féach Pairlement Chloinne Tomáis (Gadelica I 234) 'nach nár le haonneach dhíobh bheith gan feóil Lá Nodlag ná Cásga ná Domhnach Oinide'. D 268 (líne amhán). Leagan 3: cf. BB 19–20
cf. 3122

3127 Oíche Nollag Mhór, mo chuid ar an stól mór,
Oíche Nollag Bheag, mo chuid ar an stól beag,
Oíche Fhéile Bríde Bricín, mo chuid ar an gcipín,
Oíche Fhéile Pádraig Brocán, mo chuid ar an gcupán. (GS)

- Oíche Chinn an Dá Lá Dhéag, cuir do bhéilí ar an méis,
Oíche Nollag Mhór, cuir do bhéilí ar an stól,
Oíche Nollag Bheag, cuir do bhéilí ar an sop (bíonn trí shuipéar ag na daoine Oíche Chinn an Dá Lá Dhéag). (AA 1/1938)
- Oíche Fhéile Bríde, cuir mo chuid ar thóin an phigín,
Lá Fhéile Bríde, cuir mo chuid ar bharr an chipín. (U, B 6/1933)
- Lá Fhéile Muire Mór, cuir do chois ar stól,
Is Lá Fhéile Bricín, cuir do chuid ar bharr cipín. (RM)
- Lá Fhéile Bricín cuir mo chorp ar an gcipín (?) (Ac)
- Oíche na Féile Bricín cuir mo chuid ar an gcipín. (S)

3128 Ráithe ón Nollaig go Féile Phádraig,
Ráithe ó Fhéile Phádraig go Féile San Seáin,
Ráithe ó Fhéile San Seáin go Féile Mhichíl,
Is ráithe ó Fhéile Mhichíl go Nollaig. (AA 1/1938)

- Ráithe ón Nollaig go Féile Phádraig,
Ráithe ó Fhéile Phádraig go Féile tSin Seáin,
Ráithe ó Fhéile tSin Seáin go Féile Mhichíl,
Is ráithe ó Fhéile Mhichíl go Nollaig arís. (F)
- Ráithe ó Nollaig go Féile Phádraig,
Ráithe ó Fhéile Phádraig go Féile Sheáin,
Ráithe ó Fhéile Sheáin go Féile Mhichíl,
Agus ráithe ó Fhéile Mhichíl go Nollaig arís. (CnM)

Na ráithí cama.

3129 Seachtain is Domhnach na Slaitín

Domhnach na bpoitín méith. (S 4/1927)

3130 Séid, a Chiaráin, ná déan díobháil. (CS 28/3/03)

Guí mhuintir na tíre, Lá Fhéile Ciaráin, 9 Meitheamh; barra arbhair a bheadh in úd a mbainte an tráth sin, scoirfí a ngrán dá séidfeadh an ghaoth róláidir.
Féach Le Linn m'Óige 134

3131 Sneachta nach dtiocfaidh faoi Shamhain, tiocfaidh sé go ramhar faoi Fhéile Bríde. (I)

3132 Suipéar ó ló ó Lá Fhéile Pádraig amach. (Sp)

3133 Tá an Chincís uaibhreach. (Sa)

- Fan go gcaitear na treadhnaí. (GS)
- Ná salaigh an t-uisce, inniu Domhnach Cincíse. (GS)

Tá teir ar ghníomhartha áirithe faoi Chincís, go mór mór iascach, snámh, lomairt caorach, agus eile, is ní bheadh sé sona iad a thosú ná a dhéanamh; deirtear go bhfuil stiúir ag an gCincís ar an bhfarraige (Ca, Cum. Béal. 58, 80).
Tá an phisreog seo i ngach uile áit ó Ghaillimh go Carna. cf. BB 22, 36, 56 agus B I 246 (Cill Mhantáin)

3134 Trí lá ag tuitim, trí lá tuite, trí lá ag éirí. (GS)

- Trí lá ag teacht, trí lá ina stad, trí lá ag ardú. (GS)

Naoi lá na dtréan; tosaíonn siad Domhnach Cincíse; níl sé ádhúil obair nua a ionsaí go gcaitear na tréin.
cf. ÓD (tréadhan).
In Riagol Ailbi Imlecha tá tagairt don 'Caisc truim trednaig.' Is cosúil freisin go mbíodh spás naoi lá le fáil ag féichiúna faoi Nollaig, faoi Cháisc agus faoi Chincís sa Bhreatain Bheag fadó, cf. Ancient Laws and Institutions of Wales (1841) l.62.

3135 Tugann Pádraig grian leis agus Micheál an tsíon. (I)

FIACHA

3136 An rud a híoctar roimh ré, rud nach n-íoctar go héag. (IG)

SH 355.
cf. 3153

3137 An té a thóigeas an builín den chlár, is é a chaithfeas íoc. (CC)

3138 Bíonn comhrá breá saor ag lucht díolta earraí,
Is síodúil, breá síodúil, mar nach gcosnaíonn sé tada;
Ach má tá tú gan maoin, is go bhfuil do lámh falamh,
Ar iarraidh na cairde uait is taodach a dtallann. (GS)

cf. 2561

3139 Cairde go Luan, is b'fhéidir go deo. (G)

- Cairde go fómhar, cairde go deo. (CF)

Is dócha go dtéann an focal siar go scéal Mholaing Naofa agus críochnú Bhóramha Laighean; tá an scéal féin nó tagairt dó le fáil go hiomadúil sa litríocht, cf. Sil. Gad. I 404, FF II 256, Vitae Sanc. Hib. I CXXXIV agus LXXXII, Eg. 1782, 42e (Cat. II), RC XIII 106, XXVII 296. Insítear scéal mar é freisin in FF III 94/96 i dtaobh Cholmcille agus Comhdháil Dhroim Cead.

3140 Cuir na fiacha ar an méar fhada, mar a dhéanadh Diarmaid leis an mbean eile. (Ár, Cum. Béal. 101, 548)

3141 Duine a ghlaos is dháréag a ólas. (TÓM)

Rel. II 480 insint chosúil.

3142 Fear do chairde, fear do chothaithe. (AR)

- Fear do chothaithe, fear do chairde. (Ac)

3143 Íoc do chíos agus beidh an baile agat féin. (M, Cum. Béal. 127, 595)

3144 Íocfar an píobaire, cé ar bith cé a dhaimhseos. (Ca, CF)

Má tá tú ag íoc as, tá sé chomh maith agat luach do chuid airgid a bheith agat.

3145 Is cuma cé a ólas, is é Domhnall a íocfas. (S)

- Cé ar bith a d'ól an phurgóid, is ar Sheán atá an dul amach. (I, D 206, dáta 1788)

Nuair atá droch-cháil ar dhuine, is air a leagtar aon ní as bealach a dhéantar (CC).
Tar éis marú Fhlaithbheartaigh Fheilbhéasaigh Achadh an Iúir, bhí Domhnall, a dheartháir, ag imeacht le fear a raibh puinsiún fuisce aige. Nuair a bhí a fhios ag Domhnall scéal bhás an Fhlaithbheartaigh a bheith ar eolas go fairsing, dúirt sé an puinsiún a chur síos le deoch a thabhairt do lucht bealaigh agus bóthair. 'Cé a íocfas as mo chuid fuisce' a d'fhiafraigh an fear eile. 'Cuma cé a ólas, is é Domhnall a íocfas', an freagra. (MC)
Féach an scéal in S 11/1926 agus Cum. Béal. 58, 85 (Ca) agus an véarsa in Cinnlae II 26.
Graiméar Uí Mhaolmhuaidh 62, College 279.

3146 Is fearr a dhul a luí i do throscadh ná éirí i bhfiacha. (Ca, CF)

Idem App. 610, SH 64 (as an Spáinnis), AWM 187, NG I 10, II 364.

3147 Is fearr seanfhiacha ná seanfhala. (RM, Ac)

- Is fearr seanfhiacha ná seanfhailmhe. (CC, S)
- Is fearr seanfhiacha ná seanfheoil. (GS)

1. Is fearr seanfhiacha ná faltanas (a bheith folamh: ghabhfadh seanfheoil ó mhaith agus bheifeá fágtha folamh – GS).
2. Nuair a híoctar fiacha tar éis a bheith dlite achar fada (CC)
MIP 3, C 859, agus Taylor 39.
Idem Ray 232, SH 335, DC 135, YD 106, OSK (ddlet); tá focail den tsórt céanna in L II 265 agus NG II 366.

3148 Is maith an spás ceithearnaigh go Samhain. (Ca)

- Is maith an saol ceithearnaigh bliain. (M)

1. Cairde bliana (nó go Samhain) ó thíoránach de thiarna talún.
2. Saighdiúr a bheith beo bliain i gcogadh (M).
3. Gurb é an chéad bhliain an ceann is measa (M).

3149 Is minic nach é an té a ghlaos a íocas. (TÓM)

3150 Má théann tú i mbannaí, íocfaidh tú fiacha. (S 11/1919)

- Má théann tú i mbannaí, díol amach. (MÓD)
- An té a ghabhfas i mbannaí, déanadh sé díol. (TÓM)
- An té a théas i mbannaí, caithfidh sé fiacha a íoc. (S 11/1919)
- An lá a rachfas tú i mbannaí, cuir do lámh i do phóca. (Ac)
- Má théann tú i mbannaí, déan díol. (IG 11/1895)
- Nuair a ghabhfas tú i mbannaí, déan díol. (CC)
- Má théann tú i mbannaí tá tú i gcontúirt na bhfiach. (GS)
- Ná téirigh i mbannaí gan íocaíocht. (TÓM)

D'fhéadfadh an chuimhne chéanna a bheith in TC 19, 35, SF 3, 1 (FFx 2, 1).
As an mBíobla (?); cf. Seanfh. XI 15, XX 16, Síor. VIII 13, is téacsanna gaolmhara.

3151 Ní íocann dearmad fiacha. (S)

- Ní íocann an dearmadach fiacha. (TÓM)

MIP 168.
Dearmad = earráid, comhaireamh mícheart (?); cf. 'Misreckoning is no payment,' Ray 116, App. 419.

3152 Ní íocann fiacha fiacha eile. (IG)

O'Daly 94, SFM 13.

3153 Níl a fhios cé is mó an gadaí, an té a íocfas roimh ré, nó an té nach n-íocfaidh go héag. (TÓM)

- Níl a fhios cé acu is mó, an gadaí a íocfas roimh ré, nó an té nach n-íocfaidh go héag. (MÓD)

YD 62 (Dau dalu drwg, talu ymlaen a pheidio talu byth) agus AWM 187.
cf. 3136

3154 Seachain na bannaí is leabhar an cheannaí. (F, T, B 6/1936)

3155 Tá sé ordaithe an ceithearnach a chur ar cairde. (Ca)

3156 Tigeann an chairde, ach ní mhaitear na fiacha. (AR 436)

- Tagann an chairde ach ní híoctar na fiacha. (S)
- Tigeann maith as cairde, ach ní mhaitear na fiacha. (F)

3157 Tóg a bhfaighidh tú is íoc a bhféadfaidh tú. (RM)

FIANN

3158 An áit a mbíonn Fiannaíocht ní bhíonn diabhlaíocht. (GS, Ca, CM)

- Ní tháinig Fiannaíocht agus diabhlaíocht in éindí in aon té ariamh. (CT, Cum. Béal. 278 94)

Deirtear sa seanscéal go raibh Pádraig Naofa ag scríobh síos scéalta ó Oisín, ach tháinig aiféala air agus chaith sé a raibh scríofa aige sa tine; labhair glór san áit leis an rá seo thuas agus shábháil Pádraig cuid de na leabhair as an tine.

3159 An áit a mbíonn scéalaíocht bíonn Fiannaíocht agus rianaíocht. (GS)

3160 Cuimhneamh falamh don Fhiann. (Ind)

3161 Mná pósta,
Madraí gearra,
. . . (IF, Cum. Béal. 75, 381)

Trí ní nach n-éisteann le scéalaíocht ná le Fiannaíocht.
I scéal; níor tugadh an tríú ní.

3162 Oisín i ndiaidh na Féinne. (IG 11/1905, AConn 2/1908, GS, CF)

- Oisín i ndiaidh na Féinne agus bó ag géimneach i ndiaidh a lao. (RM)
- Mise an cadhan aonraic,
  Ar aonchnoc na coille,
  Mar Oisín in éis na Féinne
  Nó bó ag géimneach in éis gamhna. (I)

Is ríghnách an rá seo nó an chuimhne chéanna sa litríocht. In Agallamh na Seanórach, is é Caoilte a deir 'Truag in betha beith mar táim, tar éis Diarmada is Chonáin' (Sil. Gad. I 168; as Bk.Lismore), agus 'mar mac Rónáin d'éis na bhFian' atá in B IV 2, 31 vo (Arch. III 305). 'Meisi an t-Oisín d'éis an tslóigh' a deirtear i nduan le Art Óg Ó Néill DCAB 133; 17ú haois) agus faightear an smaoineamh céanna i bhfocail eile in Ag. Pádraig agus Oisín (Duanaire Finn, ITS XXVIII 208, agus Trans. Oss. Soc. Iv 8), i nduan gearr (Duanaire Finn, ITS vii 83), agus freisin in 'Caoidh Oisín i ndiaidh na Féine' (Trans. Oss. Soc. Iii 230). 'Beo ar éigean d'éis mo chairde' a deirtear in Aoir an Dochtúra Whaley (Tribes of Ireland 32). Tá an seanrá féin le fáil in Amhráin Dhiarmada 61), Duain Sheáin Uí Ghadhra (S 5/1930; ls. I v 2, Acadamh Ríoga), 'Tuireadh na hÉireann' le Seán Ó Conaill (véarsa 88), AAmhicC 17, II 23, Lessons 179, Ceol 113, MD 8. Tá leagan den sórt céanna i ls. Giessen – 'Aognus a ndeoig na ttroigheanach' (RC XVI 12). Le haghaidh rann Iorrais, thuas, cf. AGC 107 (eagrán 1931). MIP 409.
cf. 1017

FÍRINNE

3163 An fhírinne as mála na mbréag. (I)

An fhírinne ag teacht amach in ainneoin na mbréag.

3164 Bíonn an dá leagan ar gach scéal. (F)

- Bíonn dhá thaobh ar gach scéal. (Ca)
- Tá trí inseacht ar scéal agus dhá ghabháil déag ar amhrán. (TN 28/8/1891)
- Tá dhá insint ar scéal agus dhá ghabháil déag ar amhrán. (CS 26/9/1903)
- Bíonn seacht n-inseacht ar scéal agus dhá rá dhéag ar amhrán. (S 2/1930)
- Bíonn dhá inseacht ar scéal agus dhá leagan déag ar amhrán. (S)
- Sin é mo scéalsa is scéal eile i do bhéalsa. (F)
- Bíonn dhá chraiceann ar an bhfírinne féin is bíonn dhá thaobh ar an mbilleog. (RM)
- Bíonn dhá thaobh ar an mbilleog. (CF)
- Bíonn dhá iompú le baint as an gcloch. (Ár)
- Níl agat ach ceann den mhargadh (.i. taobh amháin den scéal). (RM)

SH 474 (There are two sides to every question; 1863).

3165 Cén mhaith grán gan púdar is cén mhaith scéal gan údar. (CnM)

- Is beag an mhaith grán gan púdar is is beag an mhaith scéal gan údar. (F)
- Ní maith scéal gan údar. (S 7/1927)
- Níl maith i scéal ar bith gan údar. (CF)
- Ní fiú scéal gan údar. (M)
- Ní maith scéal gan ábhar. (RM)

Gan fios cé a dúirt é.
'Sgéal gan urra ná haduimh' (Aithdhioghluim Dána 32, 27c; 15 haois), 'scél gan urraidh' (Branach 3475); O'Daly 87.

3166 Imíonn an bhréag is fanann an fhírinne. (S)

- Imíonn na bréaga is fanann an fhírinne. (Ac)
- Maireann an bhréag seal, ach maireann an fhírinne go deo. (CF)
- Seasfaidh an fhírinne is imeoidh an bhréag. (RM)
- Seasann an fhírinne i lár na bréige. (CF)
- Ritheann an bhréag ach fanann an fhírinne. (I)
- Imíonn an bhréag ach seasann an fhírinne. (CF)

College 288, S 6/1920. Tóraidheacht I, V 2.
As an mBíobla (Seanfh. XII 19); tá an leath deiridh sa mBreatnais (YD 110, DC 126).

3167 Is beag peaca na fírinne. (F, Ca)

Ní peaca ar bith an fhírinne a insint.

3168 Is cumhachtach an fhírinne is buafaidh sí. (S 11/1923)

- Is mór í an fhírinne is buafaidh sí. (M)

- Seas ar an bhfírinne is buafaidh sí. (RM)
  Sanas Chormaic 80 – 'Ferr fira firsi.'

3169 Is deacair an fhírinne a shárú. (RM)
- Is deacair béal na fírinne a lochtú. (CF)

3170 Is fuide a rachas an fíor ná an bhréag (S 8/1918)
  'Is í an fhírinne is faide géaga' a deirtear i sliocht filíochta (GS) in AA 5/1939.

3171 Is geal le Dia an fhírinne. (MS)

3172 Is minic a bhíos an fhírinne searbh ach fanfaidh an náire glan di. (S)
- Is minic a bhíos an fhírinne searbh, ach ní fhaigheann sí náire go deo. (I)
- Is féidir milleán a chur ar an bhfírinne ach ní féidir náire. (Cum. Béal. 91, 22; gan áit.)
  SH 555 (Truth may be blamed, etc.).

3173 Is minic blas searbh ar an bhfírinne. (S 1/1920)
- Is minic an fhírinne searbh. (S 11/1919)
- Bíonn blas searbh ar an bhfírinne. (RM, DÓF)
- Bíonn an fhírinne féin searbh corruair. (S 5/1919)
- Is searbh an rud an fhírinne. (AR 55)
- Is searbh an fhírinne, is milis an bhréag ar uairibh. (AR 543)
- Bíonn an fhírinne searbh ach bíonn sí folláin. (CF)
- Is maith í an fhírinne cé gur minic a bhíonn sí searbh. (TÓM)
- Faightear blas searbh ar an bhfírinne. (Ca)
- Chomh searbh leis an bhfírinne. (T)
- Is searbh í an fhírinne. (Sl, DÓM)
- Bíonn an fhírinne searbh uaireanta. (S 11/1924)
  BC 645 'Bí an fhírinne searbh ar uairibh' cf. freisin DC 126.
  Is é a mhalairt atá in TC 13, 35–6 'domblas cech gó, milis cech fír'; Iomarbhágh V 11, Lessons 298, 345, College 210, 289, O'Daly 90, Tribes of Ireland 17; scéal Legends of Saints & Sinners 34. MIP 52 (17ú haois).
  Tá a shamhail in DC 57, NG II 281.

3174 Ná tabhair do bhreith ar an gcéad scéal. (S 5/1928)
- Ná tabhair do bhreith go mbí an dara scéal cloiste agat. (MS)
- Ná tabhair do bhreith nó go gcloise tú an dara ceann. (CR)
- Ní maith scéal gan an dara ceann. (MS)
- Ní fearr scéal ná scéal eile. (IG 10/1905)
- Tá scéal go maith go dtig an dara scéal. (IG 12/1905)
- Tá scéal sách maith go dtige scéal eile. (T)
- Is maith an scéal nó go dteaga an dá scéal. (CF, CS)
- Is maith an ní scéal go dtaga an dara scéal. (RM, AR 529)
- Scaoil thart an chéad fhear nó go dteaga an dara fear. (CF)
- Ná glac ón gcéad duine nó go bhfeice tú céard a bheas le rá ag an dara duine. (CF)
- Bíonn scéala an fhir dheireanaigh fíor. (CF)
- Níl aon mhaith sa gcéad scéal gan an dara ceann. (Ca)
- Ná creid an chéad scéal nó go mbeire an dara scéal ort. (Ac)
  TI 176 agus 244; 'cach fiada co roilli' atá in Aibidil (ZCP XVII 54). Rannta in D 63, 175 (tús 16ú haois), Eg. 209 II 6 (Cat. I; dáta 1767). F vi 2,500 rann 4, O'Daly 80, College 196, 292, Lessons 296, 304.
  Tá leaganacha dá shamhail in App. 473, 600, SH 474 agus DC 126.
  Féach Síor. XI 7 agus Deot. XVII 6, etc.

3175 Ní bréag an fhírinne – lá saoire an Domhnach. (M)
  O'Daly 94, SFM 12

3176 Ní chreidtear an fhírinne ó fhear déanta na mbréag. (S 6/1920)
- Ní chreidtear an fhírinne ó dhuine bréagach. (CF, M, DÓM)
- Ní chreidtear an fhírinne ó lucht inseacht na mbréag. (Ca)
  Idem Béarla (SH 16, App. 361), AWM 184, O 219, LSM 23m.

3177 Ní féidir an seanfhocal a shárú. (CF)
- Ní féidir an seanfhocal a shéanadh. (UA)
- Is deacair an seanfhocal a shárú. (CF)
- Seanfhocal é is is deacair é a shárú. (MS)
- Níor sáraíodh an seanfhocal ariamh. (M)
- Níor sáraíodh an seanfhocal ariamh marar

sháraigh seanfhocal eile é. (Ca)
16ú haois (MIP 165, 200) O'Daly 96. DC 9 'Y ddiareb sydd wir,' etc.

3178 Níl an chathair mar a tuairisc. (Ca)
- Ní bhíonn an cath mar an scéal. (BA)
Nach inchreidte gach a n-abraítear fúithi.

3179 Níl call don scéalaí leanúint ródhlúth don fhírinne. (T)
cf. 1201 agus 4709

3180 Níl scéal ar bith nach mbaintear casadh as. (CF)

3181 Níor dúradh ariamh ach fíor nó bréag. (CC)
Nach bhfuil an tríú bealach ann.

3182 Níor thacht an fhírinne aon duine ariamh. (M)
- Níor thacht an fhírinne fear ariamh. (Ca)

3183 Rathaíonn Dia an fhírinne. (CF)

3184 Sin í an fhírinne, dá mbeifeá le bréaga ó rugadh thú. (TÓM, MÓD)

3185 Suigh crom ach labhair díreach. (S 10/1928)
- Suigh cothrom is labhair díreach. (S 5/1929)
Suíonn duine crom, ach níl gnó aige a chaint a bheith cam.

3186 Tá dhá chois faoin bhfírinne in aghaidh cinn don bhréag. (CC)

3187 Tiocfaidh an fhírinne amach ar deireadh. (Sl, DÓM)
cf.3253

3188 Tréathra seanfhocail mhaith –
Caithfidh an fhírinne a bheith ann,
Caithfidh sé a bheith feiliúnach. (Ca)

FLAITHIS

3189 Áit é na Flaithis, gan sconsa, gan geata, ina gcaithfimid an fómhar. (Cum. Béal. 91, 27 gan áit.)

3190 Is fada ó chéile Flaitheas Dé agus an Ceann Ramhar. (Gearrbhaile 1937 l.26 gan áit)
Caint a dúirt duine a eitíodh faoi mhála plúir leis an leithscéal go mbeadh an plúr le fáil lá eile: in aice Charna atá an Ceann Ramhar.

FOGHLAIM

3191 An té a léas leabhar,
Is nach gcoinníonn é ina mheabhair,
Nuair a chailleas sé an leabhar,
Bíonn sé ina bhaileabhair. (TÓM)
- An té a bhfuil sé ina leabhar aige,
Is nach bhfuil sé ina mheabhair aige,
Nuair a chailleas sé an leabhar,
Bíonn sé ina bhaileabhair. (MÓD)
- An té a léifeadh leabhar,
Is nach mbainfeadh as meabhair,
Sin baileabhair. (Mnl, S 6/1927)
- An té a léas an leabhar,
Gan é a chur de ghlanmheabhair,
Má chailleann sé an leabhar,
Beidh sé ina bhaileabhair. (M, FL 27/3/1926)
- An té a léas leabhar,
Is nach gcoinníonn é ina mheabhair,
Bíonn sé ina bhaileabhair. (S 4/1928)
Sil. Gad. I 280 – Ceithearnach uí Dhomhnaill (ls. 1800)
'Uch a dhia is mór in clú,
Nach léighenn líne lebair
Dubartán O Dubartáin
'S gan aonfhocal do mhebair.' Arch. I 153 (Ár).

3192 An té is mó a bhfuil leabhra aige, ní hé is mó a bhfuil léann aige. (MS)

3193 An té is mó a léas, is é is mó a thuigeas. (Ca)
- Fear léinn, fear eolais. (Sa)
- An té is mó a thuigeas, is é is mó a léas. (Ca)
Féach an rann (IG V 94) – 'Ní maith ciall neich nád léga.'

3194 An té nach bhfaigheann scolaíocht, ní bhíonn scolaíocht aige. (AR 3936)
Ní bhíonn foghlaim gan smacht.

3195 An t-uan ag múnadh méilí dá mháthair. (GS, IG)
- Múin do do mháthair le leite a dhéanamh. (RM, M)

- Cuir comhairle ar ghabha. (BA)
- Is beag an chabhair don uan a bheith ag múnadh méilí dá mháthair. (Ca)
- An meannán ag múnadh méilí don chaora. (Ár)
- Ag múnadh a phaidreacha don tsagart agus iad ar fad aige féin. (CF, Cum. Béal. 207, 163)

An t-óg ag brath an sean a mhúineadh.
Idem BC 210, 272, 634; IM, College 277.
Leaganacha dá shamhail in App. 620, Ray 163; DC 164, L I 124. Bangor 76 (dafad), 114 (dysgu), 409 (oen), 411 (pader), 425 (person).

3196 As an obair a fhaightear (fhéachtar) an fhoghlaim. (AR 303)
- San obair a fhaightear an fhoghlaim. (TÓM)
- San obair a fhaightear an t-eolas. (CS 8/10/1899)
- As an gcleachta a thigeas an fhoghlaim. (RM)
- Múnann an obair féin duine. (Ca)
- Múnann a ghnotha duine. (Sl, DÓM)

Leagan atá ag freagairt don Laidin 'Fabricando fit faber,' is gheofar focail atá gaolmhar leis in II BSR 219, PB 123.

3197 Bíonn inchinn an mhóreolais go mórghradamach. (S)

3198 Dá fhad dá mairfidh tú beidh rud le foghlaim agat. (S)

YD 76, DC 105, OSK (E gaiff dyn dysc, etc.). O discere 3.

3199 Dá ghoire dhuit do chóta,
Is goire dhuit do léine,
Is ní hé an t-aon lá scoile amháin sa tseachtain,
A dhéanfas do bhealach go Pennsylvania. (Sa)

3200 Dá mhéad dá bhfuil i do chloigeann, toillfidh tuilleadh ann. (GS)

3201 Fear a bhfuil dhá theanga aige, is fiú beirt é. (S 9/1927)
- Fear a bhfuil teanga mhaith aige, is fiú beirt é. (CC, F)
- Is fiú beirt fear a bhfuil teanga aige. (CF)

Idem L II 98

3202 Fear gan léann, fear gan eolas. (Sa)

3203 Is beag is fiú an ceann gan rud a bheith ann. (Ca)

3204 Is fearr scoil ná máistir ach i dteannta a chéile is fearr iad. (CnM)

Tig le daoine foghlaim a fháil gan máistir, ach is fearr scoil is máistir in éindí.
Tá an focal céanna in IG IV 209 (Corcaigh).

3205 Is furasta cleachtadh a thabhairt don tseanleanbh. (I)

Gur gearr a bheadh páiste aibí ag foghlaim béasa nó cleasa nua.
cf. 524

3206 Is maith an fhoghlaim an tuiscint. (CF)

B'fhéidir go ndéanfadh duine tuisceanach níos fearr ná duine léannta.

3207 Is olc náimhdiúil an t-aineolas. (MS)

3208 Is trom an t-ualach aineolas. (Ca)

PHL Breac 8378 – 'ar is truma in t-aneolus oldas cech n-olc.'
Rel. I 158, II 500.

3209 Is ualach éadrom foghlaim, ach is ábhar achrainn í go minic. (IG 8/1894)

3210 Mac le léann, is mac gan léann in ann a mhúinte. (GS)

3211 Mara bhfuil sé i mo mheabhair agam, tá sé i mo leabhar agam. (MÓD)

In Cat. I faightear 'Coimhédaidh an litir ocus imthighidh an cuimhne,' le leagan Laidine de. (Add. 15582, 19 VI d; dáta 1588).
Dhá leagan in DC 66 (cof).

3212 Ní bhíonn múnadh gan bualadh. (LB, Gearrbhaile 1943–44 l.18)

3213 Ní fearr an iomarca léinn ná faoina bhun. (IG)
- Ní fearr an iomarca léinn ná rud beag faoina bhun. (Sp)
- Níl a fhios cé is fearr, an iomarca léinn nó beagán faoina bhun. (CC, Ca)
- Is maith an rud beagán foghlama, ach is trioblóideach an iomarca di go minic. (MS)

Is pisreog (RM) nach maith le seandaoine an iomarca foghlama a thabhairt dá gclann. IG 11/1905

3214 Ní fhaightear léann is leamhnacht. (S 3/1926)

- Ní fhaightear léann is leamhnacht in éineacht. (Ca)
- Cailleann duine rud lena mhúnadh, óir ní fhaightear léann is leamhnacht. (DÓF)
- Cailleann duine rud lena mhúnadh, óir ní fhaightear léann in aisce. (M)
- Ní fhaigheann duine a mhúnadh in aisce. (S)
- Ní fhaigheann duine ar bith a mhúnadh in aisce. (ÁC)
- Ní fhaightear foghlaim gan dua gan deacracht. (Ca)

Ní fhaightear foghlaim gan rudaí eile a thabhairt suas.
College 278

3215 Ní hualach do dhuine an fhoghlaim. (Ca, Ac)

- Ní hualach í an fhoghlaim. (M)
- Is ualach éadrom an fhoghlaim. (Ind)
- Is éadrom ualach an léinn. (Ca)
- Is deas í an scoil is ní hualach ar aon duine í. (RM)
- Is deas an rud an fhoghlaim agus ní ualach ar dhuine í. (IG 9/1905)
- Ní ualach ar dhuine foghlaim. (Ca)

Idem App. 347, SH 253

3216 Níl a fhios ag duine tada nó go siúla sé. (CR)

- Ní múinte go coigríoch. (S)

O'Daly 88, College 294, Lessons 304.
Rann in D 269

3217 Nuair a bhíos an leabhar againn ní bhíonn léann againn. (AR 259)

3218 Riail de réir oideachais. (Cam)

- Níl sé de réir an oideachais. (RM)

Deirtear focal RM i dtaobh duine mhífheiliúnaigh a raibh a mhuintir roimhe feiliúnach oibleagáideach; níl sé de réir an dúchais.
College 298 id.

3219 Rí mífhoghlamtha agus asal corónta. (CnM)

Id. IM, College 297

3220 Sáraíonn an eagnaíocht gach saibhreas. (M)

FFx 6, 24 – 'Ferr ecna namuib' (leg. n-anaib?).

FOIGHID

3221 An té a bhíos bacach, bíodh, agus iompar a choise air féin. (AR 317)

cf. 3362

3222 Ar chúl an neoil is lonrach é,
Ní léir do dhuine ach chífidh foighid é. (AR)

Tá leaganacha den chéad chuid in SH 94, DC 195, I BSR 18 (Spáinnis is Portaingéilis).

3223 Beart gan leigheas, is foighid is fearr air. (S 4/1918)

- Rud gan leigheas, is foighid is fearr chuige. (TÓM)
- Rud do-leigheasta, foighid is fearr leis. (S 12/1929)
- An ní nach féidir a leigheas, caithfear a fhulaingt. (Ca)
- An rud nach féidir a leigheas, is éigean é a fhulaingt. (Ca)
- An rud nach bhfuil leigheas air, caithfear cur suas leis. (MS)
- An rud nach féidir cur suas dó, caithfear cur suas leis. (MC)
- Marar féidir tú a leigheas, caithfidh tú glacadh leis. (TÓM, MÓD)

Rann den 17ú haois in Scot. Cat. (McKinnon) 201. Tóraidheacht II 9, 6, Finck 109, Rel. 478.
Idem App. 129, Ray 83, SH 566: as Óideanna Horáit (O 134).

3224 Bíodh foighid agat is gheobhair ó Dhia. (Sa)

- Bíodh foighid agat is beidh Dia leat. (RM)

3225 Caithfidh an leanbh lámhacán sula siúile sé. (Ac)

Focal gaolmhar BC 142a.
Idem Ray 83.

3226 Ceann réidh le teanga do bhróige nó lúbfaidh sí sa gceap. (Sa)

Bíodh foighid ort; duine ag deasú bróige atá i gceist: is ceart dó a bheith aireach is é ag cur an chip sa mbróg, nó má lúbann an teanga sa gceap, rachaidh na tairní tríthi.

3227 Chuile dhuine beag, fanann sé le fás. (Sa)

- Chuile dhuine beag, cóimhéadaíonn sé. (Sa)

3228 Cinneann fear na foighde ar fhear na foghla(ch). (S 1/1920)

3229 Crann na foighde an crann is airde. (Ac)

3230 Dá fhad é an bóthar, tagann a dheireadh. (Ind)

- Fada an ní ar nach bhfuil críoch. (TN 24/1/1890)

3231 De réir cleite is cleite a chluimhrítear gé. (S)

- Cleite i ndiaidh cleite is ea a fheanntar gé. (Cum. Béal. 91, 22 gan áit)

Idem Béarla is teangacha Rómhánacha (Ray 354, SH 105, I BSR 244.

3232 Éist le fuaim na haibhne is gheobhaidh tú breac. (CC, RM, S)

- Fair an abhainn is gheobhaidh tú breac. (RM)
- Éist leis an abhainn is gabhfaidh sí thart. (MÓD)
- Saghd an abhainn is gheobhaidh tú breac. (RM)
- Tabhair aire don abhainn is gheobhaidh tú breac. (Ca)

A bheith foighdeach, scaití le híoróin, nuair a fhágtar duine foighdeach folamh.
cf. 2813

3233 Faigheann an ceansa a thoil nuair a theipeas ar an stuacach. (Sa)

3234 Faigheann bád foireann is muirín ba. (Ca)

- Faigheann bád foireann is muirín bia. (RM)

Má bhíonn foighid acu, má fhanann siad sách fada.

3235 Faigheann foighid fortún. (S 5/1928, TÓM)

- Tuilleann foighid fortún. (F)
- Gnóthaíonn foighid fortún. (MÓD)

Rann 6 den duan as LL (Ériu IX 45) 'Saithech cech ainmnetach aitt.'

3236 Fan go n-imí an deifir dhíot, mar a d'fhan do mháthair le do bhreith (d'oiliúint). (GS)

3237 Fan le cóir is gheobhaidh tú cóir. (S 1/1920)

- Fan le cóir is gheobhaidh tú gaoth. (CF)
- Níl aon duine (long) a fhanas le cóir nach bhfaighidh í. (S 4/1925, S 5/1929)
- An té a fhanas le cabhair gheobhaidh sé í. (CS 7/9/1912)
- An té a fhanas le lá breá gheobhaidh sé é. (CS 5/121903)
- An té a fhanas le lá maith gheobhaidh sé lá maith. (M)
- An té a fhanas le lá gheobhaidh sé lá. (Ca)
- An té a mbeidh long is lón aige, gheobhaidh sé cóir lá eicínt. (GS)
- Níl bád iomartha ná bád seoil nach mbeidh cóir aici uair eicínt. (CF)
- Níl long dá bhfanfaidh le cóir nach bhfaighidh sa deireadh í. (Ac)

Rel. II 492 insint chosúil.

3238 Foighid leigheas an duine bhoicht. (GS)

Focal Francach in II BSR 205 (Patience médecine des pauvres).

3239 Foighid leigheas seanghalair. (MÓD)

IM, College 283 idem.
cf. 3243

3240 Ghníonn tuar fada gealadh maith. (ÁC)

- Ghníonn tuaradh fada gealadh maith. (CR)
- Is fada an tuar nach ndéanfaidh gealadh. (Ca)

Go dtiocfaidh gach uile shórt ceart má fhágtar scaitheamh é.

3241 Glac chuile shórt ach buille. (RM)

- Glac a bhfaighidh tú ach buillí. (IG 8/1905)
- Ná cuir suas do thada ach do bhuillí. (IG 11/1905, Gearrbhaile 1937, l. 24.)

3242 I leaba a chéile a dhéantar na caisleáin. (S 5/1929)

- De réir a chéile a dhéantar na caisleáin. (CC, S 11/1918)
- Thar a chéile a dhéantar na caisleáin. (IG 11/1893)

- I ndiaidh a chéile a thóigtear na caisleáin. (Ac)
- Ní i dteannta a chéile a dhéantar na caisleáin, ach is i dteannta a chéile a dhéantar na botháin. (.i. gar dá chéile) (AR 310)

  O'Daly 89 ('in ionad a chéile,' etc.)

3243 Is céirín do gach lot an fhoighid. (S)

- Is leigheas ar gach lot an fhoighid. (TÓM)
- Is céirín do chuile chréacht an fhoighid. (CR, Gearrbhaile 1940–41 l.31)

  TB 1, VII, 13.
  Idem SH 354, Ray 133. O dies, 6.
  cf. 3239

3244 Is é an leigheas is fearr ar an gcathú, é a mharú le foighid. (M)

- Níl leigheas ar an gcuthach ach a smachtú le foighid. (Sa)

3245 Is fearr foighid ná fortún. (Ca, MS)

3246 Is fearr mín ná borb. (RM)

- Is fearr mín ná garbh. (RM)

  Lessons 344; SF 4, 17 (FFx 6, 63) – 'ferr súan searba'; cf. freisin TC 13, 12.
  Líne de rann i Leabhar Fhiodhnacha 17 – 'Is ferr foigdi tre aille iná gairbe ocus geire'; rannta in D 231, Scot. Cat. 206 (1690), agus Add. 31874, 57.
  cf. 625 agus 3964

3247 Is fuide go bráth ná go Bealtaine. (CC, RM)

  Bíodh foighid ort, d'fhéadfadh an t-achar (cairde, etc.) a bheith níos faide.

3248 Is fuide idir dhá bhliain ná idir dhá theach. (GS)

  Nuair a bheifeá ag iarraidh spáis ar dhuine faoi fhiacha – is deacair a bheith foighdeach go ceann achair fhada.

3249 Is iomaí caoi le cat a mharú thar a thachtadh le im. (M)

- Is iomaí caoi le cat a mharú seachas a thachtadh le im. (RM)
- Is iomaí caoi le cat a mharú thar a chrochadh. (TÓM, MÓD)
- Is iomaí caoi le cat a mharú thar a chur in aghaidh a chos sa tine. (CS 14/3/1903)
- Is iomaí deis báis le cur ar chat thar é a thachtadh le im. (Ca)
- Is iomaí caoi le cat a thachtadh seachas a thachtadh le im. (IG 8/1905)
- D'fhéadfá seacht marú a thabhairt ar chat is gan é a mharú le im. (Ind)

  Rel. II 506, Joyce 109.
  Idem App. 88 (dáta 1855), is leagan faoi ghadhar in DC 142.

3250 Is iomaí duine a fhiafraíos cé a rinne an rud, ach is beag a fhiafraíos cén t-achar a chaith sé á dhéanamh. (Ca)

  Gur caitheadh foighid á dhéanamh.

3251 Is iomaí lá i mbliain is fiche, ach níl aon lá nach dtagann. (S 1/1928)

- Is iomaí lá i mbliain is fiche, ach níl aon lá nach dtig. (Ca)
- Is iomaí lá i mbliain is fiche, ach níl lá díobh nach dtéann thart. (MÓD)

  O'Daly 93

3252 Is mairg a chailltear ar uair an anfa. (S 9/1920)

- Is mairg a chaillfí ar maidin (.i. lá báistí a thriomódh). (TÓM)
- Is mairg a chailltear san anfa is go dtagann an calm ina dhiaidh. (Ca)
- Is mairg a chaillfí ar feadh na hanachaine, mar a thagann an ghrian i ndiaidh na fearthainne. (GS)
- Is mairg a bháitear in am na hanachaine, is go scairteann an ghrian i ndiaidh na fearthainne. (Ár)
- Is mairg a fuair bás inné is an lá maith atá ann inniu. (Ca)
- Is mairg a bháfaí inné is a thiocfadh inniu. (CS 5/12/1903)
- Is mairg a chailltear le uair annamh. (F)

  Faoi dhuine nach bhfuil sách foighdeach ná acmhainneach le fanacht le dóchas.
  MIP (16ú haois etc.), Cat. I (Add. 27946; 51), O'Daly 93.
  cf. 2675 agus 2687

3253 Is maith an féilí an aimsir. (TÓM)

- Is maith an scéalaí an aimsir. (S 8/1920)
- Foilsítear gach ní le aimsir. (M)
- Is maith an insí é an saol. (CF)
- Neosfaidh an aimsir. (AR 424)

  ASG (leagan Gaeilge agus Fraincise, Rennes, 1901) l. 26. O'Daly 93. Leagan 3: IM, College 283, idem.

Idem App. 635, YD 19 (cúpla leagan de); focal a bhunúis in O 343. cf. 3187

3254 Is maith an ní an fhoighid. (IG 8/1905)
- Is maith í an fhoighid. (IG 9/1905)

Lessons 58, College 193

3255 Is mó a leigheasas foighid ná an lia. (Ca)

Leaganacha dá shamhail in YD 19, 95

3256 Lúb leis an tslat is lúbfaidh sí leat. (F)

Gan a bheith borb le daoine, ach bí lách deas, is is fearr a éireoidh leat do chomhairle nó eile a chur i gcion orthu.
cf. 1249

3257 'Má mhairimid beo, feicfimid,' arsa an dall. (MS)

3258 Mo léan nach i mo phunt olla a rugadh mé. (MÓD, Ca)

Focal a deirtear le duine mífhoighneach (Ca). Tá leagan a d'fhéadfadh a bheith gaolmhar in Cum. Béal. 134, 22 (Béal an Mhuirthead) – 'Mo léan nach in mo Dhaghdha (?) bréanach a rugadh mé' (.i. fear ag fáil bháis in aois 85 a dúirt).

3259 Ní d'íona reatha a théas an baoite i dtalamh. (GS)

3260 Ní féidir an fhoighid a fhoghlaim. (CC)

3261 Ní in aon lá a rinneadh Gaillimh. (F)
- Ní in aon lá amháin a rinneadh Gaillimh. (TÓM)
- Níor dearnadh an Róimh in aon lá amháin. (CF)
- Níor tóigeadh an Róimh in aon lá. (MS)

Focal idirnáisiúnta (I BSR 1; App. 537, Ray 128, SH 374, PB 14); tá sé bunaithe ar an mBíobla (Gein. I, II) is tá trácht ar an domhan i gcúpla leagan. Déantar tagairt don Róimh i ngach uile theanga, is freisin, athraítear ainm na cathrach ó thír go céile. cf. Taylor 25, 51 agus Aen. Virgil I 31–33.

3262 Níl aon bhannaí nach dtigeann a ndáta. (M)
- Níl banbh ar bith nach dtigeann a dháta. (TÓM)

O'Daly 96, SFM 14.

3263 Níl a sháith foighde ag an bhfear is mó a bhfuil foighid aige in Éirinn. (GT, AA 2/1945)

3264 Níl lá ar bith nach dtig a thráthnóna. (RM)
- Níl lá dá fhad nach dtig a thráthnóna. (TÓM)
- Níl lá dá fhad nach dtagann a thráthnóna. (S 1/1928)
- Gidh fada an lá tig oíche. (AR 520)
- Más fada an lá tiocfaidh an oíche ar deireadh. (TÓM)
- Níl idir dhá oíche ach lá. (AR 172)
- Is fada an lá mara dtige an oíche. (GS)
- Níl oíche dá fhad nach dtigeann an lá. (MS)
- Dá fhad an oíche tagann an lá. (F)
- Más fada an oíche tig an lá faoi dheireadh. (AConn 1/1908)
- Níl idir dhá lá ar bith ach aon oíche amháin. (S 11/1918)

Leagan de in IM, O'Daly 90, College 291, Lessons 295.
Idem Ray 257 (Albain), App. 136, 379, SH 449, L I 69, NG III 46; YD 52

3265 Níor dhearmad Dia ariamh croí na foighde. (M, Cum. Béal. 109, 285)

3266 Nuair a thiocfas an t-am tiocfaidh an chlann. (M)
- Nuair a thagas an t-am tagann an chlann. (RM, TÓM)
- Nuair a thiocfas an t-am béarfar an chlann. (Acl, Cum. Béal. 271, 287)
- Dá fhad an t-earrach tagann an searrach. (MÓD)

Tagann gach uile rud ina am féin.
O'Daly 96

3267 Rud nach ngoidtear, faightear. (RM, CM, S 2/1925)
- An rud nach dtugtar as, gheofar ann. (GS)
- An rud nach gcailltear, gheofar é. (MS)
- Gheofar in aoileach na Bealtaine an rud a chaill tú anuraidh. (GS)
- Gheobhaidh tú in aoileach na Bealtaine é. (IG 8/1905)
- Caith sneachta ar a lorg. (RM)

Má bhíonn foighid agat, gheobhaidh tú an rud a d'imigh amú ort. Fan go mbeidh tú dearfa an ní a bheith goidte sula gcuirfidh tú i leith aon duine é. Míniú i M (Cum. Béal. 114, 344).
Maidir le leagan 6, féach Idir shúgradh agus dáiríre

10 agus LSM 200q, 180s, I BSR 19; subnive quod tegitur, etc.

3268 Sáraíonn foighid an chinniúint. (TÓM)
- Sháraigh an fhoighid an chinniúint. (RM)
- Buann an fhoighid ar an gcinniúint. (AR 282)
- Cinneann foighid ar chuile ní. (AR 3 B 37)
- Cinneann foighid ar an gcinniúint. (M, Ca)

3269 Solas na Soilse agus radharc na Tríonóide,
Is grásta na foighde in aghaidh na héagóra. (AR 283)

3270 Tigeann gach maith le cairde. (AConn 1/1908)
- Tigeann gach maith le foighid. (S 1/1919)
- Tigeann maith ar cairde is grásta ar foighid. (S 6/1920)
- Tigeann maith as cairde is grásta le foighid. (Ind)
- Tá maith le cairde, tá grásta Dé le foighid. (CF, B V 151)
- Tagann cabhair as cairde agus grásta as foighid. (Ca)

Gheofar gach uile shórt le foighid.
Cinnlae III 6. O'Daly 98.
App. 592, Ray 133, – 'In space cometh grace.'

GAOL

3271 Aithníonn an fhuil an gaol. (M)
- Aithníonn an fhuil a chéile. (M)
- Aithníonn an croí an gaol. (Ca)

3272 Bheadh go leor gaolmhar ach is beag atá muintreach. (S 12/19)
- Is furasta gaolta a fháil ach is deacair duine muintreach a fháil. (Ár)
- Is mór a bhíos gaolmhar ach is beag a bhíos carthanach. (CC)

Leaganacha in BC 238, 384–5: Clár (gaol).
App. 399, SH 289.

3273 Col two in aicearra, mar a bhí Uaitéar is a mhac. (CS 4/4/03)

3274 Dá ghoire don chnámh an fheoil is amhlaidh is milse í. (GS)
- Dá ghoire don chnámh is ea is milse an fheoil. (CF)
- Dá ghiorracht don chnámh is amhlaidh is milse an fheoil. (F)
- An fheoil is giorra don chnámh is í is milse. (I)

Dioghluim Dána 3, 33c – 'Ionann cré duid-se is dáibh, foigse ná cnáimh é don fheoil.'
Tá an focal seo in App. 438, Ray 73, SH 454, 437, AWM 182, DC 156: as an Ísiltír é de réir Taylor, 21.

3275 Dá leanfainn siar go dtí an seachtú glún, is beag a bheadh saor dá mbeinn ag caint. (CR, Gearrbhaile 1940–1941 l.31)
- Dá rachadh sé go dtí an seachtú glún, is beag a bheadh saor dá mbeadh sé ag caint. (LMóir)

3276 Duine muintreach a dhéanfadh maith dhuit an duine muintreach is fearr. (TÓM)

3277 Eascaine máthar nó eascaine bráthar (deartháir?) an dá rud is measa ar bith. (Ca)

3278 Fulaingíonn fuil fuil i ngorta ach ní fhulaingíonn fuil fuil a ghortú. (T)

Ní cás lena ghaolta duine a bheith beo bocht, ach ní ligfidís a ionsaí.
Tá leagan de in BC 489: PMB 125.
Leagan Béarla in App. 343, 439.

3279 Gaol mada Úna le mada Áine. (S)
- Gaol mada Úna le mada Áine, sin gaol fada amach. (CR)
- Scéal mhada Úna ag mada Áine. (S)

Gaol scaipthe, nó gan gaol ar bith.

3280 Gaol na gcnámh is an tseanchraicinn, an gaol is fearr ar bith. (F)
- Ní hionann aon rud is gaol na gcnámh. (M, SFM 13)
- Gaol na gcnámh is an seanchraiceann. (MÓD)
- Níl gaol is goire ná gaol na gcnámh. (MÓD)
- Cnámh an ghaoil. (I)
- Nádúr na gcnámh. (Sa)

3281 Gheobhaidh tú fear i dtom, mac i mbroinn, ach ní bhfaighidh tú aon deartháir choíchin. (Cd, AA 2/1938)

Triúr a bhí le crochadh .i. fear céile, mac agus deartháir do bhean áirithe, is nuair a tugadh cead di a rogha den triúr a thabhairt saor léi, thogh sí an deartháir agus seo é thuas an t-údar.
B III 46 (Ciarraí).

3282 Is bámhar iad lucht aonchine. (IG 9/1905)

3283 Is fearr orlach den ghaol ná míle den chleamhnas. (S 6/1929)
- Is fearr beagán den ghaol ná mórán den mhuintearthas. (Ca)
- Is fearr beagán den ghaol ná mórán de charthanas. (S 5/1929)
- Is fearr beagán den ghaol ná mórán den chleamhnas. (Ac)

College 287, ASG (An Craoibhín) III 259.

3284 Is fearr taibhse coigríoch ná taibhse muinteartha. (S, RM)
- Is fearr taibhse coimhthíoch ná taibhse muinteartha. (RM)

Ní chuirfeadh taibhse coigríoch oiread faitís ort (de bhrí nach mbaineann sé chomh dlúth duit?).

3285 Is leathghaol comhshloinneadh. (GT, AA 11/1944)
- Is leathghaol comhchine. (LMóir)

3286 Is maol guala gan bráthair. (S 11/1918)
- Is lom guala gan bráthair. (Ca)
- Is mairg a bhíos gan deartháir in am tagtha an ghleo bhoirb. (AR)
- Is maol pobal gan bráthair, is is mairg a bhíos gan deartháir. (F)
- Is maol guailne na mbráthar, is is mairg a bhíos gan deartháir. (Ca)
- Ní maith sagart gan bráthair, is is mairg a bhíos gan deartháir. (CF)
- Is maol sagart gan bráthair,
Is is mairg a bhíos gan deartháir. (CF, AA 3/1937)
- Is mairg a bhíos gan deirfiúr, ach is rímhairg a bhíos gan deartháir. (Ca)
- Is maol gualainn gan bráthair, is is mairg a bhíos gan deartháir,
Is in am imeartha an chluiche chadránta chrua, is mall é buille an aonoird. (TÓM)

Sil. Gad. I 364 (téacs as LL) – 'mairg a bíos cen bráthair, sóid gái for uathad'; Buile Shuibhne 54; Caoineadh Eoghain Uí Chaoimh 304. O'Daly 100; Rel. I 153. AR 35a.
Tugtar faoi deara an mhalairt chéille ó 'bhráthair' go 'deartháir.'
NG II 27 (El hermano para el día malo).

3287 Is minic nach mbíonn gaolta go maith dá chéile. (Ca)

3288 Is olc séanadh an éin a thréigeas a éanlaith féin. (MS)

An duine a shéanas a mhuintir féin.

3289 Is tiugha fuil ná uisce. (AR 81, F)
- Is tiúcha fuil ná uisce. (Ca, Sp)
- Is raimhre fuil ná uisce. (S 6/1918, Ca)
- Is doimhne fuil ná uisce. (RM)
- Is beag an deor fola nach teo ná an t-uisce. (Ca)
- Braoinín beag fola is teocha í ná an t-uisce. (Ca)

Idem App. 56, Ray 231 (Albain), SH 69, Rel. II 500, AWM 182, Lipp. 73 ; teangacha eile is malairt leagan, II BSR 2.

3290 Is tréan an rud an gaol. (BA)

3291 Más cosúil is gaolmhar. (S 8/1928)

3292 Méadaíonn nádúr sólás is laghdaíonn sí dólás. (Ca)

3293 Naoi n-iomairí is naoi n-eitrí chuig do mhuintir féin roimh an strainséara. (GS)
- Téirigh naoi n-iomaire is naoi n-acra chuig do mhuintir féin. (Ca)

Go ngabhfaidh duine i bhfad le cúnamh a thabhairt dá mhuintir féin.
Insint Ultach ÓD (naoi)

3294 Níl éan dá laghad gan treibh. (GS)

Tá sliocht is gaolta ag gach uile dhuine.

3295 Nuair a scapas an gaol scapann an nádúr. (GS)

3296 Trian gaoil carthanas. (GS)

GEALL

3297 'Ag ól a bhí muid ansin,' mar a dúirt an luchóg leis an gcat. (MÓD)

Geallúint a ngabhtar siar uirthi: tá tagairt anseo don scéal a sábhálann cat luch(óg) as dabhach leanna ar choinníoll go bhféadfadh sé í a ithe; d'éalaigh an luch(óg) uaidh is seo é a leithscéal faoi bhriseadh a geallúna.
D'inis Dafydd ab Gwilym an scéal i gceann dá dhuanta, cf. 'Dafydd ap Gwilym' (Jones, Owen, Williams; Liverpool, 1873) l. 255 agus Yorkshire Celtic Studies I 15.

3298 Bí suas le do gheallúint. (MÓD)

3299 Chomh glic le cearrbhach na súgán. (GS)
Deirtear freisin, 'Tá tú in ann imirt le cearrbhach na súgán.' (GS); níorbh fhéidir buachaint ar chearrbhach na súgán ag imirt, ó bhí buaite aige ar an diabhal agus deirtear nach sáródh Harra Statle (Harra Stat) é (GS).
cf. 2063

3300 Dhearmadaidís filleadh mar a rinne Cearrbhach na Craoibhe. (M)
Nuair a dhéanann teachtaire siléig san áit ar cuireadh é.
As an scéal in IG 1/1900 agus Legends of Saints & Sinners 275.

3301 Gealladh maith agus drochdhíolaíocht. (Cum. Béal. 108, 48, Baile an Mhuilinn?)

3302 Geall gan arthrach (.i. árach) capall gan adhastar. (AR 300)
- Is geall gan árach capall gan adhastar. (Ca)
- Geall gan árach capall gan srian. (Ca)

3303 Geall mórán is beidh go leor do do thóraíocht. (IG 8/1894)

3304 Gealltanas maith ar bheagán cur leis. (Sa)
Ag gealladh go leor is gan caoi ar bith lena chomhlíonadh.

3305 Ghnítear gealltanas le briseadh. (GS)
App. 513.

3306 Is fearr eiteach ná geallúint gan comhlíonadh. (I)

3307 Is fearr 'seo dhuit é' ná 'geallaim duit é.'
FFx 6, 58 – 'ferr tairsciu tairngiri'; SF 4, 12 le athrú beag.
NG I 299, L II 265, LSM 155s. cf. Seanfh. III 28.

3308 Is fusa gealladh ná a chomhlíonadh. (GS)
DC 24 (Hawdd addaw ond anhawdd cywiraw), L II 221, 230, 285

3309 Is olc an margadh a bhriseas beirt. (Ca)
SH 229 (Albain)

3310 Margadh a ghníos margadh. (Ca, Ind)
Go gcaithfidh duine seasamh leis an margadh a dhéanann sé, níl aon ghnó aige ag dul siar air.

3311 Ní fíor bréag is ní dhéantar an rud a ghealltar. (RM)

3312 Ní hionann gealladh is a chomhlíonadh. (AR 555)
BC 31, Lessons 302.

3313 Níl maith i ngealladh gan comhlíonadh. (GS)
'Is iatside na comallat o gnim in maith gellait o bélaib' a deirtear in Scéla Laí Brátha (LU, Best and Bergin, 2373).

3314 Níor thug geall maith buairt don úinéara ariamh. (AR 251)
- Níor thug a gheall maith náire d'aon duine ariamh. (TÓM)
- Níor bhris gealladh maith aon duine ariamh. (CS 2/1/1904)

GRÁ

3315 An áit a mbíonn an grá is goirid oíche is lá. (M)

3316 An bhfolaíonn grá gráin, nó an nochtann grá gnaoi? (MS)

3317 An grá nach bhfuil sa láthair fuaraíonn sé. (RM)

3318 Beirt a ghníos carthanas. (TÓM)
Ní mór an grá a bheith ar an dá thaobh.

3319 Bíonn an grá caoch. (Ca, IG 7/1905)
- Bíonn an grá dall. (M)
- Bíonn an grá caoch is an díth céille á chinnireacht. (S 1/1928)

College 286, Lessons 41.
Fairsing san Eoraip (App. 385, HV 23, NG I 25, Lipp. 544. II BSR 16, LSM 1c, 68o, O amor 1).

3320 Bíonn an grá malartach. (RM)
cf. Ceol 71.

3321 Céadghrá mná, dara grá fir. (Acl)

3322 Ceileann searc a ainimh is a locht. (TÓM)
- Ceileann searc ainimh is locht. (GS)
- Ceileann an grá míshlacht. (CF)

MIP 78, le dáta is tagairtí Bíobla (1 Pead. IV 8, etc.): rann 21 sa duan as LL (Ériu IX 45).
cf. 3328

3323 Comhfhad fuacht is teas,
Comhfhad fuath is grá;
Ach téann an t-éad go dtí an smior,
Is fanann ann go bráth. (S 11/1926)
- Is fuide a théas teas ná fuacht,
Is fuide a théas fuath ná grá;
Téann an deochal go dtí an chnáimh,
Is ní fhágann sé é sin go bráth. (CS 6/6/1903)
- Is comhfhad a théas teas is fuacht,
Is comhfhad a théas grá is fuath;
Téann leisce go dtí an smior,
Is ní fhágfaidh sí sin go bráth. (TÓM)
- Aon fhad amháin a théas teas is fuacht, fuath is grá,
Ach téann an doicheall go dtí an smior, is ní fhágann sé as go bráth. (F)
- Bíonn luibh nó leigheas in aghaidh gach galair,
Dá mbuaileann tamall fir nó mná;
Ach téann an leisce go dtí an smior,
Is fanann sí ann go bráth. (CF)

D 98 (ls. Muimhneach den 18ú haois).

3324 Comhfhad fuacht is teas, comhfhad fuath is grá. (CnM)
- Aon doimhneacht amháin a théas fuath is grá. (GS)

Dánta Grádha xxiv 4, xxx 5.

3325 Dá fhad ó amharc is ea is goire don chroí. (MS, I)

SH 33 (Absence makes, etc.) LSM 100, 101, 209 n.

3326 Dá mba lachain san uisce na cailíní deasa,
Bheadh sciatháin ar bhuachaillí ag eiteall ina n-aice.
Dá mba loin dubha móra iad nó smólaí buí breaca,
Bheadh buachaillí óga á dtóraíocht sna sceacha. (CS 3/12/04)

Tiontú ar an seanamhrán, 'If all the young girls were blackbirds and thrushes,' etc.

3327 Deireadh grá bua nó buaireadh. (DS)

3328 Folaíonn grá gráin. (MS)

Líne amhráin é in AGC 20; Rel. I 157.
cf. 3322

3329 Folaíonn grá gráin agus chíonn fuath a lán. (M, Cum. Béal.)

3330 Gasúr a chur ó ghleo nó fear a chur ó ghean ar bhean,
Go dtí sin go deo deo, ní fheicfear mé in Inis Ní. (UA)

ACG 76 (An chéad leath den líne tosaigh).

3331 Gráin deireadh an ghrá. (I)

3332 I ndiaidh an tsochair a bhíos an grá. (M)
- I ndiaidh an tóchair (.i. maoin) a bhíos an grá. (M)
- I ndiaidh na tairbhe a bhíos an grá agus ní i ndiaidh na mná. (Sp, Cum. Béal. 77, 92)

Rann ZCP IV 468, D 22, O'Daly 82. Leagan 2: cf. SFM 7
cf. 3333

3333 I ndiaidh na trócaire a bhíos an grá. (S)
- I ndiaidh na comaoine a bhíos an grá. (Ca)
- Tagann dubh mór ar bheagán fearthainne, is grá mór ar bheagán carthanais. (Cd)

Áit a bhfuil trócaire, is gearr go mbeidh grá.
D 22, ZCP IV 468.
Leagan gar dó in App. 499, LSM 94d.
cf. 3332

3334 Is bocht é an grá, bíonn deireadh tinn air. (Ca)

3335 Is cloíte an galar an grá. (F)
- Is trom an tinneas an grá is is deacair a fháil as. (Ca)

Líne amhrán (Ceol 117, 132, AGI 30). cf. Freisin Dánta Grádha V, XXXIV, etc.

3336 Is fearrde an té a mhothaigh an grá,
Bíodh is nach raibh aige dá bharr ach crá. (Acl)

3337 Is fuide ón ngrá an ghráin ná an fuath. (M)

3338 Is iad fearg is fuath náimhde an dea-ghrá. (GS)

IM. College 282 idem.

3339 Is ionann m'iocht is m'anam. (AR, RM)

Go rachadh duine i gcontúirt ar son duine a mbeadh grá aige air, nó gaol aige leis (RM).
cf. 2241

3340 Is maith an rud grá nó faitíos. (S 3/1920)

- Is maith an grá é an faitíos. (Ca)

Mura ndéantar le grá duit é, déanfar le faitíos romhat é.
Bí 98 'Clecht in choir 7 biadh gradh duit 7 elga romat.'
'Treisi an eagla iona an andsacht' (as A 34, Leabharlann na mBráthar : Ir. Ecc. Rec. 5th Ser. xxx 10–22, 1928).
YD 29. (bendigedig yw ofn).
cf. 4706

3341 Is minic a bhí grá riabhach ann.

3342 Maireann grá go bráth. (LMóir)

3343 Maireann grá go goirid ach maireann fuath i bhfad. (CF, Gearrbhaile 1938–39)

3344 'Más é sin an grá, tá mo sháith agam de,' mar a dúirt an fear nuair a fáisceadh a lámh. (GS)

3345 Má tá mo stóirín íseal, tá sí óg is beidh sí ag fás. (Sa)

Líne de rann páiste.

3346 Mo ghrá thú – rud agat. (AR 299)

- Mo ghrá thú agus rud agat. (S)
- Mo ghrá ó tá an rud agat. (MÓD)

3347 Mo mhairg an té ar mharaigh an grá a chroí,
Mo dhá mhairg é nár taobhadh ariamh le mnaoi. (Acl)

3348 Níl dile i lot. (TN 24/1/1890)

Ní bhíonn grá ar an té a bhfuil ainimh air.
IM idem.

3349 Ní le grá croí é ach le grá ailp. (Ár, Cum. Béal. 77, 427)

3350 Níl grá dá mhéid nach dtigeann fuath dá réir. (TÓM)

- Níl grá dá mhéid nach mbíonn fuath dá réir. (RM)
- Níor tháinig grá mór ariamh nach dtiocfadh fuacht ina dhiaidh. (IG 10/1905)
- Níl grá dá mhéid nach mbíonn fuath dá réir. (GS)
- Níl grá dá mhéid nach bhfuaraíonn. (IG 3/1893)
- Dá mhéid an grá tagann fuath dá réir. (Ca)
- Níor tháinig mór (.i. grá mór) ariamh nach dtiocfadh fuath dá réir. (MS)
- Níl grá dá mhéid nach dtigeann gráin dá réir,
agus níl tuile dá mhéid nach dtránn. (Ac)
- Tá scéal agam ar na mná,
Is is goiride an lá a bheith á lua;
Nach bhfuil aon bhean óg a bhíos i ngrá,
Nach gearr arís go mbí sí lán dá fhuath. (S, TÓM)

ADR 100: Rann in D 85 (ls. Muimhneach 1688). Lessons 299. Idem App. 273 (dáta 1732), Ray 233 (Albain); YD 90, DC 57.

3351 Níl leigheas ar an ngrá ach an pósadh. (F)

3352 Ní théann grá thar sáile. (CR)

Go bhfuaróidh an grá má ghabhann duine thar sáile.

3353 Ní thigeann éad gan grá. (S)

Caithfear grá a bheith ar dhuine sula mbeadh éad leis (?).

3354 Nuair a lagas an lámh, lagann an grá. (ACC)

- Nuair a laghdaíos an lámh, laghdaíonn an grá. (DÓF)

Nuair a thagann an aois ar dhuine, ní bhíonn cion air.
Ud. Mor. 45 – 'Amal soite a shluaig úad soid a grád 7 a grain for culu;' rann in D 35. O'Daly 97, SFM 15.

3355 Nuair a laghdaíos an t-ádh, laghdaíonn an grá. (S 7/1927)

Mura mbeidh rath ar dhuine, ní bheidh cion air. Gluaiseanna St. Gall 'Maraith serce céin mardda aithne, a máellecán'. (Thes. Pal. II réamhrá xxii).

3356 Nuair a luaitear an dias garlach,
Is gnáthach leo a bheith grách carthanach. (LS)

3357 Póg an leanbh le grá don bhanaltra. (TÓM)

Idem App. 343, DC 1, L II 348, LSM 4b, 89o.

3358 Rinne sí a grá ach ní dhearna sí a goradh. (I)

3359 Soir is anoir a théas an sruth,
Siar is aniar a théas na báid;
Leis na caoirigh a théas na muilt,
Is leis na fir a théas na mná. (CF)

3360 Tús grá síordhearcadh. (Ca)

FFx 4, 16 (le tuilleadh tagairtí), RC III 352 (Eg. 1728), (rann i ls. gan dáta) ; MIP 295.
App. 380, 387, SH 277, 281, HV 22, LSM 54, 86e, O (nóta ar l. 251).

GREANN

3361 An té a bhíos briosc faoina gháire, bíonn sé briosc faoina ghol. (TÓM, MÓD)

3362 An té atá bacach, bíodh, is an té nach bhfuil, go raibh sé caoch. (Casla, I)

- An té atá bacach, bíodh, is an té nach bhfuil, bíodh sé caoch. (F)

An té a bhíos ag fonóid faoi bhacach, go dtiontódh an dochar ar ais air féin.
Bacach a dúirt é le lucht a mhagaidh, is mhúnlaigh sé as sheanfhocal eile é (cf. 3221). In Cum. Béal. 99, 397 (Baile an Tobair) deirtear gur mallacht sagairt é ar an té a ghabhfadh go teach anraith Thuar Mhic Éadaigh.
Is é an leagan Béarla a shamhlaítear leis i gCasla, 'Mocking is catching' (App. 421): leagan eile in BC 586, is cf. AMC (Meyer) 71 'hirchuitbed fri foigdech' .i. Rud gan mhaith (as An Leabhar Breac).
Leaganacha gaolmhara (?) II BSR 41, L II 117.
cf. 3221

3363 An té nach bhfuil aon acmhainn aige ar ghreann, ná déanadh sé greann. (GS)

3364 Bíonn dhá thaobh ar an magadh. (M)

An té a bhíos ag magadh, is an té a mbítear ag magadh faoi.

3365 Déan gáire, ach ná caill do náire. (MÓD)

3366 Díol an mhagaidh ag déanamh an mhagaidh. (TN 24/1/1890)

- Dóigh an mhagaidh ag déanamh an mhagaidh. (IG 8/1905)
- Ábhar an mhagaidh ag déanamh an mhagaidh. (GS, Sl)
- Áirí (Fuíoll) an mhagaidh ag déanamh an mhagaidh. (Ac)
- Lucht an mhagaidh ag déanamh an mhagaidh. (S 11/1919)
- Is é déanamh an mhagaidh díol an mhagaidh. (Sp, Cum. Béal. 290, 230)
- Déanamh magaidh, díol an mhagaidh. (Sp, B 1934)

3367 Go minic ag gáire is a leath fút féin. (S 11/1919)

- An té a bhíos ag magadh, bíonn a leath faoi féin. (S 11/1927)
- Ní bhíonn ag gáire ach óinseacha nó amadáin, is bíonn a leath fúthu féin. (TÓM)
- Dheamhan duine a bhíos ag magadh nach mbíonn a leath faoi féin. (IG 8/1905)

DC 29 (Is aml wawd gwr syml yw ef).

3368 Is é magadh na hóinsí a bheith ag gáirí i gcónaí. (S 6/1929)

- Is é comhartha na hóinsí a bheith ag gáirí i gcónaí. (Ár)
- Is é obair na hóinsí a bheith ag gáirí i gcónaí. (CR)
- Suáilceas na hóinsí a bheith ag gáirí i gcónaí. (RM, Sa)
- Is furasta óinseach a chur ag gáirí. (CF)

FFx 4, 14 – 'descaid mire rogáire'; TC 13, 15.
DC32, 83, 193, YD 87 (Gnawd gan rewydd rychwerthin).

3369 Is fearr ar banais ná ar tórramh. (AR 580)

- Is fearr banais ná tórramh. (Gearrbhaile 1937 l. 25)

Gur taitneamhaí ócáid pléisiúir ná ócáid bróin.
Líne amhráin (Ceol 72). cf. Cóh. VII 2.

3370 Is gearr idir gol agus gáire ag go leor. (MÓD)

3371 Is maith an greann greann putóige. (IG 7/1897)

- Is é an bolg a dhéanas an greann. (M, Cum. Béal. 114, 504)

Greann tar éis bia.
SH 233.

3372 Is maith an rud an nathaíocht ach is é an nathaí a íocfas an beart. (CF)

3373 Is maith an rud scathamh le greann. (S 8/1920)

- Is mór an comhluadar do dhuine a dhíth céille. (S)
- Is mór an cuidiú do dhuine a dhíth céille. (S 9/1920)
- Is mór an óige ar dhuine a bheith gan chéill tamall. (S 9/1920)
- Is maith an chuideachta dhúinn ár ndíth céille. (MÓD)

3374 Is minic a bhí an magadh dáiríre. (DÓM, Sl ?)

L II 219

3375 Is minic a rinneadh magadh faoi dhuine a mharódh fia. (TÓM)

- Is minic a rinneadh magadh faoi chú a mharódh fia. (MÓD)

Rel. II 481

3376 Is minic a thigeas an greann searbh. (S 4/1925, Ca)

3377 Lagar Chróithín ort! (LMóir)

Focal a deirtear le duine a déarfadh rud barúil.

3378 Lagar láidir ort, an rud a bhí ar Seáinín na gcos dubh. (LB)

3379 Maireann croí éadrom i bhfad. (Ca)

- Is fada a mhairfidh an croí éadrom. (MS)

3380 Mallaíonn Dia lucht an mhagaidh. (RM)

- Ná bíodh fonn magaidh ort, níl sé sonaí. (CF)

3381 Ní fhaightear maith le magadh. (Ca)

Búrd. 140d.
Féach MIP 167.

3382 Níor tháinig olc as gáire ariamh. (Ca)

3383 Nuair atá an greann ina theas is fearr éirí as. (MÓD)

- Nuair is fearr an greann is ea is fearr éirí as. (RM)
- Nuair is fearr an greann is ea is fearr ligean dó. (GS)
- Nuair is mó an greann is ea is cóir éirí as. (S 1/1920)
- An uair is mó an greann, is é an uair is fearr éirí as. (GS)
- A fhad is is fearr an greann is ea is fearr ligean dó. (TÓM)
- Nuair is fearr (is airde) an súgradh, is ea is deise ligean dó. (CF)
- Nuair is mó an greann, is é is cóir stad. (Ac)
- Nuair a bhíonn an greann ag a neart, tá sé in am ligean dó. (M, Cum. Béal. 114, 520)
- Dá mhéid an súgradh is ea is córa ligean dó. (Ár, Cum. Béal. 77, 428)
- Nuair is fearr an spóirt is fearr ligean dó. (CF)

Id. Ray 236, 248, App. 358, SH 257, Rel. II 479, AWM 185, L II 66, NG I 39, LSM 174c, 163d.

3384 Seachain an greann a ghortóidh créatúr eile. (CF)

3385 Tá an gáire os cionn an chroí. (RM, Ca)

Nach ndéanfadh duine gáire ach nuair atá sé gliondarach.

IASACHT

3386 An té a bhíos go dona faoi iasacht, bíonn sé go maith faoi thuairisc. (Cum. Béal. 108, 82 gan áit)

3387 Ba chóir an t-airleacan a bheith ag gáirí ag teacht. (Sa)

- Is maith leis an airleacan a bheith ag gáirí ag teacht. (CF)
- Bíonn an t-airleacan ag gáirí ag teacht. (CF)
- Cuir ar ais mar a thug tú leat. (Sa)

Ag teacht abhaile gan briseadh, gan dochar.
Idem Ray 293, App. 376. Leaganacha gaolmhara SH 383, NG I 53

3388 Bíodh rud agat féin, nó bí dá éagmais. (Sa, S 5/1929)

- Bíodh rud agat féin, nó déan dá uireasa. (CC)
- Tá port ag an éinín iorballach,
  Bíodh rud agat féin nó bí dá uireasa. (Ca)
- Ag dul siar don ghréin, mara bhfuil rud i do mháilín féin, bí gan é. (S 12/1919)

3389 Bíonn cosa crua ar chapall iasachta. (Sp)

- Obair an chapaill iasachta. (Sa)

Baintear neart oibre as capall (nó eile) atá ar iasacht.
MD 32, MIP 208.
In I BSR 111, faightear 'Caballo ajeno, ní come ní se cansa'; cf. Freisin DC 42 (benthyg).

3390 Cén dochar, ní liom féin í? (MÓD)

Go gcaitear go dona leis an iasacht.

3391 Coisceann an iarraidh an achainí. (CC)

Nuair nach bhfaigheann tú an rud a iarrann tú, níl tada ina dhiaidh ort.

3392 Comhairle an tsalainn – ná tabhair gan iarraidh. (M)

Idem App. 2, Ray 4.

3393 Den tsonas í an achainí, is den donas í a fhreagairt. (Sa)

- Den tsonas a bheith ag iarratas, is den donas a bheith á fhreagairt. (S)

A chontrárthacht atá in NG II 29.

3394 Dlí na hiasachta an tiarach a bheith briste. (S)

- Dlí na hiasachta na hearraí a bhriseadh. (F)
- Bíonn timpist ar an iasacht. (Ca)

An rud a thugtar ar iasacht, faightear ar ais briste é.
O'Daly 91, College 281

3395 Fágann síoriarraidh síoreiteach. (G, M)

- Ní fhágann síoriarraidh ach síoreiteach. (TÓM)

SFM 12
SH 11, (A good asker, etc.), DC 11 (Cadarn), L II 162.

3396 Fág marbh an t-iasacht. (Sa)

3397 Faightear gnotha den eiteach go minic. (Ca)

- Fónann an t-eiteach go minic. (Ca)

1. Caithfear daoine a eiteach go minic.
2. Is fóinteach é, ní thagann an duine arís.
Cinnlae II 302 – 'Milis gach séanadh.'

3398 Iasacht na n-iasacht. (Ca)

- Is é iasacht na n-iasacht é. (M)
- Ná déan iasacht na n-iasacht de. (CF, Sl)
- Ná tabhair iasacht na hiasachta. (MS)

Iasacht den rud a fhaightear ar iasacht.
Amhráin an Reachtabhraigh nótaí l.xv.

3399 Iasacht na n-iasacht faoi dear an tiarach a bheith briste. (CR)

3400 Iasacht na roillí faoin snámh. (S)

- Iasacht na roillí dá snámh don fhaoileann. (AR 618)
- Iasacht na roillí dá snámh,
  Sin iasacht nach bhfaighfear go bráth. (Ca, Cum. Béal. 155, 79a)

Deir an seanscéal go dtug roilleach iasacht den snámh don fhaoileann, lá mór na rásaí snáimh ag na héanlaith, ach ní bhfuair sí ar ais é, is tá sí gan snámh ó shin (S 2/1927). Tá insint Albanach ar an scéal in B II 340.

3401 Is duine gan chéill nach bhfuil currachán snáimh aige é féin. (CR)

- Fear dona nach bhfuil currachán snáimh dá chuid féin aige. (LMóir)

Féach an rann Fiannaíochta, S 6/1930.
Féach AA 11/1945 (Cd).

3402 Is fearr é ná an iasacht nach bhfaighfeá. (S)

- Is fearr chuile shórt ná an iasacht. (GS)
- Is olc an tseilbh nach fearr é ná an iasacht. (M)
- Is dona í an tseilbh nó is fearr í ná an t-iasacht. (Ac)

College 287. DC 42 (Odid benthyg na bo gwaeth).

3403 Is fearr srathar de do chuid féin ná diallait ar iasacht. (GS)

3404 Mara n-iarra tú ní bhfaighidh tú. (Sa, M)

- An té nach n-iarrfaidh, ní fhaigheann sé. (S 6/1920)
- An rud nach fiú é iarraidh, ní fiú é a fháil. (IG 1/1906)
- An rud nach fiú a iarraidh, ní fiú é a thóigeáil. (GS)

Rel. II 478, PB 21

3405 Mo mhaide féin is capall na comharsan. (S, CR)

- Do chuid spor féin is capall na comharsan. (F)
- Do fhuip féin is capall na comharsan. (RM)
- Capall na comharsan agus do mhada féin. (Ind)

1. Beagán (domhillte) de do chuid féin, is mórán (somhillte) ar iasacht.
2. Le duine a bhíonn fial, cóir i dteach comharsan, is gortach ina theach féin (CR).

3406 Ná déan do chuid féin den iasacht. (Sa)

- Cuir abhaile an t-iasacht. (Sa)

3407 Ní bhíonn fáilte roimh an té a bhíos ag iarraidh iasachta. (IG)

3408 Ní hanacair go heiteach. (MÓD)

Rannta in D 18, 269 (ls. 1782, etc.) agus ceann eile in IG IV 134 (Stowe 992). Féach freisin Seanmóirí Uí Ghallchobhair 76, 2 – 'An bhfuil ni ansa domhan as tubaistidh,' etc. O'Daly 88, College 296.

3409 Ní hionann uain is iasacht. (GS)

- Ní hionann do chuid féin agus cuid duine eile. (LMóir)

Ní bhíonn i gceist le iasacht ach comhar na gcomharsan, ach íoctar gaimbín ar uain. Nach ionann tamall de rud agus iasacht de rud (?). cf. 'iasacht na láighe,' is 'uain an airgid,' is 'ní bhfaighidh tú é ar uain ná ar iasacht.'

3410 Tabhair iasacht do ghiorráin uait, is ní bheidh aon ghiorrán agat. (F)

3411 Tarraing do lámh ar charlaí iasachta. (CC)

Obair a bhaint as an iasacht, nó deifriú léi, sula dtabharfaí ar ais í.

LEISCE

3412 Ag dul siar is aniar ag baint stéill den lá. (CC, S)

- Gabh siar is aniar, is bain stiall den lá. (ACC)
- Ag dul siar is aniar, mar a bhíos na cearca. (MS)
- Is é do lá fómhair é, a Chaitlín Dubh,
  Anonn is anall mar a théas an sruth. (S)
- Anonn agus anall, thoir agus thall,
  Sin é an chaoi leis an lá a chur isteach. (Sp, Cum. Béal. 79, 387)

Leadaí ag cur an lae amú.

3413 Ag gruthàil sa tine, mar a bhí an leadaí san oíche. (MÓD)

3414 A loirgne breaca is ní ar do theallach féin é. (F)

Breac ó bheith ina shuí cois tine na comharsan: freisin, duine a bheadh ag ól i dteach duine eile (in aisce).

3415 An saol go léir ag saothrú is mise idir dhá splanc. (Sa)

3416 An té a bhíos leisciúil beireann an bhochtaineacht air. (MÓD)

NG II 15, III 139.

3417 An té a bhíos leisciúil, bíonn a ghnotha le déanamh aige. (TÓM)

3418 An té nach ndéanann obair sa teas, beidh ocras sa sioc air. (CR)

MPS 40; Seanfh. XX, 4. cf. 3435 agus 4603

3419 B'fhearr leis bás a fháil le tart, ná píonós an uisce a tharraing. (S)

3420 B'fhearr leis luí siar leis an bhfuacht ná é féin a théamh leis an gcrúib. (Sa)

Ná é féin a dhéanamh te le saothar lámh.

3421 Blaoigh chuile ainm orm ach ná blaoigh moch orm. (GS)

Mar a dúirt an leadaí.

3422 'Chuile shórt ar éascaíocht,' mar a dúirt an fear a thóig an fata as an mbainne lena mhéara. (GS)

- Chuile rud ag dul amach ar éascaíocht. (Sa)
- Chuile dheis ar éascaíocht. (Sa)
- Chuile shórt ar éascaíocht. (Ind)

Déan bealach ar bith é fad is nach gcuireann sé stró ort.

3423 Cos ar an mbac, cos ar an leac,
Sin é an chaoi le Loirgne Breaca. (I)

3424 Cuireann an fear díomhaoineach cathú ar an diabhal. (Tm)

Idem App. 148.

3425 Déanann leisce chuile ní crua agus umhlaíocht chuile ní réidh. (MÓD)

3426 Díomhaoineas mian an amadáin. (MÓD)

College 281.

3427 Drochdhreach ar leadaí na luaithe. (Sl)

- Drochdhreach ar leadaí an teallaigh. (Sa)
- Ladhracha dóite ag leadaí na luaithe. (Sa)
- Loirgne breaca ag leadaí na luaithe. (Sa)

3428 Fan i do chodladh is tiocfaidh beatha ó neamh chugat. (Sa)

- Cothófar ar a leaba é. (Sa)

Go fonóideach le leadaí.
SH 528 (To lie in bed till meat falls into one's mouth; 1546).

3429 Fear díomhaoineach, is buairt é. (S 9/1918)

3430 Fear fada fuar falamh, is olc an spriosán é. (RM)

- Fear fada fuar falamh. (Sa)
- Fear fuar fallsa. (DÓM, Sl)
- Fear fada faillíoch fuar. (ÁC)

Tomhas freisin é, 'Céard é ceithre f?' (Ind): Clár (faillightheach).
SH 275 (Long and lazy).

3431 Fear óg díomhaoin, ábhar seanduine léith. (MS)

- Fear óg díomhaoin, ábhar an tseanduine bhuain. (Ac)

3432 Fear ramhar, fear spárálach. (Sa)

Bíonn sé á spáráil féin.

3433 Fiafraí an drochsholáthraí. (Sa)

An té nach ndearna punt ag caint leis an duine a fuair trioblóid ag soláthar – an codaí ag cur ceiste air le súil go ndéanfadh sé balachtáil air.
In YD 24 tá Arofyn drwg bugail.

3434 Foighid i ndiaidh na feirge, is caondúthracht in aghaidh na leisce. (F)

- Foighid i ndiaidh na feirge, is croí umhal in aghaidh na leisce. (GS)
- Foighid, foighid, in aghaidh na feirge, is croí dúthrachtach in aghaidh na leisce. (Sa)

Dhá cheann de na seacht suáilcí atá ag dul in éadan na seacht bpríomhpheaca marfach; cf. Teagasg Críostaidhe Mhic Shaeil, 56 agus T. Críostaí Uí Dhuinnshléibhe 164, 166.

3435 Ghníonn breacloirgneacht earraigh fómhar gann. (M)

As an mBíobla (Seanfh. XX 4).
cf. 3418 agus 4603

3436 Guí fallsóra:-
Gaoth aniar is grian ó dheas,
Claí mór ard is cead sínte lena ais. (CS 28/3/1903)

- Tóin le gaoth is bolg le gréin (.i. caitheamh aimsire an leisceora). (MS)

3437 Is é obair lucht na sliasad a bheith ag beathú a méadail. (GS)

Daoine ramhra, leisciúla; ní dhéanann siad aon obair seachas a bheith á mbeathú féin.
cf. BB 118

3438 Is fearr an gadhar a shiúileas an tsráid, ná an gadhar a bhuaileas a cheann ina chúb. (GS, S 1/1918)

- Is fearr an cú a shiúileas an tsráid, ná an cú a bhuaileas a cheann ina chúb. (GS, S 1/1918)
- Is fearr an cú a shiúileas ná an cú a bhuaileas a chloigeann ina cúba. (F)
- Is fearr an gadhar a shiúileas an tsráid, ná an gadhar a chaitheas é féin sa luaith. (RM)
- Is fearr an cú a bhíonn sa siúl ná an cú a bhíonn sa lúb. (CF, M)

SC 865.
Tá cúpla leagan de sa mBreatnais (DC 62, YD 103).

3439 Is fearr iascach maith ar an bhfarraige ná a bheith i do chónaí (.i. díomhaoin) ar an talamh. (Sa)

3440 Is fuath le Dia an fallsóir. (Ca)

3441 Is gnáth leis an té a bhíos fallsa go mbíonn sé go síoraí ag caint (ag clamhsán). (Ca)

3442 Is iomaí rud a fheictear don díomhaoineas. (RM, GS, S 5/1928)

- Is mór (.i. mórán nithe) ar a smaoiníonn an díomhaoineas. (CF)
- Is mór is léir don díomhaoineas. (CF)
- Is mór a fheictear don díomhaoineas. (CF)

Tá am ag an leadaí le caitheamh ag cuimhneamh ar gach uile chineál seafóide.
SF 2, 8 (FFx 1, 11) 'adcota lesci fátsine'. O'Daly 94.
cf. 3460

3443 Is minic díomhaoineach doicheallach. (Sa)

Doicheallach roimh obair nó an té atá á tabhairt dó.

3444 Is minic rud ag ríste. (CF)

3445 Is tromualach é an leisce. (Ca)

- Is trom an t-ualach an leisce. (S)

- Is olc an t-ualach an fhallsacht. (I)

3446 Lá breá báire, lá arna mháireach fliuch,
Déardaoin saoire, Dé hAoine fliuch,
Dé Sathairn ar an margadh,
Dé Domhnaigh ag ól deoch. (CR)

- Lá breá báire, agus lá arna mháireach fliuch,
Déardaoin ina saoire agus Dé Sathairn ag dul ag an mbaile mór i gcoinne deoch. (GT, AA 2/1940)
- Is olc an iomarca mochóireachta ar an Luan,
Bíonn an Mháirt corr,
Bíonn sé deireanach ar an gCéadaoin,
Bíonn an Déardaoin fliuch,
Is olc í an Aoine faoi thioradh,
Agus ní lá ar bith an Satharn. (IG VIII 124)
- Dheamhan turn oibre. Bhí an Luan fliuch, chuaigh mé ag an margadh Dé Máirt, bhí cur ar an gCéadaoin, bhí (an) Déardaoin ina saoire, lá troscaidh an Aoine agus ní lá ar toisiúint an Satharn. (M, FL 27/3/1926)

An chaoi arbh fhearr leis an ngiolla leisciúil an tseachtain a chaitheamh.
Leathscéal an fhallsóra faoi obair a thosú (IG).
Cuntas mic fhallsa ar a ndearna sé fad is a bhí an tseanlánúin ó bhaile (M).
In CRR, 10 (Todd Lec. Ser. IV), tá leathscéal (i bhfilíocht) den sórt seo ag Cathbhadh Draoi in aghaidh cogaidh ar feadh séasúir agus míonna áirithe den bhliain.
cf. 3114

3447 Lá breá, trá bhreá, is do bhád (chuile bhád) uirthi. (RM)

- Lá breá, is trá bhreá ag Seán breá mac Con Fhaola. (U, B 6/1933)
- Trá bhreá agus lá breá agus Seán breá mac Con Fhailghigh. (I)

Leagan a deirtear le magadh nó stuaic ar dhuine leisciúil.

3448 Leisce a mharaíos an díomhaoineas. (Sa)

3449 Leisce an charréara. (MS)

An-leisce go bráth.

3450 Leisce luí is éirí, sin é mallacht Cholmcille. (Ca, RM)

- Leisce ag luí agus leisce ag éirí, sin mallacht Cholmcille. (CF)
- I do shuí go meán oíche is i do luí go meán lae. (G)

App. 355, SH 278, 394, 397 (Sluggard's guise; Solomon's wise).

3451 Luaith bhuí na seachtaine á cur amach Dé Domhnaigh. (CF)

- Ag cruinniú luaith na seachtaine is á cur amach Dé Domhnaigh. (F)

Líne amhráin (AA 7/1940), véarsa aonraic).

3452 Mairg a mbeadh doicheall roimh dheacair air. (I)

cf. Clár (deacair).

3453 Muslaí móra ar phócaí falmha. (TÓM)

3454 'Ná corraigh é,' mar a dúirt an bhean fhallsa leis an bpota bréan. (IG 8/1894)

3455 Ní fearr dhuit i do shuí ar do thóin ná cliabh móna a thabhairt isteach. (DÓM, Sl)

3456 Ní fhaigheann cos ina cónaí tada. (S)

- Faigheann cos siúlach rud eicínt ach ní fhaigheann cos chónaí tada. (S)
- Faigheann cos an tsiúil rud nach bhfaigheann cos ina seasamh. (Ca)
- Gheobhaidh cos ag siúl rud nach bhfaighidh cos ina cónaí, mara bhfaighe sí ach dealg. (S 1/1925)
- Fágann cos siúlach rud eicínt, mara bhfaighe sí ach dealg. (T)
- Gheobhaidh coisín siúlach masla ach ní bhfaighidh coisín ina cónaí tada. (CC)
- Faigheann cos siúlach masla. (S 5/1928)
- Ní fhaigheann cos ina cónaí tada, ach faigheann cos siúlach scannal. (MS)
- Faigheann cos ar bóthar rud eicínt. (S 4/1925)
- Ní fhaigheann cos ina cónaí tada, ach ní fhaigheann cos siúlach ag tíocht thart é. (F)
- Is minic a fhaigheas cos siúlach masla, ach ní fhaigheann cos ina cónaí tada. (RM)
- Ní bhfuair cois ina cónaí tada agus fuair an chois ar siúl masla. (CF, Cum. Béal. 208, 195)
- Ní minic rud ag cois ina (cois le) cónaí. (CF)

- Faigheann cosa sa tsiúlóid masla go minic. (Sp)

  College 294

3457 Níl aon ghéagán ar an gcrann is luar liom ná cos na láí. (F)

Gráin aige ar obair is uirlis oibre.

3458 Ní minic leisciúil éadálach. (AR 160a)

- Bíonn bolg le gréin go minic falamh. (IG 8/1894)

  Foclóir Uí Chléirigh (RC IV 398) 'Nir bhobair duine dheinmeich.'

3459 Ní minic mórán maoine ag fear na cúinne. (Sa)

- Ní minic mórán le cois na sláinte ag fear na háite istigh. (Sa)

  Ní ghabhann sé amach ag saothrú.

3460 Níor chuimhnigh ariamh air ach scrataí an chnocáin. (Sa)

- Níor chuimhnigh ariamh air ach fear na dtulán. (Sa)
- Níor chuimhnigh ariamh air ach fear fosaíochta na mbeithíoch. (Sa)
- Fear ar bheagán imní a chuimhnigh air.
- Fear ar bheagán imní a chuaigh á éileamh ina intinn. (Sa)
- Codaí a chuir roimhe amach é. (Sa)
- Ríste díomhaoin a chuaigh faoina dhéin. (Sa)

  Gurb é an fear leisciúil a cheapann gléas nua ar bith, le éascaíocht a dhéanamh ar obair.
  cf. 3442

3461 Ní raibh comhairle a leasa ariamh faoin díomhaoineas. (Sa)

3462 Ní róstann an fear leisciúil an ní a thugas sé leis sa bhfiach. (S)

As an mBíobla (Seanfh. XII, 27).

3463 Ní thuitim le leisce éirí. (F)

Duine nach ligfeadh dó féin titim, le teann leisce stró a chur air féin ag éirí arís.

3464 'Ní tú an díol trua, ach an té atá ag scaradh leat,' mar a dúirt an leadaí leis an leaba. (F)

3465 Nuair a éiríos an ríste ar maidin suíonn sé ar an teallach ag súil le cúnamh. (TÓM)

3466 Sháraigh tú bacaird is loirgne dóite. (TÓM)

- Sháraigh tú bacach agus Beainín Uí Laoi.

3467 Srathair gan deasú. (GS)

Duine (nó ní) liobarnach, leibideach, sraoilleach.

3468 Tabhair an mhóin abhaile is cuirfidh mé tine mhór síos. (MÓD)

3469 Tá gach rud crua ag an leisce. (Ca)

3470 Tig an geimhreadh an-fhuar ar an bhfallsacht. (MÓD)

IM, College 300 idem.

3471 Ualach ghiolla na leisce. (GS, IG 1/1906)

- Ualach an fhallsóra. (I)
- Ualach ghiolla na leisce, bhéarfaidh leis nó fágfaidh. (MÓD)
- Ualach ghiolla na lesice, fágadh nó beireadh leis. (I)
- Gad maol ar ualach ghiolla na leisce (.i. é lagfháiscthe is tuiteann cuid as). (CF)
- Aicearra ghiolla na leisce. (CF)

  Ag iompar an iomarca, leisc dul dá choinne faoi dhó, is sileann a leath.
  Rann in D 267 (ls. Muimhneach, 1818). O'Daly 98, College 302, SFM 16, Rel. I 506, II 489.

LEITHLEACHAS

3472 Ag baile a thosaíos an grá Dia. (CC)

- Sa mbaile a thosaíos an grá Dia. (GS)

  Leagan in BC 111.
  Idem SH 75, L I 5, II 199, Mélusine VIII 118, O 16.
  cf. 3512

3473 Ag tochras ar a cheirtlín féin a bhíos chuile dhuine. (AR 464)

- Gach duine ag iarraidh a bheith ag tochras ar a cheirtlín féin. (Ac)
- Bíonn gach damhán alla ag tochras ar a cheirtlín féin. (CR)
- Chuile dhamhán alla ag ceapadh a cheirtlín féin. (Ind)
- Chuile dhuine ag casadh ar a fhearsaid féin. (Sa)
- Chuile dhuine ag baint iompú as a chuid féin. (Sa)

- Chuile dhuine ag tochas ar a ghearbóg féin. (I)
- Gach uile bhainbhín ag tochailt dó féin. (IG 8/1905)

3474 Allas a mhaoil féin a loisceas gach aon. (Ca)
- Allas a mhaoile féin is ea a loisceas gach aon duine. (CS 15/6/1901)
- Allas a mhailí féin a luíos ar chuile dhuine. (Sa)
- Allas a mhaoil féin a ghríosas gach aon. (MS)
- Is í a chreach féin a ghoilleas ar chuile dhuine. (F)
- Is í a chneá féin is luaithe a mhothaíos gach duine. (Ca)

Is iad a dtrioblóidí féin is géire a mhothaíonn gach duine.

3475 An coileach ag déanamh cothrom na Féinne i measc na gcearc. (MS)

Is aige féin a bheidh an chuid is fearr.

3476 An rud is leatsa, is liomsa é,
Ach an rud is liomsa, is liom féin é. (GS, Ár, AA 2/1934)

An duine alpach.
Rann in D 112 (ls. Muimhneach, 1807–1831). Idem SH 570, NG II 322, III 129, is an líne deiridh in App. 677.

3477 An t-aonú aithne déag, tabhair aire dhuit féin. (IG 1/1906)
- Is críonna an té a bheireas aire dhó féin. (F)

3478 An Té a roinn neamh is talamh, níor fhága sé é féin falamh. (TN 24/1/1890, TÓM, Ca)
- An Té a chruthaigh neamh is talamh, ní dhearna sé é féin falamh. (F)
- An Té a chruthaigh neamh is talamh, ní dhearna sé é féin falamh ar deireadh. (RM)
- An Té a bhí ag roinn na hÉireann, níor fhága sé é féin ar deireadh. (AConn 10/1907, RM)
- Nuair a rinne Mac Dé neamh is talamh, rinne sé flaithis dó féin. (Ár, AA 11/1935)
- An Té a roinn neamh is talamh, ní dhearna sé e féin falamh. (RM)

Nuair atá an chuid is fearr ag an té atá ag roinnt.

3479 An té atá ar a sháimhín só, síleann sé go bhfuil gach duine ar a shó. (GS)

3480 Ar mhaithe leis féin a ghníos an cat crónán. (S 12/1919, AConn 10/1907)
- Ar mhaitheas dó féin a ghníos an cat crónán. (MS)
- Is ar mhaithe leis féin a dhéanfas an cat anghlóracht. (AR 408)
- Is dó féin a ghníos an cat crónán. (Ac)

1857, Trans. Oss. Soc. V 90: Rel. II 494

3481 A scéal féin scéal gach éinne. (RM)
- A scéal féin scéal gach duine. (S 1/1928)
- A scéal féin i mbéal gach duine. (MÓD)

DC 167 (Pawb a'i chwedl gantho).

3482 Baist do leanbh féin ar dtús. (GSe, MÓD)

Breathnaigh i ndiaidh do mhaithe féin ar dtús.
Idem App. 98; Ray 122, leagan eile.
cf. 1879

3483 Bíonn chuile dhuine ag iarraidh uisce a tharraing chun a mhuilinn féin. (CS 31/10/1903)
- Bíonn chuile dhuine ag tarraing uisce chuig a mhuileann féin. (RM)
- Tá chuile dhuine ag iarraidh a bheith ag tabhairt uisce chun a mhuilinn féin. (F)
- Tarraingíonn gach duine uisce chuig a mhuileann féin. (GS)
- Chuile dhuine ag cur tae ar a chupán féin. (RM)
- Chuile dhuine ag cur saille ar a phláta féin. (GS)
- Chuile dhuine ag cur leasaithe ar a gharraí féin. (Sa)
- Chuile dhuine ag cur imc ar a chuid aráin féin. (RM)
- Chuile dhuine ag iascach ar a bháidín féin. (Sa)
- Is é a mhála féin is mian le gach duine a líonadh. (F)
- Is é a mhála féin is fearr le chuile dhuine a bheith líonta. (F)

Faightear é trí huaire in BC, 278, 461, 462. Rel. I 154, II 491. Fairsing san Eoraip, App. 190, SH 510, PB 92, II BSR 303, L I 42, II 127: nóta faoina bhunús in Trench 100.

3484 Bíonn stuaim sa stocaireacht. (TÓM)

- Tá stuaim ar an stocaireacht. (S)
- Ní gan stuaim an stocaireacht. (GS)
- Caitear stuaim le stocaireacht. (TÓM)
- Is fada ón stuaim an stocaireacht. (CC, S, Ca)
- Is fada ón stuaim an stocaire. (RM)

An stocaire, nó an súdaire, a bhíonn ag iarraidh óil, etc., ar chostas daoine eile, ní mór dó stuaim a chaitheamh leis. Ní bhíonn aon stuaim sa duine liopasta (RM). Le duine a bheadh ag labhairt i bhfad ón rud ceart. (Ca)

3485 Chuile dhuine agus a ghearán féin. (Ca)
- Chuile dhuine agus a imní féin. (CC)
- Gach duine is a threampán féin air. (CF)
- Gach duine is a thrioblóid féin air. (MS)
- Gach duine lena thrioblóid féin. (MS)

3486 Chuile dhuine dhó féin, is Dia dhúinn uilig. (MS)

Id. AWM 184, PB 20, L II 198, NG II 94 ; an chéad chuid atá in SH 96.

3487 Chuile rud ag bolg mór, is fear na clúdach falamh. (GS)

3488 Cóir dom is gan cóir ar bith dá cionn. (Ca)
- Cóir dom a bhodaigh is gan cóir ar bith dá cionn. (CC)

Duine a iarrann gach uile cheart dó féin, is nach dtugann ceart ar bith uaidh.

3489 'Cumhdaíodh chuile fhear é féin,' arsa Conán. (CF, AA 6/1936)

3490 Dheamhan duine a bhíos go maith don chomharsa, nach mbíonn go maith dó féin. (IG 8/1905)

3491 'Eadrainn féin atá sé,' mar a dúirt an cat leis an iasc. (G)
- 'Eadrainn féin atá sé,' mar a dúirt an sionnach leis an ngé. (Ca)

Má tá maith éigin ann is againn féin a bheidh sí. Leagan den tsórt céanna, MR 9.

3492 Gach file is fáidh ag trácht ar a ealaíon féin. (F)
- Gach file is gach fáidh ag trácht ar a cháilíocht féin. (Sp)
- Bíonn a shlí féin ag gach file, is a chaint féin ag gach bard. (S, ACC 76)

Bíonn gach uile dhuine ag caint air a ghnó féin.

3493 I ndeireadh a gcodach a throideas na coileáin. (GSe)
- I ndeireadh gach codach a dhéanas coin coinbhleacht. (I)

O'Daly 89, SFM 7.

3494 Is ag duine féin is fearr a fhios cá luíonn an bhróg air. (S)
- Níl a fhios ag aon neach cén áit a ngoilleann an bhróg ach an té atá á caitheamh. (IG 8/1894)
- Bíonn a fhios ag chuile dhuine cá mbíonn an tochas air féin. (IG 7/1905)

BC 658. Rel. II 506, S 8/1918. Joyce 109. Seanfhocal idirnáisiúnta, ag dul siar go Plutarch; Ray 131, 234, App. 565, SH 198, AWM 183, DC 110, L II 130, II BSR 127, Spr. Red. 1066, LSM 69o, 178q, O 325: nóta in Taylor 5.

3495 Is goire do dhuine a léine ná a chóta. (AR)
- Dá ghoire dhuit do chóta is goire dhuit do léine. (S)
- Dá ghiorracht do dhuine a chóta is goire dhó a léine. (RM)
- Is gar do dhuine a chasóg, ach is goire dhó a léine. (Sp)

Más gar duit do ghaolta, cairde, etc., is gaire duit tú féin.
Trí leaganacha in BC 111, 488, 535. Féach freisin an scéal in ASG (Rennes) 245.
Focal idirnáisiúnta, a d'fhás as 'Tunica propior pallio est' (Plautus); Ray 79, 124, App. 437, SH 308, AWM 184, L II 118,DC 162, II BSR 116, Lipp 391, O 262.

3496 Is réidh a shiúileas duine ar chneácha duine eile. (Ind, M)
- Codlaíonn gach neach ar an gcréacht,
  Nach mbaineann leis féin go crua. (S 12/1919)
- Codlaíonn gach neach ar an gcneá,
  Nach mbaineann leis féin go crua. (TÓM)

MIP 344 (c 1600), is leis na deismireachtaí a thugtar, cuir líne as Duanta Eoghain Ruaidh, 4, 19. LSM 69a (Alterius scabiem non dolet alter homo).

3497 Lig chuig an mbodach mé, ach ná lig an bodach chugam. (T, B 6/1936)

Mise ag déanamh balachtála ar an bhfear eile, ach gan aon teacht aige orm.

3498 Má bhíonn tú go maith dhuit féin, beidh chuile dhuine go maith dhuit. (GS)

- Mara mbí tú go maith dhuit féin, ní bheidh aon duine eile go maith dhuit. (GS)

Leagan de in Ray 231.

3499 Mair agus tabhair cead maireachtála. (GS)

Idem App. 375 (áit a dtugtar síos é mar sheanfhocal Holóntaise), SH 274 (focal Bhéarla na hAlban).

3500 Má tá rud agat, dálta leat féin é. (Sa)

- Má tá rud agat, is duit féin is fearr é. (Sa)
- Má tá rud agat, coinnigh dhuit féin é. (GS)
- An rud atá agat féin, is é is dearfa (.i. coinnigh é). (CnM)

3501 Molann gach búistéara a spóla féin. (S)

Moladh a dhéanann duine ar mhaithe leis féin. Le haghaidh na cainte céanna, faoi chriadóir, cf. II BSR 239, I, II, 198; ceirdeanna eile, II BSR 240, 242, O 220 (nóta).

3502 Ní airíonn an sách an seang. (S 10/1928, AR 3, B 37)

- Ní thuigeann an sách an seang. (IG 9/1905, Ac)
- Ní airíonn an té atá sách bolg seang. (AR 12b)
- Ní airíonn an té a bhíos sách an té a mbíonn an t-ocras air. (TÓM)
- Ní airíonn súch sách anó an ocrais. (S 4/1925, Ca)
- Ní airíonn súch sách an t-anó ocrach. (F, CS 13/2/1904)
- Ní airíonn súch sách sách ar éigean. (S 11/1927)
- Ní airíonn súch sách anró duine eile. (S 5/1929)
- Ní airíonn súch sách bolg falamh. (CS 15/2/1908)
- Ní airíonn súch sách an t-ocrach tanaíoch. (LB, AA 12/1936)
- Níor airigh súch sách bolg falamh ariamh. (AR 12a)
- Níor airigh an fear sách an fear leathshách ariamh. (TU)
- Ní aithníonn súch sách an seang. (TÓM)
- Ní aithníonn bolg leathbholg. (S 11/1927)
- Ní thuigeann an fear sách an fear leathshách. (IG 9/1905)
- Ní chuimhníonn an fear sách ar an bhfear leathshách. (IG 11/1905)
- Ní chuimhníonn an fear sách ar a chuid uilig. (Ca, Cum. Béal. 77, 195)
- Ní thuigeann an mhuc sa gcró an mhuc a bhíos ag gabháil an róid. (CF)
- Ní aithníonn an mhuc atá sa gcró an mhuc atá ag dul an ród. (RM)
- Ní aithneodh an mhuc a bheadh sa teach an mhuc a thiocfadh isteach. (Ind)
- Ní thuigeann an sách an seang, nuair atá a bholg féin teann. (MÓD)
- Ní thuigeann an sách an seang agus má thuigeann féin, ní in am. (M, AA 6/1939)

IM; Cinnlae IV 236. O'Daly 95, 99, College 295, Búrd. 16; Rel. I 157, II 485.
Focal bunfhairsing; II BSR 55, L II 152, Ray 92, 397, App. 204, 591, AWM 182, MR 47, DC 44, 170, PB 41, NG II 61, LSM 261n, Trench 150 (Il satollo non crede al digiuno – Ni wyr bol iawn pa lef bol gwag, etc.); muc an tsamhail atá go minic i gceist sa mBéarla, (The fat pig in the sty cares naught for one that's passing by).

3503 Ní airíonn tusa an áit a bhfáisceann an bhróg cos duine eile. (AR 44a)

- Ní mhothaítear an áit a bhfáisceann an bhróg cos duine eile. (AR 44)
- Ní airíonn tusa an bhróg a ghoilleas ar chois duine eile. (AR 446)
- Ní airíonn aon duine an bhróg ag luí ar an duine eile. (S 4/1925)
- Níl a fhios ag aon duine cá bhfuil an bhróg ina luí ar an duine eile. (CF, S 5/1929)
- Is furasta a bheith ag caint nuair nach ngoilleann an sac ort. (F)

Leagan 6: cf. BC 658, LSM 179q

3504 Ní chuimhníonn an cú gortach ar an gcoileán. (I, M, AA 7/1939)

- Ní chuimhníonn an fear ocrach ar a chú. (Ca, Cum. Béal. 111, 139)

College 295

3505 Ní mhothódh duine trí chéad buille ar dhroim duine eile. (S 10/1928)

3506 Ní théann an tinneas i gcraiceann a chéile. (Ár)

Ní ghoilleann trioblóidí na ndaoine ar a chéile.

3507 Roinnt an cheapaire gan cion. (Sp, Cum. Béal. 77, 83)

3508 Socrú na Caillí, mar ba mhaith léi féin. (MÓD)

- Is é Ordú na Caillí é, mar ab áil léi féin. (TÓM)
- Roinn na Caillí, mar is toil léi féin. (M)

D 91, le dhá rann á mhíniú (18ú haois). O'Daly 97.

3509 'Stracaigí ó chéile é,' arsa fear lár an tsúsa. (AConn 10/1907)

- 'Tarraingigí ó chéile é,' arsa fear lár na leapa. (MS)

Bheadh sé féin dearfa éadach a bheith thairis, chomh fada is a bhí an bheirt eile ag tarraingt. Le haghaidh píosa béaloidis ag tabhairt an fhocail seo siar go Tadhg Dall Ó hUiginn, cf. BTD, II 282 (nótaí).

3510 Tá a fhios ag chuile dhuine céard é do shlí, ach níl a fhios ag mórán céard é do dhola. (S 2/1930)

Tá a fhios go bhfuil tú beo, ach níl a fhios cén chaoi.

3511 Tá draíocht ag gach rud dó féin. (Ca)

3512 Tosaíonn déirc sa mbaile, ach ní cóir a chríochnú ann. (Ca)

cf. 3472

LOCHT

3513 Aithníonn cú gearr a locht. (Ca)

- Aithníonn cú gearr a loit. (RM)

Rel. I 154

3514 An áit a bhfuil lúb ar lár, is gearr go mbí poll. (M)

- Lúb ar lár is gearr go mbí ina poll. (MS)

OSK, DC 183 (Toll fechan a wna toll fawr).

3515 An crann nach meileann go teann, is ainm dó crann gan rath. (F)

- An glór nach dtoilleann sa gceann, is cuma é a bheith ann nó as,

Is an bhró nach meileann go teann, is é an muilteoir an fear gan rath. (AR)

3516 An obair is fearr a dhéantar, lochtóidh duine eicínt í. (Sa)

3517 An té a gheobhadh locht ar sin, gheobhadh sé locht ar a chrochadh. (MÓD)

Le magadh, nuair a dhéantar tairiscint mhaith.

3518 An té atá saor, caitheadh sé cloch. (S, TÓM, RM, GS)

- An té atá saor de lucht an mhilleáin, caitheadh sé an chéad chloch. (MS)
- An té atá gan locht caitheadh sé cloch. (DÓM, SI)

Féach duan Uí Eoghusa, 'Mairg iarras iomlaoidh cáinte,' a n-insítear scéal na mná adhaltranais ann, agus go háirithe rann a II (Aithdhioghluim Dána 74, Studies 3/1929); freisin Aguisín Uí Dhonnabháin le Foclóir Uí Raghallaigh (tubha). Eoin VIII, 7.

3519 An té nach ndéanfaidh cúis abhus, ní dhéanfaidh sé cúis thall,
Is an té nach ndéanfaidh cúis thall, ní dhéanfaidh sé cúis abhus ná thall. (T)

3520 Ba gar agus ba amhgar é, ba mhaith agus ba dona é. (F)

Pilib Bocht 26, 3 'Tharla gar is amhghar ann.'

3521 Beithíoch a dtigeann creach air is deacair é a thóigeáil. (TÓM)

3522 Cén mhaith bó mhaith, dá ndoirtfeadh sí a cuid bainne? (S 8/1923)

- Cén mhaith bó ar bith a dhoirteas a cuid bainne? (IG 7/1905, CC)
- Is beag an mhaith an bhó a dhoirteas a cuid bainne. (GS)
- Is beag an mhaith an bhó ó dhoirteas sí an bainne. (RM)
- Dá mblífeá dhá chárt déag bainne ón mbó, cén mhaith sin má dhoirteann sí é? (F)
- Beag an mhaith bó a thálas an bainne. (MS)
- Cén mhaith aon bhó dá fheabhas ó doirtear a cuid bainne? (Sp)
- Níl aon mhaith sa mbó nuair a dhoirteas sí an bainne. (Ca)

Ray 170, App. 403, 119, SH 440 (The cow gives good milk but kicks over the pail), Arm. 290, PB 57, L I 93, Joyce 141

3523 Dá dhonacht gabhaltas bíonn oidhre dhó. (S)

3524 Dá dhonacht Séamas, is measa dá éagmais. (S, Sa)

- Dá dhonacht Séarlas, is measa dá éagmais. (RM)
- Dá dhonacht Séamas, is fearr é ná a bheith dá éagmais. (TÓM, M, S)
- Dá dhonacht Séamas, is fearr é ná a bheith dá éagnach (.i. is fearr tinn é ná caillte). (CC)
- Dá dhonacht é, is fearr ná a bheith gan é. (IG)
- Is dona an duine é, nó is fearr é ná áit (.i. a áit a bheith falamh). (GS)
- Is dona an giolla, nó is measa a bheith gan é. (MÓD)
- Is fearr dath dubh ná a bheith gan duth gan dath. (M)
- Is fearr seanrud ná a bheith gan aon rud. (RM)
- Is fearr sprémhóin ná a bheith gan aon mhóin. (CR)
- Is fearr bréanmhóin ná a bheith gan aon mhóin. (IG)
- Is fearr fataí tur ná a bheith tur dá n-éagmais. (GS)
- Is fearr maol ná a bheith gan ceann. (S)
- Is fearr maolán ná a bheith gan ceann. (F)

O'Daly 90, College 287/8, Lessons 296, Rel. II 492, 501.
Féach YD 71, OSK (Drwg), is a thiontú sin in App. 22 (dáta 1659).

3525 Dá dtabharfadh sé anuas an cnoc tá a mhilleadh ann. (I)

Duine a mhillfeadh an mhaith a dhéanfadh sé.

3526 Dearc i do scáthán féin. (GS)

- Féachadh gach duine ina scáthán féin. (BA)

3527 Dearmad an chléirigh ar an gclog. (IG 8/1905)

Féach an scéal ar Naomh Déaglán, SM 948, Legends of Saints & Sinners 87. Déantar eascaine de, freisin, in IG 8/1905 – 'Dearmad a chlog sa chléir ort.'

3528 D'íosfadh aon bhearna amháin an garraí go léir. (Ca)

In amhrán Iorrais deirtear:
'Ó bhearnófaí ar an gcruach,
Go mb'fhusaide don tslua a bheith á goid'.

3529 Duine ar bith atá fabhtach, ní féidir é a leigheas. (TÓM)

3530 Duine i mbaile nó baile i bparáiste. (F)

- Teach (fear) i mbaile nó baile i bparáiste. (CF, Ca)
- God é an bhrí, duine i mbaile nó baile i bparáiste? (MÓD)
- Milleann aon duine amháin paráiste. (Ca)
- Is beag baile gan amparán. (GS)

Go mbíonn duine i ngach baile nó baile i ngach paróiste a bhíos corr, achrannach, is is beag an tsuim an t-aon cheann amháin (F); milleann ceann an t-iomlán (CC).
Joyce 111.

3531 Faigheann an lá locht ar obair na hoíche. (S 5/1925)

- Níl oíche sa mbliain nach bhfaigheann an lá locht uirthi. (S 4/1925)
- Dá fheabhas an oíche, faigheann an lá locht uirthi. (S 11/1927)
- An rud a ghnítear san oíche, faigheann an lá locht air. (CF)

Tá leaganacha dá samhail in App. 156, SH 567, DC 122, YD 100, 101, OSK (Gwaith), NG II 307. Féach freisin I Cor. III, 13.

3532 Géilleadh gach duine dá bhacaíl féin. (CM)

- Caithfidh chuile dhuine géilleadh dá bhacaí féin. (I, Ac)

3533 Is beag an mhaith an marcach mara bhfuil an luas sa gcapall. (F)

3534 Is beag bóithrín nach bhfuil cor ann. (S 6/1920)

- Is beag an bóthar nach bhfuil iontó ann. (IG 8/1905)
- Is giortach an bóthar nach bhfuil cor ann. (Ca)
- Is beag bóthar nach bhfuil casadh ann. (CF)
- Is gearr an bóthar é mara bhfuil casadh ann. (GS)

Is beag rud nach bhfuil locht éigin air.
cf. 2654

3535 Is beag snáithe gan caolscor. (GS)

Áit lag sa snáithe; is beag atá gan locht.

3536 Is dall an duine nach léar dhó a chuid lochtaí féin. (Ind)

3537 Is duine gan daoine nach bhfuil gadaí ná stríopach orthu. (M)

- Is duine gan daoine, duine nach bhfuil ar a threibh bacach ná stríopach. (CR)
- Is beag sliocht dá fheabhas nach mbíonn meabhlach ar a dtreibh. (GS)

'Tagra na Muice' (Lia Fáil III 10) – 'S ní mó ná sin tá sliocht dá mhéid,' etc.
Idem Ray 7, App. 506, YD 36, NG III 71

3538 Is é a luach a lochta chugat. (AR 497)

Gan de lochtanna ar an ní ach a luach; leagan a déarfaí le duine nach mbeadh aon tuairim aige ar rud a gheobhadh sé in aisce.
Id. Lessons 270, le míniú.

3539 Is fuath liom cláirseach gan téada,
Is fuath liom bréaga gan binneas,
Is fuath liom trumpa gan teanga,
Is is fuath liom táilliúr gan deimheas. (LS 158)

- Ní háil liom teach mór gan táiplis, ní háil liom cláirseach gan téad;
Ní háil liom bean óg gan náire, ní háil liom gáire gan éifeacht;
Ní háil liom caisleán a bheith ar mhóin, ní háil liom fómhar a bheith ag fearthainn;
Ní háil liom bean dona ar mná iasachta, ní háil liom fiacha a bheith ar shagart. (S 8/1920)
- Is fuath liom teach mór gan táiplis,
Is fuath liom cláirseach gan téad;
Is fuath liom bean óg gan náire,
Is fuath liom gáire gan éifeacht;
Is fuath liom caisleán a bheith ar mhóin,
Is fuath liom fómhar a bheith ag fearthainn;
Is fuath liom bean dona ar bhró iasachta,
Is fuath liom fiacha a bheith ar shagart. (S)

O'Daly 87, Rel. I 92, 95. Féach an dá rann in Aodhagán Ó Raithille 284 agus ÓD (táiplis).
cf. 3692

3540 Is léar dhuit an fhrigh faoi mo shúilse, ach ní léar dhuit an tsail faoi do shúil féin. (Ca)

- Tuigim go maith lochta duine eile, ach ní thuigim mo lochta féin chor ar bith. (IG 12/1905)
- Ní fheiceann duine a lochta féin. (GS)
- Ní fheiceann aon duine a lochta féin. (Ca)
- Ní léar do dhuine ar bith a lochta féin. (Ca)
- Ní fheictear a lochta féin do dhuine ar bith. (F, RM)

Aonghus Fionn xxviii (teideal), Aithdhioghluim Dána 74, 11. Mth. VII, 3 is O (alienus, 2; peduclus); tá an seanfhocal céanna in PB 25, NG II 88, 284, LSM 66a, 39c, 122e, 97s, Spr. Red. 105.

3541 Is mairg a bhíos ar aimsir,
Is mairg a mbíonn a chall air,
Is níl beag ná mór dá mbeidh sa teach,
Nach mbeidh ar fad ag caint air. (CF, AA 1/1938)

3542 Is mairg a gheobhadh locht ar an airde mar is acu atá an réim. (Cum. Béal. 91, 25 gan áit.)

3543 Is ríbhreá an lá nach bhfeictear scamall dorcha eicínt. (S)

- Níl samhradh dá bhreácha nach dtagann drochlá. (RM)

Idem SH 316, App. 447 is leagan eile 209; focail den tsamhail chéanna in I BSR 9, 10.

3544 Is rímhaith iad atá gan locht. (I)

3545 Lámh ag scapadh is lámh ag crapadh. (MÓD)

- Lámh ag scapadh is lámh ag cruinniú. (GS)
- Lámh ag scapadh is lámh ag tarrtháil. (CS 6/5/1905)
- Lámh ag loscadh is lámh ag tarrtháil. (S 12/1919)
- Lámh ag dó is lámh ag tarrtháil. (IG 9/1905)

Ag milleadh in áit amháin an mhaitheasa a dhéantar in áit eile.
Ud. Mor. – 'cach flaith nad bi co fírbéssaib . . . . con-gaib con-scara' (ZCP XI 87); Rann as Laud 615 –
'In lámh timsaighes in crodh
's a lamh eli 'ga scailed' (ZCP IX 172, X 53).
College 289.

3546 Más tú an chéad duine a fheiceas an locht, ná bí ar an gcéad duine a inseos (fhoilseos) é. (Ca)

3547 Ná caith cloch i dteach gloine. (GS)

Focal fairsing, cf. App. 248, II BSR 139, NG II 22.

3548 Ní bhíonn ál ar bith gan orc (arc). (TÓM)

- Ní bhíonn ál gan orcán (arcán). (M)
- Ní bhíonn family ar bith gan díogha is ní bhíonn ál banbh gan sliocht. (Cd, AA 11/1936)

Níl ál muice gan locháil nó bainbhín beag. Studies 6/1924 l. 243 (12ú haois), O'Daly 95. Rann in D 108 (13ú haois); cf. ÓD (orc).

3549 Ní fhaca tú duine ar bith ariamh á chrochadh nach dtóigfeá na sála leis. (DÓM, Sl)

Fabht beag a thógáil ar dhuine nuair atá cuimse lochtanna móra air. Nó is caint é a déarfaí leis an drochdhuine, go gcuirfeadh sé tuilleadh le an-chaoi duine eile (?).

3550 Ní fiú salann salach é. (MS, LMóir)

- Ní fiú salann na mbrochán é. (MS)
- Ní fiú uisce na gcos é. (GSe)
- Ní fiú uisce na n-uibheacha é. (LMóir)
- Ní fiú deich triuf é. (CF)
- Ní fiú fionnadh an pheanna thú. (F)

cf. insint Bhéarla na hÉireann, 'He's not worth (his) salt.'
Leagan 3: cf. O'Daly 94

3551 Ní ghabhann líonta stróicthe iasc. (TÓM)

O'Daly 95, SFM 13.

3552 Ní giorraide an iall a bheith san uisce. (MÓD)

SFM 13.

3553 Níl coill ar bith gan cion a loiscthe. (Ca)

- Níl coill dá bhreácha nach bhfuil a loscadh féin inti. (RM)
- Níl coill dá úire nach bhfuil a loscadh féin inti. (Ca)
- Níl coill ar bith gan a loscadh féin de chríonach inti. (S 1/1928)
- Níl coill ar bith gan a loscadh féin crín a bheith ann. (ÁC)
- Níl coill ar bith gan a lusradh féin inti. (M)
- Níl coill ar bith gan a brosna féin inti. (Sp)
- Níl aon choill nach bhfuil a loscadh féin inti. (T, B 6/1936)
- Níl aon choill nach bhfuil a loscadh críonaigh inti. (CS 21/3/1903)
- Tá oiread críona i chuile choill is a loiscfeadh í féin. (IG 12/1905)
- Níl tréad ar bith gan coilíneach ná coill ar bith gan críon. (Sp)
- Níl aon choill gan a bhrosna féin. (CF)

'Tagra na Muice' (Lia Fáil III 10) – 'Níl coill dá ghlaise,' etc.; Neilson II 14, Lessons 302, AR 556. Rel. I 158, SC 858.

3554 Níl duine ar bith dá dhonacht nach mbíonn duine eicínt buíoch dhe. (Ca)

Go ndéanann an duine is measa gníomh maith am éigin.

3555 Níl eas ar bith gan a choire féin. (S)

3556 Níl fear dá dhonacht nach dtiocfadh leis a bheith níos measa. (CS)

3557 Ní locht ar an intinn scioradh focail. (GS, LMóir)

Joyce 109

3558 Ní locht ar im ribe. (Ca, RM)

Ribe a gheofaí in im; ní mhilleann locht beag rud. cf. 4969

3559 Níl saoi gan locht. (S 6/1918)

- Ní fhaightear saoi gan locht. (MÓD)
- Níl saoi gan locht, agus bíonn dhá locht ar gach saoi. (F)
- Níl duine ar bith gan a locht féin. (IG 9/1905)
- Níl aon duine gan a shlí bheag ghránna féin aige. (AConn 2/1908)
- Ní furasta saoi a fháil gan locht. (Ac)

Dioghluim Dána 59, 15d, An Leabhar Muimhneach, réamhrá xxviii, Tóraidheacht I 16, 4; III 27, 2. Leagan 3: cf. SFM 12 agus Arm. 138. Faightear an chaint seo i rann le Tadhg Ó Neachtain (Cat. II 175), is freisin i nóta le Seán ó Cathháin as na Forbacha (Eg. 184: dáta 1726) a gcúplaítear í le 'quando bonus dormitat Homerus': IM, O'Daly 80, 95, College 293; MIP 135; rannta in D 178, SC 857. SH 96, L I 183, Arm. 138, LSM 36h, 23q, O homo, 3.

3560 Níl tréad dá bhreátha nach bhfuil caora chréabhach ina measc. (RM)

- Níl tréad ar bith gan uascán créabhach. (Ca)

3561 Níl tréad gan coilíneach. (S 11/1926, RM)

- Níl tréad ar bith gan a coilíneach féin. (S 6/1927)

- Níl tréad ar bith gan caora bhán uirthi. (Ca)
- Níl tréad nach bhfuil caora dhubh inti. (GS)
- Bíonn caora dhubh sa tréad is gile. (G)
- Sciurdann éan as gach alt. (GS)
- Ní bhíonn gort ar bith gan déasacha fionna ann. (M)
- Ní bhíonn gort ar bith gan déiseachaí fiáine. (MÓD)

  Leagan 7: cf. O malum, 4. leagan 8: cf. O'Daly 95. Idem App. 563 (dáta 1872)

3562 Salaíonn caora tréad. (AR 176)

- Milleann caora tréad. (AR 502)

  BC 595 (leagan eile). Lessons 281, Rel. I 152. Seanfhocal idirnáisiúnta; I BSR 100, 158, L I 162, AWM 184, PB 45, Ray 130, 228, Lipp. 705. Laidin Juvenalis (O 310).

3563 Sin é an poll a mhill an tseiche. (GS)

3564 Tá sé mar Dhearmad – ina stocaí. (Ca)

MADA

3565 Chomh cam le cois deiridh mada. (F, LMóir)

App. 122 id.

3566 Chomh socair le mada a mbeadh bloc air. (F, GS)

Bloc adhmaid a cheanglaítear timpeall muineál madraí lena mbascadh má bhíonn siad ró-chos-éasca nó róshantach nuair a shaighdtear i ndiaidh caorach iad.

3567 Dála an mhada rua agus na silíní. (MÓD)

Tagairt don fhabhalscéal Gréagach faoin sionnach agus na fionchaortha.
SFM 5; tá an fabhalscéal gan an seanfhocal in Lessons 319.
SH 441, Lipp. 871; I BSR 201 focal cosúil ar chat agus saill.

3568 Is breá an rud faitíos a chur ar an mada. (MS, I)

3569 Lústar an mhada bhréagaigh. (R)

Gadhar a dhéanfadh lúitéis leat agus a bhainfeadh greim asat ina dhiaidh.
As Lia Fáil III 23.

3570 Straois mada le cac. (M, Cum. Béal. 117, 24)

Dá mbeadh A ag gáirí faoi B, déarfadh C an chaint thuas faoi A.

MAITH

3571 An cú is fusa a fháil, is é is fusa a ligean. (CC)

1. An cú is fusa a fháil, sin an ceann a thugann duine leis ag fiach, etc. (CC)
2. Rud a fhaightear go héasca, níl aon tuairim air agus is éasca scaradh leis.
Ciall éigin dá shamhail a thugtar san áit a bhfaightear leagan eile den fhocal ina nóta ciumhaise ar Eg. 88, 72 (46: dáta 1564) – 'an duine is furasa d'aghbáil is ro urusa a ligin,' etc.

3572 An luibh shearbh, is í is folláine. (DÓM, M)

3573 An mhaith a bhí, 'Gabh amach.'
An mhaith atá, 'Gabh isteach.' (Sp)

Tá rann den tsórt ón 17ú haois in B iv 1, 126a:
'A mhaith atá, tarra asteach,
Ní díot atáthar duibhiseach (?);
Ní maith í nach bí ar bun,
A mhaith do bhí, buail bóthar.'
cf. 1797

3574 An té a ghníos maith, faigheann sé maith. (MÓD)

- Ghníonn maith maitheas. (MÓD)

  Leagan 2: College 285.

3575 Bail agus beannú ort is an baile ag breathnú ort. (S)

- Bail agus beannacht ort, agus Máire ag breathnú ort. (MÓD)

3576 B'ait é deaideo, dá mairfeadh sé beo. (RM)

- Ba deas é deaideo, dá mairfeadh sé beo. (LMóir)

  An rud ba mhaith tráth a raibh sé ann; is iomaí rud ba mhaith dá mairfeadh sé.

3577 Buaileann an dea-scéalaí an doras go dána. (M)

- Tá fáilte roimh an dea-scéal i gcónaí.

  Idem App. 261, SH 155, L II 227, NG II 177.

3578 Cuir do leas romhat agus béarfaidh tú air. (Ca)

- Do leas romhat, is go mbeire tú air. (S)

3579 Go bhfeice mé do theach,
is deatach thríd amach,
Priachán ar bharr do stáca,
Hata dubh ar cheann do pháiste;
Go maire tú dhá chéad bliain
is go gcaithe tú do cheann liath ina dhiaidh sin. (TÓM)

- Go bhfeicfidh mé do theach,
is deatach as amach,
Priachán ar bharr do stáca,
Hata dubh ar cheann do pháiste;
Go maire tú dhá chéad bliain
is go gcaithe tú do cheann liath ina dhiaidh sin. (MÓD)
- Go bhfeice mé do theach,
is deatach as amach,
Priachán ar bharr do stáca,
Hata dubh ar cheann do pháiste;
Go maire tú do shláinte,
Ag cíoradh do chinn léith i measc na dtáinte. (MÓD)

3580 Is bocht an croí nár tháinig sólás ariamh air. (S)

Ray 427 (Its a poor heart that never rejoices).

3581 Is é an ceart an ceart i gcónaí. (DÓM)

3582 Is fearr orlach den leas ná banlámh den aimhleas. (T)

- Só, só, is fearr só ná anó. (S)
- Is fearr sólás ná dólás. (CF)
- Is fearr sonas ná donas. (TÓM, MÓD)

3583 Is fiú rud maith fanacht leis. (Ár, F, AA)

- Is fiú é oineach mall dul ina choinne. (MÓD)
- Ní mall an mhaith aon uair. (IG)
- Ní bhíonn an mhaith deireanach aon uair. (S)
- Ní bhíonn an mhaith mall in am ar bith. (TÓM)

Tóraidheacht (díonbhrollach xx). Leagan 3: cf. L II 183, 236. Leagan 4: SFM 11.
Leagan de in App. 263.

3584 Is leigheas ar an liath thú a fheiceáil. (GS)

- Is leigheas ar shúile tinne thú a fheiceáil. (I, GS, MÓD)

cf. Joyce 127

3585 Is minic a thagas maitheas as olc. (Ind)

3586 Is minic imní ar fhear tréan. (CF)

3587 Lean don rath is tiocfaidh sé,
Lean don mheath is tiocfaidh sé. (GS)

3588 Maith in aghaidh an oilc an mhaith is fearr. (S)

- Maith in aghaidh an oilc. (S, Ca)
- Maith in aghaidh an oilc, ní cóir críostúil. (MÓD)
- Déan maith in aghaidh an oilc. (Ind)

Aonghus Fionn xxxviii 66c; Seanmóirí Uí Ghallchobhair 32, 16; Teagasc Críostaidhe Mhic Shaeil 45. MIP 312 (dáta, 16ú haois). Eachtra Uilliam (C. Ní Rathile) 4330.
Le tagairt do Rómh. XII, 21. Rel. II 475, 501, 502. YD 60, DC 84 (Gwna dda dros ddrwg, uffern ni'th ddwg) PB 20, Mélusine X, 91.
cf. 4175 agus 4235

3589 Mara mbeadh na scamaill, ní bheadh taitneamh sa ngréin. (GS, Sp)

3590 Mara ndéana tú maith ná déan an t-olc. (CC)

- Mara bhfuil tú in ann maith a dhéanamh, ná déan olc. (GS)
- Mara ndéana tú leas ná déan olc. (Sp, B 1934)

3591 Ná ceil do mhaith féin ar aon duine. (Sp, Cum. Béal. 76, 16)

- Ní haon mhaith do mhaitheas féin a cheilt. (M, Cum. Béal. 210, 70)

3592 Ní dhéanann duine rud maith rómhinic. (IG)

3593 Ní hiondúil an sonas gan an donas a bheith ina orlaí thríd. (F)

- Ní lia an sonas ná an donas ina orlaí thríd. (AR 552)
- Ní tháinig an sonas ariamh gan an donas a bheith ina orlaí thríd. (Ca)
- Tá an rotha ag dul thart is gan cónaí faoi,
Is níl an sonas gan an donas a bheith measctha thríd. (S)
- An áit a mbíonn an sonas, bíonn cuid den donas suaite thríd. (IG)
- Níl áit a mbíonn an sonas nach mbíonn cuid den donas. (ACC)

- An duáilceas i measc an tsuáilcis, ar nós neantóg i measc na mbláth. (GS)
- Ní bhíonn an sonas gan an donas a bheith thríd. (CF)
- Bíonn an donas ina orlaí thríd. (IG)
- Ní thig an sonas gan donas, is ní bhíonn sólás gan dólás. (CF)
- Ní bhíonn sólás againn ann, gan dólás ina cheann. (AGC 56, 80)
- Níl cnocáinín aerach nach fogas dó móinín fraoigh,
  ná gleann domhain gan abhainn a bheith ag dul tríd;
  Tá rotha an tsaoil ina shodar agus gan aon chónaí faoi,
  Agus ní hiondúil an sonas gan an donas a bheith ina orlaí thríd. (F)

  Aithdhioghluim Dána 12 14 (15ú haois); Beatha Aodha Ruaidh 258 – 'amhail nach lainn las an aoin Día . . . Aineas gan earcra'; BC 587; Lessons 302, College 294; ACG 108; rann in Búrd. 91, 92, D 189 (ls. 1729). Leagan 12: cf. Búrd. 92.
  App. 192 (No pleasure without sorrow), PB 34, MR 29, O fortuna 2
  cf. 4560 agus 4589

3594 Níl a fhios só mara mbí anó roimhe. (IG)

An té a mhothaigh brón, is é is fearr a mhothaíonn sonas nuair a thagann sé.
Idem App. 449, LSM 141d, 128p, 260.
cf. 4577

3595 Níor chaill éinne tada ariamh leis an suáilceas. (MS)

3596 Saibhreas síoraí an tsuáilce. (MÓD)

3597 Sonas ort is séan, is an oiread eile orm féin. (TÓM)

Sláinte
cf. BB 8. Focal a deir A le B má thógann B aníos rud a bhfuil A tar éis ligean dó titim; ní bheadh sé ádhúil A an rud a thógáil é féin. (Ind).

MEAS

3598 An té a bhíos thíos buailtear cloch air,
An té a bhíos thuas óltar deoch air. (AR 398)

- An té a bhíos thíos buailtear cos air,
  An té a bhíos thuas óltar deoch air. (S 12/1919)
- An té atá thuas óltar deoch air agus an té atá thíos buailtear boc air. (Ca, AA 4/1940)
- An té atá thuas óltar deoch air. (S 12/1917)
- A fhad is a bheas do lámh sínte, ní bheidh col leat,
  Ní bhfaighidh cléir ná éigse locht ort,
  Nuair atá tú thuas óltar deoch ort,
  Nuair atá tú thíos buailtear cos ort. (M)

  O'Daly 81, 98, Lessons 179, College 276, Búrd. 75. Síor. XIII 21, 22, 23.
  Tá an chéad líne sa Bhéarla (App. 396, Ray 87). Joyce 109.

3599 An té a mbíonn gnaoi na ndaoine air, bíonn gnaoi Dé air. (IG 7/1905)

L I 15 (Qui a la grace du monde, etc.)

3600 An tseoid (is) dofhála, is í is áille. (Ca)

- Is í an tseoid is áille an tseoid dofhál(t)a. (CS 16/7/1904)

  Ní bhíonn aon tuairim ar an ní a fhaighptear go héasca.
  IM, Lessons 31, College 277, idem.
  LSM 36o (Omne quod est rarum, etc.)

3601 B'fhearr do dhuine a mhada féin a bheith lúcháireach roimhe ná ina dhiaidh. (S 2/1919)

3602 Bíonn na cipíní go maith nó go dtosaí an pota ag fiuchadh. (IG 7/1905)

Go gcuirtear suim iontu fad is a theastaíonn a gcúnamh.

3603 Dá laghad suim is amhlaidh is mó meas. (Sa)

3604 Dímheas ar dhaoine eile is meas mór agat ort féin. (ACC)

3605 Duine de chineál na bhfataí beaga. (GS)

Duine tarcaisneach, duine gan suim.

3606 Fág an tír nó bí sa bhfaisiún. (RM, M)

- Is fearr a bheith as an saol ná as an bhfaisiún. (Ca)

  Idem App. 477, Ray 92.
  Rel. II 496.

3607 Is fearr bó an lao. (Ca)

Go dtugtar meas don té a bhfuil rud aige, seachas an té atá gan tada.
cf. 787

3608 Is fearr roinnt bheag measa ná go leor trua. (Ca)

3609 Is furasta drochmheas a chaitheamh ar an duine bocht. (F)

3610 Meas mada ar a athair. (RM)

- Níl beann agam ort, ach oiread is a bheadh ag mada seacht mbliana ar a athair. (MÓD)

Gan meas ar bith.
Joyce 143.
I dtrácht ar an gceathrú aithne, deirtear in PHL Breac 7414, 'uair ní ré dáinib shamlaid na dochtúraig cech aen na cóimlet in aithne-si, acht re madraib, uair in comfhat bís in madrad i n-a chuilén, atmaid-se a mhathair 7 is inmhain leis hí, 7 amal médaiges, ni athnend-se a athair no a máthair sech na conu ele.'

3611 Ná bí ag súil le meas mara bhfuil meas agat ort féin. (CR)

- An té nach bhfuil meas aige air féin, níl meas ag aon duine eile air. (TÓM)
- Mara mbí meas agat ort féin, ní bheidh meas ag Dia ná ag duine ort. (GS)
- Mara mbí meas agat ort féin, ní bheidh meas ag aon duine eile ort. (F)
- Bíodh meas agat ort féin is bíodh meas ag do chomharsain ort. (Ca)
- Bíodh meas agat ort féin agus beidh meas ag chuile dhuine ort. (CF)

App. 528. Rel. II 501.

3612 Ní fáidh duine ina dhúchas. (TÓM)

- Ní ghlactar le fáidh ina dhúiche féin. (Ca)
- Ní bhíonn fáidh gan onóir ach ina dhúiche féin. (Ca)

Faightear an leagan Laidine i litir Phádraig do Coroticus (Vita Trip. II 377)
As an mBíobla (Deot. XIII 1/3, Mth. XIII 57 is téacsanna eile); is seanfhocal é in SH 24, DC 170, OSK (Nyd), L I 27, II 270, LSM 55i, 1q.

3613 Níl duine ar bith gan a bhréaga féin de phort nó d'amhrán. (Ca, RM)

Gur binn le duine a ghuth agus a cheol féin dá dhonacht iad.

3614 Ní mheastar ach mar is fiú. (RM)

- Ní mheastar ach mar is fiú thú. (Ca)

3615 Ní thugann duine ar bith ómós do thincéara ach tincéara eile. (GS)

3616 Sadhbh, Méabh is Síle,
Ainmneacha cait is madraí na tíre. (GS)

'Sow, Mow, Sorcha is Síle, etc.' atá in LHI l. 31.

MÍCHNEASTACHT

3617 Aithníonn an gadaí an fear fairnéiseach. (Ca)

3618 An rud a fhaightear go dona imíonn sé go dona. (RM, F)

- An rud a fhaightear go dona bíonn sé go dona. (Ca)
- An rud a gheibhtear go holc imíonn sé go holc. (IG 1/1906)
- An rud a chruinnítear go bocht imíonn sé go dona. (M)
- An rud a fhaightear go dona imíonn sé mar sin. (CR)
- An rud a bhailítear go bocht imíonn sé go holc. (AR 331)

IM dhá leagan, College 284; Rel. II 478.
App. 325, Ray 99, 107 352, SH 517, 518, O 206, Síor. V 8.

3619 An té a bhíos bréagach, bíonn sé bradach. (RM)

- An té a bhíos bréagach, is dá thréathra a bheith bradach. (S 1/1920)
- An té a bhíos bréagach, is páirt dá thréathra a bheith bradach. (RM)
- Is cuid de thréathra an bhréagaigh a bheith bradach. (AR 442)
- 'Speáin dom éitheachtóir is 'speáinfidh mé cneamhaire dhuit. (TÓM)
- An té a dhéanfadh éitheach, dhéanfadh sé goid,
An té a dhéanfadh goid, dhéanfadh sé feall,
An té a dhéanfadh feall, dhéanfadh sé marú. (MS)
- An té a bhíos bradach is dá réir dhó a bheith bréagach. (S 12/1919)
- An té a bhíos bradach is dual dó a bheith bréagach. (GS)

BC (tiontú dá chuid féin). Leagan 5: Idem App. 361, SH 391, L II 265.
App. 361, Ray 110; YD 61, DC 45.

3620 An té a ghoidfeadh biorán, ghoidfeadh sé snáthad. (AR 440, M)

- An té a thóigfeas an biorán, tóigfidh sé an tsnáthad. (AR 468, RM, Ca)
- An té a thóigfeas an beagán, tóigfidh sé an mórán. (Ár)

Le haghaidh leaganacha dá shamhail cf. App. 496, Ray 34; II BSR 93, LSM 141 q. O 341 (leaganacha atá bunaithe ar an Laidin '. . . Posse taurum tollere qui vitulum sustulerit.')

3621 Bíonn na cneámhairí chomh mór le chéile le bó is coca féir. (GS)

In RM (F: IG 7/1905) deirtear faoi aon dream daoine atá mór le chéile, 'Tá siad chomh mór le chéile le bó is coca féir.'
App. 624 (As thick as thieves).

3622 Borradh in aghaidh na n-aitheanta. (TÓM, F)
- Borradh maith in aghaidh na n-aitheanta. (MÓD)
- Ag éirí suas in aghaidh na n-aitheanta. (CC)

An gadaí nó an drochdhuine ag dul chun cinn sa saol.

3623 Bróg éadrom ag an ngadaí. (Sa)

3624 Cat bradach a gheobhadh brabach air. (TÓM, RM, S 8/1928)

An duine atá chomh himeartha, chomh cliste sin, nach bhfuil in ann chuige ach an gadaí.

3625 Ceist bhradaigh ar bhréagach. (TN 24/1/1890)

3626 Dá fhad dá dtéann an sionnach beirtear sa deireadh air. (S)
- Dá fhad dá dtéann an sionnach, gabhtar faoi dheireadh é. (ÁC)
- Dá fhad dá dtéann an gadaí, beirtear sa deireadh air. (Ca)
- Dá fhad a théas leis an sionnach, gabhtar sa deireadh é. (T)
- Dá fhad dá ritheann an mada rua, gabhtar sa deireadh é. (S 9/1927)
- Dá ghlice é an sionnach, faightear greim faoi dheireadh air. (CS 26/9/1903)
- Dá chríonna é an sionnach, beirtear sa deireadh air. (S 6/1920)
- Beirtear ar an sionnach féin sa deireadh. (Ca)
- Dá fhad a théas an rógaire, beirtear air sa deireadh, ar nós an tsionnaigh. (IG 8/1905)
- Dá fhad a ritheas an cneamhaire, beirtear ar deireadh air. (AR 51)
- Dá fhad a théas an sionnach, ceapfar é. (Ac)
- Dá luaithe é an giorria, beirtear air. (Ca)

Rann in D 168 (ls. Ultach 1778). S 10/1928. Le haghaidh leaganacha ionchurtha leis seo (sionnach, luchóg, giorria), cf. I BSR 80, 97, NG II 281, 403, 404, III 175; App. 233.

3627 Fuair sé iorball a chaorach féin le n-ithe i dteach na comharsan. (F)

3628 Ghoidfeadh sé an ubh ón gcorr, is an chorr ina dhiaidh. (Ca, F, M)
- Ghoidfeadh sé an ubh ón gcuach, is an bainne as mo chuid tae. (Ind)
- Ghoidfeadh cuid de na daoine an chrois d'asal. (GS)

Leagan 3: cf. Joyce 125

3629 Iasacht an ghadaí, iasacht nach bhfillfidh. (CS 1899)

3630 Is buan iad clann na míghrás. (Ca)

Go ndéanann drochdhaoine go maith sa saol seo.

3631 Is deacair an rud bradach a fhaire. (MÓD)

3632 Is fearr coir bhréagach ná coir bhradach. (TÓM)

3633 Níl taibhse ar bith is measa ná taibhse an dá chos. (Ca, CF)

An gadaí; is san oíche a bhíos sé ag faire ar a sheans. I gCill Chainnigh chuala mé 'The only ghost to be afraid of is a two-legged one'.

3634 Ní raibh ann ach na bráithre, ach d'imigh na bróga. (RM, S 11/1926)
- Ní raibh ann ach na bráithre, ach goideadh na bróga. (CC)
- Goideadh na bróga, is ní raibh ann ach na bráithre. (M)
- D'fhan na bróga, d'imigh na bráithre. (AR 454)

Rud a bheith goidte, is gan ann ach an dream céanna, nó dream nach raibh aon amhras fúthu. Féach an scéal faoi Chiarán Saighre is na beithígh a bhí ina mbráithre aige (Sil. Gad. I 4, Trans. Oss. Soc. II 41).

3635 Nuair a bhrisfeas na mná sléibhe amach le chéile, is ea a gheofas mé tuairisc ar mo mholt. (TÓM)

- Nuair a bhrisfeas na mná sléibhe amach le chéile, is ea a gheofas mé tuairisc ar cé a ghoid mo ghirseach. (RM)
- Nuair a thuiteas an cócaire agus an cailín aimsire amach lena chéile, bíonn a fhios ag cách cé a ghoid an fheoil. (M, Cum. Béal. 109, 281)

In am scliúchas na ngadaithe, cloistear an fhírinne.
II BSR 323 (Riñen los pastores, descúbrense los quesos).

3636 Rud a ghoid ó ghadaí, is ionann sin is a fháil gan tada. (F)

- Goid ó ghadaí (.i. ní dochar é). (I, CC)

É a fháil in aisce.
Teideal rann tiontaithe ó Bhéarla in Eg. 155. 11, 'Goid ó Ghadaí' (1792: Cat. II), freisin Eg. 154, 13 (Cat. I).
Féach SM 1342 agus leagan in MR 32 cosúil leis.

3637 Síleann bradóg na gcuach gur bradach é an slua. (TÓM)

- Síleann gadaí na gcruach gur gadaithe an slua. (M, Ca)
- Síleann bradach na gcruach gur bradach é an slua. (F)
- Síleann gadaí na gcruach gur sladaithe an slua. (CR)
- Is dóigh leis an ngadaí gur gadaí gach aon neach. (MÓD)
- Síleann an cneamhaire gur cneamhaire chuile dhuine. (Ind)
- Ceapann an gadaí gur gadaí chuile dhuine. (Ca)

PHL Breac 5161 (ag caint ar Iúdás) – 'is – derbáruse conscius ipse mali de se putat omnia dici, túirid craide uamnig anbla.' O'Daly 92, Rel. I 152. Fairsing san Eoraip, II BSR 336, LSM 128c, 22e, NG II 152; YD 70.

3638 Suan na muice bradaí. (TÓM)

Féach B XII 206 (i) 'Tá síol na muice bradaí agat', le duine cantalach crosta.

3639 Tá gach ní ag iarraidh a chóra (dheiseacht) féin is an gadaí ag iarraidh na croiche. (AR 205)

- Tá chuile shórt ag iarraidh córach is an gadaí ag iarraidh é a chrochadh. (TÓM)
- Gach uile shórt ag iarraidh a chórach féin is an gadaí ag iarraidh a chrochta. (CS 28/5/1904)
- Chuile shórt ag iarraidh a chórach féin is an gadaí ag tuilleamh a chrochta. (Ca)
- Gach rud ag iarraidh a chórach féin. (CF)

Leagan den iomlán in Ray 262, 558; an dara leath in YD 114, 118, 121, DC 69.

MISNEACH

3640 An té a bhíos bog faoina dheoir, bíonn sé bog faoina thóin. (MÓD)

SFM 2

3641 Beir crua ar neantóg is ní dhéanfaidh sí thú a dhó. (GS)

Ionsaigh deacracht ar bith go crua.
Idem App. 442. Lessons 360 (fabhalscéal).

3642 Bí i d'fhear nó i do Cháit. (GS)

BC 442 'Duine nó donán'
App. 395, SH 285 'Be man or mouse'.

3643 Bí righin is éireoidh rud leat. (Ca)

3644 Bristear long le fórsa. (Ca, RM)

Nach ceart a bheith ródhána; is fearr a bheith ag fanacht calaidh ná a bheith ag iarraidh an ceann is fearr a fháil ar stoirm.

3645 Casann péist ar fhear a saltairte. (DÓF)

Leagan de in BC: IM idem.
Seanfhocal idirnáisiúnta, a d'fhás as na teangacha clasaiceacha, Ray 145, SH 554, MR 33, I BSR 267: ag trácht ar sheangán nó cuileog (in aithris ar 'Habet et musca splenem et formica bilem), cf. I BSR 247, 265, 267.

3646 Comhairle an tseaniascaire don iascaire óg. 'Má d'éirigh leat, ná luaifeadh sin amach arís thú; marar éirigh leat, ná coinníodh sin istigh arís thú.' (GS)

Gan drochmhisneach ná an iomarca misnigh a bheith air; ná caill sa mhisneach é, ná caill le drogall é.

3647 Dhá dtrian den chath an misneach. (GS)

- Misneach leath an chogaidh. (Ca)
- Misneach leath na hoibre. (CF)
- Misneach leath an chatha. (Cum. Béal. 91, 28; gan áit)

3648 Duine atá faiteach, ní féidir a leigheas. (MÓD)

3649 'Is cuma liom,' a deir an fear a chaill an leithphingin. (Ca, CF)

3650 Is fearr a dhul ar aghaidh ná ar gcúl. (ACC)

Scéal – Cois na Teineadh 131.

3651 Is fearr 'ar éigean' ná 'faraor.' (Ár)

An té ar éirigh leis ar éigean, is an té nach raibh sé de mhisneach aige tosú.

3652 Is fearr rith maith ná drochsheasamh. (S 1/1925)

- Is fearr rith gearr ná drochsheasamh. (S 12/1919)

SF 4, 10 (FFx 6, 47), ZCP VI (Sprichtwörtliche; Add. 30512), O'Daly 92, Trans. Oss. Soc. IV 79; MIP 57. Rel. I 158, II 497, Joyce 116.
Tá ionann is an chuimhne chéanna in App. 211, DC 63, LSM 19q, O fugere 2.

3653 Is fearr saighdiúr ná cladhaire. (CC)

- Is fearr saighdiúr ná fear meata. (RM)

3654 Is furasta faitíos a chur ar chladhaire. (Ca)

3655 Is mairg a bhíos thíos den chéad bhuille. (GS)

- Is mairg a bhíos thíos ag an gcéad bhearna. (CF)

O'Daly 93.

3656 Is minic a bhí faitíos ar dhuine gan ábhar. (S 4/1929)

- Is minic a bhí faitíos ar dhuine gan gá aige chuige. (Ac)
- Is minic a bhí faitíos ar dhuine is nár bhaol dó. (CF)

'Fubthud cin damna' (Tenga Bithnua; Ériu II 100). 'Eagla gan adhbhar' (Branach 2762). SFM 9.

3657 Má bhíonn misneach ní bhíonn clisteacht. (S)

- Má bhíonn misneach ní bhíonn clisteacht san óige. (M)

Féach ACC 77.

3658 Má cailleadh do mháthair d'fhága sí iarraidh do chodach ionat. (GS, Ca)

Tá tú in ann cur ar do shon féin.

3659 Má chailltear an capall ná caith uait an diallait. (CF)

3660 Má mharaítear go deo thú, ná maraítear i do chladhaire thú. (CF)

3661 Mara dtriáile tú ní ghnóthóidh tú. (CR)

3662 Má tá faitíos ort, caith dhíot é. (TÓM)

3663 Misneach a thochlaíos fataí. (RM)

- Misneach a thochlaíos fataí, is chugat mé, a ghais mhóir. (TÓM)
- Misneach a thochlaíos fataí, is chugat do mhéar, a ghais mhóir. (CF)
- Misneach a thóigeas caisleáin. (MÓD)

Leagan a deirtear ag imirt cártaí; éireoidh go maith le fear an mhisnigh.

3664 Misneach in aghaidh an aird. (Gearrbhaile 1937 l.24 gan áit)

Ní foláir misneach ag ardú cnoic.

3665 Ná bí ar tús bratha ná ar deireadh catha. (Ca)

Ná bain le obair chladhaire.

3666 Ná lig do chnáimh leis an mada. (GS)

- Ná lig do chnáimh leis an drochmhada. (F)

Gan do cheart a ligean uait go bog.
SH 181 (Béarla na hAlban). Joyce 112.

3667 Ná lig do chroí faoi do chosa. (CnM)

3668 Ní dochar thú a leagan mara ngortaítear thú. (Ca)

- Níl aon dochar duine a leagan nuair nach ngortófaí é. (RM)

3669 Ní fál go haer é. (RM)

Is rí-ard an fál é nach féidir dul thairis, is is an-mhór an deacracht í nach féidir dul uirthi.
As an mBíobla (?), cf. Deot. IX, 1.

3670 Níor chaill fear an mhisnigh ariamh é. (S 5/1919, Ca)

- Níor chaill ar fhear an mhisnigh ariamh. (GS)

3671 Ní raibh baol ariamh ar 'hobair,' ach báitheadh 'b'fhéidir.' (Ár)

- Cailleadh 'faraor' ach tháinig 'hobair.' (BA, AA 7/1942)

3672 Nós an drochmhada, glamh i ndiaidh troda. (Ca)

3673 Nuair is mó do bhris, teann do chrios. (CR)

3674 Rinne Dia an droim don ualach. (M)

- Chruthaigh Dia an droim i gcóir an ualaigh. (Ca)

Ní chuirfidh Dia tada i do bhealach nach mbeidh tú in ann a fhulaingt.
Id. SH 122.

3675 Tabhairt an mháimh a dhéanas an cluiche. (CC, RM)

Ní mór do dhuine gach uile ní a thriail sula n-éireoidh leis (CC); ná ceiltear an mámh, ach imrítear é, bain leas as do mheabhair agus do stuaim agus éireoidh leat (RM).

3676 Tóig suas do cheann is beidh an aimsir go maith. (TÓM)

Má bhíonn misneach agat éireoidh leat.

3677 Triáil naoi n-uaire é sula gcaillir do mhisneach. (CF)

- Is dona an duine nach bhféachfadh naoi n-uaire. (BA)
- Níor dhóiche an t-uisce seo ag tuitim ná intinn mná,
  Is fear gan aon misneach nach rithfeadh naoi n-uaire an cás. (CnM)

MNÁ

3678 An áit a mbíonn bó bíonn bean. (RM)

Vitae Sanc. Hib. (Plummer) I cxxi (réamhrá) – ubi enim ovis, ibi mulier, etc.

3679 An áit a mbíonn géabhaí bíonn glagaireacht, is an áit a mbíonn mná bíonn cabaireacht. (GS)

- An áit a mbíonn géabha bíonn clúmhach, is an áit a mbíonn mná bíonn caint. (CS 28/3/1903)
- An áit a mbíonn bó bíonn bean, is an áit a mbíonn bean bíonn caint. (M)
- An áit a mbíonn bó bíonn bean, is an áit a mbíonn bean bíonn clampar. (SC 849, Rel. II, 490)
- San áit a mbíonn mná bíonn caint agus an áit a mbíonn lachain bíonn salachar. (IG 8/1894)

Idem App. 705, Ray 47 (as an Iodáilis); AWM 183, LSM 48 1, 135c, I BSR 243 (gé), 249 (frog).
cf. 3694

3680 An áit a mbíonn mná bíonn torann ar na cláir. (RM)

- An áit a mbíonn mná bíonn clampar. (RM)
- An áit a mbíonn gé bíonn gandal, an áit a mbíonn mná bíonn clampar. (CF)
- Ní bhíonn an teach a mbíonn Úna suaimhneach. (RM)
- Áit a mbíonn muc, bíonn bó; áit a mbíonn bó, bíonn bean; áit a mbíonn bean, bíonn clampar. (I)

Bíonn saol corrach áit a bhfuil mná.
Leagan 4: cf. foclóir Uí Bhriain (1832) 464.

3681 An rud a choigleas na mná, itheann na cait é. (DÓF)

- Is é cothú an chait dearmad bhean an tí. (S 5/1929)
- Níl ag an gcat ach dearmad na mban. (IG 10/1905)
- Ar dhearmad bhean an tí a mhaireas an cat. (GS)
- Ag faire ar dhearmad bhean an tí a bhíos an cat. (CC)
- Dearmad bhean an tí a bheathaíos an cat. (S)

Seo ceann de na nithe a cheannaigh an cat; is cosúil go ngabhann sé siar i bhfad, ó fhaightear in Bla 'cat cuili' (Leabhar Aicle 296) – 'slan don chat in biad ro geba a faill incoimeta isin cuilid do chaithem'; cf. freisin, aguisín ar l. 560. College 276.
Níl a fhios agam an bhfuil aon bhaint aige le focal dá shamhail i dteangacha eile le malairt beag céille (Cats eat what hussies spare: Wer spärt, spärt für die Katze .i. ná spáráil tada); Ray 133, 233, 261, App. 264, 704, SH 74, I BSR 202, Lipp 810, L I 166, NG I 249, III 87, LSM 191q.
cf. 292 agus 5186

3682 An strachaille mná is í lán de dhuifean is de ghruaim,
A stoca ina láimh, a sláimín olla, is í ar cuairt. (TÓM)

- An strachaille mná is í lán de dhuifean is de ghruaim,
  A stoca ina láimh ina sláimín sa gcúinne. (DS)

3683 A scéal féin, scéal gach duine, is scéal Mháire an t-airgead. (I, CS 31/3/1906)

Is é scéal na mban an t-airgead.

3684 Ba mhinic bean mín agus fear borb. (Ca)

- Ba mhinic bean mhín ag fear borb (.i. í ceansaithe aige). (Ca)
- Bean mhín agus fear borb. (Ca)
- Bean mhín ag fear borb,
Is Mac Dé ina luí sa gcolg. (U, B IV 53)
- Bean chaoin ag fear borb,
An t-eiriceach ina luí i gclúmhach na n-éan,
Is Mac Dé ina luí sa gcolg. (F)

cf. Ortha an Dó Boilg:
'Bean mhín agus fear borb,
A chuir Mac Dé ina luí sa gcolg,
Teara agus fóir ar fhear an dó boilg' (Ca) .
Freisin, Ortha an Ghreama (B III 427; Rinn). Sa scéal ar an teaghlach Naofa agus breith Chríost, eitíonn fear an ósta Muire faoi lóistín, ach tugann an bhean áit di sa scioból; féach dhá véarsa an scéil i nGaeilge na hAlban, Yorkshire Celtic Studies I 48.

3685 Bean ag gol, bean ag gáire,
Bean eile agus a putóga lena sála;
Cé acu sin an bhean is mó náire?
Is é sin an bhean a bhíos ag gáire. (Ár)

- Fear ag gol, agus fear ag gáirí,
Fear eile agus a phutóga lena shálaí (.i. in am cogaidh). (LMóir)
- Bean ag gol agus bean ag gáire. (TÓM, MÓD, Cum. Béal. 101, 540)

cf. 4543

3686 Bean ar leathchois bean gan aon chois. (M, Cum. Béal. 210, 417)

3687 Bean ar meisce, bean in aisce. (MÓD, CM, Ca)

O'Daly 90

3688 Bean bhán chiúin shámh, ná mol agus ná cáin í choíche. (RM)

3689 Bean gan cúnamh ní raibh ariamh gan saothar. (Sa)

3690 Bean gan práiscín nó bád gan stiúir. (I)

- Bean gan naprún nó bó gan iorball. (Cloigeann, Cum. Béal. 113, 37)

3691 Bean gan scíth ba mhinic pian ina droim. (Sa)

3692 Bean óg gan náire nó gáire gan éifeacht. (MS)

Bí 'Ben gan naire' .i. ceann de na 'neithe is miscais la dia.'
cf. 3539

3693 Bean táilliúra is bean tincéara, sin beirt bhan nach réitíonn le chéile. (S 11/1924)

- Bean tincéara is bean táilliúra, sin beirt nár réitigh ariamh le chéile. (M)
- Níor réitigh bean tincéara ná bean táilliúra le chéile ariamh. (CR)

Bíonn saol istigh ag bean amháin agus saol amuigh ag an mbean eile (?).

3694 Beirt bhan nó scata gé. (Sp, Mnl)

Seo é a dúirt an sionnach mór leis an sionnach óg nuair a chualadar an gleo.
Ó Thomás Ó Broin, MA, é seo.
cf. 3679

3695 B'fhearr bean is fiche seift ná bean is fiche punt. (TÓM)

- B'fhearr liom bean na fichead plean ná bean na fichead punt. (DS)
- An mb'fhearr leat bean is fiche féasta ná bean is fiche punta? (MÓD)

3696 B'fhearr le gach aon bhean a bheith dathúil ná deamhóideach. (M)

3697 Bíonn aimhreas ag an drochbhean ar luach a saothair (RM)

- Is é aimhreas a dhéanamh do dhrochbhean, luach a saothair a lochtú. (AR)

Níl barainn aice le luach na n-earraí (ná a luach féin?) a mheas (RM).

3698 Bí tláth léi, is beidh sí tláth leat,
Bí lách léi is beidh sí lách leat. (IG 7/1905)

3699 Bromántas mná go bráth ní rachaidh ar gcúl,
Go dté Iúr Chinn Trá i mbád go Cúige Mumhan. (F)

- Ní scarfaidh an ghangaid le intinn na mná. (MS)

Ní bheidh an saol choíche gan mná borba.
Deirtear freisin, 'Madrúlacht mná,' etc. (1) agus 'intinn mná,' etc. (CF ; B V 146).
cf. Duan Éabhá (Ériu III 148),
'An céin marat sam re la
de ni scarat mna re baois.' TC (l. 54) nóta ar 16, 22. Rann in Búrd. 73, College 285.

3700 Cailín óg ar bheagán bróin. (Sa)

cf. 'Chomh soineannta fáilidh le cailín óg' ('Naoi nEachtraí an Gh. Duibh' – 2).

3701 Cara mná tí. (MS, RM)

- Ná bí choíche i gcúirt ná i gcaisleán gan bean ag gabháil do leithscéil. (CF)

Ba mhaith leis an nGobán Saor clisteacht a mhúineadh dá mhac, is lá amháin is iad ag siúl, d'iarr sé ar an mac 'an bóthar a ghiorrú.' Níor thuig an mac céard a bhí ón athair, ná níor thuig an dara maidin; ar an tríú maidin mhínigh bean an tí dó cén chaoi a ngiorródh sé an bóthar .i. scéal fada a inseacht don athair. Nuair a chuala an Gobán Saor cé uaidh a bhfuair sé an cúnamh, dúirt sé an seanfhocal .i. a bheith cairdiúil le bean an tí i gcónaí.
Aithdhioghluim Dána 3, 2c agus 68, 14c; Filidheacht na gCaisideach 355. Leagan 2: cf. Neilson I 135.
NG II 109 – En casa de tu enemigo, la mujer ten por amigo.

3702 Chomh luainneach le bean bhocht ar aonach. (RM)

- Chomh luaimneach le bean bhocht ar aonach. (GS)
- Chomh giogach le bean bhocht ar aonach. (IG 7/1905)
- Chomh bruidiúil le bean bhocht ar aonach. (GS)
- Chomh guairdeallach le bean bhocht ar aonach. (CF, AA 8/1937)
- Chomh siúlach le bean bhocht ar aonach. (RM)
- Chomh gnothach le fear bocht ar aonach. (TÓM)

SH 264 (Like a dog at a fair, here, there and everywhere; 1869).

3703 Coigilt tine le loch,
Nó caitheamh cloch le cuan,
Comhairle a thabhairt do bhean bhorb,
Nó buille de ribe ar iarann fuar. (DÓF)

- Coigilt tine le loch,
Nó caitheamh cloch le cuan,
Comhairle a thabhairt do bhean bhorb,
Nó buille de ribe ar iarann fuar.
Sin ceithre rud nach mbíonn mórán tortha astu. (M)
- Fadú tine faoi loch,
Caitheamh cloch le cuan,
Comhairle a thabhairt do bhean bhorb,
Nó gabháil d'ord ar iarann fuar. (CF)
- Is fusa dhuit a bheith ag bualadh buille d'ord ar iarann fuar, ag caitheamh cloch le cuan, ag fadú tine ar bhord locha ná comhairle a thabhairt do mhná borba. (Ac)
- Is geall le clogadadh cloch le cuan,
Nó a bheith ag gabháil d'ord ar inneoin fhuar,
A bheith ag caint le bean bhorb. (Ca)
- A bheith ag gabháil d'ord ar iarann fuar, a bheith ag tabhairt comhairle do bhean bhorb. (AR 190)
- Fadú tine faoi loch,
Clogadh cloch le tonn,
Ord a ghabháil d'iarann fuar,
Nó teagasc a thabhairt do bhean bhorb. (AR 237)
- Caitheamh cloch leis an ngealach,
Nó gabháil d'ord ar iarann fuar,
Fódú tine faoi loch dearg,
Nó bua a bhreith ar bhean rua. (S 11/1919)

Cuid de Laoidh na mBan é in S 8/1920.
Rannta in Cat. II (Eg. 127 dáta 1775; Add. 18749, 10, dáta 1792) le tagairt do Dánta Phiarais Feiritéir 37: Cinnlae II 304. Leagan 1: cf. College 279. Scot. Cat. XXXVI, D 70, 89: leagan in MIP 377 le tagairt do ITS I 86. Rel. II 505. Rann den tsórt céanna in ZCP IV 469 (as St. D 4, 2).
O 30 (prius undia flamma); NG II 346, III 196 (machar in hierro frio).
cf. 5155

3704 Cuid de bhanbhusacht tí truipéireacht. (Ca)

Cuid d'obair bhean an tí an torann a dhéantar le soithí etc.

3705 Dá mba dúch í an fharraige is cailc iad na crua-charraigí,
Marmar í an spéir is pinn iad cleití na n-éan,
Is peann a bheith i láimh gach aon duine de shíol Éabha is Ádhaimh,
Dhá dtrian olcas ban d'fhágfaidís ina ndiaidh gan faisnéis. (S 2/1925)

Véarsaí 23 D 4, Búrd. 88, D 84, Ceol 62. Dánta Phiarais Feiritéir 945, 953; IM I 343.
Tá smaointe den tsórt seo sa Tenga Bithnua 151 (Ériu II 140) ag trácht ar ghníomhartha Dé a scríobh síos.

3706 Dá mbeadh beirt bhan bliain in aice a chéile bheadh rud le rá acu. (Ca)

3707 Deireadh fir a shuan, is bean á faire féin suas. (MS)

- Deireadh mná a faire féin agus deireadh fir a shuan. (Gort, Cum. Béal. 263, 58)
- Is suan don fhear a bhás agus an bhean á faire féin. (Ca)

Nuair a fhaigheann fear bás go mbíonn a bhean ag cuimhneamh ar phósadh arís (?).
Cinnlae II 174 (Deireadh an duine a shuan, is bean ag faire a coirp féin) gan míniú rathúil.

3708 Dhá rud níos doimhne ná an fharraige, méaracán táilliúra agus intinn mná. (Ca)

3709 Gach ní daor, mian gach mná. (RM, MÓD)

IM, College 284 idem.
Tá a leithéid in App. 203, Ray 92, 235.

3710 Glacann drochbhean comhairle gach fir ach a fir féin. (Ca)

3711 Iarr ar bhean é uair nó dhó is mara dtaga sí leat tar léi. (DS)

- Abair leis na mná é uair nó dhó is mara dtige siad leat tar leo. (MS)

O'Daly 92, SFM 7.

3712 In '16 beidh Éire dearg le fuil,
In '17 beidh daoine á gcrochadh gan coir,
In '18 déarfaidh na mná, 'Cá ndeachaigh na fir?' (F)

- Tá scapadh agus fán ar na buachaillí bána is mo léan, cé ndeachaigh na fir? (M, Cum. Béal. 109, 285)

Deirtear gur ceann de ráite Cailliagh ny ghueshag (Oileán Mhanann) é go dtiocfadh sa saol go mbeadh uireasa fear ann (Vocab. 86).

3713 Intinn mná idir beirt fhear. (MS)

Ceann de na rudaí is míchothromaí ar domhan.

3714 Is dána muc ná gabhar is sháraigh bean an domhan. (AR 210)

- Is dána muc ná gabhar is sháraigh bean an diabhal. (RM, IG 6/1894)
- Is dána an mhuc ná an múille ach sháraigh bean an diabhal. (M)
- Bhuaigh an bhean ar an muc is bhuaigh an muc ar an aonach. (I)
- Sháraigh muc gabhar ach sháraigh bean an diabhal. (Ca)
- Sháraigh muc an domhan ach sháraigh bean an diabhal. (Sp)

cf. Ymrysson y bugelydd (RC XLVIII 89; ls. Llanstephan 55) a fhéachann lena chruthú gur measa mná ná an diabhal. LSM 7d (Demonibus mulier tribus assibus est mala peior).
cf. 5124 agus 3878

3715 Is deacair a bheith ag dréim leis na mná. (GSe)

3716 Is deacair bean a choinneáil ó chaint, nó bean a choinneáil ó ghleo. (Ca)

- Comhdheacair bean a choinneáil ó chaint is bean a choinneáil ó ghleo. (RM)

Féach ACG 76.

3717 Is deacair na mná a thuigsin. (MS)

3718 Is dírí urchar focail ag bean ná urchar cloiche. (M)

3719 Is falamh fuar é teach gan bean. (M)

Buile Shuibhne 54 (ls. 1671) – 'tigedhus do bheith gan mnaoi, as iomram luinge gan láoi.' AMC 73 – 'bá tigadus cen mhnái.'

3720 Is fearr lán glaice d'fhear ná lán téide de bhean. (Ár)

- Is fearr lán doirn d'fhear ná lán cnoic de bhean. (RM)
- Is fearr lán doirn d'fhear ná lán gaid de bhean. (M, DÓM)
- Is beag an fear is (leg. nach?) fearr ná lán cnoic de bhean. (Cum. Béal. 91, 20 gan áit)
- Is fearr lán doirne d'fhear ná lán téad de bhean. (LMóir)

Beagnach ionann is YD 107.

3721 Is goire do bhean leithscéal ná a práiscín. (GS)

- Is foisce do bhean leithscéal ná a práiscín. (M)
- Níor fhéach bean thar a gualainn ariamh le leithscéal a fháil. (M)
- Níor bhreathnaigh bean thar a gualainn ariamh nach bhfaigheadh sí leithscéal. (G)

Gur éasca do bhean leithscéal a cheapadh.
TC 16, 24 (immaicse taithlig). In 'An t-Iarla bhí sa Róimh' (AGC 90) deirtear 'Thug sise leithscéal gar ar nós na mban bhíos le holc.'

3722 Is iad na mná scátháin meallta an tsaoil. (Sp, Cum. Béal. 79, 386)

3723 Is mairg a thaobhaíos leis na mná. (S 11/1926)

MIP 182 le tagraí. TDG (Oss. Soc. Trans. III 110).

3724 Is maith bean dea-fhir. (Sa)

Dioghluim Dána 21, 28d – 'deighfhear do-ní maith don mhnaoi.'
Idem App. 259.

3725 Is measa na mná ná an t-ól. (I)

cf. 853

3726 Is míne min ná grán, ach ní míne fir ná mná. (Ca)

- Is míne min ná grán, is is míne mná ná fir. (Ca, I)
- Is míne min ná grán, is is míne fear ná bean. (RM mícheart?)
- Míne min ná grán, is míne na mná ná sin. (RM)
- Is míne min ná grán. (AR)

Gur síodúla mná ná fir.
Rel. I 159.

3727 Is minic teanga fhada ag bean ghearr. (RM)

3728 Is mór a mholfadh drochbhean a drochbhláthach féin. (AR 376)

- Drochbhean tí ag tiomáint a bláthaí (.i. drochrud) ort faoi dhó. (CF)

Go mbíonn sí ag moladh a drochbhláthaí nó eile, agus á tabhairt uaithi, go fial, ag iarraidh fáil réidh léi.

3729 Ligfidh an drochbhean a drochbhéasa amach. (AR 374)

3730 Mairg a ligeas a chogar ciúin nó a rún le bean bhaoth,
Óir an scéal a imíos ó bheirt go triúr, is annamh a fhaigheas sé scíth. (DÓF)

- Inis do Mháire i gcogar é is inseoidh Máire don phobal é. (GS, Ac, CF)
- Más mian leat ní a fhógairt, inis mar rún do bhean é. (IG 8/1894)
- Bundún teanga agus preabadh croí, fear ar bith a ligeas a rún le bean. (Ár, Cum. Béal. 77, 426)
- Tabhair do chuid do do bhean agus do rún do do dheirfiúr. (T, Cum. Béal. 79, 157)
- Ná lig do rún le bean ná le amadán. (MÓD)

Rann 2 sa duan as LL (Ériu IX 45): AMC (Meyer) 73, 'Rún fri mnai mbáith', 125 'Rún re mnái ndrúith n-étaigh' : TC 16, 21 'Etairise rúne' .i. mná: Mac Dáthó Ir. Texte I 97 (Téacs as LL) 'Rún mná ní maith concelar.' In RC VI 188 tá rann as Laud 610 agus tagairt do LL 174 b 4 – 'ní innisfind i fail ban, in scél bad áil dam do cleith'; Riagul na Manach Líath (Ériu II 229) – 'Adham Samson Solum Rí romersat i mbanairli,' etc.; Dioghluim Dána 21, 11d – 'méin do na mná reic a rúin'; Bí 30; Cat. II (Add. 34119, 9); AGC 91 (144) – 'An t-Iarla bhí sa Róimh.' Rann in D 81, IM, Lessons 304, Dánta Grádha xxx 2c.
L I 168 (bean), II 272 (bean, amadán, páiste), LSMv (bean).
cf. 5068 agus 3741

3731 Má phósann tú bean fhionn, tá na súile róchlaon aici,
Má phósann tú bean bhuí, beidh síolrach gan scéimh aici,
Má phósann tú bean rua, is gearr é do shaol aici,
Ach i bpáirt na mná duibhe í, is í fuílleach fear Éireann í. (M)

Le haghaidh trácht sa tseanchaint ar cháilíochta ban ar dhathanna éagsúla, cf. RC XLVII 30, ZCP VIII 112.

3732 Mar a thiocfas na mná abhaile tiocfaidh Nuala. (S 12/1919)

Is dócha gurbh í an duine deiridh i gcónaí í.

3733 Má tá do bhean mar atá do scian,
Séard a deir gach dís nach maith é a méin,
Roighin, fada, fuar, crua, tanaí, géar. (Sp, B 1934)

3734 Millfidh bó buaile ach millfidh bean baile. (MS)

3735 Moladh mná óige, í a fháil fliuch. (F)

- Moladh na mná óige, a droim a bheith fliuch (.i. ó bheith ag iompar feamainne). (Ár)
- Moladh na mná óige, a tóin a bheith fliuch (.i. ó bheith ag iompar feamainne). (Ca)
- Tá moladh ag dul do bhean a fhaigheas tú fliuch. (RM)

3736 Ná hith is ná heitigh an bia a thabharfas bean éadmhar dhuit. (Ca)

Bí 100 'Bidh ar do choimét ar an mbiadh dobera an ben edmar duit.'

3737 Na mná, na mná a loisc an áith. (DS)

- Na mná, na mná a dhófadh an áith. (Ac)
- Is iad na mná a dhóigh an áith. (ÁC)

Teideal seanscéil freisin, ag magadh faoi na mná.

3738 Ná pós bean mar an chearc,
Bean chabach bhéalráiteach;
Ach pós bean mar an chaora,
Bean mhodhúil mhacánta. (M, Cum. Béal. 117, 39)

3739 Ná taobhaigh le buinneán aerach ar aonach. (Ca)

- Ná taobhaigh le bulán aerach ar aonach. (RM)

Bean aerach ar an aonach (nó ar cruinniú ar bith daoine?), is fearr fanacht glan uirthi.

3740 'Ní abróidh sé tada,' mar a dúirt an bhean a chuir an baile thrí chéile. (IG 9/1905)

Í féin a bhí ag tógáil an chlampair.

3741 Ní féidir leis na mná rún a choinneáil. (BA, Casla)

cf. 3730

3742 Ní fhaca mé bean ariamh ag teacht chuig an tine,
Nach gcorródh sí í agus nach gcuirfeadh sí a cuma féin uirthi. (IG)

3743 Níl ag bean ach a teanga. (IG 11/1905)

- Níl aon ghléas troda ag bean níos fearr ná a teanga. (Casla, Cum. Béal. 79, 8)

Seanmóirí Uí Ghallchobhair 126, 25.
Idem App. 704

3744 Níl cinneadh ar bith le gleacaíocht na mban. (M, Ár)

3745 Níl ní níos géire ná teanga mná. (AR 510)

Lessons 293, College 294

3746 Ní ólann na mná leann, ach imíonn sé lena linn. (IG 11/1898, F)

- Ní ólann na mná fíon, ach imíonn sé lena linn. (CC)
- Ní hiad na mná óga a ólas an leann, ach imíonn sé lena linn. (Ca)

Go n-óltar i gcomhluadar ban é.

3747 Ní thuigeann na mná an saol. (MS)

3748 Ní túisce athrú ar an ngaoth ná ar intinn mná. (G)

- Ní luaithe an ghaoth Mhárta ná intinn mná óige. (M)
- Ní léithe abhainn ag gabháil le fána,
Ná intinn mná nuair a ghníos sí gáire. (S 8/1920)
- Is mairg a mbeadh muinín aige as an ngaoth ach an oiread le intinn mná. (MS)
- Tá intinn mná ar nós gaoth lá Márta. (Sp, Cum. Béal. 76, 15)
- Chomh luathintinneach leis an ngaoth Mhárta. (Sa)

'Fierabras' (RC XIX 148) – 'is urusa inntinn na mban do claechlodh.'
Goganu Gwragedd Roger Kyffin (RC XLVIII 52; 16ú haois) – anwadal, gwamal ia gwynt a ffryd.
Idem SH 31, App. 707; leaganacha Fraincise I BSR 7, L I 70, II 350. NG II 211, 399, LSM 27b, 151, 152q, O mulier 2, ventus 2.

3749 Nuair a éiríos drochbhean tí ar maidin, déarfaidh sí 'Aithním ar mo shearradh is ar mo shíneadh, nach ndéanfaidh mé aon mhaith go mbí sé ina oíche.' (TÓM, S 1/1918)

- Nuair a éiríos bean na leisce, deir sí 'Aithním ar mo shíneadh nach ndéanfad aon mhaith go mbí sé ina oíche.' (Ca)

3750 Nuair a phósas bean, pósann an chlann. (MS)

Nuair a phósann iníon amháin, is gearr ina diaidh go bpósann an chuid eile den chlann, duine i ndiaidh duine.

3751 Nuair a phósas tú do bhean, pósann tú d'iníon. (Cum. Béal. 91, 22 gan áit)

3752 Nuair a thoghair cailín, bíodh sí mar seo,
Ucht leathan, droim gearr, coim caol. (Sp, Cum. Béal. 76, 50)

3753 Obair an fhir ó mhaidin go hoíche,
Obair na mná nach mbeidh déanta choíche. (Sa)

Leagan in App. 704.

3754 Ó mhná a faightear ádh nó mí-ádh. (Sa)

- Is ó na mná a fhaightear rath nó mírath. (F)

3755 Ramhar láidir mar mná na dtáilliúr. (Ac)

3756 Sháraigh na mná Harry Stattle, is sháraigh Harry Stattle an diabhal. (Ca)

3757 Tá baintreacha ina n-ór is níl pingin air bith ar chailleacha. (RM)

3758 Tá bean ar bith sách maith ag fear ar bith agus tá fear ar bith sách maith ag bean ar bith. (Acl)

3759 Tá leath an domhain i ndiaidh na mná rua, tá an domhan uilig i ndiaidh na mná báine, agus is minic a ghabhas an bhean dubh an fear is fearr. (Ac)

3760 Thar éis na mionn is fearr na mná. (AR 269b, Ca, F)

- In éis na mionn is fearr na mná. (S 4/1925)

Go n-athraíonn mná a n-intinn agus nach ndéanann siad a mionnaíonn siad.
Ciall eile in Sil. Gad. II 556.
TC 16, 89 – 'adgellat nád fírat.'

3761 Tiocfaidh lá fós is báfar go leor,
Is beidh baintreacha óga ag caoineadh;
Seachtain ón lá sin beidh siad go bláfar,
Racaí ina gceann is é cíortha. (Sa)

Píosa de rann tairngreachta in AA 7/1940.
Rannta dá leithéid in Cat. I (Eg. 209, II, 3; dáta 1767) is D 86.

3762 Tógann sé fiche bliain de bhean, fear a dhéanamh dá mac, ach ní thógann sé ach fiche nóiméad de bhean eile amadán a dhéanamh dhe. (Ac)

3763 Trí bhua mná,
Com caol,
Tóin mhór,
Intinn uaibhreach. (Ca, Cum. Béal. 58, 69, Cum. Béal. 60, 34, B V 11, B XV 155)

MOILL

3764 'Ach go dtige an lá breá déanfaidh mise teach. Ach nuair a tháinig an lá breá dheamhan teach ná teach, ach mo dhá shúil mhóra ag dul amach thar mo cheann le teas.' (F)

- 'Ach go dtige an lá breá, déanfaidh mé teach,' mar a dúirt an sionnach, ach nuair a tháinig, dheamhan teach ná teach. (GS)

An giorria a dúirt. Rel. II. 479

3765 Ag cur duine lomnochtaithe i gcoinne bróga lá seaca. (MÓD)

3766 An lá thar éis an aonaigh. (M)

Idem App. 136, SH 7, Lipp. 811; as an Laidin, O 80, 288.

3767 An rud a théas i bhfad, téann sé i síneadh,
Is is deartháir don tsiléig an righneas. (TÓM)

3768 An té a shiúileas go breá mall, siúileann sé go ciallmhar,
Is an té a shiúileas go ciallmhar, téann sé i bhfad. (CF)

3769 An té nach mbainfeadh an fheamainn ar an trá, is deacair dhó í a bhaint ar lán mara. (Ca)

3770 An té nach ndéanfaidh a ghnotha in am, bíonn sé ina phléiseam. (S 6/1920)

- An té nach ndéanann a ghnotha in am, bíonn aige ina phléiseam. (F)
- Ná lig do leas ar cairde ar fhaitíos go mbeifeá i do phléiseam. (CR)

3771 Ariamh níor moladh an cú mall. (CC)

- Níor mhinic an fiach ag an gcú a bheadh mall. (Ca, Cum. Béal. 111, 138)
- Ní minic fiach ag an té a bhíos mall. (Ca, Cum. Béal. 111, 51)

Ní bhíonn aon mheas ar an rud deireanach.
cf. 3792

3772 'Beidh tú sách luath,' mar a dúirt bodach na gcos mall. (GS)

3773 Beireann an mhoill an barr léi. (M)

- Is minic a fuair moill tús ar an luas. (CF)
- An té a ghlacas an saol ar a shuaimhneas, is minic a bhíos sé i dtosach. (M)
- Is minic gur ag an bhfear deiridh a thuiteas an dá thrá. (CF)
- Ar an moill a bhíos an bhreis. (IG)

3774 Bíonn an aithrí mhall contúirteach. (S 10/1928)

- Ní hé lá na huaighe lá na haithrí. (AR 489)
- Is olc an aithrí mhall. (F)
- Ní hé lá na gaoithe lá na scolb,
Ná lá an bháis lá na haithrí. (UA)

Scela Lái Brátha (RC IV 252: As LU) – 'bidhisin inmall aithrige cen greim fuirri': rann i dtaobh 'aithrige co neltessaib' (Riagail Comhgaill Bendchair; Ériu I 200): PHL Breac 6466 – 'aithrige lesc no mall' (.i. ceann de na ceithre cineálacha dona aithri), 8201 – 'sera penitentia .i. mall aithrige, nach fógnand do neoch a denum: aithrigi iar n-assu' atá sa Tenga Bithnua 134 (Ériu II 138 : Aonghus Fionn xli 10, Aithdhioghluim Dána 100, 11, Arch. Hib. II 259 (rann 17), 270. Seanmóirí Uí Ghallchobhair14, 4 agus 84, 25, le rá Laidine á thabhairt siar chuig Abhaistín Naofa: ADR 229, 236: M. Mac Suibhne 91, 15.

3775 Caill uair ar maidin, is beidh tú á tóraíocht ar feadh an lae. (Ca)

App. 383 id. (1859)

3776 Cuir gach rud ar an méar fhada, is beidh an mhéar fhada róghoirid ar ball. (ACC)

- Ná cuir do leas ar an méar is fuide, nó beidh an mhéar fhada gearr. (GS)

3777 Dá mbeadh soineann go Samhain, bheadh duine eicínt ag clamhsán. (M)

- Dá mbeadh síochán go Samhain, bheadh duine eicínt ag casaoid. (S 1/1919)
- Dá mbeadh soineann go Samhain bheadh breall ar dhuine eicínt. (AR 270)
- Dá mbeadh soineann go Samhain ann bheadh breall ar dhuine eicínt. (S 4/1925, Ca)

Go mbeadh duine éigin mall lena chuid oibre, is ag clamhsán nach raibh an fómhar sách fada lena chríochnú.

3778 Faigheann na ba bás a fhad is a bhíos an féar ag fás. (S 1/1925)

- Bíonn na ba ag fáil bháis nuair a bhíos an féar ag fás. (GSe)
- Faigheann na ba bás ag faire ar an bhféar ag fás. (S 11/1927)
- D'fhág na ba san éagnach mé,
  Is céad fear eile romham;
  Nuair a cailleadh an ceann deireanach orm,
  Bhí an féar ag fás go glún. (GS)
- Faigheann na ba bás an t-achar a mbíonn an féar ag fás. (Casla)
- Gheobhfadh capall bás a fhad is a bheadh féar ag fás. (MÓD)

Focal fairsing go maith, ach is capall atá i gceist i mbundite na leagan; I BSR 147, App. 269, (Ray 99), SH 583, YD 36, DC 153, 183, Arm. 15, Mélusine VIII 87, X 259 (ba).

3779 Fál i ndiaidh na foghla. (S 5/1925)

- Fál ar ghort i ndiaidh na foghla. (AR 411)
- Fál ar an ngarraí tar éis na foghla. (CF)
- Fál leis an ngairdín tar éis na foghlach. (IG 8/1905)
- Fál an bhodaigh thar éis na foghla. (CF, Sl)
- Is olc an fál, fál i ndiaidh na foghla. (S)
- Ag cur fáil faoin ngort thar éis na foghla. (Ca)
- Dúnadh na bearnan thar éis na foghla. (RM)
- Dúnadh an dorais thar éis na foghla. (M)

BC 623, tiontú díreach ar an mBéarla: Cinnlae I 314: O'Daly 91: Ceol 27 ('Domhnall Óg'). Fairsing san Eoraip (de bhunús Laidineach) I BSR 107/108; App. 598; OSK (Kau), YD 45, DC 84, 118; L I 103, NG II 287, LSM 26b, 114i, 73m, 55s.

3780 Glac go réidh is tiocfaidh go réidh. (DÓM, Sl)

- Tóg bog é agus tiocfaidh sé go réidh leat. (Ac)

3781 I leigheas an ghalra ná bí mall,
Níl brí sa luibh nach mbaintear in am. (IG 4/1895, GS)

- I dtús an ghalra ná bí mall,
  Níl leigheas sa luibh nach bhfaightear in am. (CF)

Tóraidheacht (Searc) I 13, 4.
Arm. 251 an focal céanna.

3782 Ina dhiaidh a fheictear a leas don Éireannach. (S 11/1927)

- In éis an ama a fheictear a leas don Éireannach. (S 10/1928)
- Ní in am a fheictear a leas don Éireannach. (MÓD)
- I ndiaidh gach ní a fheictear a leas don Éireannach (RM)
- In antráth a thuigtear a leas don Éireannach. (IG 8/1905)
- Thar éis a aimhleasa a chítear a leas don Éireannach. (AR 130)
- Ní fheictear a leas don Éireannach go ndéana sé a aimhleas. (CC)
- Thar éis a dhéanta tuigtear gach beart. (GS)
- Ina dhiaidh a fheictear a leas don Éireannach is roimhe don tSasanach. (RM)

- Ina dhiaidh a fheiceas duine a leas. (Ca)
- I ndiaidh an aimhleasa bíonn aiféala ar an Éireannach. (Ac)
- Sa tráthnóna a fheiceas an traona a leas. (M, Cum. Béal. 109, 285)
- Thar éis a chítear gach beart. (AR 257)
- Ag breathnú ina dhiaidh a fheictear don Éireannach a leas. (Ca)

In Aibidil (ZCP XVII 69) tá – 'Measam airli iargáis': TC 28, 4 'fer iarngaesach' .i. duine dona, 14, 7 'folbra iarngáeth'. Rel. II 494, AWM 189, MR 34. Tá an focal céanna faoi na Francaigh á gcur i gcomórtas le náisiúin eile, in L I 194 (dáta 1565), App. 328; faoi mhuintir na hArmoraice amháin, L I 216. cf. freisin App.698.

3783 Is deacair lá maith a dhéanamh den tráthnóna. (RM)

3784 Is deacair seanghalar a leigheas. (CS 30/4/1904)

Leaganacha dá shamhail in App. 324, Ray 467, SH 235, LSM 35d, II BSR 201.

3785 Is deacair tine a dheargadh ar an teallach fuar.

- Is deacair leis an tine deargadh ar an teallach fuar. (Ca)

3786 Is deireanach an t-ancaire a chur amach nuair atá an long ar charraig. (M)

- Is deireanach an t-ancaire a chaitheamh amach nuair atá an long ar charraig. (M)

3787 Is éascaí neoin ná maidin. (CS 9/9/1899)

- Is éascaí tráthnóna ná maidin. (MÓD)
- Is éascaí anocht ná ar maidin. (Ca, Cum. Béal. 62, 112)
- Tugadh gach lá a chuid féin leis. (GS)
- Ná cuir ar cairde go dtí amáireach an rud ba cheart a dhéanamh inniu. (CF)
- Más féidir leat é a dhéanamh inniu, ná fan leis an lá amáireach. (Ca)
- An rud is féidir a dhéanamh inniu, ná lig go dtí amáireach é. (DS)
- Ná fág don lá amáireach an rud a d'fhéadfá a dhéanamh inniu. (S)
- Ná fág don lá amáireach obair ar bith a fhéadfas tú a dhéanamh inniu. (TÓM)
- An rud a dhéanfá i dtráth ná cuir go hantráth. (CF)

Is fearr a dhéanamh ar an bpointe ná a fhágáil go maidin.
Bí 108 – 'madh thionnsccna ní maith na cuir cairde air . . . ': MIP 34. SFM 8.
Le haghaidh na malairt leagan, cf. App. 517, Ray 343 459, SH 312, Mélusine X, 90, L II, 190, 266, NG II 308.
cf. Eax. XVI 23.

3788 Is fearr a bheith mall siúráilte ná luath lochtach. (S 10/1928)

- Is fearr a bheith mall cinnte ná luath lochtach. (Ca)
- Is maith mall siúráilte. (Ca)
- Mall, maith. (F)

App. 579

3789 Is fearr go deireanach ná go bráth. (S 3/1920)

- Is fearr mall ná go bráth. (AR 559, M)
- Is fearr mall ná go rómhall. (S 11/1919)
- Is fearr mall ná rómhall. (AR 557)
- Is fearr moch ná go mall, is fearr go mall ná go deo. (AR)
- Is fearr deireanach ná ródheireanach. (S 11/1927)
- Is fearr déanach ná choíchin. (Ár, Cum. Béal. 101, 554)

BC 394: ADR 165; Lessons 302, Finck 49, 79, MIP 100.
Focal fairsing, App. 44, Ray 109, YD 104, 106, PB 7, L II 264, 240, NG II 347, Lipp. 811.

3790 Is fiú aonach mall fanacht leis. (TÓM)

3791 Is mall tosach an tSathairn. (CF)

- Bíonn obair an tSathairn mall. (TÓM)
- Bíonn mall deiridh ar obair an tSathairn. (CF)
- An obair a thosaítear Dé Sathairn, bíonn sí i bhfad ar bun (.i. duine siléigeach a d'fhágfadh obair go dtí an Satharn, is fada a bheadh sé á críochnú). (F)
- Tá an Aoine in aghaidh na seachtaine agus an Satharn mall. (Ár, Cum. Béal. 101, 542)

Obair a chuirtear ar an méar fhada go deireadh na seachtaine.

3792 Is minic a bhíos fiach ag an gcú a bhíos mall. (CR)

- Is minic a rug cú mall ar ghiorria. (S 4/1925)

- Is minic a rug cú mall ar a chuid. (RM)
- Beireann an cú mall féin ar a chuid. (M)
- Beireann an cú mall féin ar a chuid den fhiach. (RM)
- Beireann an cú mall ar a chuid. (Ár)
- Is minic a rug an cú deiridh féin ar a chuid. (TN 28/8/1891)
- Is minic a bhí cú mall sona. (S 4/1929)
- Is minic a bhí mall sona agus cú dona go maith ina rith. (ACC)
- Tuiteann cuid a fhreastail ag fear na moille féin. (Sa)
- Ba mhinic rud mall tráthúil (éadálach). (RM)
- Ba mhinic cú mall rafar. (RM)
- Deireanach ámharach. (MS)
- Is minic an t-ádh ar an bhfear deiridh. (BA)
- Chuala mé ariamh agus creidim gur fíor é, Gur minic a rug an cú mall ar a chuid den fhiach. (Ca, Cum. Béal. 77, 323)

IM: MIP 36. SC 801, AWM 185.
Idem App. 161, SH 444, DC 165. cf. freisin O 71, LSM 2a, 2s (a cane non magna, etc.); NG II 303.
cf. 3771

3793 Is minic an fear deireanach caite ar an gcaolchuid. (Sa)

- An té a bhíos ar deireadh bíonn sé ar an gcaolchuid. (T)
- Ní bhíonn an fear deireanach éadálach. (CF)
- Bíonn an fear deireanach siar lena chuid. (Sa)
- Bíonn an fear deireanach díobhálach. (MS)
- Deireanach díobhálach. (MS)

cf. 3060

3794 Má ghní tú aithris ar an tSionainn beidh tú i d'oibrí maith. (MÓD)

3795 Moill amuigh a ghníos faillí ar an áit istigh. (Sa)

3796 Ná cuirtear an rún ar ceal ná an gníomh ar cairde. (S)

3797 Ná lig do leas ar cairde. (Ca, AR 382)

- Ná cuir aon mhaith ar cairde. (CR)
- An té a ligeas a leas ar cairde, ní fearrde go minic é. (S 1/1918)
- Ná cuir do leas ar an méar fhada. (CF)
- Ná cuir do leas ar an méar is fuide. (T)
- Cur ar cairde cur nach fearrde. (ACC)
- Tigeann maith ar cairde míosa, ach ná lig do leas ar cairde choíche. (GS)
- Ná bac le duine ar bith a chuireas láthair na huaire ar an méar is fuide. (CF)

Raifteirí, 'An Cholera Morbus' (ADR 159 : ADC 232)
Ceol 81.

3798 Ní choinníonn an dinnéar mall an lá gan caitheamh. (RM)

- Má choinnigh na mná an bia níor choinnigh Dia an lá. (ACC)
- Má choinnigh na mná an bia níor choinnigh siad siar an lá. (Sl)

L II 314 (15ú haois), HV 198 (Quoi le fol tarde, jour ne tarde).

3799 Ní fhanann am ná taoille le haon neach. (AR 68)

- Ní fhanann an taoille le duine ná daoine. (F)
- Ní fhanann taoille le fear mall ariamh. (RM)
- Uain ná taoille ní fhanann siad le aon duine. (Ca)
- Ní fhanann muir ná am le fear sotal. (S 10/1928)
- Ní fhanann muir ná am le aon neach. (CF)
- Ní fhanann trá le fear mall. (DÓF)
- Ní fhanfaidh (fhanóidh) an taoille amach d'aon duine. (Sa)
- Ní fhanfaidh (fhanóidh) an tAifreann leat. (Sa)
- An t-am is an taoille ní fhanann le éinne. (CR)
- Ní fhanann am ná trá le aon fhear. (RM)

SC 845. MR 32.
Idem Ray 137, SH 492: leagan faoin bhfarraige in L I 52.

3800 Níl aon mhaith sa seanchas nuair atá an anachain déanta. (S)

- Níl maith sa gcaint nuair atá an anachain déanta. (M)
- Níl maith ag caint nuair atá an dochar déanta. (DÓM, Sl)

- Níl maith ag seanchas is an anachain déanta. (S 5/1924)
- Níl gar sa gcaint agus an anachain déanta. (Sp)
- Cén mhaith ag caint nuair a bhíos an dochar déanta? (Ca)
- Níl aon chabhair a bheith ag casaoid ar deireadh caithréime. (U, B 6/1933)
- Níl aon mhaith sa gcaoineadh ó imíos an tsochraid. (TÓM)
- Níl maith sa gcaoineadh thar éis na sochraide. (MÓD)
- Ní cabhair caoineadh i ndiaidh bainne taosctha. (GS)
- Níl aon mhaith ag caoineadh os cionn bainne ó dhoirtfear é. (Ca)
- Níl aon fháil ar an mbainne a dhoirtear. (Ca)
- Níl aon mhaith ag caint ar bhainne ó dhoirtfear é. (CF)
- Níl aon mhaith a bheith ag breathnú ar an mbainne doirte. (BA)
- Ní hé an uair atá an dochar déanta a bheith á chaoineadh. (Cum. Béal. 91, 5 gan áit)

O'Daly 96, S 9/1927
cf. App. 126 le haghaidh an fhocail faoin mbainne.
Joyce 189.

3801 'Níl gar á mhoilliú,' mar a dúirt an fear a bhí ag baint na móna faoi fhéile Mhichíl. (F)
- Níl aon mhaith á mhoilliú. (IG 10/1905)

3802 Níl sé deireanach go dtí an dó dhéag agus tá sé moch ina dhiaidh sin. (M, Cum. Béal. 109, 284)

3803 Ní mall faobhar. (Ca, Cum. Béal. 77, 372)
- Ní moill ar mharcach coirce a thabhairt dá each. (TN 24/1/90)
- Ní moill ar an gcapall coirce a ithe. (TÓM)
- Ní moill faobhar. (AR 7)
- Ní moill faobhar ach is moill mhór gan é. (M)

Ní moill seasamh le plaic bheag a ithe ná le faobhar a chur ar uirlis.
BC 60. Clár (faobhar).
SH 294, 362 (Meat and mass hinder no man's journey), NG II 383 (Misa ni cebada, etc.)

3804 Ní moill don fhaoileann nuair a thigeas an scadán. (MS)

3805 Níor chuir ré-obair tada as d'aon duine ariamh. (CR)

3806 Níor mhinic leis an bhfear deireanach mórán a ghnóthachtáil leis an luas. (Sa)

3807 Níor mhinic tús ag fear deireanach. (Sa)

3808 Ní raibh ragairne ariamh gan bainne. (RM)

Ní bhlifí na ba an mhaidin dar gcionn.

3809 Scéal ort (Shoraidh uait) a ghrian, mara fada thú ag dul siar,
Nó an raibh tú ariamh ar aimsir?
Dá gcaithfeása bliain ag Sean-Phádraig Liam,
Bheifeá ag dul siar i do canter (do sheanrith). (CF)

- Scéal cam ort, a ghrian, nach fada do dhul siar,
  Nár chaith tú aon lá ariamh ar aimsir?
  Dá gcaithfeása bliain ag Sean-Phádraig Liam,
  Bheifeá ag dul siar i do canter (do sheanrith). (UM)
- Shoraidh dhíot, a ghrian, nach fada do thriall,
  Is furasta a aithne nach raibh tú ariamh ar aimsir,
  Dá gcaithfeása bliain ag Sean-Phádraig Liam,
  Bheifeá ag dul siar i do canter (do sheanrith). (F)
- Shoraidh dhíot, a ghrian, nach fada thú ag dul siar,
  Nó an raibh tú aon lá ariamh ar aimsir?
  Dá mba mise thusa, a ghrian, ní bheinn i bhfad ag dul siar,
  Ach tusa a bheith ag obair i m'áitse. (Ca)
- Shoraidh dhíot, a ghrian, nach fada thú ag dul siar,
  Nó an raibh tú ariamh ar aimsir?
  Dá gcaithfeása bliain ag Sean-Phádraig Liam,
  Bheadh deifir ort siar sna gleannta. (Ár)
- Scéal ort (Shoraidh uait) a ghrian, mara fada thú ag dul siar,
  Ní cosúil duit go raibh tú ariamh ar aimsir?

Dá gcaithfeása bliain ag Sean-Phádraig Liam,
Bheifeá ag dul siar i do canter (do sheanrith). (I)

- Scéal ort (Shoraidh uait) a ghrian, mara fada thú ag dul siar,
Nó an raibh tú ariamh ar aimsir?
Dá gcaithfeása bliain ag Sean-Phádraig Liam
Ní bheifeá ag dul siar chomh mall sin. (Ac)
- Scéal ort (Shoraidh uait) a ghrian, mara fada thú ag dul siar,
Nó an raibh tú ariamh ar aimsir?
Dá gcaithfeása bliain ag Sean-Phádraig Liam
D'éalófá siar i do canter. (MS)

Rann a dúirt buachaill aimsire a bhíodh ag obair ó dhubh go dubh; b'fhada leis go dtiocfadh deireadh lae.
LS 156 le scéilín; S 7/1924 scéilín.
Athraítear an t-ainm i líne 3 ó áit go chéile.

3810 Teachtaireacht an fhiaigh ón Áirc. (TÓM, CC, Ca)

- Teachtaireacht an fhiaigh óna nead. (RM)
- Teachtaireacht an fhiaigh ón Áirc, ag fanacht i mbun an chunúis. (Ár, S 10/1928)
- Chomh mall le teachtaireacht an fhiaigh ón Áirc. (T, Cum. Béal. 208, 218)

Nuair a bheadh moill mhór ar theachtaire (Ca) nó gan é theacht ar ais chor ar bith (CF): deirtear go raibh dath bán ar an bhfiach (caróg) go dtí an t-am sin, ach chuir Naoi mallacht air a d'athraigh a dhath (RM) agus d'fhág ag tóraíocht rudaí lofa ó shin é, as siocair gur fhan sé i mbun an chosamair in áit filleadh ar ais (CF).
Féach na scéilíní in S 10/1928 agus Cum. Béal. 303, 516. In IG V 126 tugtar leagan Chorcaigh agus leagan (Béarla) Aontroma (cf. SH 700). Tá an scéal chomh sean leis an Leabhar Gabhála, cf. ITS XXXIV 120.
Líne de Chaoineadh Mhic Giolla Chaoimh in IM I 204 agus Ériu I 97 (téacs as Leabhar Oiris): líne de véarsa in Cat. II (Eg. 127). cf. 'Mallacht na bpréachán anuas ort!' (céadlíne rainn, AA 8/1938 l. 5).
As an mBíobla (Gein. VIII 7): cf. DC 45 (Gyrru bran i geisio tir).
SH 700 (corby messenger), II NG 17.

3811 'Tráth go leor,' a chaill an rása. (GS)

- 'Am go leor,' a chaill na cearca. (MS)
- 'Luath go leor,'a d'fhan go deo. (DÓM, Sl)

Joyce 114, SH 493 (leagan Bhéarla na hÉireann).

3812 Tráthnóna a bhíos na hóinseacha ag cur a gcraicinn díobh. (S 6/1918)

- Tráthnóna a bhíogas na hóinseacha. (Sa)
- Tráthnóna a ghníos Úna a habhras. (Sa)
- Tráthnóna a ghníos Tón a habhras. (CF)
- Tráthnóna a bhíos cumhach (cuthach?) ar na hóinseacha. (CF)
- An té nach ndéanfaidh an obair ar maidin, beidh sé ina shodar tráthnóna. (MÓD)
- An té nach bhfuil deifir ar maidin air, bíonn sé ina shodar tráthnóna. (CF)
- Tráthnóna a bhíos na hóinseacha ag athrú a gcuid éadaí. (I)
- Tráthnóna is fearr an bhean dona i gcónaí. (CF)

MOLADH AGUS CÁINEADH

3813 Ag ithe is ag gearán ar nós cearc goir. (S)

- Ag ithe is ag clamhsán ar nós cearc goir. (M)
- Ag ithe is ag gearradh ar nós droch-chomharsana an domhain. (F)
- Chomh cantalach le gé ghoir. (GS)

ACG 75.

3814 Bog an bodach is gheobhaidh tú deoch. (TN)

- Climseáil an bodach is bainfidh tú ól de. (Ca)

Mol é, nó bí ag bladar leis.

3815 Cé a mholfadh é féin nach molfadh gé bréan? (MÓD)

- Cé a mholfadh gé bréan mar a mholfadh sé féin? (CF)

3816 Chuile rud ach an ceart. (MS)

3817 Dhá asal ag tochailt a chéile. (RM)

Beirt ag moladh a chéile.
Fairsing san Eoraip, de bhunús Laidine ('Asinus asinum fricat'), SH 345, O mulus 3, I BSR 125.

3818 Is fearr an té a chum ná an té a cháineas. (AR 125)

- Is fearr an té a chum ná an té a cháin. (S 7/1927, Sa)

3819 Is gar dá bhéal a mholas an stocaire an bia. (GS)

- I ngar dhó féin a mholas an t-anrachtán an bia. (CC)
- In aice do bhéil a mholas tú é. (MS)
- Is gar do do bhéal a mholas tú é. (F)
- Má tá rud agat is gar do do bhéal a mholas tú é. (Ca)

Duine gan córtas ag moladh bidh is gan a roinnt, nó á mholadh nuair atá sé ite aige.
cf. BB 12. Rel. II 493.

3820 Más maith leat do mholadh, faigh bás,
Más maith leat do cháineadh, pós. (S 1/1920, AR 501, S 4/1925)

- Pós agus cáintear thú, faigh bás agus moltar thú. (G)
- Más maith leat do mholadh, faigh bás, ná pós. (S)
- Faigh bás, nó téigh go Meiriceá agus molfar thú. (Cum. Béal. 91, 18 gan áit)

Lessons 280. 'Le a bhás do moladh ar moirnín' (as duan le Fearghal Óg Mac an Bhaird, 23 D 4, 113, rann 4).
Tá an chéad leath sa Bhreatnais (DC 64, 158) agus an rann iomlán in PB 68: As an mBíobla, cf. Cóh. IV 2 agus Síor. XI 28 le haghaidh an chéad líne, freisin SH 401, L II 195, NG II 130, O mors 3.

3821 Moladh gach aon neach an t-áth mar a gheobhadh sé é. (AR 337)

- Moladh duine an t-ádh mar a ghabhfaidh sé é. (TÓM)
- Molann gach duine an t-ádh nuair a fhaigheas sé é. (Ca)
- Molann gach éinne an t-ádh mar a fhaigheas sé é. (M)
- Mol chuile dhuine mar a gheobhfas tú é. (MS)
- Moltar gach duine mar is cóir. (DÓM, Sl)
- Molann gach aon an té a bhíos cráifeach cóir,
  Is molann an chléir an té a bhíos páirteach leo;
  Dar solas na gréine, is é mo rá go deo,
  Go molfad gan spéis gan bréag an t-áth mar a gheobhad. (IM I 118, Rann Chearbhalláin, Búrd. 2)
- Molann gach aon an té a bhíos cráifeach cóir,
  Is molann an chléir an té a bhíos páirteach leo;
  Dar solas na gréine, is é mo rá go deo,
  Go molfad gan spéis gan bréag gach neach mar a gheobhad. (M)
- Moladh gach duine an áith mar a gheobhfar. (MÓD)

3822 Moladh maith a fheileas dó. (F)

Is fearrde ní ar bith moladh maith.

3823 Moladh roimh ré, ní moladh é. (RM)

- Moladh roimh ré, ní moladh maith é. (S 4/1926)

3824 Molann an gusach (?) é féin. (Ac)

cf. 3826

3825 Mol an t-amadán is bain obair as. (S 4/1926)

- Mol an bodach is bain obair as. (DÓF)
- Mol an t-amadán is bainfidh tú obair as. (F)

3826 Molfaidh an gníomh é féin. (S 4/1929)

- Ná mol is ná dímhol thú féin, is iad na gníomhartha a thaispeáinfeas. (S)
- Ghníonn an gníomh é féin a mholadh. (Ca)

Seanfh. XXXI 31, Síor. IX 17.
cf. 3824

3827 'Muise, do chabhail ghlégeal,' mar a dúirt Seán Ó Néill leis an mblack. (ÁC)

- 'Cé chaoi a bhfuil tú, a mhac bán?' mar dúirt an fear leis an mblack. (Sa)

Moladh bréige, nó fonóideach.

3828 Ná bain fogha ná easpa as duine ar bith. (RM)

- Ná bain lán do bhéil as duine ar bith ariamh. (Ca)

Ná cáin aon duine, ná bí ag magadh faoi.

3829 Ná mol fear go lá a bháis agus ná mol lá go tráthnóna. (Ind)

3830 Ná mol is ná cáin. (S 3/1926)

- Ná mol is ná cáin 'faitíos go dtiocfadh sé ort cáineadh nó moladh. (S 4/1925)
- Ná mol is ná cáin thú féin. (GSe, S 9/1927)
- Ná mol is ná cáin éinne. (RM)

- Ná mol is ná dímhol thú féin. (TN 24/1/1890)
- Ná mol is ná cáin, níl cách gan locht. (R)
- Ná tabhair breith, ar fhaitíos go dtabharfaí breith ort féin. (Ca)
- Ná tabhair do bhreith ar an gcéad scéal
  Go mbeire an taobh eile ort,
  Ná mol is ná cáin daoi
  Mar nach mbíonn saoi gan locht. (M)

Lessons 80, 81, 141, 304, College 292, Finck 149. Mth. VII 1, LSM 33n, 94n.

3831 Ná mol róluath ar fhaitíos go gcáinfeá mall. (Ca)
- Is mairg a mholfadh le heagla go gcáinfeadh. (CF)
- Ná mol Máire ar fhaitíos go gcaithfeá í a cháineadh arís. (CR)
- Ná mol duine ar bith ar fhaitíos go mbeadh ort é a cháineadh. (RM)
- Is olc an rud duine a mholadh rómhór 'faitíos é a cháineadh arís. (Ca)
- Ná mol sula gcáinir. (Sa)
- Moladh luath is cáineadh mall. (T, B 6/1936)
- An moladh mall an moladh is fearr. (M, Cum. Béal. 109, 284)
- Ná mol agus ná cáin luath. (MÓD)

Rel. II

3832 Ná moltar lá maith go dtína dheireadh. (TÓM)
- Ná trust an lá go mbeidh sé ina oíche. (RM)
- Ná mol an t-arán go mbruitear é. (T)
- Ná tabhair breithiúnas ar obair leathdhéanta. (Ca, CF)
- Mol gort ach ná mol geamhar. (GS)
- Mol do ghad, ná mol do shlat, mar is iomaí slat nach sníomhann. (CF)
- Mol an lá aonaigh go dtí an tráthnóna. (M, Cum. Béal. 109, 284)

Rel. II 502. Leagan 5: cf. TB 3, XIX 4; II BSR 279 – Nadie se alaba con trigo, hasta mayo, salido, srl. Fairsing san Eoraip, App. 509, Ray 91, MR 13, 44, DC 44, L II 169, NG I 25, III 49, Lipp. 840, LSM 25, 26v, O 369, Taylor 26, 179.

3833 Ní cáineadh go hardmholadh. (Ca)

3834 Ní moladh do mholadh féin. (AR 29)
- Ní moladh ar bith moladh duine féin. (CC)
- Níor thuill sé ariamh onóir, an té a mholas é féin. (GS)
- Is gearr a théas a mholadh féin ar dhuine ar bith. (MÓD)
- Fág do mholadh ag duine eicínt eile. (M, Cum. Béal. 109, 285)
- Ní hé a mholas é féin atá inmholta, ach an té a mholtar le Dia. (MS)
- Ná mol tú féin mar ní moladh duit é. (CR, Gearrbhaile 1940–41 l. 31)

TC 22, 18 'a adbchlos fadéin': SF 6, 6: Leabhar Fhiodhnacha (Kelly and Hennessy) 17: Studies 6/1924 l. 42 (Duan 13ú haois), Tóraidheacht I 10, 12, rann in D 50 (13ú haois).
As Seanfh. XXVII 2, 2 Cor. x 18; cf. Ray 482, SH 383.

3835 Tráth a scorann an láimh de shileadh, stopfaidh an béal de mholadh. (GS)
- Nuair a scoras an láimh de shileadh, stadfaidh an béal de mholadh. (CR)

Id. AWM 182 a deir go raibh sé seo ar eolas in Oileán Mhanann sa gcéad leath den 17ú haois.

MÓRÁN

3836 Ag cuimilt gréise do thóin muice. (RM)
- Is dona an rud iomarca saille a chur ar dhroim muice beathaithe. (CF, Gearrbhaile 1937 l. 27)
- Salann siar dóibh go Gaillimh. (F)
- Salann siar ag dul go Gaillimh. (CF)
- Ag caitheamh úll san úllghort. (Sp)
- Ag tabhairt cnó do choll. (Ca)
- Ag tabhairt éisc go Tip. (I)

BTD I 151, II 277 (ls. 1684); BC 275: Tagra na Muice (Lia Fáil III 17). Leagan 3: cf. YD 35, 38, DC 48, 133, 147, agus Trench. Leagan 5: cf. O 12. Idem App. 591, SH 517, AWM 185, L I 128. Joyce 139.
Le haghaidh bunús focal dá shamhail seo, cf. sa Ghaeilge, Cath Finntrágha 84, MIP 398; sa Laidin, O 12, 159, 213, 323.
Tuilleadh samplaí, SH 504, NG III 174.

3837 Áit a mbíonn díol duine, bíonn díol beirte. (Ár)
- Áit a bhfuil díol duine, tiocfaidh beirt leis. (CF)

3838 An áit a mbíonn mór ní bhíonn beag. (BA, AA 7/1942)

cf. 644 agus 612

3839 An iomarca cócairí a mhilleas an brochán. (GS)

- An iomarca cócairí, milleann sé an t-anraith. (RM)
- An iomarca cócaireachta, milleann sé an t-anraith. (F)
- An iomarca aire a mhilleas an t-anraith. (RM)

Focal fairsing; App. 640, Ray 545, SH 553, NG III 91, 124, II BSR 324. Gheofar seanfhocal na Laidine in O olla I.

3840 An seamaide deiridh a bhriseas droim an chapaill. (RM)

In Buile Shuibhne (Lloyd) 52, 56, faighteear – 'As é sin an banna dobheir an fer co lár'.
App. 351 (camall), Ray 111, 533 (capall) is focail ghaolmhara I BSR, 101, 131, NG I 12, 37.

3841 An té a bhfuil im fairsing aige, tig leis a chur gach aon taobh dá cháca. (S 5/1929)

Deirtear san amhrán (DÓM 258) –
Dá mba domsa féin bheadh an t-im dá dhéanamh,
Is dubh agus is slíoctha bheadh mo bhróg;
Roinnfinn roinnt de agus dhíolfainn roinnt de,
'S thabharfainn roinnt eile dhon té ba chóir.
Tá caint dá shamhail in App. 74, ray 75 (im); App. 595 (spíosrai); YD 18, DC 29, I BSR (mil).

3842 Ba mhinic fear fada falamh. (RM)

3843 Bíonn fuaim ard ag an eas a mbíonn go leor uisce ann. (MÓD)

- Bíonn fuaim ard ag uiscí in aimsir báistí. (MÓD)

3844 Ceirín dóibe le tóin gan tinneas. (MÓD)

3845 Dá mbeadh cuingir ag an bhfiach, ba mhinic a liach fliuch. (AR)

- Dá mbeadh mil ag an bhfiach, ba mhinic a liach fliuch. (IG 1/1899)
- Dá mbeadh cuiginne ag an gcú, is minic a bheadh a liach (teanga) fliuch). (Ca)
- Dá mbeadh cuiginne ag an gcat, ba mhinic a bhos féin inti. (S)
- Dá mbeadh cuinneog ag an gcat, ba mhinic a phus féin inti. (TÓM)
- Dá mbeadh báisín ag an gcat, ba mhinic a phus féin ann. (S 5/1929)
- Dá mbeadh maistreadh ag an gcat, is minic a bheadh a chos féin ann. (Sp, Cum. Béal. 77, 85)

An té a bhfuil fairsinge aige, caitheann sé go diomailteach í, nó is leis féin a chaitheann sé í.

3846 Dá mhéid an cruinniú, scapann sé. (MÓD)

Joyce 108 – go mbíonn caitheamh ar gach ní a chruinnítear.

3847 Dhá dtrian galra in oíche,
Dhá dtrian baoise in óige,
Dhá dtrian sainte ag lucht saibhris,
Dhá dtrian cainte ag lucht póite. (S)

- Dhá dtrian galair leis an oíche,
Dhá dtrian gaoithe le crainn,
Dhá dtrian sneachta le sliabh,
Dhá dtrian baoise ag an óige,
Dhá dtrian sainte ag lucht saibhris,
Dhá dtrian cainte ag locht póite,
Dhá dtrian córach ag lucht céille. (M)
- Dhá dtrian galraí in oíche,
Dhá dtrian gaoithe ar chranna,
Dhá dtrian sneachta ar shléibhte,
Dhá dtrian éaga galra. (Ca, Cum. Béal. 62, 114)
- Tréine sneachta le beann,
Nó tréine gréine le crann. (CF)

PHL Breac 4115 – 'in crand is ardi . . . dofuit tri fuasnad agus anbthine ngoithe . . . na slébte is ardi . . . loiscter – sum ó shaignéna.' D 249, 250: Add. 31874, 57, bb (Cat. II). College 28.
SH 127 (Great winds blow upon high hills).
cf. 134 agus 4115

3848 Glaofar ar mórán ach tóigfear beagán. (RM)

Mth. XX 16.

3849 Go mba maith é do chuid, is go mba cuid mhaith é. (MÓD)

3850 Iomarca d'aon ní, is ionann is a bheith gan aon ní. (AR 548)

TB 3, XIII, 2, deismireacht as Laidin Seneca le tiontú: Idem BC 641, is leagan eile 478; rann in Eg. 171, 5 (Cat. II; 1790): Lessons 299.
Leagan de in Ray 137, SH 553, PB 29, LSM 45 q, O nimis.

3851 Is fearr bail ná iomad. (AR 197, Ca, F)

- Is fearr bail ná iomarca. (Ca)
- Is fearr bail ná adhmad. (AR 193)
- Is fearr bail ná ábhar. (CnM)

  Is fearr ar fheabhas ná fairsing.
  FFx 6, 59 – 'ferr soburthan saithe.' Pairlement Chloinne Tomáis (Gadelica I 46). Lessons 296. Rel. II 496.
  DC 118. YD 105.

3852 Is fearrde an chailleach a ghoradh, ach is miste í a loscadh. (M)
- Is fearrde an chailleach a goradh, ach is miste í a loscadh. (F)
- Is fearrde don chailleach a goradh, ach is miste dhi í a loscadh. (Ca)
- Is fearr tine bheag a ghoras ná tine mhór a loscas. (Ca)

  Leaganacha de in App. 18, 41, 214, YD 98.

3853 Is fearr fairsinge ná ar fónamh. (S 11/1919)
- Is fearr fairsing ná ar fónamh. (S 5/1929)
- Is fearr fairsing é ná ar fónamh. (DÓM, Sl)

3854 Is fearr fuílleach ná a bheith ar easpa. (AR 235)
- Is fearr fuílleach ná a bheith in uireasa. (F)
- Is fearr fuílleach ná uireasa. (Ca)
- Is fearr fuílleach ná easnamh. (Sa)

3855 Is fearr 'goirt, goirt,' ná 'bréan, bréan.' (CC)
- Is fearr goirt ná bréan. (CF, AA 8/1936)

  Neart salainn a chur sa rud atá ag sailleadh nó lobhfaidh sé.

3856 Is fearr mar is cóir ná róghlic. (S 6/1920)
- Is maith maith, is ní rómhaith ar uairibh. (IG 9/1905)
- Is maith dána, is ní maith ródhána. (F, AWM)
- Is maith láidir, ach ní maith róláidir. (F)

  Leagan 3: Id. AWM 184. YD 60 (Da gadael da, etc.).

3857 Is iomaí saighead ar a bhogha aige. (GSe)

  Leagan cainte SH 681, App. 656.cf. 951

3858 Is minic mór mí-ásach, is beag gníomhach. (CR)
- Ba mhinic mór mí-ásach. (S 5/1929)

  Gur minic duine mór (d. saibhir, etc.) míshona.
  Tagra na Muice (Lia Fáil III 9) – 'Is minic do bhí mór gan cródhacht meathta,' etc.

3859 Ná leathnaigh ach mar is féidir leat a chosaint. (MÓD)
- Ná leathnaigh do bhrat ach mar is féidir leat a chosaint. (T, B 6/1936)

  Búrd. 76, O'Daly 81, MIP 212 (deireadh an 18ú haois)

3860 Ná luchtaigh do bhád rómhór choíche. (CR)

3861 Ná méadaigh mór. (F)
- Is é a bheith ag cur saille ar dhroim muice, a bheith ag cur feabhais ar rud nach dteastaíonn sé uaidh. (GS)

  BTD 15, 43 ; 17, 53 'Ná habair maith a mhóradh'; a mhalairt a bhíodh sa litríocht, cf. Branach 14, Aonghus Fionn xxxviii 10b, Rel. II 500, MIP 285.

3862 Ná santaigh an fear fada, bíonn sé fabhtach ina lár. (M)
- Is minic fear fada is é lag ina lár. (CnM)
- Is iomaí fear fada atá lag as a bhásta. (CF)

  B'fhéidir gur gaolmhar atá 'Tearr (Gearr?) teann, fada fann' ls. 157, más seanfhocal é.

3863 Ná téigh níos fuide ná d'acmhainn. (AR 521, GSe)

  Lessons 295. LSM 77v.
  cf. 4023

3864 Ní bhíonn mórán ariamh ag croí cráite. (M, Cum. Béal. 109, 285)

  cf. 2048

3865 Ní cloigeann gabhair é, nach bhfaighimid babhta eile air. (S)

  Go mbeidh tuilleamh le fáil uaidh; ní bhíonn brabach ar bith ar chloigeann gabhair.
  cf. 5126

3866 Ní fearr do phort a bheith á sheinm go minic. (RM)
- Is seirbhede an dán a bheith á shíorghabháil. (S 7/1927)

3867 Ní féidir gaineamh na trá ná réalta na bhflaitheas a chomhaireamh. (Ca)
- Chomh fairsing agus atá gaineamh ar an trá. (Sa)
- Chomh flúirseach le gaineamh na trá. (T, Cum. Béal. 208, 218)

- Chomh fairsing le féar. (Ac)
- Chomh tiubh leis an bhféar. (MS)
- Chomh líonmhar le duilliúr na gcrann. (GS)
- Dhéanfadh sé suas na réalta (.i. duine gaisciúil). (Gearrbhaile 1937 l. 24)

Focal ríchoitianta sa litríocht é; Amra Choluimb Chille (RC XX 258) – 'rind nime'; Aided Conculaind (RC III 177; LL) – 'gainem mara, renna nime, fér fochossaib,' etc.; Tenga Bithnua (RC XXIV 381) – 'gainem mara'; AMC 11, 29 – 'gainem mara, renna nime', etc; Irish Nennius (Todd) 106 – 'gainem mara; Airdena inna cóic lá ndéc' (RC XXVIII 314) – 'reanna nime, gainem mara, fér;' Ath-chath Maighe Tuireadh (RC X 104) – 'reanda nime 7 gainem mara;' Bethada náem nÉrenn 80 – 'gainem mara;' ls. den 18ú haois (RC XXIII 30) – 'rélanna nimhe, gainem tráighe, feur na talmhan;' Duan Mheadhon-Ghaedhilge (Proc. R.I.A. 3rd ser., III 4, 538) – 'fer;' BTD 4, 17a 'reanna, gaineamh;' Dioghluim Dána 10 39d 'féar;' Aithdhioghluim Dána 97, 25d 'duille', 97, 35d 'féar;' Aonghus Fionn xlviii 28c 'duille, féar;' Iomarbhágh xxviii 24ab 'réadla, gaineamh, féar, duille;' Gadelica I 240 'réaltana, drúcht ar féar;' Agallamh idir anam agus corp (Lia Fáil III 74) – 'reulta nimhe, gainemh na tráighe, feur na talmhan;' Aithrighe Sheáin de hÓrdha (O'Daly 34) – 'gainimh ar tráigh;' Paidir i ndiaidh tobac (ADC II 66) – 'gaineamh agus féar;' M. Mac Suibhne 30 'gaineamh'. Clár 'gainimh'. Leagan Bíobla é, Gein. XXII 17 agus téacsanna iomadúla eile; O harena 1, Africa 3, sidus. Arista 1, fluctus; DC 29 (Ser).

3868 Ní féidir locht a fháil ar an bhfairsingeacht. (GS)

3869 Ní hiad na fir mhóra a bhaineas an fómhar. (IG 6/1894)

- Ní hiad na fir mhóra a bhaineas an fómhar ar fad. (S 4/1919)
- Ní hiad na fir mhóra a ghearras an fómhar uilig. (S 6/1920)
- Ní leis na fir mhóra a bhaintear an fómhar. (S 11/1926)
- Ní hiad na fir mhóra uilig a chnaipeas an fómhar. (Ca)
- Ní leis na mná móra ar fad a bhaintear an fómhar (.i. san Inid). (IG 10/1905)
- Ní leis na corráin mhaithe a bhaintear an fómhar uilig. (S 10/1928)

College 294
I gcomhair focal den tsamhail chéanna, ach iad ag trácht ar bheithígh, cf. I BSR 144 (Fr.), L I 95, freisin O 71 (canis, 13).
cf. 3004

3870 Níl aon ghar ag dréim leis an gclaí atá ard. (AR 568)

Ag dul ag dréim le ní atá rómhór duit.
cf. an 'Droighneán Donn' – 'Is fear gan céill a rachadh ag dréim leis an gclaí atá ard,
'S claí íseal lena thaobh ar a leagfadh sé a lámh.'
Lessons 319.

3871 Níl aon mhaith a bheith mór gan a bheith mór gnothach. (Ca)

3872 Níor ghnóthaigh an uimhir mhór ariamh. (Sa)

Duine a chuirfeadh geall mór.

3873 Nuair a ligeas tú do scíth ligfidh tú dhá scíth. (Ca, Cum. Béal. 111, 39)

3874 Rith bó i bhfásach. (RM, CC)

An áit a mbeadh fuílleach; an té a bheadh ag déanamh thar cionn: ní fhanfaidh bó ciúin, ach gabhann sí ag rith ar fud na háite nuair a chuirtear i ngarraí maith féir í.

3875 Tuig agus lig mórán thart. (CR)

Éist le comhrá daoine eile ach ná déan caint tú féin.
cf. 5055

MUC

3876 Chomh ciotach le muc ag dul suas dréimire. (I)

3877 Chomh ciotach le muc i bparlús. (MS)

- Chomh macánta le muc i bparlús. (LMóir)

Le híoróin (LMóir) .i. chomh tútach, gur beag a bhéasa nó a mhúineadh.

3878 Chomh dána le muc. (Sa)

Féach Sanas Chormaic (Stokes) 115.
cf. 5124 agus 3714

3879 Chomh dúinte le súil muice mairbhe. (MÓD)

3880 Chomh sona leis an té a chodail le muc. (GS)

Leg. ádhúil. Leagan a déarfaí le duine a mbeadh ádh cártaí air.

3881 Muc as a srón,
Bean as a tóin. (CF)

An dá rud is láidre ar bith.

3882 Tabhair rud don mhuc agus tabharfaidh an mhuc rud duit. (MÓD)

Focail ghaolmhara, I BSR 152, Lipp. 786.
cf. 416 agus 4941

MUININ

3883 Ag cur an dlí ar an diabhal is an chúirt in Ifreann. (GS)

- Ná téirigh chun dlí leis an diabhal is an chúirt in Ifreann. (M)
- Ag dlí leis an diabhal is a chúirt in Ifreann. (Ca)

Cinnlae III 4; Joyce 61, MR 43.

3884 Ag cur taoibh leis an tonn. (IG 7/1905, IG 1/1906)

Muinín a chur i rud a chlisfidh ort.

3885 An cleite is fearr ina sciathán. (RM)

- An cleite is fuide siar ina sciathán. (Ca)
- An mámh is fearr ina láimh. (DÓM, Sl)

An rud is mó a bhfuil sé ag brath air (an cara is fearr dá bhfuil aige, etc.).
Deirtear go bhfuil dhá chleite i bhfad siar i sciathán éin, is nach mbeadh sé in ann eitilt á n-uireasa. BC 224.
L I 125 (plume), II 115 (rose; le scéal a bhunúis).

3886 An rud is fiú a thaispeáint, is fiú a dhul chuige. (Ca)

Nuair atá imeacht ceart ag duine, níl náire air a éadan a thaispeáint in áit ar bith.

3887 An sionnach i mbun na n-uan. (AR 258, F)

- An mada rua i mbun na gcearc. (AR 258, IG)
- Ná fág an sionnach ag buachailleacht na ngé. (Ca)
- Is olc an ceann éanacha préachán na gcearc. (CnM)

Bethada náem nÉrenn (Plummer) I 9 (scéal thréad Abáin agus faolchú á gcumhdach); tá an scéal céanna ar Naomh Munna in Vitae Sanc. Hib. I cxlii; ZCP XIX 74 agus 186 i ndréacht cráifeach tá 'mur úan iter madraib allta'; Cath Maighe Ráth 170 'ceird aeghaire'; CRR 72 'amail faol-chú fó chaorchuibh'; Aithdhioghluim Dána 78, 15d; 'An tSlis' le Ó Callanáin ('Domhnall Óg'; Ceol 26). Lessons 337 (fabhalscéal).
cf. Mth. X 16 agus Laidin Terentius (lupo ovem committere). Focal fairsing san Eoraip é. I BSR 70, App. 702, Ray 183, SH 117, 153, PB 22, O lupus 5. App. 234, Joyce 106 (sionnach agus géanna).
cf. 1866

3888 Beireann fear sleamhain fiacha leis. (DÓF, M)

- Beireann fear cam fiacha leis. (MS)
- Níor mhill dea-ghlór fiacail agus beireann an fear sleamhain fiacha leis. (F)

Fear lách sleamhain, imeoidh sé leis gan a fhiacha a íoc.
Líne de rann ciumhaise – beridh slemain a fiachu (ZCP VII 298: D 4 2), is arís in Laud 615 (ZCP IX 172). Líne de rann freisin é in Riagul na Manach Liath (Ériu II 229). O'Daly 90.

3889 Ceannaigh an drochdhuine is lig an dea-dhuine thart. (RM)

- Beannaigh don drochdhuine is lig an dea-dhuine thart. (AR 243)
- Beannaigh don drochdhuine is lig an dea-dhuine le d'ais. (MÓD)
- Coinnigh leat an drochdhuine is lig thart an dea-dhuine. (CF)
- Bí mór leis an drochdhuine is ní baol duit an dea-dhuine. (M)
- Seachain an drochdhuine is ní baol duit an duine macánta. (S 5/1929)
- Coinnigh an drochdhuine leat is ní baol duit an duine macánta. (IG 8/1905)
- Scaoil thart an dea-dhuine is beannaigh don drochdhuine. (CR)
- Seachain an drochmhada is ní baol an mada cóir. (DÓM, M)
- Caith an chnáimh chuig an drochmhada. (F)
- Bladar an drochmhada is ní baol duit an dea-mhada. (S 10/1924, M)
- Coinnigh leat an drochdhuine is ní baol duit an dea-dhuine. (Ac)
- Breab an rógaire agus ní baol duit an dea-dhuine. (MÓD)
- Coinnigh mór leis an drochdhuine is ná bac leis an dea-dhuine. (RM)
- Caith an chnáimh chuig an drochmhada is ní baol duit an dea-mhada. (RM)

Nach ndéanfaidh dea-dhuine blas dochair duit, ach bí san airdeall ar an drochdhuine.
AR 243a. Leagan 10: cf. MR 42, AWM 185. LSM 97p (Pravis obsequere, etc.).

3890 Chuaigh tú i mbannaí ar chat is crochadh é. (F)

- Níor mheas mé ariamh ach cat, is crochadh é. (Ca)

Duine dícheannasach, nach mbeadh oiread de mhuinín as is a shábhálfadh cat.

3891 Coidir an coigríoch is ná taobhaigh é. (TÓM, S 5/1925)

- Coidir an coimhthíoch is ná taobh leis. (S 11/1919)
- Éist leis an Muimhneach ach ná bac leis. (IG 8/1905)
- Ná coidir an coimhthíoch choíche. (Ca)
- Ná bí mór ná beag leis an gcoimhthíoch. (CC)
- Seachain is ná taobhaigh, is ná tabhair an t-aitheantas ar aon rud. (CS 9/9/1899)
- Coidir an coimhthíoch choíche más féidir, is beidh tú níos fearr. (CnM)
- Coidir an strainséara ach ná taobh leis. (Ac)
- Coidir agus ná taobhaigh an coimhthíoch choíche má fhéadair. (RM)

Tóraidheacht I 8, 1. M. Mac Suibhne 73 (c. 1798), 'Coidir is ná taobhaigh an coimhthíoch choíche.' Leagan 6: cf. SFM 15. IM I 188, D 169, Lessons 300.

3892 Drannadh mada nó gáire an tSasanaigh. (RM)

- Drannadh mada gáire Shasanaigh. (Ca)
- Is measa gáire Shasanaigh ná drannadh mada. (Ca)

cf. 5196

3893 Duine ar bith atá i ngreim an dá bhruach, níl aon mhaith ann. (Ca, F)

- Ná cuir muinín sa té a mbíonn greim an dá bhruach aige. (M)
- Greim an dá bhruach. (Ac, TÓM)

An té atá ag iarraidh a bheith mór leis an dá thaobh.
cf. 97

3894 Greim iorball na heascainne. (CC, F, GS)

- Chomh sleamhain le eascann. (Sa)
- Chomh sleamhain le iorball eascainne. (GS)
- Chomh slim sleamhain le eascann. (Sp)

1. Greim bog lag.
2. Greim maith .i. is fearr breith ar eascann ar an eireaball (CC).
'Slemnithir eirr escuinge ic dul as mo glaicc' a deirtear i dtaobh smaointe i ndán as LB (Ériu III 14); 'coimhshleamhain re héimh easguinne' (RC XXIX 118 agus 136; ls. 1715): BC 184: Cat. II 25 (16ú haois) an líne deiridh de rann.
Seanfhocal idirnáisiúnta, ag dul siar go dtí an Laidin (I BSR 225; App. 179, Ray 246; MR 33, Vocab. 57, L I 91, Spr. Red. 1, LSM 140q. O 25. Taylor 46).

3895 Is deacair an drochdhuine a bhrath, ach is fiú é a sheachaint. (GS)

- Seachain an drochdhuine. (DÓM, Sl)
- Ná bí beag ná mór leis an drochdhuine. (TÓM)
- Is fiú drochmhuc a sheachaint. (CF)

3896 Is é an fear maith an fear i gcónaí. (GS)

3897 Is mairg má bhíonn fear do bhraite i do chuibhreann. (AR 465)

- Is mairg don té a mbíonn fear a bhraite ina chuibhreann. (CR)

Duine de do mhuintir féin ag déanamh feill ort. cf. MIP 8 don leagan ceart is a bhunús.

3898 'Is olc an scéal é,' arsa an cat, nuair a cuireadh an bainne sa gcomhra uaidh. (AR 314)

3899 Lámh i ruball eascainne, muinín i ngealltanas fealltóra. (S 11/1919)

3900 Ná bac leis an bhfear anoir, ach fainic thú féin ar an bhfear aniar. (Ca, M)

- Ná bac leis an bhfear aniar (leg. anoir) ach seachain tú féin ar an bhfear anoir (leg. aniar). (S 5/1923)
- Ná bac leis an bhfear thiar (leg. thoir) ach cosain tú féin ar an bhfear thoir (leg. thiar). (IG 11/1898)
- Seachain an fear aniar, is scaoil thart an fear anoir. (Ca)

Is measa an namhaid nach bhfeiceann tú ná an namhaid a fheiceann tú.
Cath Chnoc an Áir (Trans. Oss. Soc. IV 148, ls. 1812) – 'Is treise an fear ar do chúl ná mise romhat.'

3901 Ná déan do mhargadh choíche gan fianaise. (S 8/1920)

3902 Ná lig do rún le buachaill ciúin nó is fada a rachas do cháil. (S)

- Ná lig do rún le buachaill ciúin nó beidh do cháil i ngach aird. (BA)
- Ná lig do rún le buachaill ciúin nó beidh do chliú i ngach áit. (CF)

DC 24 (Na addef dy rin i was). S 2/1919, ACC 24.

3903 Ná tabhair taobh le fear fala. (CS 5/8/1899)

- Ná tabhair taobh le fear fala mara mbíonn fear a bhraite in aice. (Ca, Cum. Béal. 62, 110)

3904 Ná trustaigh do dhearthair in uaigneas. (M, Cum. Béal. 127, 593)

3905 Ná trust do lá go mbí sé caite,
Is ná trust do bhean go dté sí dall. (Ca)

- Ná trust oíche fómhair go mbí sí caite; Is ná trust do bhean go dté sí dall. (RM)
- An dá rud is deacra a thrust, intinn cailín óig is oíche fómhair. (CF, AA 8/1937)

3906 Ná trust piléar dá mbeadh sé ag dul siar i do bhéal. (RM)

- Ná trust piléar go bráth dá mbeadh sé ag dul siar i do bhéal. (LMóir)

3907 Ná trust teanga liom leat. (Ca)

- Seachain an teanga liom leat. (CS 23/9/05, Ca)
- Seachain an teanga liom leo. (S 1/1928)
- Giolla liom leat. (Ár)

BC 641; Scot. Cat. 205 (ls. XXXVi; 1690); rann in D 173, 174 (ls. 1688) is Eg. 161, 60 (Cat. I; ls. 1778).

3908 Ní túisce athrú ar an ngaoth ná ar na daoine. (GS)

Féach Tóraidheacht II 1, 1.

3909 Seachain an drochtheangmhálaí. (Ca)

- Seachain an drochtheanga bhalbh. (RM)

3910 Seachain an gadhar a nochtaíos a dhrad. (GS)

3911 Seachain cluanaí, cealgaire is rógaire. (MÓD)

3912 Seachain teanga mhilis shleamhain. (Ár)

- Seachain fear an phlámáis. (RM)

Rann in D 181 (ls. Ultach 1745?)

3913 Togh do bhean roimh do spré is do thiarna roimh do chíos. (CF)

Ná bí ag cuimhneamh ar an airgead, ach faigh duine a dtig leat muinín a chur ann.

3914 Tugann síol maith toradh. (Sa)

MUINTIR

3915 Is de Mhuintir Streachalláin thú. (DÓM)

3916 Is fearr muintir an athar ná muintir na máthar. (Ca, Cum. Béal. 111, 41)

3917 Treabhadh Mhuintir Allaigh. (IG 12/1905)

Ag déanamh caisleán gaoithe.
ÓD (treabhadh).

NÁIRE

3918 Ag imeacht is a iorball fána ghabhal aige. (MS)

L I 118 (danser le branle du loup), O cauda 2.

3919 Áit a mbíonn náire bíonn grásta. (RM)

- Áit a mbíonn grásta bíonn náire. (RM)

'Eochair nóibe náire', atá i gcló i ZCP VI 270; SC 847.
SH 353 – Past shame, past amendment (grace); AWM 182 – Boayl nagh vel aggle vel grayse.

3920 An rud a bhíos ag tír is a cheileas muintir, ní bhíonn aon mhaith ann. (TÓM)

- An rud a bhíos ar tír, má chailltear é, níl aon mhaith ann. (MÓD)
- An rud a cháineas tú is a cheileas muintir. (Ca)
- An rud a chluineas tír is a cheileas muintir. (T, B 6/1936)
- An duine a cháineas a thír is a cheileas a mhuintir, níl aon mhaith ann. (RM)
- Rud a chloiseas tuaith agus a cheileas muintir. (IG IV 192)

1. Níl aon chabhair a bheith ag iarraidh rud a cheilt, is fios ag an tír air. (TÓM).

2. Duine gan mhaith (RM); deirtear 'Cháin sé a thír is cheil sé a mhuintir' le cruthú cén sórt duine a bhí ann.
3. Is dócha gurb é seo an míniú ceart; scéal scannalach a bheadh ar fud na tíre ort, séanfaidh do chairde ort é (IG).

3921 An té a chailleas a náire faigheann sé a dhánacht. (Ca)
SU 338.

3922 An té a itheas a náire ní bhíonn sí ann. (I)

3923 Beidh rud ag sárachán nuair a bhíos an náireachán falamh. (Ca)
- Beidh rud ag sárachán nuair a bheas an náireachán falamh. (Ca)
- Bíonn rud ag láireachán is náireachán gan é. (I)
- Beidh rud ag náireachán is beidh rud ag sárachán. (AR 500, TÓM)
- Bíonn rud ag an sárachán agus bíonn an náireachán falamh. (Ac)

Go bhfaigheann an duine dána an bhalachtáil is fágtar an duine náireach (cúthail) folamh.
cf. ÓD (náireachán). Rud a bheith ag an sárachán gan é a admháil, agus duine gan náire a bheith ag tóraíocht an ruda (TÓM).

3924 Céard a chrom srón fírinne ort? (TÓM, S 1/1919)
- Céard a chrom srón na fírinne ort? (MÓD)
- Céard a cham srón fhírinneach ort? (RM)

Leagan a déarfaí le duine gnaíúil a bheadh cúthail agus ceann faoi air i gcuideachta nuair nach call dó a bheith amhlaidh (RM). IG 3/1900.
Féach dréacht ar an bhfocal seo, Gadelica I 188. IG 3/1900.

3925 Cuir do náire faoi do chosa. (IG 8/1905)

3926 Dhá ní gan náire grá is tart, ach thug an tochas an barr leis. (TÓM)
- Dhá ní gan náire grá is tart, ach rug an tochas an barr orthu. (MÓD)
- Is náireach an galar an tart, ach cinneann an tochas air. (MÓD)
- Galar gan náire an tart, ach sháraigh an tochas é. (RM)
- Giolla gan náire an tart, ach sháraigh an tochas é. (RM)
- Galar gan náire an tart, ach bhain an tochas an barr de. (Ca)
- An dá ghalar gan náire, grá is tart. (M)
- Galar gan náire an tart, ach dá mbuailfeadh an tochas tú bhí tú thart. (Ár, Cum. Béal. 103, 538)

Lessons 184.
cf. 5185

3927 Do dhuine gan náire is furasta gnotha a dhéanamh. (AR 623)

3928 Is deacair náire a chur ar chapóg. (CF, RM, LMóir)
Rud gan mothú ar náire, ar nós duine gan náire a bhfuil oiread as bealach déanta aige gur cuma leis céard a tharlóidh; 'Tá a náire ite aige,' a deirtear (LMóir).

3929 Is doiligh dó náire a bheith ann nuair nár rugadh léi é. (I)

3930 Is fearr mo náire ná mo thrua. (Ca)
- Is fearr 'Ó, a Mhuire mo thrua,' ná 'Ó, a Mhuire mo náire.' (CR)
- Is fearr fuíoll brocháin ná fuíoll magaidh. (S 10/1928)
- Is fearr fuíoll an mhada ná fuíoll an mhagaidh. (Liatroim)
- Is fearr síol fealla ná síol fonóide. (Gearrbhaile 1937 l. 27)
- Ní measa sliocht an fhill ná sliocht an mhagaidh. (S)
- Is fear a bheith i do dhíol éada ná i do dhíol truaighe. (DÓM, Sl)

BC 540; duan as LL in Ériu IX 45 – Is ferr trú iná truagan truag. Leagan 7: idem App. 42, L II 262, II NG 373, LSM 75e.

3931 Is mairg a d'ith a náire mar gheall ar a bholg. (GS)

3932 Is measa dá náire ná dá dhíobháil. (RM)
Gur fearr uireasach ná náireach (?).

3933 Is olc an t-éan a shalaíos a nead féin. (GSe)
- Is suarach an t-éan a shalaíos a nead féin. (AR 62)
- Is brocach an t-éan a shalaíos a nead féin. (Ca)

Fairsing san Eoraip ó na Meánaoiseanna, ach níl a fhios mórán faoina bhunús; App. 323, YD 64, I BSR 211, NG I 115, LSM 28, 65, 152e, 51m, 147n, 122p, 52t, O avis 4. Taylor 51.

3934 Is stuacach an rud an náire, ó imíos sí ní thigeann sí. (F)

3935 'Mé féin a mhill mé féin,' mar a dúirt an bhean a thuit ar a tóin san im. (MÓD)

3936 Ná bí cúthal ná coideáin. (RM)

Ná bíodh cás ná náire ort; 'Bí deas, cúthal agus coitianta' a deirtear freisin leis an té a bheadh ag dul in áit a mbeadh múineadh ar dhuine (LMóir).

3937 Ná caill do náire mar gheall ar bheagán. (CnM)

3938 Náire ar fhear meisce. (Sp, Cum. Béal. 76, 16)

- Ní raibh aon bhlas náire air ach oiread le fear meisce. (LMóir)

Rud nach bhfaightear.

3939 Ná taispeáin tú féin in aon áit nach féidir leat do chloigeann a thaispeáint. (F)

Áit a mbeadh náire ort.

3940 Ní bhíonn fear náireach éadálach. (TÓM)

- Ní gnáthach fear náireach éadálach. (S 1/1928)
- Ní minic fear náireach éadálach. (S 11/1927)
- Ní minic bean náireach éadálach. (S 5/1929)
- Ní gnách fear éadálach náireach. (MS)
- Ní fheictear fear náireach éadálach. (AA 7/1942)

SC 847 (bean).
YD 67 (Digywilydd fydd digolled).

3941 Ní furasta duine gan náire a bheathú mar tá sé ró-alpach. (Ca)

3942 Níl le déanamh le duine dínáireach ach díth náire a chaitheamh leis. (S 5/1925)

3943 Níl sa náire ach mar a ghlactar. (MS)

- Níl sa náire ach mar a ghlactar í. (CF, Ac)

3944 Ní náire a bheith lag ach is deargnáire a bheith bog. (MS)

Rel. II 486

NEAMHSPLEÁCHAS

3945 A chíos íoctha is díon ar a theach. (IG 7/1905)

- Do chíos íoctha, is díon ar do theach, Is má bhíonn fataí ag éinne, beidh siad agat. (MS)

3946 An té a bheas ag fuireacht leis an té údan eile a ghnotha a dhéanamh dó, béarfaidh an sionnach air. (GS)

3947 An té a bhfuil taca aige, is dó is fusa seasamh. (GS)

3948 An té nach mbíonn teann bíonn góm ar a theanga. (GS)

Líne d'amhrán in M. Mac Suibhne 16.

3949 An t-ualach nach bhfuil tú féin in ann a iompar, ná hardaigh ar aon duine eile é. (GS)

3950 Caith do léim gan rith. (TÓM)

Déan do ghnó gan fabhar (is gan cúnamh?).

3951 Cuireadh chuile dhuine blas ar a bhéal féin lena phingin féin. (F)

- Cuir blas milis ar do bhéal féin le do phingin féin. (CnM)
- Cuir blas do phingine ar do bhéal. (MÓD)

3952 Dá fheabhas tí Uí Néill, b'fhearr tí duine féin. (S 3/1930)

- Dá fheabhas teach Dé, b'fhearr do dhuine botháinín aige féin. (F)
- Dá fheabhas tí Dé, níl aon teallach mar do theallach féin. (Casla)
- Dá ghoire dhuit teach Dé, is goire dhuit do theach féin. (Ca)
- Dá ghoireacht dhuit teach Dé, is fearr dhuit teach agat féin. (CC)
- Dá fhad dá siúile tú, níl aon áit ar bith mar an baile. (TÓM)
- Mar a dúirt an ghráinneog, 'Dá fheabhas é pálas an rí, is teolaí liomsa mo chnuasacht féin.' (GS)
- Níl aon tinteán mar do thinteán féin. (S 11/1924, LB, RM)
- Níl aon teallach mar do theallach féin. (F, Sp, AA 8/1938)

- Níl áit ar bith ar nós an bhaile. (CR)
- Níl áit ar bith mar an baile. (IG 11/1905)
- Is é do theallach féin an teallach is fearr dhuit. (CC)
- Dá fheabhas an chuartaíocht, is fearr an baile. (GS)
- Is fearr an baile ná an chuartaíocht. (RM, Ca)
- Dá dhonacht é an baile, is fearr é ná an choimhthíocht. (GS)
- Is fearr duit do theallach féin ná teallach na gcomharsan. (Ca, Cum. Béal. 111, 42)

Féach an trácht ar an seanfhocal seo i 'Scéala Éireann,' Meán Fómhair agus Deireadh Fómhair 1940, áit a dtugtar na leaganacha seo as CR:
'Dá fheabhas tigh Dé, is fearr tigh dhuine féin' (23/9/1940),
'Dá fheabhas tighe é, is fearr tigh duine féin' (14/10/1940),
'Dá fheabhas de theach é, is fearr teach duine féin' (14/10/1940).
Leagan 11: id. SH 479, Rel. II 495. Leagan 15: Rel. II 495.

3953 Dá ghoireacht duit inneach do mháthar, is goire ná sin duit inneach do láimhe. (Ca, Casla)

- Dá ghoire duit ingne do mháthar, is goire duit ingne do láimhe. (RM)

Scéal in ZCP XVIII, 200 (as Leabhar Fhearmuighe) – 'Is fearr tele a lamh na tele a athair no mathair,' etc.
DC 158 (Gwell moes law na moes fam).

3954 Dá theocha cóta Sheáin, is teocha liomsa mo chuid gioballóg féin. (GS)

3955 Déan an cur is tóig an fál, is ná bac le cách ná fear dá luaithe. (GS)

Is cuma duit cé a bheidh chun tosaigh ort, déan tusa do ghnó féin.

3956 Déanann tórainn mhaith comharsana cairdiúla. (MÓD)

- Déanann tórainn mhaith comharsana fada. (TÓM)
- Déanann tórainn mhaith comharsanacht chairdiúil. (MÓD)
- An claí tórann an chomharsa is fearr a bhí ag aon duine ariamh. (M)
- Fál maith a dhéanas comharsana maithe. (T, B 6/1936)
- Is maith an chomharsa an fál agus ní thig aon chodladh air. (F)

Idem YD 55.

3957 Déan do chomhairle féin le do chóngar féin. (TÓM, MÓD)

- Do chomhairle féin do do chóngar féin. (MS)

3958 Déan teachtairí de do chosa go mbeire do chlann ort. (MÓD)

Go dtiocfaidh ann don chlann do theachtaireachtaí a dhéanamh duit.
SH 384 (Béarla na hAlban).

3959 Díol do ghnotha is gabhfaidh tú féin amach. (Ca)

- Díol do bhó is beidh tú féin gan lacht (rath). (RM)

Lig uait an rud a choinníonn ag imeacht tú is fágfar folamh tú.

3960 D'ól mé an t-airgead is chaill mé mo bhó,
Is god é sin don té sin nach mbaineann sin dó? (F)

Píosa d'amhrán é in S 9/1918. Lessons 302 (an dara líne).

3961 Fear gan misneach nach gcoinneodh a cheart féin. (Sa)

3962 Fear seasta, fear as féin. (Sa)

Gan aon chostas ná eile air, é go maith as.

3963 Is cuma le fear na bróige cé leagfadh sé a chos. (F)

Níl beann ar aon rud ag an té atá láidir.

3964 Is fearr bothán is bainne gabhair agat féin, ná caisleán ag duine eile. (Ac 10/1907)

- Is fearr báirín is bainne gabhair ná dul chun tí ar domhan dá mhéad. (R)
- B'fhearr do dhuine an rud dona a bheith aige dhó féin ná an rud maith a bheadh ag a chomharsa. (Ca)

Leagan 2: O'Daly 92, ACC 57. YD 103 (Gwell byth fy hun na phlas arall), LSM 25q; Síor. XXIX 22.
cf. 625

3965 Is fearr dhuit do lámh i do phóca féin ná i bpóca na comharsan. (Sp, Cum. Béal. 76, 30)

cf. 809

3966 Is furasta fear a chur amach nach bhfuil teach aige dhó féin. (S 8/1928)

- An té nach bhfuil teach (áit) aige féin, is éasca é a chur amach. (RM)
- An té nach bhfuil bothán dá chuid féin aige, is furasta a chur amach. (RM)
- Mo leath istigh is mo leath amuigh, ligim chugat, a Mhic Dé,
  Is furasta duine a chur amach nach bhfuil teach aige dhó féin. (Sp)
- Fear gan teach aige féin, is beag an scéal a chur amach. (CnM)

'Ainimh do neach bheith gan teach' (teideal duain), RIA Proc. 3rd Series; M. Mac Suibhne 16. Rel. I 158.

3967 Is mairg don té ag dul faoi don ghréin,
Nach bhfuil rud aige ina mháilín féin. (M)

- Ag dul síos don ghréin, is mairg nach mbíonn rud aige ina mháilín féin. (IG 11/1898)
- Ag dul siar don ghréin is mairge nach mbeadh rud i do chóifrín féin. (TÓM)
- Ag dul faoi don ghréin, bíodh rud i do mhála féin. (Ac)

3968 Ith thusa de do phláta féin. (GS)

3969 Lig dom is ligfidh mé dhuit. (T, B 6/1936)

- Ligfidh mé dhuitse má ligfidh tú dhomsa. (M, Cum. Béal. 210, 70)

Seo 'margadh na bpáistí'; Imtheacht na Tromdháimhe (Trans. Oss. Soc. V 94, téacs agus nóta; 14ú haois); Tóraidheacht I 21, 2; II 5, 10; A Dialect of Donegal 195: Joyce 207. Rel. II 501.

3970 Má cheannaíonn tú an builín, is féidir leat é a ithe. (GS)

Tig leat do thoil a dhéanamh le do chuid féin.

3971 Mara bhfuil tine agat féin, déan do ghoradh leis an ngréin. (TÓM)

- Mara bhfuil rud agat féin, sín siar leis an ngréin. (S 4/1925)
- Bíodh móin agat féin, nó déan do ghoradh le gréin. (MS)
- Bíodh tine agat féin, nó déan do ghoradh le gréin. (DÓF)
- Bíodh móin agat féin nó déan bolg le gréin. (MS)
- An té nach bhfuil rud aige dhó féin, déanadh sé goradh leis an ngréin. (S 1/1925)
- An té nach bhfuil rud aige dhó féin, iompaíodh sé a bholg leis an ngréin. (Ind)
- An té nach ndéanfaidh rud dhó féin, déanadh sé a ghoradh leis an ngréin. (Ca)
- Mara bhfuil rud i do phota féin, cuir do bholg leis an ngréin. (Ac)
- Mara bhfuil rud agat féin, cuir do bholg le gréin. (Ac)
- An té nach bhfuil teach aige dhó féin, cuireadh sé a ghoradh le gréin. (Sp, Cum. Béal. 77, 85)
- An té nach bhfuil áit aige dhó féin, déanadh sé a ghoradh le gréin. (RM)

3972 Má shiúilim basach, nach liom féin na spágaí? (GS)

- Má tá cruit orm, nach orm féin atá a hiompar? (GS)
- Má tá mé sciamhach, nach mé féin a bheathaigh í? (GS)

3973 Má tá bróga ar Gholl Drom, ní bhaineann siad dom. (GS)

Ní bhaineann gnó daoine eile dom.

3974 Má tá rud maith ag m'athair, is beag an mhaith dom féin é. (Ca)

3975 Ná bac le duine ar bith nach gcóiríonn a shrathar féin. (Sa)

- Ná bac le duine ar bith nach gcuireann bonnacha faoina smaointe féin. (Sa)

Duine nach bhfuil in ann cur ar a shon féin.

3976 Ná bain leis an ní nach mbaineann leat. (TN 24/1/1890)

- Ná bac leis an ní nach mbaineann leat. (AR 350)
- An rud nach mbaineann leat, ná bain leis. (CS 21/3/1903, M)
- An rud nach mbaineann duit, ná bain dó. (M)
- An rud nach mbaineann duit, ná bain dó, nó má bhainir, is fearr dhuit ligean dó. (CnM)
- Ná bain leis an té nach mbainfidh leat. (Ca)
- Ná bac leis an mbacach, mara mbaca sé leat. (CR)
- Ná bac le mac an bhacaigh, mara mbaca mac an bhacaigh leat. (F)

- Ná bac le mac an bhacaigh, is ní bhacfaidh mac an bhacaigh leat. (RM)
- Ná bain spailleadh as aon duine, mara mbaine sé duit. (F)
- Ná cuir earaoid ar dhuine nó go gcuire sé earaoid ort. (GS)
- Lig don ghandal, is ní chuirfidh sé earaoid ort. (Sp)
- Éist leis an ngabhar, is éistfidh sé leat. (Ca, RM)
- Ná cuir do ladar sa scéal nach mbaineann duit. (Sp, Cum. Béal. 76, 12)

Bí 83; BC 630; Tóraidheacht III 24, 1, III 25, 3; DÓF 17. Rel. II 478, 502.
NG III 45, LSM 68v, O alienus 4, refert; Síor. XI 9.

3977 Ná bí chun tosaigh, is ná bí chun deiridh, Is ná bíodh do ghlór níos airde ná glór aon duine eile. (Sa)

- Ná bí chun tosaigh agus ná bí chun deiridh. (BA)

3978 Nach fear mar chách an fear is fearr ar bith? (Tm)

As TU 44.

3979 Ná cuir do ladar i meadar gan iarraidh. (MÓD)

- Ná sáigh do ladar i meadar gan suathadh. (Ac)
- Ná bí ag cur do ghoib i gcuideachta. (Ca)

Tóraidheacht III 24, 1

3980 Ná déan hata Acaill de. (S 8/1918)

Coinnigh do chuid duit féin: ní raibh ach hata amháin in Acaill, is bheadh sin le caitheamh ag an té a bhí ag dul go tír mhór aon lá áirithe.
cf. an scéal in É 29/2/1936

3981 Nár fhaighe mé bás a choíchin, go mbí paoilín bainne agam is cead agam féin mo mhéar a mheascadh ann. (TÓM, MÓD)

Go mbím ar mo chomhairle féin, neamhspleách.

3982 Ná tóig suas mé go dtuite mé, ansin beidh fáilte roimh lámh an chúnta. (AR)

- Ná tóig mé go dtuite mé. (Ca)

Tá an chéad chuid de in App. 618, Ray 180, SH 410, Joyce 201.

3983 Ní beag an cú do dhuine, é féin. (AR, CS 31/3/1906)

An té nach bhfuil gadhar aige, ní mór dó beith ag brath air féin.
MIP 355 (18ú haois) a thugann an chiall seo thuas: SM 330, IM 'Is gadhar gach nae'.

3984 Ní cóir a bheith i dtuilleamaí aon duine. (Ca)

3985 Ní feidir cion a bharúla a bhaint de dhuine ar bith. (GS)

Bíonn a bharúil féin ag gach uile dhuine.

3986 Ríocht ann féin, intinn chuile dhuine. (GS)

- Ríocht chuile dhuine a intinn féin. (IG 8/1894)
- Is rí gach duine ar a thoil féin. (Ca, MS)

Idem App. 418 (le deismireacht as Seneca), SH 305: cf. II BSR 319, App. 627 le haghaidh focail idirnáisiúnta atá bunaithe ar 'Liberae sunt cogitationes nostrae,' a d'fhéadfadh a beith gaolmhar leis seo thuas (O 87).

3987 'Sinn féin atá ann,' mar a dúirt na tincéaraí i mBalla. (MÓD)

- Sinn féin, sinn féin, sinn féin amháin. (MÓD)
- Iad féin, iad féin. (IG 2/1905)

Daoine a bheadh teann, neamhspleách (?).

3988 Tá cead ag an gcat féachaint ar rí. (AR 352)

- Féadann cat féachaint ar rí. (IG 8/1905)
- Tig leis an gcat féachaint ar an rí, is ní thig leis an rí baint leis. (F)
- Tig le cat a leicne a lí, is tá cead aige féachaint ar an rí. (M)
- Tá cead ag an gcat breathnú ar an rí, is níl cead ag an rí é a chaitheamh. (RM, Ca)
- Tá cead ag an gcat dearcadh ar an rí, is níl cead ag an rí é a chaitheamh. (I)
- Tá cead ag an gcat breathnú ar an rí, is níl cead ag an rí é a loscadh. (MS)
- Tá cead ag an gcat breathnú ar an rí, is tá cead ag an rí é a chaitheamh. (Sp, Ár)
- Tá cead ag an gcat dearcadh ar an rí, is tá cead ag an rí é a loscadh. (I)
- Tá cead ag an gcat breathnú ar an mbanríon. (MS)

IM. O'Daly 91, College 282, Rel. II 490; Joyce 106.
Idem App. 85, YD 80, DC 175.
Eolas faoina bhunús in Taylor 43, Spr. Red. 652.

3989 Tá chuile dhuine ina mháistir ar a chuid féin. (Sa)

- Chuile dhuine ina cheannfort ar a chuid oibre féin. (Sa)

YD 23, DC 36 (Arglwydd pawb ar ei eiddo).

3990 Tá tú teann má tá rud i do phóca féin. (F)

NEART

3991 An té a bhuaileas Jack, íocann sé as. (GS, MÓD, GSe)

1. An té a thugas faoi dhuine láidir, íocfaidh sé as.
2. Jack .i. an Sasanach (GSe).
3. Imirt cártaí: an té a bhuaileas an cuireata, íocfaidh sé as le cárta níos fearr (MÓD).
Thiocfadh dó gurb é Seán Seoighe Uachtar Ard (Jack na Báine) atá i gceist ann; tá trácht air in M. Mac Suibhne 113 agus S 7/1924

3992 An té a mbíonn maide aige, bíonn faitíos roimhe. (M, GS)

An té a mbeadh droch-arm aige, nó cúnamh.
IG 1/1906
'Ellmaig cach lorgach' atá in LBL (ZCP XVII 61).

3993 An té ar treise leis lann, bíodh aige an gadhar bán is an fiach dubh. (Ind)

An té atá sách láidir, tig leis gach uile rud is mian leis a bheith aige.
Sa leagan Ultach, seo é an réiteach a mhol an tAmadán Mór ar an tseilg, cf. Eachtra an Amadáin Mhóir (Trans. Oss. Soc. VI 170), an insint Albanach .i. Laoidh an Amadáin Mhóir (Rel. I 291), Fl 12/1/1924 agus 31/10/1925. Is seanfhocal freisin é in Rel. II 477. 'Cuid na deise aig an bhfear is tréine' atá i ndán as ls. den 17ú haois (RC XIV 157) agus tá tuilleadh leaganacha den tsórt in Aithdhioghluim Dána 10, 17cd, 28, 11a, Dioghluim Dána 36, 9c.

3994 An té atá eascrach, bíonn sé oscarthach. (GS)

Go mbíonn fad mór i ngach coiscéim ag an té atá láidir.
Le haghaidh ciall na bhfocal, cf. BB 78–79.

3995 An té atá lag is furasta a leagan. (Ca, CF)

3996 An té nach bhfuil láidir, níl croí ná misneach aige. (TÓM)

3997 An té nach bhfuil láidir, ní mór dó a bheith glic. (CS 5/12/1903, RM)

- An té nach bhfuil láidir, ní foláir dó a bheith glic. (AR 348, Ca)
- An té nach bhfuil láidir, is eol dó a bheith críonna. (M)
- An té nach bhfuil láidir, caithfidh sé a bheith glic. (GS)

Leaganacha dá shamhail in App. 671, Ray 141, SH 564, YD 11, DC 74, NG II 48, 322, LSM 109 c.
Féach Seanfh. XXIV 5

3998 Bíonn an neart ar mhuin an éagcruais i gcónaí. (IG)

3999 Chomh láidir le colainn gan ceann. (LMóir)

cf. 5258

4000 Claíonn neart ceart. (F, DÓF, GS)

- Téann ag an neart ar an gceart. (Ca)
- Téann ag stuaim ar neart, is ag neart ar cheart. (MÓD)

Giota d'amhrán (I),
Téigheann gach neart ar ceart,
'S téigheann an éagóir ar an éagcruaidh.'
BTD 17, 2cd; College 279, Rel. I 154.
Idem App. 416, SH 297, L II 224, NG I 340.

4001 Fíréan faoi thalamh, nó tarbh os cionn talúna, an dá rud is láidre. (AR 625)

4002 Is beag ag fear an chumais an donas a dhéanamh. (S 11/1923)

4003 Is fearr ceart ná neart. (CR)

- Téann ceart thar neart. (Ac)

4004 Is maith é do bhuille tua i gcrompán. (GSe)

Focal molta ar cheardaí nó oibrí slachtmhar.

4005 'Is mór an rud an neart,' arsa an dreoilín. (I)

- 'Is mór an rud an neart,' mar a dúirt an dreoilín nuair a mharaigh sé an phéist. (GS)
- 'Neart,' arsa an dreoilín nuair a thuit sé ar a thóin ag tarraingt péiste as an talamh. (MS)

4006 Is suaimhneach fear láidir os cionn na bhfear lag. (Sa)

4007 Is treise gliceas ná neart. (M)

SF 4, 35 (FFx 6, 80) – ferr gáis gaisceadh; FFx 3, 2 – arfich gáis gail; idem IM, BC 545, College 288. Leaganacha de in App. 695, YD 104, PB 72, Mélusine VIII 86, L II 221, 264, 316, LSM 88p

4008 Is trua an ceart nuair a bhíonn sé gan neart. (S 7/1924)

4009 Lámh láidir, bíonn in uachtar. (AR 299)
- Lámh láidir in uachtar is muineál lag in íochtar. (IG 9/1905)
- Cuireann an fear láidir an fear lag in íochtar. (IG 8/1905)
- Ba mhinic muineál lag in íochtar. (CF)

College 290. Nóta breise ar MIP 338, l. 174 (17ú haois).
Rel. II 477.
cf. O posse 2

4010 Mara bhfuil tú mór is láidir, ná bí dána ná darsanta. (F)
- Mara bhfuil tú luath is láidir, ná bí dána ná drochmhúinte (dolba). (RM)
- An té nach bhfuil luath ná láidir, ná bíodh sé teann ná drochmhúinte. (Sp, Cum. Béal. 76, 13)
- An té nach mbeadh luath ná láidir, ní hobair dó a bheith dána. (R, Cum. Béal. 167, 266)

4011 Má tá tú láidir, bí trócaireach. (S)
- Má tá tú láidir, bí grástúil. (TÓM)
- Má tá tú láidir, bí grásta. (Ac)

Idem SH 56, YD 51.

4012 Ná héiligh do cheart go bhfeicir do neart. (Ca)

SM 1322

4013 Ná tabhair dúshlán gan deimhniú lena chois. (GS)

4014 Neart ghearrán Phádraig. (U, B IV 52)

Guí in IG 10/1905 é – 'Neart ghearrán Phádraig ionat.'

4015 Ní buan tréan. (Ind)
- Ní bhíonn tréan buan. (M, Sa, Ca)
- Ní minic tréan buan. (RM)
- Ní bhíonn láidir buan. (Ac)
- Ní buan don tréan. (Gearrbhaile 1936)
- Rud a bhíonn tréan ní sheasann sé i bhfad. (RM)

TC 13, 14 – Báeth cech trén.
Id. Ray 465, SH 331.

4016 Ní ghabhann neart ceart. (AR 91)

Ní shíolraíonn an ceart ón neart.

4017 Ní hé an neart a bhuas i gcónaí. (M)

As an mBíobla (?), Cóh. IX., 11. SH 458

4018 Ní laige go scapadh. (M)
- Ní leagtar go scaptar. (Ca)

4019 Níl aon neart air ach neart gaoithe anoir. (Ca, Cum. Béal. 111, 41)

4020 Ní neart gan ceart. (Ca)
- Ní neart go ceart. (Ca)

Is cert cáich amhail a nert (Leabhar Aicle l. 86: duan as LL; Ériu IX 47). cf. freisin Iomarbhágh v 113, vi 242.

4021 Ní neart go cur le chéile. (S 6/1929)
- Ní neart gan cur le chéile. (Ca)
- I dteannta a chéile is fearr é. (RM)

4022 Ní neart go hiontaoibh agus níl iontaoibh go cur le chéile. (Sp)

4023 Ní théann cumhacht an duine thar achar áirithe. (MS)

cf. 3863

4024 Ní tréan go tuitim tuile. (MÓD)

Id. College 295. Rann in D 269 (ls. 1782). O'Daly 88.

4025 Tá chuile shórt ag luí ar an lagar, is an lagar ag luí ar an talamh. (TÓM, S 1/1918)
- An lug ag luí ar an lag, is an lag ina luí ar an talamh. (CF)
- Chuile rud ina luí ar an lagán agus an lagán ina luí ar an talamh. (Ac)

Go mbíonn gach uile dhuine anuas ar an duine lag, is gan é in ann a chur uaidh.

OBAIR

4026 Is beag an rud obair aon lae a leigheas. (MÓD)

4027 Is fearr obair ná caint. (Ca)

4028 Is onóraí an obair ná sláinte agus ná sinsear. (Ca, RM)

Doiléir; seo na mínithe a tugadh dom:
1. Tabhair onóir d'oibre do do shláinte agus do shinsear (RM).
2. Is fearr an tsláinte ná rud ar bith eile sa saol (Ca).

OCRAS

4029 An rud a chuir an cat ag ithe na cátha,
Mar nach raibh sé aige ní b'fhearr. (GS)

Le haghaidh leaganacha mar é, cf. App. 87, Ray 3, L I 100, I BSR 126 (asal), 200 (cat).

4030 An teach seo anocht is oth le cách gan bia,
Each gan spor is fada is is mall a thriall,
Is tart gan chabhair is bocht is is cráite a phian. (S 12/1925)

Rann in Cat. II (Add. 31874; 57b: 1816) agus 23 K 25.

4031 An té a mbíonn ocras air, is mór is fiú dó brochán. (R)

4032 Bíonn fear ocrach feargach. (Ca)

Rel. II 482

4033 Cnoc nó trá le haghaidh ocrais. (I)

- Cnoc nó trá, ní imeoidh do ghoile uait. (CF)
- Sléibhte nó trá a chuir ocras ar chách. (Gort)

4034 D'íosfadh an t-ocras tada. (CF, AA 3/1937)

4035 D'íosfadh an tur an saol. (AR 267)

An duine ocrasach? An duine tanaí?
Tá leagan níos iomláine in ÓD (turaire) ach níl a bhunús tugtha ann.

4036 D'íosfadh call rud ar bith. (Ca)

4037 Duine gan dinnéar beirt gan suipéar. (AR 329)

- Duine gan dinnéar, beirt ar suipéar. (S 12/1919)

Leaganacha gaolmhar leis (?) Ray 548, 260: YD 62.

4038 Féasta inniu, gorta amáireach. (MS)

4039 Goile an charréara. (MS)

- D'íosfadh sé oiread le carréara. (LMóir)

Goile mór.

4040 Goile seanduine is é a bheith slán an goile is mó lán ar bith. (TÓM)

- Goile seanduine is é a bheith ina shláinte an goile is fearr ar bith. (MÓD)

4041 Is annamh dó croí agus ocras i gcuideachta. (Ca)

- Ní raibh dó croí is putóga falmha in éineacht ariamh. (CC)

4042 Is doiligh ubh a bhriseadh i sac falamh. (CS 21/3/1903)

Rud nach féidir a dhéanamh (?)
cf. an chleascheist, 'cén chaoi a mbrisfeá buidéal i mála folamh?' 'Ní féidir é, mar ní bheadh an mála folamh.' (Ind).

4043 Is fada le duine an ocrais go mbí a chupán lán. (Sa)

4044 Is fearr ag iompar an mhála ná ocras. (Sp, Cum. Béal. 76, 16)

Gur fearr do dhuine bocht a dhul ag iarratas ná fanacht san ocras.

4045 Is fuar an goile nach dtéifí go Domhnach. (CF)

- Is fuar an bolg nach dtéifí. (F)

4046 Is mairg a scarfadh le greim a bhéil. (TÓM)

4047 Is maith an t-anlann an t-ocras. (IG 9/1905)

- Is maith an treoraí an t-anró is is maith an t-anlann an t-ocras. (S 8/1920)
- Is maith an traibhléaraí an t-amhgar is is maith an t-anlann an t-ocras. (TÓM)

Id. Lessons 271, College 291. Leagan de in BC 330. Rel. II 499.
Focal idirnáisiúnta (as Laidin Cicero), App. 318, YD 96, II BSR 55/56, L II 154, O 131

4048 Is maith an tráth bidh an t-ocras. (GS)

4049 Is trom an t-ualach, ualach de phutóga falmha. (S 11/1927)

- Is trom an t-ualach ag duine a phutóga falmha. (M)
- Is trom an t-ualach é, putóga falmha. (BA)
- Is trom an t-ualach bolg falamh. (Ár)
- Is trom an t-ualach, ualach de phócaí falmha. (Ár)

'Cia fás is trumma na lán ? .i. fás in gaili,' líne de rann sampla a tugadh de dheismireacht in Amra Choluimb Chille (RC XX 259; Eg. 1782). O'Daly 94.

4050 Ná téigh i gcomhair an mhada go mbí a bholg lán. (Ca)

4051 Ní éistíonn an chluas agus an bolg ag fógairt.

BC 62. (Ár, FL 11/1927)
Seanfhocal atá fairsing san Eoraip, II BSR 18, HV 417, Lipp. (Bauch), O venter 3.
BC 62.

4052 Níl aon dealg amuigh is géire ná an t-ocras. (R, AA 7/1940)

- Níl aon dealg amuigh chomh géar leis an ocras. (GT, AA 10/1944)

cf. 4321

4053 'Rud ar bith leis an ocras a bhodhradh,' agus é ag ithe míoltóige. (Ac)

4054 Scrios a bholg é. (TÓM)

.i. Craosaire, costas a n-itheann sé ag dul thar a shaothrú.

4055 Trosca brónach, ó Dhéardaoin go Domhnach. (Ca)

- Trosca tréanach, ó Dhéardaoin go Domhnach. (I)
- Trosca an tréin. (MÓD)
- Trosca an tréin, ó Dhéardaoin go Domhnach. (M, Cum. Béal. 114, 227)

Troscadh trí lá .i. ó mhaidin Déardaoin go maidin Domhnaigh.
Féach nóta Uí Ghramhnaigh (IG IX 363) ar 'trosca troidhean,' agus an leathrann Ultach (380), áit ar troscadh ó Chéadaoin an Bhraith go maidin an tSathairn ina diaidh é.

ÓIGE

4056 Ag gol is ag gáire, mar a bhíos na páistí. (S)

4057 An áit nach bhfuil an t-óg ní bheidh an sean. (CF, Ca)

- An áit nach bhfuil an t-óg ní bheidh an mór. (CC)
- An áit nach bhfuil an t-óg níl an séan. (CF, Cum. Béal. 207, 177)

4058 Bhí tú i do leanbh, thú féin. (DÓM, Sl)

Le duine a bheadh ag súil le críonnacht ó pháiste.

4059 Bí go maith leis an ngarlach, is tiocfaidh sé amáireach. (MÓD)

Go mbíonn páiste mór leis an té a chaitheann go maith leis.
Rel. II 507.

4060 Bíonn an óige baoth,
Go gcaitheann muileann an tsaoil
Lóchán díth céille le gaoth. (S 2/1925)

4061 Don pháiste is óige is cóir an t-áilleacán. (MÓD)

4062 Fan leis an óige is tiocfaidh sí. (MÓD)

Bí foighdeach léi is feabhsóidh sí.

4063 Geall rud do pháiste is beidh sé ag feitheamh leis. (MÓD)

4064 Gol linbh nó ochón seanduine. (MS)

Is éasca gach aon cheann acu a thosú.

4065 Is beag an rud a shásaíos páiste. (GS)

- Is beag an rud a shásaíos gasúr. (TÓM)

4066 Is breá an rud an óige, ach í a cheansú. (GSe)

4067 Is cuma leis an óige cé gcaithfidh sí a cos. (S 11/1919)

- Is cuma leis an óige cé gcuirfidh sí a cos. (TÓM)
- Grá mo chroí an óige, is í is cóir a bheith ann,
Is cuma di cá ngabhfaidh sí, nó cá dtóigfidh sí a ceann. (I)

Is cuma léi cén áit a ngabhfaidh sí.
Véarsa d'amhrán (FL 16/1/1926 ; CCU 36)

4068 Is deacair ceann críonna a chur ar cholainn óg. (TÓM)

- Is deacair ceann críonna a chur a ghuaille óga. (CF)

O'Mulconry's Glossary 753 – 'Is cend daim fo dartoid' (Arch. I 268); Rel. II 484, 495. Leaganacha de in App. 464, YD 120, DC 168.

4069 Is deas an bláth é bláth na hóige. (Ca)

4070 Is deas í an óige, an té a choinníos mar is cóir í. (S 11/1926, CF)

- Is breá an ní an óige, an té a chuirfeadh ar fónamh í. (CF)

Ceol 123

4071 Is fearr a bheith maol óg ná mothallach aosta. (GS, CF)

4072 Is iomaí craiceann a chuireas an óige dhi. (AR 539, Ac)

- Is iomaí crot a chuireas an óige dhi. (CR)
- Is iomaí bláth a chuireas an óige dhi. (TÓM)

Is iomaí athrú a thagann ar dhuine óg. O'Daly 93, Lessons 298. YD 40 (can esgor i ieuainc)

4073 Is iomaí rud díchéillí a dhéanas an óige. (Cum. Béal. 91, 23, gan áit)

4074 Is mairg a thugas drochmheas don óige. (TÓM)

- Is mairg a thugas drochómós don óige. (Ca)
- Ní cóir drochmheas a thabhairt don óige. (RM)
- Ná tabhair drochmhasla don óige. (RM)
- Is deacair drochbharúil a thabhairt don óige. (Ca)

Níl a fhios agat cén feabhas a thiocfaidh ar an duine óg le fás. Rel. II 498.

4075 Is mairg nach mbaineann ceol as an óige, a fhad is a bhíos sí aige. (MS, I)

4076 Is maith an locht, locht na hóige. (TÓM)

- Is maith an locht ar dhuine an óige. (TÓM)
- Níl locht ar bith is fearr ná locht na hóige. (RM)

Immacallam in dá Thuarad 14 (RC XXVI, 8: as LL) – 'Séim anim ocnait,' etc.

4077 Is minic a rinne searrach suarach capall maith. (GS)

- Ba mhinic a bhí bramaichín gioballach ina chapaillín cumasach. (M)
- Minic a rinne searraichín gioballach capaillín cumasach. (CF)

Déanfaidh ceann óg dona, ceann mór breá; ní cóir duine a mheas ar a óige. BC 125; IM, O'Daly 93 Seanfhocal idirnáisiúnta, App. 520, Ray 80, YD 75, L I 127, I BSR 106, NG I 286, III 24; cf. freisin LSM 37d.

4078 Is olc an rud mian gasúir. (Ca, MÓD)

4079 Is teocha lán spúnóige d'fhuil dhuine óig ná dhá chóta mhóra ar sheanduine. (F)

4080 Mian óige impí. (CR)

4081 Mol an óige is tiocfaidh sí. (S 4/1925, MÓD)

Déanfaidh sí go maith, nó feabhsóidh sí. O'Daly 94, College 292.

4082 Ní bheidh tú go deo níos óige lena fhoghlaim. (MS)

- Ní bheidh tú níos óige le foghlaim a dhéanamh air. (I)

Rel. II 483.

4083 Ní fhilleann an óige faoi dhó choíche. (S 4/1918)

- Ní thagann an óige faoi dhó choíche. (Ac)
- Brón don óige nach dtigeann sí faoi dhó choíche. (S 11/1919)
- Ní dhéanfaidh tú níos óige choíche é. (IG)
- Ní thagann bláth ar an gcrann ó chríonas, Is ní thagann an óige faoi dhó choíche. (RM)
- Ní fhásann an duilliúr ar chrann ó chríonas, Is ní thagann an óige faoi dhó choíche. (F)
- Tagann an lá is tagann an oíche, Ach ní thagann an óige dhá uair choíche. (CF)
- Ní thiocfaidh an aois faoi dhó choíche. (Ca)
- Ní thagann an óige ach aon uair amháin. (Ca)
- Dá fhad é an lá tiocfaidh an oíche, Ach ní thiocfaidh an óige faoi dhó choíche. (BA)

- Is deas í an óige ach ní fhaightear faoi dhó í. (Sp)

  cf. an scéal faoi bhall grá Dhiarmada Uí Dhuibhne (ASG II 120); DÓF 49 is IG II 287

4084 Nuair a chastar an óige is an spóirt le chéile, ní minic dóibh scaradh go luath. (RM)

4085 Óg gach neach in aois a óige,
Óg arís gach seanóir,
Óg deireadh aoise gach duine,
Is deireadh gach seanaoise óige. (MÓD)

D 116 (ls. Muimhneach den 18ú haois).

4086 Scapann an brón den óige, mar a scapann an ceo den chnoc. (GS)

4087 Seafóid is mó a fhoghlaimíos an óige. (CF)

Ar siocair gur mó an tóir atá aici ar sheafóid ná ar eolas ceart.

4088 Spóirt an chliabháin, gráin an phobail. (CR)

Páiste álainn a bheadh ina dhiaidh sin ina dhuine fásta gránna.
Ray 91 (Fair in the cradle, foul in the saddle).

4089 Tá ceann caol ar an óige. (TÓM)

- Bíonn ceann caol ar an óige. (Ac)
- Caitheann an óige an aicíd. (S 2/1919)
- Ní thig ciall roimh aois agus bíonn ceann caol ar an óige. (F)

  Gabhann ceann caol trí rud go héasca; gabhann an óige trí gach uile shórt, galraí, anró, etc., is tagann sí slán.
  cf. BB 132. O'Daly 90

4090 Tá cluasa fada ag muca beaga. (Ac)

Go gcloiseann páistí níos mó ná a cheaptar.
SH 275, App. 372, An focal coitianta Béarla faoi phitséaraí, is L I 87 (pots), II BSR 165 (chaudron).

ÓL

4091 An chuid is lú den ól an chuid is fearr. (CR)

4092 An fear nach ndéanfaidh ach codladh is ól, ní fear ar bith é. (MÓD)

4093 An rud a d'ólfadh amadán, shásódh sé beirt pháistí. (DS)

Go gcaitheann an meisceoir an t-airgead ar ól ba cheart dó a chaitheamh ar a chlann.

4094 An té is mó a ólas, is é is luaithe a éiríos. (T, B 6/1936)

An cneagaire a ólann ar chostas daoine eile ach a imíonn nuair a thagann an turn air féin (?).

4095 An té nach n-ólann ach uisce, ní bhíonn sé ar meisce. (S 9/1918)

- Mara n-ólfá ach uisce ní bheifeá ar meisce. (Ca)

  College 276

4096 An té nach n-ólfaidh ar bord é, ólfaidh sé i bpoll é. (CS 11/10/1902, Ár)

An té nach n-ólann go hoscailte, ólann sé i bhfolach.

4097 An té nár ól ariamh pionta ná leathcheann, bíonn cruth lá a bháis air. (MS)

- Tá an saol seo cleasach agus uaigh faoi réir,
  Is an té nár ól gloine lag marbh ó aréir.
  (Cloigeann, Cum. Béal. 113, 16)

4098 Bí ag ithe is beidh rath ort, bí ag ól is beidh meas ort. (S 1/1920)

Déanfaidh an t-ithe maith duit; bíonn meas bréige ar an té a bhíonn ag ól, ag súdairí atá ag súil le ól uaidh.
SF 2, 11 'adcota coirm clotha'.

4099 Bíodh ceaig agat is ólfar go súil duit é. (Sa)

Beidh go leor toilteanach cuidiú leat.

4100 Caint an óil;
Caithfear mé a ól,
Caithfear íoc ar mo shon,
Is cuma liom cé a ólas mé. (T)

4101 Cén mhaith an t-ól gan an carthanas? (MÓD)

4102 Choinneodh adhastar sneachta é. (S 2/1919, TÓM, RM)

- Thabharfadh adhastar sneachta ann é. (I, Ca)
- Thabharfaí abhaile sibh le adhastar sneachta. (IG 12/1905)

  Duine toilteanach nó duine a mbeadh fonn air rud a dhéanamh: lucht óil (IG).

4103 Chomh súgach le múille a mbeadh marc air. (CnM, Cum. Béal. 208, 211)

Féach ÓD (marc).

4104 Chuir Colmcille a bheannacht chugaibh,

Is dúirt sé libh a bheith ag ól,
Is an té nach raibh sin aige,
An duine eile á thabhairt dó. (TÓM)

- Chuir Colmcille a bheannacht chugaibh,
Is dúirt sé libh a bheith ag ól,
Is an té nach raibh sin aige,
An duine eile gan a thabhairt dó. (MÓD)
- D'ordaigh Colmcille dhúinn a bheith ag ól,
Cuid de a íoc is cuid de gan a íoc go deo. (AR)
Go mbíonn daoine ag ól ar chostas daoine eile.

Rann as Co. Mhaigh Eo (ACC 28).

4105 Dá fheabhas an t-ól, is é an tart a dheireadh. (S 11/1927)

- Dá fhad é an t-ól, is tart a dheireadh. (S 1/1925)
- Dá fhad dá leantar don ól, is tart a dheireadh. (Ca)
- Tart deireadh an óil. (G)

Cinnlae I 20, II 52.

4106 Dá fheabhas teach an tábhairne níl fáilte gan díol ann. (IG 8/1905)

O'Daly 79.

4107 Dá mhéad an t-ól is amhlaidh is mó an tart. (GSe)

- Ghníonn tart tart. (IG 8/1905)
- An té is mó a ólas is é is mó dúil ann. (Ac)
- Dá mhéid an t-ól is amhlaidh is mó an dúil ann. (CM)

cf. Hib. Min. 82, 2 'bíd ítu íar n-ól'. Leagan 2: IM idem.
YD 24 (Ar ol yfed syched sydd).

4108 Dá mhéid an t-ocras is measa an tart. (G)

- Sáraíonn an tart an t-ocras. (GS)

4109 Deoch an dorais an deoch dheiridh. (GS)

4110 Dheamhan deor, a chait, ól uisce nó lig dhó. (GS)

Focal áitiúil ag cur doichill roimh trócaire; sin é an freagra a fuair súdaire nuair a chuaigh sé isteach i dteach an ósta ag súil le ól; 'Cat' an leasainm a bhí air.

4111 D'ólfadh sé an chriosóg den asal. (RM)

- D'ólfadh sé an chrosóg den asal. (LMóir)
- D'ólfadh sé an chroch chéasta den asal. (AA 7/1940)
- D'ólfadh sé an chrois chéasta den asal. (CF)
- D'ólfadh sé an tsáith Mhuimhneach. (BB 198)
- D'ólfadh sé an chloch íochtair de Ghaillimh.
- D'ólfadh sé an bóllach agus an capaillín bán. (MÓD)
- D'ólfadh sé an bóllach agus an capaillín glas. (TÓM)
- D'ólfadh sé an tSionainn. (T)
- D'ólfadh sé Loch Éirne. (I)
- D'ólfadh sé as tóin an chiotail é. (MS)
- D'ólfadh sé leann as hata duine mhairbh. (F)
- D'ólfadh sé an ceann caol den abhainn. (F)
- D'íosfadh sé cába Chríost. (M)
- D'ólfadh sé cába Chríost. (F)
- D'íosfadh sé faoi agus thairis. (Sp)
- D'íosfadh sé an bhálóid. (Sa)
- D'íosfadh sé an saighdiúir agus a bheilt. (Sa)
- D'íosfadh sé a dtiocfadh agus a dtáinig. (Sa)
- D'íosfadh sé an t-iarann le goin. (Sa)
- D'íosfadh sé taobh-bhalla an tí. (MS)
- D'íosfadh sé an diabhal, dá bhfaigheadh sé greim lorgan air. (I)
- D'íosfaidís na clocha, dá bhféadfaidís iad a chogaint. (F)

Leagan 7: cf. SFM 6. Leagan 14: cf. Clár – earc

4112 D'ól mé deoch le tart, deoch gan tart, is deoch le faitíos roimh an tart. (F)

- Deoch don tart nach dtáinig. (T, B 6/1936)

Abairt as 'Deilín an Bhacaigh' é seo.

4113 Dónall ar meisce is a bhean ag ól uisce. (S 4/1925)

- Dónall ar meisce is na páistí ag géimreach. (Casla)
- Dónall ar meisce is na páistí ag géimneach, ag screadach is ag léimneach. (CR)
- Dónall ar meisce agus a bhean ag ól uisce agus na páistí ag scréachaíl. (MÓD)

- Nuair a bhíos Seán ag ól bíonn a bhean ag gol. (Ca)
- Dónall ar meisce is na páistí ag géimireacht. (Casla)

Eisean le drabhlás, is a mhuirín beo bocht.

4114 Fear ag ól is a bhróga briste,
Fear eile ag ól is gan bróg ar bith air. (MÓD, DS)

- Fear ag gol is a bhróga briste,
  Fear eile ag gol is gan bróg ar bith air. (TÓM)
- Is minic ariamh a d'ól fear coróin is bun a bhróige briste. (CR)
- Is minic a d'ól mé coróin leat,
  Is bonn mo bhróige briste;
  Ach ní ólfainnse níos mó leat,
  Dá mbeinn ag ól an uisce. (IG 8/1905 l. 154 (véarsa agus scéal))

4115 Fear óltach, fear gleo. (Sa)

- Dhá dtrian cainte ag lucht póite. (S 2/1927)

cf. 3847

4116 Fíon inniu, uisce amáireach. (TN 28/12/1893)

- Lá ag ól leanna, is lá ag ól uisce. (GSe)
- Lá ar meisce is dhá lá ag ól uisce. (MÓD)

Nuair atá an t-airgead caite ar ól, múchtar an tart le huisce (GSe).

4117 Galar gan náire an tart. (S 2/1925)

- Is olc an galar an grá ach is galar gan náire an tart. (RM)

4118 Is deacair amhrán a rá gan gloine. (TÓM)

- Ní féidir olann a shníomh gan bealadh is ní féidir amhrán a rá gan gloine. (BB 171)

4119 Is é leigheas na póite a hól ar maidin. (TÓM)

- Leigheas na póite a hól arís. (RM)
- Leigheas na póite ar maidin a hól arís. (MÓD)
- Leigheas an phótaire ól arís. (MS)
- Is é leigheas na póite ól arís. (S 4/1926)
- Leigheas na póite é a ól san athuair. (Sp)

Iomarbhágh xxi 22c 'Leighseas neimhe neimh eile', Búrd. 55.

4120 Is fearr duine a shábháil ar an ól ná ar an bhfarraige. (Ár, Cum. Béal. 101, 548)

4121 Is furasta tosaí ar an ól ach is deacair éirí as. (CR)

4122 Is í an chéad ghloine an námhaid is mó ag an dara gloine. (GS)

Go ndéanann an chéad ghloine feall ar an dara ceann: má ólann tú ceann ólfaidh tú ceann eile. cf. Búrd. 6.

4123 Is iomaí clampar a tharraing an t-ól. (GS)

4124 Is iomaí duine a bheadh ar meisce, dá bhfaigheadh sé deoch in aisce. (DÓM, Sl)

4125 Is iomaí fear nár ól ariamh pingin,
Ag scríobadh na déirce is a mhála ar a dhroim. (S 4/1926)

- Is iomaí fear nár ól ariamh pingin,
  A bhfuil mála na déirce ar a dhroim. (GS)
- Is minic a bhí an t-ádh ar an bhfear a bhíos ag ól,
  Is an mí-ádh ar an bhfear nach mblaisfeadh deor. (GS)
- Is iomaí fear in Éirinn nár ól ariamh coróin,
  A bhfuil paca na déirce thiar ar a thóin. (U, B 6/1933)
- Tá céad fear in Éirinn nár ól ariamh deor,
  Ag fuirseadh na déirce is málaí ar a dtóin. (T, B 6/1933)

4126 Is maith a bheith súgach sárchríonna. (S 3/1926)

Seanfhocal (i mBéarla is Gaeilge) in BC 458

4127 Is maith an bhean chaointe an baraille. (TÓM)

- Is maith an bhean chaointe an bhiotáilte. (MÓD)

SFM 2

4128 Is maith an tráth dí tart. (GS)

4129 Is maith deoch bheag ach ní dhéantar deoch mhór gan díobháil. (GS)

4130 Is milis á ól é ach is searbh á íoc é. (S 12/1919)

- Is milis á fháil é ach is searbh á íoc é. (IG 9/1905)

- Is milis á ithe é ach is searbh á íoc é. (S 6/1929)
- Is milis fíon ach is searbh a íoc. (IG 8/1905, TÓM)
- Is milis lena ithe é ach is searbh lena íoc. (AR 453)

B'fhéidir gur ag tagairt dó seo atá píosa in TB 2, VII, 1 'óir an deóradh,' etc.; Cinnlae I 20, O'Daly 93, College 210, 288, Lessons 41; Rel. II 495. Leagan 4: IM idem.
Idem YD 58, DC 83, 158; Véarsa in Dafydd ap Gwilym xvii: leagan de in SH 407, AWM 187, NG I 56, L II 135, is b'fhéidir ceann eile in II BSR 310.

4131 Is minic a tháinig ól mór as snagaireacht. (CS 21/3/1903)

4132 Is mó carthanas a bhíos i ngloine biotáille ná a bhíos i mbaraille bláthaí. (GS)

4133 Is túisce deoch ná scéal. (Ca)
- Tagann deoch roimh scéal. (IG 12/1905)
- Is giorra deoch ná scéal. (Ca)
- Is goire deoch ná scéal. (S 5/1924)

1. Go dtagann deoch roimh scéal.
2. Gur giorra a bheadh duine ag ól gloine ná ag insint scéil.
3. Nuair atá deis nó cruthúnas agat a ghiorróidh do scéal.
Neilson I 101, O'Daly 93, College 289.
An chéad líne de rann in D 221: MIP 357 (dáta 1663). Féach freisin an t-agallamh idir Sgannlan agus Colmcille (Lismore Lives 313). Leagan 3: idem Ray 226.

4134 Leigheas Chathail ar an tart. (Ca, RM)

1. Oiread céanna den rud goirt a ithe arís: d'ith Cathal breac goirt is ní raibh sé in ann a thart a chosc ina dhiaidh; nuair a chinn gach uile shórt air, d'ith sé breac goirt eile, is deirtear nach dtáinig tart air arís an lá sin (Ca).
2. Leigheas nach raibh aon mhaith leis (RM).

4135 Marar ól sé, shuigh sé ar leathbharaille. (MS)

4136 Mí-ádh i gcónaí deireadh na pótaireachta. (AR 373)

4137 Mo mhallacht go bráth,
Ar an ngloine ghránda ghann,
Is go mba mheasa ná sin an lámh,
Nár chuir a leathlán ann. (M)

Rann mar é in D 164 (tús 17ú haois, b'fhéidir), Cat. II (Eg. 127, 84 pp.; dáta 1775), IM I LIV (leagtha ar Chearbhallán).

4138 Ná bí crua is ná bí bog, is ná bí siollach i dteach an óil. (Ca, Sp)
- Ná bí tirim agus ná bí fliuch agus ná bí siléigeach i dteach an óil. (RM)
- Ná bí siléigeach ag teach an óil. (Ca)
- Ná bí ráiteach i dteach an óil. (MÓD)
- Ná bí siúlach i dteach an óil. (MÓD)

1. Gan a bheith crua ná caifeach le d'airgead sa teach ósta (Ca).
2. Roinnt a ól, ach gan fanacht ann rófhada (RM).
Tá an leath deiridh in D 177: rann in O'Daly 80, ZCP VI 272.
cf. nóta ar 'síleach' in Ériu IX 22.
cf. 4287

4139 'Ná hól an t-ól,' arsa an t-ól, 'gur eol duit go n-ólfar é.' (Ca)

Ná hól aon deoir go dtí go mbeidh sé feiliúnach lena ól.

4140 Ní furasta ól gan síolthú. (MÓD)
- Is doiligh ól gan síolthú. (DÓM, Sl)

Ní féidir ól gan leanúint dó.

4141 Ní meisce is miste liom, ach leisce í a fheiceáil orm. (Ár)

Rann in D 160 (ls. Muimhneach den 18ú haois), freisin ar l. 533 den LHI (Hyde).

4142 Níor fhacthas an tríú sinsear san aon teach ósta amháin ariamh. (RM)
- Ní théann airgead an óil i bhfad. (RM)

Ní fhanann lucht díolta óil i bhfad in áit amháin; imíonn siad is bíonn sloinne eile os cionn an dorais.

4143 Ní póit is fearr leis, ach ól is áil leis. (GS)

Más maith leis braon óil, níl sé ag iarraidh é féin a chur ar meisce.

4144 Ní thógtar fear ar bhainne. (CS 1899)

Ólann sé rud éigin eile.

4145 Nuair a bhíos an fíon istigh bíonn an chiall amuigh. (Ca)
- Nuair a bhíos an braon istigh bíonn an chiall amuigh. (CC)
- Nuair a bhíos an t-ól istigh bíonn an chiall amuigh. (F, IG 10/1905)

TC 31, 13. SF 9, 10. Aithdhioghluim Dána 15 5d. Rel. II 479, 506.
Idem Béarla agus na teangacha Rómhánacha (as Laidin Plinius): App. 164, Ray 142, SH 571, NG I 342, O vinum 3. Lipp. 999.

4146 Nuair a d'imigh an leann, d'imigh an greann. (Sa)

Ní bhíonn greann gan braon óil.

4147 Nuair a ghabhas tú isteach i dteach (an) ósta, breathnaigh ar do bhróga ar dtús. (Ca, RM)

Go bhfeicfidh tú an bhfuil drochbhróga ort: ní cóir d'airgead a scaipeadh ar ól má tá drochéadach is eile ort.

4148 Nuair a thigeas an t-ádh, tig an t-ól,
Ach nuair a thigeas an mí-ádh dheamhan deor. (S 4/1918)

- Nuair a thigeas an t-ádh, tig an t-ól,
Ach nuair a thigeas an mí-ádh, tigeann an deor. (T, B 6/1936)
- Nuair a thigeas an t-ádh, teagann an t-ól,
Is nuair nach dtigeann, dheamhan deor. (CC)

4149 Oíche aerach, maidin bhrónach,
Sciortaí salacha is pócaí falmha,
Sin é bhíos ag fear an óil. (TÓM)

- Oíche aerach, maidin bhrónach,
Sciortaí salacha, pócaí falmha,
Seo é luach saothair na meisceoirí mallaithe. (MÓD)
- Oíche shúgach, maidin bhrónach,
Póca falamh is cóta salach. (I)
- Sciortaí salacha, pócaí falmha. (T, B 6/1936)
- Tagann lá brónach i ndiaidh oíche sultúla. (Ca)
- Oíche shúgach a dhéanas maidin bhrónach. (Ca, S 2/1927)

Tóraidheacht agus Searc (1, XX 7).

4150 Ól gach a bhfeicfidh do shúil de lionn dubh Márta. (MÓD)

cf. 'Beoir mhaith Mhárta' (ACG 50), freisin Amh. Ch. 130, 289.

4151 Ól inniu is póit amáireach. (Sa)

Póit (.i. breoiteacht) a bhíonn ar dhuine an lá i ndiaidh an óil.

4152 Sceitheann meisce mírún. (S 11/1927)

- Roinneann meisce mírún. (CF)
- Sceitheann fíon fírinne. (CS 5/12/1903)
- Sceitheann an mheisce fírinne amach. (TÓM)
- Ní cheileann meisce rún. (CF)

SF 2, 13 – 'Adcota flaith (leg. laith?) labrai'; TI 204: College 299; leagan in MIP 67. Leagan 3: IM idem.
App. 168, SH 223, DC 125, O vinum 2.

4153 Seachain teach an tábhairne, nó is bairnigh is beatha dhuit. (CM)

4154 Seanfhocal cóir a chanas go leor,
Gur duine gan treoir a gheofas bás leis an tart. (S 11/1918)

4155 Tá grá, páirt, is carthanas, deamhan, diabhal, is mac fallachtan san ól. (F)

- Is deas é an t-ól,
Bheir sé spóirt d'fhear gan croí,
Féile don fhear a bhíos crua,
Ciall is stuaim don daoi,
Misneach don fhear a bhíos fann,
Is cé miste dhom stad de mo rann,
Cuir chugam an dram anall. (M)
- 'Is maith an t-ól,' arsa an pótaire,
'Beireann sé spóirt d'fhear gan croí,
Oineach don fhear atá crua,
Ciall agus stuaim don mhnaoi,
Misneach don fhear atá fann,
Lena fhocal in am a rá;
Ní miste dhom stad de mo rann,
Cuir chugam an dram sin anall. (GSe, B IV 177)
- Tá grá agus páirt agus carthanas ann,
Tá deamhan agus diabhal agus mac feallasan ann. (CF, B IV 152)

Go spreagfaidh an t-ól ceann éigin acu i ngach uile dhuine.
cf. AA 8/1937 agus S 4/1920 le haghaidh scéilín faoi. Búrd. 54.

4156 Tart i ndiaidh an óil agus brón i ndiaidh an airgid. (Ac)

OLC

4157 Aithníonn an donas a dhuine féin. (Ac 1/1908)

Cúpla leagan de in YD 76 (Edwyn diriad ei gymar, etc.).

4158 Aithníonn na hoilc na hangair. (RM)

Tuigeann duine dona cás an té atá chomh dona leis féin.

4159 An iomarca ban i mbaile gan abhras, nó an iomarca gé i mbaile gan turlach. (S)

- An iomarca cailleach i mbaile gan abhras, nó an iomarca gé gan connlach. (MÓD)

Is dona an rud iad a bheith díomhaoin.
cf. 5137

4160 An rud nach bhfuil tú in ann a bheochan ná maraigh é. (GS)

Ná déan olc nach bhféadfaidh tú a leasú.

4161 An té a bhíos go holc buailtear sa tsrón é. (LM, Cum. Béal. 91, 15)

4162 An té a ghníos an eascaine, tuiteann sí air féin. (TÓM)

- Más leat an teanga, go mba leat an tairbhe (.i. leis an duine a bhí ag eascainí). (CC)

Id. App. 130.

4163 An té a mbeidh an donas ar maidin air, beidh sé tráthnóna air. (AR 340)

cf. 9

4164 An té nach n-ólfaidh an deachmha, bíodh sé ar easpa an leanna. (CnM)

An té nach nglacfaidh an t-olc, ní bheidh an mhaith aige.
Líne de rann é a thagann isteach i scéal (cf. BB 217); cé is moite de sin, ní fhaightear an focal, creidim.

4165 As na sneá a thagann na míola. (GS)

- Áit dá dtagann na míola, tagann na sneá. (RM)
- Nuair a thigeas na míola, tigeann na sneá (na gearba). (Sa)

Déanann olc amháin tuilleadh.
Deirtear gur ordaigh Cromail aos óg na hÉireann a mharú, ag rá gur 'as na sneá, etc.' (GS)
Id. App. 446; leagan eile SH 315, a deir gurbh é focal Chromail é le aithis a chaitheamh le roinnt dá fhóinteoirí.

4166 Bhuailfeadh an tubaiste le duine i lár an bhóthair. (GS)

Go mbíonn an t-olc i ngach uile áit.

4167 Bíonn fear na n-adharc siúlach. (LMóir)

Go mbíonn an diabhal gnóthach i gcónaí.
cf. 2511

4168 Chomh searbh le domlas. (GS)

4169 Codladh fada is mí-urraim, dhá rud dona. (S 11/1923)

21, 7 – 'ro chotlud' .i. ceann de na rudaí is measa don cholainn.

4170 Cuirtear an sneachta ach ní féidir a bhaint. (RM)

Is éasca an dochar a dhéanamh, ach ní féidir a neamhdhéanamh.

4171 Dhá dhrochghalar, grá mná nó gráin fhataí. (F)

4172 Dhá dtrian den donas a bheith suaitheantach. (Ac)

cf. 4492

4173 Díogha gach síne sioc,
Díogha gach buíne drochbhean,
Díogha gach tine fearnóg ghlas,
Díogha gach dí meadhg más sean. (AR 162)

- Díogha gach síne sioc,
Díogha gach buíne drochbhean,
Díogha gach tine aibhleog ghlas,
Díogha gach dí meadhg más sean. (M)
- Díogha gach sín flichshneachta fuar,
Díogha gach tine fearnóg úr,
Díogha gach dí meadhg sean,
Díogha gach uile dhíogha drochbhean. (S 12/1919)
- Díogha gach sín flichshneachta,
Díogha gach tine fearnóg úr,
Díogha gach díogha drochbhean tí. (RM)
- Díogha gach síona sioc,
Díogha gach tine fearnóg úr,
Díogha gach díogha agus díogha an tsaoil,
Drochbhean tí. (Cloigeann)
- Díogha gach sín, sioc más buan,
Díogha gach tine fearnóg úr,
Díogha gach bidh, mil más sean,
Díogha gach díogha drochbhean. (MC, S 5/1927)
- Díogha gach síne (síona), sioc más buan,
Díogha gach milseáin, mil más sean,
Ach díogha an domhain ar fad,
drochbhean. (CR)

D 245 (ls. 1779); SF 1, 19 (FFx 5, 9); TC 16, 121/122 – 'at olca etir maithi, at messa etir olcu' (.i. mná). Scot. Cat. 213 (rann; ls. LXV). 23 B 38, College 212.
YD 112 (Gwraig ddrwg, y drycaf o bob drwg), DC 129.
Síor. XXV 13.

4174 Díomá Pheadair dhíot! (Sp)
- Diombuaidh Pheadair dhuit! (LMóir)
- Díomá Naomh Peadar dhuit! (LMóir)

Eascaine bheag. Naomh Peadar atá i gceist.

4175 D'ordaigh Dia an anachain a sheachaint. (AR 617)
- D'ordaigh Dia an aicíd a sheachaint. (MS, C)
- D'ordaigh Dia an cith a ligean thart, d'ordaigh Dia an anachain a sheachaint. (TÓM)
- Is cóir anachain a sheachaint. (CC)
- Is fiú an anachain a sheachaint. (RM)
- Is fiú an t-olc a sheachaint. (AR)

Olc nó tubaiste nó drochdhuine a sheachaint.
As an mBíobla (?) cf. 1 Pead. III, 11, etc.
cf. 138, 3588 agus 4235

4176 Eascaine baintrí an eascaine is measa ar bith. (Ár)
- Seachain thú féin ar eascaine na baintrí. (GS)
- Is maith é beannacht na baintrí, is is dona é a mallacht. (Ca)
- Is olc an rud mallacht an tseanduine. (TÓM)

As an mBíobla (?) cf. Eax. XXII 22/23.

4177 Fág an donas go deireadh. (TÓM)
- Is iondúil go mbíonn (.i. go bhfágtar) an donas go deireadh. (Ca)
- Is maith an rud dorn ó dhreoilín ar cairde (.i. an dochar is lú féin a chur ar cairde. (TÓM)

Leagan eile ÓD (Pádraig)

4178 Filleann an t-olc mar a fhillfidh an bháisteach in aghaidh na gaoithe. (TÓM)
- Filleann an t-olc nuair a fhilleas an bháisteach in aghaidh na gaoithe. (S)

4179 Focal ó líob is dealg ón draoib,
Sin an dá rud is mó a rachadh thríot. (UA)
- Dealg láimhe nó focal amadáin. (S 6/1918)
- Dealg láibe nó focal amadáin. (M)
- Dealg fóthannáin nó focal amadáin. (Sp, Cum. Béal. 6, 12)

Is géar an ghoin a thabharfadh ceachtar acu duit, agus sin nuair nach mbeadh aon cheapadh leis.
O'Daly 91.
As an mBíobla (Seanfh. XXVI 9). LSM 30d, 152n, 8s (lingua stulta).
cf. 5157

4180 Gach duine, gach olc. (Sl, Cum. Béal. 108, 222)

4181 Géilleann Dia don anacair. (RM)

Go ligeann Dia di teacht ar dhaoine.

4182 Ghníonn olc olc. (MÓD)

Ud. Mor. 39 – 'o ulcc fo-fenar olc.' College 285.
As an mBíobla (?) cf. I Sam. XXIV, 14.

4183 Glacann gach dath dubh, ach ní ghlacann dubh aon dath. (MS)
- Glacann gach dath dubh, ach ní ghlacann gach dubh dath. (Ac)

Is éasca don olc greim a fháil ar rud, ach ní féidir aon fheabhas a chur ar an olc.
II BSR 230, L I 15, Ray 72, App. 53, NG III 40, 409.

4184 I bhfad ón anachain is fearr a bheith. (GS)

4185 In aimsir dóláis ná hiomad scéal. (Sp)

Gur leor donas amháin sa turn.

4186 Is beag idir an t-olc is an mhaith. (AR 517, M)
- Is beag idir an t-olc is an anachain. (CF)
- Is beag a bhíos idir an t-olc is an mhaith. (F, RM)

Gur éasca an t-olc a athrú ina mhaith nó an mhaith ina holc.
College 54, 194.
Leagan de in App. 624.

4187 Is caol a thiocfaidh an anachain. (M, Cum. Béal. 114, 523)

De réir a chéile (?)

4188 Is cúng an doras a dtéann an t-olc isteach ann. (GS)

4189 Is deacair an drochrud a cheilt. (F)

4190 Is doiligh an drochrud a mharú. (F)
- Is doiligh an drochdhuine a mharú. (Ca)
- Is doiligh drochrud a mharú. (Ac)

BC 659.
B'fhéidir gurb é seo an leagan Gaeilge ar 'Mala herba non interit,' focal atá ar fáil go fairsing san Eoraip, cf. I BSR 48, 49, SH 218, PB 15, Mélusine X 259, L I 51, Lipp. 903, LSM 147p.

4191 Is doiligh an gearradh domhain a chneasú. (F, TÓM)

- Is deacair an gearradh domhain a chneasú. (TÓM)

Dochar mór, droch-lot nó droch-ainm.

4192 Is duine lagbhríoch a leanfadh an dríodar. (S)

4193 Is fada siar iarsma an drochbhirt is ní bhíonn buan ach an ceart. (Ca)

- Fada iarsma na drochbhirte. (CR)

O'Daly 82, 91, Búrd. 78.

4194 Is fearr a bheith i do chónaí ná a bheith ag déanamh oilc. (AR 377)

- Is fearr a bheith díomhaoineach ná a bheith drochghnóthach. (S 5/1929, AR 328)
- Is fearr a bheith díomhaoin ná a bheith drochghnóthach. (Sa)

Idem App. 45, Ray 106.

4195 Is fearr an té a éiríos as ná an té a fhanas ann. (Ca, Sa)

- Is fearr an té a éiríos as ná an té a thuiteas ann. (Sp)
- Is fearr an té a éiríos as ná an té a bhuaileas ann. (TÓM)
- Is fearr an té a éiríos as an mí-ádh ná an té a fhanas (bhuaileas) ann. (CR)
- Is fearr an té a thigeas ná an té a fhanas. (RM, Ca)
- Is fearr an té a thigeas ná an té a fhágtar. (Ca, RM, CF)
- Is fearr éirí as ná bualadh ann. (Sa)
- Is fearr éirí as ná tuitim ann. (CF)
- Is fearr an té a éiríos ná an té a thuiteas. (IG 9/1905, TÓM, RM, MÓD)
- Is fearr an té a éiríos as ná an té a bhuailfeadh ann. (GS, CC)

Measaim go bhfuil dhá sheanfhocal nó trí tite le chéile anseo.
Seo na mínithe atá faighte agam orthu:
1. Is fearr do dhuine a theacht ó dhonas (mí-ádh, tinneas, etc.) ná fanacht faoi (CC).
2. Is fearr an té a dhéanann go maith (éiríonn, etc.) sa saol ná an té a dhéanann go dona. (MÓD).
3. Is fearr an strainséara a thagann chugat ná an té atá ag imeacht, a bhfuil seanaithne agat air. (RM)
Leagan 9: O'Daly 92.
cf. 5040

4196 Is fiú an t-olc a sheachaint. (AR)

- Is fiú an anachain a sheachaint. (RM)

4197 Is fusa leagan ná tóigeáil. (CF)

- Is fearr aon fhear ag leagan ná dháréag ag tógáil. (AR 444)
- Is fearr duine ag leagan ná beirt ag tóigeáil. (CF)

Is éasca olc a dhéanamh ná maith.
Focal fairsing, App. 174, SH 232, YD 119, II BSR 138, L II 230.

4198 Is fusa tuitim ná éirí. (S 9/1927, CM)

Idem App. 174, SH 232, YD 118, PB 13, L II 230; leagan gar dó in MR 28.

4199 Is gearr idir an cnocán agus an t-eanach. (AR 525, CR, CnM, M)

- Níl cnocáinín aerach nach fogas dó móinín fraoigh. (F)

Faightear an focal seo ar fud Chonnacht ó dheas, ach is doiligh míniú faoi shásamh a fháil lena aghaidh; seo cuid dá bhfuil ag imeacht:
1. Is gearr idir an t-olc is an mhaith (RM, GS)
2. Bíonn talamh bog fliuch (nó abhainn) ag bun gach cnocáin (CR, CnM, RM).
3. Is drochthalamh a bhíonn sa dá áit (RM).
Lessons 296.

4200 Is gearr ón intinn an t-olc. (GS)

Go bhfuil an t-olc i d'intinn má thograíonn tú a úsáid.

4201 Is leithne bualtrach bó le saltairt uirthi. (AR 375)

- Is leithne bualtrach bó le seasamh uirthi. (M)
- Is leithne cac na bó saltairt ann. (DS)
- Is leithne cac bó a sheasamh air. (M, AA 6/1939)

Baint dá laghad le drochrud, is cuidiú lena scaipeadh é.
Rel. I 159, II 498.
Idem Ray 259, DC 42; le haghaidh seanfhocail gaolmhar leis a fhaightear ar fud na hEorpa, cf. II BSR 30, LSM 53, 54m, 162s.

4202 Is leor an t-olc nuair a thiocfas sé. (S)

4203 Is leor don lá a olc féin. (S, M)

As an mBíobla (Mth. VI 34). Tugtar an téacs in Tóraidheacht 7 Searc III 30, 2.
Idem SH 406, L II 163

4204 Is lofa an rud atá lofa. (M)

Níl leigheas ar an olc.

4205 Is mairg a bhíos go dona. (Ca)

4206 Is mairg a chuaigh ariamh ar drochlorg. (MÓD)

A ghlac áit duine ar chinn air aon mhaith a dhéanamh ann.

4207 Is mairg a mbíonn a chairde fann,
Is mairg a mbíonn a chlann gan rath,
Is mairg a mbíonn a bhothán gan bhean,
Ach is measa a bhíos gan olc gan mhaith. (AR)

- Is mairg a bhíos gan clann,
Is mairg ag a mbíonn clann gan rath,
Is mairg a bhíos i mbothán gann,
Is is mairg a bhíos gan olc gan mhaith. (T)
- Is mairg a mbíonn a chairde gann,
Is is mairg a mbíonn a chlann gan mhaith. (Ca)
- Is mairg a mbíonn a charaid fann,
Is mairg a mbíonn a chlann gan rath,
Is mairg a bhíos i mbothán bocht,
Ach is mó ná mairg a bhíos gan olc ná maith. (RM)

D 236 (ls. 18ú haois), College 288.

4208 Is mairg a thugann drochlá dhó féin. (Ca)

4209 Is mairg don té a mbíonn an drochrún aige. (IG 9/1905)

4210 Is maith an chreach a roinntear. (S 7/1927, TÓM)

- Is mór an chreach nach roinntear (.i. an bhris ag luí ar dhuine amháin). (MÓD)
- Ní holc an chreach a roinntear. (CF)

1. An t-olc a bheith roinnte ar go leor daoine: cf. BB 5.
2. Nach mbíonn ábhar casaoide má roinntear an éadáil go cothrom.
3. Nuair a fhaigheann duine bás, mar a bhíonn áthas ar dhaoine nach dtugtar an dara duine uathu (Ca).
ADR 70, 163.

4211 Is námhaid don tsuaimhneas an imní. (Ca)

Id. An crann géagach 53.

4212 Leanann náire is brón an duáilceas. (TÓM)

4213 Marach an líon ní bheadh an barrach ann. (Ca)

4214 Más fada a bheidh tú amuigh ná bíodh an drochscéal abhaile leat. (F)

4215 Más peaca a bheith buí, tá na mílte damanta. (GS, CR, Ca)

- Más peaca a bheith buí, tá na mílte damnaithe. (F)
- Más peaca a bheith buí, tá na mílte tumanta. (MS)
- Más peaca a bheith beo, tá na mílte damanta. (Ac)

4216 Ná beannaigh don diabhal go mbeannaí sé dhuit. (RM, Ca)

- Beidh tú sách luath beannú don mhí-ádh nuair a bheannaíos an mhí-ádh dhuit. (GS)
- Ná beannaigh don diabhal go mbuaileann tú leis. (MS)
- Tá sé sách luath agat beannú don diabhal nuair a chastar ort é. (Ac)

Leagan 4: cf. Joyce 62.

4217 Ná bí ag meabhrú na hanachaine. (CF)

- Ní ceart an anachain a chomhaireamh. (Gearrbhaile 1937 l. 27)

Ag comhaireamh na n-olc; níl sé ádhúil.
BB 5, is b'fhéidir TC 6, 23 'rop dermatach uilc'. PHL Breac 8172 'a chuimniugud cecha huilc', 8173 'a dermat cecha maithiusa' .i. ainmneacha a ghlaonn an diabhal ar anamacha atá á gcrá in Ifreann.

4218 Ná tarraing an anachain mara bhfuil tú i riocht í a chur dhíot. (Ca)

- Ná tarraing achrann mara bhfuil tú in ann a chur dhíot. (LMóir)

4219 Ní beag beagán de rí-dhrochbhrochán. (S)

Is leor beagán den olc (nó den drochrud).
II BSR 79 (De mala masa un bollo basta), NG I 278.

4220 Ní beag do dhall a bheith dall, gan é a athdhalladh. (GS)

Is leor an t-olc is gan a dhéanamh níos measa.

4221 Ní bhíonn duine chomh tapa cneasaithe is a bhíos sé gortaithe. (TÓM)

- Is éascaí duine a ghortú ná a leigheas. (RM)

  Id. App. 292. Leaganacha mar é sna teangacha Rómhánacha (II BSR 200).

4222 Ní chuimhníonn an fear ciontach ar a chion. (Ca)

4223 Ní donacht é an donas gan an sonas a bheith tríd. (RM)

4224 Ní gnáthach donas a theacht ina aonar. (AR 77)

- Ní thagann trioblóid ariamh ina haonar. (CF)
- Nuair a thagann rud, tagann dhá rud. (RM)
- 'Ní thagann an léan leis féin,' mar a dúirt an tseanbhean, nuair a cailleadh a fear is rug an chearc amuigh. (F)
- As an mbriseadh tigeann an réabadh. (Sa)
- Ligeann mí-ádh do mhí-ádh eile. (TÓM)
- Nuair a thagas bris tagann tuilleadh bris. (Cum. Béal. 91, 18 gan áit)

  Tá leagan de in BC 488. Cinnlae II 178. Neilson II 13. O'Daly 95.
  Idem App. 419, L II 270, 330: cf. DC 100 (Gyda'r drwg, etc.), II NG 33, O fortuna 15, malum 1, 2.

4225 Ní hionann a bheith go dona is go ródhona. (CC)

4226 Níl duine ar bith in ann a mhéar a chur i slige na luaidhe, gan é féin a dhó, ach tincéara. (GS)

Níl ach drochdhuine in ann maireachtáil go holc.

4227 Níl leigheas ar an olc ach gan a dhéanamh. (RM)

- Níl ceilt ar an olc ach gan a dhéanamh. (CF)

  'Cleith' (.i. ceilt) atá in Eg. 127, 75c (Cat. II, dáta 1775). is Sil. Gad. I 560 (nótaí).

4228 Ní maith an rud fómhar gan arbhar,
Ní maith a bheith garsúntach le tréan,
Ní maith í an óige gan smachtú,
Is ní maith é rathúnas na mbréag. (M, Sp, B IV 136)

O'Daly 79.

4229 Níor ceanglaíodh ariamh dris le deilgne. (Ca)

Nach inrásta a dhul in aice drochdhuine chruthanta.

4230 Níor tháinig aon rud maith as rud dona ariamh, is níor tháinig aon rud dona as rud maith. (Ár)

4231 Ní tháinig aon nimh ariamh as an tine. (GS)

- Níor tháinig nimh de thine. (F)
- Ní thigeann nimh ó thine. (M, Cum. Béal. 117, 94)

  Scéla na hEsergi – 'cuirfiter na huli sin hi cruth bas aldiu . . . iarna nglanad tria thenid mbratha' (RC XXV 234); dán as ls. den 17ú haois:
  'Siud sin anois sa teallach,
  ann a bhféachtar gach miotal bradach,
  ghlanas an t-ór ó gach salach' (RC XIV 157).
  In Survivals 208 (áit a dtugtar an seanfhocal Albanach, 'Cha tig olc a teine') gheofar trácht ar chleachtaí éagsúla a bhain le tine i measc na sean-Cheilteach; féach Sanas Chormaic, 'beltaine,' 'bil.' Freisin, an phisreog, an té a mbíonn sméaróid ina ghlaic aige, níl sé i mbaol ó shióga.
  Féach Síor. II 5, Seanfh. XVII 3, O ignis 2.

4232 Ní thuiteann an eascaine ar na clocha glasa. (Ca)

- Ní thuiteann eascainí ar chlocha ná ar maidí. (Cum. Béal. 91, 6 gan áit)

  Ach ar an té a dhéanann iad (LMóir).
  cf. Mac (curse).

4233 Nuair a rinneadh an chéad pheaca is ea a las an ghiúsach. (Ár, Cum. Béal. 101, 548)

4234 Scaipeann an anachain go sciobtha. (Cum. Béal. 91, 12 gan áit.)

4235 Seachain an t-olc is déan an mhaith. (Ind, CF, GS)

Ud. Mor. (ZCP XI 86) – 'ni-ria maith ar olc'; Bethada náem nÉrenn I 7 – 'treiccidh an gnímh as mesa foran soighníomh' .i. comhairle a chuir Naomh Abán ar an dá arm a bhí ag ullmhú chun troda; 'Ná tréig maith ar olc gan ádh,' atá i nduan as Duanaire Mhic Shamhradháin (AA 12/1939). Tá an seanfhocal thuas in Instructio Pie Vivendi et Superna Meditandi (ITS XXIX 110).
As an mBíobla, I Pead. III, II is Salm XXXVII 27 (téacs a tugtar le tiontú Gaeilge in 3 TB XIV 10). MR 30, LSM 41o.
cf. 3588 agus 4175

4236 Seachain do shúil ar an tsúil chorr. (GS)

4237 Seachain lucht meisce, lucht leisce is drúise. (Ca)

Líne d'amhrán é in ADC I 32 agus LHI (Hyde) 468.

4238 Siúil go tapa ón drochfhuadar, nó b'fhéidir go dtiocfaidh sé suas leat. (S)

4239 Tá a donas féin i chuile áit. (CS 18/5/1912)

- Níl tír ar bith gan a donas féin. (RM)

YD 46 (ceir y drwg ym mhob man).

4240 Tá an leigheas chomh dona leis an aicíd. (I)

SH 458, HV 284, BSR II 202.

4241 Tabhair a roghain don bhodach is toghfaidh sé an díogha. (S)

4242 Tiocfaidh an drochscéal uair eicínt. (CF)

4243 Tugann súil an duine mart chun coire agus corp chun cille. (RM)

A Dialect of Donegal 195: cf. Mac (evil-eye).

ONÓIR

4244 Abraíonn mac bacaigh gur duine uasal é féin. (CnM)

4245 A lucht an uabhair is an mhagaidh,
A lucht an óir is an eallaigh,
Ag marcaíocht go díomasach ar eachraí,
Is daoibh is baolach deireadh na beatha. (GS)

Véarsa as 'Turas na Croiche' é in S 3/1926.

4246 An dias is troime, is í is ísle ceann. (Ca)

- Is í an dias is troime is ísle a chromas a ceann. (GS)

cf. Ray 499 le haghaidh leagain mar é.

4247 An onóir bhocht an onóir is measa ar bith. (Sa)

4248 An té a ardaíos é féin, íslíonn Dia é. (S 4/1925)

- An té a ardaíos é féin, ísleofar é. (M)
- Má ardaíonn tú thú féin, ísleoidh Dia thú. (RM)
- Ná suigh sa gcathaoir ard ar fhaitíos go mbeidh ort a dhul sa gcathaoir is ísle. (CR)
- An té a ardaíos é féin, íslíonn Dia é, is an té a íslíos é féin, ardaíonn Dia é. (TÓM)
- An té a ísleos é féin, ardóidh Dia é. (M)
- Ísligh thú féin is ardóidh Dia thú. (M, CR)

FFx 1, 61 ; SF 3, 7 (FFx 2, 7); PHL Breac 661; Sil. Gad. I 19 (ls. 16ú aois) 'amail asbert Criost – In ti thóicebas e féin, is nach dingne cach do réir, Isé bhus ísel ádhbaidh, is é bhus fa ghlas a péin;' is tá caint dá shamhail i gcló in ZCP IV 234 – 'dá áit ind léime,' etc. (Eg. 1782: 1517), agus rann in VI 272. Tá an smaoineamh céanna sa Duanaireacht in Dán Dé xxiv 10 b, Iomarbhágh xvi 43, Pilib Bocht12, 16d; 14 (teideal); 19, 24c. Tóraidheacht I 7, 1; II 10, 4; III 23, 3, etc. Seanmóirí Uí Ghallchobhair 112, 15; O'Daly 76. L I 15, LSM 14 o. As an Scrioptúr Naofa (Seanfh. XXV 7; Lúc. XIV 8, 9, 10).

4249 An té a bhuaileas a cheann ar an aer, buailfear a thóin ar an talamh. (Sa)

cf. O pes, 1 (nóta) agus YD 27 (Balch).

4250 An té atá ag éirí sa saol, is deacair é a chur síos. (MS)

4251 B'fhearr le fear mórálach cúig puint ar a dhroim ná cúig puint ar a fheilm. (GS)

4252 Cailín ag Mór is Mór ag iarraidh déirce. (S 6/1918)

- Buachaill ag Mór is Mór ar a cuairt. (Ár)
- Buachaill ag mo bhuachaill is cailín ag mo chailín. (MÓD)

Cailín aimsire ag an mbacach, nó ag an duine bocht.
O'Daly 90

4253 Cloigeann spéiriúil ag an marcach. (Sa)

4254 Coiléar is cuachóga os cionn na ngiobóg, móráil na ndaoine bochta. (CF)

4255 Comhuasal fear ag muir. (CR)

4256 Cótaí móra is pócaí falmha. (RM)

4257 Cuid den uaisleacht an mála a iompar. (CR)

1. Mála duine uasail a iompar (CR).
2. Is comhartha uaisleachta cuidiú le duine, cuir i gcás, a mhála a iompar scaitheamh (RM).
3. Measaim gurb í an déirc atá i gceist anseo .i. gur iomaí duine uasal (duine deisiúil) a chaith scaitheamh ag iompar mála an bhacaigh (nó a bhí bocht tráth dá shaol).

4258 Cuileog an chairn aoiligh is mó a ghníos torann. (Ár)

- Is í an bhó is salaí iorball an bhó is airde géim. (GS)

Is é an té is onóraí, an té is lú a bhfuil údar aige a bheith.
Rel. II 475. YD 34, 112 (Butraf).

4259 Cuir bacach sa diallait is réabfaidh sé roimhe. (GS)

- Cuir bacach ar chapall is ní fios cé gcónóidh sé. (Ár)
- Is fearacht an bhacaigh ar dhroim capaill é. (M)
- Tabhair an srian don diabhal is tiomáinfidh sé go hIfreann. (CC)
- Cuir bacach ar dhroim capaill is fágfaidh sé tú féin ar an mbóthar. (Ca)

AMC 73 'bá mórad mogad'; Mac Dáthó (Ir. Texte 97 líne 16); 'Ní dleisde mogh do mhéadaghadh' (Pilib Bocht vi 18d, Aithdhioghluim Dána 89, 18d). D 103, 261 (deireadh 17ú haois). Leaganacha in Ray 70, YD 42, LSM 120a; féach freisin Cóh. X 7 is téacsanna gaolmhar leis.

4260 Dá bhreácha thú ní ghabhfaidh an solas tríot. (RM)

- Dá bhreáthacht thú ní fhásann an solas tríot. (GS)

Tá dhá chiall le 'breá' anseo (1) galánta (2) tanaí, mín. RC XLVI 230, 239 – 'indister comba leir ruithen greine tre bois Grigoir ar seime 7 ara hailgine' (ls. Dún Éidin den 14ú haois, etc.)

4261 Déan suas leis an uaisle is déan cumann léi,
Ach ar do chluais ná bí fuar le do dhuine bocht féin. (AR)

- Bí suas leis an uaisle is bí chomh maith léi. (CF)
- Bí suas leis an uaisle má fhéadair, is ar aon nós ná fág siar do dhuine féin. (CR)
- Déan suas leis an uaisle más féidir leat é,
Ach ar do chluais ná bí fuar chun do dhuine boicht féin. (Ac)
- Ar do chluais ná lig uait ach cuid de do rún,
Is ar do chluais ná bí fuar ar do dhuine bocht féin. (Ac)
- Ag dul síos don ghréin,
Ná bí fuar chun do dhuine bhig féin. (Ac)
- Déan suas leis an uaisleacht agus déan cumann léi,
Ach ar chraiceann do chluas ná glac fuath do do dhuine féin. (GS)

Bríatharthecosc Conculaind (ZCP XV 190) – 'Ní pat úarcraideach im chairdiu'; Bí 118 – 'Dena cumann risin duine' etc. ZCP VI 272 – 'dena comaun re lucht fedma', etc. College 280.
cf. 4459 agus 2302

4262 Fásann sméara is sú craobh ar an gcraobh is ísle bláth. (TN 24/1/1890, UM)

- Fásann sméara is bláth sú craobh ar an gcraobh is ísle bláth. (CS)
- Is minic a bhí torthaí maithe ar chrann íseal. (GS)

Líne as an 'Draighneán Donn' (IM I, 236; AGC 32), ach go hiondúil faightear i dteannta le líne eile é.
CS 13/ 6/1903.
cf. 1959

4263 Hataí arda is na sála gágach. (RM)

- Hataí arda is na sála giobach. (S 11/1926)
- Is minic a bhíos stocaí bána ar shála dóite. (S 9/1927)
- Stocaí bána ar loirgne breaca. (MS, I)
- Síoda fite ar mhuinín bhuí. (RM)
- Luach puint de ribín is é ar iorbaillín saic. (CF)
- Bean uasal agus cluasa caca uirthi. (MÓD)

'Luirgne breaca a gceirtibh lín' atá in aoir Aonghusa Uí Dhálaigh (Tribes of Ireland 72). Féach BB 144.

4264 Imirce an uabhair a fhágas fuaidreamh ar chlann. (GS)

Tagann scaipeadh ar dhaoine a athraíonn teach cónaí le teann mórála.
Tóraidheacht I 9, 1 (Is mór an líon a mealltar, etc.).
cf. 4289

4265 Is cuma leis an éadach cé a chaitheas é. (GS)

Tig le duine ar bith éadach galánta a chaitheamh.

4266 Is dona í an onóir is gan í do d'onóir. (CF)

- Is olc í an onóir is gan a bheith do d'onóir. (RM)

Onóir gan aon chur léi: '. . . dhá t'onóir' a deirtear.

4267 Is fada a théas galántacht. (Ár, Cum. Béal. 101, 554)

cf. ACC 54

4268 Is fearr mo bhósa ná do bhó,
Is fearr mo mhadasa ná do mhada. (ACC 15)

Duine ag déanamh gaisce ar a shealús.

4269 Is fearr poll ar phutóg ná poll ar onóir. (M)

- Is fearr poll ar an onóir ná poll ar an bputóg. (TÓM)

Is fearr an t-ocras ná d'onóir a bheith truaillithe. cf. 728

4270 Is fearr umhlaíocht ná bladaireacht. (Sa)

Is fearr an umhlaíocht a dhéanfadh seirbhís duit ná an bhladaireacht a chainteodh ar sheirbhís gan í a dhéanamh.

4271 Is fiúntaí poll ná paiste. (F, CS 14/11/1903)

- Is dóighiúla poll ná paiste. (I)
- Is fearr preabán ná poll. (R)
- Is fearr píosa ná poll. (AR 428)
- Is onóraí poll ná píosa. (Ár)
- Is fearr paiste ná poll, ach sin a bhfuil. (MS)
- Ní fiúntaí poll ná paiste. (GS)

Rann in D 232 (ls. Muimhneach den 18ú haois). App. 40, 103; YD 103, OSK (Gwell), Arm. 440, II BSR 233 (Mas vale remiendo . . . que agujero . . ., etc.).

4272 Is fiúntaí poll ná píosa, ach is fóintí píosa ná poll. (Ca)

- Is onóraí poll ná píosa, ach is fearr píosa ná poll. (CF)

4273 Is ísle an ghé ná tusa is cromfaidh sí. (AR 141, CC)

Déarfaí é le duine a bhuailfeadh a cheann ar an bhfardoras nó eile.

4274 Is mairg don té a bhíos ró-uaibhreach is a mbíonn cúl a chainte leis. (S 12/1924)

4275 Is minic píosa ar onóir. (RM)

Gur minic bocht nó straoillí í; minic duine bocht onórach.

4276 Is olc é deireadh na huaisle. (F)

*'Doiligh earr na huaisleachta' atá in Duanta Eoghain Ruaidh 6, 4.
cf. 5130*

4277 Le foghlaim le bheith umhal beidh tú in ann ordú. (Ca)

4278 Má bhíonn tú ar sochraid ná bí ar tús ná ar deireadh. (RM)

Nós tíre; in áiteanna sa tír seo, is iad na gaolta (nó gaolta den tsloinne céanna leis an duine caillte) an chéad dream agus an dream deiridh ag iompar na cónra.

4279 Mara mbí tú thuas beidh tú thíos. (IG 9/1905)

4280 Marbh le bród is marbh le bochtanas. (Ca)

4281 Más ionann fad is leithead duit, ní hionann lón is goile dhuit. (T)

An duine leitheadach is gan a dhíol le hithe aige.

4282 Más mionnán a bheireas an gabhar, déanann a mháthair meigeal dó. (BA)

Tig le duine bród a bheith air is gaisce a dhéanamh as an rud atá aige dó féin.

4283 Mórán ardnós mórán costais. (TN 24/1/1890)

Tá trí leagan ag freagairt dó seo in BC 138, 668; freisin cf. Ray 511.

4284 Ná bac leis na bróga ach ceannaigh greim feola. (S 5/1929)

- Ná bac leis na bróga ach ceannaigh punt feola. (CnM)
- Dá fheabhas iad na bróga is fearr greim feola. (IG 1/1906)

4285 Nach bródúil iad lucht na gcos dubh! (DÓM, M)

- Is báidheach iad lucht na gcos dubh. (DÓM, Sl)

Is ionann 'lucht na gcos dubh' agus na boicht.

4286 Ná téirigh chuig an Aifreann gan do bhróga. (Sa)

*ADR 230 'Téirigh chun Aifrinn 's déan é éisteacht,
'S ná déan bród as gléas ná éadach.'
ADC 374, paidir as Inis Meáin,
'Téirigh chun Aifrinn gan do bhróga
'S ná déan stró (mórtachas) as do bhrat.'
Féach freisin IG V 85. Cat. I, 625 (ls. Ultach 1778–88)
'Siubhal go díreach an ród, is ná déan stródh as do bhrat,*

Ná féach go minic do bhróg is beannuigh fá dhó dhon bhocht.'
Tá leagan den véarsa deiridh seo in AA 8/1942 (BA).
cf. Síor. XI 4

4287 Ná tóraigh is ná hobaigh onóir. (F)

- Ná hob is ná hiarr onóir. (MÓD)
- Ná bí siúlach i dteach an óil,
  Ná cuir aighneas ar sheanóir,
  Ná bí bog agus ná bí crua,
  Ná hob, ná hiarr onóir. (MÓD)

Riagail Comhgaill Bendchair (Ériu I 199) – 'Ní opae, ní athchuintis.' Leagan 2: cf. nóta D 177. College 292, Lessons 313, Rel. II 503.
cf. 3013, 3067 agus 4138

4288 Ní bhíonn glóir shaolta nach dubhachas a deireadh. (AR)

4289 Ní chaitear an t-uabhar gan scannal an bhuartha. (S 5/1928)

- Ní chaitear an t-uabhar gan an buaidhreadh a bheith thríd. (S 8/1918)
- An té a ghníos an t-imeacht uabhair, is dó is dóighde a bheith á chaoineadh. (S 11/1927)

Líne as amhrán an focal deiridh, thuas ('An tSlis' le Marcus Ó Callanáin; S 7/1929): FFx 1, 19 (SF 2, 10), 4, 24; Féach freisin an rann sa scéal as ls. B iv 1 (Ériu V 41).
As an mBíobla (Seanfh. XVI 18, XXIX 23); Ray 476, YD 28, Taylor 55, AWM 184.
cf. 4264

4290 Ní íseal ná uasal ach thíos seal is thuas seal. (TÓM, S 11/1924)

- Ní thíos ná thuas ach thíos seal is thuas seal. (S 12/1929)

4291 Níl uaisleacht gan suáilce. (CS 23/9/1905)

- Ní uaisle go suáilce. (M)

College 294. Leagan 2: IM idem.

4292 Ní uabhar uaisleacht. (AR 493)

Lessons 270, College 297.

4293 Ní uaisle mac rí ná a chuid. (AR 447)

Meastar uaisleacht duine de réir a mhaoine.
cf. FFx 6, 38 – 'ferr flaith foltuib.' O'Daly 95, Rel. I 157.

4294 Nuair is dóigh le duine é a bheith go deas, bíonn sé ina cheap magaidh. (AConn 2/1908)

- Nuair is dóigh le duine é a bheith go deas, bíonn sé ina chleas magaidh. (Ca)

An té atá ag iarraidh a bheith galánta, sin é an uair a chuirfeadh sé daoine ag gáire faoi.
'Cuidbidi cach n-uallach' (ZCP XVII 63: LBL).

4295 Onóir gan deis nó putóg gan geir. (GS)

- Onóir gan deis nó putóg gan geir, an dá rud (ualach) is measa ar bith. (CF)

cf. TC, roinn 11 – 'úall cen trebad.'
Idem Ray 97, App. 244. LSM 85n

4296 Onóir is mé á tiomsacht. (Sa)

- Is olc í an onóir agus a bheith á tionól. (RM)
- Is dona í an onóir ach a bheith á tionól. (CF)
- Onóir dhona agus í á tiomsacht. (CF)

4297 Onóir muice i ngarraí fataí. (S 4/1920)

Thiocfadh dó seo baint a bheith aige le giota (faoi mhuc i luibhghort) in TB 3, XIX 7, áit a ndéantar tagairt do Mth. VII, 6.
DC 137 (Mal yr hwch yn yr haidd).

4298 Ór, múnadh, is foghlaim, sin é an duine uasal. (CM)

4299 Síoda buí ar Shiobhán agus preabáin ar a hathair. (AConn 2/1908, Ca)

- Síoda is sróll ar Shiobhán is báinín ar a hathair. (MÓD)
- Bríste bán ar Sheán is gan faic na ngrás ar a athair. (Ca)
- Rufaí ar Chathal is pucaí ar a athair. (Ca, F)
- Rufaí ar Pháidín is pucaí ar a athair. (TÓM)

Féach an cheapóg (S 6/1925) – 'Is iomaí fear a mbíonn watch ar a bhásta agus mála ar a mháthair.' SFM 15, ACC 79.

4300 Sodar i ndiaidh na huaisle an sodar is suaraí ar bith. (RM, CF, Ac 10/1907)

- Sodar i ndiaidh na huaisle an sodar suarach. (MÓD)

4301 Tabhair onóir san áit a bhfuil onóir dlite. (GS)

4302 Tá tú ag imeacht agus níl an onóir thar doras leat. (RM)

4303 Uabhar na bó báine. (MÓD)

Uabhar as a dath, uabhar lochtach (MÓD); ní bhíonn aon mheas ar bhó (ná capall) bhán ó cheaptar gur caoch í (LMóir).
cf. 4492, 2294 agus 781

4304 Ualach ghiolla na gciomaí. (RM)

Uabhar is postúlacht ar dhuine suarach.
'Uabhar, etc.' atá in BB 201.

PLANDAÍ

4305 An cuileann caoin, banríon na coille. (TÓM)

- Is é an cuileann caoin, rí na coille. (GS, F)
- Céard í rímhaide na coille? Cuileann caoin na coille (scoiltfidh ging di chuile chrann ach ní scoiltfidh ging de chrann ar bith eile í). (MS)
- Chomh glas le cuileann caoin na coille. (GS)
- Cuileann críon rí na coille agus díogha gach tine fearnóg úr. (CF)

Sin é rún a bhí ag an nGobán Saor.
Cinnlae III 134 – 'chomh glas le cuillean colgach ceann na coille'. cf. Trans. Oss. Soc. V 155; le haghaidh an scéilín faoin gcaoi ar fritheadh fios an rúin uaidh, féach AA 4/1937 CF. Deirtear dá mbuailfí slat cuilinn ar dhuine nach bhfásfadh sé (ibid).
Tá rann in Aidedh Ferghusa a deir –
'Cuilenn loisc a úr, cuilenn loisc a críon
Gach crann ar bith becht, cuilenn is dech diob' (Sil. Gad. I 245: 15ú haois).
Sa seancharúl Sasanach, 'The Holly and the Ivy' deirtear,
'The holly and the mistletoe are now full grown;
Of all the trees are in the wood, the holly bears the crown.'

4306 An iomarca aoil a ghníos an t-athair saibhir is an mac bocht. (OL 70)

SH 271 id. (ó 1846).

4307 Bíonn féar is fothar ar choinnleach choirce an Mhárta. (OL 127)

Ceann de ráite na Caillí Béarra a thugtar air seo in OL.

4308 Brisfidh an seagal a chroí, nó beidh sé i gcraobh faoi Lá Fhéile tSin Seáin. (M, BB 53)

4309 Cab sinsear na bhfataí. (GS)

An béal; 'casúr na bhfataí' a thugtar ar na fiacla freisin (GS).

4310 Céad bliain ag fás,
Céad bliain faoi bharr,
Céad bliain ar thob báis,
Is bainfear clár daraí as a lár. (S 7/1930)

- Trí chéad bliain ag fás,
  Trí chéad bliain faoi bhláth is faoi mheas,
  Trí chéad bliain ar chúl a chinn ar lár,
  Is bainfear clár slán as a lár amach. (Ca)

Crann darach.
Leagan 2: ionann is an leagan céanna in OL 146.

4311 Fataí cuaiche. (Sp)

Fataí a chuirtear faoi Bhealtaine, nó an t-am a labhraíonn an chuach; bíonn siad mall dá bharr. In Cinnlae III 126, 128, 208, tá tagairt do 'choirce cuaiche' is 'uan cuaiche' leis an mbrí chéanna. Féach ÓD (luadhaim) agus Cum. Béal. 114, 530 (obair mhall earraigh; M); is maith le daoine in áiteanna in Oirthear na hÉireann na fataí a bheith curtha roimh 21 Aibreán.

4312 Greim an liodáin mhaoil. (Sa)

Tá dhá leadán ann, ceann garbh le spíonta agus ceann maol; nuair atá duine ag titim agus beirtear greim air, sin 'greim an leadáin mhaoil.'

4313 Is é do thráth é i lár an earraigh ag cur fód ar fhataí sáite. (F)

4314 Is é teacht an tseagail an teacht fada mall. (S 11/1924)

- Is é teacht an tseagail é – teacht fada righin. (RM)
- Is é teacht an tseagail é, an teacht fada righin. (TÓM)
- Teacht an tseagail ort, a fhaigheas trí bhás sa talamh! (F)

Séard atá i gceist anseo:
1. Fás an tseagail féin (TÓM)
2. Aon teacht mall siléigeach (RM)
3. Eascaine (F).
O'Daly 97.
Is iomaí focal faoin tsiléig seo fás an tseagail in NG I 102, 220, II 365, is b'fhéidir in DC 135 (Hen).

4315 Is minic fata maith in aice créachtach. (Sp, Cum. Béal. 76, 15)

4316 Lúb an tslat de réir an chrainn. (TÓM)

4317 Neantóg a dhóigh mé, copóg a leigheas mé. (I)

Ionann is an focal céanna, II NG 195.

4318 Ní do do ghoid atá mé, a ghairleog, ach do do tharlú liom. (CF, B V 234)

Leagan a deirtear faoin duine a dhéanfadh éagóir faoi cheilt ar dhuine eile.

4319 Ní fhásann fataí le i ndán. (Sp, Cum. Béal. 76, 16)

4320 Ní hionann luibh is luifearnach. (Ca)

4321 Níl aon dealg amuigh is géire ná dealg spíonáin. (LMóir)

cf. 4052

4322 Níl coirce ar bith nach gcaochann. (TÓM)

Corrghráinne caoch, nó dubh, a bheith ar gach dias.

4323 Níl luibh ag fás gan leigheas. (I)

- Tá luibh ann le haghaidh gach tinnis. (MS)

Tá an tsamhail chéanna le malairt céille i bhfocal amháin in II BSR 205 (Nao ha tao ruim erva que nao tenha alguma virtude).

4324 Níor fhás nimh ar talamh nár fhás luibh lena hais lena leigheas. (MÓD)

4325 Péinne dhuit féin, fuinseog do do mhac, dair do mhac do mhic. (AR)

4326 Rútaí fada ag crann daraí. (Sa)

4327 Seachain bláth tús bliana. (OL 81)

In I NG 283, faightear 'De fleur de Ianvier, on ne remplit point le panier.'

4328 Te, te, neantóg,
Fuar, fuar, copóg. (MÓD, CF, B V 145)

Tagairt do leigheas na cupóige ar dhó na neantóige.

4329 Tig an t-arbhar díreach ar an ngrua cham. (TÓM)

Freisin BB 57.

PÓSADH

4330 A bhuachaill, beidh tú buartha go bpósair,
Is uaidh sin ní suaimhneas go deo dhuit,
Mar ní féasta go rósta is ní céasadh go pósadh. (S 2/1925)

- A bhuachaill, beir buartha go pósta,
Is ón uair sin ní suaimhneas go deo dhuit. (AConn 3/1908)
- Ní céasadh gan pósadh is ní féasta gan róstadh. (TÓM)
- Ní céasadh go pósadh agus ní féasta go róstadh. (MÓD)
- Níl pósadh gan céasadh agus níl féasta gan róstadh. (CF)
- Ní céasta go pósta. (S 6/1930)

College 296.

4331 An chéad bhliain ag pógadh,
An dara bliain ag scóladh. (I)

- An chéad mhí, mí na meala, ach an dara mí, 'T'anam ón diabhal a straip!' (MS)

Rel. II 425. Leagan dá shamhail (ceithre míosa) in SH 570.

4332 Ballaí fuara a ghníos bean tí suarach. (S 12/1919)

- Ballaí fuara ag bean tí shuarach. (F)
- Bean tí shuarach a ghníos ballaí fuara. (CF)
- Ballaí fuara a dhéanas bean tí shuarach. (Cd)

SC 827.
Faightear an focal céanna in Ray 69, L I 139, Lipp. 379.

4333 Bean agus fear ag troid le chéile,
Mar a bheadh cat is luch (mada agus cat) le chéile. (MÓD)

4334 Bean mhic is máthair chéile
Mar a bheadh cat is luch le chéile. (DÓF)

- Bean mhic is máthair chéile, níor réitigh ariamh le chéile. (M)
- Bean mhic is máthair chéile, beirt nach dtagann go maith le chéile. (CR)
- Bean mhic is máthair chéile, mar cat is luch ar aghaidh a chéile. (TÓM)
- Máthair mic agus bean chéile, mar a bheadh cat agus luch ag faire ar a chéile. (Sp, B 1934)

Rann in Add. 30512 – 'catt re lochaid cú re muic ben mic is mathair chéile' (ZCP VI 268: 15/16ú haois; Cat. II). O'Daly 90.

4335 B'fhearr bean gan pingin ná straoill agus airgead. (TÓM)

- Is fearr bean ná spré. (S 2/1925)

4336 'Bíodh mac na caillí mairbhe agat' – an chomhairle a thug an mháthair don iníon. (Ca)

SH 130 (Happy is she, etc.; Albain).

4337 Bris bheag i mbaile bocht, luach pingin go leith de bheaitsiléaraí. (F, RM, Cum. Béal. 78, 102)

Is beag an caillteanas má chailleann an baile glac baitsiléirí: dhíolfaí dháréag díobh ar phingin go leith.

4338 Buille faoi thuairim bualadh faoi bhean gan spré. (IG 7/1905)

4339 Cailín óg is a teanga ina póca go bpósa sí. (IG 8/1905)

- Bíonn a dteanga ina bpócaí ag na mná óga go bpósa siad. (F)

Tá a shamhail seo i mBéarla na hAlban (Ray 250).

4340 Cailín tí móir, ní phósfaidh sí choíchin,
Tá greim rómhór is blogam rófhada aici. (Sa)

- Cailín tí móir, go deo deo ná pós. (I)
- Cailín tí móir, go deo deo ná mairg í,
  Bíonn an greim maith is an blogam rófhada aici. (S 11/1919)
- Cailín tí móir, go deo deo ná santaigh,
  Bíonn an focal mór is an blogam rófhada aici. (Ac)
- Cailín tí móir, go deo ná santaigh,
  Bíonn an greim mór is an blogam fada aici;
  Bíonn sí go héag is an mhéar sa mbainne aici,
  Ólann sí an t-uachtar is bíonn ruaig ar an gcat aici. (Ac)
- Bean an tí móir, go deo deo ná santaigh,
  Bíonn an greim mór is blogam rófhada aici;
  D'íosfadh sí an t-im sula ndéanfadh sí an maistreadh,
  Is bheadh sí ina cónaí sé lá na seachtaine. (Ár)

4341 Cos scafánta ag fear gan muirín. (Sa)

4342 Cuir uait an tseanbhean agus gheobhaidh tú bean óg. (CF)

4343 Dá mbeadh spré ag an gcat is minic a phógfaí a béal. (Ca)

- Dá mbeadh crodh ag an gcat is deas a phógfaí a béal. (S 11/1926)
- Dá mbeadh spré ag an gcat is lách deas a phósfaí í. (ACG 205)
- Dá mbeadh ba ag an mada is cinnte go bpósfaí é. (I)
- Is i ngeall ar bhólach a phóstar na mná. (Ca)

Teideal amhráin é in 'Amh. Ch.' (Ó Máille) 262, ls. 1827/8.

4344 Domhnach na Smut a chailleas na cailíní fíde an gháirí. (GS)

Cailíní nach raibh pósta roimh an gCarghas. cf. BB 21 agus Amh. Ch. 290.

4345 Fan go fóill go bpóstar bean leat. (RM, CC)

- Fan go fóill go bpósa Máire. (Ca)
- 'Fan go fóill go bpóstar bean leat,' mar a dúirt an fear leis an ngiorria. (CF)

Le duine ag casaoid faoi rud agus gan é ach ina thús (CC).

4346 Fear gan bean gan clann, fear gan beann ar aon fhear. (Ca)

- Fear scartha, fear gan imní. (Sa)
- Fear gan bean, fear gan clann, fear gan beann ar aon neach. (MS)

4347 Fear gan bean mar asal gan iorball. (DS)

- Nach é an feic an tÉireannach is gan oiread ceann eirín de bhean aige! (GS)

4348 Fear gan fíor gan cam, ní bheathaíonn sé bean ná clann. (TÓM)

- Fear gan phlean, ní bheathóidh sé bean ná clann. (F)
- Mara mbí cleas agat, ní bheidh bean agat. (IG 9/1905)
- Mara mbí plean agat, ní bheidh bean agat. (M)

LSM 213 c.

4349 Fear mór láidir is bean deas aige, gan bia gan deoch le cur ar slige dhi. (DS)

4350 Fear nó bean gan céile, ní bhíonn aon duine acu lena n-éagnach. (TÓM)

- Fear gan céile, ní bhíonn duine aige lá a éaga. (DS)

- Mara bpósa tú in am ní bheidh do chlann ann le tú a chaoineadh. (F)
- Pós, a dheartháir, sula dtige aois ort,
  Mar nach dtigeann an óige faoi dhó choíche;
  Ní fhásann aon bhláth ar an gcrann ó chríonas,
  Is ní bheidh do chlann agat (ann) in am do chaointe. (M, DÓF 49)

4351 Fear pósta, fear cruógach. (Sa)

4352 Gheofadh fear bean dá mbeadh cloigeann mná eile ina phóca. (GS)

4353 Is dubhach don teach nuair a ghlaos an chearc níos airde ná an coileach. (M)

Nuair a ghlacann an bhean áit an fhir. B'fhéidir gurb é seo an t-údar atá leis an bpisreog i dtaobh cearc a bheadh ag glaoch.
Béarla id. Ó 1578 (App. 298) agus leaganacha fairsing sna teangacha Rómhánacha (I BSR 233, NG III 449, L I 111).
cf. 57

4354 Is é an spré a ghealltar is nach n-íocfar a ghníos an pósadh go minic. (DS)

4355 Is fearr amadán macánta a phósadh ná sclamhadóir aithiseach. (S)

4356 Is fearr bean cholpach gan spré ná bean gan iad le mórán. (GS)

4357 Is fearr dhuit a bheith i do pheata ag seanfhear ná i do sclábhaí ag fear óg. (GS)

Idem SH 63, Ray 45 (as an Spáinnis); NG II 324.

4358 Is fearr drochphósadh ná óighe ar fheabhas. (MS)

- Is fearr drochphósadh ná an óige (óighe?) dá fheabhas. (S 12/1928)
- Is fearr pósadh dá dhonacht ná seasamh (fanacht) dá fheabhas. (CR)

4359 Is fearr pósadh na mná óige ná bás na caillí. (Ár, Cum. Béal. 101, 540)

cf. 1149

4360 Is fearr seanbhean beo ná bean óg marbh. (DS)

4361 Is fearr tórramh amháin ná drochbhanais. (RM)

Is fearr duine den bheirt bás a fháil ná drochphósadh.
Beagnach ionann is YD 106.

4362 Is fuide a leantar an cleamhnas ná an gaol. (M)

- Is fuide a sheasas an cleamhnas ná an gaol. (CF)

4363 Is iad na fir mhaithe a ghlacas le mná gan spré. (GS)

Líne as amhrán DÓF 72 agus BB 168.

4364 Is iomaí fear ar beagán airnéise,
Ag caitheamh a shaoil ar beagán fáltais,
Ag dul na slí is ag ól a cháirtín,
Is a mheallas cailín deas ó ghlúin a máthar. (GS)

4365 Is iomaí rud a déarfadh fear nach cóir do bhean a dhéanamh. (CC)

- Is iomaí rud a déarfadh fear nach ceart do bhean a dhéanamh. (Sp)

Giota de rann é:
'Éadrom deas, éadrom deas, éadrom deas go timpeall,
'S iomaí rud a déarfadh fear nach cóir do bhean a dhéanamh,
Éadrom deas, éadrom deas, éadrom deas go timpeall,
Rachad i mbannaí ach go nglana 'n teach,
go bhfeicidh do chraiceann iontas.'
.i. Nuair a tháinig strainséara isteach chuig dinnéar lá, d'iarr fear an tí ar a bhean im a leagan anuas chucu; nuair a rinne, dúirt sé an rann seo, mar ní raibh sa gcaint ar im ach cur i gcéill. Féach S 1/1920 agus Cum. Béal. 79, 381 (Sp).

4366 Is ionann diúltú a neamhdhéanamh is pósadh a dhearbhú. (Ind)

4367 Is mairg an teach nach dtaithíonn fir. (MÓD)

O'Daly 93, SFM 9.
SH 595.

4368 Is mairg a phós ariamh. (M)

4369 Is maith an rud cliamhain nach gcuirfeadh fearg ort, ach is gallach an cliamhain a chuirfeadh gearb ort. (TÓM)

- Is maith an rud cliamhain nach gcuirfeadh fearg ort, ach is náireach an cliamhain a chuirfeadh gearb ort. (DS)
- Is maith an rud cliamhain nach gcuirfeadh

fearg ort, ach is olc an cliamhain nach mbeadh brabach air. (RM)

- Bheadh ciall sa gcliamhain nach gcuirfeadh fearg ort. (Ca)

4370 Is maith an t-ancaire an t-iarta. (AConn 2/1908, M)

Clár (hiarta).

4371 Is uaigneach an níochán
Nach mbíonn léine ann. (Ca)

- Is dona (iontach) an níochán
Nach mbíonn léine ann. (CF, Gearrbhaile 1938–39)

4372 Leagaim mo lámh ort nó ná leagaim,
Más tú atá i ndán dom, is tú a bheas agam. (S 12/1925)

- Más tú atá i ndán dom, is tú a bheas agam. (CF)

4373 Luaitear na céadta le chéile nach bpósfaidh go bráth. (Ca)

- Is minic a luaitear beirt le chéile nach bpósfar choíche. (CS)

Líne as amhrán in ACG 14, DÓF 58. CS 31/3/1906

4374 Má fhaigheann an drochfhear bean, is í an bhean a chodail amuigh í. (GS)

Gur bean gan mhaith í, dá shamhail seisean.

4375 Má phósann tú, pós anuraidh. (GS)

- Má phósann tú chor ar bith, pós anuraidh. (T, B 6/1936)

4376 Má póstar bean le drochfhear níl críoch mhaith i ndán di. (Ca)

- Má phósann bean fear maith, tá rud thar cionn i ndán di. (Ca)

4377 Mí na mBréag, an Inid. (IG 9/1905)

Ag iarraidh na cailíní a fháil pósta.

4378 Mise Seáinín Ó Sé,
Is tá mé gan céill ó rugadh mé.
Phós mé Máirín gan spré,
Is gan oiread ceann gé de bhean inti. (GS)

AA 7/1940 (Sp; an chéad leath).

4379 Ná codail aon oíche go deo i dteach a mbeidh bean óg pósta ag seanduine. (RM, F)

- Ná codail go deo in aon teach a mbeidh cailín óg pósta ag seanduine. (Ár, Cum. Béal. 101, 546)

Seo an chéad cheann de thrí chomhairlí an fheilméara; d'íoc an duine bocht sa scéal cúig phunt (.i. pá bliana) leis ar gach aon chomhairle; gheofar an dá chomhairle eile in 978 agus 2375: tá an scéal in B II 47 (MC) le tagraí eile. Ní hionann agus iad seo thuas na comhairlí atá i leagan Thír Chonaill den scéal (IG VI 8).

4380 Ná cuir fear óg ag iarraidh mná dhuit féin. (DS)

4381 Ná pós an donóg mar gheall ar a pluideog. (G)

4382 Ná pós bean ar a spré is ná pós bean gan í. (CF)

4383 Ná téirigh go Cill Chiaráin, tá an timpeall an-fhada,
Is ba mhinic an t-ádh ar na mná in aice baile. (Ca)

- Ná bac leis na Muimhnigh, tá an timpeall rófhada,
Is minic an t-ádh ar na mná in aice baile. (S 11/1926)
- Níorbh iondúil an t-ádh ar na mná i bhfad ó bhaile. (Sp)
- Bean as do bhaile féin a dhéanfadh é. (IG 7/1905)

Comhairle a tugadh d'fhear a bhí le dul go baile (nó condae) eile ag iarraidh mná.
Rann in Búrd. 82, D 180 (ls. Ultach 1745).

4384 Ná tóig bean agus ná tóig rásúr. (GS)

4385 Ní bhíonn sé ina cheol i gcónaí ag bean an phíobaire. (TU)

- Ní bhíonn port i gcónaí ag bean an phíobaire. (CF)

4386 Ní hí a bhean a cailleadh ach iníon a chomharsan. (F)

Fear nach raibh aon chuma air i ndiaidh bás a mhná.

4387 Ní hionann cuingir na ngabhar is cuingir na lánúna. (S)

4388 Níl a fhios fós cé a phógfas Máire. (RM)

4389 Níl cleamhnas ar bith is fearr rath ná cleamhnas na luaithe. (MS)

Cleamhnas gar do bhaile.

4390 Níl fear dá dhonacht nach fiú bean é. (Ár)

4391 Níl gar sa gcaint, gheobhaidh an dall bean. (S 11/1927)

- Faigheann an dall bean. (F)
- Fiú an dall féin, beidh bean aige. (M)
- Níl aon mhaith ag caint, ach faigheann an dall bean. (CR)

Nach bhfuil call le radharc na súl le bean a fháil.

4392 Níor mhill Dia ariamh dhá theach le amadán is óinseach. (F)

- An áit a mbíonn amadán bíonn óinseach ina bhuil. (TÓM)
- Is cosúil le Seán Crón a bhean. (AR 283)

Pósann amadán a shamhail féin de bhean.
Tá a shamhail seo in Joyce 187, Ray 45.

4393 'Ní sliabh an baile, nach bhfuil cailín eile le fáil,' mar a dúirt an bhean nuair a bhí a cailín ag imeacht uaithi. (GS)

- Ní sliabh é an baile. (Sp)

Má loiceann cailín amháin, beidh ceann eile le fáil.

4394 Nuair a thabharfas mé na ba spré liom, ní fhágfaidh mé an buarach i mo dhiaidh. (GS)

Focal pisreoige; tugtar an buarach i dteannta le beithígh spré.

4395 Ón lá a phósas duine bíonn a chroí ina bhéal is a lámh ina phóca aige. (CR)

4396 Phós sé an straoilleog mar ghcall ar an tsíobóg,
Báitheadh an tsíobóg is d'fhan an straoilleog. (TÓM)

- Imíonn an mhaoin ach fanann an straoill. (G)
- Imeoidh an t-airgead ach fanfaidh an óinseach. (S 11/1919)
- D'imigh an t-ór le gaoth ach d'fhan an locht ar an mbean. (GS)
- Imíonn a spré le gaoth ach fanann a meill ar an mbean. (AConn 3/1908)
- Imíonn an t-airgead ach fanann na mná. (IG 9/1905)

BB 68: tá leagan den fhocal seo in E. Ruadh Ó Súilleabháin 77: ls. 1829): rann in Búrd. 85, D 76. Ceol 48 agus 70.

4397 Poll dóite, comhartha pósta. (RM, MS)

Focal pisreoige. 'Boladh an dóite' atá in B IV 134 (CF)

4398 Pósadh Domhnach bíonn sé brónach. (IG 3/1906)

- Pósadh Domhnach, pósadh brónach. (BA)
- Tagann Domhnach is brónach le chéile. (IG 3/1906)

Is pisreog nach ceart pósadh ar an Domhnach (BA).

4399 Pósadh liobair le leidhb. (I)

4400 Pósadh míosa agus margadh scaoilte. (F)

- Pósadh mná agus margadh scaoilte. (TÓM)

Daoine a phósann go tobann is a scarann le chéile i gceann míosa (F).
Maidir leis an dara leagan, cf. Lúc. XIV, 20.

4401 Pósadh na n-uastarán. (M, Cum. Béal. 117, 79)

Pósadh daoine bunaosta.

4402 Pós an seanfhear is bí gan aon fhear. (F)

4403 Pós bean ón Iarthar is pósfaidh tú an tIarthar. (M)

- Pós bean aniar is pós a bhfuil thiar ar fad. (CF)
- Pós bean aniar is pós an taobh thiar ar fad. (AA 2/1940)
- Pós bean aniar agus pósfair a bhfuil thiar. (Ind)
- Pós bean ón sliabh is pósfaidh tú an sliabh. (M)
- Pós bean sléibhe is pósfaidh tú an sliabh uilig. (Ca)
- Pós bean an oileáin agus pósfaidh tú an t-oileán go léir. (Acl)

4404 Pós go sciobtha is déan aithrí ar suaimhneas. (GS)

Leagan de in BC 446.
Idem App. 404, SH 292, L II 296, HV 277, Lipp. 388.

4405 Seachain an lá a gcuirfidh tú do cheann san adhastar. (MS)

4406 Síleann an óige, mar bíonn sí gan chéill,
Go ndéantar a pósadh má phógtar a béal. (RM)

- Síleann an óige óir tá sí gan céill,
Go bhféadfadh sí pósadh gan fáinne ar a méar. (CF)

Féach 'Táilliúirín an Éadaigh' (AGC 31 agus 32).

4407 Socraíonn an pósadh an grá. (I)

4408 Sula bpósa tú bíodh eolas agat ar do theach. (TÓM)

Id. SH 60, L II 177

4409 Tá a lán pósta is b'fhearr leofa scaoilte. (CnM)

4410 Tá a spré i gclár a héadain. (Sa)

Ní theastaíonn spré ó bhean shlachtmhar.
B'fhéidir as an mBéarla: leagan Béarla de, is tiontú Gaeilge air, BC 205.

4411 Togh an bhean de réir a dúchais. (S 11/1926)

Rann faoin gcaint seo in Cat. I (Eg. 161, 62: dáta 1778).

RÉITEACH

4412 Ba mhinic fear an réitigh buailte. (CF)

Go dtarraingíonn fear eadráin buillí anuas air féin.

4413 Ba mhinic le fán páighe fear réitigh. (Sa)

- Níor ghnóthaigh fear an réitigh ariamh. (Sa)

Líne as an 'Siota agus a mháthair' (ADC II 298)

4414 Chuile shórt eadraibh ach an réiteach. (F)

Déan gach uile shórt ar son do chara ach an réiteach.
BC 8 – 'Na bidh mar brethemh,' etc.

4415 Is é leigheas an scéil é a ghlacadh sa réiteach. (CF)

- Is é leigheas an scéil é a ghlacadh sa réiteach, níl tuile dá mhéid nach dtránn. (DS)
- Is é leigheas an scéil á ghlacadh dá réir agus níl taoille dá mhéid nach dtráfaidh. (Ac)

Gach uile rud a dhéanamh go breá réidh, gan driopás.

4416 Is mairg a chuirfeadh a cheann eatarthu. (I)

Rel. II 498.

4417 Is mór é ceannach an réitigh. (S 12/1928, M)

- Is mór is fiú an suaimhneas. (CF)
- Is mór is fiú ceannach an réitigh. (CF)
- Is fearr ceannach an réitigh. (Sp)

4418 Níl buille ar bith chomh maith leis an mbuille réidh. (CF)

Síocháin.
In AA 12/1937

4419 Ní mharófar ina gcatha muid. (Sa)

4420 Ní théann fear na hidirghabhála as. (CS 6/5/1905)

- Cibé a théann as nó nach dtéann as,
Ní théann fear an eadarscáin as. (LS 158)

TI 135; Aithdhioghluim Dána 71, 20ab; O'Daly 95; College 296.

4421 Ní théann rogha ón réiteach. (CS 25/3/1899)

Níl an dara rogha ann, is fearr i gcónaí an réiteach.
SF 4, 4 (FFx 6, 14) – 'fer dal debech'; Branach 218, 5502; O'Daly 95.

SAIBHREAS

4422 An bealach cam chuig an gcaisleán. (GSe)

Ní fhaightear saibhreas go cneasta.

4423 An té a bhfuil a phóca teann, is dó is fusa a bheith ann. (GS)

4424 An té a bhfuil na pócaí teann aige, bíonn an teanga teann dá réir aige. (Ind)

4425 An té a bhfuil sparán teann aige, is cuma dhó cá luífidh an bhróg air. (S)

- Bíonn póca teann téagarach. (Sa)

4426 An té a bhful rud ina phóca, is dó is fusa a lámh a chur síos. (GS)

4427 An té a ghlaos an port, is é a íocfas an píobaire. (Ca)

Joyce 170. leagan cainte SH 491, App. 487.

4428 An té a mbeidh cion aige ar an airgead, beidh cion ag an airgead air. (Ca)

- An té nach mbeidh cion aige ar an airgead, ní bheidh cion ag an airgead air. (TÓM)
- An té nach bhfuil cion aige ar an bpingin, ní bheidh cion ag an bpingin air. (Sp)

4429 An té a mbíonn airgead aige, bíonn codladh éadrom air. (IG 7/1905)

4430 An té a mbíonn an t-airgead aige, bíonn tóir air. (Gearrbhaile 1937 l.25 gan áit)

4431 An té a rinne an damhsa, íocadh sé an píobaire. (GS)

App. 487 (ceol: ó 1638), YD 15 (fidléir).

4432 An té is mó a mbíonn an t-airgead aige, is é is mó dúil ann. (MS)

4433 An té nach santaíonn mo chorp, ná santaíodh sé mo sparán. (Ca)

4434 Bíodh do phóca teann is gheobhaidh tú tae is arán. (Sa)

4435 Bíonn an t-airgead milis. (IG 7/1905)

4436 Bíonn beirt ag séanadh an airgid, an té a mbíonn sé aige is an té nach mbíonn. (Ca)

Deir an fear deisiúil nach bhfuil sé aige, le nach dtiocfar ag iarratas; is é an fhírinne ag fear bocht é.

4437 Boiscín an óir is cóifrín an airgid. (Sa)

An dá bhoiscín ar ceart aire a thabhairt dóibh.

4438 Bróga sa gcliabhán, ladhra sa lathach. (DÓF)

- Bróga ar mo leanbh sa gcliabhán, is é ag siúl an tsneachta gan aon bhróg. (RM, Ca)
- Bhí bróga ar mo leanbh sa gcliabhán. (AR 245)

College 278. Leagan de in Ray 255 (Albain).

4439 Caithfidh tú éirí go moch agus obair chrua a dhéanamh le bheith saibhir. (Ár)

4440 Cén mhaith do dhuine ór i bpócaí duine eile? (GS)

4441 Dá gceannódh ór léas an tsaoil seo, bheadh an saibhir beo is an daibhir sínte. (GS)

4442 Déanann ciste carthanacht. (MÓD)

4443 Déanann saibhreas de réir a dhéanta. (MÓD)

Caitear go maith nó go holc é, de réir mar is go maith nó go holc a cruinníodh é.

4444 Féadfaidh an fear saibhir dul san áit a thogrós sé féin. (Ca)

4445 Ghníonn sparán trom croí éadrom. (M)

- Sparán líonta a ghníos croí aerach. (GS)

BC 411 idem.
Idem App. 296, Ray 110.

4446 Iothlainn chruachach a ghníos feilméara uaibhreach. (M)

IM idem.

4447 Is ait an t-earra an póca. (RM)

4448 Is ar fhear an airgid a thugas gach éinne aghaidh. (Ca)

- Bíonn meas ar an sparán teann. (MS)

4449 Is cuma liom cé aige a mbeidh mé;
Ní bheidh mé ag aon duine ach seal;
Ní bheidh mé ag éinne ach an té a mbeidh grá aige dom. (M)

- Is cuma liom cé aige a mbeidh mé;
Ní bheidh mé ag aon duine ach seal;
Ní bheidh mé ag éinne ach an té a mbeidh meas aige orm. (MS)

Caint an airgid (M): na trí leabhar a thug an t-airgead (MS).
cf. 4457

4450 Is é do phóca do charaid. (GSe, Sp)

- Is é mo charaid mo sparán. (GS)
- Níl comrádaí ar bith is fearr ná do phóca féin. (LMóir)

Leaganacha dá shamhail in Joyce 116, Ray 16, App. 491, YD 93.

4451 Is fearr sona ná saibhir. (CF, Gearrbhaile 1938–39)

cf. 12

4452 Is féidir ór a cheannach ródhaor. (MÓD)

- Ní féidir ór a cheannach go daor. (Ca)

IM
Idem App. 75

4453 Is fusa airgead a rá ná a bhailiú. (S 11/1924)

- Is fusa airgead a rá ná a chruinniú. (F)

4454 Is gearr a théas an té a ghnóthaíos. (Ca, RM)

An té a fhaigheann maoin (go tobann):
1. Ní mhaireann sé féin i bhfad.
2. Ní mhaireann a shaibhreas i bhfad.

4455 Is goirid a sheasas saibhreas duine bhoicht, nó bochtaineacht duine uasail. (AR 409)

- Saibhreas duine bhoicht nó bochtanas duine uasail – dhá ní nach maireann i bhfad. (CM)
- Saibhreas bodaigh nó bochtaineacht duine uasail – dhá ní nach maireann i bhfad. (Ac)
- An rud is goiride ar bith a mhaireas, saibhreas bodaigh nó bochtanas duine uasail. (TÓM)
- Saibhreas bodaigh agus bochtanas duine uasail – an dá rud is giorra a sheasas ar an saol. (Acl)

4456 Is iomaí fear maith a chaith scathamh ina bhádóir. (CC)

- Is iomaí fear maith a bhí scathamh ina iascaire. (CF)

Is iomaí fear deisiúil a bhí bocht, tráth.

4457 Is leatsa inniu mé ach leis an bhfear údaí eile amáireach (mé). (DÓM, Sl)

An t-airgead.
cf. 4449

4458 Is maith an buachaill é an t-airgead. (Ár)

4459 Is maith an ní a bheith ag cuimilt do phócaí daoine uaisle. (IG 8/1905)

cf. 4252 agus 2302

4460 Is náireach an sealúchas sparán teann is croí bocht. (GSe)

4461 Méadaíonn muid ár gcuid saibhris le laghdú ar ár gcuid smaointe. (Ca)

Gurb é an duine is lú coinsias is mó a dhéanfaidh airgead (?).

4462 Ná bí i do stíobhard gann ag tiarna saibhir. (S 11/1918)

- Ba mhinic stíobhard gann ag máistir saibhir. (RM)

4463 Ní bhíonn an tubaiste ach mar a mbíonn an spré. (CR)

Nach ndéantar dochar ach an áit a bhfuil saibhreas. Deismireachtaí is scéilín, MIP 321.

4464 Ní féidir ór a cheannach go daor. (Ca)

Is é a mhalairt atá in IM, College 282. cf. Freisin L II 9 (Toulouse).

4465 Ní hé gach éinne ar chuir Dia spúnóg óir ina bhéal aige. (MS)

App. 572 (To be born with a silver, etc.).

4466 Ní léir don fhear saibhir an fear bocht. (Ca)

- Ní airíonn an fear saibhir cá luíonn an bhróg ar an bhfear bocht. (Ár)

4467 Ní trua duine ar bith a ligfeas anró air féin chúns a bheas a phóca teann. (Ca)

4468 Phós sé an t-airgead agus fuair sé bean leis. (I)

Féach PMB 110.

4469 Samhail cnaipí é an t-airgead ag an bhfear saibhir. (Sa)

4470 Tá airgead ina shearbhóntaí ag daoine, is ina mháistir ar go leor. (Ca)

App. 422, SH 299 (Money is a good servant, etc.). Lipp. 275, O pecunia 1.

4471 Tá sé chomh deacair ag boicín a dhul go flaithis, is atá sé ag camall a dhul trí chró snáthaide móire. (Ca)

- Is fusa do chapall a dhul trí pholl snáthaide, ná d'fhear saibhir a dhul isteach go Ríocht Dé. (Ca)

cf. 'Preab san Ól' (véarsa 3). Rann in MD 28, 21. Teangacha Rómhánacha idem, I BSR 87, LSM 82 p, L II 194: as an mBíobla, Mth. XIX, 24.

SAINT

4472 Ag feannadh dreancaide ar a craiceann ar leithphingin. (MS)

- Tiomáinfidh sé dreancaid go hIfreann ar leithphingin. (DnaG, Cum. Béal. 70, 240)

Tá an focal céanna in SH 513, L I 128. Malairt leaganacha SH 183, Vocab. 166.

4473 Ag súil le cúitiú a bhíos an cearrbhach. (AR 393)

- Súil le cúitiú a mhilleas an cearrbhach. (TÓM)
- Dúil le cúitiú a mhilleas an cearrbhach. (S 11/1919)
- Súil le cúitiú a lomas an cearrbhach. (CR)
- Súil le breith a chailleas an cearrbhach. (IG 11/1905)
- Ag súil le breith a lomas an cearrbhach. (MS)

4474 Airneán fada mian an chearrbhaigh. (GS)

4475 An áit a mbíonn an corp, is ann a chruinníos na hiolraí. (Ca)

- Cruinníonn na hiolraí san áit a mbíonn an corp. (CR)
- An áit a mbíonn an tsaill, is ann a théas na placairí. (GS)

Id. SH 583. As an mBíobla (Mth. XXIV, 28, etc.): seachas téacs an Bhíobla ní fhaightear an focal seo i dteangacha nua-aoiseacha eile, ach tá cúpla leagan dá leithéid in I BSR 219 is 225, Rel. II 490, ag trácht ar bhadhbha nó préacháin. LSM 141v (badhbh) agus féach freisin O vulturius 1.

4476 An craiceann is a luach. (GS)

In L II 86 faightear, Avoir le drap et l'argent ensemble (15ú haois), leis an mbrí chéanna.

4477 An té a bhíos santach, bíonn sé sáinneach. (GS)

Cuireann an tsaint i dteannta é.

4478 An té a shantaíos an t-iomlán, caillfidh sé an t-iomlán. (M)

- Is minic a sháraíos an tsaint í féin. (GS)
- Le dúil san iomarca cailltear an t-iomlán. (GS)

Idem BC 139. Féach an fabhalscéal, Lessons 310; OL 178. Focal idirnáisiúnta, II BSR 34, SH 36, Ray 228, L II 142, 203, NG III, 290, LSM 112i, 57o: thiocfadh dó gur as fabhalscéal Aesóip (faoin madra ag dul anonn thar droichead) a tógadh ar dtús é (Taylor 28: O certus 1).

4479 An té is mó a alpas, is é is mó a chnaigeas. (GS)

4480 An té is mó a dhéanfas don airgead, ní hé is mó a mbeidh aige dhe. (Ca)

4481 An té is mó a phlacas, is é is mó a scaoileas. (RM)

4482 Bí san airdeall ar an tsaint. (Ac)

4483 Cailleann an t-anrachtán roimhe is ina dhiaidh é. (F)

Ag cruinniú an airgid, nó nuair atá a shaibhreas déanta, níl aon mhaith ann dó.

4484 Chaill mé thurla le tharla. (TÓM, GS)

- Chaill mé thurla is ní bhfuair mé tharla. (MÓD)

Gach uile shórt a chailleadh le saint.
Tá leagan de i scéal as Sligeach in ASG III 260 (1901).
DC 109 (Ennill 'mi hw' a cholli 'mi ha').

4485 Coinnigh an chnáimh is leanfaidh an mada thú. (S 5/1925, CC)

- Coinnigh an chnáimh is rithfidh an mada i do dhiaidh. (CR)
- Coinnigh an chnáimh is beidh an mada umhal duit. (M)
- Coinnigh an chnáimh i do lámh is beidh an mada ag súil leis. (F)
- Chomh fada is a choinneos tú an chnáimh, leanfaidh an mada thú. (M)
- Coinnigh an chnáimh agus beidh an mada ag dul leat. (Ac)
- Coinnigh an bainne agus leanfaidh an cat thú. (Sa)

Go mbeidh sé leat a fhad is tá súil le balachtáil.
Rel. II 482, Arm. 350, an focal céanna.

4486 Croí cúng is goile fairsing. (Ca)

4487 Dá ndéanfá maith ar bhacach, níor bheo é gan tuilleadh. (Ind)

f. 4924

4488 Déirce sa máilín lán. (GS)

- Déirce don phucán lán. (M)

Rud a chur san áit nach dteastaíonn sé, san áit a bhfuil go leor cheana féin.
Dánta Grádha xxv 2, College 281

4489 Duine óg santach, údar seandiabhail. (RM)

4490 Fan le bróga an tseanduine, is b'fhéidir go gcaithfidh sé féin iad. (IG)

- Ag faire bróga an tseanduine, is b'fhéidir go gcaithfidh sé féin iad. (CF)
- Ag faire ar bhróga an tseanduine, is b'fhéidir go gcaithfidh sé féin iad. (Ind)
- An té a bhfuil súil (deifir) aige le bás duine eile, b'fhéidir gur túisce é féin. (MÓD)
- Ná bí ag súil le bróga an duine mhairbh. (TÓM)
- Ná bí ag dúil le bróga an duine mhairbh. (MÓD)

Focal Fraincise de bhunús é is faightear leaganacha de i gcúpla teanga eile, II BSR 128, App. 138, HV 390, PB 55.

4491 Gan Mhurchadh, gan Mhánus. (GS, TÓM)

Féach na scéalta, B VIII 108 (Tír Chonaill) agus AA 9/1939 (GS), a bhfuil Iodh Mhorainn i dtrácht iontu. Scéal eile B I 269 (Ciarraí).

4492 Go mba bean bhreá í do bhean,
Go mba ba bána do chuid bó,
Go mba teach ar ard do theach,
Is go raibh aghaidh na gcos fuar isteach. (S, GS)

- Go mba teach ar ard do theach,
Go mba beithígh bána do chuid bó,
Is go mba bean bhreá í do bhean (.i. eascaine an tseanfhir ar a mhac). (Ca)
- Ná tóig do theach ar ard,
Ná pós cailín breá,
Ná ceannaigh bó bhán. (Ár, Gearrbhaile 1938–39)
- Teach ar ard, bean bhreá agus buaile bhán (is minic a tharraing siad mí-ádh ar dhuine). (I)

Impí máthar dá mac nach ndéanfadh comhairle (GS); comhairle an tseanduine (Ár); eascaine an tsean-Ghaeil (ÓL 205); mallacht an tseanduine .i. Naomh Pádraig (B V 23 le scéilín): tarraingíonn rudaí suntasacha saint is trioblóid: úsáidtear é freisin mar mhallacht (M).
TI 88 – 'Trí buada téiti, ben chaem, ech maith, cú luath.'
I dteangacha eile tá, 'A white horse and a fair wife never want trouble' (Ray 387; SH 161, App. 312); 'Quien fabrica casa muy alta, solicita su ruina,' etc. (II BSR 136); tá leagan faoi bhean is caisleán in L II 65; bean, caisleán agus fíniúin (NG I 38).
cf. 5175 agus 4172

4493 Is cúis sainte an riachtanas. (MÓD)

4494 Is é athrú na ndaoine a dhaoirsíos an talamh. (GS)

Daoine ag santú áite ní b'fhearr; tógann sé daoirse ar an talamh.
'Sin é a dhaoirsíos an talamh,' a deirtear nuair a thógann duine áit (suíochán, cathaoir) duine eile (Ca).

4495 Is fearr gan a bheith ag súil leis an iomarca, faitíos nach bhfaighidh tú tada. (Ca)

4496 Is foigse mise dhom féin. (AR 523, GSe)

Lessons 296 id.
Lipp. 646 (Naechste), O proximus.

4497 Is iomaí duine a chaill bláthán ag iarraidh breith ar bhreac. (TÓM, MÓD)

4498 Is mairg a bhíos ag faire ar chuid an duine chrua. (Sa)

4499 Is minic fear aonraic santach. (Sa)

4500 Is minic santach gnothach. (LMóir)

Gur mór a chuireann an tsaint air a dhéanamh.

4501 Is mór súile móra i mbeagán. (Ca)

4502 Má cheannaigh tú an ithir níor cheannaigh tú an féar. (Ár)

Nuair atá duine ag iarraidh níos mó ná a cheart .i. ní leat an t-iomlán.

4503 Mara lige tú don tsaint ar son Dé, ligfidh tú uait ar son an diabhail. (Ind)

4504 Meallann an fear bréagach an fear santach. (AR 82, Sa)

- Molann an fear bréagach an fear santach. (Ca)
- Mheallfadh an giolla bréagach an giolla santach. (MÓD)
- Meallann an bhréag an tsaint. (LB, Cum. Béal. 90, 640)

Sásta an santach le bréag (Leabhar Uí Chonchubhair Dhuinn 23b, Dánta Grádha xxvii 3c).
YD 116, 117 (Hawdd cymod rhwng twyll a thrachwant, etc.); NG II 55

4505 Ná bí i do phéist i mbun an chiste. (GS)

- Taibhse i mbun ciste. (F)

Ná bí crua is tú deisiúil.
Maidir le scéalta a mbíonn feithidí ag cosaint ciste iontu, féach dréacht le Éinrí Ó Muirgheasa in B VII 172 (cat, tarbh), freisin Motif-Index, B 11, 6, 2

(draig i scéalta Lochlannacha agus Oirthearacha), B 576, 2 (cearc, gadhar).

4506 Ná cuir do shúil thar do chuid. (S 11/1927, Ca)

- Ná téadh do dhúil thar do chuid féin. (MÓD)
- Ná téadh do shúil thar do chuid. (S 9/1918)
- Ná téadh do shúile thar do chuid. (Ca)

Leagan cainte in BC 203 AR 240. 'Na tuig nach dúin is dursan, súil i gcuid mo chomhursan' (Aonghus Fionn xxviii 5cd). 'Do chuaidh mo shuil tar mo chuid' atá i nduan le Eochaidh Ó hEoghusa (RC XVI 25l ls. Giessen; Dánta Grádha xxvii, teideal agus dúnadh).
cf. Síor. XIV 9.

4507 Ná santaigh an bhó is fearr ar an aonach. (Ca, RM)

Ní bheadh an t-ádh ar fhear a cheannaithe.

4508 Ní bhfuair cú gortach cnáimh ariamh. (Ca)

Rel. I 157.

4509 Ní bhíonn an sloganach sona. (TÓM)

4510 Ní chaointear fear na héadála. (TÓM)

Bíonn daoine ag tnúthán lena bhás.

4511 Ní críonnacht cneagaireacht. (F, G)

4512 Ní fhéadfaidh tú dhá thaobh den mhias a bheith agat. (AR 581)

4513 Ní minic alpaire fiúntach. (GS)

Gur duine neamhfhial é go hiondúil.

4514 Ní minic santach éadálach. (AR 160)

BC 36 – 'Ní fedann an duine sanntach ueith saidhbhir.'
O avarus 3.

4515 Níor mhinic crua falamh. (Sa)

4516 Ní raibh aon luchóg amháin ariamh gan a frochóg. (GS)

Ní raibh anrachtán gan a stór ariamh.

4517 Ní raibh fataí maithe ag an anrachtán ariamh. (F)

Ní chaithfeadh sé airgead ar leasú.

4518 Saint, bun, údar is ábhar gach oilc. (MÓD)

As an mBíobla (I Tiom. VI 10); cf. an ghluais ar an téacs roimhe sin in Würzburg. – 'iscor lame ardodced buith ocairbiathad sainte' (TP I, 688). PHL Breac 7602. College 298.
O avarus 5.

4519 Saint gan sonas, éiríonn an donas di. (AR 490)

Lessons 237.

4520 Saint Pheadair san airgead. (C, LMóir)

Déantar eascaine de: 'Saint Pheadair san airgead agat!' (LMóir).

4521 Seachain an tsaint is gheobhaidh tú biseach. (Ind)

4522 Súil Uí Dhubhda, súil leis an rud nach bhfuil le fáil. (GS)

- Súil Uí Dhubhda le hArd an Rí, faire an lae nach dtiocfaidh. (Ca)
- Súil mhór Uí Dhubhda le cnoc na Riaga. (AR)
- Ag súil leis an sracadh nach bhfaighidh tú. (LB, AA 3/1937)
- Súil Thaidhg le tiarnas. (CC, Ár)
- Faire an lae nach dtiocfaidh. (BA)

4523 Tabhair dhó a n-iarrfaidh sé agus ná hiarr tada air. (I)

Duine a thógfadh a bhfaigheadh sé agus nach dtabharfadh aon ní uaidh.
cf. 2337, 2841 agus 2285

4524 Tabhair do Mhuiris é, is é a shloigfeas é. (MÓD)

4525 Thógfadh mórán tuilleadh. (IG 1/1906)

- Nuair is mó agat, is amhlaidh is mó uait. (Sa)
- Dá mhéid dá bhfuil ag duine, is amhlaidh is mó atá uaidh. (GS)
- Fear na hacmhainne fear na placála. (GS)
- An té is mó a mbíonn airgead aige, bíonn sé ag iarraidh tuilleadh. (RM)
- Dá mba liom Éire ba mhaith liom Alba a bheith agam. (TÓM)
- Dá mbeadh Éire agam ba mhaith liom Alba a bheith agam. (S 2/1919)

'Eochair sainte saidbrius,' atá in YBL (ZCP VI 270). MIP 394, MD 126.

Focal fairsing, App. 433, Ray 237, 249, L I 9, II 196, NG III, 335, PB 58.
As an laidin (Hórás) é, de réir App., ach cf. Cóh. V 10. O pecunia 1 (nóta), LSM 132c.

4526 Tugann an diabhal ón anrachtán. (RM)
- Tugann an diabhal a chuid ón anrachtán. (Ca)

Nach mbíonn aon rath ar airgead anrachtáin.

SAOL

4527 A dhuine gan chéill, níl léas ar uain agat,
Is fios do shaoil roimh ré ní bhfuairis,
An fear a bhí inné go léimneach luainneach,
Tá a sheaneire cré air, is é san uaigh inniu. (Ár)
- Níl a fhios ag aon duine cén saol atá roimhe. (CF, Cum. Béal. 100, 232)

Id. Búrd. 106; tá smaointe dá shórt seo in Dán Dé xxii 8.
SH 319 (No man hath a lease of his life).

4528 Ag baint coir as an saol, is an saol ag baint dá chor asam. (CF, AA 12/1937)
- Ag baint lá den tsaol agus an saol ag baint lá dhíot. (LMóir)

Féach AA 1/1943.

4529 An áit a mbíonn claisí i mbliana, is ann a bheidh iomairí an chéad bhliain eile. (S 5/1929)
- An áit a mbíonn clasracha i mbliana, is ann a bheidh iomairí arís. (GS)
- Áit a bhfuil an chlais i mbliana, is ea a bheas an t-iomaire arís. (RM)
- An áit a bhfuil an chlais i mbliana, beidh an t-iomaire ann an athbhliain agus an áit a mbeidh an t-iomaire, athbhliain, beidh an chlais an bhliain dár gcionn. (Sp, B IV 135)

Thíos i mbliana, thuas an bhliain dar gcionn; athraíonn an saol ó bhliain go chéile.
Ionann is an focal céanna, Arm. 186, PB 35.

4530 An duine atá thíos inniu beidh sé thuas amáireach. (S)
- Tá an rotha ag imeacht ina chos in airde,
Is ní fhaigheann sé lá ar bith spás ná scíth;
An té atá thíos inniu bíonn sé thuas amáireach,
Is nach iomaí gábh a dtéann duine thríd. (U, CC)

4531 An láimh a bhogas an cliabhán is í a stiúraíos an domhan. (Ár, Cum. Béal. 101, 552)

SH 273 id. (1881)

4532 An phunann a cheanglaítear sa bhfómhar, scaoiltear san earrach í. (TÓM)
- An rud a cheanglaítear sa bhfómhar, scaoiltear san earrach í. (F)

O'Daly 89.

4533 An rud a deir an saol, is fíor é. (I)
- An rud a deir corrdhuine, ná creid é,
Ach an rud a deir chuile dhuine, tá sé fíor. (GS)
- An rud a deir chuile dhuine, is dócha go bhfuil sé fíor. (Ca)

Ray 137, SH 241, DC 126.
cf. 4711

4534 An té a mbíonn saol maith as tús a shaoil aige, is iondúil go bhfanann sé ar fad aige. (R, Cum. Béal. 188, 454)

4535 Bliain a leagas nó bliain a thóigeas. (TÓM, M)

Is mór an t-athrú a dhéanfadh bliain.

4536 Cá bhfuil an sneachta mór a bhí anuraidh ann? (Ca, TÓM, Ac, I)
- Cá bhfuil an sneachta mór a bhí fadó ann? (IG)
- D'imigh sé mar a d'imigh an sneachta mór a bhí anuraidh ann. (GS)

Le duine a bheadh ag iarraidh ní dofhála, nó ní atá imithe (Ac: I).
Seilg i measc na nAlp 6.
Líne as an 'Ballade des dames du temps jadis' le François Villon (15ú haois), cf. L I 72, NG III 17 (Neiges d'antan).

4537 Cá dtéann an taoille nuair a thigeas an trá?
Mar a dtéann an oíche nuair a thigeas an lá. (GSe)

4538 Caithfidh duine fanacht nó go mbí an choinneall caite. (IG 8/1905)

Go bás.

4539 Chomh fada le ráithe an earraigh. (GS)

Séasúr fliuch gortach é agus is fada le daoine go mbeidh sé thart.

4540 Coigil an saol is imeoidh sé,
Caith an saol is imeoidh sé. (GS)

- Coigil an saol is caithfear é. (Ca)
- Cruinnigh an saol is imeoidh sé, caith an saol is imeoidh sé. (CF, AA 8/1937, AA 10/1938)

Búrd. 151, Rel. II 485.
Leagan dá samhail in DC 30 (Amserol).

4541 Dá mairfeadh muid go deo, bheadh rud eicínt nua againn. (GS)

4542 Fad trí eitre, an léas is fuide ariamh. (F)

999 bliain. Má fhágtar iomaire i lár páirce, go maolaítear leis an aimsir é cothrom leis an talamh, sin fad eitre = 333 bliain.
Féach S 2/1930.
cf. 5199

4543 Fear á bheathú is fear á mharú. (RM)

- Fear á bheathú is fear á fheannadh. (GS)
- Duine ag gol is duine ag gáirí. (RM)
- Cuid ag gol agus cuid ag gáirí. (M, Cum. Béal. 114, 344)

An saol (nó a mhíchothroime), duine amháin go dona, duine eile go sona.
Dioghluim Dána 3 37ab – 'Isé as reacht don uile fhior, duine ag teacht is duine ag dul'; Dán Dé xxv 19 – 'an sluagh mar ad-roigh ag dul.'
L II 256, PB 38 (L'un meurt dont l'autre vit).
cf. 3685

4544 Fiche bliain ag teacht,
Fiche bliain ar stad,
Fiche bliain ar meath,
Fiche bliain ar chuma dhó ann nó as. (S 11/1924)

- Fiche bliain ag teacht,
Fiche bliain ina shea,
Fiche bliain ag meath,
Fiche bliain ar chuma é a bheith ann nó as. (TÓM)
- Scór ag dul i do shea,
Scór i do shea,
Scór ag dul as do shea,
Agus scór ar cuma ann nó as thú. (F)
- Fiche bliain gan ciall gan cuibheas,
Fiche bliain faoi chroí agus faoi mhisneach,
Fiche bliain i gcomhchiall duine,
Fiche bliain de réir na giollsachta. (Casla, Cum. Béal. 69, 236)

Ceithre aois an duine.
cf. BB 150.

4545 Fuacht is crathadh is dual sa mbeatha. (RM)

4546 Gach bliain ag dul i ndonacht is i ndéanaí,
Gach dream ag dul i mine is i mbréige. (MS)

- Níl líne dá dtig nach dul i mine agus i mbréagacht,
Níl fómhar dá dtig nach dul i bhflicheacht agus i ndéanacht. (IG 2/1894)
- Gach líne ag dul i míne is i mbréige,
Gach fómhar ag dul ag deireadh is ag lé. (IG 8/1905)

Go bhfuil an aimsir is na daoine ag dul chun donachta de réir a chéile.
'Mesa sa mesa cacha dine' atá in Lia Fáil I 98 (An Agallamh Bheag); tá tagairt dó sin freisin in RC XLVII 467. O'Daly 100
O dies 3.

4547 Glac an saol mar a thig sé leat. (Ca)

- Lean don saol mar a bheas sé ag éirí leat. (Ca)
- Tóig an saol go réidh mar a thiocfas sé. (F)

cf. Clár (glacaim).

4548 Go dté soir siar agus sac salainn air. (Cd, AA 11/1936)

- Go dté soir siar agus siar soir. (LMóir)
- Go lá an lúbáin. (É 30/1/1927)
- Go n-imeoidh an ball dubh den fhuiseoig. (Ac)
- A fhad is a bheidh Dia ina Dhia agus Peadar ina chathaoir. (Ac)
- Chúns a bheidh Dia thuas agus Peadar i gcathaoir. (LMóir)

4549 Go dtriomaí an lochán ní thriomóidh an fód. (Ca)

4550 Is ait an mac an saol. (S 6/1930)

- Is aisteach an mac an saol. (MS, I)

Roimh 1820; M. Mac Suibhne 28, Ceol 136.

4551 Is annamh a bhíos suaimhneas gan an buaidhreadh a bheith thríd. (CR, Gearrbhaile 1940–41 l.31)

4552 Is beag an rud is buaine ná an duine. (MÓD, IG 9/1905)

- Nach beag is buaine ná an duine. (Ár, FL 12/9/1905)
- Is beag an rud a sheasas níos fuide ná an duine. (M, Cum. Béal. 109, 284)

Ag trácht ar bhás mná .i. gur gairide saol duine ná saol créatúirí eile? (Ár); is faide a mhaireann rudaí beaga ná an duine (MÓD).
MIP 332, Rel. II 494.

4553 Is beag ár sáith is is gairid ár seal. (Ind)

- Is gearr é do sheal ar an saol. (CF, Gearrbhaile 1938–39)

Aithdhioghluim Dána 56 3c, Dán Dé xxxvi 18, Iomarbhágh viii 31; Lessons 296.
O vita 2.

4554 Is beag nach mbaineann an saol líomóg as. (S)

4555 Is deacair an saol a bharraíocht. (CnM)

4556 Is fada ó chéile an áit a n-éiríonn an lá. (IG 8/1905)

'Is fada óna chéile orainn éiríos gach lá,' líne as 'an Droighneán Donn' (IM I 341 is AGC 8). Lessons 257.

4557 Is gearr a bhíos an fear ag fás is is gearr a bhíos an bás á thóigeáil leis. (IG 9/1905, Ca)

- Is fada a bhíos an féar ag fás ach ní fada a bhíos an bás á chloí. (MS)
- Is fada a bhíos an fear ag fás ach ní fada a bhíos an bás á chloí. (Ac)
- Is fada a bhíos duine ag fás ach is gearr a bhíos an bás á thabhairt leis. (F)

Tóraidheacht II 7, 2 (téacs Ios. XL 6).
Focal Bíobla, Salm CVI 15, etc.; féach freisin O 327 (solstitialis), LSM 51e.

4558 Is gearr a bhíos teach á bhánú. (RM)

Go mbíonn gach uile dhuine imithe as, le bás nó eile.

4559 Is gearr idir inniu is inné, is gearr a bhíos an t-éag ag teacht. (AR 526, 527)

- Ní fada ó inné go dtí inniu, is ní fada a bhíos an t-éag ag teacht. (RM)
- Is gearr ó inniu go dtí inné,
  Is giorra a bhíos an léan ag teacht,
  Is a ghiolla a bhíodh ag síneadh do mhéire,
  Téirigh amach is cuir na géabhaí isteach. (TÓM)
- Nach beag a bhíos idir anocht is aréir,
  Is nach gearr a bhíos an léan ag teacht,
  Éirigh suas a ghiolla na méire,
  Is cuir na géabhaí isteach. (CC)
- Is beag atá idir inniu is inné,
  Ach is giorra a bhíos an t-éag ag teacht,
  Is a ghiolla úd a thóigeadh do mhéar,
  Éirigh is cuir na géabhaí isteach. (DÓF)

Bhí fear ann a phós an dara huair. Bhí mac aige féin is mac ag an dara bean. Chaith sí go holc leis an leasmhac, ach bhí a mac féin ina pheata aici. Fuair sí bás, agus an oíche a bhí sí os cionn cláir, dúirt an leasmhac an rann seo leis an bpeata .i. go raibh athrú saoil i ndán dó.
cf. DÓF 104, B III 123 (Fearnmuigh), AA 10/1938. Lessons 296. Clár (inné, gairid). Dánta Grádha xxx 4c. Féach freisin an nóta ciumhaise seo in Togail na Tebe XVI.
'Uch monuar on uch monuar
Godh gearr o Domnach gu luan
Is girra bis rí na nell
Ag denam trein go ma truagh.' Branach 3964, Dán Dé xxv 19a.

4560 Is iad rothaí an tsaoil cóiste gach duine. (GS)

cf. 3593 agus 4589

4561 Is iomaí cor sa saol. (S 11/1918)

- Is iomaí cor sa ngaoth, ach ní lia ná sa saol. (ACC)
- Is iomaí cor a chuireas an saol de. (GS, S)
- Is iomaí anonn is anall sa saol. (Gearrbhaile 1937 l. 24.)

Idir 1822/1831, ADR 244.

4562 Is iomaí cor sa saol agus is iomaí athrú i seacht mbliana. (CF, Gearrbhaile 1938–39)

4563 Is iomaí cor sa shaol, is is iomaí duine a fheiceas an t-olc is an mhaith. (Ca)

- Chonaic sé an dá shaol, cúl agus aghaidh na gréine. (Sa)
- Bhí thíos is thuas. (F, Sa)
- Chonaic sé Murchadh is dhá lá an tsamhraidh. (IG 8/1905)

4564 Is iomaí geallúint a thugas an saol seo uaidh. (Cum. Béal. 91, 22 gan áit)

4565 'Is luachmhar an t-anam,' mar a dúirt an táilliúr, is é ag rith ón ngandal. (IG 8/1905)

- Is milis an rud an t-anam. (Ac)

SH 262 (Life is Sweet).

4566 Is mairg a ligeas an séasúr le sruth. (LMóir)

4567 Is maith an saol é má mhaireann sé i gcónaí. (DÓM, Sl)

- Is maith an saol é má mhaireann sé choíche. (CF)

4568 'Is maith an saol é má mhaireann sé i gcónaí, ach mairfidh sé a fhad is a mhairfeas mo chuid dlí,' mar a dúirt an fear a raibh an pota feola ar an tine aige. (F)

- Is maith an saol é má mhaireann sé choíche. (LMóir)

4569 Is maith an scoil é an saol. (S 5/1929, GS)

- Is maith an máistir scoile an saol. (S 4/1919)
- Is crua an máistir an saol. (Tm, M)
- Cuireann an saol múnadh ar dhuine. (TÓM)
- Is crua an máistir an saol, tá sé in ann duine agus beithíoch a mhúnadh. (Cum. Béal. 91, 23 gan áit)

4570 'Lá bheilt (mheilte?) an Jig,' lá nach dtáinig is nach dtig. (F)

4571 Má bhíonn do dhóthain saoil agat, beidh do dhóthain scéal agat. (UA)

- An té a gheobhas a sháith saoil, gheobhaidh sé a sháith scéal. (S 11/1919)
- An té a gheobhas a dhíol saoil, gheobhaidh sé a dhíol scéal. (Ca)

4572 Mair an fad is féidir leat, beidh tú sách fada caillte. (GS)

- Mair má fhéadair. (IG 9/1905)

4573 Maireann an chraobh ar an bhfál, ach ní mhaireann an lámh a chuir. (ACC 31, CF)

- Maireann leabhar, cé nach maireann an lámh a scríobh. (CS 31/3/06)
- Maireann an craobh faoina bláth, ach ní mhaireann an lámh a chuir. (F)
- Maireann an cuaille críon, ach ní mhaireann an lámh a ghníos. (F)
- Maireann an crann, ach ní mhaireann an lámh a chuir é. (RM)
- Maireann an t-iolar ar aill, maireann an bradán sa sruth,
  Maireann an chraobh ar an bhfál,
  ach ní mhaireann an lámh a chuir. (CR, ACC 31)

Faightear an líne seo i rann atá rífhairsing i lsí., cf. ZCP II 225 (Colophons 2), Cat. I (Eg. 209: 1767), Cat. II (Eg. 127: Eg. 155), D 130, RC XLV 305 (tagairtí líonmhara).
LSM 46c.

4574 Ná caith do shaol díomhaoin. (Ca, Cum. Béal. 64, 315)

4575 Ní bhíonn ar aon rud ach seal. (F, Ac)

- Níl in aon tsórt ach seal. (Ca)
- Ní mhaireann aon ní ach seal. (CF)
- Ní mhaireann rud ar bith ach scathamh. (F)
- Ní bhíonn ag an té is fearr ar bith ach seal. (I)
- Níl i rud ar bith ach seal. (LMóir)

4576 Ní bhíonn duine ach ar iasacht ar an saol seo. (Sp, Cum. Béal. 79, 386)

4577 Ní dual grian gan scáile. (Ca)

cf. 3594

4578 Ní hionann fás an tsléibhe is fás na coille. (GS)

Rud a bhí i gcónaí ann is rud nach bhfuil i bhfad ann.

4579 Ní leithne an abhainn anonn ná anall. (GSe)

Gur ionann an ní (an deacracht, srl.), cuma cén taobh a mbreathnaítear air.
cf. 2621 agus 4580

4580 Ní lia (léithe) an abhainn anonn ná anall. (Ca)

- Ní túisce an abhainn anonn ná anall. (CC)
- Ní dóighde an abhainn anonn ná anall. (Ca, RM)

Ní túisce duine go maith ná go dona; thuas seal, thíos seal.
cf. 4579

4581 Ní liom an t-am, ach is orm atá é a chaitheamh. (GS)

4582 Níl sa saol ach ceo, is ní mhaireann an ceo ach seal. (CF)

- Níl sa saol ach ceo, is ní sheasann sé ach seal. (CF)
- Níl sa saol ach sinneán gaoithe. (I)
- Níl sa saol ach ceo. (Sp)
- Níl i saol an duine ach ceo. (AConn 2/1908)
- Níl sa saol ach ceo, is ní sheasann an t-ór ach seal. (CF)
- Níl sa saol ach ceo, is ní sheasann an só ach seal. (CF)
- Níl sa saol ach cath. (Sp)

Aonghus Fionn xl 11a, xlix 5b; Aithdhioghluim Dána 13 6b, lvi 11c; BTD I 253 – 'ceathra an bheatha ós aisling iad mar ceo' – (ls. 1684); líne as 'Preab san Ól' (Riocard Bairéad) – 'Níl sa tsaol seo ach seinneán gaoithe, ga a scaoiltear nó slám de cheo' (leagan eile Gadelica I 122); D 49 (ls. 1688); Dán Dé viii 2c; SC 989; Tóraidheacht III 7, 3; ZCP XVII 111 (ls. c.1800); Búrd. 136, 138, 165, 166; Lessons 109, 128, College 296. As an mBíobla, Séam. IV 14 (téacs a thugtar in TB 2, VII 9), Cóh. VIII, 13, etc.; cf. I BSR 9 (Gloria del mundo, viento y humo).

4583 Nocht mo theacht agus nocht m'imeacht. (Ac)

'Nocht leagair gach neach anonn' a deirtear i nduan le Gofraidh Ó Cléirigh (Studies, Meitheamh 1933, l.295, rann 5).
Iób I 21, téacs a thugtar in TB 2, ii 7.

4584 Ritheann braon le bolg lán. (M, S 7/1927)

Nach n-airíonn sách fuacht ná fliuchas.

4585 Saol fata i mbéal muice. (Ár, Sp)

- Saol fata i mbéal muice, is an mhuc a bheith beo. (F)

Saol gearr.
DC 137 (Ogfaenom yn nghenau hen hwch).

4586 Scríob liath an earraigh. (BA, RM)

Scráibleach seaca i dtús earraigh: ''Sé fearacht Scríobh Liath an Earraigh agat é,' a deirtear i Ros Muc le rud a fhaightear go héasca nó le gleacaíocht: fear tíosach a raibh bean shimplí aige, bhailigh sé cruca ime nuair a bhí beatha gann san earrach agus dúirt lena bhean gur le haghaidh scríob liath an earraigh an t-im; tháinig gleacaí lá agus dúirt le bean an tí gurb é an t-ainm a bhí air féin 'Scríobh Liath an Earraigh' agus thug sí an t-im dó.
Nóta B II 342, Scéal VIII 32.

4587 Tá a fhios agam cá bhfuil mé, ach níl a fhios agam cá (cé) mbeidh mé. (GS)

PB 38

4588 Tá an oíche is an lá chomh fada is a bhí ariamh. (Ca, RM)

Níl aon athrú ina gceann, tá an saol mar a bhí i gcónaí.

4589 Tá an saol ar rothaí. (CF)

cf. 3593 agus 4560

4590 Tamall binn agus tamall searbh. (Ca)

4591 Téann ar gach ní sa saol seo. (S 9/1919)

- Téann ar gach ní ach glóir Fhlaitheas. (GSe)
- Dá chrua an t-iarann, téann ag an tsíoraíocht air. (S 9/1927)

O 255 (omnis 5).

4592 Tiocfaidh an t-am
Is beidh bóthar ar gach logán,
Teach mór ar gach cnocán,
Droichead ar gach sruthán,
Béarla ag gach blocán,
Cóiste faoi gach breallán,
Is an saol uilig ina bhrochán. (S 11/1919)

- Tiocfaidh an t-am
  Is beidh bóthar ar gach logán,
  Teach mór ar gach cnocán,
  Muileann ar gach sruthán,
  Béarla ag gach blocán,
  Cóiste faoi gach breallán,
  Is an saol uilig ina bhrochán. (TÓM)
- Beidh muileann ar gach sruthán,
  Bútaisí ar na brealláin,
  Droichead ar gach cosán,
  Cóiste faoi gach spriosán. (MÓD)
- Nuair a bheas na cnocáin ar na logáin,
  Is na logáin ar na cnocáin,
  Nuair a bheas droichead ar gach sruthán,
  Beidh an saol ina bhrochán. (GS)
- Teach mór ar gach cnocán,
  Droichead ar gach fiodán,
  Bútaisí ar na brealláin
  Agus Béarla ag na tachráin. (Ac)
- Teach mór ar gach creagán,
  Bútaisí ar gach breallán,
  Droichead thar gach sruthán,
  Agus cogadh ar deireadh an tsaoil seo. (Ac)

- Droichead ar gach lochán,
  Teach ar gach cosán,
  Bád ar gach crompán,
  Muileann ar gach sruthán,
  Cóiste faoi gach spriosán,
  Beidh an saol uilig ina bhrochán. (RM)
- Tiocfaidh na léithe luath,
  Tiocfaidh na cruacha cáithe,
  Tiocfaidh ní níos measa,
  Beidh na measa á meáchan;
  Beidh bútaisí ar na brealláin,
  Agus boinéid ar na cuacháin,
  Beidh Béarla ag na tachráin,
  Beidh droichead ar gach sruthán,
  Agus teach geal ar gach cnocán,
  Gabhfaidh glas le Dún Dúil. (DÓM, M)
- Beidh droichead ar gach lochán,
  Bóthar ar gach cosán,
  Bograchán faoi gach tuatachán,
  Léann ar gach somachán,
  Amadóir ag gach ciomachán,
  Beidh scéal i mbarr bata ann,
  Beidh an lacha dhubh ag tíocht go
  Gaillimh ag tabhairt na ndaoine léi. (AA 8/1938)
- Bróga ar bhriolláin,
  Bóithre ar bhogáin,
  Bliain na mbóithre (.i. an drochshaol),
  Bóithre mine (.i. saothrú sa drochshaol),
  Carrannaí gan capall,
  Agus scéal i mbarr bata. (M, Cum. Béal. 114, 372)

  Seo cuid de Tairngreacht Bhriain Ruaidh, féach S 3/1925; Scéal i mbarr bata (RM); Tairngreacht Cholmcille M. Faightear dhá líne de i dtairngreacht a rinne Beg Mac Dé, ZCP IX, 170 (as LBL, etc.). Sa tairngreacht Albanach le Coinneach Odhar Fiosaidhe, deirtear:
  'Raoban air gach cnoc agus drochaid air gach alltan, Muilinn air gach abhainn agus tigh geal air gach cnocan' (Féach 'The Prophecies of the Brahan Seer,' A. Mackenzie; Stirling, 1924). Leagan 8: cf. SFM 16.
  Tá insint dhá líne le Caillagh ny Ghueshag in AWM 89, Vocab. 27.

4593 Tiocfaidh an t-anti-Christ,
Tiocfaidh an cogadh,
Tiocfaidh an phlá,
Tiocfaidh an aicíd,
Tiocfaidh an ghorta,
Is beidh an saol ar chomhchreideamh ansin. (Ár, Cum. Béal. 77, 421)

4594 Trí gheimhreadh cuaille, trí chuaille cú,
Trí chú each, trí each duine,
Trí dhuine fia, trí fhia iolar,
Trí iolar iúr, trí iúr eitre,
Trí eitre go deireadh domhain. (AR 430)

- Trí chuaille cú, trí chú each,
  Trí each duine, trí dhuine dair,
  Trí dhair iolar, trí iolar eitre,
  Trí eitre ó thús go dtí deireadh domhain. (AR 204)
- Trí sheacht each, trí each duine,
  Trí dhuine iolar, trí iolar iomaire,
  Trí iomaire eitre, trí eitre aois an domhain. (AR 159)
- Ó thús go deireadh an tsaoil:-
  Trí aois con each, trí each go fear,
  Triúr fear go sua, trí shua go hiolar,
  Trí iolar go seiteirgeach, trí sheiteirgeach go lá an bhrátha. (S 12/1929, MS)
- Trí bhliain cuaille fáil, trí chuaille fáil cú,
  Trí chú each, trí each fear,
  Trí fhear bradán, trí bhradán crann daraí,
  Trí chrann daraí iolar, trí iolar oistir,
  Trí oistir deireadh an domhain. (Ca)
- Dhá ubh ghé, ubh eala,
  Dhá ubh eala, ubh iolrach,
  Dhá ubh iolrach, ubh aonraic (.i. cadhan aonraic),
  Dhá ubh aonraic, eitrigeach,
  Trí eitrigeach ó thús an tsaoil go deireadh an domhain. (S 2/1930 (dréacht))
- Trí aois con (.i. seacht mbliana), aois eich,
  Trí aois eich, aois an duine. (CF)

  cf. Lismore Lives xli, le haghaidh leaganacha de seo, is tagairt do shamplaí dá shamhail i dteangacha Oirthir Dhomhain; freisin, Cat. II 40, 115, ZCP V 184. In Immram Curaig Mailduin (RC X 76) faightear tagairt d'athnuachan óige iolair (cf. Salm CIII 5). B V 54 (leagan Chiarraí).
  Tá leagan fada den tsamhail seo in NG II 202 (fál, gadhar, capall, fear, préachán, eilifint), leagan gearr in Arm. 914 (lon dubh, duine). Féach, freisin, O aquila 1, equus 1.
  cf. 531

4595 Tuile is trá, caitheann sé an lá. (RM, CS 5/12/1903, IG 6/1894)

- Ag tuile is ag trá a chaitheas sé an lá, ach aon leathuair ina iarthrá. (S 5/1929)
- Ag tuile is ag trá a chaitheas sé an lá, ach aon leathuair ar iarraidh. (LMóir)
- Ag líonadh is ag trá a chaitheas an fharraige an lá. (S 12/1925, TÓM)

- Ag tuile is ag trá a chaitheas sé an lá, is leathuair ina dhíthrá. (Ár)

  An fharraige.
  cf. BB 85. Finck 241.

SAOTHRÚ

4596 Ag feadaíl in aghaidh na gaoithe. (M)

Obair in aisce.

4597 Ag obair do bhun is gan tada ar a shon. (Sa)

- Ag obair go buan agus gan tada ar a shon. (CF)
- Ag obair go mór agus gan tada ar a son. (BA)

4598 Ag obair gan bia gan páighe
Mar a bhí capall Liam Dáibhí. (F)

4599 Ag obair i gcónaí in obair do mháistir,
Ní fearr dhuit i do chónaí ná amhlaidh. (MÓD)

4600 An té a bhaineas róluath, ní bhíonn aige ach na scriocháin. (AR 353)

4601 An té a chuireas síos, ní hé a bhaineas aníos. (Ár, ACC)

- An té a chuireas síos, ní hé a thóigeas. (IG 1/1906)
- Is minic nach é an té a chuireas síos a bhaineas aníos. (TÓM)
- Tá sé scríofa ar thaobh an fhata, 'An té a chuireas, ní hé a itheas.' (RM)
- Tá sé scríofa ar thaobh an fhata, 'An té a chuireas, ní hé a phlaiceas.' (LB)
- Tá sé scríofa ar thaobh na cónra, 'An té a chuireas síos, ní hé a thóigfeas aníos.' (MÓD)

  Duanaire Mhic Shamhradháin xxii 107, 108 (AA 12/1939).
  Eoin IV, 37 is téacsanna gaolmhara; le haghaidh teangacha eile, cf. II BSR 276; O aper 1, arbor 1; SH 346, App. 592.

4602 An té a shaothraíos an builín, is dó is córa an lán. (GS)

- Fear a shaothraithe, fear a chaite. (GS)

  cf. 2 Tiom. II 6.

4603 An té nach gcuirfidh san earrach, ní bhainfidh sé sa bhfómhar. (S)

- An té nach gcuirfidh san earrach, ní chnaipfidh sé sa bhfómhar. (Ca)
- Mara gcuire tú, ní bhainfidh tú. (F)
- Mara gcuire tú san earrach, ní bhainfidh tú sa bhfómhar. (IG 8/1894)

  Cinnlae IV 296. S 1/1925.
  Seanfh. XX, 4 (?): tá leaganacha gaolmhara in PB 9, II BSR 275, 277, L I 57, LSM 106u.
  cf. 3418 agus 3435

4604 Bíonn clúid sheascair ag an saothraí. (M)

- Bíonn fear saothrach seascair. (CR, Gearrbhaile 1940–41 l.31)

  IM, College 277 idem.

4605 Chomh cruógach leis an té a bhfuil a mhéar i bpoll srathar. (GS)

Bheadh sé chomh ceangailte sin agus nach mbeadh sé in ann aire a bheith aige ar aon ní ach a mhéar a scaoileadh as an bpoll: poll tarathair an rud ceart.
cf. BB 187.

4606 Chuile chineál carlaí ach carlaí barraigh. (DÓM)

4607 Coiscéim na páighe. (MÓD)

Coiscéim ghearr, mhall: ní bhíonn driopás ar bith ar dhuine a íoctar as a lá oibre.

4608 Dá laghad díol an dreoilín caithfidh sé a sholáthar. (S 8/1918)

- Gidh gur beag é díol an dreoilín caithfidh sé a sholáthar. (GSe)

  Caithfidh sé a shaothrú.
  cf. Ray 72, SH 394 (Small birds, etc.).
  DC 48 (Bwyd).

4609 Dá mbeadh an deabhal ar an gcarn aoiligh, chaithfeadh fear na pingine a bheith amuigh. (Sa)

- Dá mbeadh an diabhal ar an gcarn aoiligh, chaithfeadh fear na pingine a bheith amuigh. (Ind)

  Fear a bhíonn ag saothrú a lae; ní mór dó a bheith amuigh ag obair, fliuch nó tirim.

4610 Faigh adhastar don stócach agus gheobhaidh sé féin capall. (Ca)

B VI 163 (ag trácht ar an Ultach).
Joyce 125 (focal cosúil, ag trácht ar ghadaí capaill).

4611 Fear na bó féin sa bpoll i dtosach. (Ca)

- Fear na bó féin san abar. (I, Ac)
- Fear na bó sa lathach. (MÓD)

An té is mó gheobhaidh maith, déanadh sé an chuid is anróití den obair.

4612 I gcosa an chon a bhíos a chuid. (S)

- I gcosa na gcon a bhíos a gcuid. (Ca)
- Is i mbun a chos a bhíos a bheatha ag an gcú. (CF)
- I gcosa an chon atá an obair. (RM)

Saothraíonn na cosa a chuid dó.
Líne duain é in Duanaire Mhic Shamhradháin (AA 12/1939; vi a 24): D 223 (16ú haois).
Le haghaidh leaganacha dá shamhail, cf. I BSR 182 (gadhar).

4613 Imíonn an tuirse agus fanann an tairbhe. (C)

4614 Imíonn an tuirse nuair a fheictear an tairbhe. (Sa)

- Ní chásaím an tuirse nuair a fheicim an tairbhe. (CF)

DC 47 (Y budd a ludd y lludded).

4615 Is beag rud nach fuide ná do lámh. (Ca)

Má tá rud uait, caithfidh tú cur chuige.

4616 Is bocht (olc) an chearc nach scríobann di féin. (M, Ac)

- Is bocht (olc) an chearc nach scríobfadh di féin. (AConn 10/1907)

Tá a shamhail de leagan in App. 298 (ó 1882) agus MR 43.

4617 Is fearr déirc ná goid, is fearr obair ná déirc. (CF)

4618 Is fearr díomhaoineach ná ag obair in aisce. (F)

- Fear gan chéill a mharaíos é féin in aisce. (CF)

NG II 351.

4619 Is fearr punt sa mí ná coróin sa tseachtain. (Cum. Béal. 91, 4 gan áit)

4620 Is goire don chroí an t-iarratas ná an mhaith. (Sa)

Duine a bheadh ag iarraidh a phá sula mbeadh sé saothraithe aige.

4621 Is iad buillí an tsúiste a líonas na málaí. (S 7/1927, RM)

4622 Is maith a cheannaíos an droim an bolg. (S 9/1920, Ca)

- Is crua a cheannaigh an droim an bolg. (GS)
- Saothraíonn an droim an bolg. (Sp)
- Is é an droim a shaothraíos an bolg. (LMóir)

Gur mór an tsíleáil a dhéanann an droim ar mhaithe leis an mbolg: tá an bolg ceannaithe go maith ag an droim.
App. 37, DC 184.

4623 Is maith le cat iasc ach ní maith leis a chrúb a fhliuchadh. (Ca)

- Ní fuath le cat iasc agus is fuath leis a dhul san uisce. (T)
- Ní gnách iasc ag cosa tirime. (CF)
- Is annamh a rug loirgne fuara ar bhreac. (TÓM)
- Ní mharaíonn magairle tirim iasc. (DS)
- Ní fhaigheann balcais tirim iasc. (RM)

Duine nach saothróidh an rud a bhfuil dúil aige ann.
Fairsing san Eoraip, de bhunús Laidin na Meánaoise (I BSR 208, 253, II 251; LSM 24c. 99, 187s; Taylor 30; SH 423; Ray 76; YD 60, DC 58; NG I 179, III 49). Rel. II 484.

4624 Is minic a chuir fear na luaithe fear na cruaiche amach. (S 11/1927)

- Is minic a chuir fear na luaithe fear na cruóige amach. (F)
- Is minic a chuir fear na luaithe fear na cruóige amach ón tine. (GS)
- Is minic a chuir fear na cuarta (.i. cuairteoir) fear na luatha amach. (S 11/1927)

An tsócúlacht a bheith ag leadaí na luaithe in áit a bheith ag an saothraí a bhain an mhóin.

4625 Is minic nach é an té a shábháil an fómhar a fuair bainne na bó. (F)

- Ní hé is mó a thuilleas is mó a fhaigheas. (GS)
- An té is lú a thuilleas, is é is mó a fhaigheas. (F)
- Is minic nach é is fearr a shaothraíos is fearr a gheobhas. (MÓD)

An Scrioptúr Naofa, Mth. XX 1, etc., O aper 1, arbor 1.
cf. 688 agus 4626

4626 Is minic nach é an té a shaothraíos a chaitheas. (CnM)

cf. 4625

4627 Is mó an saothrú ná an comhaireamh. (GS)

4628 Is olc an lom is an cónaí in aice a chéile. (RM)

An duine bocht is gan aon saothrú aige.

4629 Is olc an talmhaí an lá breá. (Ca, Cum. Béal. 74, 207)

cf. 2222

4630 Is san uisce is doimhne is fearr a bhíos an t-iasc. (TÓM)

4631 Má bhris tú an chnáimh, níor dhiúl tú an smior. (Ca)

An obair déanta ach gan balachtáil dá barr agat.

4632 Mara saothraí tú, ní bhfaighidh tú. (Sa)

- Faigh rud gan a shaothrú. (Sa)
- Is túisce tuilleamh ná tuarastal. (Sa)
- Is túisce a thuilltear ná a fhaightear. (Sa)
- Is túisce a mheiltear ná a itear. (Sa)
- Ní fhaigheann táilliúr a chuid go saothraí sé é. (Sa)
- Ní dheachaigh an pláta thart don phíobaire ariamh gan a anáil a shéideadh. (Sa)
- Ní ghabhfadh an pláta thart don phíobaire go saothródh sé é. (Sa)
- Ní bhfuair an píobaire a chuid ariamh go saothródh sé é. (Sa)
- Ní mharódh cat luch gan í a shaothrú. (CF)
- Déan obair, a chapaill, is gheobhaidh tú coirce. (GS)
- Ní sa luaith (ar an tsráid) a fhaightear an t-airgead. (CF)
- Ní bhfuair an sagart a chuid ariamh gan é a shaothrú. (Sa)

4633 Más maith mo scéal is maith mo luach. (Ca)

4634 Ná bíodh allas an duine bhoicht ort. (GS)

Ná coinnigh pá an duine bhoicht, tabhair dó a bhfuil saothraithe aige.
Léiv. XIX, 13, etc.

4635 Ná déan aon obair Dé Domhnaigh ach an obair nach mbeadh aon bhreith Dé Luain uirthi. (F)

4636 Ní bheidh aon chat ann ach cat a mharós luch. (S 9/1920)

Nach bhfuil glacadh le duine mura saothraíonn sé a bheatha.
Idem App. 86, Ray 77.

4637 Ní hé an té is fearr a d'íosfadh giorria an té is fearr á fhiach. (GS)

4638 Níl saill gan fiacha dhi. (RM)

- Ní saill gan fiacha é (.i. rud dócúlach). (Ár)
- Ní fhaightear saill gan saothrú. (F)
- Ní fhaightear saill gan saothar. (Ca)

Ábhar seanscéil, cf. FGB (saill).
Tá leagan dá shamhail in Ray 135.

4639 Níl tairbhe gan trioblóid. (Gearrbhaile 1937 l.25 gan áit)

4640 Ní mhéadaíonn an pháighe phlucach an sparán. (GS)

An duine bhíos ag obair ar ghreim a bhéil, ní bhíonn mórán le cois na sláinte aige.

4641 Ní mó an iarlacht ná a hiarracht. (AR 551)

- Ní mó an iarlaíocht ná a hiarracht. (M, Sa)

1. Más mór an duais is mó a saothrú (M).
2. Ní mór don duine uasal a bheith caifeach (M).
BC 668 (le malairt bheag céille?). Lessons 302.

4642 Níor cheannaigh ariamh an suaimhneas ach an té nach bhfuair é. (S 11/1926)

4643 Ní raibh dhá cheann i dtalamh saibhir ariamh. (GS)

- Ní hé an sclábhaí is fearr is mó rath. (GS)
- An té a mbíonn a cheann faoi ag obair i gcónaí aige, is minic nach é is fearr a théas chun cinn. (MS)
- Táim ag obair ó mhaidin go faoithin,
Mo dhá cheann sa talamh gan mórán dá bhuíochas. (Ár, AA 8/1940)

An sclábhaí.

4644 Nuair a bhíos an chaora ina codladh, an t-am is fusa an olann a shníomh. (RM)

Leathfhocal in OL 201.

4645 Olann gan bhearradh is deacair í a shníomh ná a chardáil. (LMóir)

Ní féidir tada a dhéanamh le rud nach bhfuil agat.

4646 Port ag an bpíobaire, 'Bí go maith dom.' (Ca)

- Port an phíobaire, 'Bí go maith dom.' (Ind)

Mura n-íoctar an píobaire, ní mórán de shásamh é a cheol.

4647 Ríocht gan dua ní dual go bhfaightear. (CF, T)

- Ríocht gan dua ní dual go bhfaightear í. (RM)

Nach bhfaightear ríocht (nó duais mhór) gan a saothrú (T: CF); níl aon tír gan a donas féin (RM). BC 524, 630; O'Daly 97, College 298; Féach Clár (duadh).

4648 Scinneann gráinne ón scilligeadh. (RM)

Imíonn corrghráinne ón mbró tráth a mheiltear.

4649 Scuabadh theach an tsléibhe. (I)

4650 Spalla dhá dheoin agus ging dhá hainneoin. (Sp)

4651 Tá an cogal agus an chruithneacht in éineacht. (RM)

Oibrí maith agus ríste ag obair in éineacht. Aithdhioghluim Dána 82, 5c, Iomarbhágh xviii 18, Duan le Pilib Bocht (rann 35d); IG ix 309; Pilib Bocht 25, 37): tagairt Bhíobla é, Iób xxxi 40, Mth. xiii 24.

4652 Tá chuile shórt sa bhfarraige, tá an t-ór agus an t-airgead agus an beo agus an marbh. (Ár, Cum. Béal. 77, 427)

4653 Tá mise i mo chodladh is mo chúis á plé. (IG 12/1905)

- Tá tú i do chodladh is do chuid olla á sníomh. (CF)
- Tá mé i mo chodladh is ná dúisigh mé,
  Tá mé i mo chodladh is mo chúis á plé. (Casla)

Duine atá ag saothrú is gan trioblóid ná obair chrua air féin.
Ceol 58.
Tá dhá leagan dá shamhail sa Bhéarla is táthar ag ceapadh gur ón nGréigis a tógadh an focal ar dtús; cf. App. 441, 530, Lipp. 338, NG I 331, O dormire 2, lucrum 1.

4654 Tá obair níos fearr ná búistéaracht. (Sa, RM, Ca)

SÁSTACHT

4655 A chomhfhad is (chúns) a mhairfeas sé fónfaidh sé. (RM)

- A fhad is a mhairfeas sé fóirfidh sé. (TÓM, F)
- A fhad is a mhairfeas, maireadh, a fhad is a rachas, téadh. (IG 8/1905)
- An fad is a rachas, téadh. (CC)

Go dtiocfar lena bhfuil ar fáil.

4656 An rud atá uait, ná bíodh aon chathú ina dhiaidh agat. (Sa)

4657 An té a bhíos á bháthadh, b'fhearr leis a bheith á dhó, is an té a bhíos á dhó, b'fhearr leis a bheith á bháthadh. (S 11/1927)

- An té a bhíos á dhó b'fhearr leis á bháthadh. (S 8/1920)
- An té a bhíos á bhruith b'fhearr leis á bháthadh. (CF)
- Nuair a bhíos duine á dhó, is fearr leis á bháthadh. (Ca)
- Nuair a bhíos duine á dhó, ní mian leis gan a bheith á bhruith. (Ár)

CCath. 2144.

4658 An té a fhaigheas a chomhairle féin, bíonn dhá cheann an mhargaidh aige. (GS)

An té a fhaigheann breith a bhéil féin, faigheann sé iomlán a shásta.

4659 An té ar cúng leis, fágadh. (M)

- An té lenar cúng, fágadh. (F, Ca)
- An té ar cúng leis, fágadh, ach beidh mise i mbun na háite. (Ac)
- An té atá cúng, fágadh. (CC)

4660 An té ar fada leis an lá, is fada leis a shaol. (F)

An duine tromchroíoch, nó an duine tinn, nach bhfaigheann aon bhlas ar a chuid oibre ná a shaol.

4661 An té a shásaíos a intinn féin, sásaíonn sé intinn amadáin. (GS)

4662 An té atá tuirseach, is furasta a leaba a chóiriú. (GS)

4663 An té nach bhfuil cóta aige, caitheadh sé báinín. (CC)

4664 Ceapann súil taitneamh. (Sp)

- Ceapann gach súil taitneamh. (LMóir)

BB 228

4665 Déanaigí go subhach go mbí sibh sách. (MÓD)

Féach freisin an leagan Árainneach dá shórt seo i nóta Uí Ghramhnaigh ar an bhfocal 'tuaithbheall' – 'Bígí ag ól go bhfeicidh sibh an gloine ag dul tuaithbheall, ansin glanaigí abhaile' (IG viii 67).

4666 Déanfaidh sé gnotha, ar nós bád Mhuintir Laife. (TÓM)

4667 Dhá dtrian den obair an máistir a shásamh. (RM, S 7/1927)

- Trian den obair an máistir a shásamh. (F)

4668 Fág an Chéis (an cheist) mar atá sí. (Sl)

- Fág an cás mar atá sé is ná leag an Chruach ar Néifinn. (TÓM)
- Fágamuid siúd mar atá sé. (IG 8/1905, F)
- Fágtar an Chéis (an chúis) mar atá sí. (MÓD)
- Fág sin mar atá sé agus Baile Átha Cliath mar a bhfuil sé. (F)

An scéal a fhágáil mar atá sé.
Gheofar an seanfhocal is scéal á mhíniú in ADC II 116. leagan 4: cf. College 282.

4669 Fág maith go leor mar atá sé. (Ca)

Joyce 109, SH 257.

4670 Fleá shíor intinn shásta. (TN 24/1/1890)

- Féasta gnáthach intinn shásta. (TÓM, Ár)

Leagan de in BC 135.
Idem App. 112, SH 5 : tá sé bunaithe ar an mBíobla (Seanfh. XV 15).

4671 Fuair tusa do leannán (lionnán),
Fuair seisean an liubhán,
Fuair mise an laíán. (GS)

4672 Ghníonn seilbh sásamh. (CS 3/10/1903, M)

- Cuireann seilbh sásamh ar chuid mhaith. (MÓD)

Cuir i gcomórtas leis seo, 'ni dhene sealbh sarugad' (Forbuis Droma Damhgaire, RC XLIII 18).

4673 Glac a bhfaighe tú nó go mbeire an chuid eile ort. (GS)

- Glac lena bhfaighe tú is bí buíoch gan tada. (F)

4674 Imigh leis an saol agus tiocfaidh sé thart. (Ind)

- Lean don tsaol mar a bheas sé ag éirí leat. (Ca)

An saol a ghlacadh mar a fhaigheann tú é.

4675 Is beag le bleitheach a bhfaighidh sé. (CF)

4676 Is beag orm bláthach nuair a bhím lán di. (R 286)

- Is beag díol duine nuair a bhíos sé sách. (TÓM, Ca)

Le haghaidh leaganacha dá shamhail (a d'fhás as Seanfh. XXVII 7) ach ag trácht ar mhil, cf. I BSR 262.
cf. 769

4677 Is breá an rud suí ach baineann síneadh barr dhe. (MS)

4678 Is deacair freastal do dhá mháistir. (BA)

- Is deacair dhá mháistir a shásamh. (Ca)
- Ní thig le duine amháin beirt mháistir a fhreastal. (MS)
- Is deacair obair a dhéanamh do dhá mháistir. (Ár, Cum. Béal. 101, 554)
- Is deacair seirbhís a dhéanamh do dhá mháistir. (BA)

Tugtar an téacs Laidine is tiontú Gaeilge i mBeatha Mhártain Tours (RC II 384), agus tá tagairtí eile dó sin in Cat. II (Eg. 91, 13); nóta ciumhaise i Leabhar Uí Mhaine 68 agus 77; tuilleadh samplaí in MIP 363.
As Mth. VI 24, etc.; is seanfhocal é in SH 319, App. 449, L II 69, 77, 100, 271, LSM 63d, 22, 29, 262n, 10o, 79u.

4679 Is geall le cóir calm. (AR 467, Ca)

- Is cosúil le cóir calm. (RM)
- Is gearr le cóir téigle is lá maith ar thalamh. (RM)
- Is gearr le cóir téigil is ná tréige (?) le talamh (?). (U, B 6/1933)

4680 Is geall le fleá bia go leor. (AR 354)

- Chomh maith le fleá bia go leor. (AR 354b)

  Leagan de in BC 212.
  Idem App. 184, SH 93, Ray 90. Joyce 109.

4681 Is iomaí duine lena shúil a shásamh agus a chroí a chrá. (Ca)

SH 359

4682 Is leor don dreoilín a nead. (Ca)

- An rud is leor do dhuine, sásaíonn sé é. (RM)

  I BSR 210, 211, focail ghaolmhara.

4683 Is maith é an t-asal go dtaga an carr is an capall. (Sa)

- Is breá seo go dtige sin. (MS)

4684 Is minic ab éigean filleadh ar cheann gan cíoradh. (CF)

Fear nach raibh cailíní bochta na háite sách maith dó, d'imigh sé ag tóraíocht mná ní ba bhreá, ach b'éigean dó filleadh ar an mbaile ó héaradh gach áit eile é.

4685 Is mór an babhta le cat pisín. (GS)

Gur creach an beagán féin a chailleadh, áit nach bhfuil ach é.
cf. 1582

4686 Maith go leor, mar a bhíos na fataí sa gcéad fhómhar. (GS)

Rud nach bhfuil go maith ná go dona ach idir eatarthu.

4687 Mara bhfaigheann tú an fheoil, is mór is fiú an t-anraith. (RM)

- Mara bhfaighimid an fheoil, is mór an só an t-anraith. (TN)
- An té nach bhfaigheann an fheoil, is mór is fiú dó an t-anraith. (S)
- An té nach bhfaigheann an fheoil, is mór an só leis an t-anraith. (IG)
- An té nach bhfaigheann an fheoil, is mór an spóirt dó an t-anraith. (F)
- An té nach bhfaighidh an fheoil, is mór an só an t-anraith.
  Ach an té a gheobhaidh an fheoil, is dó is cóir an t-anraith. (TÓM)
- An té nach bhfaighidh an fheoil, is dó is cóir an t-anraith. (MÓD)
- An áit nach bhfuil an fheoil, is mór is fiú an t-anraith. (Ca)

  O'Daly 89. TN 28/8/1891, S 5/1924, IG 8/1894.
  II BSR 106 – A falta de carne, bueno es el caldo.

4688 Mara mbí sé tirim, fliuch is fearr é. (Sa, MÓD, M)

SFM 12

4689 Margadh réidh a shásaíos beirt. (T)

4690 'More Water,' arsa an Sasanach is é á bháthadh. (S, TÓM)

Is doshásta é an Sasanach.

4691 Ná bí ag ceasacht go mbí an t-údar agat. (CR)

- Caithfimid fuasaoid nuair a ghortófar muid. (Ca)

4692 Ná bí doshásta. (IG 11/1905)

4693 Ná cuir an t-aingeal ar thine. (AR 469)

- Ná bí ag cur an aingil ar an tine. (CR)
- Ná bí ag cur an aingil sa tine. (M, Cum. Béal. 109, 285)

  Ná bí ag casaoid gan údar.

4694 Ní shásaítear an tsúil le amharc, ná ní líontar an chluas le éisteacht. (M)

- Ní shásaítear an tsúil le amharc, ná ní líontar an chluas le éisteacht sna flaithis. (MS)
- Ní líontar an chluas le éisteacht. (MÓD)
- Ní shásaítear an tsúil le amharc. (MÓD)

  Tóraidheacht I, 1, 5 – An gnáthfhocal: nach sásaítear etc.; SFM 14
  As an mBíobla (Cóh. I 8, Seanfh. XXII 20).
  DC 44 (Haws llenwi bol na llygad).

4695 Ní bhfuair mná ná páistí a sáith ariamh. (DÓM, Sl)

- Tuirse mo chroí ar na giorraithe is ar na mná óga a bhíos doriartha. (TÓM)

4696 Ní bhíonn rath ar an síorchlamhsán. (DÓM, Sl ?)

4697 Ní hé gach duine a bhíos sásta le gaisneas. (GS)

4698 Níl sé ann, an té nach mbeidh ag casaoid uair eicínt. (Sa)

4699 Níor shásaigh Dia na daoine. (GS)

Ní féidir na daoine a shásamh.

4700 Tá mo sháith agam anocht, is tá Dia go maith le haghaidh an lae amáirigh. (IG 12/1894)

SATHARN

4701 Dá thrá an tSathairn. (LMóir)

- Ní ceart dhá thrá an tSathairn a fhreastal. (LMóir)

Níl sé sona a bheith ag obair ródheireanach ar an Satharn.
cf. 46

SCADÁN

4702 Chomh dlúth (Chomh téagrach) le scadáin i mbaraille. (I)

'Dlúich' a deirtear; 'Bhí cruach mhaol ar an teach le daoine' I, leagan eile le brú mór daoine a chur i gcéill. SH 267 (ó 1881).

4703 Chomh héasca le scadán a iontú. (Sa)

4704 Chomh marbh le scadán. (Ca, TN 26/9/1890)

App. 137, SH 47.

SCAOTH

4705 Ní scaoth breac. (MC)

cf. Cruithneacht agus Ceannabháin (Tomás Bairéad) 24; Lessons 292
'Ní dhéanann aon smeolach samhradh.'

SCÁTH

4706 Is fearr scáth ná faitíos. (Ca)

- Is fearr scáth ná fascadh (Ca)

cf. 3340

SCATHAMH

4707 Is maith an rud scathamh. (M, Cum. Béal. 114, 510)

SCÉAL

4708 Bíodh scéal gach uile dhuine agat agus ná bíodh do scéal féin ag duine ar bith. (Ac)

4709 Is fearrde chuile scéal iorball a fhágáil air. (Sp)

cf. 1201 agus 3179

4710 Is fusa rud a chreideamh ná a dhul ag tóraíocht scéala air. (RM)

4711 Is scéal fíor é más scéal triúir é. (Ca, Cum. Béal. 58, 86 i scéal)

cf. 4533

4712 Ná hinis scéalta an teaghlaigh taobh amuigh. (Ca)

cf. App. 619.

4713 Scéal an chaipín dheirg. (CF, IG 11/1905)

Aighneas fada.

4714 Scéal an ghamhna bhuí. (RM, S 11/1926, CC)

- Chomh fada le scéal an ghamhna bhuí. (GS)

Scéal a leantar rófhada leis.

4715 Scéal chogar na gcogar. (GS)

Scéal mór ar thada.

4716 Scéal na stocaí dearga. (MS)

Leithscéal seanduine nuair a iarrtar scéal air.

4717 Scéal rí na sceachóirí mucóirí dearga. (M, Cum. Béal. 117, 31)

Gurb é a scéal féin is mó a mbíonn aire ag chuile dhuine air.

4718 Taistealann dea-scéal go mall. (Ind)

4719 Teach fíodóra agus ceárta
Bíonn gach scéal iontu. (LB, Ca, AA 10/1938)

4720 Tugann scéal scéal eile leis. (CC)

Nuair a théann rud ar cairde, is deacair a thabhairt ar ais.

SLACHT

4721 Aineolaí a ghníos pruisleacht. (Sa)

Ghníonn an duine aineolach, místuama, a chuid oibre go míshlachtmhar, scrábach.

4722 An crann nach meileann go teann, is é is ainm dó 'crann gan rath.' (F)

- An muileann nach meilfidh go tréan, is é an muilteoir an fear gan rath. (CF)

Ní bhíonn rath ar an ngléas (ná an duine) a ghníos a chuid oibre go réchúiseach, gan teannadh. Bró atá i gceist anseo.

4723 An té atá pointeáilte, íosfar greim leis. (Sa)

Ní bheadh drogall ar dhuine suí chun boird leis; réiteodh sé béile slachtmhar.

4724 Ar an gcrann is deise an t-úll is an bláth. (Ca)

Is fearr is is slachtmhaire gach uile rud a bheith san áit is cóir nó is feiliúnach dó.

4725 Asal ag ithe a shrathrach féin. (F)

- Is dona an capall a íosfas an tuí as a shrathar féin. (Ár)
- Capall ag ithe a srathrach féin.
- Ná bí ag ithe tuí do shrathrach féin. (T)
- Ag déanamh teach beag is á mhilleadh arís. (MÓD)

Ag obair i d'aghaidh féin, ag milleadh do chuid oibre féin.

4726 Barr na snáthaide briste ag táilliúr an mhagaidh. (Sa)

Nach ndéanfar obair shlachtmhar le uirnis bhriste (ná drochuirnis) is is údar magaidh an té a d'fhéachadh lena déanamh.

4727 Beidh séan ar obair mhaith choíche. (MÓD)

4728 Bíonn an sonas i ndiaidh na straoilleachta, is an donas i ndiaidh na críonnachta. (S 11/1927)

- Bíonn an sonas i ndiaidh na straoilleachta. (S 4/1929)
- Bíonn an sonas i ndiaidh na sailíochta. (CS 14/11/1903)
- Bíonn sonas i ndiaidh na simplíochta, is donas i ndiaidh na cinnteachta. (F)
- Bíonn sonas i ndiaidh na simplíochta, is donas i ndiaidh na slibireachta. (CF)
- Bíonn rath ar an tslaparnacht. (S)
- Bíonn rath ar an útamálaí. (T)
- Bíonn ádh ar shlaparnacht. (Ca)
- Bíonn rath i mbun na giobaíle. (MÓD)
- Bíonn ádh ar amadán is rath ar raipleachán. (MÓD)
- Is minic a bhí rath ar raipleachán. (MÓD)
- Bíonn an donas i ndiaidh na sraoillíochta, is an sonas i ndiaidh na simplíochta. (DÓF)
- Bíonn an sonas i ndiaidh na glaineachta, is an donas i ndiaidh na sailíochta. (CS 14/11/1903)

College 278. Dhá rann in D 196 (ls. Ultach, 1745). cf. 1928

4729 Bíonn claí dúbailte i chuile bhaile. (CR)

An chaoi cheart le balla a dhéanamh.

4730 Caithfidh an deachú (an dul amú) a chuid féin a bheith aige. (Ca, Ár)

- Caithfidh an deachú a chuid féin a fháil. (Ca, CF)
- Ní mór rud eicínt a thabhairt don deachú. (T)
- Bíonn an dul amú ann. (Ca)
- Bíonn an dearmad ann. (S 1/1928)
- Níor dearnadh cruach mhóna ariamh gan caoráin a bheith ina diaidh. (M)
- Níl aon bhuachtáil ar an dul amú. (Ca)
- Níl maith ar bith sa dul amú. (MÓD)
- Níl buachtáil ar bith sa dul amú. (Ca, Cum. Béal. 77, 376)
- Tá an dearmad ann. (TÓM, Ériu VI 50)

Bíonn dul amú beag ag baint le gach uile chineál oibre. Deachma a deirtear in RM agus Ca.
Le haghaidh bunús an fhocail seo, cf. Léiv.. XIX 9–10, XXIII 22, Deot. XXIV 19–21.
Tá píosa béaloidis faoi in ASG III 211, ceann eile in Cum. Béal. 290, 132 (CF) agus scéal in B I 290 (CR).
cf. 4774

4731 Cócaire an domlais. (MÓD, GS, I)

Cócaire salach.

4732 Col ceathrar don phláistéar. (Sa)

Páiste a bheadh ag potráil le moirtéal.

4733 Colpán coill is buailteán cuilinn,
Urlár lom agus aon phunainn. (RM)

- Colpán coill is buailteán cuilinn,
  Urlár lom agus bualadh aon phunainne. (AA 10/1938)

- Urlár lom don bhuailteoir glan. (MS)

  An chaoi a ndéanfaidh buailteoir obair shlachtmhar, punann amháin a bhualadh sa turn. An chaint faoi adhmad an tsúiste, tá sí ag imeacht i mBéarla na tíre seo freisin. Buailtín a thugtar go fóill i gContae Cheatharlach ar an mbuailteán.
  Le haghaidh ciall na bhfocal, cf. BB 54.
  LS 156; ÓD (Súiste).
  cf. 742

4734 Creachadóir tíreach, síoladóir fánach. (M)

4735 Déan faoi dhó é, a ghnóthaí dhona (is an té nach ndéanfaidh ceart ar dtús é, caithfidh sé a dhéanamh arís). (S 1/1928)

- A ghnotha dhona, déan arís é. (MÓD)
- 'Fill orm,' a deir drochghnotha. (CF)
- Obair lagdhéanta, caithfear a déanamh faoi dhó. (S)

  YD 71 (Drygwaith drywaith ei gwneir), App. 323 (as an mBreatnais).

4736 Déan uair amháin é is tá sé déanta go deo. (AConn 1/1908)

- Déan uair amháin é is tá sé déanta faoi dhó. (M)
- Déan uair amháin é is tá sé déanta faoi dheoidh. (M)
- Déan aon uair amháin é is is furasta dhuit a dhéanamh arís. (TÓM)

  O'Daly 91.
  Ray 141, SH 347, App. 674 ('What is well done is twice done').
  Tá focal gaolmhar in O (facere 2).
  SFM 6

4737 Foghail chorráin an fhoghail is measa ar bith. (RM)

- Níl foghail is measa ná foghail an chorráin. (TÓM, MÓD)

  Ní fhágann sé dada ina dhiaidh.
  Cuir i gcomórtas leis seo, TB 2, I II. 'Corrán gort-ghlanta an fómhar,' a thugtar ar an gcorrán in Táin Bó Geanainn (Lia Fáil I 68, 72, 73).

4738 Glaineacht a ghníos slacht. (Ár, Cum. Béal. 101, 554)

4739 Iomaire caol is díoga leathan,
Barr an láin le feoil an fhata. (S 11/1919)

Má dhéantar an t-iomaire róchaol is an díog róleathan, ní bheidh a ndíol créafóige ag clúdach na bhfataí.
Le haghaidh ciall na bhfocal, etc., cf. BB 55.

4740 Is beag gort dá ghlaine nach bhfaightear déas i ndiaidh an racálaí (rucálaí). (GS)

4741 Is fada ón stuaim an scráib. (Sa)

Ní bhíonn stuaim ar bith ag baint leis an scráib, ná a chuid oibre maolscríobaí.

4742 Is maith glan ach ní maith róghlan. (Ca, IG 9/1905)

Gur dócúlach an iomarca glaineachta.

4743 Is minic a bhíos mioscán ag straoill is bean chaoithiúil gan tada. (S)

- Is minic troscán ag straoill is bean chaoithiúil gan tada. (CS 5/12/1903)
- Is minic caipín ar straoill is bean chaoithiúil gan tada. (CF)
- Ba mhinic straoill is mioscán aici is bean chaoithiúil gan tada. (CF)
- Is minic a bhí mioscán mór ag straoilleog agus bean ghlan gan aon ghreim. (M, Cum. Béal. 109, 283)
- Is minic mioscán ag straoill agus bean ghlan gan tada. (Ca, Cum. Béal. 74, 211)

4744 'Is mór is fiú an ghlaineacht,' mar a dúirt bean an tí nuair a ghlan sí mias an ime le iorball an mhada. (F)

- 'Is mór is fiú an ghlaineacht,' mar a dúirt Máire shalach. (TÓM)
- 'Is deas í an ghlaineacht,' arsa an straoill, is í ag glanadh an phláta le iorball an chait. (Sa)
- 'Is mór is fiú an ghlaineacht, ach a déanamh go hannamh,' mar a dúirt an bhean a thiontaigh a léine i gceann seacht mbliana. (I)

  cf. 4858

4745 Más olc an saor is maith an scealbóg. (GSe)

Rel. II 492.
Ray 111, App. 83, 607, 265 (faoi shiúinéir).

4746 Meanadh ramhar is iall chaol,
Leathar lofa is gréasaí caoch. (S 4/1926)

Ní bheadh slacht ar a chuir oibre.

4747 Molann an obair an saor. (TÓM, S 11/1926)

- Molann an obair an fear. (CS 14/3/1903)
- Inseoidh an obair a cuid maitheasa dhuit. (CF)

- Spiadóir dhuit í an obair. (CF)
- An obair a ardaíos nó a íslíos an fear. (CF)
- Is í an obair a fhágas thíos nó thuas tú. (CF)

As an Laidin ('Opus laudat artificem') is tá sé go fairsing san Eoraip II BSR 209, Ray 263 (Albain), YD 76.

4748 Nead gearráin. (Sp)

cf. SH 512 (Mare's nest).

4749 Níl aithne orlach ar bhád ná troigh ar shoitheach. (Ca)

Nuair atá píosa oibre déanta go slachtmhar, is mór an obair aon bhrabach a fháil air.

4750 Níl mórán uair nach n-insíonn an broimfhéar scéal ort. (Sa)

Má fheictear i do gharraí é, beidh daoine ag caint ar an té nár ghlan as é; comhartha drochthalmhaí é.

4751 Ní salachar é an súiche. (Sp, Cum. Béal. 76, 29)

4752 Obair agus athobair drochbhean tí. (Sa)

- Drochbhean tí ag gabháil don rud faoi dhó. (Sa)
- Drochbhean tí ag mútaráil ina chionn. (Sa)
- Obair agus athobair. (DÓM, Sl)
- Obair agus athobair chailleach gan cónaí. (CF)

'Na rop dál co n-attáil' (Three poems in Middle Irish; Proceedings of the RIA., Section C, III 4, 552).

4753 Sábháileann glaineacht sláinte is intinn. (Ca)

4754 Saothar an fhogha fhosaidh ní bhíonn sé buan. (Sp)

- Saothar na foghla feosaí ní bhíonn sé buan. (RM)
- Saothar an fhogha fhosaidh ní bhíonn sé rathúil. (Sp)

4755 Siosúr géar is bréidín gann,
Is ceann gan chéill a chur ina cheann. (Sa)

Is ait an chuma a bheadh ar an éadach ina dhiaidh.

4756 Tá gearrchaoi le chuile rud a dhéanamh (ach níl caoi ar bith air sin). (Sa)

Nach ndéantar obair shlachtmhar go deifreach.

4757 Taispeáin glaineacht do chreidimh is do ghlaineacht féin. (Ca)

App. 101 (Cleanliness . . . . godliness).

4758 Tá tú ag obair ach ní mholtar do shaothar. (RM)

Go bhfuil an obair á déanamh ach níl aon tslacht uirthi.

4759 Teach na sop sáite,
Ní díon in aghaidh na báistí. (MÓD)

- Teach na sop sáite, is garraí amharc amuigh (.i. drochdhíon tollta a bhféadfá breathnú amach tríd?). (I)

Deirtear an dara leagan le daoine a fhágann an teach nó an garraí sraoillte (IG VI 184/185); ÓD (sop), SU 1593.

4760 Treabhadóir bacach, cinnire caoch,
Caiple laga is iarann maol. (F)

4761 Úmachan tincéara. (TÓM)

Drochúmachan (nó drochghléas).

SLÁINTE

4762 An fhuíoll a fhágas an bhruitíneach, tugann an fiabhras leis í. (Ca, Cum. Béal. 77, 337)

4763 An té a chailleas an tsláinte, is deacair dhó í a fháil ar ais. (CF)

4764 An té a thiocfas thar a dhícheall, ní bheidh sé saolach. (Sa)

- Ná cuir tú féin thar do bhionda. (GS)
- Ná cuir do shláinte i gcontúirt. (DÓM, Sl)

TC 21, 4 – 'fedmanna ós niurt'; CCath. 4395 – 'Is feidm os nirt.'
cf. Síor. III 21. SH 400, LSM 252n.

4765 An té nach bhfuil an tsláinte aige, is cuma dhó cén chaoi a bhfuil sé. (Sa)

4766 As a ceann a fhaigheas bean fuacht, as a chosa, fear. (MS)

4767 Bainne cíche circe a chur ag fiuchadh in adharc muice, is cleite cait a chur á shuathadh. (MS, MÓD)

- Bainne cíche circe ag an bpisín á thabhairt don chat. (I)
- Bainne cíche circe agus a bhleán in adharc muice agus cleite cait a chur á shuathadh. (F)
- Bainne cíche circe á bhleán in adharc muice agus cleite cait a chur á mheascadh. (RM, CF, Ár)

1. Raiméis de leigheas a thug dochtúir don té a bhí ag ligean air a beith tinn .i. nach bhféadfaí a leigheas.
2. Leigheas ar an triuch (MÓD).
3. Leigheas ar an mbruitíneach agus ar mhuirghalar (RM).
4. Leigheas fhear an chapaill ghlais ar an triuch (CF – aon leigheas a thabharfadh siúd, bheadh sé go maith; B V 151): F.
Is pisreog go bhfuil leigheas ag fear capaill bháin (BA); tá sí i Sasana freisin.
Add. 27946, 37 (Cat. I: ls. 1825).

4768 Beannacht Dé le hanam Phóil. (CR)

Leagan a deir duine atá ag dul idir an tine is an duine tinn, le nach dtógfaidh sé an galar.
Leis an tinneas mór a bhaineann pisreog na hAlban (Survivals 177).

4769 Biseach an Domhnaigh. (Cum. Béal. 70, 210 gan áit)

- Níl biseach an Domhnaigh ná ardú na hAoine go maith. (RM)

Is droch-chomhartha biseach a bheith ar dhuine tinn ar an Domhnach; comhartha maith é a bheith go dona an lá sin. Deirtear gur comhartha báis é in RM.
cf. 4770 agus 563.

4770 Biseach na hAoine. (CF)

Is maith biseach a theacht ar dhuine tinn ar an Aoine.
cf. 563 agus 4769

4771 Borradh an éinín ghé. (RM)

- Borradh an éin ghé. (S 2/1930)
- Borradh éin gé. (Ár, IG VI 126)

Fás agus biseach mór a bheith faoi rud. Bíonn an borradh seo sa ghasúr atá ag fás róthobann; deirtear nach duine saolach é. (RM)
cf. 364

4772 Bruth is teas, tús tinnis. (Ár)

Ag Ó Gramhnaigh in Arch. I 181.

4773 Caithfidh an fiabhras a sheal féin a rith. (AR 3, Bí 37)

Idem App. 153.

4774 Caithfidh gach duine deachú na sláinte a íoc. (F)

- Caithfear deachú na sláinte a íoc. (MÓD, CF)
- Is ceart fiacha na sláinte a íoc. (M)

Íocfaidh gach uile dhuine airgead dochtúra am éigin in imeacht a shaoil.
cf. 4730

4775 Chomh bodhar le slis. (Ca)

4776 Comharthaíocht le breoiteacht is biseach an mhéanfach. (Ár)

4777 Cos san uaigh is cos eile ar an mbruach. (Ac)

An té atá ag fáil bháis, nó atá beo ar éigean.
App. 470, SH 520 (an chéad leath).

4778 Daitheacha agus arraingeacha giúise agus pian i do chroí chomh crua le maide dubh. (CF)

An dá phian is measa ar bith.

4779 Dhá dtrian galar na hoíche. (IG 8/1905)

- Dhá chuid galair le oíche. (I)

Rann Eg. 127, 38n; 155, 65p; 135, 15 (Cat. II).

4780 Fear cainte, fear tinn. (Sa)

- Fear fiosrach, fear tinn. (Sa)

4781 Fuil bhán is gearr slán. (CF)

Gur gearr a mhaireann duine trochailte.

4782 Fuílleach triúir a leigheasas an triuch. (TÓM)

4783 Gáire maith is codladh fada, an dá leigheas is fearr i leabhar an dochtúra. (M)

- Béile maith is codladh fada, an dá leigheas is fearr i leabhar an dochtúra. (Sp)
- Gáire breá croíúil is codladh fada, an dá leigheas is fearr i leabhar an dochtúra. (MC)

4784 'Go mba fearr amáireach thú,' mar a dúirt Colmcille lena mháthair. (MÓD, TÓM)

- 'Go mba seacht míle fearr amáireach thú,' mar a dúirt Colmcille lena mháthair. (CF)

Le magadh sa bhfocal 'fearr' .i. fear.

4785 I gcosa duine a bhíos a shláinte. (CC)

Is maith an tsláinte do dhuine bróga maithe.

4786 Imíonn an mhéanfach ó dhuine go duine,
Mar a imíos an spideog ó bhile go bile. (MS)

- Imíonn an mhéanfach ó dhuine go duine,
Mar a imíos an t-éinín ó bhile go bile. (CF)
- Tá an mhuir ag dul ó thonn go tonn,
Mar a bhíos an mhéanfach ag dul ó dhuine go duine. (MÓD)
- Ó chnoc go cnoc, is ó ghleann go gleann,
Mar a bhíos an mhéanfach, ó dhuine go duine. (CS 3/1/1903)
- Tá tú ag imeacht ó thuile go tuile,
Mar a imíos an mhéanfach ó dhuine go duine. (AA 7/1942 (le scéilín))
- Tá tú i mo dhiaidh ó bhile go bile,
Mar a bhíos an mhéanfach ag leanúint ó dhuine go duine. (Ár, Cum. Béal. 101, 548)
- Anonn is anall a théann an mhéanfach. (Ca)
- Tá tú do mo thabhairt ó thultán go tultán,
Mar a théas an mhéanfach ó bhéal go béal. (LMóir)
- Imíonn an mhéanfach ó bhéal go béal. (LMóir)
- Tá muid ag imeacht ón tortán (ón turtóg) chun a chéilí,
Mar a imíos an mhéanfachaí ón duine chun a chéilí. (Cd)

Caint a dúirt an bhean sa scéal lena fear a bhí á tarraingt ina dhiaidh lena marú (LMóir).
Leaganacha in BC 671, IM; cf. freisin B IV 390 (scéilín Chiarraí), Éigse I 73 (leagan Albanach, etc.). Rel. II 506. App. 243. NG I 104 (ionann is an rann céanna).

4787 Ina tuilte a imíos sí, is ina máinníocha a thigeas sí. (Sa)

- Ina bainní a thigeas an tsláinte, is mar thuile sléibhe a thigeas an mhíshláinte. (TÓM)
- Is fada caol a thigeas an tsláinte, ina tuile mhór an easláinte. (MÓD)

Is éasca di imeacht, ach is doiligh a fáil ar ais.
Id. Rel. I 155.
Leagan gaolmhar leis in SH 35. Faightear an tsamhail chéanna i bhfocail ag trácht ar an olc, Ray 351, BSR II 247, L I 175.
cf. 30

4788 Is beag an rud a ghoilleas ar an tsúil. (GSe)

Gur éasca an tsúil a ghortú.
Leaganacha dá shamhail in Ray 300, 29, App. 195, 196; cf. Trench 79, i dtaobh a bhunús.

4789 Is dearthái don bhás fios a chur ar an dochtúir. (IG 8/1905)

4790 Is é an mhéanfadh an bunadh daoine. (MÓD)

Ní bhfuair mé míniú ar an seanfhocal.

4791 Is fadsaolach iad lucht múchta. (M, I, BA)

- Is fada saolach iad lucht múchta. (Ind)

Dá dhonacht an chosúlacht atá orthu, maireann siad i bhfad.

4792 Is fearr a bheith ag lorg bidh ná ag lorg goile. (MÓD)

4793 Is fearr an tsláinte ná an tsaint. (Ca)

cf. 4797

4794 Is fearr an tsláinte ná éirí go moch. (Cloigeann, Cum. Béal. 113, 37)

4795 Is fearr na bróga a chaitheamh ná na braillíní. (ACC, CF)

- Is fearr na bróga a chaitheamh ná na bonnachaí. (Ár)
- Is fearr bróga a chaitheamh ná cosa. (TÓM)

Is fearr a bheith ar do chois ná i do luí tinn.
'Ferr gním gallruge' (FFx 6, 40)
Idem App. 46 Ray 231, II BSR 130 (teangacha Rómhánacha).

4796 Is fearr sláinte ná múnadh. (Ár, Cum. Béal. 101, 550)

4797 Is fearr sláinte ná táinte. (MÓD)

- Is fearr an tsláinte ná na táinte. (S 3/1926)
- Is fearr an tsláinte mhór ná na táinte bó. (CC, Ca)
- Is fearr go mór an tsláinte ná na táinte bó ag fear. (R)
- Is fearr sláinte ná saibhreas. (Ár, MS)
- Is fearr an tsláinte ná táinte bó ar cnoc. (Ac)
- Is fearr sláinte ná ór. (Ca, Cum. Béal. 74, 212)

'Dáinte' a deirtear scaití (Ca; Sp). Leagan 5: idem App. 294, SH 784, YD 109, DC 73.
Lessons 179, 224.

Síor. XXX 15, 16.
cf. 4793

4798 Is furasta d'fhear na sláinte caintiú réidh leis an bhfear breoite. (S)

TI 82 – 'slán contibi galarach (.i. ceann de tri buirb in betha).'
LSM 166, 174n (focail ghaolmhara). O aergrotus.

4799 Is furasta féirín a dhéanamh den tsláinte. (GSe)

A ligean uait, nó a chailleadh.

4800 Is ionann an cás, an té nach bhfaighidh biseach, gheobhaidh sé bás. (MÓD)

4801 Is léar don dall a shúil. (U, B IV 53)

Nach mbascann a dhaille é, tá éisteacht agus mothú ar fheabhas aige (?).
cf. 731

4802 Is maith an tráth éirí an tsláinte. (GS)

Ní ceart do dhuine tinn éirí go mbíonn a shláinte aige.

4803 Is measa an atuitim ná an chéad tinneas. (MS)

Féach Cinnlae II 92, 300.

4804 Is measa sláinte ná leabhar. (RM)

4805 Is milis an féirín í an tsláinte agus is searbh a bheith gan í. (Cum. Béal. 91, 25 gan áit)

4806 Is olc é uireasa na sláinte. (I)

4807 Lá ag plúchadh agus lá go buacach. (CF, Ca)

1. Sin mar a bhuaileann an plúchadh duine (CF).
2. Déarfá sin le duine a mbeadh plúchadh air (Ca).
cf. Cumhacht na Cinneamhna 137 – 'sin é an chaoi le lucht múchta.'

4808 Leigheas an tsleamhnáin, dealg spíonáin. (CF, B V 151)

4809 Neaidín te ag fear tinn. (Sa)

4810 Ní bhíonn scéimh neamhnach buan. (GS)

- Lasadh buí na heitinne, ná trustaigh é go bráth. (M)
- Lasadh mór na heitinne. (M, Cum. Béal. 114, 336)

An scéimh a fheictear ar éadan lucht eitinne.
cf. BB 134.

4811 Ní dhearna luí fada bréag ariamh. (AR, Ac)

- Ní dhéanann an luí fada bréag. (S 11/1927)
- Ní abrann galar fada bréag. (GS 11/1927, TÓM)
- Galar fada, ní abrann síoraí bréag. (Ca)
- Bíonn luí fada fíor. (Ca)

An té atá i bhfad tinn ar a leaba, gheobhaidh sé bás sa deireadh.
MIP 175. Rel. II 492.
Tá a shamhail in YD 32, DC 63 (Claf), L I 177 (de longue maladie, fin de la vie). A chontrárthacht atá in SH 59.

4812 Níl aon duine bocht a bhfuil amharc na súl aige is lúth na gcos. (F)

Chomh fada is atá an tsláinte aige.

4813 Níl slaghdán ar bith níos measa ná slaghdán teaspaigh. (CF, Cum. Béal. 208, 349)

4814 Ocras, só is scíth na láí. (MÓD)

4815 Slaghdán caorach Mháire Chois Fharraige. (Sa)

Casacht ghearr chrua.

4816 Sláinte an bhradáin, croí folláin is béal fliuch. (GS, RM)

- Sláinte an bhradáin, croí folláin is gob fliuch. (IG 11/1905)
- Chomh slán le bradán. (GS)
- Chomh slán le breac. (Ca, S 11/1927, TN 26/9/1890)
- Chomh slán le breac in uisce. (GS)
- Chomh folláin le breac. (Ac)
- Seo sláinte na mbreac agus na mbradán,
Atá ag imeacht ina scolta le sruth Bhéal an Bhuláin. (Ac)
- Sláinte an bhric agus an bhradáin,
Ag dul síos agus aníos Béal an Bhuláin. (Ac)
- Sláinte an bhric agus an bhradáin,
Nár fhéach ariamh sa mbogán,
Ach gach a mbeadh ann
A chaitheamh siar ina phíobán. (TN 27/5/1892, IG 7/1892)

Rel. II 486. SH 56 (As sound as a trout; dáta 1300), PB 91.

4817 Sróth na maidine, nó méanfach an tráthnóna. (GS)

- Sróth na maidine, is léim an tráthnóna, sláinte an fhir oibre. (F)
- Sróthairt na maidine agus méanfach an tráthnóna. (CF)
- Méanfach na hoíche agus sraofairt na maidine. (CF)

Comharthaí sláinte iad; ÓD (méanfach).

4818 Tabhair aire don tsláinte nó bí á huireasa. (BA, AA 7/1942)

4819 Teas na bolgaí –
Trí lá ina teas,
Trí lá ag cur amach,
Trí lá ag líonadh,
Trí lá ag críonadh. (S 11/1927)

4820 Treádadh ort, bhain tú gáire asam is mé i lár mo chuid tinnis. (TÓM)

4821 Trí lá ag teacht,
Trí lá ina neart,
Trí lá ag imeacht. (CF, É 19/12/1936)

- Trí lá ag teacht,
  Trí lá ina neart,
  Trí lá ag cúlú. (Sp)

An bhruitíneach.

SMACHT

4822 Ag siúlóid i gcónaí, mar mhada gan máistir. (CC)

Rel. II 496.

4823 An óige is an amaideacht is deacair iad a cheannaireacht. (CR)

4824 An té a bhíos ina mháistir, aithneofar é. (Ca)

4825 An té nach smachtóidh Dia, ní smachtóidh duine. (Ca)

- An té nach smachtaíonn Dia, ní smachtaíonn duine. (CF)
- An té nár smachtaigh Dia, is doiligh do dhuine a smachtú. (I)

cf. ZCP XII 385 le haghaidh rainn dá shamhail le malairt chéille (as Add. 30512) –

'Intí nach riarfa a bus
a thigerna co follus
ní riarfa é intí 'gadá
tigernus na tigerna.'

4826 Bíonn croí éadrom ag saordhuine. (MÓD)

4827 Buachaill na mbuachaill, an buachaill is déine ar bith. (AR)

An té is mó a bhí faoi smacht, is é is crua nuair a fhaigheann sé faill.
YD 99 (Gwaethaf meistres meistres morwyn).

4828 Cuir smacht ar do leanbh a fhad is atá sé beag,
Nó cuirfidh sé smacht ort nuair a bheas sé mór. (MÓD)

- Cuir smacht ar do leanbh a fhad is atá sé beag,
  Nó nuair a mhéadós sé cuirfidh sé smacht ort. (TÓM)
- Mara smachtaír do dhailtín is a choinneáil go híseal,
  Is measa dhuit le beathú é ná coileán mac tíre. (MS)
- Cuir smacht ar an leanbh i laethanta a óige. (MÓD)
- Cuir smacht ar do pháiste ina óige. (Ac)

Lessons 368, le fabhalscéal á léiriú, a bhfaightear leagan de in 'Diomdhach mé don mhacdhacht ríogh' (Duanta Eoghain Ruaidh VII agus l. 420).
Féach Seanfh. XIX 18, etc.

4829 Gan maor gan máistir, an chaoi a raibh na madraí, bliain an chogaidh. (F)

- Ar a gcomhairle féin, mar a bhí na madraí, bliain an chogaidh. (GS)

1920 bliain nár íocadh ceadúnais (M): bliain Eachroime (GS).

4830 Is bocht an fear, fear gan mháistir. (GS)

Is iomaí focal sa litríocht ag caint ar an dochar a dhéanann díth tiarna: Mesca Ulad – 'Is cian o as fásach ni gebthar cath cen ríg'; rann 22 den duan as LL – 'cuire cen chenn cruit cen céis, samail na tuath déis a flaith' (Ériu IX 45); TC 4, 11 – is ceann de dhualgais taoisigh 'tigerna do charthain'; CRR 16 – 'nach tarmchillend Heriu,' etc.; AMC 73 – 'bá tuath cen ríg'; Her. P. Bk. of D. Lismore xxviii 21 – 'Is mé an tuath gan triath'; Branach 4311 – 'Mairg bhíos ar díoth deigh-thriatha'; tá duanta ar an ábhar céanna seo in Sil. Gad. I 52, Cat. II 495 (ZCP XII 385); Sil. Gad. I 107 – 'Ná ro tréice do rúire'; TDG (Trans. Oss. Soc. III 104, 106); Beatha Aodha Ruaidh 172 – 'romheabhaidh tra forsna

Gallaibh,' etc.; in TB 3 XIX 8 tugtar téacs Ir. II 19. Féach freisin CCath. 5610 'túisiuch gan a buidin' agus an dréacht in Ériu III 179.
Rann in O'Daly 88, D 269; leagan de in MIP 133, IM.
Sa mBreatnais deirtí sa dlí fadó, 'ny dyly untyr bot yn dyurenhyn' (Ancient Laws and Institutes of Wales, 1841, l. 82), NG I 341 (Do no está su dueno, está su duelo).

4831 Is fearr fear ag ordú ná dháréag ag obair. (Ca)

4832 Is maith é an faitíos. (I)

4833 Long gan stiúir, nó each gan srian, ní féidir a stiúrú. (GS)

AMC (Meyer) 73, 'himram luinge cen lai' (téacs as An Leabhar Breac); Buile Shuibhne 54; Reliques of Irish Poetry 393; ADR 165. 'Is mé an t-each gan srian.' Her. P. Bk. of D. Lismore xxviii 21.
In YD 83 tá 'Ffolog sydd fel llong heb lyw.'

4834 Ná spáráil do bhean ná do chapall choíche. (M)

- Ná spáráil do bhean ná do chapall,
  Dá gcaillfí thú gheobhadh sí fear eile,
  Is dá gcaillfí do chapall níor thúisce do mhada féin,
  Á hithe ná madraí an bhaile. (GS)

Tá insint eile ar an rann in O'Daly 94, SFM 12.

4835 Ní bhíonn an rath ach mar a bhíos an smacht. (S 1/1928, F)

- Ní bhíonn an rath ach mar a mbíonn an smacht. (S)
- Ní bhíonn an rath ach de réir an smaicht. (TÓM)
- De réir mar a bhíos an smacht is ea a bhíos an rath. (RM)

Do pháistí is mó atá tagairt sa bhfocal seo, ach cheap an tOllamh Ó Máille go dtiocfadh dó gur as an bhFéineachas a tógadh é, le tagairt do 'smacht gille' ar airgead (rath) ar iasacht.
cf. Leabhar Aicle 324; SF 5, 6 (FFx 3, 7) – 'dligid rath riara', agus SF 5, 9
'Ceisio elw o esgeulustra' atá in YD 46.
cf. 1665

4836 Ní maith í an scoil pheataí gan mhúnadh. (Ca)

- Scoil pheataí gan mhúnadh. (TÓM, GS)
- Scoilpheata gan mhúnadh, gan chomhairle gan smacht. (CC)

Dream daoine gan smacht, nó gan mhúineadh.

4837 Ní maith mada gan máistir. (Ca)

- Ní maith each gan ceannaire. (GS)

4838 Nuair a bhíos an cat amuigh, bíonn an luch ag rince. (S 11/1927)

- Nuair a bhíos an cat amuigh, bíonn an luchóg ag rince. (Ac)
- Nuair a bhíos an cat amuigh, bíonn cead rince ag na luchóga. (S 11/1919)
- Nuair a bhíos an cat amuigh, bíonn an luch istigh. (S 12/1919)
- Nuair a bhíos an cat istigh, bíonn an luch amuigh. (F)
- Nuair atá an cat imithe, is furasta leis an luch greann a dhéanamh. (S 8/1920)
- Nuair a bhíos an cat amuigh, bíonn an luichín ag rince istigh. (BA)
- Nuair a bhíos teach gan cat, bíonn an luch gan coimhthíos. (Sa)

Cinnlae I 60.
Focal idirnáisiúnta, atá bunaithe ar Laidin na Meán-Aoise (I BSR 97–98, App. 89, DC 58, PB 77, 149, L I 90, 101, NG II 406, III 211, 222, Lipp. 443, LSM 97i, 96m). I dtaobh a bhunúis, féach Spr. Red. 16, is nóta in O 119–120.
Níl aon chaint ar rince sa leagan Béarla ná Breatnaise.

4839 Peata baintrí an peata is measa ar bith. (Ca)

- Níl peata chomh mór le peata baintrí. (CR)

TI 234 'mac bantrebthaige'.

4840 Peata muice, peata duine, an dá pheata is measa amuigh. (ACC)

- Peata muice, peata duine, na peataí is measa ar bith. (GS)
- Chomh millte le peata muice. (T, Cum. Béal. 208, 223)

'A pheata mhianaigh muice' (Studies 1935, l. 670). TB 2, V 3, An seanfhocal, 'Nach bhfuil peata nach bhfuilngeann bheith go maith, acht an duine'.' Maidir le peataí muice, cf. 'Beasts and Birds in the Lives of the Early Irish Saints' (Sr. Mary Donatus; Philadelphia 1934).

SÓCÚLACHT

4841 Aghaidh gréine is cúl gaoithe is dóthain le n-ithe. (CF)

- Cúl le gaoth is aghaidh le teas. (DÓF)

- Cúl gaoithe agus aghaidh gréine. (CF)

  Is folláin iad.
  Féach an dá rann ar an leagan Muimhneach in FL 6/2/1926. Leagan 2: id. College 280.

4842 Aghaidh na mbó ar an mbaile,
Aghaidh na gcearc ar an gcleith,
Aghaidh na gcailleach ar an tine. (TÓM)

Le clapsholas; bíonn gach uile chréatúr ag iarraidh a scíth a ligean go sócúlach.
Leagan cosúil, Rel. II 481.

4843 An lá is fuaire amuigh bíonn sé te istigh. (RM)

4844 An té a bhfuil deis aige le haghaidh a shuipéir, téann sé a chodladh. (S 5/1929)

Cuir i gcomórtas leis seo App. 610, YD 18 (aml).

4845 An té a bhfuil uisce is móin aige, tá an saol ina shuí ar a thóin aige. (Ca)

Féach freisin an chaint seo as CF (Cum. Béal. 208, 407) – 'Nach dona an áit ar chuir tú t'iníon! Tá comhgar móna agus uisce agus Aifrinn aici, agus céard eile atá sí a iarraidh?'

4846 An tine is fearr ar bith, tine chlochmhóna. (MÓD)

4847 Bia is deoch faoi Nollaig, is éadaí nua faoi Cháisc. (Ár)

- Bia is deoch faoi Nollaig, is éadach nua faoi Cháisc. (Sa)
- Bia agus deoch na Nollag agus éadach úr na Cásca. (I)
- Bia agus deoch don Nollaig agus éadach nua don Cháisc. (AA 7/1940)

  Tá leagan Béarla de, faoi Nollaig, Cáisc is Cincís, in App. 98 (dáta 1659).

4848 Is fearr goradh chúl gcos ná céad bó ar chnoc. (S 6/1920, TÓM, F)

- Is fearr goradh cúl cos le tine ná céad bó i sliabh. (RM)
- Is fearr goradh chúl cos ná fiche bó ar chnoc. (M)
- Is fearr goradh chúl gcos ná préachadh ar leic. (GS)

  Tugtar faoi deara rian ginidigh iolra na Sean- is na Meán-Ghaeilge sa bhfocal 'gcos.'
  Rel. II 491 (Garadh chúl-chas).

4849 Is fearr suí gearr ná seasamh fada. (RM, Ac, S 1/25)

DC 109, YD 103 (Gwell byr eistedd na byr sefyll).

4850 Is mairg a d'íosfadh cuid an tsolais. (Sa)

- Is mairg a d'ólfadh cuid an tsolais. (RM)
- Is mairg a d'ith cuid an tsolais. (IG 3/1906)
- Is mairg a chaitheas cuid an tsolais. (Ár)
- 'Is mairg a d'ith cuid an tsolais,' mar a dúirt an bodach nuair a bhí sé ag dul go hIfreann. (F)
- Mairg a d'ith cuid an tsolais ariamh. (CF)
- Is mairg a d'íosfadh nó a d'ólfadh luach an tsolais. (Sa)
- Nach mairg a d'ólfadh luach an tsolais. (LMóir)

  Ní bhíonn compord sa teach gan solas, is ní ceart airgead an tsolais a chaitheamh ar aon rud eile.

4851 Is maith an caladh an tinteán agus seol mór an phluid. (AR 406)

- Is maith an caladh an teallach is is maith an seol mór an phluid. (RM)
- Is maith an caladh í an tinteán agus is maith an seol mór í an phluid. (CF, Cum. Béal. 208, 327)

4852 Is maith í teas na tine, ach is fearr teas na pluide. (IG 9/1905)

4853 Is mór an sólás an ghlaineacht. (Ca)

- Is mór an sólás é an ghlaineacht. (CF)
- Is mór an só an ghlaineacht. (IG 11/1898)

4854 Ná cuir an sócúl roimh an dócúl. (Ca)

4855 Ná fuagair an tine don duine beo,
Mara n-airí sé féin í ligeadh sé dhó. (Ca)

4856 Ní chuala mé ariamh ceol ba bhinne,
Ná a phíopa féin i mbéal gach duine. (CnM)

4857 Níl focal ar bith is lú a thuigtear ná compoird. (Ca)

4858 Níl mórán só i dtiontú léine salaí. (IG 8/1894)

Vocab. 8 (focal cosúil).
cf. 4744

4859 Níor thrua liom fear gan bó ná caora,

Ach ba thrua liom fear gan gal ina phíopa. (CS 13/2/1904)

- Is beo duine gan a chairde, ach ní beo é gan gal ina phíopa. (CS)
- Bíonn duine beo gan a dhaoine, ach ní bhíonn sé beo gan gal ina phíopa. (MÓD)
- Ní beo mé gan mo dhaoine,
Is ní beo mé gan gal i mo phíopa. (Ac)

4860 Ní tháinig tinneas ariamh sa gceann compoirdeach. (S)

4861 Nuair a bhíos an bolg lán, bíonn na cnámha ag iarraidh suaimhnis. (AR 306)

- Nuair a bhíos an bolg sách, is mian leis an gcnáimh síneadh. (RM)
- Nuair a bhíos an bolg lán, is maith leis an gcnáimh síneadh. (IG 10/1905)

Scíth tar éis beatha.
IG 9/1895, ACC 29.
Idem Ray 71, DC 44.

4862 Suigh ar do shócúlacht agus lig do dhócúlacht thart. (T, Cum. Béal. 79, 157)

4863 Teallach fuar sa samhradh, teallach te sa ngeimhreadh. (Sa)

4864 Téifidh an tine thú, mara bplúcha an deatach thú. (MÓD)

- Théifeadh an tine thú ach phlúchfadh an deatach thú. (TÓM)

Dócúl is sócúl in éineacht (?).
Le haghaidh leagain dá shamhail (le malairt chéille), cf. II BSR 158.

4865 Tine mhór Chill Chiaráin, dhá fhód is caorán. (RM, GS)

- Tine mhór Chill Chiaráin, is ní raibh inti ach trí fhód is caorán. (Ca)
- Tine mhór Bhaile Ó bhFiacháin, fód idir dhá chaorán. (Ac)
- Dhá fhód is caoráin, tine mhór i mBaile Ó bhFiacháin. (T, B 6/1936)
- Dhá fhód agus caorán, sin tine mhór Bhaile Ó bhFiacháin. (Ac)

Joyce 107 (Kilmallock fire).

4866 Tobac thar éis bidh, is ar bhean an tí atá sin. (IG 8/1894, U, B 6/1933)

- Tobac thar éis bidh, is ar bhean an tí bíodh sin. (RM)
- Tobac tar éis bidh, is ar bhean an tí atá sin,
Gach stróinse ag dul an tslí, is beag an cíos dó é a bheith leis. (S)
- Tobac tar éis bidh, is ar bhean an tí atá sin,
Níl stróinse ag dul an tír, nach beag an cíos dó é sin. (RM)
- Tobac tar éis bidh, is ar bhean an tí atá sin,
Gach scraiste dá rachaidh an tslí, is beag an cíos dó é sin. (TÓM)
- Tobac tar éis bidh, is ar bhean an tí atá sin,
Gach scrataí a théas an tslí, is beag an cíos dó é sin. (RM)
- Tobac tar éis bidh, is ar bhean an tí atá an locht (.i. má bhíonn an chócaireacht go dona). (M)
- Tobac tar éis bidh, agus ar bhean an tí atá sin,
Is brón ar an mbean nach ndéanfaidh sin. (I, Cum. Béal. 264, 107)

1. Leagan a deir fear an tí agus é ag lasadh a phíopa tar éis béile: scéilín in S 10/1929.
2. Bacach a dúirt an chéad líne den rann, is bean an tí a d'fhreagair é leis an dara ceann, ionann is a rá gur bheag an stró air a chuid tobac féin a bheith aige, tar éis di caitheamh go maith leis.
Féach an scéal ar Chathaoir Mac Cába (IG V III, Lia Fáil III 7), an agallamh (CCU 159), agus an leathrann in 'Tagra na Muice' (Lia Fáil III 13).

STUAIM

4867 Ag iarraidh dhá éan a mharú le aon urchar amháin. (IG)

- An dá bhealach in aon chúrsa amháin. (Sa)
- An dá bhóithrín ar aon aistear amháin. (Sa)

BC 70 624, 646.
MR 33, App. 340, L I 55, II 60, O aper 1, duo 2.

4868 An té nach bhfuil léim aige, leagann sé an claí. (TÓM)

- An té nach bhfuil léim aige, leagadh sé an claí. (MÓD)
- An té nach bhfuil léim aige, cuimlíodh sé a thóin den chlaí. (AR)
- Fear gan fiacail, sloigeadh sé a ghreim. (CC)

An té nach bhfuil stuaim aige, déanadh sé a ghnó go místuama.
AR 318, ACC 83.

4869 Coigeal i láimh óinsí. (Ca)
- Coigeal i ndorn óinsí. (CC)
- Fear saibhir a chur in éadan curraí. (Sa)

Píosa oibre a fhágáil faoi dhuine nach bhfuil in ann a déanta go rathúil.
MIP 397 (16ú haois). Rel. II 505.

4870 Cosúil le gach duine a ghnotha. (CR)
- Cosúil le gach fear a ghnotha. (AR 283)
- Is cosúil leis an duine féin a ghnotha. (M, Cum. Béal. 109, 285)

4871 Damhsa na gcoiníní i ngarraí na heorna, (is an coinín ab óige, briseadh a chos). (F)
- Damhsa na gcoiníní i ngarraí na tórann, (is an coinín ab óige, briseadh a chos). (RM)
- Damhsa na gcoiníní, ag damhsa lena scáile féin. (RM)

Píosa de rann do pháistí é, ó cheart (S 10/1929); deirtear é faoi dhamhsóir místuama, etc., freisin.

4872 Fear gan seift, crochfar é. (Ac 1/1908)

Ray 131 (Hang him that hath no shifts).

4873 Fear gan seift, fear gan mhuc. (RM)
- Is cuma nó muc fear gan seift. (Ca)
- Is cuma le muc fear gan seift. (M)

4874 Fear na mílte cleas is gan a fhios aige cá bhfuil a leas. (CM)

Go mbíonn dul ar an duine stuama féin scaití.

4875 Gach ceird ag dul ar gcúl is an stuaim ag dul i neart. (Sa)

4876 Greim fada agus bogfhháscadh. (TÓM, GS)
- Greim fada ar bhogfhháscadh. (RM)
- Greim fada bogfhháiscthe. (MÓD)

1. Fuáil mhístuama (MÓD).
2. Airgead a choinneáil ar feadh i bhfad is a scaoileadh go bog ina dhiaidh sin (RM).
3. An iomarca (oibre, etc.) a aimsiú agus a dhéanamh gan bail (RM).

4877 I gcloigeann an duine atá gach ábhar. (GS)

4878 Is deacair breith ar an stropa ach go sroiche tú. (Cum. Béal. 91, 21 gan áit)

Doiléir.
cf. BB 176 (strapa .i. aill rite).

4879 Is fearr buille ó phíobaire ná dhá bhuille ó ghaotaire. (Ár)

Is fearr an té a mbeadh eolas nó stuaim aige, ná an té a bheadh ag cur i gcéill go raibh.

4880 Is fearr cleas maith ná fiche droch-chleas. (Ca)

4881 Is fearr go mór ionnus cinn ná allas maoil. (LB, AA 7/1937)

4882 Is fearr stuaim ná neart. (S 11/1918)

1901 (ASG, III 226): Lessons 158, 320, College 196, 287.
Idem App. 695; cf. Cóh. IX 16.

4883 Is místuama an duine nach bhfuil gus ina láimh. (Ca)
- Níl maith le aon duine nach bhfuil gus ina láimh. (RM)

An duine místuama.
cf. Búrd. 4.

4884 Leigheas na Caillí:–
Ceirín na coise is a chur leis an gceann. (TÓM)
- Ordú na Caillí:– ag iarraidh ceirín na coise a chur leis an gceann. (Ca)

4885 Lig tú an t-urchar is níor mharaigh tú an t-éan,
Is nár neartaí Dia do bharaille bréan. (CnM)
- Lig tú an t-urchar is níor mharaigh tú an t-éan,
  Is nár neartaí Dia do Bhéarla bréan. (MÓD)
- Chaith tú an t-urchar is níor mharaigh tú an t-éan. (MÓD)

Faibhléara (nó oibrí) místuama.

4886 Neart faobhair a bhaineas neart féir. (CF)
- Is é an faobhar a ghearras. (CF)
- Ní bainte go faobhar. (GS)
- 'Faobhar a bhaineas féar' arsa Cailleach Bhéarra. (MS)
- Faobhar, faobhar, a ghearrfadh féar, fear breá láidir is speal bhreá ghéar. (CF)
- 'Misneach a thochlaíos fataí
  Faobhar a bhaineas féar.'
  'Thug tú t'éitheach, a chailleach,
  Ach fear breá láidir is speal bhreá ghéar.' (CR)

Le haghaidh píosa béaloidis faoin seanfhocal seo, cf. BB 47–48, FL 13/12/1924, AA 10/1938 is ASG, III 229.

4887 Ní fhéadfadh Barry O'Handy a dhéanamh níos fearr. (TÓM)

4888 Ní hitear feoil gan salann. (Sa)
- Níl rud ar bith gan a chóir féin. (Sa)
- Gach uile rud is a fheistiú féin. (Sa)
- Gach ní is a chóiriú féin. (Sa)

Tá bealach áirithe le feoil a ithe .i. le gach uile rud a dhéanamh.

4889 Níl duine ar bith in ann tairne a bhualadh gan stuaim. (Sa)

Tá stuaim leis an obair is lú.

4890 Níor bhris fear maith oibre arm (.i. uirnis) ariamh. (GS)

Nach mbíonn aon mhístuaim ag baint leis.

4891 Níor thug fear maith áladh chuig a chuid oibre ariamh. (GS)
- Níor thug fear maith áladh chuig a láí. (GS)

Nach mbíonn driopás ar oibrí maith.

4892 Robáil Thaidhg an t-aon a dhíol amach. (CC)

Faoin té a dhéanfadh rud bun os cionn, nó rud mícheart.

4893 Saoir (Saorthaí) óga, moirtéal dóba,
Clocha chomh cruinn le crúba giorráin,
Nuair a thiocfas báisteach tuitfidh an caisleán. (F)

4894 Saothar gan sos gan scíth, inchinn mhaol gan bhrí. (S)

4895 Tá stuaim ag an ngeabhrán lena cheol féin a dhéanamh. (Sa)

Chinn Dia stuaim éigin le gach uile chréatúr.

4896 Tá stuaim le chuile shórt. (Sa)
- Tá éirim le chuile rud. (Sa)
- Tóigeann gach ní a stuaim féin. (Sa)
- Le stuaim a bhaintear bairneach (gliomach as pota). (Sa)
- Tá stuaim leis an ord a bhualadh. (Sa)
- Chomh stuama le fear ag bualadh oird. (Sa)
- Tá stuaim le ging a choinneáil. (Sa)

4897 Tointe fada na hóinsí. (TÓM)
- Snáithe fada ag foghlaim. (MÓD)
- Góshnáithe fada an táilliúra fhallsa. (CR)
- Snáithe fada an táilliúra fhallsa. (GS)
- Snáithe fada ag drochtháilliúr. (Sa)
- Is minic snáithe fada ag drochtháilliúr. (BA)

Le haghaidh ciall na bhfocal, cf. BB 203.
II BSR 190, NG I 252 ('La costurera mala, el hilo la embaraza' .i. go mbíonn an tointe ina leathscéal aici). I mBéarla na hÉireann deirtear 'A long thread is the sign of a bad sewer.'

TEACH

4898 An té a rinne an bád, ní hé a rinne an teach. (Ac)

Nach san áit chéanna a choinníonn siad an t-uisce amach.
Féach BB 183, SU 1543

4899 Bí sa teach mór agus beidh seans ar fhataí an chapaill agat. (CR)

An mhuintir a bhaineann leis an teach mór, lucht aimsire, etc., is acu a bhíonn fuílleach an tí.

4900 Chomh hard le caisleán. (TN 26/9/1890, Ca)

4901 Déan do theach in áit chónaí na mba. (M, Cum. Béal. 109, 284)

'. . . In áit gcónaí na mba' atá sa ls.

4902 Is é do rúma do gharraí dorais. (M, Cum. Béal. 127, 595)

Doiléir.

4903 Is é teach na ndaoine sona teach na ndaoine dona. (M, Cum. Béal. 127, 596)

4904 Seachain an ísleacht agus déan do theach ar an ard. (Ac)

4905 Seanmhóin,
Sean-ór,
Seanfhéar. (CF, Cum. Béal. 208, 275)

Na trí ní is fearr i dteach.
SH 336 (Old friends, old wine, old gold); Old hay is as good as old gold atá i leagan Béarla Shligigh i Cum. Béal. 108, 114.

4906 Tithe móra agus comhraí (cófraí) falmha. (Ac)

TINCÉARAÍ

4907 Ar thaobh an bhóthair a shiúileas na ceannaithe. (RM)

Níl aon teach ag an gceannaí mála, ach cónaíonn sé i gcampaí, (i bpubaill) ar thaobh an bhóthair.

4908 Ba mhinic a ghnóthaigh tincéara lena chleasa. (Sa)

4909 Béal bocht is póca maolach ag an tincéara. (Sa)

- Béal bocht is neart aráin ag an tincéara. (Sa)

4910 Beatha le soláthar ag an tincéara. (Sa)

- Is minic tincéara ag scríobadh leis an nganntanas. (Sa)

4911 Béiléiste an tincéara don asal. (I)

Liúradh mór.

4912 Capall cnámhach ag an tincéara. (Sa)

- Drochasal ag an tincéara. (Sa)

4913 Drochmhargadh ag an tincéara. (Sa)

4914 Is binn iad asail na dtincéaraí i bhfad uait. (Sa)

Dá fhad uait iad is amhlaidh is fearr é.

4915 Is furasta an tincéara a mhealladh in aice an óil. (Sa)

4916 Is minic tincéara ar bheagán náire. (Sa)

4917 Ní bhíonn tada den chneastacht ag síneadh leis an tincéara. (Sa)

4918 Níor mhinic a cháin tincéara a bheithíoch. (Sa)

4919 Níor mhinic tincéara gan mada. (Sa)

4920 Ní raibh tincéara ariamh gan asal. (Sa)

4921 Póca lán ag an tincéara tar éis an phátrúin. (Sa)

Ag iarratas.

4922 Ribín bealaithe a bhíos ar hata an tincéara. (Sa)

4923 Sáspan scátháin ag an tincéara. (Sa)

4924 Tá an oiread ar iarraidh uait le bean tincéara. (Sa)

- Chomh dána le bean tincéara. (T)
- Ba mhinic leis an tincéara a bheith ag iarraidh. (Sa)

B'fhéidir go bhfuil gaol aige seo le 'míanach cach guidech' (Aib. ZCP XVII).
cf. 4487

4925 Tincéara aitheantais ní raibh ariamh gan marach. (Sa)

Ní raibh tincéara ar m'aithne ariamh gan locht.

TINE

4926 Chomh te le tine daraí. (Sl, DÓM)

4927 Is deas an bláth bán an tine. (F)

4928 Is fearr tine bheag a ghoras ná tine mhór a loisceas. (CF)

4929 Ná tabhair amach aon splanc mar tá an cat tinn. (F)

- Tá duine tinn, ná tabhair amach aon splanc. (GS)

Leithscéal le gan tine a ligean as an teach: is pisreog gur ceart gan tine a ligean as an teach má tá duine tinn ann.

4930 Ní bhíonn tine ach san áit a mbíonn a hábhar. (C)

Nach dtig aon ní a dhéanamh gan a ábhar.

4931 'Nuair a lasfas tú, déanfaidh tú tine,' arsa an sionnach nuair a chac sé ar an sneachta. (I)

Drochthine nó tine nach lasfaidh (?).

4932 Oíche na tine amuigh. (M)

Oíche Fhéile tSin Seáin.

4933 Tine gan teas, tine gan mhaith. (Sp)

TÍOBHAS

4934 Ag cruinniú romhat agus ag bailiú i do dhiaidh. (LB, GS, Sp, AA 3/1937)

Duine tíobhasach; gan dada a ligean amú (GS): duine gortach (Sp).
L II 57 (Le baillif).

4935 Ag díol na mine is ag ceannach na milseán. (S 11/1927)

- Ag díol na meala is ag ceannach na milseán. (S 11/1927)
- Ag díol coirce is ag ceannach mine. (Ca)

Féach YD 109–110 DC (Gwerthu), le haghaidh go leor mar an ceann seo.

4936 Ag ithe an chraicinn is ag díol na feola. (TÓM, S 2/1919)

- Ag ithe na gcraiceann is ag díol na bhfalcairí. (GS)

Ag teacht suas ar bheagán d'fhonn mórán a dhíol.

4937 An té nach bhfuil tíobhasach, beidh sé gan stór. (R)

4938 An té nach gcuireann suim i mbeagán, ní fiú mórán choíche é. (ACC)

- An té nach gcruinníonn beagán, ní bhailíonn sé mórán. (GS)
- An áit nach mbíonn a bheag ann, ní bhíonn a mhór ann. (S 5/1929)

Rel. II 492.
cf. 644

4939 As an leithphingin, téimid sa bpingin. (Sa)

DC 94 (Oni chedwir y ddimeu nid a byth yn geiniog).

4940 Beagán go minic a líonas an sparán. (Ca)

- Líontar sac le póiríní. (RM, S 11/1927)
- Imíonn min le mionribíní, is líontar sac le póiríní. (Sa)
- Tiomsaíonn brobh beart, is líontar sac le póiríní. (TÓM)

Idem Ray 112, App. 370

4941 Beathaigh an banbh is beidh muc agat. (GS)

Three Homilies 30, 'dotoet torcc mor do orrcan is do áibill fhasas breo' (as an An Leabhar Breac: nóta Meyer, Cath Finntrágha 84).
Idem Ray 354.
cf. 416 agus 3882

4942 Bí baileach is beidh an brabach agat féin. (MÓD)

4943 Chuile chaitheamh, ach a chaitheamh uait. (RM)

4944 Cloch i gcion an charnáin. (TN 24/1/1890)

- Cloch i gceann an charnáin. (LB, AA 3/1937)

1. Nuair a chuirtear leis an méid atá ann cheana (LB).
2. Nuair a thagann beirt le chéile, a bheadh crosta (LB).
Deirtear freisin 'Cuirfidh mé cloch ar do charn' (i do leachta; IG 4/95: MÓD); MS .i. gur faide a mhairfidh mise ná tusa; 'Bean nach gcuirfeadh liag am' leacht' .i. bean gan trua liom atá sa duan in AGC l.134 (eagrán 1909).
Féach Buile Shuibhne 154. Féach an t-alt in B XVI 49.

4945 Coinnigh rud istigh go ceann seacht mbliana,
Is mara bhfaighe tú gnotha de, caith amach é. (Ca, S 8/1920)

- Coinnigh rud istigh seacht mbliana, is mara bhfóna sé, caith amach é. (MÓD)
- Coinnigh an rud i dtaisce go ceann seacht mbliana, is mara bhfaighe tú gnotha dhe, caith ar siúl é. (F)
- Coinnigh rud go ceann seacht mbliana, is gheobhaidh tú gnotha dhe. (Ca)
- Cuir sa gcófra é, is gheobhaidh tú gnotha dhe. (.i. a déarfadh duine le searbhas, nuair a d'iarr sé rud is eitíodh é.) (F)
- Cuir rud i dtaisce seacht mbliana agus gheobhaidh tú gnotha dhe. (Ac)

Tá cúpla leagan den fhocal céanna in App. 337; SH 249, PB 75.

4946 Cuir an taobh thiar aniar is bainfidh tú bliain eile as. (ACC, TÓM)

4947 Cuir beagán leis an ngas beag, is tiocfaidh sé suas leis mór. (GS)

4948 'Cuir ina cheann,' a dúirt an sonas. (S 2/1919)

- 'Cuir ina cheann,' a deir an sonas, 'Bain as,' a deir an donas. (UA)
- Is fusa scapadh ná cruinniú, is is é dúirt an sonas a bheith ag cur ina cheann. (F)

- 'Cuir i mo cheann,' a dúirt an saibhreas. (MÓD)

4949 Den chruach an phunann agus den phunann an dornán. (S 3/1926)

- Bailíonn dias dlaoi, is bailíonn dlaoi punann. (MS)

Le haghaidh ciall na bhfocal, cf. BB 45.

4950 Díol an naoi is ceannaigh an trí, cuir an seantalamh, is ná tréig an seanbhaile. (F)

- Díol an naoi is ceannaigh an trí. (MÓD)
- Coinnigh an baile, is ná séan an seanteach. (MÓD)

1. Comhairle don fheilméara; má dhíolann sé naoi gcinn de bheithígh, is ceart dó trí cinn den chineál céanna a cheannach. Fós, is ceart dó a bheag nó a mhór den seantalamh a chur gach bliain, agus meas a bheith aige ar a áitreabh (F).
2. Díol luach naoi gcinn agus ceannaigh luach trí cinn .i. díol mórán agus ceannaigh beagán (MÓD).
cf. SM 1611a.
cf. 2538

4951 Faigheann pingin pingin eile. (GS)

4952 Fear maith tí ag fadú an airgid. (Sa)

4953 Gad ar bhéal an mhála, is a thóin ar oscailt. (AR 308)

Ag spáráil in áit amháin is á ligean amú in áit eile.

4954 Gal tobac, ní cóir í a shéanadh. (Gort, Cum. Béal. 263, 58)

4955 Íosfaidh na muca na fataí beaga. (S 5/1929)

Gan rud dá laghad a chur amú.

4956 Is ait an chaoi a dtig saic isteach. (MÓD)

Is ceart a gcoinneáil, is iomaí caoi ar féidir a gcur ag fóint.

4957 Is fearr coigilt ar dtús ná ar deireadh. (IG 8/1905)

- Tíobhas i mbéal an mhála. (G)
- Tíobhas i mbéal an mhála an tíobhas is fearr. (GS)
- I dtosach an mhála atá an mhin le spáráil. (CF)
- Ní i dtóin an mhála, ach i dtosach an mhála, is cóir tíobhas a dhéanamh. (IG 10/1905)
- Tá sé mall le spáráil nuair atá an sparán spíonta. (Cum. Béal. 91, 28 gan áit)
- Ní hé an uair atá an mála caite, atá agat snaidhm a chur air. (M)
- Más mian leat dul chun tíobhais, bíodh do mhian agat ar dtús. (S)
- Ná déan tíobhas i mbun an mhála, ach ina bhéal. (MS)
- Barr an mhála is cóir a spáráil, is ní hé a éadan. (CF)
- Spáráil ar dtús, is beidh an deireadh buan. (Sa)
- I dtús an mhála a bhíos an téagar. (Ca)
- I dtús an mhála a bhíos an tíobhas. (GS)
- Ar deireadh an mhála a ghnítear tíobhas (.i. rómhall). (M)
- I dtóin an mhála a bhíos an tairbhe. (TÓM)
- I mbarr an mhála atá an spáráil a dhéanamh. (LMóir)

Idem IM, College 283, BC 81 (dhá leagan). College 287, Ceol 22.
Focal idirnáisiúnta, Ray 133, YD 77, DC 78, BSR II, 75, 216: tá sé bunaithe ar na teangacha clasaiceacha O fundus 1.

4958 Is fearr cur ina cheann ná baint as a bharr. (Sa)

4959 Is fearr máthair an mhála ná athair na córaide. (AR 37:3, B 37)

- Is fearr máthair phocáin ná athair seisrí. (Ca)

Is fearr máthair tíobhasach ná athair deisiúil. Leaganacha den fhocal céanna in Ray 232 (Albain), Myv. (Gwell mam godawg, etc.) YD 100.

4960 Is fearr pingin le tíobhas ná scilling le dreabhlás. (GS)

4961 Is fearr soláthraí maith ná drochoidhre dúiche. (AR 211)

- Is fearr soláthraí maith ná drochoidhre tíre. (S 7/1924)

Is fearr (le haghaidh pósta) duine bocht tíobhasach ná duine saibhir doscúch.

4962 Is leathbheatha bean mhaith tí. (M)

- Leath beatha bean mhaith tí. (Ca)

Go mbeathóidh sí líon tí le leath an oiread beatha is a dhéanfadh drochbhean tí (M).
O'Daly 93, SFM 9.

4963 Lom na lámh a dhéanfas an t-inneach gann. (CC)

Déanfaidh an iomarca spárála an t-éadach scagach.

4964 Mara bhfuil airgead i bpócaí agat, tá bróga i mála agat. (G)

- Airgead nó bróga. (GS)
- Mara bhfuil builín agam tá a luach agam. (S)
- Mara bhfuil ór i do ghlaic, bíodh mil i do bhéal. (CS 4/4/1903)
- Is geall le airgead geir. (GS)
- Is cosúil le airgead geir. (CR)
- Mara bhfuil airgead sa bpóca agam, tá bróga agus mála agam (.i. an bacach?). (MÓD)

Go mbíonn airgead nó a luach ag an duine tíobhasach.
cf. Ray 14.

4965 Margadh cailín stocáin, meadar mhine ar mheadar brocháin. (AR 66)

Drochmhargadh; ag tabhairt níos mó ná a fhaightear.

4966 Níl aon mhála is fearr a líontar ná mála a bhíos ina sheasamh. (AR 307)

Áit a bhfuil beagán cruinnithe cheana féin, is éasca cur ina cheann.

4967 Níor dhoirt donóg tada ariamh. (S 5/1929)

- Níor dhoirt donóg mórán ariamh. (IG 2/1894)

Ní líonfadh sí an ghloine (IG).

4968 Ní raibh mé féin ariamh gan an choinneal nó a húdar. (S 1/1918)

- Ní raibh mé féin ariamh gan an choinneal nó a hábhar. (GS, U)
- Ní raibh mé féin ariamh gan an choinneal nó a húdar ach aon oíche amháin is bhí brobh agam. (TÓM)
- Is mairg a bhíos gan an choinneal nó a húdar (hábhar). (Ca)

An duine tíobhasach; bíonn an ní nó a luach aige.

4969 Ní salachar im ribe agus ní salachar mine coinín. (M, Cum. Béal. 109, 285)

cf. 3558

4970 Spáráil na circe fraoigh ar an bhfraoch agus an coileach á scapadh. (CR, Gearrbhaile 1940–41, l.31)

cf. 1315

4971 Stíobhard mná nó stíobhard sagairt, an dá stíobhard is measa a bhí ar fhear ariamh. (F)

Bíonn siad róchrua.
TI 226 – 'fognam do drochmnái.' Rel. II 497 (banstiúbhard).

4972 Tá an spáráil chomh maith leis an saothrú. (RM)

Le saibhreas a chruinniú.
App. 551, SH 334, L II 184, 262, HV 210, Lipp. 810, O partere.

4973 Tabhair aire do na pingineacha is tabharfaidh na puint aire dhóibh féin. (MS)

Idem Ray 493, SH 409.

4974 Tá stuaim ar ithe na mine. (Sa)

- Caitear stuaim ar ithe na mine. (TÓM)

An té nach bhfuil aige ach beagán, ní mór dó a chaitheamh go barainneach.
Ciall eile (LMóir), go bhfuil bealach áirithe, nó bealach éasca, le gach uile ní a dhéanamh.

4975 Tiomsóidh brobh beart. (AR 3)

- Tiomsaíonn brobh beart. (S 11/1927, Ár, Cum. Béal. 77, 424)
- Cnuasaíonn triopall beart. (GS)
- Ghníonn brobh beart. (TN 24/1/1890)
- Méadaíonn brobh beart. (RM)
- Rud a fhaigheas rud eile. (S 1/1928, Sp)

Leagan de in BC 418. Cinnlae I 124, II 238 (dhá leagan). MIP 223. Leagan 3: SFM 5.

4976 Tobac amadáin. (M, Cum. Béal. 263, 58)

Tobac an duine eile á chaitheamh ag an té a choinneodh a chuid tobac féin ina phóca.

TOIL

4977 Áit a bhfuil toil tá bealach. (BA, Ca)

- Réitíonn an toil an tslí. (M)

SH 582 id.

4978 A mhian féin ag an uile dhuine. (IG 1/1906)

4979 An áit a bhfuil do chroí, is ann a thabharfas do chosa thú. (GS)

NG I 325 id.

4980 An rud ar a bhfuil intinn duine leagtha is fearr a dhéanfas sé. (MS)

4981 An rud nach áil le duine ní chluinfidh sé é. (MÓD)

- An scéal nach dtaitneodh leat, ní maith leat é a chloisteáil. (Ca)
- San uillinn atá sé bodhar. (Cloigeann, AA 7/1940)

AMC 71 'bá sanais fri bodar', 125 'is luindig do bodur'. Rel. II 487 'Cluinnidh e an rud as binne leis'.
cf. App. 139, SH 326 (None so deaf, etc.), AWM 182, L I 184, NG II 210, III 47, BSR II 17, O auris 2, 3; féach MIP 411.
cf. 466

4982 An té a bhfuil pas a láimhe aige, tig leis a lámh a chur i bhfad is i ngearr. (GS)

An té a bhfuil cead reaise aige, féadann sé ar toil leis a dhéanamh.

4983 An té nach gceadaíonn a thoil, déanfaidh sé coir. (RM)

Mura mbíonn smacht ag duine ar a intinn, déanfaidh sé rud as bealach.

4984 Ba mhinic fear gan bó is dúil mhór in im aige. (CC)

- Is trua fear gan bó is dúil mhór i mbainne aige. (Ca)

Is minic dúil ag duine sa rud nach bhfuil aige dó féin.

4985 Beatha duine a thoil. (S 1/1928)

- Aoibhneas duine a thoil (F)
- Is í (an) toil saorbheatha an duine. (AR 75)
- Bia do dhuine a thoil. (Ind)
- Is beatha do gach uile dhuine a thoil. (S 1/1925)
- Beatha duine a thoil, dá rachadh sé a chodladh ina throscadh. (IG 7/1905)
- Aoibhneas duine a thoil, dá rachadh sé a chodladh ina throscadh. (F)
- Beatha duine a thoil, dá luífeadh sé ina throscadh. (I, Ac)
- Is beatha duine a thoil, dá rachadh sé ag bualadh a cheirteacha faoi na claíocha. (RM)
- Is í beatha duine a thoil féin. (AR 75)

College 277.

4986 Bhainfinn súil asam sula mbainfinn súil as duine eile. (MÓD)

O'Daly 90, SFM 2 leagan gaolmhar.

4987 Bíonn nimh san aithne. (TÓM)

- Bíonn nimh ar an aithne. (MS)

Má chuirtear aithne ar dhuine, rud áirithe a dhéanamh nó gan a dhéanamh, is mian leis a dhul ina héadan.
Dáta (17ú haois) in MIP 349.

4988 Cead a chinn, mar a thug an tincéara don asal. (TÓM, AA 12/1933)

4989 Dá mba leis an bhfia an fiach, ní bheadh aon fhiach air. (GS)

4990 Fuair sé é mar a fuair an chráin an fáinne. (GS)

In aghaidh a thola.

4991 Gabhtar fonn le fonn is fonn le mífhonn. (S 4/1926)

- Gabhtar fonn le fonn is le mífhonn. (S 11/1918)
- Gabhtar port le fonn agus port le mífhonn. (F)
- Gabháiltear fonn le fonn agus gabháiltear fonn le mífhonn. (Ca)
- Seinntear fonn le fonn agus seinntear fonn le mífhonn. (CF)
- Fonn a ghabhas fonn. (IG 8/1905)
- Seinntear ceol le fonn agus seinntear ceol le mífhonn. (Sp, Cum. Béal. 76, 13)

Go ndéantar rud le toil duine nó ina haghaidh.

4992 Is beag duine a dhiúltaíos an t-airgead. (DÓM, Sl)

4993 Is fearr le duine orlach dhá thoil ná banlámh dá leas. (RM)

- Is fearr le bean orlach dhá toil ná banlámh dá leas. (CF, Cum. Béal. 207, 164)
- Is fearr leis troigh ar a thoil ná orlach ar a leas. (Sp, Cum. Béal. 77, 82)

4994 Is féidir leat smaoineamh (smaointiú) ar do rogha ruda, ach ní féidir leat do rogha ruda a dhéanamh. (GS)

4995 Is furasta le neamhfhonn leithscéal a fháil. (S)

4996 Is iomaí rud a tharlaíos nach mbíonn dúil leis. (Ac, I)

4997 Is ionann comhrá is éisteacht. (AR 456)

- Is ionann toil is éisteacht. (F)
- Is ionann éisteacht is aontú. (CS 11/4/1903)
- Is ionann aontú is éifeacht. (Ca)

PHL Breac 7692 – 'uair atbert Iohannes Crisotomus, gu ra-b inand a dénum agus a estecht.' Ray 132, App. 571, O tacere 2.

4998 Is láidir an capall é an fonn. (Sa)

YD 45 (Ceffyl da ewyllys).

4999 Is mairg a thugas lámh lena thnúthán féin. (Ca)

An dúil a chuirfidh duine i rud áirithe, is minic nach í a leas í.

5000 Is minic nach gcloiseann duine ach an rud a mbíonn súil aige leis. (IG 2/1906)

5001 Is treise toil ná tuigsin. (GS, CF)

cf. Dán Dé xi 7c, Búrd. 35.

5002 Leagann gach duine ualach ar an ngearrán éasca. (Ca)

- An t-ualach is mó ar an gcapall is míne. (Gearrbhaile 1937 l. 29)

Idem App. 312. Rel. II 493

5003 Mar a chóiríos duine a leaba is ea a chaithfeas sé luí. (Ind)

- Mar a chóireos tú do leaba, caithfidh tú codladh inti. (CnM, AA 9/1940)
- An leaba a chóirigh sé dhó féin, codlaíodh sé inti. (TÓM)
- An leaba a chóirigh tú dhuit féin, luigh uirthi. (G)
- An leaba a thogh sé dhó féin, luíodh sé inti. (IG 7/1905)
- An rud a thaispeáin sé dhó féin, fágtar aige é. (Sa)
- An té a rinne a shlámú, déanadh sé a chíoradh. (MS)
- Lig dóibh é a chíoradh mar a shlámaigh siad é. (CR)
- Cíoraidís mar a shlámaigh siad. (Sa)
- Tóigidís mar a leagadar. (Sa)
- Treabhadh sé mar a thuar sé dhó féin. (Sa)
- Fuaraíodh sé sa gcraiceann ar théigh sé ann. (F)
- Fuaraigh sa gcraiceann ar théigh tú. (Ca, LMóir)
- Comhairleoidh an t-imeacht iad. (Sa)
- Fágtar an bheilt faoina lár. (Sa)

Leagan 15: Beilt dornálaí nó gaiscígh atá i gceist .i. bíodh aige ar bhain sé amach, olc nó maith. BC 87, AGC 69 (eag. 1931); Rel. II 478. Leagan 12: idem Ray 248 – Albain. Fairsing san Eoraip (II BSR 182, App. 391, Ray 227, PB 10, L II 124, 301, HV 135, NG III 262.

5004 Méadaíonn taithí toil. (M)

Toil .i. grá: dá mhéid an taithí is amhlaidh is mó an dúil.

5005 Ní cóir gearrán éasca a ghríosadh. (Ca)

- Is olc an rud spoir a thabhairt do chapall umhal. (TÓM)
- Is olc an rud spoir a chur i gcapall umhal. (MÓD)

Aithdhioghluim Dána 3 6, Clár (fial). Focal fairsing, O 102 (currere), App. 312, Ray 134, NG 1, 211, Lipp. (willig).

5006 Níl aon ní dodhéanta ag dea-thoil. (TN 24/1/1890)

- Ní crua linn an obair ina mbíonn ár gcroí. (M)

Leagan de in BC 662. Féach SF 2, 15 (FFx 1, 22) – 'adcota accobur feidli,' agus freisin Aib. Cráb. (ZCP III 447) – 'accobar co feidli.' LSM 86d.

5007 Níl neach chomh dall leis an té nach maith leis feiscint. (AR 73)

Leagan dá shamhail in BC 74. Fairsing san Eoraip, II BSR 14, App. 55, SH 325, YD 61, DC 86.

5008 San áit a mbíonn an fonn, ní bhíonn na cosa róthrom. (TÓM)

5009 Téann ag an bhfonn ar an bhfaitíos. (Sa)

5010 Tnúth a ghníos treabh. (MÓD)

FFx 4, 8 – 'descaid trebaire túae' (tnúth ls. eile); ZCP VI 270 – 'eochair tnútha trebad.' ÓD (tnúth). Rel. I 154 – 'tnu a ni treabhadh'.

TOSACH

5011 An síol atá caoch ag dul sa gcré, ní thiocfaidh sé. (GS)

5012 An té a bhfuil builín aige, gheobhaidh sé scian a ghearrfas é. (GS)

- Níl duine ar bith dá bhfuil builín aige nach bhfaighidh scian lena ghearradh. (GS)
- Níl duine ar bith dá bhfuil cáca aige nach bhfaighidh scian lena ghearradh. (Ind)

Má tá rud agat gheobhaidh tú tuilleadh.

5013 An té a chaitheas an choinneall, caitheadh sé an t-orlach. (Ca)

- Ó chaith tú an choinneall, caith an t-orlach. (RM, CS 15/8/1903)
- Ó loisc tú an choinneall, loisc an t-orlach. (Sp)
- Mar a chaith tú an choinneall, caith an t-orlach. (F)

An té a raibh an tosach aige, bíodh an deireadh aige; ó thosaigh tú é, críochnaigh é.
MIP 331

5014 An té a mbíonn tosach maith aige is dóigh dhó deireadh maith a bheith aige. (S)

Leagan eile de in IM, College 300: Bí 20 – 'denadh tionnscadal maith,' etc.: BC 39.
Fairsing sna teangacha iarthair domhain, YD 63, App. 257, Ray 70. cf. O principium 2.

5015 An té is luaithe chun an chimín, is é a thoimín is teocha. (TÓM)

Lessons 297 (focal cosúil).

5016 An té is túisce chugat, an té is túisce uait. (GS)

Leagan eile in BC 602:
App. 214, SH 107 (First come, first served), Ray 93, HV 354, Lipp. 1053 (Zuerst), NG II 321, II BSR 305.

5017 As na tithe beaga, téitear sna tithe móra. (G)

- As na tithe beaga a théas muid sna tithe móra. (CF)
- As na tithe beaga a théas daoine sna tithe móra. (Ac)
- As na tithe (bailte) beaga a dhéantar na tithe (bailte) móra. (Ca)

Gach uile rud mór, tosaíonn sé beag. Teideal duain ón 14ú haois (Aithdhioghluim Dána, réamhrá xxxii).

5018 Bí áthasach go dtína deich (a chlog) ar maidin, is tabharfaidh an chuid eile (den lá) aire dhó féin. (CF, Ca)

5019 Bíonn gach tosach lag. (S 5/1919)

- Bíonn gach tosú lag. (Ac 8/1907)
- Bíonn chuile thosaí lag. (CC)
- Bíonn chuile thosaí mall. (Ca)

Pilib Bocht 25, 3d, Aithdhioghluim Dána 26 27d. Idem YD 27, DC 39 (Bach), Lipp. 19, LSM 63o, O principium 3.

5020 Cuir an t-earrach is bainfidh an chailleach é. (F)

Tosaigh an obair is ní cás duit a críoch: críochnófar bealach éigin í.

5021 Dá dtrian den obair a tosaí. (RM)

- Dá dtrian den obair í a thosú. (Sa)
- Dhá chuid den obair a tosaí. (RM, Ca)
- Tús maith leath na hoibre. (CS 15/8/1903)
- Leath na hoibre í a thosú go maith. (CS 31/10/1903)
- Tús chuile oibre í a thosaí. (CC)

AR 223, IM, College 301, Rel. II 55. Leagan 6: Le duine atá ag casaoid, is gan é ach i dtús na hoibre. Idem YD 63–64: freisin cf. App. 674, SH 565 (le leagan as Laidin Horáis – Dimidium facti qui coepit habet; O 117), L II 180, 200, 288, NG I 186, Lipp. 19.

5022 Dhá dtrian den troid an chéad bhuille. (AR 486)

SH 436 (The first blow is half the battle).
cf. 5233

5023 I dtosach na haicíde is fusa a leigheas. (F)

- Tosach an oilc is fusa a chosc. (Ca)

5024 Is é silt an chéadbhraoin a tharraingeas an tuile dhásachtach. (AR 71)

5025 Is fearr an té a stopfas ná an té a thosós. (CF)

cf. 4195

5026 Is fearr gan tosú ná scor gan críoch. (MS)

LSM 107p, O tentare.

5027 Is furasta deargadh ar an ngríosach. (MÓD)

Duanaire Mhic Shamhradháin XXVI 40, 41 (AA 12/1939) –
'Urusa le gual gabháil
Ó bhís ann ri headh.'
Leagan dá shamhail in Ray 23.

5028 Is furasta goilliúint ar cheann carrach. (AR 231)

- Is furasta fuiliú ar chúl carrach. (TÓM)
- Is furasta fuil a bhaint as ceann carrach. (S 1/1928)
- Is furasta fuil a bhaint as cúl carrach. (IG 8/1894)
- Chomh héasca le fuil a bhaint as cúl carrach. (Sa)
- Is furasta caoineadh a bhaint as cúl cara. (Ind)

Idem App. 552, SH 26, YD 18, 117; Lipp. 1035 (Wunden), LSM 3s.

5029 Is leath an iompair ardú maith. (S 12/1928)

5030 Is luaithe a ólfas tusa ná mise. (TÓM)

- Ólfaidh tú i dtosach ormsa (ó bhain tú an focal as mo bhéal). (GS)

Leagan a deirtear leis an bhfear a bhfuil tosach aige nuair a deir beirt an rud céanna i gcuideacht, ionann is.
'You'll die before I will' a chuala mé ina shamhail de chás i Loch Garman.
Idem Ray 264 (Albain).

5031 Is mairg don té a bhíos i dtosach ag an gcéad bhearna. (S 3/1930)

Anró ar bith a bheidh ann, is air a bheidh sé (?).

5032 Is maith í an chóir, an té a fhaigheas i dtosach í. (GS)

5033 Más maith an Luan is maith an tseachtain. (CF)

- Tús an Luain is na seachtaine. (RM)

Gur fearr obair nua a thosú ar an Luan (RM).

5034 Ná bí ar dtús sa bportach ná chun deiridh sa gcoill. (S 12/1919)

- Ná bí ar dtús an phortaigh ná i ndeireadh na coille. (RM)
- Ná bí ar deireadh i gcoill ná i dtosach i bportach. (CS 21/3/1903)
- Ná bí i dtús eanaigh ná i ndeireadh coille. (IG 11/1898)
- Ná bí i dtús na móna ná i ndeireadh na coille. (RM)
- Ná bí ar deireadh i dtús eanaigh ná i dtús i ndeireadh coille (?). (IG 11/1898)
- Ná bí i dtosach i mbogach ná i ndeireadh i gcoill. (GS)
- Bhí tús na coille is deireadh na heasca agat. (T)
- Deireadh coille is tosach móna. (IG 3/1906)
- Bí chun tosaigh ag dul chun coille is chun deiridh ag dul chuig bogach. (TÓM)
- I dtosach sa bhogach nó ar deireadh sa choill. (Ac)
- Bí ar deireadh ar shliabh agus ar tús i gcoill. (Sp, Cum. Béal. 76, 12)
- Tús easca nó deireadh coille. (Ca)

1. Tá sin contúirteach; an té atá chun tosaigh sa bportach gabhfaidh sé sa pholl (TÓM).
2. Bíonn an obair chrua i dtús portaigh is ní bhíonn dada le fáil i deireadh coille (RM).
Féach IG XV, XVI, le haghaidh díospóireachta faoi chiall an tseanfhocail seo. 'Tosach móna' – Pairlement Chloinne Tomáis (Gadelica I), líne 1506.
IM, College 301 'Tosach coille is deireadh móna.' Joyce 105. NG III 171 – Por monte (Por soto) no vayas tras otro .i. le nach lascfar thú le craobhacha á scaoileadh siar ag an té a ghabhann romhat.
cf. 2052

5035 Na caiple deiridh ag dul chun tosaigh, is na caiple tosaigh ag dul chun deiridh. (Sa)

An deireadh a chur i dtosach nó an tosach a chur ar deireadh.
Faightear a shamhail i nóta ciumhaise in Eg. 88, 72 (17), le dáta 1564 – 'is é so an capall tosa a ndeire agum.' Tá an chéad leath in PMB 79.

5036 Ná cuir an carr roimh an gcapall. (TÓM)

- An carr a chur roimh an gcapall. (RM)

BC 105. O'Daly 94.
Leagan cainte, SH 540, Ray 152, DC 174, Arm. 540, PB 13, Lipp. 679 (Pferd): fairsing sna teangacha Rómhánacha mar leagan cainte, ach tarbh atá i gceist iontu uilig (II BSR 297, L I 41).

5037 Ní den (don) abhras an chéad tsnáithe. (S 11/1927)

- Ní gan aimhreas an chéad tsnáithe a réiteach. (CR)
- Ní gan amhras an chéad tsnámh. (AR 107a)
- Ní gan eolas an chéad trá. (CF)

An chéad tointe a chuirfidh an bhean ar an bhfearsaid, ní bhíonn an fuinneamh ná an casadh ceart ann.
1864 (Aguisín Uí Dhonnabháin le Foclóir Uí Raghallaigh – 'abhras'): freisin cf. Ray 134 'You must spoil before you spin.'

5038 Ní hé an chéad iomaire a mbíonn an toradh ar fad air. (Sa)

5039 Nuair a chinnfeas na fóidí orainn, cromfaimid ar na caoráin. (GS)

An chuid is fearr a chaitheamh ar dtús, is an díogha a fhágáil go deireadh.

5040 Nuair a toisíodh ar an ghleann a chruthú, ba é an tosach an rud ba réichte. (Ac)

cf. 5019.

5041 Ó chuaigh mé (ann) go hioscadaí, gabhfaidh mé (ann) go hascallaí. (GS, Sa)

- Ó chuir tú do chos ann, cuir do lámh ann. (GS)

Ó rinne mé tosach, déanfaidh mé an t-iomlán.

5042 Scuab nua is fearr a scuabas an t-urlár. (S 5/1929)

- Scuab nua is fearr a scuabas an teach. (CF)
- Scuabann scuab úr go glan. (GS)
- Bíonn chuile scuab nua go maith. (CF)
- Bíonn chuile thús nua go maith. (Sa)
- Bíonn chuile bhróg nua go maith. (RM)
- Scuabann chuile scuab nua glan. (CF)

O'Daly 97.
Focal fairsing san Eoraip, as Laidin na Meánaoise II BSR 176, App. 443, HV 52, Lipp. 60, LSM 150p, 19q): cf. nóta Taylor (51) faoina bhunús.
cf. 1672

5043 'Seo libh go maidin é,' mar a deir Ceannaí Ghort an Charnáin. (Sp)

Tús spraoi nó ragairne (?).
'Ceannaí Phort an Charnáin' a deirtear freisin. Tá rá cosúil in Cinnlae IV 296.

5044 Tosaigh Dé hAoine agus beidh sé ina sheanrith go mbíonn sé déanta. (CF)

5045 Tosaigh Dé hAoine agus ní mheathfaidh tú. (Ca)

Tosach mall agus ní bheidh am agat le bheith ag meath; sa bpisreog, freisin, is ádhúil obair a thosú ar an Aoine.

5046 Tús loinge adhmad,
Tús átha clocha,
Tús flatha fáilte,
Tús sláinte codladh.

Deireadh loinge báthadh,
Deireadh átha loscadh,
Deireadh flatha cáineadh,
Deireadh sláinte osna. (AR 491, S 11/1926)

- Tús loinge adhmad,
  Tús átha clocha,
  Tús flatha fáilte,
  Tús sláinte codladh.

  Deireadh loinge báthadh,
  Deireadh átha loscadh,
  Deireadh flatha caoineadh,
  Deireadh sláinte osna. (AR)
- Tús loinge clár,
  Tús átha cloch,
  Tús flatha moladh,
  Tús sláinte codladh.

  Deireadh loinge a báthadh,
  Deireadh átha loscadh,
  Deireadh flatha cáineadh,
  Deireadh sláinte osna. (CF)
- Tosach loinge clár,
  Tosach áithe clocha,
  Tosach flatha fáilte,
  Tosach sláinte codladh. (AR)
- Deireadh póite mála (.i. an déirc),
  Deireadh átha a dó,
  Deireadh gach loinge a báthadh,
  Is deireadh gach sláinte osna (M, Cum. Béal. 114, 410)
- Deireadh cuireadh (leg. cuiridh nó curaidh?) cáinte,
  Deireadh catha loscadh,
  Deireadh loinge báthadh,
  Deireadh sláinte osna. (Ac)
- Deireadh gach sláinte osna. (S 10/1928)
- Deireadh flaithiúnais cáin agus deireadh sláinte osna. (BA)
- Deireadh flatha cáineadh agus deireadh átha loscadh. (Ca)
- Tús loinge adhmad. (GS)

D 246 (ls. Ultach den 19ú haois): Add. 31874, 57y (1816: Cat. II); Eg. 175, 32. O'Daly 100, College 222, 300. Lessons 269. cf. 1488

TOST

5047 An capall is fearr sa rása, an capall is lú torann sa gcró. (Ca)

5048 An té a imíos ciúin, imíonn sé sábháilte. (TÓM)

5049 An té is ciúine is é is buaine. (MÓD)

- An té is buaine is é is ciúine. (CC)

5050 Béal dúinte is súil oscailte. (CF)

SH 250 (Albain), YD 45, DC 131 (Cau).

5051 Bí ar do mheisce nó ar do chéill,
Coinnigh t'intinn agat féin. (Ca)

5052 Bíonn cluasa ag na ballaí. (AR 351)

- Labhair go socair, bíonn cluasa ag ballaí. (IG 8/1894)
- Tá poll ar an teach, ná lig do rún amach. (MÓD)
- Tá poll ar an teach is ní hé an poll deataí (simléar) é. (RM)

'Poill ar na toighibh teagmhuid' atá sa duan gan ainm údair ('Th'aire a chumthaigh red chomhrádh,' véarsa 2) in 23 F 16. Féach Irish Texts fasc. II, duan viii.
Fairsing, II BSR 17, App. 665, PB 22, Mélusine X 187, HV 306, NG II 110, 296, 394, Lipp. 967. ('Walls have ears'; 'Die Wände haben Ohren.' 'Les murs ont des oreilles,' etc.). Joyce 118, SH 474 (There is a hole in the house; Albain).

5053 Bíonn cluas ar an gcoill is bíonn dhá thaobh ar an gclaí. (ACC, T)

- Bíonn cluas ar an gcoill agus dhá thaobh ar an gclár. (CF)
- Bíonn cluasa ag an gclaí is éisteacht ag an gclár. (M)
- Ná lig do rún le bun an chlaí go seasa tú ar a bharr,
Bíonn cluas ar an gcloch is éisteacht ar an gclár. (CR)
- Bíonn cluasa ar na claíocha. (TÓM)
- Tá cluas ag na claíocha, tá súil ag an gcosán. (M, Cum. Béal. 127, 593)

TC 7, 7 'Ba tó fásaig.'
Ón Laidin 'Campus habet oculos, silva aures'; fairsing san Eoraip, II BSR 17, Ray 93, 550, App. 210, 296, YD 48, DC 64, L I 40, 48, LSM 138a, 196s, Taylor 142.

5054 D'íosfadh muc chiúin triosc. (T)

- D'íosfadh muc chiúin féin triosc. (IG 8/1905, LMóir)
- Thochlódh muc chiúin fataí. (F)
- Ghníonn muca ciúine tochailt. (M)
- Is iad na muca ciúine a itheas an triosc. (Ca)
- Ná cuir do dhóchas sna muca ciúine. (MÓD)
- Itheann cat ciúin féin im. (IG 12/1894)

Gur maith é an duine socair féin.
Rel. II 485, 495.
Idem. App. 602, Ray 134, 229 (Albain); DC 137 (Hwch). LSM 209s.

5055 Éist mórán is aithris beagán. (CS 11/4/1903)

- Éist mórán is cáin beagán. (F)
- Cluin mórán is can (abair) beagán. (Ac, S 4/1925)
- Clois a bhféadfaidh tú ach ná haithris tada. (RM)
- Éist le mórán ach ná labhair ach beagán. (Ár, Cum. Béal. 101, 548)
- Más maith leat síocháin, cairdeas agus moladh,
Éist, féach agus fan go balbh. (M, Cum. Béal. 210, 140)

'Ferr éstecht indá hengach' atá i rann as Stowe 992 (IG IV 194); 'is ferr tó ná labhairt' atá in Duanta Eoghain Ruaidh 15, 17c agus Gluais Uí Chléirigh (tost; RC V 56). O'Daly 85.
SH 184 id.; focail chosúla II BSR 24, App. 551, Lipp. (Reden).
cf. 3875 agus 1691

5056 Ghníonn ceann ciallmhar béal iata. (S 9/1918)

- Béal dúinte is ceann críonna. (CF)
- Bíonn béal iata ar cheann críonna. (M)

TC 7, 19 'Nirba labar ciapsa gáeth', Bí 48; Branach 189, Aithdhioghluim Dána 56 3ab.
Béarla idem (SH 31, App. 519, 696, Ray 143); féach freisin DC 98, YD 69 (Doeth). As an mBíobla, Seanfh. XVII 28.

5057 Is beag a bhuailtear an leanbh nach ndéanann gearán. (Ca)

- Is beag a bhuailtear an leanbh nuair a dhéanas sé gearán. (RM)
- Is beag a bhuailfear ar pháiste nuair a dhéanfas sé gearán. (CF)

Gan aon smid a rá in áit a mbeadh baol go n-údaródh sé achrann (Ca).
'Is goirt a bhuailear an leanamh nach bhfeud a ghearan' (Rel. I 159).

5058 Is beag an díobháil a ghníos éist. (CF)

Líne de rann in D 179 (ls. Muimhneach 1744)

5059 Is binn béal ina thost. (S 4/1925)

- Is binn béal ó bheith iata. (ACC 37)
- Tá port maith ag an mbalbhán. (Ca)
- Is binn béal nach n-abraíonn tada. (Ac)

O'Daly 92, College 210, 285. Rann in D 55.

5060 Is maith an tráth cainte sost. (T)

5061 Is minic a ghníos béal dúinte béal múinte. (Ca)

- Béal dúinte, béal múinte. (Ca)

5062 Is minic ciúin ciontach. (S 3/1920)

- Bíonn ciúin ciontach. (CF, S 10/1926)
- Is fiú ciúin ciontach a sheachaint. (G)
- Ná trust ciúin ciontach. (Ca)

O tacere 3.

5063 Ná bí cainteach i dteach an óil. (S)

- Ná bí cainteach i dteach an óil ná fós i dtraen. (M)

Lessons 303, College 292.

5064 Ná bíodh do theanga i do phluic. (RM)

- Ná bíodh do theanga faoi do chrios. (S)
- Ní fhaightear mórán brabaigh ar theanga sa bpluic. (Sa)

5065 Ná bíodh muinín agat as mada tostach ná uisce ciúin. (M)

SR 5753 – 'Matud mogda merda mend.' NG I 279, LSM 20n.
Béarla idem (App. 571, Ray 69, 331): fear is gadhar atá i gceist sna teangacha Rómhánacha (I BSR 176, NG I 316, 320, 'Guárdatende hombre que no habla y de perro que no ladra').
cf. 2007, 5250 agus 5324

5066 Ná hinis brionglóidí na hAoine don tSatharn choíche. (F)

- Gan breathnú i do dhiaidh san oíche, ná brionglóidí na hAoine a inseacht don tSatharn. (RM)

An duine críonna ? cf. 'Chomh críonna is nach n-inseodh sé brionglóidí na hAoine don tSatharn.' Pisreog é ó cheart. Tagann brionglóid na hAoine fíor má insítear go fíor Dé Sathairn í (RM). Má insítear chor ar bith í, insítear í don chead iníon i dteach, a mbeadh Máire uirthi; nó féadtar na focail seo a rá trí huaire:
'Brionglóid a rinne Pól
Is é ag dul don Róimh;
D'inis sé do Chríost í
Is dúirt Críost gur mhaith í.' (Ind).
Tá leaganacha eile den rann seo in S 6/1919 agus Cum. Béal. 127, 624 (M; i scéilín). Tá sé in B VII 189, áit ar paidir in aghaidh tromluí é (Ár).
Faightear an phisreog chéanna sa mBéarla (App. 237)
'A Friday's dream on the Saturday told,
Is sure to come true be it never so old.'
cf. 989

5067 Ná hinis gnotha do bhaile don chomharsan. (Ca)

- Ná bí cainteach i dteach do chomharsa. (Ca)
- Má théann tú ar chuairt ná lig uait ach do chuid de do scéal. (CF)
- Ná hinis do ghnotha d'éinne. (Ac)

5068 Ná lig do rún le amadán. (TÓM)

cf. 3730

5069 Ná lig do rún le bun an chlaí go seasa tú ar a bharr. (S 5/1925)

- Ná lig do rún le claí go seasa tú ar a bharr. (RM)
- Ná lig do rún thar bhun an chlaí go mbreathnaí tú thar a bharr. (Ca)
- Ná lig do chuid faoi bhun an chlaí go mbreathnaí tú thar a bharr. (CF)
- Ná lig do rún le (ag) bun an bhalla go mbí tú i do sheasamh ar (ag) a bharr. (S 6/1929)
- Ná lig do rún le claí go mbí amharc agat thar a bharr. (IG 8/1894)
- Ná lig do rún le cailín ciúin,
Nó is fada a bheas do cháil;
Ná lig le bun an chlaí é,
Go seasa tú ar a bharr. (M)
- Ná lig do rún le claí. (IG 10/1905)
- Ná lig do rún leis an bhfardoras. (CF)

5070 Ná lig do rún le glúin dá ghoire. (GS)

- Ná lig do rún le do charaid. (CC)
- Coinnigh do rún faoi do chúlfhiacail. (GS)
- Ná lig do rún leis an gcoimhthíoch go lé tú t'intinn. (CC)
- Ná lig do rún ach le do charaid. (I)

Bí 70; Tóraidheacht I 8, 1; SC 957; rann MD 23, 10.
LSM 107c.
cf. 5128

5071 Ní chluintear i ndiaidh béil dúinte. (S 1/1918)

- Ní chluintear ón mbéal dúinte. (M)
- Ní dhéanfaidh béal dúinte aighneas. (MÓD, M)

Leagan 3: cf. O'Daly 94.

5072 Ní fhaigheann béal dúinte cuileoga. (AR 384)

- Ní bheireann béal dúinte ar aon chuileog. (RM)
- Ní théann cuileog sa mbéal a bhíos dúinte. (S 1/1928)
- Ní théann calthóg sa mbéal a bhíos dúinte. (S 5/1929)
- Ní théann aon mhíoltóg sa mbéal a bhíos dúinte. (F)
- Ní ghabhann cáithnín sa mbéal a bhíos dúinte. (M)
- Ní féidir le míoltóg dul i mbéal dúinte. (CF)

1. Ní fhaightear aon dochar ón mbéal dúnta.
2. Ní ghnóthaíonn béal dúnta tada.
Rífhairsing san Eoraip (App. 102, 220, Ray 79, L I 120, HV 302, NG II 91, I BSR 268). Joyce 117.

5073 Níor thug Dia fios ariamh dá mháthair. (AR)

- Ní thug Dia fios dá mháthair. (S 11/1919)
- Níor thug Dia fios dá mháthair, ní hé amháin a thabhairt duitse. (RM)
- Níor thug Dia fios dá mháthair is gan é a thabhairt dúinn. (CF)

Gur cheart do dhuine a rún a choinneáil dó féin. As an mBíobla, Lúc. II 49 (?).

5074 Ní scéal rúin é ó chloiseas triúr é. (RM, S 5/1929)

- Ní scéal rúin é má chluineann triúr é. (S 10/1928)
- Ní scéal rúin é ó chluineas triúr é. (F)
- Ní scéal rúin é ó bheas a fhios ag triúr é. (Ac, I)
- Ní scéal faoi rún is a fhios ag triúr. (S 11/1919)
- Ní rún é is fios ag triúr air. (S 9/1927, Ac, IG 10/1905)
- Ní scéal rúin é agus fios ag triúr air. (Ac, S 11/1919)

College 297, Finck 216. App. 628; DC 74 (Nid cyfrinch pnd rhwng dau). LSM 212q.

5075 Sín do chos agus bí i do thost. (LMóir)

Gan tada a dhéanamh le gnó nach mbaineann leat. cf. 2722

TRÁTHÚLACHT

5076 A fhad is a bhíos an cú is an giorria láithreach, sin é an t-am le labhairt. (AR 239)

- Nuair a fhaightear an cú ní fhaightear an fiach (fia). (CF)
- Nuair a fhaightear an fia, ní fhaightear an cú. (AR 260)
- Fan go dtige an cú is an giorria i láthair. (RM)
- Ní bhfaighir an cú go n-imí an fiach. (Ca)

5077 A mhic, ná déan imirce Dé Luain,
Dé Máirt ná Dé Céadaoin,
Tabhair Déardaoin don Phápa,
Is gnás leis an Aoine a bheith ag báistigh,
Tabhair an Satharn do Mhuire Máthair,
Is ná fág an teach Dé Domhnaigh. (S 7/1926)

- Ná déan imirce Luan ná Máirt,
Ná Dé Céadaoin lá arna mháireach,
Bíonn Déardaoin soirbh sámh,
Is iondúil an Aoine a bheith ag báistigh,
Fág an Satharn ag Muire Máthair,
Ach imigh Dé Domhnaigh más é is fearr duit. (IG 8/1894)
- Ná déan imirce Luan ná Máirt,
Ná Céadaoin ina dhiaidh sin,
Bíonn Déardaoin soirbh sámh,
Is gnách an Aoine a bheith ag báistigh,
Fágamuid an Satharn ag Muire Máthair,
Ach imigh Dé Domhnaigh más fearr leat. (RM)
- Siúl Domhnaigh ná déan uaim
Is ná himigh Dé Luain go moch;
Fan go dtí Dé Máirt
Is lig na trí lá sin thart.
Is olc an Chéadaoin chraobhach,
Is ní measa ná an Déardaoin dálach,
Is olc an Aoine le scaradh,
Is fan go dtí amáireach. (S 9/1918)
- Fan inniu is ná himigh amáireach,
Bíonn an Chéadaoin corr is ní bhíonn an

Déardaoin ádhúil,
Is gnách don Aoine a bheith ag cur is ní fiú imeacht Dé Sathairn.
Is beidh mise leat Dé Domhnaigh. (M, I)

1. Máthair ag cur comhairle ar a mac a bhí ag imeacht ó bhaile ag saothrú a bheatha (S 7/1926): cf. Yorks Celtic Stud. I 46.
2. Comhairle na Caillí Béarraí (RM).
3. Cailín ag cur moille ar fhear a tháinig á hiarraidh (M)
Maidir le aistear Domhnaigh, cf. deismireacht in MIP 280 agus freisin Cáin Domhnaigh, roinn 17 (Ériu II), FF III 106.
Rel. II 489.
cf. 3446

5078 An beart láithreach an beart. (AR 349)

5079 An t-éan is luaithe a bheas ina shuí ar maidin, is aige a bhíos an phéist. (TÓM)

- Is é éan na maidine a gheobhas an phéist. (Ca)
- Ní chailleann an mochóir solamar na maidine. (CF)
- Bí i do shuí is ag obair in am, is beidh rud ar a shon agat. (MÓD)
- Is minic an phéist ag an éan moch. (Ca, Cum. Béal. 62, 112)

Idem App. 173, Ray 347, SH 432, MR 33.

5080 Ar maidin a ghabhas éanlaith an aeir i mbun a gcuid oibre. (Ind)

Cuid de Bí 92, atá féin ina thiontú cam ar Mth. VI 25–26.

5081 Beir ar an liathróid ar an gcéad phreab. (MS)

- Tóig an liathróid ar an gcéad luascadh. (CF, MÓD)
- Buail an liathróid ar an gcéad luascadh. (Ac)

MIP 146

5082 B'fhéidir go dteastaíonn sé san áit a ndeachaigh sé. (BA, Ind)

Leagan a deirtear nuair a dhoirtear bainne (ag ceapadh gur do na sióga é: LMóir).
Féach an scéal le seanfhocal i mBéarla (There's always a mouth for spilt milk; Longfort) B II 265, III 144, freisin Nicholson 324.

5083 Bí go moch i do shuí is go luath i do luí,
Is ní fada go mbír chomh saibhir le rí. (M)

- An té a luíos luath is a éiríos moch,
Beidh saibhir críonna is suairc i gcruth. (MÓD)
- Go moch, go mall, go tráthúil,
Críonna, saibhir, sláintiúil. (MÓD)
- Éirí go moch agus suaimhneas go déanach,
Déanann sé fear saibhir agus críonna. (Ár)

SH 90, Lipp. 242 (Früh), 65 (Bett).

5084 Bíonn a shea ag chuile dhuine. (MS)

5085 Bíonn daoine ag magadh fúmsa nuair a bhainim an fómhar glas.
Ach bímse ag magadh fúthusan nuair a théas an síol sa gclais. (TÓM, R)

- Bíonn daoine ag magadh fúmsa faoin bhfómhar a bhaint glas.
Ach bímse ag magadh fúthusan faoin ngráinne sa gclais. (TÓM)
- Bíonn daoine ag magadh fúmsa nuair a bhainim an fómhar glas.
Ach bímse ag magadh fúthusan nuair a bhíos an síol tais. (R)
- Bíonn daoine ag magadh fúmsa nuair a bhainim an fómhar glas.
Ach bíonn mise ag magadh fúthu nuair a imíos an síol as. (GS)
- Má bhíonn siad ag magadh fút mar gheall ar baint glas,
Beidh tú ag magadh fúthu nuair a thuiteann siad sa gclais. (AR)
- Bíonn mo chomharsana ag caitheamh orm faoi m'arbhar a bhaint glas,
Ach bím ag caitheamh orthu nuair a bhíos a gceann faoi sa gclais. (RM)
- Bíonn tusa ag magadh fúmsa nuair a bhainim an eorna glas,
Ach beidh mise ag magadh fútsa nuair a thuitfeas a ceann sa gclais. (Ár)
- Bíonn daoine ag magadh fúm nuair a bhainim m'eorna glas,
Ach bímse ag magadh fúthu nuair a bhaineas an ghaoth an síol as. (M, Cum. Béal. 109, 286)
- Bíonn siad ag magadh fúmsa nuair a bhainim an fómhar glas,
Ach bímse ag magadh fúthu nuair a thuiteas an grán as. (CF)
- Is fearr an t-arbhar a bhaint craobhghlas ná a bhaint agus an síol as. (RM)

An Chailleach Bhéarrach a dúirt é sin (TÓM, M.)

Rel. II 482.
cf. 5191

5086 Buail an t-iarann a fhad is atá sé te. (S 12/1919)

- Buail an t-iarann chúns choinneoidh sé a theas. (CF)
- A fhad is a bhíos an t-iarann te is ceart a bhualadh. (S 6/1920)
- Nuair atá an t-iarann te is ea is cóir é a bhualadh. (F)

Leagan cainte in BC 375. Finck 2.
Focal idirnáisiúnta as Laidin Seneca, App. 606, Ray 107, AWM 188, YD 51, DC 133, PB 22, II BSR 221, L I 44, Arm. 597, NG III 212, Lipp. 148.

5087 Fan le t-uain dá mhéid do dheifir. (GS)

5088 Fear na mochóireachta, fear na brabaí. (GS)

- Bíonn rud i dtaisce ag fear na maidine. (CF)
- An té a éiríos go moch, ní chodlaíonn sé ar a bhrabach. (GS)

5089 Greim in am sábháilfidh sé naoi ngreim. (Ca)

- Greim amháin is sábháilfidh sé naoi ngreim. (Ind)
- Is fearr greim amháin i dtráth ná naoi gcinn in antráth. (AA 2/1937, CF ?)
- Is fearr greim in am ná in antráth. (Ind)
- Spáráil ama lúb in am. (Ac)

Idem App. 603, AWM 183

5090 Íoc síos ar an tairne. (RM)

- Íoc amach ar an tairne. (GS)

SH 338 (dáta 1596).

5091 I rith na hoíche, tarlaíonn rud eicínt. (Ind)

- Dhá dtrian de chuile shórt an oíche. (RM)

San oíche, go hiondúil, déantar gach uile shórt as bealach; faigheann go leor daoine bás san oíche, etc. Sa Tenga Bithnua cuirtear i liostacht eachtraí líonmhara Bíobla a tharla ag an meán oíche, cf. Ériu II 138.

5092 Is fearr a bheith in am ná in antráth. (S 2/1927, AR 530)

- Is fearr róluath ná rómhall. (CF)
- Is fearr leathuair luath ná leathmhóiméad mall. (Ca)

Lessons 296.
Idem App. 43.

5093 Is fearr beannacht le do bheo ná dhá bheannacht le do mharbh. (MÓD)

- Is fearr beannacht beo ná dhá bheannacht marbh. (CC)
- Is fearr aifreann le do bheo ná dhá aifreann le do mharbh. (F)

5094 Is fearr caraid sa gcúirt ná triúr sa gclúid. (TÓM)

San áit a bhfuil sé ag teastáil.

5095 Is fearr eiteach mná ná eiteach speile lá fómhair. (CR)

5096 Is fearr focal a chuireas tú i gcion ná dhá fhocal ar bharr do theanga. (GS)

- Is fearr focal in am ná dhá fhocal in antráth. (CF)
- Is fearr paidir romhat ná dhá phaidir i do dhiaidh. (S)

Leagan 2: idem Ray 339

5097 Is fearr greim in am ná in antráth. (Ca)

cf. 945

5098 Is fusa breith ag ghiorria ina chodladh ná ar phéire ina ndúiseacht. (GS)

5099 Is maith é an solas nuair a theastaíos sé. (Ca)

5100 Is maith gach ní ina am féin, ach is fearr gach ní nuair atá sé ag teastáil. (GS)

5101 Labhair faoin diabhal is tiocfaidh sé. (TÓM)

- Gabh ag caint faoin diabhal is tiocfaidh sé isteach. (MS, Ac)

Idem App. 145, Ray 86, YD 75, DC 178: focal fairsing san Eoraip le 'mac tíre' in áit diabhal,' agus deirtear (O 200) gur sna Meán-Aoiseanna a tháinig an focal 'diabhal' isteach; I BSR 61, I L 117, PB 132, Arm. 917; nóta Trench 141; as an Laidin (O lupus 1).

5102 Más maith is mithid. (M)

- Más am is mithid. (MÓD)
- Más maith é is mithid é. (MÓD)

Cinnlae I 164, 176, II 334.
SH 398, NG I 308, O 79 (celeriter).

5103 Mí ó dhias go craobh agus mí ó chraobh go corrán. (Ca)

- Mí ó chraobh go corrán (RM)
- Seacht seachtainí ó dhias go corrán. (R, AA 7/1940)

An t-achar a bheadh arbhar ag fás go mbeadh sé in úd a bhainte.

5104 Mochóirí ní minic a ngnotha ar deireadh. (Sa)

- Ní minic mochóir ar deireadh. (Sa)

5105 Ná bac le duine ar bith nach n-oibreoidh an speal a fhad is a bheas faobhar uirthi. (Sa)

5106 Ná díol do chearc lá fliuch. (IG 11/1898, Ac)

- Is é díol na circe an lá báistí é. (F)
- Ná díol do mhuc lá fliuch. (RM)

Is suarach an chosúlacht a bhíos ar chearc, lá fliuch. Leaganacha éagsúla den fhocal in Ray 264, App. 298, YD 75, DC141, 171, HV 352. Rel. II 483.

5107 Ní hé lá gaoithe lá na scolb. (S 1/1928, GS)

- Ní hé lá na scolb lá na gaoithe móire. (AR 231)
- Ní hé lá na báistí lá an phortaigh. (CF)
- Ní hé lá na stoirmshínte atá tine a chur ar an gcloch. (Sa)

'Dá dtí an cioth, ní tuighthe ar dteach,' a deirtear i nduan le Gofraidh Ó Cléirigh (Studies, Meitheamh 1934, l. 295).
College 295. Scéilín BB 152. 'Stolb' atá in B 1934 (Sp).

5108 Níl idir bearradh agus drochbhearradh ach seachtain. (RM)

- Naoi lá atá idir drochbhearradh agus bearradh maith. (GS)

Go mbíonn siad cothrom arís; bearradh gruaige atá i gceist (LMóir).

5109 Ní thagann toradh roimh an mbláth. (RM)

- Thar éis an bhlátha a thagas an toradh. (Ca)

5110 Nuair a bhíos an cnó aibí, tuiteann sé. (MS)

5111 Nuair a thagas lá an earraigh, ní áit a bheith sa gclúid. (CF)

Séasúr oibre é.

5112 Sábháil an fómhar a fhad is tá an ghrian suas. (IG 11/1905)

- Sábháil an fómhar a fhad is a bheas an ghrian go hard. (M)
- Sábháil an féar nuair atá an ghrian ard. (F)
- Triomaigh an féar leis an lá breá. (Ca)
- Sábháil an féar le teas na gréine,
Is mise i mo bhannaí, beidh páighe do lae agat. (ACC)
- Tabhair freastal don lá breá is ní bhéarfaidh an lá garbh ort. (Ca)
- Déan an fómhar le lonradh na gréine. (MÓD)
- Cruinnigh an féar le lonradh na gréine. (MÓD)
- Nuair a bheas grian ard triomóidh féar. (Ca, Cum. Béal. 111, 38)

BC 299; ADR 229. O'Daly 91, SFM 15. Tá an rann in LS 158.
Idem App. 291, MR 13, AWM 188, YD 56; cúpla leagan de in II BSR 283.

5113 Santaigh an mhaidin is lig thart an tráthnóna. (CF)

- Is fearr uair an chloig ar maidin ná dhá uair tráthnóna. (Ca)
- Chuala muid ariamh gurb é tús an lae is fearr. (Ár)

SH 41

5114 Sioc samhraidh is annamh. (Ca)

5115 Tá am le haghaidh chuile shórt. (IG 1/1906)

- Ba cheart gach rud a fhreastal ina am féin. (MS)

Idem App. 192, 634, SH 475: As an mBíobla (Cóh. III 1).

5116 Tá dhá lá san earrach chomh maith le deich lá sa bhfómhar. (Ca)

5117 Tá sé in am stopadh, dá mba ar ball a thosóinn. (TÓM, GS)

A deir an duine atá deireanach, nó déarfá é le duine a mbeadh drochrá ar siúl aige, etc.

5118 Téigh a chodladh leis an uan, is éirigh leis an éan. (S 12/1919)

- Luigh le tuitim na hoíche idir dhá éadach, agus bí i do shuí le gobadh aníos na gréine. (CF)

- Luigh le ceo na hoíche is bí i do shuí le port na fuiseoige. (CF)
- Luigh leis an éan agus éirigh leis an ngréin. (Sp, Cum. Béal. 77, 88)

In Cum. Béal. 79, 329 (Sp) tugtar rá fear an tsaoil fhada, 'Chuaigh mé a chodladh leis an uan agus d'éirigh mé leis an éan, choinnigh mé mo cheann agus mo chosa tirim, dhiúltaigh mé do mhná agus d'ól agus ariamh ní dhearna mé an t-athchodladh.' Idem SH 119, App. 533, YD 52, 98.

5119 Uair na maidine, bíonn ór ina béal. (TÓM)

SH 453 (as an nGéarmáinis), Lipp. 631 (Morgenstunde).

TRÉANNA

5120 Ag siúl na sráide faoi lear,
Ag faire báid,
Ag éisteacht le comhrá giolla gan blas. (CF)

Na trí rudaí is tuirsí ar bith.
cf. 1185

5121 An pol ó thuaidh, pointín tlú agus srón cú, na trí rudaí is fuaire atá le fáil. (S 1/1928)

- Na trí nithe is fuaire, braon aille, srón mada, tóin canna. (S 5/1924)
- Srón mada, deor aille, is cos caillí, na trí ní is fuaire le fáil. (F)
- Na trí rudaí is fuaire ar domhan, deor aille, srón mada is béal caillí. (I)
- Na trí rudaí is fuaire, pus mada, cos caillí, braon aille. (CF)
- Na trí rudaí is fuaire, glúine fir, cosa mná, pus mada. (M)
- Na trí rudaí is fuaire sa domhan, pus mada, tóin caillí, bonnacha cait. (DnaG, Cum. Béal. 70, 236)
- Pointín tlú agus srón cú, dhá rud fhuara. (GS)
- Chomh fuar le srón mada lá sneachta. (GS)
- Chomh fuar le srón mada. (T, Cum. Béal. 208, 217)
- Chomh fuar le sruthán aille. (T, Cum. Béal. 208, 217)
- Chomh fuar le deor aille. (GS)

'Chomh fuar le deoir aille' (Mnl; níl aon uisce chomh fuar le uisce sléibhe ag rith le aill mhór de chnoc). 'Deoir aille ó do shúil' (LMóir; leagan a déarfaí le duine ag caoineadh, a mbeadh olc agat dó. MIP 246. Maidir le 'deor aille,' cf. BTD16, 49c, RC XLVI 306.
App. 157, SH 7 (dhá rud: 17ú haois), Arm. 425 (dhá ní).

5122 An triúr fear is luaithe a éiríos ar maidin,
Fear mná boirbe,
Fear capaill bháin bhradaigh,
Fear léine giorra giortaithe salaí.
(Damhros)

Is é an dá cheann deiridh 'an bheirt ar córa dóibh éirí moch' (Cum. Béal. 69, 236a; Casla).

5123 Bean ag feadaíl, cú ag tafann, is cearc ag glaoch,
Sin trí ní nár ordaigh Críost. (RM, CnM)

- Bean ag feadaíl, fear ag sníomhachán, cearc ag blaoch,
Trí rudaí nár ordaigh Críost. (Cum. Béal. 91, 27 gan áit)

cf. 57

5124 Bean, muc agus múille,
Na trí ní is deacra a mhúnadh. (M)

- Bean, muc agus múille,
Na trí ní is deacair a mhúnadh. (CnM)
- Na trí nithe is doilí a mhúnadh,
Bean, muc agus múille. (Ca)

College 301.
cf. 3714

5125 Cíos, aois agus féasóg, na trí rud nach n-airítear ag teacht. (RM, Ca)

- Na trí ní a thagas ar fhear tí gan aireachtáil, aois, cíos agus féasóg. (Ca)
- Na trí rudaí nach n-airítear ag tíocht, féar, aois, féasóg. (RM)

5126 Cloigeann creabhair,
Cloigeann gabhair,
Cloigeann cnúdáin,
Na trí nithe is lú a bhfuil solamar orthu.
(Ca)

- Cloigeann creabhair,
Cloigeann gabhair,
Cloigeann cnúdáin,
Na trí cloigne is lú feoil. (RM)
- Cloigeann creabhair,
Cloigeann gabhair,
Cloigeann cnúdáin,
Na trí rudaí gan aon mhaith. (Sp)

Vocab. 127 (Noud).
cf. 3865

5127 Coisíocht fia,
Intinn ban,
Siota gaoithe Márta. (CF, B V 144)

Na trí rudaí is luaithe ar bith.

5128 Comhairle Sholaimh Mhic Dháibhí dá mhac,
Ná pós aon bhean ach an bhean a n-íosfá leathchéad salainn ina heolas,
Ná coinnigh do chapall ó dhíol mar gheall ar choróin,
Ná lig do rún le glúin dá ghoire. (GS)

Gheofar trí chomhairle eile i gceann de Sgéalta Thomáis Uí Chathasaigh 86.
cf. 2552, 2905 agus 5070

5129 Crú capaill,
Airgead sagairt,
Teanga mná. (M, Cum. Béal. 114, 206)

- Teanga mná, crú capaill, scian búistéara. (Sp, Cum. Béal. 76, 26)
- Teanga mná, crú capaill, airgead lucht ragairneachta. (Ac)

Na trí rudaí nach nglacann meirg (M). Trí rud nach dtagann meirg orthu (Sp, Ac).
Féach SM 1860

5130 Deireadh seanmhná uaisle,
Deireadh seanchapaill bháin,
Deireadh seanmháistir scoile,
Na trí dheireadh is measa ar bith. (RM)

- Deireadh seanchoille á dó,
  Deireadh seanchapaill bháin,
  Deireadh seanmháistir scoile,
  Na trí dheireadh is measa ar bith. (M)
- Na trí chríoch is measa, áithe ar loscadh, long ar báthadh, deireadh seanchapaill bháin. (RM)
- Na trí rud nach mbíonn aon mhaith iontu nuair a bhíos siad sean, seanmháistir scoile, seanchapall, sean-tsaighdiúr. (CF)

'dímáin cach sendu' (ZCP XVII, 60 – Aib.); 'doiligh earr na huaisleachta '(Duanta Eoghain Ruaidh 6, 4).
cf. 4276

5131 Droim an scadáin,
Bolg an bhradáin,
Is cloigeann troisc,
Trí ithe mhaithe fholláine do chairréara. (RM, OL 27)

5132 Éirí ó Aifreann gan críochnú,
Éirí ó bhia gan altú,
Éirí ó do bhean féin á hathrú. (M)

- Éirí ó Aifreann gan éisteacht, éirí óna chuid bidh gan altú, éirí as a leaba féin agus a dhul i leaba bhean na comharsan. (Ca, Cum. Béal. 158, 158)
- Éirí ó do bhéilí gan altú, éirí ón Aifreann gan éisteacht, éirí ó do bhean féin agus dul go dtí bean fir eile. (CF, B V 152)

1. *Na trí éirí is measa is féidir a dhéanamh (M).*
2. *Na trí éirí is measa a rinne fear nó bean (Ca).*
3. *Na trí éirí is suaraí a d'fhéadfá a dhéanamh i gcúrsa do shaoil (CF).*

5133 Fios Fhinn, neart Ghoill is bua Chonáin. (CF, B 6/1933)

Maidir le 'bua Chonáin' féach AA 11/1935.

5134 Fuílleach síl, fuílleach cíosa agus fuílleach carad, trí rud chomh maith is bhí ag aon duine ariamh. (S 1/1918)

- Na trí fhuílleach is fearr a bheith ag fear, Fuílleach síl, fuílleach cíosa, fuílleach carad. (F)
- Na trí rudaí is fearr,
  Fuílleach airgid thar éis an chíosa,
  Fuílleach síl thar éis an earraigh,
  Fuílleach carad sa mbaile. (Casla)
- Fuíoll gréine, fuíoll céille, fuíoll féile, na trí fuíll is fearr. (AR 397)

Ní moltar an iomarca carad in TC 14, 30; is é a mholadh a dhéantar in DC 29 (Goreu aml, aml gardawd).

5135 Gob ó aturnae, gob ó dhochtúr, gob corr scréachóg. (Casla, Cum. Béal. 79, 222)

Na trí ghob is measa a fuair daoine bochta riamh.

5136 Haicléaraí, táilliúirí, is cuit,
Triúr nach n-oibríonn gan cruit. (CnM, MÓD)

5137 Iomarca gé i mbaile gan turlach,
Iomarca ban i mbaile gan abhras,
Iomarca capall i mbaile gan treabhras,
Na trí nithe is lú tairbhe in aon bhaile. (AR 374)

- Iomarca ban i mbaile gan abhras,
  Iomarca gé i mbaile gan turlach,
  Iomarca capall i mbaile gan treabhadh,
  Na trí dhrochní. (TÓM)
- Caiple i mbaile gan treabhadh,

Géabha i mbaile gan turlach,
Mná i mbaile gan sníomh,
Na trí nithe is measa i mbaile. (GS)

- Iomarca ban i mbaile gan abhras,
  Iomarca gé i mbaile gan conlach. (MÓD)
- Iomarca ban i mbaile gan abhras,
  Iomarca gé i mbaile gan turlach. (S 8/1918)
- Na trí rudaí is dona i dteach ariamh,
  An iomarca cúití (.i. cúnna) gan fiach,
  An iomarca capall gan treabhadh,
  An iomarca ban gan cardáil. (CF, B V 144)

cf. 4159

5138 Is olc an rud teach deataí ar bheagán fataí is bean chainteach. (MÓD)

- Is dona an rud teach deataí ar bheagán fataí is bean chantalach. (TÓM)
- Na trí rudaí is measa i dteach ar bith, simléar deataí, báirseach mná, an braon anuas. (MS)
- Na trí rudaí is measa bhí i dteach ariamh, toit, braon anuas, bean chabach. (M)
- Trí nithe míthaitneamhacha i dteach, bean bhorb, páiste cantalach, simléar caoch. (S 5/1924)
- Na trí rudaí is míchompoirdí amuigh, plúd deataí, cailleach chantalach, báisteach anuas. (BA)
- Na trí rud is measa i dteach, bean ghruama, simléar plúchta, braon anuas. (Sp, Cum. Béal. 69, 236a)
- Na trí ní is measa a bhí i dteach ariamh, drochbhean tí, báisteach anuas, dreancaidí. (Casla, Cum. Béal. 69, 236a)

cf. Mallacht an Naoimh 'hi fástigibh, bainne fliuch': RC XXVII 303; MIP 263. Joyce 110. Seanfh. XXVII 15, SH 491, LSM 200s, II N 12, 205.

5139 Lá breá sa ngeimhreadh,
Saol duine chríonna,
Focal duine mhóir gan scríbhinn. (Cum. Béal. 109, 80)

Trí ní nach iontaoibh.

5140 Láir chapaill, cráin mhuice agus cráin ghé, na trí ní is sonaí a bhí ag fear bocht ariamh. (F)

5141 Mala ramhar,
Seasamh stáitiúil (státúil),
Éadan dána. (Ca, Cum. Béal. 60, 34, Cum. Béal. 58, 69)

Trí bhua an tairbh.

5142 Na trí áit is beannaithe in Éirinn,
Leaba an Spiorad Naoimh in Árainn,
Dabhach Éinne i gCill Éinne in Árainn,
Tobar Cháilín (leg. Chaillín?) i gCeann Léime. (AA 1/1938)

5143 Na trí cheol is binne,
An maistreadh á dhéanamh,
An chéachta á síneadh,
An muileann á mheilt. (Sl)

5144 Na trí fheoil is láidre ar bith,
Smior mairt,
Feoil cearc,
Beoir Lochlann. (RM)

- Na rudaí is folláine ar bith, smior mairt, feoil circe, bainne na bó a rug anuraidh. (CF)

cf. 684 agus 739

5145 Na trí fuaimeanna is fearr ar an bhfeilm,
Fuaim an tsúiste,
Fuaim an loine,
Fuaim na brón. (M)

5146 Na trí huaire is baolaí báisteach,
Tús Aoine nó deireadh Sathairn,
Nó maidin Domhnaigh ar uair an chéad Aifreann. (Ca, RM)

cf. 177

5147 Na trí ní is fearr ar bith,
Uisce salach ag múchadh tine,
Arán dubh in aimsir gorta,
Casóg bréidín lá seaca. (RM)

cf. 5197

5148 Na trí ní is goiride a mhaireas,
Cumann caile,
Grá lárach dá searrach,
Teas aráin coirce. (AR)

cf. 1120

5149 Na trí ní is lú a bhfuil úsáid iontu,
Trumpa gan teanga,
Cnaipe gan lúbán,
Madra alla gan fiacail. (Ca)

- Trí rudaí nach bhfuil aon mhaith iontu,

súgán gan casadh, trumpa gan teanga, cat dall. (M)

- Ní fiú súgán gan casadh é, ní fiú trumpa gan teanga é, ní fiú spriongán gan casadh é. (M)
- Ceithre ní gan mhaith, sagart gan Laidin, muileann gan criathar, trumpa gan teanga, madra alla gan fiacail. (Ca)

'Crot cen cheis' – Amra Choluim Chille RC XX 164; rann 22 i nduan LL (RC IX 48); 'amrán ri croitt cen chéis' i rann as an Liber Hym.; RC XX 436; Eg. 88, 72, 44 (Cat. I: 16ú haois) 'cloig gan teangain'; tá scéal míorúilte ar chlog gan teanga in Betha Colmáin maic Lúacháin ; Cinnlae II 110. O'Daly 87. Seanmóirí Uí Ghallchobhair 141, 17. Ray 264 (Albain) 'Ye ha'e tint the tongue o' the trump.'

5150 Na trí ní is nimhní sa duine,
An tsúil, glún agus uille. (AR)

- Na trí spota is nimhní sa duine,
Glúin, súil agus uille. (I)
- Súil, glúin agus uille, na trí ní is tinne. (CnM)
- Na trí baill is fusa a ghortú, an ghlún, an uille, an tsúil. (M, IG 9/1905)

Lessons 293, AA 10/1938; MIP 247.

5151 Na trí ní is súgaí amuigh,
Pisín cait,
Mionnán gabhair,
Baintreach óg mná. (Ca)

- Chomh haerach le mionnán gabhair. (Ca)
- Chomh héadrom le mionnán gabhair. (MS)
- Chomh meanmnach le mionnán míosa. (CF)

5152 Na trí ní nach dtéann chun suaimhnis,
Fíor-eas aibhne,
Fíormhada uisce,
Fíordhiabhal as Ifreann. (Ca)

- Trí ní nach gcodlaíonn,
An Diabhal,
Eas aibhne,
Fíormhada uisce. (T)
- Dhá ní nach gcodlaíonn aon néal, fíordhiabhal as Ifreann agus fíor-eas aibhne. (RM)
- Na trí ní nach ndéanann suaimhneas sa meán oíche,
Fíoreasconn nimhe,
Fíormhada uisce,
Fíordheamhan Ifrinn. (CF, B V 144)

cf. 5165

5153 Na trí nithe a bhíos geal ina dtosach, breac ina lár agus dubh ina ndeireadh,
Comhar,
Cleamhnas,
Aontíos. (M, Cum. Béal. 109, 280)

5154 Na trí nithe a cheapas duine is féidir leis iad a dhéanamh,
Tine a fhadú,
Páipéar a chur i gcló,
An tír a rialú. (Sp, Cum. Béal. 76, 50)

5155 Na trí nithe gan feidhm ar bith,
Caitheamh cloch ar chuan,
Comhairliú mná boirbe,
Caint le ceann gan chéill. (AR 513)

- Na ceithre rudaí nach féidir a dhéanamh (ní thagann aon tairbhe astu),
Bheith ag fadú tine ar loch,
Bheith ag caitheamh cloch le tonn,
Bheith ag cur comhairle ar bhean bhorb,
Nó a bheith ag gabháil d'ord ar iarann fuar. (CF)

Lessons 293.
cf. 3703

5156 Na trí nithe is deacra a thuigsin,
Intleacht na mban,
Obair na mbeach,
Teacht is imeacht na taoille. (S 2/1925)

- Na trí nithe is deacra a fháil amach,
Intleacht na mban,
Obair na mbeach,
Teacht is imeacht na taoille. (AA 8/1937)
- Na trí nithe is deacra a thuigsin,
Intleacht na mban,
Obair na mbeach,
Tuileadh is trá na mara. (MÓD)
- Obair na meach, intinn na mban, teacht agus imeacht na taoille, trí ní nach féidir a fháil amach. (LMóir)

*'Ní lugha as fhearta eile,
Dula is teachta don tuile,' i nduan le Tadhg Óg Ó hUiginn (Dán Dé vii 24; línte cosúla, ix 24, xxxi 13); MIP 256.*
cf. 2929

5157 Na trí nithe is géire ar bith,
Dealg múnlaigh,

Fiacail con,
Focal amadáin. (AR 514, M)

- Dealg i múnlach, focal amadáin, teanga mná. (Ca)
- Dealg spíonáin, fiacail naíonáin, focal amadáin. (Ca)
- Dealg láibe, fiacail con, focal amadáin. (Sp)
- Focal amadáin, dealg feochadáin, an t-ocras. (RM, GS)
- Focal amadáin, dealg fóthannáin nó fiacail coileáin. (M, Ac)
- Fiacail con, dealg dóibe, focal amadáin. (M, Cum. Béal. 109, 280)
- Chomh géar le focal amadáin (fiacail con: teanga mná). (T, Cum. Béal. 208, 217)
- Chomh géar le fiacail con. (GS)

College 280, Lessons 293; MIP 245.
cf. 4179

5158 Na trí nithe is measa ar bith, fataí beaga boga, as sin ar drochleaba, is luí le drochbhean. (MÓD)

5159 Na trí nithe is ríméadaí,
Garraí fataí faoina mbláth bán,
Long faoi sheol,
Bean tar éis oidhre óig. (Mnl S 11/1927)

Tá leagan Béarla de seo sa réamhrá le TI.
Ionann is an focal céanna App. 564 (dáta 1659)

5160 Na trí nithe nach féidir a fhoghlaim,
Guth cinn,
Filíocht,
Féile. (GS, AA 8/1937)

- Trí ní nach féidir a fhoghlaim,
  Fonn,
  Féile,
  Fírinne. (RM, Cum. Béal. 90, 97)
- Trí ní nach féidir a fhoghlaim,
  Fonn,
  Féile,
  Filíocht. (Ca)

LSM 203s.

5161 Na trí obair is déine,
Éigean iomramha,
Ordlaíocht,
Tomhais na talún le do dhorna (ag baint le corrán). (LB, AA 8/1938)

- An obair is mó ar bith, ag lomradh, ag ordlaíocht, ag tomhais talún ina dorna. (Sp, Cum. Béal. 76, 26)

'Na trí obair is troime, de réir na Caillí Béarra,' a thugtar orthu seo in Cum. Béal. 77, 55 (Sp).
cf. 2109

5162 Na trí radharc is géire ar bith,
Seabhac ar chrann,
Cú i ngleann,
Cailín i lár cruinnithe. (AR 512)

- Seabhac i gcrann, sionnach i ngleann, nó cailín óg ar chruinniú, na trí ní is grinne le fáil. (F)
- Na trí amharc is géire,
  Radharc iolair i gceo,
  Radharc con i ngleann,
  Radharc cailín ar chruinniú. (M)
- Na trí rudaí is grinne ar bith, cú i ngleann sléibhe, iolrach lá gréine, cailín óg i gcruinniú. (Ca)
- Na trí radharc is géire, radharc con i ngleann, radharc iolraigh ar aill, radharc farraigí ar tonn. (S 5/1924)
- Na trí shúil is grinne, súil iolrach ar aill, súil con i ngleann, súil mná óige ar oireachtas. (Ca)
- Na trí amharc is géire ar bith, cú i ngleann, iolra i gceo, nó bean óg ag oireachtas. (TÓM)
- Na trí ní is géire amharc, súil iolraigh ar aill, súil mangaigh i maidhm, súil cailín óig ar aonach. (RM)
- Na trí ní is grinne amuigh, amharc con i ngleann, amharc capaill ar ard, amharc mná óige i gcruinniú. (Casla, Cum. Béal. 69, 236a)
- Na trí rud is fearr radharc, cú ar ard, seabhac i gcrann, nó cailín óg lá aonaigh. (Sp, Cum. Béal. 76, 26)
- Na trí ní is géire súil, súil mangaigh ar maidhm, súil cailín óig ar aonach, súil gadhair ar tréad caorach. (Ár)
- Na trí súile is grinne amuigh, súil bric ar linn, súil cait sa dorchadas, súil cailín óig lá aonaigh. (CF)
- Amharc sionnaigh sa ngleann, amharc seabhaic i gcrann, amharc cailleach sa gclúid ar bhean a mic. (CF, AA 7/1940)
- Chomh géar le cailín i láthair cuideachtan. (T, Cum. Béal. 208, 217)

Lessons 293.
Maidir le amharc iolair, féach O (aquila 2).
cf. 270 agus 5182

5163 Na trí rith is mó,
Rith uisce,
Rith tine,
Rith buinní. (MS)
cf. 5177

5164 Na trí rudaí gan sochar i dteach ar bith,
Carn aoiligh,
Bainne géar,
Seanchailíní. (Sl)

5165 Na trí rudaí is deacra a dhul ina gcodladh,
Eas aibhne,
Scraith bhogáin,
Dris chosáin. (MÓD, TÓM)

- Na trí rudaí is deacra a theacht ina gcodladh,
Eas aibhne,
Scraith bhogáin,
Dris chosáin. (TÓM)

cf. 5152

5166 Na trí rudaí is deacra a thoghadh,
Bean Domhnaigh,
Caora fómhair,
Searrach seanchapaill. (Ac)

- Na trí ní is deacra a thoghadh, bean, rásúr, capall. (Ár)
- Bean agus capall, an dá ní is deacra a thoghadh. (Ár, Cum. Béal. 77, 424)

cf. 86, agus 5173

5167 Na trí rudaí is fíre,
Luí na gréine,
Éirí na gréine,
An bás. (M, Ac, S 9/1927)

5168 Na trí rudaí is lú a fhásas chun tairbhe,
Clann na Stíobhard,
Tuí na gcruach,
An gad a sníomhadh faoi dhó. (M, Sp B 1934)
cf. 2325

5169 Na trí rudaí is luaithe sa bhfarraige, rón, roc is ronnach,
Na trí rudaí is luaithe ar thalamh, cú, giorria is sionnach. (Ca)

- An roc, an rón agus an ronnach,
Na trí rudaí is luaithe ar na tonna. (CR)
- Roc, rón agus ronnach, na trí bhreac is luaithe sa bhfarraige. (AR 135, OL 10, Ac)

Leagan 2: PMB 148.

5170 Na trí rudaí is measa amuigh,
Iomarca síl in ithir mhaith,
Iomarca tiarnaí in aon tír,
Iomarca cailíní in aon teach. (Sl)
cf. 646

5171 Na trí rudaí nach dtiocfaidh ar ais choíche,
Domhnach ó Aifreann,
Lá ó scoil,
Lá ó cheird. (M)

- Ní féidir teacht suas le lá scoile ná le rabharta feamainne. (Ca)

5172 Na trí rud is ceart a bheith i ngach teach,
Bean,
Cat,
Simléar. (M)

5173 Na trí rud is deacra a phiocadh,
Bean, speal is rásúr. (CnM)
cf. 5166

5174 Na trí rud is fuide a leanas treibh,
Cataíl,
Ruaíl,
Bradaíl. (AR)

- Na trí ní is fuide a leanas, ruaichte, claonfhéachaint, bradaíl capaill. (Ár)
- Na trí tréartha is deacra a scaradh ó chlann, claonadh súl, fine fionnadh rua, mionghadaíocht. (M)

5175 Na trí rud is giorra a mhaireas,
Bean bhreá,
Bó bhán,
Teach ar ard. (MS)

- Na trí rud nach mbíonn mórán ratha leo,
Bean bhreá,
Bó bhán,
Teach ar ard. (M)
- Na trí rud is suntasaí ar bith, teach ar ard, bean bhreá, beithígh bhána. (CF)

Bíonn siad róshuntasach is santaítear iad.
App. 312 (capall, bean), I N 38 (bean, teach, finiúin).
cf. 4492 agus 4172

5176 Na trí tréartha a bhaineas le ól,
A ól,
A íoc,
A iompar. (CF)

5177 Neart tine, neart uisce, neart namhad, na trí neart is treise ar bith. (RM)

- Neart tine, neart tuile, neart namhad, na trí ní is láidre ar domhan. (RM)
- Na trí cairde is fearr is na trí naimhde is measa, uisce, gaoth agus tine. (S 10/1927)

Tá tré dá leithéid in Bethada náem nÉrenn 170 (ls. 1629).
Rel. II 499, App. 213, 214, SH 107, Lipp. (Feuer) (tine agus uisce), LSM 64o.
cf. 5163

5178 Ó Máille Bhéal Léime,
Ó Flatharta an Oileáin,
Féiríní an Chalaidh. (Sp)

Na trí shinsear ba chlúitiúla agus ba mheasúla i gConamara.
As B 1934.

5179 Peata circe,
Peata muice,
Peata mná. (CF, B V 146)

Na trí pheata is measa.
Féach SM 1828.

5180 Reithe, tarbh is táilliúr,
Sin triúr a bhíos madrúil ó nádúr. (I)

5181 Saor, maor agus muil(l)eoir,
Triúr atá ag an diabhal gan trioblóid. (I, Cum. Béal. Cártaí)

5182 Súil an ghabhann i ndiaidh an tairne,
Súil na circe i ndiaidh an ghráinne,
Súil an chailín ag iarraidh a grá ghil,
Na trí súile is cráite (nó is géire) ar bith. (GS)

- Na trí shúil is géire, súil an ghabhann i ndiaidh an tairne, súil an chait i ndiaidh na luiche, súil mháthair an fhir i ndiaidh bean a mic. (Ca)
- Na trí amharc is géire, súil an chait i ndiaidh na luiche, súil na circe i ndiaidh gráinne, súil na caillí i ndiaidh bean a mic. (RM)
- Na trí súile is grinne amuigh, súil chait ar luch, súil saoir ar chloch, súil chaillí ar bhean a mic. (CF, AA 1/1939)
- Na trí ní is géire, súil na circe i ndiaidh an ghráinne, súil an ghabhann i ndiaidh an tairne, súil an fhir i ndiaidh a pháighe. (MS)
- Na trí rudaí is géire, súil an fhir bháite, súil gabhann i ndiaidh tairne, súil mná óige ar báire. (CF, B V 144)
- Na trí rud is fearr radharc, súil gabha i ndiaidh tairne, súil cailín óig ar báire, súil sagairt ar a pharáiste. (Sp, Cum. Béal. 76, 26)
- Súil circe i bpunann, súil gabhann i ndiaidh tairne, súil cailín óig lá aonaigh, na trí súile is grinne amuigh. (CF)
- Na trí amharc is géire amuigh, súil na circe i ndiaidh an ghráinne, súil an ghabhann i ndiaidh an tairne, súil an oibrí i ndiaidh a pháighe. (CF)
- Amharc an ghabhann i ndiaidh an tairne. (RM)
- Súil an ghabhann i ndiaidh an tairne. (Ca)

cf. 270 agus 5162

5183 Súil bhiorach,
Cluas aireach,
Iorball scothach. (Ca, Cum. Béal. 60, 34, Cum. Béal. 58, 69)

Trí bhua an tsionnaigh.

5184 Talmhaí, mada is muc,
Sin triúr nach nglanann a smut. (Ind)

- Talmhaí, mada agus muc
  Dream a bhfuil cairt ar a smut. (CF)
- Fíodóir, gréasaí, muc,
  Triúr a mbíonn salachar ar a smut. (I)

5185 Tart, ocras, grá. (Sp)

- Tart, tochas, grá. (Casla, Cum. Béal. 79, 222)

Na trí ní nach féidir a cheilt.
cf. 3926

5186 Trí bhua an chait,
Dearmad bhean an tí,
Siúl gan torann,
Radharc géar sa dorchadas. (M)

cf. 292 agus 3681

5187 Trí bhua an duine dhona,
Cuairt fhada tí na comharsan,
Codladh go headra,
Drochfhál. (TÓM, S 12/1925)

- Trí buanna an duine dhona, fianaise, urrús, eadrascán. (AR 396a)
- Trí buanna an fhir dhona, codladh, díomhaoineas agus ól (is iad na trí rudaí is fusa a fhoghlaim nó a chleachtadh freisin). (CF, B V 145)

cf. TI 13, 102 'sírchéilidhe' .i. comhartha stuaice.

5188 Trí bhua an ghiorria,
Cor gearr,
Léim ard,
Rith teann in aghaidh cnoic. (S 11/1926)

- Trí bhua an ghiorria ar an gcú,
Cor gearr,
Léim ard,
Rith teann in aghaidh cnoic. (CF)
- Trí bhua an ghiorria, filleadh, grot, léim ard. (Ca, Cum. Béal. 58, 69, Cum. Béal. 60, 34)

Féach an tré faoin ngaol a bhí ag capall Aodhagáin Uí Rathaille le giorria .i. 'Súil mhór, cluas chaol, agus rith mear,' (ITS III 286). Le giorria a deirtear an véarsa atá in Seilg Chruachain (Lia Fáil III 26), 'Gidh gur sciorrthaidh do bheart siúil,' etc.

5189 Trí bhua an ólacháin,
Maidin bhrónach,
Cóta salach,
Pócaí falmha. (Ac, M, BA)

5190 Trí buanna an duine shona,
Fál, faire, mochéirí. (AR 396)

- Trí buanna an duine shonaí,
Fál, faire, mochóireacht. (RM)
- Trí bhua an duine shona,
Fál, fáille, mochéirí. (S 12/1925)
- Trí bhua an duine shona,
Fál, fáille, mochóirí. (TÓM)

MIP 235

5191 Trí dhul amú an arbhair,
É a bhaint glas,
É a mheilt tais,
É a ithe tais. (Ca)

cf. 5085

5192 Trí drochnósa,
Ag ól an chupáin,
Ag deargadh an phíopa,
Ag scapadh an drúchta go mall san oíche. (F)

- Na trí drochnósa,
Ag ól na gloine,
Ag caitheamh an phíopa,
Ag siúl an drúchta go mall san oíche. (S 10/1927)
- Na trí drochnósa,
Ag ól na gloine,
Ag caitheamh an phíopa,
Ag leagan drúchta ag teacht abhaile san oíche. (Ind)

TC 21 – 'samdrucht, gamdrucht '.i. na nithe is measa don cholainn. 'Níor fhliuch drúcht roimh ghréin mo chos' .i. ceann de na fáthanna a raibh an Chailleach Bhéarrach chomh buan (ASG 233). Leathvéarsa as 'Donnchadh Bán' (S 10/1924). DC 163 (Anaml lles o rodio'r nos). O vinum 4.

5193 Trí hainmhithe a bhfuil ribe an diabhail iontu,
Muc,
Múille,
Mionnán gabhair. (CF)

5194 Trí naimhde na colla,
Gaoth, deatach, dreancaidí. (Tm)

- Na trí ní is mó namhaid ag an gcolainn, fearthainn anuas, súiche sileáin agus dreancaidí. (G)

5195 Trí naimhde na scéalaíochta,
Síorchaint,
Bró mhuilinn,
Ord ceártan. (UA)

JGAHS 1904, l 155.
TI III, 7 – 'túa fri forcital.'

5196 Trí nithe nach féidir a thrust,
Adharc bó,
Iorball mada,
Crúb chapaill. (S 5/1924)

- Na trí rud nach féidir a thrust, gáire píléara, cnáimh capaill, adharc bó. (Casla)
- Trí nithe nach féidir a thrust, crúb chapaill, fiacail mada, focal an fhir mhóir. (Ca)
- Na trí rud ba chóir do dhuine a sheachaint,
Straois mada,
Tóin capaill,
Gáire Sasanaigh. (TÓM)
- Fiacail con, crúb capaill, nó focal duine uasail, trí ní nach féidir aon mhuinín a bhaint astu. (IG 1/1906)
- Ná trust adharc na bó, crúb an chapaill ná gáire an tSasanaigh. (Ár)
- Adharc bó, crúb capaill, drannadh mada nó gáire Sasanaigh. (MS)
- Gáire an tSasanaigh, adharc na bó agus crú an chapaill, sin trí ní nach bhfuil iontruist. (AnT, Gearrbhaile 1938–39)

Three Poems in Middle Irish – 'iarthar mairc, gob con,' etc.; tá leagan Béarla den tré in TI (réamhrá ix). Joyce 110.

SH 409 (damh, capall, manach), YD 84, DC 114 (Gair gwr o gastell), LSM 72r (Ridenti domino, etc.).
cf. 3892

5197 Trí rudaí chomh maith le trí rudaí is fearr ná iad,
Uisce salach ag múchadh tine,
Bean ghránna ag dall,
Droch-chulaith éadaí ag fear ar meisce. (CF, Cum. Béal. 207, 214)

- Trí rudaí chomh maith le trí rudaí is fearr ná iad,
Uisce salach ag múchadh tine,
Bean ghránna ag fear dall,
Claidheamh adhmaid i lámh cladhaire. (Ind)

SH 113 (Foul water).
cf. 5147 agus 5235

5198 Trí rud gan feidhm,
Máistir scoile gan slat,
Píobaire gan dos,
Táilliúr gan méaracán. (MS)

cf. 1416

5199 Trí shaol fhada,
Saol an iúir,
Saol an iolra,
Saol na Caillí Bhéarra. (CL)

As AMC (Meyer) 132; fuair an tAth. Ó Gramhnaigh an focal gar don áit thuas. 'Na trí shaol is faide' a thugtar orthu seo i Cum. Béal. 62, 283 (Ca) agus deirtear ann gur ionann saol na Caillí Béarraí agus an t-achar a bheadh iomaire fataí á mhaolú anuas ag an aimsir go mbeadh ina thalamh bán arís agus gan le haithne air gur cuireadh ariamh é.
cf. 4542

5200 Trí shórt ban nach féidir le fear a thuiscint,
Bean óg,
Bean mheánaosta,
Seanbhean. (M)

TROID

5201 Aighneas in eadra téann chun carnadh. (RM)

5202 An áit a mbíonn rud i bpáirt, bíonn cuid ar leith is coimhlint. (GS)

- Nuair a bhíos daoine i bpáirt bíonn cuid ar leith is coimhlint. (GS)
- An áit a mbíonn beirt i bpáirt, bíonn a leath ar lár. (ACC 40)
- Nuair a bhíos Éire i bpáirt, bíonn a leath ar lár. (S 6/1929)
- Dá mbeadh Éire i bpáirt, bheadh a leath ar lár. (S 6/1920, CC)
- Dá mbeadh Éire i gcomhar, mheathfadh sí (mheathfaidís). (Ind)
- Dá mbeadh an saol i gcomhar, mheathfadh sé. (MÓD, TÓM)
- Éire i bpáirt, Éire ar lár. (IG 10/1905)
- Éire roinnte, Éire ar lár. (BA)
- Cuid ar leith agus comhar. (Sl, DÓM)
- An áit a dtéann beirt, buailtear iad. (MÓD, TÓM, Sp)

Áit a bhfuiltear in ainm a bheith ag cur le chéile, bíonn scliúchas is easaontas.
Buile Shuibhne 108 – 'Ní minic bhíonn cumann trír,' etc.

5203 An té is lú a throideas, is é fearr a throideas. (GS)

5204 Béim in aghaidh béime is goin in aghaidh gona. (CR)

'Béim san mbéim is goin san ghoin' (Branach 2493); tuilleadh samplaí, BTD 256, 12a, Iomarbhágh vi 5, Duanaire Finn (ITS XXVIII 52); MIP 334.
In aithris ar an mBíobla (Eax. XXI 24–25)

5205 Beirt ar aon scéal is iad ag troid. (DÓF)

- Beirt ag troid agus iad ar aon scéal. (CS 26/9/1903)

5206 B'fhearr dhuit fulaing le masla ná thú féin a dhul ag bualadh. (CC)

'Ferr foigidne iná imrisain' (Add. 30, 512: RC XLV; ZCP VI 260).

5207 Bí bagarthach ach ná bí buailteach. (M, GS)

cf. 'Bhí sé chomh buailteach agus bhí sé bagarthach' (Ár: AA 5/1934).
SF 4, 32 (FFx 6, 79) – 'ferr rous rúathur.'
Myv. 780 (Gwell bygwth na tharo).

5208 Buailfidh mé ar an bhfiacail thú, san áit ar bhuail Donncha an chearc. (MÓD)

- Buailfidh mé siar ar an bhfiacail thú, san áit ar bhuail Donncha an chearc. (TÓM)

5209 Comhrac na siolánach. (TÓM)

5210 Deireadh ceatha ceo is tosach catha gleo. (IG 8/1905)

- Tosach fearthainne ceo is deireadh catha gleo. (MÓD, MS)
- Tús ceatha ceo agus tús catha gleo. (Ac)
- Tosach catha ceo agus deireadh catha gleo. (BA)

O'Daly 98.
cf. 157

5211 Druid le fear na bruíne is gheobhaidh tú síochán. (MÓD)

Ní ionsóidh duine ar bith tú má ghlacann an trodaí do pháirt (TÓM); aimsigh an bhrúisc agus ciúnófar í (MÓD).
MIP 220.
cf. 2812

5212 Faigheann iarraidh iarraidh eile. (S 12/1919)

- Faigheann iarraidh iarraidh eile amach. (F)

Ud. Mor. 40 – 'gonas géntair'; FFx 1, 63 – 'atcota buille borba'; SF 2, 5 (FFx 1, 6) – 'adcota faiscre rofhaiscre'; tá focail chosúla freisin in SF 2, 12, FFx 1, 43–44, SF 2 19 (FFx 1, 27).

5213 Fáilte an tsaighdiúra. (IG 8/1905)

Fáilte chun troda.

5214 Fair Play Chúige Uladh, triúr ar an bhfear. (CC)

5215 Fear ar an bhfear is beirt ar Ruairí. (MÓD)

5216 Is annamh a thig cogadh gan gorta. (AR 562, GS)

- Cogadh i dtír is gorta i dtír eile. (TÓM)

Id. Lessons 302.
Véarsaí in Cat. II (Add. 31877, 42 b; deireadh 18ú haois: Add. 31874, 57 gg; 1816), Búrd. 91.

5217 Is don fhear óg is cóir an maide. (Ca)

- Is don fhear óg is cóir an maide i dtroid. (RM)
- An maide don fhear óg. (Mnl)

Nach bhfeileann sé do sheanfhear a bheith ag troid, go háirithe le maide (RM).
Gur don fhear óg is ceart deis a thabhairt, i dtroid nó eile (Mnl).

5218 Is fearr buille a chuirfeas tú abhaile ná dhá bhuille ar an mbealach. (GS)

5219 Is fearr gleo ná uaigneas. (AR 455)

- Is fearr imreas ná uaigneas. (AConn 2/1908)
- Is fearr an troid ná an t-uaigneas. (RM, Ac, S 1/1925)
- Is fearr an troid féin ná an t-uaigneas. (MÓD)
- Is mór is fiú an chuideachta, ach is fearr an troid ná an t-uaigneas. (RM)

O'Daly 92, Cinnlae I 44; College 287, Lessons 270.

5220 Is furasta an t-achrann a thosaí ach is deacair é a stopadh. (CR)

- Is furasta an gleo a thosaí, is deacair é a réiteach. (Sp)
- Is furasta an troid a tharraingt ach is deacair í a réiteach. (Ind)

5221 Is minic a tháinig maith as cath. (RM)

Gur maith an rud troid, amanna.

5222 Is mó an gleo ná an marú. (GS)

- Is mó an gleo ná an díobháil. (GS)
- Is mór é troid na bhfaoilleann. (TU)

DC 45 (Dhá leagan dá shamhail).

5223 Liúradh Chonáin. (RM)

Bualadh mór.

5224 Má bhíonn tú achrannach, beidh marc ort lá breá eicínt. (Sp, Cum. Béal. 76, 17)

5225 Ná bí i do choileach i ndiaidh an ghadhair. (GS)

Ná téigh thusa amach ag troid má bhíonn daoine eile ag troid.

5226 Ná bíodh tús achrainn agat ná deireadh scéil. (LMóir)

5227 Nach ait an rud meana i dtroid is nach iontach nach mbíonn sé ann! (TÓM)

- Ba mhaith an rud meana i dtroid is is iontach nach mbíonn sé ann! (TÓM)

5228 Ní buan cogadh na gcarad. (AR 554)

- Níl cogadh na gcarad buan. (Ca)
- Ní bhíonn cogadh na gcarad buan. (TÓM)
- Cogadh na gcarad, ní buan é eatarthu. (MÓD)

- Is é fearg na gcarad acu é. (Ca)
- Ní buan an cogadh é, cogadh na gcarad. (Ca)

'Gar réitioch d'fheirg na gcarad' (Branach 3899); cf. freisin 'cogadh compán' sa duan le Ó hEoghusa (23 L 17, 77a).
Cinnlae II 245; Lessons 302, College 293; MIP 173 (17ú haois).
O amare 3.
cf. 5232

5229 Ní fhaigheann lámh iata ach dorn dúinte. (AR 18)

- Ní fhaigheann dorn dúinte ach lámh iata. (S 12/1919, CC)
- Ní raibh meas ariamh ar dhorna dúinte. (S 12/1928)
- Ní raibh meas mór ariamh ar dhorna dúinte. (Ca)
- Ní ceart crúb dhúinte a thabhairt ar chrúb oscailte. (IG 9/1905)
- Ní thagann rud sa dorn dúinte. (S)
- Ní fhaigheann dorn dúinte ach lámh fhalamh. (Ac)

1. Saothraíonn buille iarraidh ar ais.
2. Mura dtugann tú rud uait, ní fhaigheann tú aon rud (CC).

5230 Ní hé an té a ghníos na piléir is mó a chaitheas iad. (TÓM)

An té a thosaigh an troid, ní hé is mó a throideann ann.

5231 Ní le lúcháire a chuireas an gadhar colg ar a fhionnadh. (GS)

5232 Ní troid go troid na gcarad. (Sa)

- Níl cogadh is géire ná cogadh na gcarad. (MÓD)

L II 65.
cf. 5228

5233 Nuair a buaileadh an chéad bhuille, buaileadh céad buille. (S 4/1926)

Finné ag insint sa gcúirt cé mar a thosaigh achrann.
cf. 5022

5234 Roinnt na hagóide. (Sp)

5235 Scian maide mo sciansa agus níor mharaigh sí éinne ariamh. (RM)

Trodaí bréige nó gan dochar.
Féach O 313 (clava scirpea).
cf. 5197

5236 Seachain fear an achrainn. (Ca)

5237 Seachain lucht déanta an achrainn. (MÓD)

- Seachain fear an achrainn. (Ac, Ca, Cum. Béal. 77, 195)

5238 Tóig do spíce ar bharr do spáige,
As sin go dtí do bhásta;
Cos mhaith siar, ceann eile aniar,
Déan ar t'aghaidh agus sáith é. (Ca)

'Le dul chun troda' (Ca) ach is cosúil gur rann don tseandruil píce é.

5239 Tóigeann sé beirt achrann a thosaí. (Ca)

- Tóigeann sé beirt achrann a dhéanamh. (GS)
- Ní féidir le fear amháin troid a dhéanamh. (T)

Sanas Chormaic 'debaid'; idem App. 655, SH 243.

5240 Troid is scléip, cúrsaí fear maith. (GS)

5241 Troid na mbó maol, troid gan aon dochar. (F)

- Troid na mba maol. (RM)
- Cath na mbó maol. (CF)
- Chomh géar le adharc bó maoile. (MÓD)

Leagan 2: College 301. Leagan 4: O'Daly 97.

5242 Tús troda sciochóireacht is scliúchas. (AA Ár)

SF 1, 1 – 'tosach augrai athchosan'; féach freisin FFx 4, 18.

UIREASA

5243 'A Chití, mara bhfuil tuilleadh mine agat, beidh do bhrochán lom,' mar a dúirt an fear fadó lena bhean, nuair a thuit an sac mine sa lán mara air. (I)

5244 Ag iarraidh Sheáin agus gan é le fáil. (MÓD)

5245 Ag iascaireacht ar poll gan freagairt. (GS)

BB 137 freisin

5246 An síol a bhíos caoch, ní mhaítear barr air. (GS, CF)

Nach bhfásfaidh a bharr lena mhaíomh air (GS); ní bhítear ag súil le maith ón té nach mbíonn cáil mhaith air.

5247 An té a d'ith an fheoil, óladh sé an t-anraith,
An té nach bhfuair tada, sin é atá i dteannta. (Ár, AA 2/1934)

5248 An té nach bhfuil rud aige dhó féin, ní féidir leis a thabhairt do dhuine eile. (GS)

5249 An té nach bhfuil mórán aige, ní hé a fhaigheas. (RM)

- An té nach bhfuil mórán aige, is é a fhaigheas. (Sp)

B'fhéidir go bhfuil baint aige seo le Mc. IV, 25.

5250 An t-uisce gan doimhneacht, bíonn sé torannach. (MÓD)

- An t-uisce a bhíos éadrom, déanann sé torann mór. (TÓM)

Iomarbhágh xviii 168; Eg. 127, 84 (Cat. II: 1775); MIP 30.
Rannta in O'Daly 99, College 286, D 51, 52: Rel. II 507, Scot. Cat. 206.
cf. 2007

5251 Arís chugat, a sheanbhríste, nuair a shíl mé a bheith scartha leat. (MS, RM)

5252 Cailltear caora de dhíth leithphingin tearra. (AR 65)

- Cailltear caora cheal luach leithphingine tearra. (CC)
- Ag cailleadh na caorach gan an tearra. (S 3/1920)
- Is minic a cailleadh caora ar luach leithphingine de thearra. (M)
- Is minic a chaill duine a chaora mar gheall ar luach leithphingine de phic. (GS)
- Is minic a chaill duine a chaora mar gheall ar luach leithphingine de thearra. (TÓM)
- Is minic a chaill duine caora le luach pingine de bhranda. (F)
- Chaill mé an chaora mar gheall ar an gcóraid. (TÓM, BB 72)

Idem App. 563, Ray 169; 'muc' atá in Ray 103.

5253 Caisleán maol gan aol, gan iarann,
Is mairg a tháinig mé ariamh ann,
Is mall grian is is ard gaoth ann,
Gan airde léim luiche de bhia ann. (GS)

cf. Aoir Uí Dhálaigh (Tribes of Ireland 60.
cf. 2141

5254 Céad slán do bhainne na bó a bhí te. (CF, LMóir)

- Céad slán, ach cé dhó? Do bhainne na bó a bhí bog. (F)

Caint a deirtear nuair a chuimhnítear ar an duine (nó ní) atá uireasach san am, ach a bheadh go maith (nó feiliúnach) dá mba láithreach é (LMóir).

5255 Cén mhaith an com gan na muinchillí? (GS)

5256 Chomh gann le grásta Dé i dteampall Gallda. (TÓM)

5257 Cloch in áit na huibhe. (S, M)

- Sop in áit scuaibe. (AR 248, S 12/1925)
- Sop i leaba na scuaibe. (CF)
- An tsrathar i leaba na diallaite. (AR 250)
- An tsrathar in áit na diallaite. (S 12/1925)
- Ceannrach i leaba na béalbhaí. (Sa)
- Crann in áit na coille. (Ca)
- Bláthach in áit na leamhnachta. (Sa)
- Ciseán i leaba cléibhe. (Sa)
- Corrán in áit na curraí (.i. duine gan currach, baineann sé feamainn ar an gcladach le corrán). (Sa)

Malairt bhocht in ionad an ruda chirt.
Leabhar Fhiodhnacha (Hennessy & Kelly) 220; LBL 170a (nóta ciumhaise; 1770); féach freisin an rann sa bhfonóta in Tribes of Ireland 41 – 'An tsrathar,' etc. Búrd. 172, MIP 396. Rel. II 480.

5258 Colainn gan ceann is annamh a d'fheicfeá. (RM)

MIP 305, AMC 73, Duan (le Mac Coise?), Arch. III 305, 8a, Amhráin Dhiarmada 8.
cf. 5295 agus 3999

5259 Dá mbruithfeá cloch níorbh fhiú dhuit a shú a ól. (Ca)

5260 Díth bróg ar chosa fuara,
Díth dí ar fhear an tairt,
Díth céille ar fhear na póite,
Is díth buailte ar bhean gan smacht. (GS)

5261 D'oirfeadh rud ar bith d'fhear nochta. (IG 8/1894)

5262 Fear tanaí, fear éadrom. (Sa)

5263 Is annamh searrach i ngearrán. (TÓM)

- Is annamh searrach ina ghearrán. (MÓD)
- Ní minic searrach ag gearrán. (RM)
- Tá sé chomh dóighde breac a fháil ar tulán le searrach a bheith ag gearrán. (CF, AA 9/1937)
- Tá sé chomh dóighde searrach a bheith i ndiaidh gearráin le gabhar i ndiaidh mionnáin. (CR)

Níl cabhair rud a iarraidh in áit nach bhféadfaidh sé a bheith.
Éiríonn an chaint seo as 'Searrach i ndiaidh gearráin'. Féach an scéal in AA 9/1937 agus Cum. Béal. 209, 524 (Sp). Tá scéal faoi Naomh Pádraig ag iascaireacht ar an talamh lom in Vita Trip. I 88.
cf. 893

5264 Is bocht an rud a bheith ar charraig gan bád. (CF)

5265 Is deacair anlann a dhéanamh i mbaile gan iasc. (CnM)

5266 Is deacair giorria a chur as an tom nach bhfuil sé. (S)

- Is doiligh giorria a chur as an tomóg nach bhfuil sé. (Ac, I)
- Is deacair éan a chur as an tor nach bhfuil sé. (MS)
- Is deacair giorria a chur as an bpoll nach bhfuil sé. (MS)
- Ní féidir éan a chur amach as tom nuair nach bhfuil sé ann. (CF)
- Ní féidir an rud a fháil ach san áit a mbíonn sé. (DÓM, Sl)
- Is deacair rud a fháil san áit nach mbeidh sé. (CC)

Leagan 7: cf. Rel. II 495.

5267 Is deacair olann a bhaint de ghabhar. (RM)

- Ní fhásann olann ar ghabhar. (BA)
- Ní féidir olann an ghabhair a chardáil. (CF)
- Ag iarraidh olann a bhaint de ghabhar. (IG 7/1905)
- Ag iarraidh abhrais ar phocaide. (IG 6/1894)
- Ag iarraidh olla ar ghabhar nó abhrais ar phocaide. (IG 7/1893)
- Ag tóraíocht táilliúra i mbruth faoi thír. (TÓM)
- Is deacair táilliúr a fháil i mbruth faoi thír. (CS 4/7/1903)
- Ní féidir sméar a bhaint as sceach gheal. (CF)
- Ní bhfaighidh tú aon olann ar an ngabhar. (CF)
- Ba mhinice olann ar ghabhar ná bainne ag pocaide. (Cum. Béal. 91, 26 gan áit)
- Ná hiarr olann ar ghabhar. (BSR)

Ag iarraidh ruda in áit nach mbíonn sé aon am.
AMC (Meyer) 71, 125: O'Daly 97, MIP 149. Idem Ray 151, SH 602, App. 709, YD 46, DC 114, OSK (Ny chair), AWM 189, I BSR 123 (Spáinnis is Iodáilis: asal); freisin L I 133 (Tondre sa truie).
Le haghaidh a bhunúis, cf. O 73 (caper 2), LSM 60a.
cf. 2587

5268 Is deacair olann a shníomh gan bealadh. (AR 419)

- Ní féidir olann a shníomh gan bealadh. (CF, TÓM)
- Ní féidir olann gan bealadh a shníomh ná a chardáil. (CR)

Ní mór bealadh le olann a shníomh; is deacair dul chun cinn d'uireasa deise a dhéanfadh éascaíocht duit.
YD 69 (Dodi cwyr ar yr edau).

5269 Is dona a mheileas leathbhró. (TÓM, MÓD)

- Is olc a mheileas leathbhró. (Ca)
- Ní mheileann leathbhró. (MS)

An Táin 2352 – 'Noco modmar cach n-oenbro.'
O'Daly 93.

5270 Is fada bior gan feoil. (CF)

- Bior fada gan feoil. (TÓM)

O'Daly 92.

5271 Is fada ó bhaile bó gan lao. (TÓM, RM, DÓM, Sl)

- Is fada ó bhaile géim bó gan lao. (F)
- Is fada ó bhaile bó ina lao (.i. is fada a bheas tú ag fanacht le fás na bó atá anois ina lao). (MÓD)

Níl aon chabhair agat uaithi; is fada a bheidh tú ag súil le bainne uaithi.
cf. Rel. II 494 'Iomal buaile bó gun laogh.'
Líne rainn Add. 18748, 5b (Cat. II ; 1800), 23 O 35 (18ú haois).

5272 Is fada ó lámh an té atá i gcéin. (MÓD)

- Is fada ó bhaile an té nach dtiocfaidh. (GS)

  Níl gar a bheith ag súil leis. Lessons 336, College 155, 286.

5273 Is fearr á gcnagairt ná á gcaoineadh. (AR 449, RM)

- Is fearr á gcnagairt ná á gcaoineadh. (GS, F)
- Is fearr á chnagairt ná á chaoineadh. (AA 7/1942)

  1. Is fearr fataí cnagbhruite ná gan aon cheann (S 8/9128).
  2. Is fearr rud le cogaint ná a bheith gan é (GS).
  3. Is fearr rud maith a cheannach (le cogaint?) ná airgead a chur amú le drabhlás is aiféala a bheith ort (RM).

5274 Is fearr an té a fhanas ná an té a imíos. (TÓM, MÓD)

  Tá sé agat le rud a dhéanamh.
  O'Daly 92; Rel. II 497 (cú).
  'Beannachd leis an rud a dh'fhaibhas,
  Chan e as fhearr dhuinn ach na dh'fhanas.' Songs of Duncan MacIntyre (Calder), l. 236.

5275 Is fearr suí ina bhun ná suí ar a áit. (TÓM, CnM, CF)

- Is fearr suí i mbun an ruda ná suí ar áit an ruda. (S 2/1925)
- Is fearr suí in aice ruda ná suí ina ionad. (IG 8/1905)
- Is fearr suí i mbun na cruaiche ná suí ar a háit. (CC)
- Is fearr a bheith ag breathnú ar na hearraí ná a bheith ag breathnú ar na ballaí. (Casla)
- Is fearr é ná a áit falamh. (MÓD)
- Is fearr é ná a easpa.

  Is fearr a bheith agat (is tú ag tabhairt aire dó, etc.) ná a bheith dá uireasa.
  Tá an seanfhocal seo clóbhuailte i bhfonóta in Tribes of Ireland 59. O'Daly 92.
  YD 109 (Gwell yw cysgod cae na'i le; dhá leagan eile). 'It's better to cry over it than after it,' Sligeach (Cum. Béal. 108, 114).

5276 Is fearr teach falamh ná drochthionónta. (GS, MÓD)

  O'Daly 92. SFM 9, App. 181 id.

5277 Is furasta 'Back!' a rá, ach cá bhfuil na caoirigh? (S)

  Is cuma céard a cheapann tú a dhéanamh nuair nach bhfuil tada agat lena chur i gcion.
  S 1/1918.

5278 Is leath cáithe do chuid mine. (RM)

- Níl leath mine i do chuid cáithe. (Ca)

  Ní min ach cáith a bhí sa mbrochán; caint a dúradh fadó le bean a bhí ag déanamh gaisce as a cuid brocháin.

5279 Is mairg do dhuine a chuireas srath na hátha ar a mhuileann. (S)

- Ag cur tuí na hátha ar an muileann. (CF, Ac)

  Tuí nó eile a thabhairt as áit a dteastaíonn sí, lena cur in áit eile; ní mór an áit a bheith clúdaithe le go mbeidh sí tirim.
  Le haghaidh ciall na bhfocal, cf. BB 46. S 12/1923 Faightear faoi dhó é in BC, 529 is 584. College 301; Rel. I 154.

5280 Is olc an saol é is pingin ar scadán. (S 2/1918)

- Is mór an saol é is pingin ar scadán, is gan sin féin aniar ón gClochán. (RM)
- Is mór an saol é is pingin ar scadán, is gan scadán idir thú féin is an Clochán. (RM)

  Nuair a chastar cairde ar a chéile tar éis a bheith achar fada gan teagmháil.

5281 Is uaigneach an rud teach falamh. (DÓM, Sl)

5282 Le easpa tobac a tháinig poll ar a phíopa. (Ár)

5283 Mara bhfaighe tú bia, ní fhéadfaidh tú a ithe. (TÓM, MÓD)

5284 Mara bhfuil bróga agat, caith do bhonnacha. (CR)

- Fear gan bróg, siúileadh sé cosnochta. (CC)
- Is maith an dlí é, mara bhfuil bróga agat is féidir leat a dhul cosnochta. (GS)

5285 Mara bhfuil stiúir ar an mbád, ní féidir a seoladh díreach. (MÓD)

- Mara bhfuil cóir ag an mbád, ní fhéadfaidh sí seoladh díreach. (TÓM)

  AMC 73; Aithdhioghluim Dána 95 11a, Aonghus Fionn lii 16ab; Amhráin Dhiarmada 8; Seanmóirí Uí Ghallchobhair 118, 37, Tóraidheacht (agus Searc) I 13, 4; Reliques of Irish Poetry 268. AGI 16; AGC 110. Faightear samhail cosúil in IGT (Ériu VIII 43, 141) – 'ní long í gan ancaire.'

5286 Milleann easpa tairne each, milleann easpa eich seisreach. (T, B 6/1936)

- D'uireasa tairne a chaill an capall crú. (TÓM, MÓD)

Foclóir de Vere Coneys, 314 (1849), College 291. Fairsing san Eoraip, I BSR 107, HV 120, PB 23.

5287 Ná séid aoibheall gan fadú. (AR 255, AR 456)

Ag iarraidh rud básaithe a athbheochan. Faightear é freisin in Foclóir Uí Raghallaigh (aoibheal), áit a bhfuair scríbhneoir AR é, measaim. MIP 340. SH 5 'A cold coal to blow at.' (Albain).

5288 Ní ar leathchois a tháinig Pádraig go hÉirinn. (Ca)

Nuair atá cúl toraic nó malairt deise ag duine. Clár (cos); MIP 353. Joyce 116.

5289 Ní bhíonn aon mhaoin ag fear gan slí,
Ní bhíonn aon chaora ag fear gan fearann,
Ní bhíonn aon tíos ag fear gan síol,
Ní bhíonn aon chíos ag pócaí falmha. (GS)

5290 Ní buaile fhalamh buaile sheascach. (RM)

Myv. 847, YD 102, DC 46 (Gwell buarth hesp nag un wag).

5291 Ní choinníonn an soitheach ach a lán. (Ca)

- Níl soitheach ar bith in ann a iompar ach a lán. (Ca)
- Ní thagann as long ar bith ach an lucht a bhíos inti. (Ind)
- Ní thabharfaidh mála ar bith ach an lán a bhíos ann. (F)
- Ní féidir a bhaint as sac ach an lán atá ann. (G)
- Ní théann i mála ar bith ach a lán. (CF)
- Cáintear na filí ach ní hiad a bhíos ciontach,
  Ní fhaightear as na soithí ach an lán a bhíos iontu. (F)

Rann in D 155 ls. Muimhneach den 18ú haois); MIP 347 le dáta (16ú haois) as SU. Rel. II 484. Fairsing san Eoraip; ag trácht ar shoitheach, cf. App. 273, DC 145, L II 234; ag trácht ar shac. cf. Ray 16, 464, App. 542, L II 130, 234, Arm. 532, II BSR 215. Féach LSM 201q.

5292 Ní féidir a bhaint den chat ach a chraiceann. (GS, RM)

An áit nach bhfuil ach beagán, ní féidir níos mó a fháil. MIP 367, SM 208. Rel. II 486. Idem Ray 76, 259, App. 89, AWM 191; sionnach atá i gceist in App. 234, SH 601, DC 148, OSK (Ny chair). In I BSR 68 faightear 'Del lobo un pelo' .i. glac a bhfaighidh tú ón anrachtán. Freisin, cf. O 379 (vulpes 2).

5293 Ní féidir a dhéanamh de rud ar bith ach dhá lomleath. (GS)

5294 Ní féidir brochán a dhéanamh gan min. (TÓM, S 11/1918)

- Is deacair brochán a dhéanamh gan min. (Ca)
- Ní féidir le bean cáca a dhéanamh gan plúr. (Sp, B 1934)

Arán a bhíonn i gceist i dteangacha eile, II BSR 76, YD 21.

5295 Ní féidir fear gan ceann a chrochadh. (S)

- Is deacair fear gan cloigeann a chrochadh. (TÓM, Sp)
- Is deacair colann gan ceann a chrochadh. (RM)

cf. 5258

5296 Ní féidir fuil a bhaint as fata. (Ca)

- Ní bhaintear fuil as turnaip. (AConn 1/1908)
- Is deacair fuil a bhaint as turnapaí. (S 11/1927)
- Is deacair fuil a bhaint as an turnap. (MS)

AMC 71, 144. Féach an focal coitianta Béarla (App. 56): dhá leagan Spáinnise in II BSR 108 (uisce), 202 (fuil). Le haghaidh a bhunúis, cf. Eax. XVII 6, is O 185 (lapis). Féach freisin na tagairtí in Vitae Sanc. Hib. (Plummer I cl) don naomh a chuir toibreacha agus uisce ar fáil ar bhealaí éagsúla.

5297 Ní féidir toradh a bhaint gan síol. (Sa)

5298 Ní fhanann na lucha,
I dteach a bheadh falamh. (Ca)

Francaigh a deirtear in App. 524, SH 370, Lipp. 704, I BSR 96 (áit a n-abraítear nach bhfaightear an seanfhocal in aon teanga Rómhánach cé's moite den Spáinnis); O mus 6.

5299 Ní fhéadann na muilte meilt leis an uisce a chuaigh thart. (TÓM)

- Imeacht an tsrutha ón muileann. (RM)
- Imeacht an tsrutha chun an mhuilinn. (F, GS)

Eascaine (F : GS).
Id. App. 417, SH 450, NG I 242, II BSR 304.

5300 Ní fheicfeadh sé poll trí roithleán. (Sp, LMóir)

cf. Finck 1, 110, 138 – 'Ní fheicfeadh sé poll trí dhréimire' (freisin Clár – dréimire). SH 50, App. 55.

5301 Ní imeoidh carr le aon rotha amháin. (Sa)

Id. Spáinn. II BSR 299.

5302 Níl aon chrann sa gcoill is gránna ná crann gan bláth. (RM)

- Níl crann ar bith chomh gránna le crann gan bláth. (Ca)
- Is suarach an crann, crann gan bláth. (CR)

cf. Mth. VII 19, etc., is seanfhocail atá bunaithe air (I BSR 41/42).

5303 Níl aon mhaith dhuit ábhar bidh gan tine a bheith agat. (CR)

5304 Níl carr is mó torann ná carr falamh. (AR 157)

- Soithí falmha is mó a ghníos torann. (MÓD)
- Is mó an torann a ghníos baraille falamh ná baraille lán. (I)
- Bíonn an torann mór ag canna falamh. (Ca, Cum. Béal. 111, 43)
- Is iad na baraillí falmha is mó torann. (CR)

BC 190: IM College 299.
Seanfhocal idirnáisiúnta, App. 182, AWM 186, DC 186, HV 404, Lipp. 511, LSM 166s, II BSR 171, 292.

5305 Níl cur níos measa ná an cur nach mbaintear. (CC)

Síol a chuirtear is a loiceann ort.

5306 Níl duine ar bith nach dtagann gann uair eicínt. (Sa)

- Tig rí agus tiarna gearr. (F)
- Teagann ríthe is prionsaí gann. (Ca)

Gann in airgead.

5307 Níl ganntan ar bith is dona ná ganntan daoine. (CC)

Uireasa cúnaimh, go háirithe.

5308 Níl im le fáil gan bainne. (Ca)

- Ní fhéadfaidh im a bheith, ach san áit a mbíonn an bainne. (RM)
- Mara mbeidh an t-uachtar agat, ní bheidh an t-im agat. (Ca, Sp)
- Ní bhíonn an bhláthach san áit nach mbíonn an bainne ramhar. (RM)

5309 Ní maith gunna gan púdar. (GS)

- Ní maith láí gan feac. (RM)

5310 Ní maith sagart gan cléireach. (IG 11/1905, GS)

- Is fearrde sagart cléireach. (Ca)
- Níl maith i sagart gan cléireach. (Cum. Béal. 91, 11 gan áit)
- Is bocht an sagart nach mbíonn cléireach aige. (Ca)
- Is bocht an sagart nach bhfuil a chléireach féin aige. (Sp)

Ní maith gan an t-iomlán a bheith ann (cuid a bheith uireasach).
Faightear é i nóta in Cat. II, l. 13 (1620?). Rel. I 157.

5311 Ní martra go daille. (Sp)

O'Daly 88

5312 Ní raibh go dona ann ach fear gan corrán. (TÓM, S 1/1918)

- Níl siar ann ach fear gan corrán. (F)
- Is fear dona, fear gan corrán. (RM)

Ní dhéanfaidh tú aon rath gan do ghléas oibre.

5313 Ní sheasann mála falamh le balla. (S 5/1928)

- Is deacair do mhála falamh seasamh díreach. (TÓM, MÓD)
- Is deacair sac falamh a chur ina sheasamh ar a shála. (CF)
- Ní furasta mála falamh a choinneáil ina sheasamh suas. (TÓM)

Focal fairsing, App. 181, Ray 311, HV 375, Lipp. 511, II BSR 213.

5314 Nuair a bhíos a léine ar Chonn, bíonn an tom gan é,
Is nuair a bhíos a léine ar an tom, bíonn Conn gan é. (TN)

5315 Nuair a stopas síol, stopann fuirseadh. (S 7/1927, IG 11/1898)

- Nuair a scoireas síol, scoireann fuirseadh. (TÓM)
- A fhad is a sheasfas síol, seasfaidh fuirseadh. (F)
- Chomh fada is a rachas síol rachaidh fuirseadh. (IG 11/1898)
- Nuair a stopfas an treabhadh, stopfaidh an fuirseadh. (CF)
- Is é deireadh an tsíl deireadh an fhuirste. (AR 412)
- Nuair a stadas an ceol, stadann an rince. (Ac)

Stopfaidh an obair d'uireasa ábhair. O'Daly 96.

5316 Nuair a théas an ghaoth amú, is amú a gheofar í. (Ca)

Rud a bhíonn ar iarraidh, is iondúil nach mbíonn sé le fáil istigh sa teach.

5317 Olann an ghabhair nó cabhair as Ifreann. (Ca)

- Olann an ghabhair nó cabhair ó Ifreann. (M)
- Is é iarraidh na holla ar ghabhar a bheith ag iarraidh cabhrach ar Ifreann. (Ind)
- Is deacair grásta Dé a fháil in Ifreann. (Ca)
- Níor mhinic cabhair in Ifreann. (RM)

5318 Punann i bhfaiche, ronnach in easca, Sasanach in eaglais. (Sa)

- Punann i bhfaiche. (BA)

Rudaí nach bhfaightear.

5319 Seanfhocal nár sáraíodh, nár fhulaing tanaí táthú. (F)

Nach seasfaidh rud gan téagar.

5320 Seasamh dona ag cliabh gan buinne. (Sa)

5321 Spor ar an gcois is gan an chos ann. (MS)

Cuid a bheith uireasach.

5322 Tá a fhios agam céard is fiú uisce nuair atá an tobar tirim. (Ca)

- Ní airítear díobháil an uisce go mbí tobar i ndísc. (M)
- Ní bhíonn aon mheas ar an uisce nó go dtéann an tobar i ndísc. (GS)
- Ní aireoidh tú an t-uisce imithe nó go dtriomaí an tobar. (CF)
- Ní bhíonn meas ar an tobar go dtriomaíonn an t-uisce. (CF, Gearrbhaile 1938–39)
- Ní bhíonn díon sa tobar go dtráfaidh sé. (Ac)
- Níl a fhios cén scáth atá sa tom go ngearrfar í. (Cum. Béal. 91, 13 gan áit)
- Ní airítear fascadh an toim go mbaintear é. (Ca)
- Ní airítear fascadh na toime go mbí sí imithe. (IG 12/1894)
- Ní aithnítear fascadh an toim go mbaintear é. (MÓD, T, B 6/1936)
- An rud nach n-airíonn duine aige féin, airíonn sé uaidh é. (Ca)
- Ní bhíonn meas ar an tobar go dtriomaíonn an t-uisce. (CF, Gearrbhaile 1938/39)

Idem App. 670, SH 563 (Albain), Ray 261 (Albain), MR 26, DC 114 (ffynnon), OSK (Ny wyddir), Arm. 212. Rel. II 483.

5323 Tá an diallait agam, ach níl an capall agam. (RM)

Gan ach roinnt a bheith agat.

UISCE

5324 Ar leaba an uisce chiúin is mó a luíos dríodar. (GS)

cf. 2007 agus 5065

5325 Níl uisce ar bith is measa ná uisce na dí nach n-óltar. (M)

An deoch (nó rud) nach mbíonn le fáil (?).

FOCLÓIR

Is é atá thíos roinnt focal neamhchoitianta, nó atá in úsáid i slí neamhchoitianta, a roghnaíodh as an bhfoclóir a chuir T.S. Ó Máille in Iml.2 de *Seanfhocla Chonnacht.* Athraíodh tagairtí do ÓD (*Foclóir Gaedhilge & Béarla,* P.S. Ó Duinnín, Baile Átha Cliath 1927) go FGB (*Foclóir Gaeilge-Béarla,* eag. Niall Ó Dónaill, Baile Átha Cliath 1977) nuair ab fhéidir, mar gurbh fhusa a bheadh teacht ag léitheoirí air, agus cuireadh FGB le liosta na nod cé nárbh ann dó nuair a foilsíodh *Seanfhocla Chonnacht.* Scaoiltear na noda sin uile ar liosta na nod sa saothar seo. Cuireadh teidil leabhar sa chló iodálach ar son soiléire agus tá na noda eile sa bhfoclóir mar atá siad i gcorp an téacs. Úsáideadh dais (–) roimh gach focal ar leith atá luaite le foclóir nó foinse áirithe.

adéirí foleagan ar an bhfocal (d)indéirí, b'fhéidir; féach adraí, indéirí, agus FGB—dintiúr.

ádraí foleagan ar an bhfocal údraí (<úd?); féach ÓD—húidí heaidí.

ailleach truailliú ar an bhfocal eanach, is cosúil.

anghlóracht crónán nó seabhrán den tsórt.

anrachtán cráiteachán; féach BB 219.

Aointeach ag teacht ar an Aoine.

aonach sa leagan 'fear ó aonach' .i. strainséara nó duine atá i bhfad ó chairde.

aos fáin baois na hóige; 'Cén sórt aos-fhántacht atá ort?' (GS). Féach FGB—aosánach; RC IV 176, 177—aos án, aos áin.

athmhuin athmhóin? (uíBh)

babhta creach, caillteanas; 'Is mór an babhta (air) é' a deirtear faoin té a chaillfeadh rud luachmhar, bád, nó bó, nó eile (LMóir, RM).

bálóid doiléir, cé gur focal atá ar eolas ag daoine é; féach Clár—málshlóid, ÓD—málaid, malóid. Lán gabhála (RM).

banbhusacht obair mná tí.

banlámh tríocha orlach, nó dhá orlach is tríocha (GS)

barrainn Gas fataí lena dhuilleoga (LMóir); ÓD—barrán; FGB—barrann.

barr sraith amháin d'fhóda móna; féach BB 60.

basach leis na cosa iompaithe isteach nó amach; féach BB 119—bosach, Éigse III 250.

bhásta dul amú; tá sé i bhásta, tá sé ag dul i bhásta (LMóir); ÓD—bhásta.

béiléiste deoch tar éis margaidh ar aonach; BB 69.

bia nua malairt bheatha; bia nua (GS), bia nuaí, beatha nuaí (LMóir). Féach BB 197

bíle truailliú ar an bhfocal biolla, b'fhéidir.

Biolla Ainm eile ar Inis Airc (RM), ach níl aon dearbhú agam air sin. Mar ainm fireann iolra ciallaíonn biolla dumhach, féach *Pádraig Mháire Bhán* 65, 140, etc., Éigse VI 36.

biolla ceirt éadaí; féach *Idir Shúgradh agus Dáiríre* 80—briollacha; briollairí éadaí (GS). ÓD—breall, breallaire.

bláth slacht, feabhas. 'Bláth bán ort!' ' Ná raibh bláth ort' (GS) 'Níl bláth air', ' Níl bail ná bláth air ' (LMóir). FGB—bláth.

bláth pabhsae (le íoróin); nó is truailliú é ar an bhfocal 'bláthach.'

bláthán bradán óg; BB 168

bleitheach fear mór; BB 221, Éigse IV 211, FGB—bleitheach.

bocstaí boxty; (LMóir, GS). 'Cáca sliotair' a thugtar air, freisin (GS).

bodh Ní bhfuaireas aon mhíniú ar an dá fhocal 'bodh', 'buil'.

boicín duine onórach (LMóir); 'Bíonn boicíní ar na sléibhte; ní feilméaraí cearta iad, ach bíonn corrabhocs acu, sin cineál caorach. Tugtar glasbhoicín ar an té nach mbíonn chomh deisiúil' (GS)

bonn Phádraig tuistiún a chaitear ar ól, lá fhéile Pádraig (GS); féach *Mise,* Colm Ó Gaora, 97.

botún stomán gé (M, GS); 'Tá a botún tite aici,' a deirtear.

branda an marc a chuireas úinéara ar chaora; brandáil, an phearsa comh-fhreagrach; BB 70, Mac—brand.

bréag sa leagan 'bréag a chur ar dhuine.' Bréagaireacht a chur i leith duine (GS). Féach Joyce 26.

bréanna talamh fuirste, nó talamh a bheadh tochailte ag muca (GS)

bríos friota gaoithe

briosc fial, cóir (GS), 'briosc le caint' a deirtear; simplí, bog (LMóir); FGB—briosc.

bróin FGB—bró.

bromántas méid agus gairbhe sa duine (GS); FGB—bromántacht.

brónaim br. aistr. : cuirim brón ar (RM; GS); ÓD—brónaim.

buil Ní bhfuaireas aon mhíniú ar an dá fhocal 'bodh', 'buil'.

buinneán bean bhreá (GS), ADR 72

bunóg bolscóid ar an gcraiceann (GS).

cafarnach ciall éigin mar 'staidéarach, buan' atá leis ach ní bhfuaireas dearbhú air; 'brádán nó mionbháisteach' an chiall atá leis i RM. S 8/1928 l. 8, Clár 314; 'ceatharnach' a deirtear le múraíl i LMóir. cf. cufarnach

Cáit bean shuarach, straoill; ní bheadh cuma dhéanta ar aon ní a dhéanfadh sí (RM).

caitheachtáil éigean; féach S 6/1930 l. 10 agus FGB—caitheamh.

cáiteach a bheith á cháitheadh; farraige cháite, braonta séidte dá barr; féach BB 94

calthóg giota sneachta; féach FGB—calóg, BB 44.

caochadh an gráinne ag lobhadh sa mogall, go n-imíonn sé ina dheannach (GS).

caoilteanach truailliú ar an bhfocal 'ceilteanach', measaim.

caolfhód lár an iomaire a gcuirtear fataí ann. Focal baininscneach go hiondúil é, 'an chaolfhóid' (CF, RM, Mnl); FGB—caolfhód, Cinnlae III vi, xvi, S 2/1929, l. 8.

caolscor áit lag nó tanaí sa snáithe (GS).

caraíocht spairn, iomrascáil. FGB—caraíocht/coraíocht, BB 163—coraíocht.

cead píosa gearr de mhaide a úsáidtear in imirt cheid, BB 159.

ceaile fataí brúite agus im leo; ceaile (LMóir), ceailí nó ceailí mo liútar (GS); Éigse IV 215.

ceaist bruithneog fataí (LMóir), bruthlach fataí (GS). 'Lucht na gceaisteanna' a deirtí le muintir Dhúiche Sheoigheach, mar is dhá bhéile agus ceaist a bhíodh acu sa lá; i dtine sa ngarraí a róstaí an cheaist (GS)

ceannruán iasc gearr ceannmhór; féach *Cladaigh Chonamara,* S. Mac Con Iomaire 138, *Cladach na Farraige,* S. Mac Giollarnáth 4, Éigse VI 37.

ceárta áit seanchais, nó teach cuartaíochta; 'Cá raibh an cheárta aréir agaibh?' a deirtear (GS). cf. 4719.

ceartas cur suas do chuidiú le duine eile. Éigse IV 214, *Mise,* C. Ó Gaora 52.

ceathaideach múraíleach, ceathannach. Éigse VI 37.

ceithearnach fear mór (CR); duine uasal, tiarna talún (GS).

ceobánach, ceobránach salach le brádán idir ceo agus báisteach; FGB—ceobhránach.

clár rud críochnaithe, rud cumtha. 'Tá tú ag caint ar rud nach mbeadh i gclár ná i bhfoirm' (LMóir).

cleith cuaille fara le haghaidh cearc. cf. 809, 1289—i gcleith (i gclé, i gcleithiúnas) .i. i muinín a bhrath ar; Éigse IV 214.

cleitheánach fear mór cnámhach (LMóir); fear láidir ach é cromshlinneánach (GS). Is ionann cleitheán agus cliabhrach (GS). Cleathánach, fear fada tanaí gan mórán maitheasa ann (Mnl).

cloch sciatháin an chloch a leagtar ag gach aon cheann den chúrsa ag bun caolú na binne; BB 184.

clogadadh bualadh, greadadh; b'fhéidir ADR 138 'clogadadh sciath agus claimhte faobhair.'

cnagairt ithe le torann (RM), cogaint, briseadh (GS); deirtear crangairt, freisin, (GS), 'ag crangairt na bhfataí' .i. ag ithe na bhfataí, 'ag crangairt na gcloch' .i. ag briseadh na gcloch; ag blonscairt agus ag cnagairt' a deirtear faoi mhada ag cogaint cnámha (GS); FGB—cnagaireacht.

cnámharlach (1) fear mór (GS); (2) giotaí gan mhaith mar fhuílleach an bhia, nó giotaí adhmaid a d'fhágfadh siúinéara; S 2/1929.

cneagaire duine crua cráite; BB 220.

cneagaireacht a bheith crua coinneálach; Éigse VI 38—criogairneacht.

cniteáil a bheith ag déanamh stocaí le snáithe olla; BB 204, FGB—cniotáil.

codaí duine mall leisciúil; BB 220.

codladh gé codladh éadrom (GS, LMóir), an codladh is éadroime ag imeacht (Mnl).

caibléara fear deisithe bróg; BB 207.

coideáin strainséartha; Éigse IV 218

coidir 2ú pearsa uatha, modh ordaitheach; déan cairdeas nó caidreamh; FGB—caidrigh.

coimhlíonn (aimsir láithreach den bhriathar coimhlint .i. deifríonn, brostaíonn; FGB—coimhlint. 'Tá coimhlint orm ag dul ag an siopa', 'Coimhlíonn duine chun an tsiopa,' 'Déanann daoine coimhlint ag dul chun an tsiopa' (RM).

coinníollach oibleagáideach, staidéarach (RM, LMóir); ÓD—coinngheallach; duine rúnmhar a choinníos gach ní faoi cheilt (GS).

cóipeáil a bheith cothrom, ag trácht ar chapaill nó báid ag coimhlint (RM); comórtas nó comparáid a dhéanamh le duine eile (GS). 'Bhí an dá chapall ag cóipeáil le chéile' (RM).

coirice, cuircín 1. Fíorbharr, ceann, an chuid is airde, de dhuine, de chnoc etc. (GS, LMóir). 2. Círín coiligh (RM, LMóir); BB177.

col gráin, éiseal; fréamh gaoil; FGB—col, BB 197.

colpa bó dhá bhliain (GS); nuair atá cheithre fhiacail curtha aici (Mnl); beithíoch beag dubh nó 'polly' (LMóir). FGB—colpach, BB 80.

comharba fear a thógann áit duine eile; 'comhabhar' a deirtear i LMóir; cf. Finck 159. Ábhar a bhíos le bád nua, cairt nua etc., a dhéanamh, ach comhábhar a bhíos le seancheann a dheisiú (RM).

comhartha cluaise nó béim cluaise, marc a ghearrtar in imeall cluais caorach le go n-aithnítear cé leis na caoirigh; BB 70.

comhdháilíocht cf. comhghuaillíocht.

comhghuaillíocht comhluadar, cúnamh (GS); cf. Lia Fáil I 73, agus comhdháilíocht thuas.

conórach fiosrach (CF, LMóir); claontach locht a fháil ar ghnó duine eile; Éigse IV 219, B IV 135.

corróg an áit a bhfuil an chos greamaithe den cholainn; BB 118.

crábán cineál bric, ÓD—crábhán; coileach le drochghlaoch, nó gan glaoch ar bith (RM).

craobh tá arbhar i gcraobh nuair atá na gráinní le feiceáil ar an dias; BB 53.

craobhghlas an chaoi a mbíonn arbhar nuair a bhíonn sé lánfhásta ach gan a bheith aibí ceart (LMóir); BB 49.

créabhach idir dubh agus glas (Mnl); ÓD—craobhach (variegated) agus B II 311, 312—cliamhach.

creascannaí sa leagan 'tús na gcreascannaí' .i. tús an chruatain; talamh garbh achrannach le poillíní nó gaothóga ann (LMóir).

climseáil na braonta deiridh den bhainne a bhleán ón mbó; BB 81.

crochta ag cártaí, tá cárta crochta nuair atá sé fágtha i do lámh ag an mbeart deiridh, agus gan aon mhaith ann le beart a thógáil.

crompán cuan beag; BB 89.

cronnán an síol atá istigh sa ngráinne (Mnl).

crosach le poill bheaga i gcraiceann an éadain de bharr na bolgaí; crosach a deirtear i dtaobh caorach le giodáin dubha bána ina bhaithis; féach BB 70.

cruatalán cruatan.

cruinnteacht a bheith ag cruinniú agus gan tada a chaitheamh, a bheith cráitiúil (RM).

crúsca soitheach cré, crúsca suibhe nó eile; freisin, fálaí cré ar chuaille teileagraif (LMóir).

crustóir duine gortach.

cuileach le fás mór gruaige, fionnaidh nó cleití; glibeach (RM); cuilteach (LMóir); féach Éigse IV 218.

cuilíneach uan lag nach bhfásann mar an chuid eile den tréad; ÓD—coilíneach, *Mise,* C. Ó Gaora 124—cuilthíní.

cúl sa leagan 'tá cúl a chainte leis' .i. tá iomarca le rá aige. Iomarca le rá agus cainteanna contráilte (GS); féach Mac—tact.

cunús stuif lofa, stuif gan mhaith; Éigse IV 219.

cupla péire, roinnt.

cúpla dhá cheann den chineál céanna, cúiplín; FGB—cúpla.

daba cf. mac.

daorach géar, contúirteach.

darsanta ciall mar dúshlánach, coilgneach a d'fheilfeadh; féach ÓD—deardan, dearstan, dursan.

dearg dath na créafóige, áit a mbeadh uaigheanna oscailte sa reilig; cf. ZCP X 49.

Déardaoin Dearg lá mí-ámharach; 28 Nollaig (BB 20),5 Nollaig (Annála Beaga Iorrus Aithneach 289), nuair a thiteann an dáta úd ar an Déardaoin. Bhí an talamh dearg le fuil ar an gcéad Déardaoin Dearg ó mharaigh Hearód na leanaí an lá roimhe; cf. Annála Beaga 288—Lá Crosta na Bliana.

drad cíor fhiacal; BB 103, Éigse IV 293.

dual pionna darach (RM) < dowel; FGB—dual, BB 187.

dúchan smál nó aicíd a lobhann fataí; BB 57, 58.

eireog leathchearc, cearc óg; BB 199.

éisealach consaeitiúil, consaeit nó col a ghlacadh le beatha nó eile; BB 140, 197.

eitrigeach clais; is cosúil le trualliú ar eitreach, eitre, é; féach seiteirgeach.

faideog buaiceas lampa; crios ar phunann. 'Buail crios uirthi sin' a deirtear (LMóir).

fallachtain cf. mac.

faoithin deireadh lae; BB 28.

farach deifir, driopás ; ÓD—forrach.

feallasan cf. mac

fear ó aonach strainséara, nua-aosach ag teacht i measc daoine, gan aithne air (GS), strainséara (LMóir).

fearadh dul i gcion, rian a fhágáil; S 3/1931 lgh. 2, 10, ADR 64

féata éisealach (le ól?) (RM); measartha ar ól, nó uaidh ar fad (TÓM); féach BB 153, ADR 88—fiadhta, ÓD—fiata. Fiadhta .i. duine ar dhún a ghoile in aghaidh bia, trí iomarca saille a bheith taobh istigh ann (*Abhráin an Reachtabhraigh,* de Híde, 1903, l. x nótaí).

feiliúntas feiliúint do dhaoine eile, cabhair, comhar (RM).

feiliúnach oibleagáideach (RM).

féilí fear caileantóireachta; BB 19.

feoil sa leagan 'feoil an fhata' .i. an bheatha atá sa bhfata, an chuid a itear.

feosaí lag, caite; BB 133.

fíde(adh) sa leagan 'fíde an gháire' .i. meangadh gáire (GS); ÓD—faoide, faoillidh; Cnocán Fhaobhair, Raifteirí 'Faoide an gháire ina béal deas binn' S 5/1926 l. 3.

fililongaí; firilungo; fir-ó-ró casadh le tarcaisne ar an bhfocal 'fir'.

fiodán sruthán, draein; BB 179.

fiodmhagadh magadh, scigeadh; cf. cleithmhagadh; Éigse IV 298. Deirtear fliodhmhagadh chomh maith.

fionnadh an pheanna rud beag gan luach, gan mhaith; BB 109, FGB—fionnadh.

fód sa leagan 'ag cur fó(i)d ar fhataí' .i. a bhfódú, nó créafóg a chur anuas orthu nuair a thosaíonn siad ag fás; BB 56, Éigse IV 298.

formáilte socraithe i gceart, leibhéalta, staidéarach; urlár formáilte .i. urlár cothrom, fear formáilte .i. fear staidéarach (LMóir).

foscadh cosc, smacht; sa leagan 'béal gan foscadh' 2693 .i. béal cabach, duine béalscaoilteach; deirtear freisin 'Is fear foscúil é' .i. fear atá in ann rún a choinneáil (LMóir).

fothar féar, farae.

freob for. réamh. 3ú pearsa iolra: leo; seo na leaganacha Meán-Ghaeilge < fre: ÓD—fré, ACG 197.

frochóg	áit bog fhliuch, (mar áit a mbeadh carn aoiligh), criathrach (RM); tom frochóg a deirtear le criathrach ó áit fhliuch (RM, LMóir).
gaimh	pian, géireadas; BB 38.
gallach	doiléir, leg. scannalach (?).
garda	gardáil (tí), cosaint; fios céard a dhéanfá (Mnl).
garraí dorais	garraí i mbéal an dorais, ar aghaidh an tí, nó ar a chúl (LMóir; Mnl).
garsúntach	cf. darsanta
geabhrán	cineál de naosc (RM). Féach Éigse V 114—sgeabhrán .i. éan beag farraige agus IG IX 306, FGB—geabhróg.
geam	geamchaoch; BB 129.
gearradh	coilleadh; féach FGB--gearrán
géimireacht	ag spraoi (RM), ag béiciú (LMóir).
géinneach	gruagach, ollchréatúr uafásach (GS, Mnl).
gioballóg	ceirt; FGB—giobal.
giogach	míshuaimhneach, corraitheach; BB 77, Éigse IV 300—giongach.
giollsacht	giollaíocht, seirbhís (RM)
giotamáil	a bheith ag déanamh píosaí beaga oibre, útamáil (ÓD, LMóir, RM)
glafar	drannadh mada, tafann; glafar cainte .i. caint sciobtha (LMóir); féach Éigse IV 301, FGB—glafaireacht.
glámach	réchúiseach, slibreáilte.
glasbhoicín	féach boicín.
glascannaí	poill sa talamh bog (LMóir); iolra den fhocal clais, glaise; féach FGB—clais.
glionnach	uisciúil, (< leannach, lionnach).
gob	sá nó goin.
góshnáithe	fuáil gharbh a dhéantar ar éadach mar threoir don uaim cheart; BB 203.
grá dia	carthanacht; cf. FGB—grá, grádiaúil.
graiféad	ancaire bheag; BB 104, Éigse IV 303.
guth	údar díomá, locht, milleán; FGB—guth, Clár—guth.
haicléara	siostalóir, an té a bhíonn ag obair le siostal ag baint an choilg ar an líon; BB 116: haiciléara (LMóir), haiciléaraí (GS).
imeartha	cliste, cleasach, deaslámhach; féach Clár—imeartha.
indéirí	(?) dintiúirí, a bhfuil scríofa (?); iolra den fhocal indéir (?)
iodha	pian, arraing; (i) sa leagan 'ar iodhain ar éigean', féach Éigse V 46, S 9/1929, S 3/1930, *Mise,* C. Ó Gaora 117: (ii) sa leagan 'd'iodhna reatha' féach Éigse IV 294, *Mise* 98, B X 221 (Iorrus), *A Dialect of Donegal* by E. C. Quiggin. 1906 l.286.
iomad	modh ordaitheach; méadaigh.
iontrust	muiníneach; intrust (LMóir); Éigse V 46.
ladarach	gan ciall gan cuibheas (RM); féach ÓD—ladar, liodarach, lodarach.
lagán	duine lag nó lagrachán, is cosúil.
lagdhéanta	déanta go dona.
lámh	sa leagan 'lámh fúithi' .i. braon beag le bleán.
lán	créafóg a bhaintear as an nglaise le cur ar an iomaire; BB 57
laíán	maitheas, an chuid is fearr; FGB—laíon, BB 56—laíon/logán.
leibire	duine réchúiseach; leibide (RM; GS), leidhbire (LMóir).
leitiméara	lúbaire cam a bhíos ag cur i gcéill; BB 223, Éigse V 48 (leiciméara)
liath	galar a thagann ar ghéanna (GS.

liobach liobarnach, straoillí.

liobóg leibire nó duine leibideach (GS); liobóg leathair (GS), leadhbóg leathair (RM) .i. sciathán leathair.

liubhán doiléir; luán, b'fhéidir.

liúradh Clár—liúráil.

locháil bainbhín beag suarach (MS) .

lomchur buaile lom, féarach lom. lompaire mhór, biseach na lompaire (RM).

luain sa leagan 'luain an bháis'; b'fhéidir gur truailliú ar an bhfocal 'lón' é.

lúbán poll i gcnaipe (LMóir, RM); lá an lúbáin .i. Lá an Bhrátha (RM).

luifearnach salachar garraí; BB 57, Éigse V 49, Clár—lobhtharnach.

luinne féith, muscail; féach Stair *Éamuinn Uí Chléirigh* 864—luas a luaidhnidh, FGB—lúithne.

loine maide fada i gcuinneog a bhuailtear sa mbainne ag déanamh maistre (LMóir); BB 191.

mac mac an daba (Sa), mac an dada (Ind), mac an dalla (CF), mac an droma (Ár), mac an pheata (Sp) .i. an tánaiste, an tríú méar; mac fallachtain, mac feallasan .i. mac mallachta, diabhal.

máinníocha turais timpeall (?); bháinníocha is ceart b'fhéidir; féach Éigse III 249—bháinne, bháinneáil, FGB—fáinneáil.

mairg an 2ú pearsa uatha, modh ordaitheach den bhriathar mairgim, bacaim le; 'Is mairg dhuit a mhairg leis' .i. a bhac leis, chuaigh i dtrioblóid leis (RM).

maith sa leagan 'maith na mbó' .i. bualtach na mbó.

malach ualach feamainne, féir, nó eile, a bhfuil maol suas air; Éigse V 50, ÓD—malthach, AA 1/1934.

mámh an dath is fearr i gcluiche cartaí; BB 169.

maoil ualach lán, nó ualach agus barr air; BB 195.

maol gan ciall, duine gan ciall. cf.1885, 2288.

maolach lán, ag cur thar maoil (RM).

meanmnaí mana, comhartha ar ní atá le teacht; Éigse V 51.

meas cf. AA 5/1945 l. 2.

meascadh scliúchas (?); féach ÓD—meascadh.

meath am a chur amú; S 4/1929 l. 8.

mí-ásach docharach, ábhailleach; Finck 23—mínósach.

mífhiúntas rud nach macánta, rud gan cuibheas.

mine caicíní (coinín, sa gcás seo).

mineadh briseadh nó meilt go mion; FGB—mionú.

míofaireach gránna, mísciamhach; FGB—míofar.

mionroisínteacht mionchaitheamh, rud a ídiú beagán ar bheagán; féach FGB—raisín, ribín, BB 199.

mionruifínteacht cf. mionroisínteacht.

mioscán meall ime, prionta ime, BB 191—meascán.

mongán nead siongán (B X 91, Ca); féach BB 179.

múirín múr beag, cith beag; múirín gréine .i. múr nuair atá an ghrian ag scalladh; BB 39.

múnacht foghlaim, teagasc; ÓD—múineacht.

musla muscail, matán

mútaráil útamáil; Éigse V 53, FGB—mútáil.

naigín cnaigín .i. lán dhá ghloine; freisin, soitheach a thógfadh an méid sin.

nathaí duine dea-chainte. Deirtear 'nathaitheoir' freisin (CF) .

nathaíocht dea-chaint, glaschaint, aisfhreagraí. S 3/1930, S 4/1929 (naithíocht); 'ag aithíocht' a chuala mé i RM .i. ag iarraidh a bheith ag baint achrainn as duine dá bhuíochas; 'Ag siúite agus ag athaíocht', 'ag sporadh agus ag athaíocht' a deirtear.

neamhnach sa leagan 'scéimh neamhnach' .i. gile lucht eitinne; féach ÓD—niamhrach.

néiléara fear déanta tairní; AA 11/1938, l.5—néailéar.

nóta sa leagan 'de réir nótaí' .i. de réir a chéile (I, LMóir, RM).

paideog cf. faideog

paoilín buicéad beag; cf. *Amhráin Chearrbhalláin* 317—paeil, Éigse VI 42—paél, Baile Chláir—pael, LMóir—pail (an focal Béarla). FGB—paol.

peilliúr ceannadhairt; ÓD—peiliúr, BB 194—piliúr.

péint dath.

pigín muc bheag (RM, GS); soitheach adhmaid, féach FGB—pigín.

piorra ginideach in úsáid mar aidiacht atá sa leagan seo, ag ciallú fata le craiceann mín, sleamhain, mar a bheadh ar phiorra; bheadh feoil a leithéide bog mar phiorra, nó lofa. Féach Éigse V 54—pera, BB 192.

placáil ithe craosach; FGB—placadh.

pláistéar ceardaí a chuireann moirtéal ar bhallaí; pláistéara (LMóir), pláistéar (RM); FGB—pláistéir.

plucach sa leagan 'páighe phlucach' .i. páighe mheasartha

plúd sa leagan 'plúd deataigh' .i. púir dheataigh; plód deataigh (LMóir]

poirtiúil cliste, aibí, piocúil (TÓM, S 4/1926, l. 6); soibealta (GS); 'portly, tidy' IG 9/1905.

préachán bréige fear bréige le éanlaith a scanrú (LMóir).

preaibín aistriú ar 'jumper', b'fhéidir.

priachán préachán (LMóir; RM; BB 162)

pruisleacht sleamchúis; Éigse V 57.

pruthóg cnuas uibheacha; féach FGB—bruithneog.

puca mála; Éigse V 57.

pucán mála beag.

puic duine ramhar (Ár: RM); Éigse V 57.

racálaí an té atá ag racáil féir; BB 49—racán, rácáil.

raipleachán 'a rascal' (MÓD); cf. *A Dialect of Donegal* by E. C. Quiggin, 1906 l.195—raplachán; cf. raipleach .i. bean mhillteach ag troid (Mnl), bean a bhíonn ag troid agus ag achrann (RM); BB 226—raicleach (?).

réichte sárchéim 'réidh'; faightear, freisin, 'réiche' (RM) agus féach Clár—gabháil, réidh.

réidh sa leagan 'buille réidh' .i. réiteach, síochán; gan buille a bheith agat (LMóir)

réiteach réiteach siúite, eadrán; déanamh go réidh, chuile shórt a thógáil go bog.

reothalach féach BB 45, 78. Éigse V 110.

riabán éadach nach bhfuil daite i gceart (GS); éadach stróicthe, 'Bhí a chuid éadaí ina riabáin ar a chraiceann' (RM).

riail miosúr; féach BB 186.

rianaíocht caint shubstaintiúil (GS); intinn, meabhair (RM); féach FGB—rian, rianúil.

ribínteacht	truailliú b'fhéidir; féach mionroisínteacht, FGB—ribín.
riopáil	obair ribeach i gcniotáil stocaí (RM); crualúb a thugtar uirthi in Mnl, agus cniotáil phléineáilte gan í. Féach FGB—ribe, ribeach.
rite reaite	ligean reatha roimh léim; léim rite reaite. a deirtear leis sin; 'De rith a' reatha' (Mnl); Éigse V 110.
robáil	robáil ag cartaí; féach BB 169.
róipín	róipín rua (róipín ruainneach), a cheanglaíonn an tuí ar an teach, is dócha; gur mór atá idir teach beag agus teach mór, measaim, an chiall atá le 1845.
ruaíl	ruacht gruaige.
rucallach	rocach, roicneach, san éadan, le cantal (RM).
sáinneach	claontach duine a chur i sáinn (RM).
sáite	sa leagan 'fataí sáite' .i. nuair a chuirtear na sceallláin agus gach uile cheann i bpoillín leis féin sa chréafóg (in áit iad a scaradh ar an leasú); maide sáite a úsáidtear leis na poillíní a dhéanamh (LMóir); féach BB 56.
seanarbhar	arbhar atá bliain, nó tuilleadh, ag duine, ó shéasúr eile.
seanleanbh	timpeall is sé bliana a bhíonn seanleanbh, le ceart (RM; Mnl).
Sean-Mhárta	ó 1–11 Aibreán; tá féilire na haoise seo 11 lá luath de réir an tseanchomhairimh. cf. FGB–Sean-Bhealtaine.
searrach	múr, cith; BB 39.
séathlán	cf. BB 195—síothlán.
sinneán	séideadh gaoithe, bríos; BB 42.
seiteirgeach	'an chlais idir dhá iomaire' (MS); is cosúil le truailliú ar 'eitreach', 'eitre' é.
scalán	solas, loinnir (na gréine) ; Éigse V 114, VI 43; deirtear freisin scal gréine (RM), scail gréine (Mnl).
scaoilte	singil, gan a bheith pósta.
scilligeadh	meilt nó sciolladh; freisin, rá, insint, sceitheadh; 'Ní maith an scéal sin a scilligeadh' (Mnl) 'Ag scilligeadh bréag'. Féach ADR 87 'Ag sligeadh bréag'.
sceitheach	áit a bhfásann sceacha (RM). Crann sceithí a thugtar ar thom sceiche (LMóir).
sciotar	íochtar bainne, bainne scimeáilte; féach Éigse V 115. Ciallaíonn sé puiteach, freisin, (LMóir); 'Tá an áit úd ina sciotar', a deirtear; féach Éigse V 118—scutar.
sciúrtach	airgead beag, leathfheoirling nó níos lú (RM); Éigse V 115.
sclamhartaíl	tafann; féach FGB—glafarsach, Mac—bark.
scléip	troid, achrann (RM; GS); 'Bhí scléip troda eatarthu' (LMóir).
scor	sa leagan 'coirce á scor' .i. an ghaoth á chroitheadh go siltear an grán; BB 45, *Le Linn m'Óige,* M. Mag Ruaidhrí 134.
scráib	duine scrábach, garbh, nó obair mhaolscríobach, gharbh.
scrataí	leadaí, duine leisciúil; BB 220.
síobóg	drochbhó; BB 82.
siolánach	duine beag, tanaí (?); féach FGB—siolánach, sealánach, Clár—silteánach; BTD II 286.
siollach	doiléir; féach FGB—siollaire, Ériu IX 12, 95.
síolthú	síoltú; síolú (?); féach FGB—síolú.
slámach	bog; 'Tá sé breá slámach' a deirtear faoi rud a bheadh bog (Mnl); sraoillí, slamrach.
slaodh	síos le taobh an bhríste (RM).

slaparnacht straoillíocht, slibreáil; FGB—slapaireacht.

sliabhghorta féar gortach, laige ocrais; sliabhghortach freisin; cf. FGB—féar, sliabh, BB 149.

slibireacht straoillíocht, réchúis; féach Éigse V 120—slíbleáil, slíbrí.

slogánach fear a bheadh ag slogadh óil (Mnl); féach ÓD—slogán.

smiotaithe briste, bunchaite, faoi bhróga a bheadh caite ag na bairbíní; BB 115.

snagaire duine suarach; féach BB 152, Éigse V 196—snág.

snagaireacht ól; féach ÓD—snagaireacht.

snáthach ribeach, le snáithí ag rith tríthi; is deacair móin shnáthach a bhaint; freisin deirtear 'móin snáithe deirge' (RM).

solamar brabach; Éigse V 196, VI 44.

somachán páiste (Mnl); 'Is maith an somachán bliana (somachán dhá bhliain) é' a deirtear i dtaobh páiste; BB 220.

speirtheach léas ar an tráill de bharr siúil; Éigse V 198, BB 145.

spreallaire leisceoir (RM; Mnl); cf. FGB—spreallaire, breallaire.

sracadh freagairt (sa duántacht); cf. BB 166—sracadh, sracadóireacht.

sraofairt cf. FGB—sraothairt.

sreangán cafarnach, fliuch.

sróth BB 10—sraoth.

stadachán FGB—stadaire.

stocán mála; 'Bhí lán stocáin ag teacht aige' .i. mála lán le earraí ón siopa (LMóir).

straoilleachas sleamchúis, slibreáil.

straoillí sleamchúiseach, slibreáilte; Éigse V 199.

suanaí duine réidh gan gus (Mnl).

súil poll i mbaraille, áit a dtéann an coc.

taibhse cosúlacht; 'Taibhse de dhuine', 'Taibhse de bhó' a deirtear (LMóir) .i. ceann chomh craite, suarach, sin nach bhfuil ann ach mar a bheadh scáile nó cosúlacht.

taibhsín lao beag, is cosúil.

tairseach ceap tuisle (GS).

téachtach, téachtmhar
tortúil (?); cf. FGB—téachtadh.

teaspach sa leagan 'slaghdán teaspaigh' .i. slaghdán in aimsir shamhraidh; BB 140.

téigle calm; BB 94.

tóint brú, seachadadh; 'tónadh' a deirtear freisin.

toirneach sa leagan 'toirneach bodhar' .i. toirneach i gcéin.

toisiúint tosú.

trádóireacht obair ar an trá, baint fheamainne, etc. (LMóir).

tréan trí lá.

treabhras treabhadh; féach FGB—treabhaire, treabhaireacht.

triáil am, deis.

truslóg le dearmad, in áit tuisle .i. titim. Séard is truslóg le ceart, léim gan ligean, nó gan rith (LMóir; RM) féach BB 155.

tultán tulach bheag (LMóir); B X 50 (Ca).

tumanta damnaithe; féach ÓD—tiomanta.

uair sa leagan 'uair mhór' .i. drochaimsir, aimsir mhórbhháistí; cf. lá mór.

uastarán duine bunaosta.

údraí féach ádraí, thuas.

urgail troid; ÓD—iosghail, urghail, agus féach Url, l.13 (nóta).